KB152256

국제금융: 이론과 실제

장홍범 · 권태용 지음

한티미디어

| 저자 약력 |

장홍범(張洪範) hbjang73@gmail.com

학력
- 연세대학교 상경대학 경제학과 학사
- 미국 University of Hawaii 대학원 경제학과 경제학석사
- 미국 University of Hawaii 대학원 경제학과 경제학박사

주요 경력
- 한국은행 국장
  경제연구원 연구실장, 금융시장국 시장조사총괄팀장
- 일본은행 금융연구소 초빙연구위원
- UN ESCAP(UN 아시아-태평양 경제사회위원회)
  국제금융전문가
- 한국금융연구원 초빙연구위원
- 한국금융연수원 교수
- 미국 East-West Center 연구원

현재
- 수원대학교 경제학부 교수

주요 논문
- 금융규제하의 실질환율 결정, 명목금리 결정요인 분석
- 금융·외환위기 예측 모형, 아시아 채권시장 발전
- 동아시아의 금융통합·협력, 중국 위안화의 국제화 가능
  성에 관한 실증 분석
- 주요국과 동아시아의 금융연계 결정요인 분석
- 글로벌 금융위기 이후 G3와 동아시아의 금융연계 분석
- 엔화의 안전통화 특성 분석 등

권태용(權兌容) taeyong@bok.or.kr

학력
- 연세대학교 상경대학 경영학과 학사
- 서울대학교 경영대학 경영학과 석사
- 영국 University of Birmingham 경제학과 경제학박사

주요 경력
- 한국은행(1996~)
  국제국 외환시장팀, 국제협력실
  금융시장국 시장운영팀, 주식시장팀, 공개시장운영 연구반
  조사국 특별연구실 통화연구팀, 기획국 대외협력팀
- 금융위원회 단기금융시장발전 T/F멤버
- 외교통상부 국제경제국

현재
- 한국은행 금융시장국 시장운영팀장

주요 논문
- 불태화 외환시장개입의 효과 및 지속가능성에 대한 연구
- 한국 외환시장 현황 및 시장개입 방식
- 한국 콜시장에서의 유동성 효과
- 내외수산업 균형성장을 위한 과제
- 엔화의 안전통화 특성 분석
- 외교관이 보는 세계경제 등

국제금융: 이론과 실제

발행일   2018년 7월 24일 초판 1쇄
        2019년 2월 1일 초판 2쇄

지은이   장홍범 · 권태용

펴낸이   김준호

펴낸곳   한티미디어 | 서울시 마포구 연남로 1길 67 1층

등 록   제15-571호 2006년 5월 15일

전 화   02)332-7993~4 | **팩 스** 02)332-7995

ISBN   978-89-6421-339-1 (93320)

가 격   30,000원

마케팅   박재인 최상욱 김원국

편 집   김은수 유채원

관 리   김지영

이 책에 대한 의견이나 잘못된 내용에 대한 수정 정보는 한티미디어 홈페이지나 이메일로 알려주십시오.

독자님의 의견을 충분히 반영하도록 늘 노력하겠습니다.

홈페이지 www.hanteemedia.co.kr | **이메일** hantee@empal.com

■ 이 책은 저자와 한티미디어의 독점계약에 의해 발행된 것이므로 내용, 사진, 그림 등의 전부나 일부의 무단전재와
  복제를 금합니다.

■ 파본 도서는 구입처에서 교환하여 드립니다.

PREFACE

오늘날 국제금융환경은 그 어느 때보다 급속히 변화하고 있습니다. 각국이 속해 있는 지역은 물론 전 세계적으로 경제·금융 통합이 빠르게 진전되면서 국제금융의 역할과 중요성이 더욱 커지고 있습니다. 특히 우리나라에서는 1997~98년의 동아시아 금융위기, 그리고 10년 후 선진국인 미국에서 발생하여 전 세계에 확산된 글로벌 금융·경제위기를 거치면서 국제금융에 대한 관심이 더욱 높아졌습니다. 이제 국제금융과 국제금융시장에 대한 이해와 기본지식은 국제금융 관련 업무를 담당하는 금융인이나 기업인들은 물론 정책담당자, 그리고 학교에서 국제금융 및 국제재무관리, 금융시장 관련 과목을 수강하는 학생 등 금융경제에 관심이 있는 모든 사람이 갖추어야 할 과제가 되었다고 해도 과언이 아닙니다.

이러한 관점에서 본서는 위에 언급한 국제금융에 관심을 가지고 있는 다양한 분야의 사람들이 알아야 할 국제금융 관련 이론과 실제를 일관성과 균형감을 가지고 체계적으로 다루고자 하였습니다. 필자들은 국제금융 관련 전문지식과 그간의 실무경험 등을 바탕으로 국제금융이라는 매우 광범위한 주제를 국제금융·외환 관련 핵심 이론과 정책, 다양한 국제금융시장의 기본 메커니즘과 실제, 그리고 우리나라를 둘러싸고 급속하게 변화하는 국제금융환경과 최근 전 세계적 관심이 집중되고 있는 국제금융 이슈들에 대한 이해를 목적으로 본서를 집필하였습니다. 필자들은 내용 전개에 있어 가능한 한 쉽고 상세하게 서술하고 논의 내용과 관련된 구체적인 참고 사례를 많이 제공함으로써 독자들의 이해도를 높이고자 하였습니다.

위에 언급한 바와 같이 본서는 대학 또는 대학원 과정에서 국제금융과 국제재무관리, 금융시장을 전공·수강하고자 하는 학생들을 위한 교재는 물론 금융인과 기업인 그리고 관련 정책 담당자들을 위한 국제금융 해설서 및 참고도서로도 활용할 수 있도록 내용을 구성하였습니다. 또한 독자들은 본서를 사용 목적에 따라 일부 내용(장)들을 건너뛰거나 주제에 따라 중요시되는 내용(장)을 선택하여 사용할 수 있습니다.

본서는 크게 6개 부문으로 구성되어 있습니다. 첫째 부문은 국제금융과 국제금융시장을 개관하는 내용이며, 두 번째 부문은 외환이 거래되는 외환시장과 환율의 결정에 관한 내용입니다. 세 번째 부문은 주요 거시경제정책과 국제수지의 조정에 관한 내용이며, 네 번째 부문은 다양한 개별 국제금융시장과 국제금융의 환위험에 관한 내용입니다. 다섯 번째 부문은 국제통화제도와 금융위기에 관한 내용이며, 마지막 부문은 최근 글로벌 국제금융환경의 변화와 주요 이슈에 관한 논의 내용입니다.

각 장별로 주요 내용을 살펴보면, 먼저 국제금융과 국제금융시장을 개관하는 제1 ~ 3장의 주요 내용은 다음과 같습니다. 제1장에서는 먼저 국제금융의 개념과 특징, 국제금융시장의 개요에 대해 살펴봄으로써 이하 장들에서 다루게 될 내용들을 일관성 있게 조망할 수 있도록 하였습니다. 제2장에서는 환율과 국제수지의 개념, 그리고 국제수지표의 구성에 대해 구체적으로 살펴보았습니다. 제3장에서는 국제금융의 기본원리라 할 수 있는 구매력 평가이론, 이자율이론, 그리고 국제피셔효과와 금리평가이론을 설명하고, 국제금융 평가이론을 종합적으로 논의했습니다.

두 번째로 외환시장과 환율의 결정에 관해서는 제4 ~ 5장에서 다루었습니다. 제4장에서는 외환시장과 환율에 대한 이론과 우리나라의 외환시장과 환율제도에 대해 다루었습니다. 먼저 외환시장의 개념 및 기능, 구조와 특징, 외환시장의 효율성에 대해 살펴보았습니다. 또한 환율결정의 기본 메커니즘, 전통적인 거시적 환율결정이론 및 환율결정의 미시적 접근에 대해 다루고, 중앙은행의 외환시장 개입 메커니즘과 외환시장 개입의 효과와 한계에 대해 살펴보았습니다. 제5장에서는 우리나라의 외환시장을 시장별로 개관하고, 우리나라 환율제도의 변천과정과 현행 환율구조와 환율정책에 대해 구체적으로 살펴보았습니다.

세 번째, 거시경제정책과 국제수지 조정에 관한 내용은 제6장과 7장에서 다루었습니다. 제6장에서는 개방경제하의 총수요, 환율과 생산수준, 일시적 · 항구적 거시경제정책 변화의 효과, 거시경제정책과 경상수지, 그리고 거시경제의 상호의존에 초점을 두고 거시경제정책과 환율변동에 대해 논의하였습니다. 제7장에서는 국제수지의 균형과 탄력성 접근방법, 총지출 접근방법, 통화론적 접근방법 등 전통적인 국제수지 조정 메커니즘에 대해 논의하였습니다.

　네 번째로 개별 국제금융시장에 대한 내용은 제8～11장에서 다루었습니다. 제8장에서는 국제은행시장과 국제단기금융시장에 대해 살펴보았습니다. 먼저 국제은행시장의 개념 및 개요, 유로통화 및 유로시장의 개념, 유로시장의 구성・연혁・특징 등에 대해 살펴보고, 유로커런시시장의 생성과 유로금리 결정, 유로대출시장의 개요 등에 대해 논의하였습니다. 제9장에서는 국제채권시장의 개념 및 구조와 기능, 세계 국제채권시장 개황에 대해 살펴본 후 국제채권 발행 및 유통시장과 국제채권 투자에 관한 구체적인 내용, 그리고 미국, 유로지역, 영국, 일본, 중국 등 주요국의 채권시장에 대해 살펴보았습니다. 제10장에서는 국제주식시장의 개념, 구조와 기능, 최근 국제주식시장 발전의 주요 요인, 국제주식투자의 유형에 대해 살펴본 후, 국제주식 발행 및 유통시장과 국제주식 투자에 관한 구체적인 내용, 그리고 미국, 유로지역, 영국, 일본, 중국 등 주요국의 주식시장에 대해 살펴보았습니다. 제11장에서는 경제적 환노출 및 거래적 환노출 등 국제금융거래에 수반하는 환위험, 그리고 대외적 및 내부적 환위험 관리에 대해 논의하였습니다.

　다섯 번째, 국제통화제도와 금융위기에 대한 내용은 제12～14장에서 다루었습니다. 제12장에서는 국제통화제도의 유형, 국제통화제도의 변천, 유럽통화제도와 유로화, 환율제도의 선택에 관해 논의하였습니다. 제13장에서는 금융위기의 정의와 발생원인, 그리고 중남미, 유럽, 동아시아, 러시아 및 신흥시장국의 금융위기, 그리고 최근의 글로벌 금융위기 및 유로존 재정위기의 원인과 위기 진행과정, 각 금융위기로부터의 교훈 등에 대해 논의하였습니다. 제14장에서는 국제금융기구를 개관한 후, 국제통화기금(IMF), 국제결제은행(BIS) 등 국제통화협력기구, 국제부흥개발은행(IBRD), 국제개발협회(IDA), 국제금융공사(IFC), 국제투자보증기구(MIGA) 등 세계은행그룹, 아시아개발은행(ADB), 아시아인프라투자은행(AIIB), 아프리카개발은행(AfDB), 아프리카개발기금(AfDF), 유럽부흥개발은행(EBRD), 미주개발은행(IDB) 등 지역개발금융기구, 상품공동기금(CFC), 중앙은행 간 협력기구, 그리고 국제금융회의체의 기능과 역할, 우리나라와의 관계 등에 대해 살펴보았습니다.

　여섯 번째, 글로벌 국제금융환경 변화에 대한 내용은 제15～17장에서 다루었습니다. 제15장에서는 최근의 국제금융환경 변화를 개관한 후 선진국의 비전통적 통화정책

추진, 미국 트럼프 행정부의 경제정책, 일본의 아베노믹스 정책, 그리고 영국의 EU 탈퇴 결정(Brexit) 등 글로벌 금융·경제위기 이후 주요한 국제금융환경 변화내용을 논의하였습니다. 제16장에서는 최근의 국제통화제도 개편 논의와 중국 위안화의 국제화 추진에 대해 구체적으로 살펴보았습니다. 미국 달러를 기축통화로 하는 현행 국제통화제도에 대한 개편 논의와 함께 중국이 적극 추진하는 위안화 국제화의 추진 배경과 현황 및 전망에 대해 논의하였습니다. 마지막 제17장에서는 동아시아 외환위기 이후 금융위기 재발 방지와 금융부문 발전을 위해 ASEAN+3 국가들이 추진하고 있는 동아시아 역내 유동성 지원 메커니즘과 아시아 채권시장 발전을 위한 이니셔티브에 대해 구체적으로 살펴보았습니다.

본서의 국제수지, 우리나라의 외환시장, 국제채권시장, 그리고 국제금융기구 등에 대한 내용은 주로 한국은행 발간자료를 기초로 집필하였습니다. 또한 본서를 집필하면서 여러 국제금융 전문가들의 도움이 있었으며, 특히 급변하는 국제금융 관련 정책을 담당하는 분들과 급변하는 국제금융 현장에서 일하시는 분들의 경험과 조언이 도움이 되었습니다.

이제 본서의 집필을 마무리하며 지난 2년 반 동안 늘 부담이 되었던 짐을 비교적 홀가분하게 내려놓는 기분이 듭니다. 기다리던 방학기간과 주말에도 가족과 시간을 같이하지 못하고 자료와 씨름하던 일들이 가족들에 대한 미안함과 함께 다소의 보람으로 느껴집니다. 그동안 늘 바쁘기도 했지만 몇 번 탈고하고 짐을 벗을 기회가 있었으나 그때마다 국제금융환경에 큰 변화가 있어 이를 반영하는 것이 바람직하게 생각되어 탈고를 미루다가 이제야 마무리 짓게 된 것입니다. 그간 필자들을 믿고 기다려 준 한티미디어의 호의에 고마움을 표합니다.

아무쪼록 이 책자가 그 어느 때보다 급속히 변하는 국제금융환경 하에서 국제금융에 관심을 가지고 있는 여러 분야의 많은 사람들에게 국제금융의 이론과 실제를 이해하는 데 조금이라도 도움이 되기를 바라 마지않습니다.

2018년 7월

장홍범·권태용

CONTENTS

CHAPTER 3   국제금융의 기본원리

CHAPTER 10   국제주식시장

CHAPTER 13 금융위기의 원인과 대응

CHAPTER 14 국제금융기구

CHAPTER 15   글로벌 국제금융환경 변화

CHAPTER 16   국제통화제도 개편 논의와 중국의 위안화 국제화 추진

CHAPTER 17	아시아 금융협력과 아시아 채권시장	

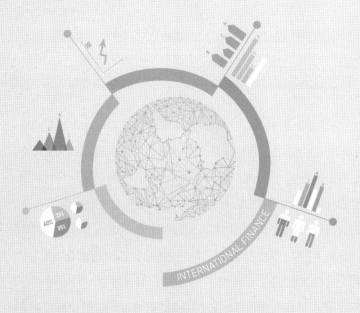

INTERNATIONAL FINANCE

CHAPTER

1

국제금융 및
국제금융시장 개요

제1절 국제금융의 개념

금융이란 경제주체 간 자금의 융통을 의미한다. 타인에게서 자금을 빌리거나 타인에게 자금을 빌려주는 금융행위는 자금 잉여 및 부족으로 인한 지출변동을 줄임으로써 소비나 기업경영을 안정화하는 기능을 한다. 금융제도(financial system)는 이러한 금융거래에 관한 일체의 체제와 규범을 총칭하는 개념으로 금융기관, 금융시장, 금융상품 등의 구조나 형태를 포괄하는 핵심적인 경제제도의 하나이다. 이러한 금융거래가 자금공급자와 자금수요자 간에 조직적으로 이루어지는 장소가 금융시장(financial market)이다.

국제금융(international finance)[1]은 국제무역, 해외투자, 자금의 대차거래에 수반하여 외환, 주식, 채권 등과 같은 금융자산(financial assets)의 국제적 이동이 국제적으로 또는 국가 간에 반복적으로 이루어지는 현상을 말한다. 원래 국제금융은 국제무역 및 해외투자 등에 수반하여 나타나는 국가 간의 금융거래를 결제하는 조정기능(accommodative function)을 중시하였으나, 오늘날에는 금리, 환율변동 등에 따라 투자자가 가장 유리하고 안전한 금융자산에 투자하기 위해 범세계적으로 자금을 이동시키는 포트폴리오투자 (portfolio investment)가 크게 중시되고 있다. 이러한 국제금융을 미시적인 국제재무관리 관점에서 정의해 보면 다양한 국제금융자산이 일정 기대위험(expected risk)하에서 최대의 수익성과 유동성(또는 일정한 기대수익하에서 최소의 위험)을 찾아 국제금융시장에서 지속적으로 거래되는 현상이라고 말할 수 있다. 즉 국제금융은 각국의 투자자와 차입자가 일정 기대위험하에서 수익성, 유동성, 안정성, 그리고 경제성을 극대화하기 위하여 자신들의 금융자산이나 부채를 국내외 금융시장, 유로시장 및 외환시장에서 연계적으로 거래함으로써 금융자산(부채)이 범세계적 차원에서 효율적으로 배분·관리되는 현상인 것이다. 한편 국제금융시장은 국제무역, 해외투자, 자금의 대차거래에 수반하여 금융자산의 거래가 국제적 차원에서 지속적으로 이루어지는 장소 또는 총체적인 거래 메커니즘을 말한다.

---

1   국제금융에서 국제라 함은 국가와 국가 사이라는 뜻이기도 하지만, 엄밀히 말해서 국제금융의 거래주체는 일방 또는 쌍방이 비거주자이므로 국제금융거래는 거주자와 비거주자 간, 또는 비거주자 상호 간의 금융거래를 말한다.

　이와 같이 정의되는 국제금융 및 국제금융시장은 국제경제 환경의 변화와 더불어 그 필요성과 중요성이 갈수록 커지고 있다. 최근의 국제경제 환경 변화는 기본적으로 대변혁이라고 할 수 있는 매우 큰 변화의 빈번한 발생, 그리고 전 세계의 글로벌화 현상으로 요약할 수 있다. 1980년대 이후 더욱 가속화된 대변혁은 사회주의의 붕괴, 유럽 통합, WTO 출범, 중국의 부상 및 지역주의의 확산,[2] 빈번한 국제 금융·경제 위기 발생 등을 그 예로 들 수 있다. 이와 더불어 국제거래에 있어 국경의 의미가 약화되고 경제가 하나로 통합되어 가는 과정이 진행되고 있으며 이와 같은 현상은 실물과 금융 부문은 물론 노동, 문화 등 모든 분야에서 나타나고 있다.

　실물부문의 글로벌화는 국제무역을 통해 확산되며 WTO 체제하에서 각국 경제는 더 이상 독립적인 운영이 어렵게 되었다. 또한 금융부문의 글로벌화는 국제자본 이동을 통해 확산되며 실물분야에 비해 훨씬 빠른 속도로 진행되고 있다. 한편 실물과 금융 부문은 국내는 물론 국제적으로 상호 영향을 미치고 있으며, 특히 무역과 금융의 통합은 일반적으로 매우 긴밀한 관계를 가지면서 상호 영향을 미치는 것으로 분석되고 있다.[3]

　최근 지역적, 전 세계적으로 경제와 금융시장의 통합이 진전되면서 각국의 경제·금융, 특히 경제규모가 작은 국가의 경우 외부로부터 받는 영향이 더욱 커지게 되었다.

2　WTO는 제2차 세계대전 후 자유무역을 지향하기 위해 만들어졌던 관세 및 무역에 관한 일반협정(GATT : General Agreement on Tariffs and Trade) 체제를 대체하기 위해 1995년 설립되었다. 회원국은 2017년 6월말 현재 164개국이며 본부는 스위스의 제네바에 있다. 최소 2년에 1회 개최되는 최고 의사결정기구인 각료회의(Ministerial Conference)와 각료회의가 개최되지 않는 기간 동안 WTO의 주요 의사결정을 하는 일반이사회(General Council) 등으로 구성되어 있다. 대부분의 국제기구가 일국 일표나 출자 지분 등에 따른 비례표수를 거쳐 의결하는 반면 WTO는 협정이나 가입 승인 등 주요 결정을 회원국의 컨센서스로 처리한다. 2001년 11월 도하에서 개최된 제4차 각료회의부터 우르과이 라운드를 대체할 새로운 국제무역규범인 도하 개발어젠다(DDA) 협상을 시작하였으나 칸쿤, 제네바, 파리, 홍콩 등에서 개최된 각료회의에서 합의 도출에 실패하였다. 이에 따라 선진국을 중심으로 WTO 대신 양자 간 또는 지역적 자유무역협정(FTA), 관세동맹, 공동시장 등이 대두되었다.

3　무역과 금융 통합의 관계에 관해서는 많은 연구들이 인과관계(causality)를 포함하여 그 연관관계를 밝히려고 노력한다. 무역통합과 금융통합이 매우 밀접하게 연결된다고 보는 견해가 일반적인데 이에 관한 연구들은 무역이 금융을 선도한다는 주장과 무역이 금융을 뒤따른다는 주장으로 크게 구분할 수 있다 (Jang : 2011, 장홍범 : 2011).

제2절 국제금융의 특징

국제금융은 금융거래가 자국통화(domestic currency)로 국내에서 이루어지는 국내금융
(domestic finance)과 비교하면 몇 가지 중요한 특징을 가지고 있다. 국제금융은 국내금
융과 달리 금융거래 시 환위험(foreign exchange risk) 및 정치적 위험(political risk)에 노출되
어 있으며 더 큰 시장 불완전성(market imperfections)이 존재한다. 한편 국제금융은 국제금
융시장에 진출하는 기업들에게 수익이나 리스크 관리 측면에서 보다 많은 혜택을 누릴
수 있는 확대된 기회(expanded opportunity set)를 제공한다.

1. 환위험 및 정치적 위험에 노출

국제금융거래는 국내금융거래 시 발생하지 않는 환위험과 예상치 않은 정치적 위험에
노출된다. 환위험은 환율변동으로 기업이나 가계(개인)가 손실을 입을 가능성을 말하
며 크게 거래적 환위험(transaction exchange risk)과 회계적 환위험(translation ex-
change risk)으로 나눌 수 있다.

거래적 환위험은 계약은 이미 끝났으나 결제가 환율변동 이후에 이루어져 그 기간 동안
의 환율변화로 인해 발생하는 환위험이다. 즉 상품이나 용역의 수출입, 외화자금의 대차거래
등에 수반하여 거래 발생시점과 결제시점 간에 발생하는 환율변동에 의해 초래되는 환차손
을 말한다. 거래적 환위험은 예상치 못한 환율변동으로 기업의 현금흐름이나 기업가치의 변
동 가능성을 의미하는 경제적 환위험(economic exchange risk)[4]을 포함한다. 회계적 환위
험은 환산 환위험이라고도 하는데 회계장부상 노출된 환위험이다. 즉 외화로 표시된 재
무제표상의 자산·부채와 수익·비용을 자국 통화 또는 특정 통화로 환산할 때 발생하
는 가치변동을 말한다. 예를 들어 해외지사와 자회사의 재무제표를 모기업의 재무제표
와 연결시키기 위해 자산과 부채의 가치를 동일한 통화로 환산하는 과정에서 발생할 수

---

4 환율의 변동이 기업의 미래 현금흐름 및 기업의 가치에 장기적으로 영향을 미치는 정도는 개별기업의 특성 또는
개별기업이 속한 산업의 특성에 따라 다르기 때문에 경제적 환위험을 측정하는 것은 매우 어려운 일이다.

있는 자산이나 부채의 가치변동 위험이 회계적 환위험이다. 국제금융 거래 시 기본적으로 이와 같은 환위험을 고려하여야 하는데 환위험의 크기는 환익스포저(exchange exposure)[5]의 크기와 형태, 환율의 변동성, 환익스포저의 기간에 따라 결정된다.

정치적 위험이란 한마디로 기업의 경영활동에 직간접적으로 영향을 미쳐 급작스러운 변화를 초래케 하는 정치적 영향력을 말한다. 정치적 위험은 일반적으로 기업환경에 급작스러운 변화를 초래하는 불연속성(discontinuity), 예측이 매우 어려운 불확실성(uncertainty), 그리고 기업경영에 영향을 주는 큰 충격(business impact) 등의 속성을 지니고 있다. 정치적 위험은 예상치 못한 세법의 변경 등 해당국의 정책 변화에 따른 기업환경의 변화에서부터 외국인 소유의 자산을 국유화시키는 수용(expropriation) 등 극단적인 형태에 이르기까지 매우 다양한 유형으로 나타난다. 이와 같은 정치적 위험은 주권국가가 게임의 규칙을 변경함으로써 영향을 받게 되는 당사자가 실질적인 구제책을 갖지 못한다는 사실에서 발생한다. 대표적인 정치적 위험의 예로 1990년 8월 이라크의 쿠웨이트 침공에 따른 영향을 들 수 있다. 이라크의 쿠웨이트 침공은 돌발적인 사태였는데, 이 돌발적인 사태가 결과적으로 쿠웨이트와 이라크에 진출한 외국기업들에게 직접적으로 막대한 손실을 초래하였던 것이다. 이와 같은 사례 등에 비추어, 다국적 기업과 투자자들은 법치주의의 전통이 취약한 국가에 투자할 때 무엇보다 정치적 위험을 신중하게 고려하여야 한다.

2. 시장의 불완전성 존재

냉전시대 종식과 세계화(globalization)의 진전으로 세계가 점차 통합되어 가는 추세를 보이는 가운데 최근 빈발하는 금융위기를 거치면서 개도국들의 국제화가 더욱 빠르게 진전되고 있다. 그러나 국제화의 진전에도 불구하고 국제거래에는 인력, 재화 및 용역, 자본의 국가 간 이동을 방해하는 다양한 형태의 현실적인 장벽이 여전히 존재하고 있다.

---

5 환율변동에 의한 환차손의 발생 가능성을 포괄한 개념으로 외화자산에서 외화부채를 차감한 외화순자산(long position) 또는 외화순부채(short position)를 의미한다. 외화자산과 외화부채 규모가 동일할 경우를 스퀘어 포지션(square position)이라고 하며 이때 환익스포저는 0이 된다.

이러한 장벽들은 거래에 관련되는 법적·제도적 규제, 과도한 거래비용과 운송비, 비대
칭적인 정보, 그리고 차별적 과세 등 매우 다양한 요소들을 포함하고 있다. 이에 따라
국제거래는 국내거래에 비하여 불완전한 속성을 가지는 것이 일반적이다. 이와 같은 국
제거래에서의 시장의 불완전성(market imperfection)은 다국적 기업들로 하여금 높은
거래비용을 줄이기 위해 해외에 생산기지를 건설하는 해외직접투자를 확대하는 중요한
요인이 되고 있다.[6] 한편 국제금융시장의 불완전성은 투자자들이 자신들의 포트폴리오
를 분산하여 위험을 회피할 수 있는 정도를 제약하는 요인으로도 작용한다.

3. 효과적인 기회 제공

국제금융은 기업들에게 보다 많은 혜택을 누릴 수 있는 더 넓은 기회를 제공해 준다. 선
진화된 국제금융시스템하에서 금융거래는 특정 국가의 규제와는 관계없이 국경을 초월
하여 이루어지는 경우가 많다. 기업들은 경영 성과를 극대화할 수 있는 국가나 지역에
생산시설을 마련하고 자본조달비용을 최소화할 수 있는 자본시장에서 자금을 조달할
수 있다. 또한 기업들은 유형 또는 무형의 자산들을 전 세계적으로 효율적으로 배치함으
로써 보다 큰 규모의 경제(economy of scale) 효과를 실현할 수 있다. 개인 투자자들
역시 국내에 국한하여 투자하는 경우보다 국제적인 투자를 통하여 더욱 큰 이득을 실현
할 수 있는 기회를 가지게 된다. 이와 더불어 국제금융은 치열한 경쟁을 가속화시키는
가운데 끊임없는 혁신을 요구함으로써 기업과 투자자들에게 보다 새롭고 다양한 기회
를 제공하게 된다.

---

6   예를 들어 운송비와 무역장벽이 수출의 매력을 감소시킬 때 기업이 해외 진입전략으로서 해외 직접투자를 선호하며
기업이 기술적 노하우, 운영 및 기업 전략에 대한 통제를 하고자 할 때 기업은 라이센싱(혹은 프랜차이즈)보다 해외직
접투자를 선호하게 된다 (Hill, 2008).

제3절 국제금융시장 개요

1. 국제금융시장의 구조와 기능

1.1 국제금융시장의 의의 및 기능

국제금융시장은 국제무역, 해외직접투자, 해외포트폴리오투자, 자금의 국제대차 등에 수반하여 금융자산 및 부채의 거래가 국제적 차원에서 이루어지는 장소 또는 거래 메커니즘을 의미한다.[7] 즉 국제금융시장은 거주자 간 금융거래가 이루어지는 국내시장에 대한 대칭적 개념이라고 할 수 있다. 그러나 통신과 정보처리 기술이 크게 향상된 최근에는 금융의 범세계화 현상이 진전되면서 금융거래가 거주성이나 장소에 크게 얽매이지 않는다. 따라서 국제금융시장은 각국의 금융시장, 외환시장, 유로시장이 상호 연계·결합된 총체적인 거래 메커니즘이라고 할 수 있다. 국제금융의 주요 참여자로는 각국 정부와 중앙은행, 국제상업은행 및 증권회사, 보험회사 및 연금기금, 수출입업자, 다국적 기업, 그리고 헤지펀드(hedge fund)[8] 등이 있다.

국제금융시장이 제공하는 주된 기능은 일반적으로 국내금융시장이 국내에서의 흑자부문과 적자부문 간 자금배분의 효율성을 높이는 것과 마찬가지로 국제적 자금배분의 효율성을 제고하는 것이다. 이를 구체적으로 살펴보면 국제금융시장은 먼저 국제적 상품교역이나 자본거래에 수반되는 국가 간의 채권채무결제를 원활하게 해 준다. 둘째,

---

[7] 국제금융거래의 동기는 본원적 동기와 파생적 동기로 나누어 볼 수 있다. 본원적 동기는 국가 간의 상품이나 용역 거래, 직접투자, 상업 및 공공차관 공여·도입 등과 같이 실물거래에 수반하는 자금결제를 위하여 국제금융거래가 발생하는 경우를 말한다. 이때 국제금융은 보정적 기능(accommodative function)을 수행한다. 실물거래 결제가 아닌 금융수익 추구를 목적으로 하는 거래를 파생적 거래라고 할 수 있는데 1970년대 이후 이러한 파생적 거래 동기에 의한 헤징, 재정거래, 투기거래 등의 거래가 급증하고 있는 것이 국제금융시장의 현실이다.

[8] 헤지펀드는 원래 금융 또는 상품 시장에서의 투자위험을 회피하고자 하는 거액투자자들을 대상으로 한 사모형식의 투자신탁(private investment partnership)으로 출발하였으나 최근에는 외환, 채권, 주식, 상품 시장에서 단기 고수익을 목적으로 투기적 포지션(speculative position)을 보유·운용하고 있는 공격적 투자운용형의 사모형식 투자신탁을 말한다. 헤지펀드는 거래내역 보고 등 각종 규제를 회피하기 위하여 보통 100명 미만의 거액투자자들로 구성되는데, 파생금융상품을 이용하여 자산규모를 훨씬 상회하는 금액을 투자하기도 한다.

국가 간 상품 및 용역의 수출입대금을 융자해 줌으로써 국제교역을 촉진시키는 데 기여한다. 셋째, 국제금융시장은 수요공급 조절기능을 통해 국제유동성의 편재현상을 시정하는 기능을 갖는다. 넷째, 다양한 금융상품 및 금융기법의 개발 등 국제금융의 발달은 국제자금관리를 더욱 원활하게 한다. 끝으로 국제금융은 각국 금융시장의 연계성을 높임으로써 금융시장의 국제화 및 개방화를 촉진하는 역할을 한다.

오늘날 국제금융시장의 주요 역할은 세계 각국의 실물투자 또는 기업의 생산활동 확대를 위한 수단적인 기능보다는 국제금융자산의 효율적 운용으로 이익을 창출하는 데 있다. 아울러 국제금융시장은 세계금융자산의 최적배분을 통해 자본의 생산성 증대, 무역 및 투자 확대, 국제유동성의 조절, 그리고 세계 각국의 경제발전을 촉진하는 기능을 수행하고 있다.

1.2 국제금융시장의 구성

국제금융시장의 분류체계는 통계자료 수집, 연구분석 등의 목적이나 연구자의 관점에 따라 달라진다. 일반적으로 넓은 의미의 국제금융시장은 각국의 국내금융시장, 유로시장과 같은 역외금융시장 그리고 이들 시장 간의 거래를 연계하는 외환시장으로 구성되어 있다.

국제금융시장은 금융자산의 만기와 특성 등 그 기능에 따라 구분할 수 있다. 즉 금융자산의 만기를 기준으로 만기 1년 이상의 국제적 중장기 금융상품이 주로 거래되는 국제자본시장(international capital market)과 만기 1년 이하의 국제적 단기 금융상품이 거래되는 국제단기금융시장(international money market)으로 구분된다. 또한 파생금융상품이 국제적으로 거래되는 파생금융상품시장(financial derivatives market)과 외환의 매매거래가 이루어지는 외환시장(exchange market)으로 나눌 수 있다.

한편 국제금융시장을 지역적인 측면에서 살펴볼 수 있다. 즉 각 지역별로 국제금융 중심지의 역할을 수행하는 국제금융센터와 특정 국가의 금융규제나 통제를 받지 않는 역외금융시장으로 구분할 수 있다. 이제 각 분류체계에 따라 다양하게 국제금융시장을 구성하는 각 시장에 대해서 간략히 살펴보기로 한다.

가. 국제금융시장의 구성

(1) 국내금융시장

각국의 국내금융시장은 저마다 상이한 제도와 역사적 배경을 가지고 있겠으나, 역내금융시장으로서 해당국 통화표시 금융자산 및 금융부채가 거래된다는 공통점이 있다. 일반적으로 금융시장은 금융기관의 중개 여부에 따라 직접금융시장과 간접금융시장으로 구분된다. 직접금융시장은 자금수요자가 자금공급자로부터 금융기관의 중개를 거치지 않고 직접 자금을 조달하는 시장으로서 채권시장 및 주식시장이 여기에 해당한다. 간접금융시장은 양자 사이의 금융중개기관을 통해 간접적으로 조달하는 시장을 말하는데, 대표적인 예로 은행예금·대출시장이 여기에 해당된다. 이러한 간접금융방식을 금융중개(financial intermediation)라고 한다.

또한 금융시장은 금융자산의 만기에 따라 만기 1년 이내의 금융자산이 거래되는 단기금융시장(money market)과 만기 1년 이상의 금융자산이 거래되는 중장기자본시장(capital market)으로 구분된다. 이 중 중장기자본시장은 주로 채권시장(bond market)과 주식시장(equity market)으로 구성되어 있다. 단기금융시장은 금융제도 내에서 주로 유동성 조절을 위한 수단으로 이용되는 데 비하여 자본시장은 주로 자금의 적자단위와 잉여단위를 연결하는 기능, 즉 저축을 투자로 전환하는 역할을 담당하고 있다.

단기금융시장으로는 양도성예금증서(CD : negotiable certificate of deposit), 은행인수어음(BA : bankers' acceptance), 환매조건부 증권(RP : repurchase agreement) 시장 등이 있다. 일반적으로 단기금융시장에서 금융자산에 대한 투자는 실물자산의 소유와는 직접적인 관계가 없는 데 비하여 자본시장에서의 채권 및 주식에 대한 투자는 일면 관련회사에 대한 부분적인 경영참여를 의미하는 것이다.

한편 자본시장에서 금융거래가 일어나는 형태를 보면 발행시장(primary market)의 경우 자금의 최종수요자와 공급자 간에 직접 금융거래가 이루어지는 데 반하여 유통시장(secondary market)에서는 금융자산 거래가 금융중개기관을 통하여 이루어진다. 따라서 발행시장에서 주식 또는 채권을 새로 발행하여 필요한 자금을 조달할 경우 금융자산의 총 스톡(stock)이 변화하게 된다. 하지만 유통시장에서의 채권 및 주식 거래는 금융자산의 총 스톡에 영향을 미치지 않는다.

(2) 유로시장 – 역외시장

유로시장은 금융자산이 특정국 통화로 표시되어 있을 경우 그 통화의 발행국 이외 지역에서 예금 및 대출거래 그리고 증권의 발행 및 유통거래 등의 금융거래가 일어나는 역외시장(offshore market)을 말한다. 유로시장은 각국의 금융규제나 통제를 받지 않는 초국가적 성격을 지니고 있기 때문에 각국의 국내금융시장보다 금리 면에서 유리하고 효율적인 시장으로 평가되고 있다.

유로시장은 거래되는 금융자산의 형태 및 자금조달방식에 따라 유로통화시장(Euro-currency market)과 유로채시장(Eurobond market)으로 구분할 수 있다. 유로통화시장은 유로통화자금을 대상으로 역외에서 간접금융거래가 이루어지는 시장을 말한다. 여기서 유로통화(Eurocurrency)란 국제적인 교환성을 갖는 통화들이 통화 발행국 이외의 지역에서 예치 · 운용되는 경우 이들 통화를 지칭한다.

유로통화시장은 다시 단기금융시장으로서의 유로단기금융시장(Euromoney market)과 중장기시장으로서의 유로대출시장(Eurocredit market)으로 나누어진다. 유로단기금융시장은 유로시장의 대표적 시장으로 유로예금시장(Eurodeposit market)이라고도 불리며, 주로 1년 미만의 단기 유로예금 · 대출이 주종을 이룬다. 유로대출시장은 일반적으로 유로은행이 정기예금, CD 등으로 조성된 자금을 여타 유로은행에 단기로 대출하기보다는 정부 및 기업 등에 대하여 중장기적으로 대출하는 시장을 의미한다.

한편 유로채시장은 유로채를 대상으로 발행과 매매 등 직접금융거래가 이루어지는 시장을 말한다. 여기서 유로채란 발행국 통화표시 채권이 발행국 이외의 지역에서 발행 · 거래되는 채권을 말한다. 예를 들어 스위스 프랑화표시 채권이 프랑크푸르트에서 발행 · 거래될 경우 이 채권은 유로 스위스 프랑화 채권이 된다.

(3) 외환시장

외환시장은 외환의 수요자와 공급자에 의해 외환의 매매거래가 정기적 · 지속적으로 이루어지는 총괄적인 거래 메커니즘을 말한다. 특정의 장소를 지칭하기보다는 총괄적인 외환거래 메커니즘을 의미하는 외환시장은 기본적으로 외환의 수요공급을 연결시켜 줄 뿐만 아니라 외환거래 과정을 통하여 환차익(exchange arbitrage) 및 이자차익(interest arbitrage)의 기능을 수행하고 헤징(hedging)과 투기(speculation)의 기회를 제공하고 있다.

이와 같은 외환시장은 서로 다른 두 통화를 교환하는 매매시장으로서 환율이 매개 변수가 된다. 따라서 금리를 매개변수로 하여 각국 통화로 표시된 대출과 차입, 예치 등 의 대차거래가 일어나는 외화자금시장(foreign money market)과는 그 성격이 다르다. 외환시장에서 이루어지는 이종 통화 간의 매매는 기본적으로 국제교역과 금융자산의 매매거래에 수반하여 일어나기 때문에 이들 외환거래는 지급메커니즘의 한 과정이 된 다. 따라서 각국 간의 금융시장이나 유로시장에서 서로 다른 통화표시의 대차거래는 외 환시장의 외환매매거래와 연계됨으로써 원활히 이루어질 수 있다. 외환시장에 대한 자 세한 내용은 4 ~ 5장에 수록되어 있다.

나. 국제금융시장의 기능별 구분

(1) 국제단기금융시장

만기 1년 이하의 국제적 단기금융상품이 거래되는 국제단기금융시장은 유로단기금융 시장과 미국, 영국, 일본, 독일 등 주요국의 국내단기금융시장으로 구분할 수 있다. 유로 단기금융시장은 주로 유로은행의 대고객거래와 은행 간 거래를 중개하는 도매금융시장 으로서 주로 유로 정기예금, 유로 CD, 유로 CP 등이 거래된다. 각국 국내단기금융시장 은 경제 주체들의 단기적인 자금유출입의 불균형을 해소시켜 주는 한편 환율정책을 포 함한 통화금융정책 면에서 정책의 효율성을 높여 주는 역할을 하고 있다. 국제단기금융 시장에서 주로 거래되는 금융자산으로 만기 1년 이하의 기업어음(CP), 은행인수어음 (BA), 양도성예금증서(CD), 환매조건부증권매각(RP), 그리고 단기재정증권(T-Bill) 등을 들 수 있다. 또한 국제무역금융, 금리 차이를 겨냥한 차익거래, 현물 및 현물환율의 변동에 따른 헤징이나 환투기 등의 단기거래가 이루어지고 있다.

(2) 국제자본시장

만기 1년 이상의 금융상품이 거래되는 국제자본시장은 통상 좁은 의미의 국제금융시장을 가리킨다고 할 수 있다. 국제자본시장은 크게 국제상업은행의 금융중개기능을 통한 예금과 대출에 의존하는 국제대출시장과 국제채권의 발행 및 매매가 이루어지는 국제채권시장, 그리고 주식의 발행과 매매가 이루어지는 국제주식시장으로 구분할 수 있다. 국제채권 및 주식시장은 다시 새로이 발행된 채권 및 주식 등 증권발행자로부터 국제투자은행 등 주간사를 통하여 최종적으로 투자자들에게 판매되는 발행시장과 발행된 증권이 브로커나 딜러를 통해 매매가 이루어지는 유통시장으로 구분된다.

한편 국제채(international bond)는 국내채(domestic bond)와 대응되는 개념으로 채권액면의 표시통화국과 발행지 국가의 일치 여부에 따라 외국채(foreign bond)와 유로채(Eurobond)로 구분된다. 채권 발행표시 통화와 발행지역 통화가 같은 경우 외국채가 된다. 즉 외국채란 차입자가 외국의 국내자본시장에서 그 나라 통화로 그 나라의 국내채와 비슷한 절차를 거쳐 발행하여 거래되는 채권을 말한다. 외국채는 발행지역에 따라 발행시장을 상징하는 독특한 명칭으로 불리고 있다. 예를 들어 미국에서 발행되는 외국채는 양키본드(Yankee bond), 영국에서 발행되는 외국채는 불독본드(bulldog bond), 일본에서 발행되는 것은 사무라이본드(samurai bond), 그리고 네덜란드의 경우는 렘브란트본드(Rembrandt bond)라 한다. 유로채에 대한 설명은 이미 언급하였으므로 생략하기로 한다.

국제주식은 외국에서 발행기업의 국내주식을 대신하여 유통되는 주식예탁증서(DR : depository receipt), 그리고 폐쇄형 국가펀드(closed-end country fund) 등이 있다. 또한 발행기업이 자국이 아닌 제3국의 주식시장에서 발행 상장하거나 런던의 국제증권거래소 등과 같은 국제주식시장에 상장하는 주식도 이에 포함된다.

(3) 파생금융상품시장

파생금융상품(financial derivatives)시장이란 외환, 채권, 주식 등 전통적인 금융상품의 미래가치를 사고파는 금융계약(financial contracts)이 거래되는 시장인데, 이러한 금융계약의 시장가치는 기초자산(underlying asset)의 가치로부터 파생된다는 점에서 파생금융상품시장으로 불리게 되었다. 즉 파생금융상품은 환율, 금리, 주가 등의 움직임에 따라 변동하게 되는 금융자산의 미래가치를 미리 결정하여 사고팔기로 약정한 후, 일정 기간이 경과한 뒤 계약조건에 따라 실제 결과가 일어나는 일체의 금융계약을 말한다. 파생금융상품은 선도계약, 선물, 옵션, 스왑 등으로 구분[9]되며 동 계약형태들은 〈표 1-1〉에서 보는 바와 같이 기초자산의 유형에 따라 통화·금리·주식·신용관련 상품 등으로, 거래방법에 따라 장내 및 장외 거래로 구분[10]할 수 있다.

각 계약형태의 주요 특징을 살펴보면, 먼저 선도계약(forward contracts)과 선물(futures)은 기초금융자산을 미래 특정시점에 특정가격으로 사고팔기로 약정하는 계약으로서 이 두 가지 계약의 기본성격은 동일하다. 그러나 일반적으로 선도계약은 장외시장에서 거래당사자 간에 직접 거래되거나 딜러 또는 브로커를 통해 거래가 이루어지는데 비해 선물은 정형화된 거래소를 통해 거래가 이루어진다는 점에서 차이가 있다.

옵션(options)은 기초자산을 미래의 특정시점 또는 특정기간 동안 특정 행사가격으로 매입(call)하거나 매각(put)할 수 있는 권리를 사고파는 계약으로서 기초자산 가격의 변화에 대해 비대칭적 손익구조(asymmetric payoffs)[11]를 가진다. 옵션계약은 거래시점에 프리미엄을 지급한다는 점에서 선도계약이나 선물과 다르다.[12]

---

9   또한 선물, 옵션, 스왑이 혼합된 형태(swaptions, callable swaps 등)와 현물증권과 파생상품이 혼합된 형태(inverse floaters, warrants 등)도 있다.

10 파생금융상품 장내거래와 장외거래 비교

	장내거래	장외거래
거래조건	거래단위, 결제조건 등 표준화	거래당사자가 협의하여 결정
거래장소	거래소	대부분 딜러나 브로커를 통해 전화 등으로 계약 체결
거래참가자	거래소 회원만 거래, 기타 참가자는 회원의 중개로 거래	제한 없음
계약상대방	거래소	상대편 거래당사자
결제	일일정산하며 대부분 만기 전 반대거래를 통해 차액만 정산	대부분 만기에 현물을 인·수도
증거금	거래소에 증거금 예치	딜러나 브로커가 고객별 신용한도를 설정하거나 담보금 예치를 요구

11 예를 들어 콜옵션의 경우 기초자산 가격이 행사가격(exercise price)에 프리미엄(옵션가격)을 더한 것보다 높을 경우 그 차액이 순이익이 될 것이므로 기초자산 가격이 상승하면 그에 비례하여 수익이 커지는 반면, 기초자산 가격이 하락할 경우에는 매입권리 행사를 포기함으로써 손실규모가 프리미엄 수준으로 한정된다.

12 선도계약 및 선물은 거래시점에는 단순히 계약만이 이루어지며 매매에 따른 프리미엄을 지불하지 않지만 계약이행을 보증하기 위한 증거금을 거래소에 납입해야 하는 등 자금운용 제약에 따른 기회비용이 존재한다.

〈표 1-1〉 주요 파생금융상품의 종류

	장내거래	장외거래
통화 관련	통화선물(currency futures) 통화선물옵션(currency futures options)	선물환(forward exchange) 통화스왑(currency swaps) 통화옵션(currency options)
금리 관련	금리선물(interest rate futures) 금리선물옵션(interest rate futures options)	선도금리계약(forward rate agreements) 금리스왑(interest rate swaps) 금리옵션(interest rate options) - caps, floors, collars 스왑션(swaptions)
주식 관련	주식옵션(equity options) 주가지수선물(index futures) 주가지수옵션(index options) 주가지수선물옵션(index futures options)	주식옵션(equity options) 주식스왑(equity swaps)
신용 관련	–	신용파산스왑(credit default swaps), 총수익스왑(total return swaps), 신용연계채권(credit linked notes), 합성담보부증권(synthetic collateral debt obligation)

스왑(swap)은 일반적으로 두 개의 금융자산 또는 부채에서 파생되는 미래의 현금흐름(cash flows)을 교환하기로 하는 계약이다. 서로 다른 통화표시 채무의 원리금 상환을 교환하기로 약정하는 통화스왑(currency swap)과 변동금리채무와 고정금리채무 간의 이자지급을 교환하기로 약정하는 금리스왑(interest rate swap) 등으로 구분된다.

파생금융상품에 대한 투자는 기초자산 투자 시 얻을 수 없는 다양한 수익창출이 가능하고 지렛대효과(leverage effect) 등 여러 가지 이점을 지니고 있다. 즉 파생금융상품 거래는 소액의 증거금 또는 프리미엄만으로 훨씬 규모가 큰 기초자산 거래 전체에 영향을 미칠 수 있을 뿐만 아니라 투자원금을 주고받지 않으므로 자금관리의 탄력성을 높일 수 있다. 이와 더불어 옵션을 비롯한 파생금융상품의 여러 계약형태를 적절히 이용하면 기초자산만으로는 불가능한 다양한 포트폴리오를 구성할 수 있는 장점이 있다.

이와 같은 특성으로 파생금융상품시장은 보다 높은 투자수익을 원하는 투자자에게는 고수익 투자수단을 제공하며, 안정적인 재무관리를 필요로 하는 기업이나 금융기관에게는 효과적인 위험관리 수단을 제공함으로써 장기적인 투자 및 재무계획을 원활히 수립할 수 있게 한다.

한편 파생금융상품 거래는 거래상대방의 채무불이행 위험(counter-party risk)[13]이 높을 뿐만 아니라 지렛대효과가 크고 거래구조가 복잡하여 투기적 거래에 대한 효과적인 내부통제가 이루어지지 않을 경우 대형 금융기관이라 하더라도 쉽게 재정적 어려움에 처할 가능성이 크다. 또한 거래규모가 대형화되고 금융시장 간 연계성이 심화되면서 개별 금융기관이 위험관리에 실패하는 경우 그 영향이 전체 금융시스템으로 파급된다. 최근의 Bears Stearns, Lehman Brothers, AIG 등 대형 금융기관의 부실과 이와 관련한 전 세계 금융시스템 붕괴 위기는 파생금융상품의 위험성이 가장 극명하게 표출된 경우라 할 수 있다. 이번 글로벌 금융위기의 주요 원인으로 파생금융상품에 대한 규제 미비가 지목되면서 개별 국가는 물론 국제적인 차원에서 파생금융상품시장에 대한 모니터링 강화, 청산·결제시스템 마련, 일반투자자 보호장치 강구, 감독체계의 개편 등에 대한 광범위하고 심도 있는 논의와 제도개편이 진행되고 있다.

2. 국제금융시장 개관

2.1 국제금융시장 거래추이

국제금융시장의 거래규모는 국제결제은행(BIS), OECD, 국제스왑·파생금융상품협회(ISDA), IMF 등에서 파악하고 있는데 일관성을 가지고 구체적으로 파악하기 어렵다. 이러한 기구들의 조사·통계자료를 이용[14]하여 국제채권시장, 외환시장, 그리고 파생상품시장의 거래규모를 간략히 살펴보기로 한다.

---

13 장내거래의 경우에는 상품의 표준화, 일일 정산 및 증거금 적립, 거래소의 이행보증 등을 통해 이러한 신용위험을 대부분 제거할 수 있다.

14 BIS의 "Triennial Central Bank Survey of Foreign and Derivative Market Activity(2013.9, 2013.11, 2016.9)", "International Banking and Financial Market Development" 각호 등을 주로 참고 인용하였음.

가. 국제채권시장

외국채 및 유로채가 거래되는 국제채권시장은 국제금융시장의 증권화 추세를 반영하여 꾸준히 확대되는 추세를 지속하고 있다. 〈표 1-2〉에서 보는 바와 같이 2014년 6월 말 현재 국제채권의 발행 잔액은 23조 1,340억 달러에 달한다. 이를 발행국가별로 보면 2014년 6월 말 현재 선진국이 80.2%를 차지하고 개발도상국 비중이 11.4%로 선진국에 비하여 절대적으로 낮은 수준이 다. 한편 역외금융시장의 국제채권 발행 잔액은 2014년 6월 말 현재 총 발행 잔액의 1.6%로 미미한 수준을 나타내었다.

　　국제채권 발행을 발행통화별로 살펴보면 1999년 유럽경제통화동맹의 출범과 더불어 도입된 유로화 표시채권 비중이 증가추세를 지속하여 2014년 6월 말 현재 유로화 표시채권 비중이 전체 채권발행 잔액의 43.7%를 차지함으로써 미 달러화 표시채권 비중을 크게 상회하였다. 이와는 대조적으로 미 달러화 표시 및 엔화 표시채권 비중은 하락 추세를 지속하여 2014년 6월 말 현재 그 비중이 각각 36.9%, 2.2%를 나타내었다.

〈표 1-2〉 국제채권의 발행 잔액   (단위 : 십억 달러, %)

	1999.12		2003.12		2007.9		2014.6	
발행국가별								
선진국	4,484	(82.0)	10,359	(88.5)	19,858	(90.7)	18,553	(80.2)
개발도상국	545	(10.0)	706	(6.0)	1,147	(5.2)	2,642	(11.4)
역외금융시장	62	(1.1)	134	(1.1)	232	(1.1)	372	(1.6)
국제기구	377	(6.9)	507	(4.3)	649	(3.0)	1,567	(6.8)
발행통화별								
유로화	1,576	(28.8)	4,703	(40.2)	7,746	(35.4)	10,107	(43.7)
미 달러화	2,624	(48.0)	5,094	(43.5)	10,449	(47.7)	8,525	(36.9)
엔화	532	(9.7)	505	(4.3)	580	(2.7)	512	(2.2)
기타 통화	736	(13.5)	1,403	(12.0)	3,112	(14.2)	3,990	(17.2)
전체	5,468	(100.0)	11,705	(100.0)	21,886	(100.0)	23,134	(100.0)

( ) 내는 전체규모에 대한 비중(%)
자료 : BIS, International Banking and Financial Market Development 각호

나. 외환시장

국제적으로 자본이동이 급격히 증가함에 따라 그간 전통적 외환상품 거래규모가 증가하는 추세를 지속하였다. 〈표 1-3〉에서 보는 바와 같이 국제결제은행(BIS)이 세계 주요국 중앙은행(52개국)을 통하여 조사한 자료에 의하면 세계 외환시장의 2016년 4월 중 일평균 외환거래규모는 5조 88억 달러로서 2013년 4월에 비해 현물환거래 감소로 다소(5%) 줄어들었으나 대체로 2000년대 이후의 증가추세를 지속한 것으로 평가된다.[15] 거래별 · 상품별 비중을 보면 현물환 거래가 32.5%, 선물환이 13.8%, 외환스왑이 46.3%, 통화스왑이 1.9%, 통화옵션 등 외환파생상품이 5.0%를 차지하였다.

〈표 1-3〉 세계 외환시장 거래규모 추이(4월 중 일평균 기준)[1), 2)]   (단위 : 십억 달러, %)

	2001	2004	2007	2010	2013	2016
전체 외환상품	1,239	1,934	3,324	3,971	5,355	5,088
현물환	386 (31.2)	631 (32.6)	1,005 (30.2)	1,488 (37.5)	2,046 (38.2)	1,654 (32.5)
선물환	130 (10.5)	209 (10.8)	362 (10.9)	475 (12.0)	679 (12.7)	700 (13.8)
외환스왑	656 (52.9)	954 (49.3)	1,714 (51.6)	1,759 (44.3)	2,239 (41.8)	2,358 (46.3)
통화스왑	7 (0.6)	21 (1.1)	31 (0.9)	43 (1.1)	54 (1.0)	96 (1.9)
통화옵션 등[3)]	60 (4.8)	119 (6.2)	212 (6.4)	207 (5.2)	337 (6.3)	254 (5.0)

주 : 1) 국내외 조사대상 금융기관 간 중복거래(double-counting) 제외
　　2) ( ) 내는 전체거래 대비 비중(%)
　　3) 기타 외환파생상품 포함

---

[15] BIS 조사가 처음 실시된 1986년 이후 최초로 감소하였으나 환율변동 효과를 고려(2016년 4월 환율 소급적용)할 경우 거래량은 3.5% 증가하였다.

　　거래상대방별로 살펴보면 〈표 1-4〉에서 보는 바와 같이 대기타금융기관[16] 간 거래가 일평균 2조 5,710억 달러로 동 거래비중이 50%를 상회하여 가장 큰 비중을 차지하였다. 만기별로는 선물환과 외환스왑 모두 7일 초과 1년 이내 만기의 거래비중이 상승하는 등 만기가 다소 장기화되는 모습을 나타내었다. 대내외별로는 대내거래가 2013년 4월 대비 20.2% 감소하고 대외거래가 6.1% 증가하여 대외거래비중이 57.8%에서 64.6%로 상승하였다.

〈표 1-4〉 세계 외환시장의 거래상대방 및 만기별 거래 추이(4월 중 일평균 기준)[1] [2]　　　　(단위 : 십억 달러, %)

		2001	2004	2007	2010	2013	2016
거래 상대방별	은행간	719 (58.1)	1,018 (52.6)	1,392 (41.9)	1,544 (38.9)	2,072 (38.7)	2,136 (42.0)
	대기타금융기관	346 (27.9)	634 (32.8)	1,339 (40.3)	1,896 (47.7)	2,812 (52.5)	2,571 (50.5)
	대일반고객	173 (14.0)	276 (14.3)	593 (17.8)	532 (13.4)	472 (8.8)	381 (7.5)
대내/대외	대내거래	525 (42.4)	743 (38.4)	1,274 (38.3)	1,393 (35.1)	2,259 (42.2)	1,803 (35.4)
	대외거래	713 (57.5)	1,185 (61.2)	2,051 (61.7)	2,578 (64.9)	3,096 (57.8)	3,285 (64.6)
만기별	선물환	130	209	362	475	670	700
	7일 이내	51 (38.8)	92 (44.3)	154 (42.6)	219 (46.1)	270 (39.7)	270 (38.6)
	7일 초과, 1년 이내	76 (58.4)	111 (53.2)	200 (55.4)	245 (51.5)	378 (55.6)	412 (58.9)
	1년 초과	4 (2.7)	5 (2.6)	7 (2.0)	11 (2.4)	31 (4.6)	17 (2.5)
	외환스왑	656	954	1,714	1,759	2,229	2,383
	7일 이내	451 (68.7)	700 (73.4)	1,329 (77.5)	1,299 (73.9)	1,573 (70.2)	1,640 (68.8)
	7일 초과, 1년 이내	196 (29.9)	242 (25.3)	365 (21.3)	442 (25.1)	579 (25.9)	713 (29.9)
	1년 초과	8 (1.2)	10 (1.0)	18 (1.0)	14 (0.8)	87 (3.9)	30 (1.3)

주 : 1) 국내외 조사대상 금융기관 간 중복거래(double-counting) 제외
　　 2) (　) 내는 전체거래 및 해당거래(선물환, 외환스왑) 합계 대비 비중(%)

16 비은행금융기관, 기관투자자, 헤지펀드, 공공금융기관 등이 포함.

〈표 1-5〉 세계 외환시장의 통화별 거래비중 추이(4월 중 일평균 기준)[1]   (단위 : %)

순위[2]	통화	2001	2004	2007	2010	2013	2016
1	미국 달러화	89.9	88.0	85.6	84.9	87.0	87.6
2	유로화	37.9	37.4	37.0	39.1	33.4	31.3
3	일본 엔화	23.5	20.8	17.2	19.0	23.1	21.6
4	영국 파운드화	13.0	16.5	14.9	12.9	11.8	12.8
5	호주 달러화	4.3	6.0	6.6	7.6	8.6	6.9
6	캐나다 달러화	4.5	4.2	4.3	5.3	4.6	5.1
7	스위스 프랑화	6.0	6.0	6.8	6.3	5.2	4.8
8	중국 위안화	0.0	0.1	0.5	0.9	2.2	4.0
9	스웨덴 크로나화	2.5	2.2	2.7	2.2	1.8	2.2
10	멕시코 페소화	0.8	1.1	1.3	1.3	2.5	2.2
11	뉴질랜드 달러화	0.6	1.1	1.9	1.6	2.0	2.1
12	싱가포르 달러화	1.1	0.9	1.2	1.4	1.4	1.8
13	홍콩 달러화	2.2	1.8	2.7	2.4	1.4	1.7
14	노르웨이 크로네화	1.5	1.4	2.1	1.3	1.4	1.7
15	원화	0.8	1.1	1.2	1.5	1.2	1.6
16	터키 리라화	0.0	0.1	0.2	0.7	1.3	1.4
17	인도 루피화	0.2	0.3	0.7	1.0	1.0	1.1
18	러시아 루블화	0.3	0.6	0.7	0.9	1.6	1.1
19	브라질 헤알화	0.5	0.3	0.4	0.7	1.1	1.0
20	남아공 랜드화	0.9	0.7	0.9	0.7	1.1	1.0
	기타	9.5	9.4	11.1	8.3	6.4	7.0
	합계[3]	200.0	200.0	200.0	200.0	200.0	200.0

주 : 1) 국내외 조사대상 금융기관 간 중복거래(double-counting) 제외
　　 2) 2016년 거래비중 기준
　　 3) 외환거래 특성상 거래 양방의 통화를 합산함에 따라 비중의 합계가 200%로 나타남

외환거래를 통화별로 보면 미국 달러화 개재 거래비중(87.6%)이 가장 높게 유지되는 가운데 유로화(31.3%)가 2위, 그리고 일본 엔화(21.6%)가 3위를 차지하였다(〈표 1-5〉). 기타 선진국 통화 중에서는 영국 파운드화(11.8% → 12.8%) 및 캐나다 달러화(4.6% → 5.1%) 등의 거래비중이 상승하고 신흥국 통화 중에서는 위안화(2.2% → 4.0%) 및 원화(1.2% → 1.6%) 등의 거래비중이 상승하였다.

〈표 1-6〉 세계 외환시장의 국가별 거래규모 및 비중 추이(4월 중 일평균 기준)[1) 2)]   (단위 : 십억 달러, %)

순위[3)]	국가	2001		2004		2007		2010		2013		2016	
1	영국	542	(31.8)	835	(32.0)	1,483	(34.6)	1,854	(36.8)	2,726	(40.9)	2,426	(37.1)
2	미국	273	(16.0)	499	(19.1)	745	(17.4)	904	(17.9)	1,263	(18.9)	1,272	(19.4)
3	싱가포르	104	(6.1)	134	(5.1)	242	(5.6)	266	(5.3)	383	(5.7)	517	(7.9)
4	홍콩	68	(4.0)	106	(4.1)	181	(4.2)	238	(4.7)	275	(4.1)	437	(6.7)
5	일본	153	(9.0)	207	(8.0)	250	(5.8)	312	(6.2)	374	(5.6)	399	(6.1)
6	프랑스	50	(2.9)	67	(2.6)	127	(3.0)	152	(3.0)	190	(2.8)	181	(2.8)
7	스위스	76	(4.5)	85	(3.3)	254	(5.9)	249	(4.9)	216	(3.2)	156	(2.4)
8	호주	54	(3.2)	107	(4.1)	176	(4.1)	192	(3.8)	182	(2.7)	135	(2.1)
9	독일	91	(5.4)	120	(4.6)	101	(2.4)	109	(2.2)	111	(1.7)	116	(1.8)
10	덴마크	24	(1.4)	42	(1.6)	88	(2.1)	120	(2.4)	117	(1.8)	101	(1.5)
11	캐나다	44	(2.6)	59	(2.3)	64	(1.5)	62	(1.2)	65	(1.0)	86	(1.3)
12	네덜란드	31	(1.8)	52	(2.0)	25	(0.6)	18	(0.4)	112	(1.7)	85	(1.3)
13	중국	0	(0.0)	1	(0.0)	9	(0.2)	20	(0.4)	44	(0.7)	73	(1.1)
14	한국	10	(0.6)	21	(0.8)	35	(0.8)	44	(0.9)	48	(0.7)	48	(0.7)
15	러시아	10	(0.6)	30	(1.1)	50	(1.2)	42	(0.8)	61	(0.9)	45	(0.7)
	기타	162	(9.5)	243	(9.3)	451	(9.1)	461	(9.1)	517	(7.7)	469	(7.2)
합 계		1,692	(99.4)	2,608	(100.0)	4,281	(98.5)	5,043	(100.0)	6,684	(100.1)	6,546	(100.1)

주 : 1) 국내 조사대상 금융기관 간 중복거래(double-counting) 제외
2) ( ) 내는 전체거래 대비 비중(%)
3) 2016년 거래비중 기준

국가별 거래규모 및 비중을 살펴보면 2016년 4월 영국이 일평균 2.43조 달러로 가장 비중(37.1%)이 높았으며 다음으로 미국(1.27조 달러, 19.4%), 싱가포르(0.52조 달러, 7.9%), 홍콩(0.44조 달러, 6.7%), 일본(0.4조 달러, 6.1%)의 순서를 나타내었다.

한편 2016년 4월 중 우리나라의 전체 외환시장 거래규모는 일평균 478억 달러를 기록하여 2013년 4월(475억 달러)과 비슷한 수준을 나타내었다(〈표 1-7〉). 세계 외환시장에서 우리나라 외환시장이 차지하는 비중은 2013년과 동일한 수준(0.7%)으로 조사대상국 중 14위를 차지하였다(〈표 1-6〉).

〈표 1-7〉 우리나라의 외환시장 거래규모 추이(4월 중 일평균 기준)[1), 2)]　　　　(단위 : 백만 달러, %)

	2001	2004	2007	2010	2013	2016
전체 외환상품	9,808	20,529	35,235	43,824	47,520	47,814
현물환	5,859 (59.7)	10,260 (50.0)	17,417 (49.4)	18,488 (42.2)	19,848 (41.8)	20,227 (42.3)
선물환	1,203 (12.3)	3,598 (17.5)	5,141 (14.6)	6,101 (13.9)	7,320 (15.4)	8,774 (18.4)
외환스왑	2,535 (25.8)	5,951 (29.0)	10,838 (30.8)	18,420 (42.0)	19,015 (40.0)	17,788 (37.2)
통화스왑	56 (0.6)	280 (1.4)	1,205 (3.4)	654 (1.5)	783 (1.6)	813 (1.7)
통화옵션 등[3)]	156 (1.6)	441 (2.1)	633 (1.8)	161 (0.4)	554 (1.2)	213 (0.4)

주 : 1) 국내 조사대상 금융기관 간 중복거래(double-counting) 제외
　　2) (　) 내는 전체거래 대비 비중(%)
　　3) 기타 외환파생상품 포함

〈표 1-8〉 우리나라의 외환시장 규모 비교 (2016년 4월 중 일평균 기준)[1) 2)]

우리나라보다 거래규모가 큰 국가(13개국)	영국(37.1%), 미국(19.4%), 싱가포르(7.9%), 홍콩(6.7%), 일본(6.1%), 프랑스(2.8%), 스위스(2.4%), 호주(2.1%), 독일(1.8%), 덴마크(1.5%), 캐나다(1.3%), 네덜란드(1.3%), 중국(1.1%)
우리나라보다 거래규모가 작은 국가(38개국)	러시아(0.7%), 스웨덴(0.6%), 노르웨이(0.6%), 룩셈부르크(0.6%), 인도(0.5%), 스페인(0.5%), 대만(0.4%), 벨기에(0.4%), 터키(0.3%), 남아공(0.3%), 브라질(0.3%), 멕시코(0.3%), 오스트리아(0.3%), 이탈리아(0.3%), 핀란드(0.2%), 태국(0.2%), 뉴질랜드(0.2%), 폴란드(0.1%), 이스라엘(0.1%), 말레이시아(0.1%), 칠레(0.1%), 바레인(0.1%), 인도네시아(0.1%), 사우디아라비아(0.1%), 콜롬비아(0.1%), 체코(0.1%), 헝가리(0.1%), 필리핀(0.0%), 불가리아(0.0%), 아일랜드(0.0%), 포르투갈(0.0%), 슬로바키아(0.0%), 루마니아(0.0%), 아르헨티나(0.0%), 라트비아(0.0%), 페루(0.0%), 그리스(0.0%), 리투아니아(0.0%)

주 : 1) 국내 조사대상 금융기관 간 중복거래(double-counting) 제외
　　2) (　) 내는 전 세계 외환시장에서 차지하는 비중

다. 파생금융상품시장

최근 들어 파생금융상품 거래는 더욱 급속하게 확대되는 추세를 나타내고 있다. BIS 및 ISDA 조사결과에 따르면 〈표 1-9〉에서 보는 바와 같이 전 세계 장외파생금융상품시장 규모는 명목원금(notional principal)[17] 기준으로 2004년 6월 말 220조 달러에서 2013

17　파생금융상품의 시장규모를 나타내기 위해 명목원금(notional principal)이 통상 사용되고 있는데 명목원금이란 거래의 대상이 되는 기초자산의 원금을 나타내는 것으로 파생상품 거래 시 발생하는 자금흐름과는 다르다. 예를 들어 고정금리 채권과 변동금리 채권의 현금흐름(원금 및 이자)을 서로 교환하는 금리스왑의 경우 실제 자금흐름은

년 6월 말에는 692.9조 달러로 3배 이상 확대되는 등 전반적으로 빠른 성장세를 보이고 있다. 전체 장외파생상품 명목잔액에서 차지하는 비중은 금리(83.3%), 외환(11.7%), 그리고 신용파생상품(3.6%) 등의 순서이다.

〈표 1-9〉 세계 장외파생상품 명목잔액(6월 말 잔액 기준)[1], [2]　　　　　　　　(단위 : 십억 달러, %)

	2004	2007	2010	2013
외환파생상품	31,500 (14.3)	57,604 (11.3)	62,933 (10.8)	81,025 (11.7)
선물환 및 외환스왑	16,764 (7.6)	29,775 (5.9)	31,935 (5.5)	39,575 (5.7)
통화스왑	7,939 (3.6)	14,130 (2.8)	18,890 (3.2)	26,318 (3.8)
통화옵션	6,789 (3.1)	13,662 (2.7)	12,107 (2.1)	15,077 (2.2)
금리파생상품	177,457 (80.6)	381,357 (75.1)	478,093 (82.1)	577,269 (83.3)
선도금리계약	14,399 (6.5)	25,607 (5.0)	60,028 (10.3)	89,434 (12.9)
금리스왑	137,277 (62.4)	299,155 (58.9)	367,541 (63.1)	437,066 (63.1)
금리옵션	25,757 (11.7)	56,587 (11.1)	50,519 (8.7)	50,191 (7.2)
주식파생상품	5,094 (2.3)	9,518 (1.9)	6,868 (1.2)	6,963 (1.0)
상품파생상품[3]	1,354 (0.6)	8,255 (1.6)	3,273 (0.6)	2,727 (0.4)
신용파생상품	4,474 (2.0)	51,095 (10.1)	31,416 (5.4)	24,845 (3.6)
기타파생상품	191 (0.1)	78 (0.0)	72 (0.0)	78 (0.0)
합 계	220,070	507,907	582,655	692,907

주 : 1) 국내외 조사대상 금융기관 간 중복거래(double-counting) 제외
　　 2) ( ) 내는 구성비(%)
　　 3) 귀금속, 원자재 등을 기초자산으로 하는 파생상품

두 이자의 차액에 불과하나 명목원금은 원금전체를 표시하고 있다.

한편 2013년 6월 말 현재 우리나라 장외파생상품 거래의 명목잔액은 총 1조 3,228억 달러로 2010년 6월 말의 1조 3,530억 달러에 비해 2.2% 감소하였다. 우리나라의 장외파생상품 명목잔액 규모는 세계 장외파생상품 잔액의 0.19% 수준이다(〈표 1-10〉).

〈표 1-10〉 우리나라 장외파생상품 명목잔액(6월 말 잔액 기준)[1), 2)]   (단위 : 억 달러, %)

	2004	2007	2010	2013
외환파생상품	2,841.1 (64.9)	7,343.6 (53.2)	4,556.3 (33.7)	4,996.7 (37.8)
선물환 및 외환스왑	2,167.3 (49.5)	4,575.2 (33.1)	2,867.5 (21.2)	3,282.8 (24.8)
통화스왑	433.7 (9.9)	1,872.2 (13.6)	1,516.0 (11.2)	1,612.2 (12.2)
통화옵션	240.2 (5.5)	896.3 (6.5)	172.8 (1.3)	101.8 (0.8)
금리파생상품	1,435.4 (32.8)	6,311.2 (45.7)	8,795.7 (65.0)	8,013.2 (60.6)
선도금리계약	58.8 (1.3)	17.2 (0.1)	– (0.0)	– (0.0)
금리스왑	1,332.9 (30.4)	6,048.6 (43.8)	8,436.7 (62.4)	7,755.4 (58.6)
금리옵션	43.7 (1.0)	245.5 (1.8)	358.9 (2.7)	257.7 (1.9)
주식파생상품	97.2 (2.2)	92.8 (0.7)	150.8 (1.1)	202.9 (1.5)
상품파생상품[3)]	– (0.0)	30.2 (0.2)	3.1 (0.0)	13.5 (0.1)
신용파생상품	4.1 (0.1)	22.7 (0.2)	19.3 (0.1)	– (0.0)
기타파생상품	0.1 (0.0)	2.5 (0.0)	5.0 (0.0)	1.8 (0.0)
합 계	4,377.9	13,803.0	13,530.2	13,228.1

주 : 1) 국내 조사대상 금융기관 간 중복거래(double-counting) 제외
    2) ( ) 내는 구성비(%)
    3) 귀금속, 원자재 등을 기초자산으로 하는 파생상품

이제 파생금융상품이 하루 평균 어느 정도 규모로 거래되는지를 살펴보기로 한다. BIS의 2016년 조사결과에 따르면 〈표 1-11〉에서 보는 바와 같이 2016년 4월 중 장외 금리파생금융상품의 일평균 거래규모는 2조 6,660억 달러이며 이 중 금리스왑 거래가 1조 8,500 달러로 가장 큰 비중(69.4%)을 차지하였다.

이를 거래상대별로 살펴보면 대기타금융기관의 거래규모가 일평균 1.8조 달러 규모로 66.0%의 비중을 차지하였다. 은행 간 거래 비중은 1995년 이후 최저수준인 26.0%, 대일반고객 거래 비중은 7.9%를 차지하였다. 대내외별로는 대내거래가 33.4%, 대외거래가 66.5%를 각각 차지하였다(〈표 1-12〉).

장외파생상품거래를 통화별로 살펴보면 미국 달러화와 유로화의 비중이 74.8%를 차지하는 가운데 미국 달러화의 거래규모가 큰 폭으로 증가하여 유로화를 제치고 50.9%로 1위를 차지하였다(〈표 1-13〉). 국가별로는 미국과 영국 두 나라에 거래의 80%가 집중된 가운데 미국의 거래가 크게 증가하고 영국의 거래가 크게 줄어든 결과 미국(41%)이 영국(39%)을 제치고 1위를 차지하였다. 또한 프랑스, 독일 등 유럽 국가의 거래 비중은 전반적으로 하락하였다(〈표 1-14〉).

〈표 1-11〉 장외 금리파생상품시장의 거래규모 추이(4월 중 일평균 기준)[1], [2]　　　(단위 : 십억 달러, %)

	2001	2004	2007	2010	2013	2016
전체 장외 금리파생상품	489	1,024	1,685	2,054	2,311	2,666
선도금리계약	129 (26.4)	233 (22.7)	258 (15.3)	600 (29.2)	749 (32.4)	651 (24.4)
금리스왑	331 (67.7)	620 (60.5)	1,210 (71.8)	1,272 (61.9)	1,388 (60.1)	1,850 (69.4)
금리옵션 등[3]	29 (5.9)	171 (16.7)	217 (12.9)	182 (8.9)	174 (7.5)	165 (6.2)

주 : 1) 국내외 조사대상 금융기관 간 중복거래(double-counting) 제외
　　 2) ( ) 내는 전체거래 대비 비중(%)
　　 3) 기타 금리파생상품 포함

〈표 1-12〉 장외 금리파생상품시장의 거래주체별 및 대내외 거래 추이(4월 중 일평균 기준)[1), 2)]

(단위 : 십억 달러, %)

		2001	2004	2007	2010	2013	2016
거래상대방별	은행간	323 (65.9)	494 (48.3)	800 (47.4)	896 (43.6)	786 (34.0)	694 (26.0)
	대기타금융기관	142 (29.0)	450 (43.9)	747 (44.3)	937 (45.6)	1,352 (58.5)	1,760 (66.0)
	대일반고객	25 (5.1)	79 (7.8)	136 (8.1)	221 (10.8)	169 (7.3)	210 (7.9)
대내/대외	대내거래	207 (42.3)	414 (40.4)	564 (33.5)	756 (36.8)	1,059 (45.8)	890 (33.4)
	대외거래	282 (57.7)	609 (59.4)	1,120 (66.4)	1,298 (63.2)	1,248 (54.0)	1,774 (66.5)

주 : 1) 국내외 조사대상 금융기관 간 중복거래(double-counting) 제외
　　 2) ( ) 내는 전체거래 대비 비중(%)

〈표 1-13〉 장외 금리파생상품의 통화별 거래규모 추이(4월 중 일평균 기준)[1), 2)]   (단위 : 십억 달러, %)

순위[3)]		2004		2007		2010		2013		2016	
1	미국 달러화	347	(33.9)	532	(31.6)	654	(31.8)	639	(27.7)	1,366	(50.9)
2	유로화	461	(45.0)	656	(38.9)	834	(40.6)	1,133	(49.0)	638	(23.9)
3	영국 파운드화	90	(8.8)	172	(10.2)	213	(10.4)	187	(8.1)	237	(8.9)
4	호주 달러화	12	(1.2)	19	(1.1)	37	(1.8)	76	(3.3)	101	(3.8)
5	일본 엔화	46	(4.5)	137	(8.1)	124	(6.0)	69	(3.0)	83	(3.1)
6	캐나다 달러화	8	(0.8)	15	(1.0)	48	(2.3)	30	(1.3)	39	(1.5)
7	뉴질랜드 달러화	2	(0.2)	7	(0.9)	4	(0.2)	5	(0.2)	26	(1.0)
8	멕시코 페소화	2	(0.2)	5	(0.3)	5	(0.2)	10	(0.4)	26	(1.0)
9	스웨덴 크로나화	13	(1.3)	33	(2.0)	20	(1.0)	36	(1.6)	19	(0.7)
10	남아공 랜드화	2	(0.2)	3	(0.2)	5	(0.2)	16	(0.7)	16	(0.6)
11	노르웨이 크로네화	8	(0.8)	8	(0.5)	15	(0.7)	9	(0.4)	15	(0.6)
12	스위스 프랑화	10	(1.0)	19	(1.1)	20	(1.0)	14	(0.6)	14	(0.5)
12	원화	0	(0.0)	5	(0.3)	16	(0.8)	12	(0.5)	14	(0.5)
13	싱가포르 달러화	3	(0.3)	4	(0.2)	4	(0.2)	4	(0.2)	12	(0.5)
14	중국 위안화	··	(··)	0	(0.0)	2	(0.1)	14	(0.6)	10	(0.4)
15	헝가리 포린트화	0	(0.0)	1	(0.1)	0	(0.0)	2	(0.1)	8	(0.3)
16	브라질 헤알화	1	(0.1)	2	(0.1)	3	(0.1)	16	(0.7)	7	(0.3)
17	인도네시아 루피아화	0	(0.0)	3	(0.2)	2	(0.1)	6	(0.3)	6	(0.2)
18	폴란드 즈워티화	1	(0.1)	2	(0.1)	1	(0.0)	7	(0.3)	6	(0.2)
19	홍콩 달러화	4	(0.4)	9	(0.5)	3	(0.1)	2	(0.1)	5	(0.2)

순위[3]		2004	2007	2010	2013	2016
20	칠레 페소화	·· (··)	0 (0.0)	0 (0.0)	1 (0.0)	4 (0.2)
	기타 통화[4]	12 (1.2)	50 (3.0)	36 (1.8)	7 (0.3)	14 (0.5)
	합 계	1,025 (100.0)	1,686 (100.0)	2,054 (100.0)	2,311 (100.0)	2,666 (100.0)

주 : 1) 국내외 조사대상 금융기관 간 중복거래(double-counting) 제외
2) ( ) 내는 전체거래 대비 비중(%)
3) 2016년 거래비중 기준
4) BIS 조사표상 other로 분류되는 통화

한편 2016년 4월 중 우리나라의 장외 금리파생상품 거래규모는 일평균 66억 달러로 2013년에 이어 감소하였다(〈표 1-14〉). 이에 따라 우리나라가 세계 장외 금리파생상품에서 차지하는 비중은 다소 하락(2013년 0.3% → 2016년 0.2%)하여 국가별 순위로는 17위를 기록하였다(〈표 1-13〉).

〈표 1-14〉 장외 금리파생상품 거래의 국가 거래규모 및 비중 추이(4월 중 일평균 기준)[1), 2)]　　　　(단위 : 십억 달러, %)

순위[3]		2004	2007	2010	2013	2016
1	미　　　국	317 (23.9)	525 (24.2)	642 (24.2)	628 (22.8)	1,241 (41.0)
2	영　　　국	563 (42.3)	957 (44.0)	1,235 (46.6)	1,348 (49.9)	1,180 (39.0)
3	프　랑　스	151 (11.4)	176 (8.1)	193 (7.3)	146 (5.4)	141 (4.7)
4	홍　　　콩	11 (0.8)	17 (0.8)	18 (0.7)	28 (1.0)	110 (3.6)
5	싱 가 포 르	9 (0.6)	57 (2.6)	35 (1.3)	37 (1.4)	58 (1.9)
6	일　　　본	31 (2.3)	76 (3.5)	90 (3.4)	67 (2.5)	56 (1.8)
7	호　　　주	13 (1.0)	23 (1.0)	41 (1.5)	66 (2.4)	49 (1.6)
8	캐　나　다	12 (0.9)	21 (0.9)	42 (1.6)	34 (1.3)	33 (1.1)
9	독　　　일	43 (3.2)	90 (4.2)	48 (1.8)	101 (3.8)	31 (1.0)
10	네 덜 란 드	19 (1.4)	27 (1.2)	61 (2.3)	29 (1.1)	22 (0.7)
11	벨 기 에	31 (2.3)	22 (1.0)	10 (0.4)	9 (0.3)	17 (0.6)
12	스 웨 덴	7 (0.6)	12 (0.6)	18 (0.7)	17 (0.6)	14 (0.5)
13	덴 마 크	11 (0.8)	10 (0.5)	16 (0.6)	59 (2.2)	10 (0.3)
14	이 탈 리 아	38 (2.8)	30 (1.4)	27 (1.0)	24 (0.9)	10 (0.3)
15	남 아 공	3 (0.2)	4 (0.2)	6 (0.2)	11 (0.4)	9 (0.3)
16	스 위 스	12 (0.9)	61 (2.8)	75 (2.8)	33 (1.2)	8 (0.3)
17	**한　　　국**	1 (0.1)	5 (0.2)	11 (0.4)	8 (0.3)	7 (0.2)
18	스 페 인	12 (0.9)	17 (0.8)	31 (1.2)	14 (0.5)	6 (0.2)
19	뉴 질 랜 드	1 (0.1)	3 (0.1)	2 (0.1)	3 (0.1)	5 (0.2)

순위[3]			2004	2007	2010	2013	2016
20	중	국	·· (··)	·· (··)	2 (0.1)	13 (0.5)	4 (0.1)
기		타	45 (3.3)	40 (1.8)	46 (1.8)	30 (0.9)	17 (0.6)
합 계			1,330 (100.0)	2,173 (100.0)	2,649 (100.0)	2,702 (100.0)	3,028 (100.0)

주 : 1) 국내 조사대상 금융기관 간 중복거래(double-counting) 제외
　　 2) ( ) 내는 전체거래 대비 비중(%)
　　 3) 2016년 거래비중 기준

〈표 1-15〉 우리나라의 장외 금리파생상품시장 거래규모 추이(4월 중 일평균 기준)[1, 2]　　(단위 : 백만 달러, %)

	2001	2004	2007	2010	2013	2016
전체 장외 금리파생상품	82	869	5,386	10,691	7,837	6,617
선도금리계약	18 (22.0)	116 (13.3)	438 (8.1)	433 (4.1)	64 (0.8)	439 (6.6)
금리스왑	64 (78.0)	705 (81.1)	4,508 (83.7)	9,855 (92.2)	7,570 (96.6)	6,011 (90.8)
금리옵션 등	0 (0.0)	48 (5.5)	441 (8.2)	403 (3.8)	204 (2.6)	168 (2.6)

주 : 1) 국내 조사대상 금융기관 간 중복거래(double-counting) 제외
　　 2) ( ) 내는 전체거래 대비 비중(%)

2.2 국제금융 결제제도

국제금융시장을 구성하는 각국의 금융시장 및 외환시장 그리고 유로시장에서의 거래를 연계시키기 위해서는 국제적인 네트워크가 필요하게 되는데, 오늘날 이러한 역할을 담당하는 중요한 국제통신기구로서 SWIFT(Society for Worldwide Interbank Financial Telecommunication)가 있다.

　　SWIFT는 외국환은행의 국제 자금결제업무를 신속·정확하게 수행하기 위해 조직한 국제은행 간 데이터 통신시스템으로 1973년 5월 벨기에 브뤼셀에 설치된 비영리기구이다. SWIFT는 1977년부터 국제금융거래의 메시지를 표준화된 양식으로 전달 처리하고 있다. 따라서 이 제도에 참가하면 국제은행 간의 자금거래를 신속·정확하게 처리할 수 있고, 안전성을 높일 수 있으며, 거래내역을 쉽게 확인할 수 있다. 우리나라는 1992

년 3월 52개 기관(국내 금융기관 27개, 외국은행 국내지점 25개)이 SWIFT에 참가하여 업무를 시작한 이후 참가기관이 지속적으로 크게 늘어나고 있다. 이러한 SWIFT는 여러 국제금융결제기구와 연계됨으로써 국제적 금융결제가 매우 신속하게 이루어지고 있다.

국제금융결제를 위한 가장 대표적인 기구로서 CHIPS(Clearing House Interbank Payments System)를 들 수 있다. CHIPS는 뉴욕에 소재하는 결제기구(clearing house)로 서 1981년 10월부터 참가 은행들의 미 달러화 및 이와 거래된 외환들에 대한 이체 및 결제를 수행하고 있다. 이에 따라 미국 소재 은행과 유로은행 간의 자금결제가 거래 당일 로 이루어지고 있다.

또한 유로채권의 거래와 관련된 국제금융결제기구로서 Euroclear(Euroclear Clearance System Limited)와 Clearstream을 들 수 있다.[18] Euroclear는 1968년 12월 미국계인 Morgan Guaranty사에 의해 벨기에의 브뤼셀에 설치된 기관으로 국제 증권매 매 등의 거래에 따른 결제 및 증권보관업무 수행에 특화되어 있는 민간 국제결제기구이 다. Clearstream은 Euroclear에 대항하여 유럽 주요은행이 중심이 되어 1970년 9월 유 로채권의 효율적인 결제 및 보관을 위해서 룩셈부르크에 설립된 민간국제결제기구 CEDEL(Centrale de Livraison de valeurs Mobilieres S.A.)이 2000년 독일의 Borse Clearing을 합병하여 새로이 출범한 기구이다.

Euroclear와 CEDEL이 설립되기 전까지는 우편송달제도에 의하여 유로채권의 인 도와 결제가 이루어져 왔는데, 그 절차가 복잡하여 거래의 신속성이 저해되었다. 그러나 양 기관의 설립으로 증권의 인도와 결제를 위한 계정이체 방식이 확립되어 유로채권의 거래가 원활하게 이루어지게 되었다. 예를 들어 A은행이 B은행으로부터 유로채권을 매 입한 경우 B은행이 채권계좌에서 이체하도록 Euroclear에 지시하면 전자방식으로 채 권이 이체된다. 우리나라는 한국은행이 1990년 이들 두 기구에 가입하였다.

이와 더불어 1999년 1월부터 유럽경제통화동맹(EMU : European Economic and Monetary Union)이 정식 출범함에 따라 유럽중앙은행(ECB : European Central Bank) 은 유럽연합국가 중앙은행을 연계시키는 범유럽통합결제(TARGET : Trans-European

---

18 국제채 결제기구에 대한 자세한 내용은 제9장 국제채권시장 참조.

Automated Real-Time Gross Settlement Express Transfer) 시스템을 가동하고 있다.

TARGET 시스템은 현행 유럽연합 회원국의 지급 결제망과 결제메커니즘을 그대로 활용하여 단일통화 가맹국 간의 유로화 결제기능을 수행하는 시스템으로서 단일통화 가맹국의 실시간 총액결제(RTGS : Real-Time Gross Settlement) 시스템, 유럽중앙은행 결제시스템(EPM : European Central Bank Payment Mechanism), 그리고 이를 연결시켜 주는 연결시스템으로 구성되어 있다. RTGS는 참가국 중앙은행과 금융기관 간 결제를, EPM은 유럽중앙은행과 거래금융기관 간의 결제를 담당하며 연결시스템은 통신망을 통해 국가 간 자금이체 내용을 송수신한다.

한편 범세계적인 전자통신망의 급속한 발달은 국제금융거래에 필요한 다양한 정보를 신속·정확하게 이용하는 것을 가능하게 하며, 이러한 추세는 향후 더욱 가속화될 것으로 예상된다. 오늘날 국제금융시장에 대한 제반 정보는 주로 로이터(Reuters), AP-다우존스(Associated Press-Dow Jones), 텔러레이트(Telerate), 블룸버그(Bloomberg)사 등에 의해서 처리 제공되고 있다.

2.3 주요 국제금융센터

가. 국제금융센터 개요

국제금융센터는 세계적 금융기관들이 현지법인 또는 지점의 형태로 상설 영업망을 형성하고 국제금융거래를 지속적으로 행하는 지역을 말한다. 이러한 국제금융센터는 대체로 세 형태로 분류된다.

(1) 전통적 금융센터(traditional financial center)

영국, 미국, 일본, 독일의 경우와 같이 상대적으로 우월한 생산규모, 통화의 국제 통용력 등 자국의 강력한 경제력과 고도로 발달된 국내금융시장을 토대로 형성된 국제금융활동의 중심지이다. 런던, 뉴욕, 동경, 프랑크푸르트 등이 여기에 해당된다.

(2) 역외금융센터(offshore financial center)

비거주자로부터 자금을 조달하여 비거주자를 대상으로 운영하는 금융중개시장이다. 자국의 금융규제대상에서 제외하여 금융상 특혜는 물론 조세상의 특혜도 부여하는데, 비거주자 역외계정 설치를 통하여 인위적으로 창설한 역외금융센터와 자연발생적으로 형성된 역외금융센터가 있다. 홍콩이나 런던 시장 등이 후자에 해당하며 싱가포르, 동경, 바레인 등의 역외금융시장과 뉴욕 IBF(International Banking Facilities)가 전자에 해당된다.

인위적인 역외금융시장의 효시는 싱가포르 시장이다. 싱가포르는 경제자립도가 낮은 소규모 개방경제로서 해외금융기관 유치, 금융서비스 특화를 통하여 경제활동의 다양화 및 고용촉진을 도모하고자 1968년 ACU(Asian Currency Unit)계정을 설치함으로써 비거주자 간의 거래가 이루어지는 역외금융시장을 창설하였다. 뉴욕의 경우는 달러화의 과도한 역외유출을 방지하기 위하여 1981년에 뉴욕 IBF계정 설치를 통해 뉴욕 역외금융시장을 개설했고, 일본은 이러한 미국의 역외금융시장 창설에 대응하여 1986년 특별국제금융계정(Japan offshore market special account)을 설치함으로써 동경 역외금융센터를 인위적으로 창설하였다.

(3) 기장역외금융센터(booking offshore financial center)

주로 미국 금융기관들이 본국의 각종 금융규제와 세금을 회피하기 위한 방편으로 법률상·외형상의 기장과 회계(booking)처리를 위하여 개설한 빈 껍질뿐인 지점(shell branch)들이 몰려 있는 역외금융센터로서 카리브해의 바하마, 버뮤다 및 케이만군도 등을 일컫는다. 공공연히 조세 회피처(tax heaven)라고도 부른다.

나. 주요 국제금융센터

(1) 런던금융센터

세계에서 가장 오래된 국제금융센터인데 19세기 이래 세계 무역 및 금융의 중심지 지위와 20세기 초반까지 누렸던 세계 최대 경제대국으로서의 경제력을 바탕으로 그 위치를 확보하여 왔다. 영국의 경제력이 급속히 약화되기 시작한 20세기 후반 이후 뉴욕 시장에 비하여 상대적으로 위축되기도 하였으나 여전히 세계 최대 국제금융센터로서의 지위를 유지하고 있다.

　런던 금융시장은 국내금융의 비중이 상대적으로 높은 뉴욕 및 동경 시장과는 달리 미 달러화 및 일본 엔화 등을 대상으로 하는 국제금융업무 비중이 높은 시장이다. 런던금융센터는 런던시 동부지역에 위치하는 불과 2.9km²에 지나지 않는 시티(The City of London)를 중심으로 형성·발전되었다. 좁은 면적에 은행, 보험회사, 증권회사 등 다양한 금융기관이 밀집하여 금융인들의 빈번한 개별 접촉이 이루어졌다. 이에 따라 ① 신용거래의 토대가 되는 신뢰 형성이 용이하였고, ② 신속한 정보교환이 이루어졌으며, ③ 시티 내의 불문율에 의한 내부 자율규제 전통이 확립되어 금융환경 변화에 탄력적으로 대응할 수 있었다.

　또한 시티가 20세기 후반에 들어서도 건재할 수 있었던 발전요인으로 네 가지를 들 수 있다. 첫째, 미국 달러자금이 미국 국내 금융규제를 피하여 런던으로 대거 유입됨에 따라 유로시장으로서 급속히 발전하게 되었다. 둘째, 1986년에 실시된 증권거래제도 대개혁(big bang) 등 금융규제 완화에 따라 여타 유럽 국가들의 금융활동을 런던으로 흡수할 수 있었다. 셋째, 다수의 금융기관이 집결하여 다양한 형태의 금융거래를 취급함에 따라 시장유동성이 풍부하고 거래비용이 저렴하다는 이점이 있다. 넷째, 오전에는 동경과, 오후에는 뉴욕과 영업시간대가 겹침에 따라 전 세계 금융시장과 당일에 거래할 수 있는 지리적 장점이 있다.

(2) 뉴욕금융센터

미국이 20세기 들어 세계 제일의 경제 강국으로 등장함에 따라 뉴욕은 잘 발달된 국내금융시장을 바탕으로 주도적인 국제금융센터로 성장하게 되었다. 이와 같은 성장은 미 달러화가 2차 세계대전 이후 기축통화로서 민간부문은 물론 세계 각국 중앙은행의 대외준비자산으로서 가장 중요한 기능을 수행한 데 크게 힘입은 것이다.

　미국의 금융시장, 특히 채권시장은 거래규모, 투자대상물의 다양성, 가격결정의 투명성 및 지급결제제도의 발달 정도 등에서 세계에서 가장 우수하다. 또한 국제금융환경의 급속한 변화에 대처하여 뉴욕소재 금융기관들이 신종 금융상품과 금융기법의 개발에 있어서 어느 나라 금융시장도 넘볼 수 없는 선도적인 역할을 담당하고 있다. 금융시장 종사자수 면에서도 뉴욕은 세계 주요 금융센터 중 가장 많은 인력이 금융업무에 종사하는 곳이다.

한편 앞서 말한 뉴욕의 역외금융시장에 대하여 부연하기로 한다. 1960년대 미국의 광범위한 금융규제 결과 미 달러화의 유로시장 유출로 인해 미국 금융시장의 국제적 지위가 상대적으로 약화되는 상황에 직면하게 되었다. 이에 미국 중앙은행인 연방준비제도(Federal Reserve System)는 유로달러의 미국 환류 및 미국 금융시장의 국제적 지위 격상을 주목적으로 하는 역외금융센터인 IBF를 1981년 12월에 창설하였다. IBF는 별도의 법인이나 조직 형태가 아닌 기존 금융기관 조직 내에서의 별도 계정을 말한다. 뉴욕뿐만 아니라 시카고, 샌프란시스코, 로스앤젤레스, 마이애미 등 소재 금융기관들도 이 계정을 설치 운용하고 있으나 뉴욕지역 금융기관들이 IBF계정 총자산의 80% 이상을 점유하고 있기 때문에 보통 뉴욕금융센터에 포함시키고 있다.

(3) 싱가포르금융센터

싱가포르의 국제금융센터는 앞서 언급한 바와 같이 1968년 11월 ACU(Asian Currency Unit)계정의 설치를 통해 역외금융센터를 개설하고 세금감면 등 역외금융활동 증진을 위한 일련의 조치를 단행하면서 형성되기 시작하였다. 그후 싱가포르는 이광요 수상의 집권하에서 이루어진 정치적 안정이 정착된 가운데 정부의 적극적인 육성정책, 사회간접시설의 발달, 발달된 사법 및 법률제도, 유리한 조세제도, 영어가 유창한 풍부한 전문인력, 동남아시아의 중심에 자리한 지리적 이점과 인접한 아시아 국가들의 급속한 경제발전 등을 배경으로 아시아의 대표적인 역외금융센터로 성장하게 되었다.

싱가포르금융센터의 구조적 특징으로 은행 간 자금대차시장 및 외환시장이 발달한 반면 채권, 주식 및 금융선물시장은 상대적으로 미흡하다는 점을 들 수 있다. 이는 국내 경제규모가 작고, 재정적자도 없어 국채시장이나 주식시장이 크게 발달하지 못한 데 기인하는 것이다. 경제개발의 한 축으로 금융산업을 발전시킨 싱가포르는 외국 금융회사 유치, 투자환경 조성 및 새로운 금융영역의 신속한 도입 등 국제금융센터의 위상을 유지하기 위해 노력을 기울이고 있다.

(4) 홍콩금융센터

1970년대부터 역외금융시장으로 발달하기 시작한 아시아의 대표적인 금융센터의 하나로, 특히 유로 신디케이트 론(Euro syndicate loan), 역외기금운용 및 주식거래가 활발한 금융시장이다. 홍콩은 중국, 일본, 대만과 근접한 지리적 이점, 특히 중국과의 연계성 이점, 단순한 조세항목과 낮은 세율의 조세체계, 외환 및 자본거래의 자유화, 지급결제제도의 발달, 그리고 질 높은 노동력 및 사회적 하부구조 등을 배경으로 성장하게 되었다.

1997년 7월 영국으로부터 중국에 귀속된 이후 약화될 것이라는 우려와 달리 홍콩은 중국의 경제개방정책 지속에 따라 중국의 세계금융시장 진출거점으로서 중요한 역할을 수행하면서 국제금융센터로서의 지위를 계속 유지하고 있다. 홍콩은 글로벌 은행의 집결지일 뿐만 아니라 세계 최대의 역외 위안화센터로서 국제금융센터로서의 위상을 지켜 나가기 위해 아시아 인프라 투자은행(AIIB) 가입, 자산운용부문의 경쟁력 강화, 금융인재 육성 등 많은 노력을 기울이고 있다.

(5) 동경금융센터

일본경제의 고도성장에 따른 대외개방의 필요성과 미국 등 경쟁상대국들로부터의 일본 국내금융시장 개방 압력에 대응하여 엔화 국제화를 장기간에 걸쳐 단계적으로 추진하여 왔기 때문에 비로소 1980년대 들어서야 동경은 명실상부한 국제금융센터로 등장하게 되었다.

이러한 발전단계를 시대별로 구분하여 보면, 먼저 1960년대와 1970년대에는 1964년 OECD 가입을 계기로, 그리고 고성장과 교역량 증대에 따라 일본경제가 세계경제에서 차지하는 비중이 커짐에 따라 점차 경상거래 자유화 폭을 확대하고 자본거래의 단계적 자유화를 추진하였다. 한편, 1980년대 초반에는 자본수출국으로서의 지위가 확립되면서 견실한 기초경제여건을 바탕으로 외환관리의 규제완화를 점진적으로 시행함으로써 엔화 국제화를 위한 여건 조성에 주력하게 되었다. 일본은 1980년대 후반에 들어와서야 미국과의 국제수지 불균형 심화, 시장개방 압력증대 등에 대응하여 국내금융시장 및 유로엔시장의 자유화, 동경 역외금융시장의 창설(1986년 12월) 등 엔화 국제화를 추진하면서 국제금융센터로서 자리 잡게 되었다. 1990년대 거품 붕괴 이후 일본 금융업계가 오랜 침체를 겪은 데다 2000년대 들어 경제성장세에서 중국 등 신흥시장에 뒤처지면서 금융센터로서 동경의 위상이 아시아 신흥국 주요 경쟁도시인 홍콩, 싱가포르에 비해서 낮아졌다. 이에 따라 최근 일본은 동경금융센터의 위상을 높이기 위해 다각적인 노력을 기울이고 있다.

다. 국제금융센터 경쟁력의 주요 결정요인

국제금융 중심지의 경쟁력을 결정하는 주요 요인은 학자들에 의해 다양하게 논의되어 왔다. 학자들이 공통적으로 지적하고 있는 주요 요인들은 크게 영업환경, 인적자원 및 일반 경쟁력, 법 규제 등 하부구조 등으로 구분할 수 있다. 이를 구체적으로 살펴보면 ① 국제금융활동을 수행하는 은행 및 여타 금융회사들의 수, ② 외국기업들의 증권거래량, ③ 고도로 발달된 자국의 산업수준과 자본수출국으로서의 경제력, ④ 금융서비스의 질, ⑤ 다양한 기업 및 서비스업체의 소재, ⑥ 풍부한 숙련노동력, ⑦ 시장 유동성 및 그 규모, ⑧ 금융하부구조에 대한 접근성, ⑨ 사무실 공간, 통신망, 국제교통망, ⑩ 현지정보 및 기술의 파급효과, ⑪ 법 규제 등과 같은 제도적 요인 등이다. 이러한 요인들이 종합적으로 국제금융 중심지의 경쟁력을 결정한다고 할 수 있다.

　　주요 시장조사기관들은 주요국 도시를 대상으로 인적자원, 기업환경, 하부구조, 일반적 경쟁력 등 여러 가지 기준에 의거하여 국제금융도시로서의 경쟁력을 평가하여 발표하고 있다. 〈표 1-16〉은 국제금융 경쟁력 평가에 세계적으로 유일한 권위를 가지고 있는 국제금융센터지수(GFCI : Global Financial Centers Index)가 2017년 3월 발표한 세계 금융 중심지 상위 20개 도시이다. 이에 따르면 런던이 1위, 뉴욕이 2위, 그리고 싱가포르, 홍콩, 동경이 3, 4, 5위를 각각 차지하고 있다. GFCI가 발표를 시작한 2007년 이후 런던과 뉴욕 간에 세계 최고 금융 중심지 위상을 차지하기 위한 경쟁이 고조되어 왔는데, 최근 매우 근소한 차이로 런던이 1위를 유지하고 있으며, 싱가포르, 홍콩, 동경 등 최상위 국가들의 랭킹도 거의 바뀌지 않고 있다. 또한 〈표 1-16〉에서 보는 바와 같이 런던, 뉴욕 등 전통의 금융 중심지와 여타 상위 10개 도시 간 격차는 점차 축소되는 추세를 보이고 있으며 최상위 5개 도시를 제외한 여타 세계 금융 중심지 도시들은 순위가 자주 바뀌고 있다. 한편 서울은 동 평가에서 2016년 3월에 12위, 2017년 3월에 14위를 기록하였다.

〈표 1-16〉 세계 금융 중심지 상위 20개 도시

	2017년 3월		2016년 3월	
	순위	점수*	순위	점수*
London	1	795	1	800
New York	2	794	2	792
Singapore	3	752	3	755
Hong Kong	4	748	4	753
Tokyo	5	734	5	728
San Francisco	6	720	8	711
Boston	7	719	9	709
Chicago	8	718	11	706
Zurich	9	716	6	714
Washington DC	10	713	7	712
Sydney	11	712	17	692
Luxembourg	12	711	14	698
Toronto	13	710	10	707
Seoul	14	704	12	705
Montreal	15	703	21	686
Shanghai	16	700	16	693
Osaka	17	699	20	687
Dubai	18	698	13	699
Frankfurt	19	695	18	689
Vancouver	20	694	22	684

* 1,000점 만점
자료 : The Global Financial Centers Index

요약

1. 국제금융은 국제무역, 해외투자, 자금의 대차거래에 수반하여 외환, 주식, 채권 등과 같은 금융자산의 이동이 국제적으로 반복적으로 이루어지는 현상을 말한다. 국제금융거래에서는 국내금융거래 시 문제가 되지 않는 환위험 및 정치적 위험이 발생하며 시장 불완전성도 커진다. 그러나 국제금융시장은 기업들에게 위험 분산이나 수익원 확대 측면에서 보다 많은 기회를 제공한다. 환위험은 크게 거래적 환위험과 회계적 환위험으로 구분된다. 거래적 환위험은 계약체결 이후 결제시점까지 환율변동으로 인한 손실위험을 말하며, 회계적 환위험은 외화자산과 부채 등을 자국통화로 환산할 때 발생하는 가치변동 위험을 말한다.

2. 국제화의 진전에도 불구하고 국제거래에는 재화 및 용역, 자본 및 노동의 국가 간 이동을 방해하는 다양한 형태의 장벽이 존재한다. 각국 간 법적·제도적 규제 차이, 외환거래비용과 국경 간 운송비, 비대칭적인 정보, 차별적 과세 등에 따른 시장 불완전성이 존재한다. 국제금융은 자본조달비용 최소화, 유무형 자산의 효율적 배치를 통한 규모의 경제 실현, 투자대상 다양화, 국제시장에서의 경쟁 강화에 따른 혁신노력 제고 등을 통해 기업과 투자자들에게 새롭고 다양한 기회를 제공한다.

3. 국제금융시장은 상품이나 자본의 국경 간 거래에 수반되는 국가 간 채권채무결제를 원활하게 해 주고 수출입대금을 융자해 줌으로써 국제교역을 촉진시키는 데 기여한다. 또한 국제유동성 수요와 공급을 조절함으로써 국제유동성의 지역적 편재현상을 시정하고 다양한 금융상품과 금융기법의 개발을 촉진하여 국제자금관리를 더욱 원활하게 한다. 아울러 국제금융은 각국 금융시장의 연계성을 높임으로써 금융시장의 국제화와 개방화를 촉진한다. 이러한 과정을 통해 국제금융시장은 국제적 자금배분의 효율성을 제고하는 기능을 가진다.

4. 국제금융시장은 각국의 국내금융시장, 유로시장과 같은 역외금융시장, 그리고 이들 시장 간의 거래를 연계하는 외환시장으로 구성되어 있다. 국제금융시장은 금융

자산의 만기를 기준으로 만기 1년 이상의 국제적 금융상품이 거래되는 국제자본시장과 만기 1년 이하의 단기금융상품이 거래되는 국제단기금융시장으로 구분된다. 중장기 자본시장은 채권시장과 주식시장으로 세분된다. 단기금융시장은 양도성예금증서(CD), 은행인수어음(BA), 환매조건부 증권(RP) 시장 등으로 세분된다.

5. 유로시장은 금융자산이 특정국 통화로 표시되어 있을 경우 그 통화의 발행국 이외 지역에서 예금 및 대출, 증권의 발행 및 유통 등과 같은 금융거래가 일어나는 역외금융시장을 말한다. 유로시장은 각국의 금융규제나 통제를 받지 않는 초국가적 성격을 지니며 유로통화시장과 유로채권시장으로 구분한다. 유로통화시장은 유로통화를 매개로 역외에서 간접금융거래가 이루어지는 시장을 말한다. 유로통화란 국제적인 교환성을 갖는 통화들이 해당 통화 발행국 이외의 지역에서 예치·운용되는 경우 이들 통화를 지칭한다. 유로통화시장은 유로단기금융시장과 중장기시장으로서의 유로대출시장으로 세분된다. 유로단기금융시장은 주로 1년 미만의 단기 유로예금과 대출이 주종을 이루는 대표적인 유로통화시장으로 유로예금시장이라고도 한다. 유로대출시장은 유로은행이 정부나 기업 등을 대상으로 중장기 자금을 대출하는 시장이다.

6. 외환시장은 외환의 수요자와 공급자에 의해 외환의 매매거래가 정기적·지속적으로 이루어지는 총괄적인 거래 메커니즘을 말한다. 외환시장은 기본적으로 외환의 수요와 공급을 연결시켜 줄 뿐만 아니라 외환거래 과정을 통하여 환차익 및 이자차익 기능을 수행하고 헤징과 투기 기회를 제공한다. 외환시장은 서로 다른 두 통화를 교환하는 매매시장으로서 환율이 매개변수가 된다. 반면 외화자금시장은 금리를 매개변수로 하여 각국 통화로 표시된 대출과 차입 등의 대차거래가 이루어진다.

7. 국제금융시장을 구성하는 각국 금융시장과 외환시장, 유로시장에서의 거래를 연계시키는 국제통신기구로서 SWIFT가 대표적이다. 국제금융센터는 세계적 금융기관들이 현지법인 또는 지점의 형태로 상설 영업망을 형성하고 국제금융거래를 지속적으로 행하는 지역이다. 전통적 국제금융센터로는 자국의 경제력, 통화의 국제 통용력 및 고도로 발달된 국내금융시장 등을 기반으로 국제금융활동 중심지가 된 런던,

뉴욕, 동경, 프랑크푸르트 등이 대표적이다. 역외금융센터는 비거주자로부터 자금을 조달하여 비거주자를 대상으로 자금을 운용하는 국제적 금융 중개시장을 말한다. 역외금융센터는 통상 자국의 금융규제에서 제외되어 금융상 또는 조세상 특혜를 부여받는데, 국제적 금융기관들은 본국의 금융규제와 세금을 회피하고 법률상·외형상의 기장과 회계처리를 위하여 빈 껍질뿐인 지점들을 개설한다. 이러한 역외금융센터는 조세 회피처와 혼용되기도 하는데 바하마, 버뮤다 및 케이만군도 등이 대표적이다.

CHAPTER

2

환율과 국제수지의 이해

제1절 환율의 개념

1. 환율의 정의

환율이란 두 나라 이종통화 사이의 교환비율을 말한다. 즉, 환율은 한 나라 통화의 가치를 다른 나라 통화단위로 나타낸 것으로서 어떤 나라의 통화 1단위 가치를 상대국의 통화단위로 어떻게 나타내는가에 따라 달리 표기되므로 상대적인 가치를 나타낸다고 할 수 있다. 단순히 외국 돈의 가격이라면 환가라고 불러도 되겠지만, 상대가격에 대한 비율에 해당하므로 이를 환율이라고 부른다. 환율을 자국통화의 입장에서 보면 자국통화의 대외가치가 되고, 외국통화의 입장에서 보면 자국시장에서의 외국통화 가치가 된다.

2. 환율의 표시방법

환율은 일종의 상대가격이므로 어느 통화를 기준으로 삼느냐에 따라 표시방법이 달라진다. 자국통화와 외국통화 간의 교환에 있어 외국통화 1단위의 가격을 자국통화의 수량으로 나타내는 방법을 자국통화 표시방법(rate in home currency) 또는 직접표시법(direct quotation)이라고 한다. 예를 들면 U$1 = ₩1,200 또는 ₩/U$ = 1,200의 환율 표시방법은 우리나라(자국)의 입장에서 외국통화인 미 달러 1단위에 대한 우리나라(자국) 통화인 원화의 교환비율이므로 이는 자국통화 표시방법 또는 직접표시법에 해당된다. 이 경우 미 달러화는 기준통화(base currency), 자국통화는 피고시통화(quoted currency)이다.

반면에 환율을 자국통화 1단위와 교환되는 외국통화의 단위수로 표시하는 방법은 외국통화 표시방법(rate in foreign currency) 또는 간접표시법(indirect quotation)이라고 한다. 예를 들면 환율을 ₩1 = U$1/1,200 또는 U$/₩ = 0.00083으로 표시하였다면 우리나라(자국)의 입장에서 외국통화 표시방법에 해당된다. 이 경우에는 자국통화인 우리 원화가 기준통화이고, 외국통화인 미 달러화가 피고시통화이다.

그러나 자국통화, 외국통화는 자국의 입장에서 보느냐 아니면 외국의 입장에서 보느냐에 따라 달라지므로 자국, 타국의 구분이 어려운 국제외환시장에서는 환율 표시방법으로 American term 또는 European term이란 말을 사용하기도 한다. American term이란 미국의 입장에서 외국통화 1단위의 가치를 자국통화인 미 달러화로 표시하는 자국통화 표시방법을 말하며, European term이란 미국 이외의 여타국 입장에서 미 달러 1단위의 가치를 외국통화로 표시하는 외국통화 표시방법을 말한다. 예를 들어 SFr1 = U\$0.6113, ¥1 = U\$0.0082는 American term이며 이를 U\$1 = SFr1.6359, U\$1 = ¥121.95으로 표현하면 European term이 된다.

현재 국제외환시장에서 환율표시는 유로나 파운드 등 일부 통화를 제외하고 대부분 European term으로 환율을 표시하는 것이 관행화되어 있다.[1] 이와 같이 국제외환시장에서 대부분의 통화표시가 European term으로 관행화된 것은 제2차 세계대전 이후 미 달러화가 기축통화로서의 역할을 하게 되면서 외환거래의 대부분이 미 달러화를 상대로 한 거래였으며, 국제외환거래에서 환율 표시방법을 통일하기 위해서는 어느 한편에서는 자국통화표시 대신 외국통화 표시방법을 사용하는 것이 편리하였기 때문이다.[2]

참고로 ○○년 ○월 ○일 뉴욕 외환시장에서 형성된 주요환율이 〈표 2-1〉에 나타나 있다.

---

1 유로화, 영국 파운드화, 아이리시 파운드화, 오스트레일리아 달러화, 뉴질랜드 달러화, 남아프리카 공화국 랜드(Rand)화의 경우에는 American term을 사용하고 있다.
2 현재 미국에서는 국내 대고객거래의 경우에는 고객의 편리를 위해서 자국통화 표시방법인 American term을 사용하고 있으나, 거액의 도매거래를 취급하는 은행 간 거래에 있어서는 국제외환시장의 관행처럼 European term으로 표시하고 있다.

〈표 2-1〉 주요 통화와 환율시세   (뉴욕 ○○년 ○월 ○일)

CURRENCY RATES

The foreign exchange rates below are banks' reference rates for interbank transactions, as quoted at noon NY time by Reuters.

Country	U.S. $ EQUIVALENT		Currency PER U.S.$	
	TUE	WED	TUE	WED
Argentina(Peso)-y	0.2017	0.3008	3.3150	3.3250
Australia(Dollar)	0.5909	0.5888	1.6925	1.6985
Bahrain(Dinar)	2.6523	2.6522	0.3770	0.3770
Brazil(Real)	0.2770	0.2748	3.6100	3.6390
Canada(Dollar)	0.6566	0.6510	1.5230	1.5260
1-month forward	0.6558	0.6503	1.5248	1.5379
3-month forward	0.6540	0.6485	1.5290	1.5420
6-month forward	0.6509	0.6455	1.5363	1.5491
Chile(Peso)	0.001354	0.001354	738.75	738.55
China(Renminbi)	0.1208	0.1208	8.2768	8.2767
Colombia(Peso)	0.0003397	0.0003376	2943.75	2962.40
Czech. Rep.(Koruna)				
Commercial rate	0.03450	0.03459	28.989	28.907
Denmark(Krone)	0.1461	0.1457	6.8448	6.9644
Ecuador(US Dollar)	1.0000	1.0000	1.0000	1.0000
Hong Kong(Dollar)	0.1282	0.1282	7.7998	7.7995
Hungary(Forint)	0.004464	0.004450	224.03	224.71
India(Rupee)	0.01093	0.02087	47.780	47.905
Indonesia(Rupiah)	0.0001130	0.0001129	0.8850	0.8855
Israel(Shekel)	0.2066	0.2050	4.8409	4.8780
Japan(Yen)	0.008468	0.008427	118.10	118.67
1-month forward	0.008476	0.008436	117.98	118.54
3-month forward	0.008495	0.008455	117.71	118.28
6-month forward	0.008523	0.008482	117.33	117.90
Jordan(Dinar)	1.3092	1.4092	0.7096	0.7096
Kuwait(Dinar)	3.3500	3.3486	0.2985	0.2965
Lebanon(Pound)	0.0006634	0.0006634	1507.50	1507.50
Malaysia(Ringgit)-b	0.2632	0.2632	3.8000	3.8000
Malta(Lira)	2.5714	2.5749	0.3874	0.3884
Mexico(Peso)				
Floating rate	0.0911	0.0918	10.9775	10.8950
New Zealand(Dollar)	0.5495	0.5470	1.8189	1.8282
Norway(Krone)	0.1455	0.1450	6.8715	6.8979

Pakistan(Rupee)	0.01722	0.01725	58.080	57.975
Peru(New Sol)	0.2858	0.2860	3.4990	3.4966
Philippines(Peso)	0.01861	0.01861	53.745	53.725
Poland(Zloty)	0.2644	0.2625	3.7827	3.8100
Russia(Ruble)-a	0.03143	0.03145	31.820	31.794
Saudi Arabia(Riyal)	0.2667	0.2667	3.7501	3.7502
Singapore(Dollar)	0.5779	0.5769	1.7304	1.7336
Slovak Rep.(koruna)	0.02605	0.02588	38.384	38.635
South Africa(Rand)	0.1169	0.1142	8.5575	8.7600
South Korea(Won)	0.0008576	0.0008532	1165.00	1172.00
Sweden(Krona)	0.1180	1.1172	8.4738	8.5350
Switzerland(Franc)	0.7401	0.7376	1.3512	1.3558
1-month forward	0.7405	0.7380	1.3504	1.3550
3-month forward	0.7415	0.7389	1.3487	1.3534
6-month forward	0.7428	0.7402	1.3463	1.3509
Taiwan(Dollar)	0.02894	0.02884	34.560	34.675
Thailand(Baht)	0.02343	0.02344	42.675	42.670
Turkey(Lira)	0.00000061	0.00000060	1649500	1663000
U.K.(Pound)	1.6459	1.6401	0.6076	0.6097
1-month forward	1.6426	1.6367	0.6088	0.6110
3-month forward	1.6356	1.6297	0.6114	0.6136
6-month forward	1.6255	1.6197	0.6152	0.6174
United Arab(Dirham)	0.2723	0.2723	3.6729	3.6730
Uruguay(Peso) Financial	0.3640	0.3640	27.450	27.450
Venezuela(Bolivar)	0.000520	0.000520	1921.75	1921.75
SDR	1.3749	1.3803	0.7274	0.7274
Euro	1.0863	1.0863	0.9206	0.9231

a - Russian Central Bank rate; b - Government rate; y - floating
SDRs are based on exchange rates for the U.S., British, and Japanese currencies, source : International Monetary Fund.

Yuan Exchange Rates
Wednesday, January 29, 2003
As quoted by China's Administration of Foreign Exchange

	Close	Prev.
100 U.S. dollars	827.84	827.87
100 H.K. dollars	106.88	106.77
100 Yen	7.2388	7.2779

자료 : The Asian Wall Street Journal(○○년 ○월 ○일)

3. 환율의 종류

두 나라 통화의 상대가격을 나타내는 환율은 기준에 따라 현물환율과 선물환율, 매도환율과 매입환율, 대고객환율과 은행간환율, 크로스환율과 재정환율, 실질환율과 실효환율 등으로 구분할 수 있다.

3.1 현물환율과 선물환율

외환거래 중 거래계약 후 통상 2영업일 이내에 외환의 수도결제가 이루어지는 거래를 현물환거래(spot transaction)라고 하고, 이때 적용되는 환율을 현물환율(spot rate)이라 한다. 일반적으로 환율이라고 하면 이 현물환율을 가리키며, 이 현물환율은 선물환율의 산출기준이 된다.

선물환율(forward rate)은 선물환거래(forward transaction)에 적용되는 환율인데, 선물환거래는 외환의 매매계약 체결일로부터 2영업일 경과 후 장래의 특정일 또는 특정기간에 외환의 수도가 이루어지는 거래를 말한다.

3.2 매도환율과 매입환율

외환시장에서 외환의 가격 제시는 일반적으로 두 가지 환율, 즉 매입환율(bid rate 또는 buying rate)과 매도환율(offered rate 또는 asked rate)이 동시에 고시된다. 매입환율이란 환율을 제시하는 고시은행(quoting bank)이 환율의 제시를 요청한 은행(calling bank)으로부터 외환을 사겠다는 가격(환율)이며, 매도환율이란 팔겠다는 가격을 뜻한다. 매매의 대상이 되는 외환은 국제은행거래에서 환율의 표시방법이 European term으로 일반화되어 있듯이 통상 미 달러화를 의미한다. 예를 들어 한 은행이 환율을 U$/SFr 1.6750 ~ 1.6760이라고 제시한다면 이는 이 은행이 고객으로부터 1달러를 살 때는 1.6750SFr을 지불할 것이며, 고객에게 1달러를 팔 때는 1.6760SFr을 받아야겠다는 뜻이다.

한편 매도환율과 매입환율의 차이를 매매율차(bid-ask spread)라고 부르며, 매도환율과 매입환율의 중간을 중간환율이라고 부른다. 매매율차는 거래통화의 유동성, 거래규모 및 빈도, 환율 안정성 및 전망 등에 따라 수시로 변동하게 된다. 일반적으로 유동성이 높은 통화 간의 거래나 거래빈도가 높은 통화의 매매율차는 좁게 나타나는 경향이 있고, 표준거래 단위금액을 하회하는 소액거래, 일시거액거래, 또는 환율 전망이 불투명한 경우에는 매매율차가 확대되는 경향이 있다.

3.3 대고객환율과 은행간환율

환율은 외환거래 대상에 따라 대고객환율(customer rate)과 은행간환율(interbank rate)로 나누어진다. 대고객환율은 개인, 기업 등 비은행 고객과의 소규모거래에 적용되는 환율이고, 은행간환율은 은행들 간의 대규모거래에 적용되는 환율이다. 통상 국제외환시장에서의 환율이라 함은 은행간환율을 의미하며 대고객환율은 은행간환율을 기초로 하여 산정된다. 두 경우 모두 매도환율과 매입환율이 동시에 고시되는데, 은행간환율에서의 매매율차가 대고객환율에서의 매매율차보다 더 작다. 이는 대고객 소규모거래에 비하여 은행 간의 대규모거래 시 단위당 거래비용이 더 적게 들기 때문이다.

한편 은행간환율을 기초로 한 대고객환율의 구체적인 산정방법은 나라에 따라 다소 차이가 있다. 각 은행이 독자적으로 대고객환율을 고시하는 나라가 있는가 하면 은행 간 협의에 의하여 매일매일 적용될 대고객환율을 결정 고시하거나 외환 당국이 은행간환율 등을 참작하여 대고객환율의 기준환율을 고시하는 나라도 있다.

3.4 크로스환율과 재정환율

크로스환율(cross rate)은 국내외환시장과 국제외환시장에서 그 의미가 다르다. 한 나라의 외환시장에서 크로스환율이라고 할 때는 자국통화가 개입되지 않은 외국통화 간의 환율을 의미한다. 즉 기준환율이 설정되어 있을 경우 기준통화에 대한 여타 통화의 환율을 크로스환율이라 한다. 예를 들어 우리나라 외환시장에서 원화의 대미달러환율(₩/U$)을 기준환율로 설정할 경우 일본 엔화의 대미달러환율(¥/U$)이 크로스환율이 된다.

그러나 국제외환시장에서는 자국통화라는 개념이 모호한 만큼 크로스환율의 개념도 달라진다. 즉 국제외환거래에서는 대부분의 통화가 기축통화인 미 달러화에 대한 환율로 표시되고 있으므로 국제외환시장에서의 크로스환율이란 달러화의 개재가 없는 여타 통화 간의 환율을 의미한다.

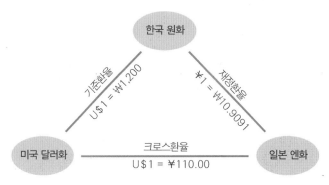

[그림 2-1] 기준환율, 크로스환율, 재정환율의 관계

재정환율(arbitrated rate)이란 한 나라의 통화와 기준이 되는 외국통화 간의 환율이 산정되어 있을 때 기준이 되는 외국통화와 다른 외국통화 간의 크로스환율을 이용하여 산출하는 한 나라의 통화와 다른 외국통화 간의 환율을 말한다. 예를 들어 우리나라에서 원화와 기준통화인 미 달러화 간의 기준환율이 U$1 = ₩1,200으로 결정되어 있고, 미 달러화와 엔화의 크로스환율이 U$1 = ¥110.00으로 주어져 있을 때 우리나라 원화와 엔화 간의 재정환율은 ¥1 = ₩1,200/110 = ₩10.9091로 산출된다.

3.5 실질환율과 실효환율

환율이라 하면 통상 명목환율(nominal exchange rate)을 의미하는데, 이는 한 나라의 통화와 특정 해외통화 사이의 상대적 명목가치를 보여 준다. 그러나 명목환율은 환율이 측정되는 시점마다 인플레이션에 따라 구매력이 달라져 2개국 통화의 구매력 변동을 정확히 반영하지 못하는 문제점이 있다. 또한 명목환율의 변동은 물가에 영향을 미치므로 물가변동을 반영한 환율지표가 중요한 의의를 가지게 된다. 실질환율은 명목환율을 거래 당사국 두 나라의 상대물가로 조정하여 계산된다. 이러한 관점에서 동일한 시점에서의 구매력을 기초로 통화가치를 파악하기 위해 개발된 것이 실질환율(real exchange rate) 개념이다. 구체적으로 예를 들어 나타내면 다음 식과 같다.

$$R_t(\text{\textwon}/\text{U\$}) = \frac{S_t(\text{\textwon}/\text{U\$}) \cdot P_t^*}{P_t}$$ 식 (2-1)[3]

$R_t(\text{\textwon}/\text{U\$})$: t시점의 원-달러 실질환율

$S_t(\text{\textwon}/\text{U\$})$: t시점의 원-달러 명목환율

P_t^* : t시점의 미국 물가수준(지수)

P_t : t시점의 우리나라 물가수준(지수)

이와 같은 실질환율은 외국통화에 대한 자국통화의 상대적인 구매력을 반영하는 것으로서 자국의 수출경쟁력을 나타낸다. 예를 들어 일정기간 동안 원-달러 간의 실질환율을 나타내는 $R_t(\text{\textwon}/\text{U\$})$가 상승하면 국제재화시장에서 우리나라의 재화가격이 상대적으로 싸져서 그만큼 가격경쟁력이 높아진 것을 의미하고 실질환율이 하락하면 재화가격이 상대적으로 올라서 그만큼 가격경쟁력이 떨어졌음을 의미하는 것이다. 일정기간 동안 실질환율이 변동이 없다면 두 나라 재화의 가격경쟁력에 변화가 없음을 나타내는 것이다.

한편 실질환율은 이론적으로 비교역재(non-traded goods)에 대한 교역재(traded goods)의 국내 상대가격으로 정의하기도 한다.

$$R_t(\text{\textwon}/\text{U\$}) = \frac{P_T}{P_{NT}} = \frac{S(\text{\textwon}/\text{U\$}) \cdot P_T^*}{P_{NT}}$$ 식 (2-2)

P_T : 우리나라의 교역재 가격수준

P_T^* : 미국의 교역재 가격수준

P_{NT} : 우리나라의 비교역재 가격수준

식 (2-2)에서 교역재의 국내가격(P_T)은 관세나 무역장벽이 없다면 일물일가의 법칙이 적용될 수 있기 때문에 $P_T = S(\text{\textwon}/\text{U\$}) \cdot P_T^*$가 성립한다.

---

3 이를 기준시점(0)에서의 환율 및 물가수준에 대비하여 나타내면 다음과 같은 실질환율지수를 구할 수 있다.

$$RI_t(\text{\textwon}/\text{U\$}) = \frac{\{S_t(\text{\textwon}/\text{U\$})/S_o(\text{\textwon}/\text{U\$})\}\ \{P_t^*/P_o^*\}}{P_t/P_o} \times 100$$

통상 환율(명목환율, 실질환율)은 두 나라 통화 사이의 관계를 나타내는데, 자국통화와 모든 교역상대국 통화 사이의 종합적인 관계는 실효환율(effective exchange rate) 개념을 이용하여 나타낼 수 있다. 즉, 실효환율은 2국 간 통화의 상대가격이라기보다는 자국통화와 여러 교역상대국 통화와의 환율변동을 가중 평균한 환율개념으로서 자국 상품의 종합적인 가격경쟁력의 지표가 된다. 실효환율은 주요 교역상대국과의 교역비중만을 감안하는 명목실효환율(NEER : nominal effective exchange rate)[4]과 교역상대국과의 교역비중뿐 아니라 물가변동도 감안하는 실질실효환율(REER : real effective exchange rate)[5]로 구분된다.

---

[4] 우리나라 원화의 주요 교역국 통화에 대한 명목실효환율과 기준시점에 대비하여 계산되는 명목실효환율지수를 식으로 나타내면 다음과 같다.

$$NEER_t = \sum Wi(Si)_t$$

$$NEERI_t = \sum Wi[(Si)_t / (Si)_o] \times 100$$

단, $NEER_t$: t시점의 명목실효환율

　　$NEERI_t$: t시점의 명목실효환율지수

　　Wi : i국과의 교역량 가중치

　　$(Si)_t$: t시점 원화의 대 i국 통화표시환율(예 : ₩/U$)

　　$(Si)_o$: 기준시점 원화의 대 i국 통화표시환율

위의 산식에서 t시점의 명목실효환율지수가 예를 들어 110으로 산출되었다면 이는 기준시점(0)에 비하여 우리나라 원화의 대외가치가 10% 상승하였음을 의미하는데, 여기서는 우리나라의 주요 교역상대국 간의 물가변동은 고려하지 않고 있다.

[5] 실질실효환율과 실질실효환율지수는 앞에서 도출된 명목실효환율 및 명목실효환율지수에 교역상대국의 물가변동을 감안하여 도출된다.

$$REER_t = NEER_t \times \sum_{i=1}^{n} Wi(Pk / Pi)_t$$

$$REERI_t = \frac{NEERI_t \times PPPI_t}{100}$$

단, $REER_t$: t시점의 실질실효환율

　　$REERI_t$: t시점의 실질실효환율지수

　　Pk : 우리나라의 물가지수

　　Pi : i국의 물가지수

　　$PPPI_t$: t시점의 구매력 평가지수

여기서 $PPPI_t = \sum [Wi(Pk/Pi)_t / (Pk/Pi)_o] \times 100$

위의 산식에서 t시점에서 우리나라 원화의 실질실효환율지수가 예를 들어 110으로 계산되었다면 이는 물가변동을 감안하고서도 원화가치가 기준시점 이후 실질적으로 10% 상승한 것을 말한다. 따라서 이는 국제상품시장에서 우리나라 재화의 가격경쟁력이 그만큼 약화되었음을 의미한다.

참고 2-1 **외환시장에서 환율변동의 방향성 예측관련 주요 지표**

1. 리스크 리버설 (RR : risk reversal)

리스크 리버설(이하 RR)은 동일만기 달러 콜옵션과 풋옵션을 서로 반대방향으로 매매하는 합성거래로서 그 가격이 두 옵션의 가격 차이[6]로 표시되는데 동 가격이 양(+)이면 달러 콜옵션 수요가 풋옵션에 비해 커 환율상승 기대가 더 크다는 신호로 해석된다. 미래 환율변동 방향에 대한 기대에 따라 콜 및 풋 옵션의 가격은 차이가 나게 되는데 시장에서 환율 상승기대가 하락기대보다 많을 경우 달러 콜옵션에 대한 수요가 증가하고 이에 따라 콜옵션 가격이 풋옵션 가격보다 높아져 RR가격은 양(+)의 값을 가지게 된다. RR가격은 FRB 등 외국중앙은행, 투자은행 및 언론 등이 미래 환율변동에 대한 시장기대를 파악하는 데 중요한 지표로 이용하고 있다.

〈그림 1〉의 RR가격(1개월물)은 2007년 서브프라임 사태 이전까지는 추세적인 환율하락 기대로 달러 풋옵션이 선호되면서 0에 가까운 음(−)의 값을 보였으나 2008년 국제금융위기 시 급등한 이후 양(+)의 값을 보임을 알 수 있다.

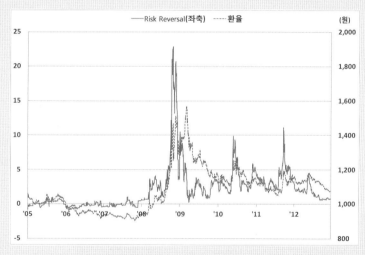

〈그림 1〉 원달러 환율과 리스크 리버설 가격 추이

2. 매매율차 (bid-ask spread)

매매율차는 딜러가 제시한 매도환율과 매입환율 간 격차인데 이는 외환관련 거래비용과 시장조성자의 위험보상을 의미하므로 동 지표의 움직임은 미래 현물환율 변동에 대한 정보를 반영한다고 볼 수 있다. 즉 딜러들의 외환포지션 노출은 미래 환율변동 예상에 근거한 위험수용 행위이고 이에 대한 보상형태가 매매율차이므로 환율변동성이 증가하면 매매율차가 확대되어야 하므로 양자 간에는 양(+)의 상관관계가 일반적이다. 국내 외환시장에서는 금융불안 등으로 미래 환율의 수준에 대한 예상이 어려울 때 매매율차가 커지는 경향이 있는데 특히 원달러 환율이 급등할 때 매매율차와 현물환율 간에는 뚜렷한 양의 상관관계가 발견된다.

3. 주문흐름 (order flows)

주문흐름은 일정기간 동안 체결된 외환거래가 (달러) 매수자 주도거래인지 매도자 주도거래인지 보여 주는 부호화된 거래량으로 주문흐름 부호가 양(+)이면 환율상승, 음(−)이면 환율하락 기대가 크다는 의미다. 주문흐름은 딜러가 중개사가 제시하는 최적매도호가(best offer rate)로 달러를 매수한 경우 매수자 주도거래로 양(+)의 부호, 최적매수호가(best bid rate)에 달러를 매도한 경우 매도자 주도거래로 음(−)의 부호를 부여하여 이를 합산하여 계산된다. 주문흐름은 아래 식과 같이 지수화하여 활용하는데 주문흐름지수가 100보다 크면 매수자 주도거래가 매도자 주도거래보다 커서 환율상승이, 100보다 작으면 환율하락이 기대된다는 의미이다.

$$\text{주문흐름지수} = \frac{(\text{매수자주도 주문흐름} + \text{매도자주도 주문흐름})}{\text{총외환거래량}} \times 100 + 100$$

주문흐름은 딜러가 고객과의 거래에서 얻은 사적정보를 활용하기 때문에 미래 환율변동에 유용한 정보를 반영한다고 평가된다. 특히 수출입기업의 영향이 큰 우리나라 외환시장에서 시장심리 파악에 유용한 질적정보를 제공할 가능성이 크다.

4. 역외 NDF 매매포지션

역외 NDF 매매포지션은 역외 외국인 투자자의 환율에 대한 전망을 나타내는 지표로 인식되고 있어 역외 NDF 순매도(순매수) 규모나 기간이 일정수준 이상 지속되면 미래 현물환율 상승(하락) 기대가 커지는 것으로 해석된다. 즉 역외 NDF 순매입 포지션(누적) 증감율과 국내 외환시장에서의 환율변동률 간 상관계수는 2005년 이후 0.70 이상의 높은 수준을 보이는데 이는 역외 NDF 순매입(도)이 증가할 때 원달러 환율은 상승(하락)하는 경우가 많다는 의미다. 따라서 서울 외환시장 개장 전일 뉴욕시장에서의 NDF 한국물의 가격동향은 국내 원달러 현물환율에 매우 큰 영향을 미친다. 특히 국내은행들은 역외의 NDF 매매방향을 따라 외환거래를 하는 경향이 있는데다 역외 NDF 거래를 통해 비거주자의 투기거래의 영향이 국내 현물환 시장에 전이되는 경우가 많아 외환시장 참가자들이 항상 주목하는 지표다.

5. 컨센서스 환율 전망치 (consensus forecast)

컨센서스 환율 전망치는 1989년 런던에서 설립된 민간 서베이회사인 Consensus Economics가 월별로 발표하는 주요국의 성장률, 물가, 금리 및 환율 등 거시경제지표 전망치에 대한 서베이자료 중 하나이다. 구체적으로 85개국의 거시경제지표에 대한 700여 개의 투자은행 및 경제연구기관의 전망치를 종합한 것으로 단순평균 및 표준편차 값을 제공하고 있는데 금융기관, 중앙은행 및 기업에서 경제예측이나 사업계획 작성 시 많이 활용된다. 동 전망치에서는 중앙은행, 정부, 국제기구 등의 전망치는 배제된다. 컨센서스 환율 전망치는 USD/EUR, YEN/USD, KRW/USD 등 90개 환율에 대하여 현재시점으로부터 3개월, 1년, 2년 전망치를 제공하고 있다. 컨센서스 전망치는 투자은행이나 국제기구의 전망치보다 발표주기가 짧고 서베이 범위가 넓어 공신력이 있다고 여겨진다.

---

6   RR가격은 '콜옵션 변동성 − 풋옵션 변동성'(연율)으로 표시되는데 예를 들어 콜옵션과 풋옵션의 변동성이 각각 15%, 25%라면 달러/원 RR가격은 −10%로 제시된다.

제2절 국제수지의 개념

1. 국제수지의 정의

국제수지(balance of payments)란 일정기간 동안에 한 국민경제의 거주자와 비거주자 사이에 일어난 모든 경제적 대외거래를 체계적으로 정리한 통계를 말하며, 이러한 거래를 체계적으로 요약한 통계표가 국제수지표이다.

이와 같은 정의를 구체적으로 설명하면 먼저 일정기간이라 함은 국제수지 통계가 어떠한 시점의 재무상태를 기록한 저량(stock) 개념이 아니고 일정기간 중에 발생한 대외거래를 집계한 유량(flow) 통계임을 의미한다. 국가에 따라서 1개월, 3개월, 6개월 또는 1년을 기준으로 하고 있다.

둘째로 거주자와 비거주자 간의 거래라 함은 한 나라의 영역 내에 소재하는 경제주체와 영역 밖의 외국에 소재하는 여타 경제주체 사이에 발생하는 거래를 의미한다. 거주자(residents)와 비거주자(nonresidents)의 구분은 단순히 경제주체의 법률상 국적이나 지리적 영역보다는 경제활동에 있어 이익의 중심(center of interest)이 어디 있는가에 달려 있다. 이를 경제주체별로 예를 들어 보면 개인의 경우 외국국적을 가진 사람이라도 1년 이상 국내에 거주하면서 생산활동에 종사할 경우 이익의 중심이 국내에 있는 것으로 보아 거주자로 분류한다. 그리고 기업의 경우는 어느 나라 영토에서 경제활동이 이루어지는가에 따라 거주성이 구분되므로 국내에서 영업을 하고 있는 외국인 투자기업은 거주자에 해당된다. 한편, 국내에 체류하는 외국의 외교사절이나 주한미군의 경우 이익의 중심이 그들의 본국에 있으므로 비거주자가 된다.

셋째로 모든 경제적 대외거래라 함은 한 나라의 국민경제가 대외와의 거래에서 발생한 모든 거래를 말한다. 이는 재화, 서비스 및 소득을 포함하는 거래, 자국을 제외한 전 세계에 대한 금융 채권과 부채를 발생시키는 거래, 그리고 경제적 대가 없이 일방적으로 주고받는 이전거래 등으로 구성된다.

넷째로 대외경제거래를 체계적으로 정리한다는 것은 복식부기원리(double entry system)에 의해 국제적으로 통일된 기준에 따라 작성한다는 뜻이다. 현재 국제수지통계는 IMF 방식에 따라 개별교환거래를 대차 양변에 동시·동일 금액으로 기록하여 결과적으로 대차 양변의 합계가 항상 일치하도록 되어 있다. 거래의 성질상 교환이 아니고 이전거래나 조정계정과 같은 일방적인 거래의 경우에는 별도항목을 설정해 대차가 균형을 유지하도록 하고 있다.

2. 국제수지의 주요 기초개념

2.1 거주성

국제수지는 거주자와 비거주자 사이에 이루어지는 모든 경제적 거래를 기록하기 때문에 거주자와 비거주자의 개념 구분이 매우 중요하다.

거주성 여부는 한 경제단위가 특정한 경제권 내에 경제적 이익의 중심을 두는 경우에 해당 경제영역 내에 거주한다고 보는 관점에서 판단된다. 여기서 경제단위가 경제적 이익의 중심을 둔다 함은 해당 경제단위가 경제영역 내에 주거, 생산 장소 및 기타 토지를 두고 이를 근거로 영구적으로 또는 오랜 기간 상당한 규모의 경제활동 및 거래에 종사하면서 이를 계속할 의지가 있는 경우를 가리킨다. 구체적으로 거주자란 한 나라의 경제권 내에 속하는 가계 및 개인, 기업, 정부와 공공기관, 국제기구 등 경제단위를 말하며 이들은 모두 그 나라 국민경제의 영역과 관련된다는 점에서 공통점을 갖는다. 이러한 국세수지의 거주성 개념은 법률상 국적이나 국가와 같은 시리적 영역에서 정하는 서주성의 개념과 다를 수 있다.

한편, 비거주자란 거주자 이외의 경제단위를 말한다. IMF의 국제수지 편제요람에 따르면 비거주자를 여타 세계의 거주자라고 설명하고 있다.

2.2 거래 형태

국제수지는 일정기간 동안 거주자와 비거주자 간에 발생한 모든 경제적 거래를 기록한 것으로 여기에는 대금지급이 수반되는 유상거래뿐만 아니라 대금지급이 수반되지 않는 이전거래나 대가가 시장가격보다 훨씬 유리한 조건으로 거래가 이루어지는 특혜성 거래까지 포함된다.

이 밖에 국제수지에는 관례상 거래라고 볼 수 없는 특수한 형태의 거래도 포함되며, 복식부기의 원칙에 따라 장부상에만 나타나는 대응거래도 기록된다. 이러한 점에서 국제수지 통계는 외환의 수급만을 집계한 외환수급 통계와는 그 포괄범위가 다르다. 즉 국제수지 통계는 모든 대외거래를 포괄하지만, 외환수급 통계는 외국환수급을 수반하는 대외거래만을 계상하고 물자차관, 현물투자 등 무환수출입 및 자국통화(원화) 표시 거래는 포함하지 않는다.

2.3 평가와 계상시점

가. 평가

국제수지 통계에서는 실물자산 및 금융자산의 이질적인 거래를 계상함에 있어 집계의 객관성을 유지하고 국제적으로 비교하기 위하여 통일된 가격평가방법을 채택하고 있다. 국제수지표의 각 항목에 대한 가격평가의 기본원칙은 다음과 같이 정리할 수 있다.

첫째, 국제수지는 각각의 항목이 하나의 가격으로 평가되어야 한다. 이는 국제수지표의 수입란, 지급란에 계상되는 각각의 항목은 자료 출처가 다른 경우가 대부분이므로 수입란, 지급란에 대차균형을 이루기 위해서 필요한 것이다. 둘째, 거래의 당사국이 동일한 기준에 따라 평가하여야 한다. 만약 거래 상대방이 각기 다른 가격기준으로 평가하면 국제수지표의 국제비교는 불가능하게 된다. 셋째, 일관성 있는 가격원칙을 따라 평가가 이루어져야 한다. 현재 IMF에서는 모든 거래를 시장가격으로 평가하여야 하며, 시장가격이 없는 경우[7]는 시장가격을 대체할 수 있는 가격으로 평가하도록 권고하고 있다. 여기에서 시장가격이란 상호 독립적이면서 상업적인 목적을 추구하는 거래당사자 사이에서 구매자 측이 어떤 재화를 획득하는 대가로 판매자 측에게 지급한 화폐금액을 말한다.

---

[7] 예를 들어 화폐가 수반되지 않는 물물교환거래, 소유권의 법적 이전이 발생하지 않는 리스계약거래, 증여나 원조와 같은 비상업적 거래 및 세금납부와 같은 비자발적 거래 등이 이에 해당한다. 이와 같이 시장가격 개념이 결여된 거래에는 통상 시장가격 성립조건과 유사한 조건하에서 형성되는 기존가격을 유추하여 시장가격에 상당하는 가격을 산출해야 한다.

따라서 시장가격은 가상적인 완전경쟁시장에서 이루어지는 가격이 아니라 공급독점시장이든 수요독점시장이든 두 경제주체 간에 형성된 실제거래가격을 의미한다.

나. 계상시점

국제수지는 복식부기원칙에 따라 모든 거래가 대차 양변에 동시에 계상되므로 계상시점을 결정하는 일정한 기준이 있어야 한다. 이는 통상적으로 거래계약이 체결되더라도 이행절차가 필요하므로 계약체결과 계약이행 사이에 상당한 시간이 경과하는 경우가 많기 때문이다.

IMF 매뉴얼에서는 국제수지표상 계상시점 선택의 기준을 소유권 변동시점으로 하도록 권고하고 있다. 소유권 변동시점이란 거래당사자가 복식부기 체계에 따라 각각의 회계장부에 계상하는 시점을 말하며, 실질적으로 소유권 변동이 수반되지 않는 거래는 관례에 따라 계상시점을 정한다.

한편, 다양한 대외거래를 국제수지표에 소유권 변동시점을 기준으로 정확하게 계상하기 위해서는 경우에 따라 계상시점을 적절하게 선택하거나 조정해야 할 필요가 있다.

2.4 계산단위와 환산

가. 계산단위 통화의 선택

국제수지표 편제에 이용되는 각종 대외거래는 미 달러화 등 다양한 통화와 SDR로 표시되어 있는데, 이러한 기초자료를 종합하여 국제수지표를 작성하기 위해서는 각종 통화로 표시된 기초자료를 하나의 계산단위 통화로 환산하여야 한다. 즉, 국제수지 통계 작성과 분석을 위해서 표준 계산단위 통화가 필요하다.

이러한 표준계산통화가 갖추어야 할 조건은 해당 계산통화가 안정적이고 익숙한 통화여야 한다는 점이다. 즉, 해당 계산단위로 표시된 국제거래가액은 실제거래에 사용되는 통화가치의 변동에 따라 크게 영향을 받지 않아야 하며, 국제수지 통계를 다루거나 이용하는 사람들에게 친숙한 통화가 표준 계산단위 통화로서 역할을 할 수 있다. 대부분의 국제수지 통계는 미 달러화로 환산되어 작성된다.

나. 환산원칙

국제수지표에 기록하는 각 항목의 금액은 실물 또는 금융자산의 시장가격을 채택하고 있다. 이때의 시장가격은 통상 거래당사자 간의 계약조건상에 나타나게 되고, 따라서 계약성립 이후에 상황이 변동하더라도 계약성립 당시에 설정된 시장가격은 계속 유효하다.

그런데 국제수지에 계상되는 시장거래액은 계약성립 시점의 계약통화로 표시될 것이므로 표준 계산단위 통화로 환산한 거래액은 계약체결 당시의 계약통화와 표준 계산단위 통화 간의 환율을 적용함으로써 산출할 수 있다. 이때 적용되는 환율은 통상 계약 당일 외환시장의 현물환율이 적용된다.

그러나 국제수지 작성자가 거래당사자 간 계약체결 시 실제로 적용한 환율을 완전하게 확인한다는 것은 불가능하다. 따라서 IMF 매뉴얼에서는 이러한 경우 적용할 수 있는 최단기간의 평균 시장환율을 적용하여 환산하는 방법을 제시하고 있다.

제3절 국제수지표의 구성[8]

IMF의 국제수지 편제요람(IMF balance of payment manual)에 따라 일정기간 거주자와 비거주자 간에 이루어진 모든 거래를 체계적으로 요약한 국제수지표는 상품수지, 서비스수지, 본원소득수지, 이전소득수지로 구성되는 경상수지와 자본수지, 금융계정, 오차 및 누락으로 구성된다(〈표 2-2〉 참조). 이하에서는 국제수지표를 구성하는 항목들에 대해 구체적으로 살펴보기로 한다.

---

8 본 절은 한국은행에서 발간한 알기 쉬운 경제지표 해설(2014.12) 및 국제수지통계의 이해(2016.10) 등을 주로 참고하였다.

〈표 2-2〉 국제수지표의 구성

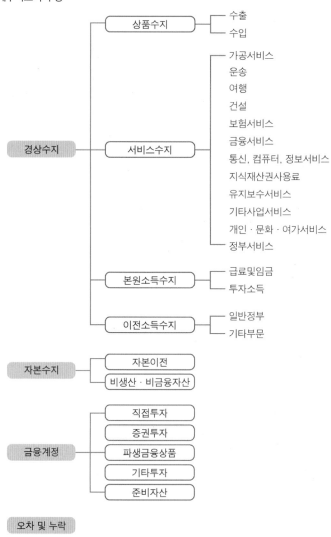

1. 경상수지

경상수지는 재화, 용역 및 소득거래 등 한 나라의 경상거래 결과를 나타내는 것이다. 전통적으로 일국의 대외경쟁력을 나타내는 척도로서 국제수지에서 가장 중시된다고 할 수 있다. 경상수지는 크게 상품수지, 서비스수지, 본원소득수지, 이전소득수지로 구성된다.

1.1 상품수지

상품수지는 일정기간 중 한 나라가 수출한 상품총액과 수입총액의 차이를 말한다. 이때 상품거래에 계상하는 재화는 시장가격으로 평가하여 소유권 변동시점에 계상된다. 우리나라의 경우 상품수지를 산출하기 위한 기초자료로 관세청의 통관 수출입 통계를 이용하고 있다. 그런데 통관 수출입 통계는 관세목적으로 작성된 통계로서 상품이 우리나라 관세선을 통과하면 수출입으로 계상하기 때문에 소유권 변동시점에서 계상하는 국제수지기준 수출입 통계와 일치하지 않는다.

이에 따라 국제수지의 소유권 이전 기준에 의한 수출입 통계는 통관 수출입 통계를 일부 조정하여 산출된다(〈표 2-3〉 참조). IMF에서는 수출입 모두를 소유권 변동기준에 의한 본선인도가격(FOB) 조건으로 평가하도록 권고하고 있는데 통관기준의 경우 수출은 FOB, 수입은 CIF(운임·보험료 포함조건) 가격으로 평가한다. 상품수지는 일반상품, 비화폐용 금 및 중계무역 순수출로 세분화하여 작성되고 있다.

〈표 2-3〉 국제수지 기준 상품 수출·수입 조정

	상품수출(FOB)	상품수입(FOB)
통관 통계	수출(FOB 기준)	수입(CIF 기준)
〈국제수지기준 조정〉		
• 포괄범위 조정	• 재수출(−) • 견본물품(−) • 해외위탁가공용 원재료 반출(−) • 수탁가공후 완제품 수출(−) • 해외위탁가공후 다른 경제권으로 수출한 상품 (+) • 밀수출(+) • 중계무역순수출(±) 등	• 재수입(−) • 견본물품(−) • 수탁가공용 원재료 반입(−) • 위탁가공후 완제품 수입(−) • 해외위탁가공용으로 다른 경제권으로부터 구입한 상품(+) • 밀수입(+) 등
• 소유권 변동시점 조정	• 선박 통관(−) • 선박 영수액(+) 등	• 비축유 도입(+) • 비축유 대여(−) 등
• 운임 및 보험료 조정	−	• 수입(CIF)에 포함된 운임 및 보험료(−)

1.2 서비스수지

서비스수지는 외국과 서비스거래 결과 발생한 수입과 지급을 계상한다. 우리나라의 선박이나 항공기가 상품을 운송하고 외국으로부터 받은 운임, 외국 관광객이 국내에서 쓴 돈, 국내기업이 외국기업으로부터 받은 특허권 매각대금 및 사용료 등이 서비스 수입이 된다. 이와 반대로 우리나라가 외국에 지급한 운임, 해외여행 경비, 해외 광고비 등은 모두 서비스 지급으로 나타난다.

1.3 본원소득수지

본원소득수지는 급료 및 임금수지와 투자소득수지로 구성된다. 급료 및 임금수지는 거주자가 외국에 단기간(1년 미만) 머물면서 일한 대가로 받은 돈과 국내에 단기로 고용된 비거주자에게 지급한 돈의 차이이다. 투자소득수지는 거주자가 외국에 투자하여 벌어들인 배당금·이자와 국내에 투자한 비거주자에게 지급한 배당금·이자의 차이를 말한다.

1.4 이전소득수지

이전소득수지는 거주자와 비거주자 사이에 아무런 대가 없이 주고받은 거래의 차이를 말한다. 이전소득수지에는 해외에 거주하는 교포가 국내외 친척 등에게 보내오는 송금이나 정부 간에 이루어지는 무상원조 등이 기록된다.

2. 자본수지

자본수지에는 자본이전 및 비생산·비금융자산 거래가 기록된다. 자본이전은 자산 소유권의 무상이전, 채권자에 의한 채무면제 등을 포함하며 비생산·비금융자산에는 브랜드네임, 상표 등 마케팅자산과 기타 양도 가능한 무형자산의 취득과 처분이 기록된다.

3. 금융계정

금융계정은 직접투자, 증권투자, 파생금융상품, 기타투자 및 준비자산으로 구성되며 거주자의 입장에서 자산 또는 부채 여부를 판단한다. 직접투자는 직접투자 관계에 있는 투자자와 투자대상기업 간에 일어나는 대외거래를 계상하며 직접투자가와 직접투자대상 기업의 관계를 발생시키는 최초의 거래는 물론 직접투자가와 직접투자대상 기업 간의 차입, 대출 등 후속거래도 포함한다.

증권투자는 거주자와 비거주자 간에 이루어지는 주식, 채권 등에 대한 투자를 계상하는데 직접투자 또는 준비자산에 해당하는 주식, 채권 등의 거래는 제외된다. 파생금융상품은 파생금융상품 거래로 실현된 손익 및 옵션 프리미엄 지급·수취를 기록한다.

기타투자는 직접투자, 증권투자, 파생금융상품 및 준비자산에 포함되지 않는 거주자와 비거주자 간의 모든 금융거래를 기록하며 여기에는 대출·차입, 상품을 외상으로 수출하거나 수입할 때 발생하는 무역신용, 현금 및 예금 등의 금융거래가 기록된다.

준비자산은 통화당국의 외환보유액 변동분 중 거래적 요인에 의한 것만 포함한다. 외환보유액은 운용수익 발생 등 거래적 요인뿐만 아니라 환율변동 등 비거래적 요인에 의해서도 변동하는데 국제수지표의 준비자산에는 거래적 요인에 의한 외환보유액 변동분만 계상된다.

4. 오차 및 누락

국제수지통계는 모든 대외거래를 차변과 대변에 같은 금액으로 기록(복식부기 원리)하므로 이론상으로는 불일치가 발생하지 않는다. 그러나 실제로 국제수지통계를 작성할 때 통관통계, 외환수급통계 등 기초통계들 간의 계산시점 및 평가방법상의 차이, 보고오류 등으로 인해 통계적 불일치가 존재한다. 오차 및 누락은 이와 같은 통계적 불일치를 조정하기 위한 항목이다.

〈표 2-4〉 우리나라의 국제수지(요약표)

1. **월별 경상수지**(단위 : 억 달러, %)

	2016p		2017p		
	6	상반기	5	6	상반기
경 상 수 지	120.9	516.9	59.4	70.1	362.7
1. 상품수지	128.3	624.9	88.3	97.1	583.5
1.1 수출[1]	452.6	2,465.6	469.0	479.9	2,819.2
	(-7.7)	(-9.9)	(10.2)	(6.0)	(14.3)
1.2 수입(FOB)[1]	324.3	1,840.7	380.6	382.8	2,235.7
	(-10.1)	(-14.5)	(20.1)	(18.0)	(21.5)
2. 서비스수지	-13.1	-78.3	-16.9	-28.1	-157.4
2.1 가공서비스	-4.9	-26.8	-3.5	-5.6	-30.3
2.2 운송	-1.7	0.5	-2.6	-4.7	-22.8
2.3 여행	-7.4	-35.0	-13.6	-13.9	-77.4
2.4 건설	6.8	40.7	4.0	7.0	31.4
2.5 지식재산권사용료	0.4	-12.1	2.4	-2.2	-5.6
2.6 기타사업서비스[2]	-7.3	-47.8	-5.1	-9.8	-56.9
3. 본원소득수지	10.9	-9.1	-6.9	5.5	-40.4
3.1 급료 및 임금	-0.6	-1.9	-0.5	-0.6	-4.0
3.2 투자소득	11.5	-7.2	-6.4	6.0	-36.4
(배당소득)	5.2	-38.3	-8.7	1.9	-61.9
(이자소득)	6.2	31.1	2.4	4.2	25.5
4. 이전소득수지	-5.2	-20.6	-5.2	-4.3	-23.0

주 : 1) 국제수지의 상품 수출입은 국제수지매뉴얼(BPM6)의 소유권 변동원칙에 따라 국내 및 해외에서 이루어진 거주자와 비거주자
　　　 간 모든 수출입거래를 계상하고 있어 국내에서 통관 신고된 물품을 대상으로 하는 통관기준 수출입과는 차이가 있음.
　　 2) 연구개발서비스, 전문·경영컨설팅서비스, 건축·엔지니어링서비스 등으로 구성
　　 3) ( ) 내는 전년 동기 대비 증감률(%)

자료 : 한국은행

2. 월별 자본수지 및 금융계정(단위 : 억 달러)

	2016p		2017p		
	6	상반기	5	6	상반기
금 융 계 정[1]	93.2	479.2	25.8	87.2	326.9
1. 직 접 투 자	13.2	71.6	6.7	12.7	102.8
1.1 직접투자[자산]	25.5	111.1	16.9	24.8	174.1
1.2 직접투자[부채]	12.3	39.5	10.2	12.1	71.3
2. 증 권 투 자	60.5	303.1	55.3	29.1	192.4
2.1 증권투자[자산]	38.3	285.1	91.5	55.2	423.7
주식	21.4	96.7	46.3	21.4	171.9
부채성증권	16.9	188.4	45.2	33.8	251.8
2.2 증권투자[부채]	-22.3	-18.0	36.2	26.1	231.3
주식	7.8	38.5	34.4	11.4	111.7
부채성증권	-30.1	-56.5	1.8	14.8	119.6
3. 파생금융상품	3.2	15.4	-4.1	-7.4	-51.7
4. 기 타 투 자	24.0	92.5	-32.8	49.8	73.9
4.1 기타투자[자산]	51.4	65.8	-42.2	25.5	78.6
(대출)	3.0	25.0	-34.3	17.3	-3.9
(현금 및 예금)	68.3	91.6	-9.7	-0.1	33.8
(기타자산[2])	-17.7	-25.3	3.8	5.5	33.7
4.2 기타투자[부채]	27.4	-26.7	-9.4	-24.3	4.7
(차입)	22.5	-11.6	-28.3	-29.0	-53.8
(현금 및 예금)	1.4	-3.7	4.9	19.1	51.1
(기타부채[2])	-0.2	-3.2	13.2	-16.8	-5.8
5. 준 비 자 산	-7.7	-3.4	0.8	3.1	9.5
자 본 수 지	0.0	-0.2	0.0	-0.3	-0.2

주 : 1) 순자산 기준, 자산·부채 증가는 (+), 자산·부채 감소는 (-)
   2) 매입외환, 매도외환 등

자료 : 한국은행

참고 2-2 국제수지 작성 실례[9]

국제수지표는 복식부기의 원리에 따라 하나의 대외거래가 발생하면 대변과 차변에 각각 동일한 금액을 계상한다.

	차변(−)	대변(+)
경상수지	상품 수입(실물자산 증가) 서비스 지급(제공 받음) 본원소득 지급 이전소득 지급	상품 수출(실물자산 감소) 서비스 수입(제공) 본원소득 수취 이전소득 수취
자본수지	자본이전 지급 비생산·비금융자산 취득	자본이전 수취 비생산·비금융자산 처분
금융계정	금융자산 증가 금융부채 감소	금융자산 감소 금융부채 증가

거주자와 비거주자 간 아래와 같은 15건의 거래가 발생하였다고 가정하자.

〈거래〉

거래 ① 자동차 90백만 달러를 수출하고 대금은 현금으로 수취

거래 ② 철강재 10백만 달러를 수출하고 대금은 6개월 후에 수취

거래 ③ 원유 80백만 달러를 수입하고 대금은 현금으로 지급

거래 ④ 고철 5백만 달러를 3개월 후에 대금을 지급하는 조건으로 수입

거래 ⑤ 국내 해운사가 수출화물의 운송대가로 외국으로부터 20백만 달러를 수취

거래 ⑥ 거주자가 해외여행 시 17백만 달러의 여행경비(항공운임 제외) 사용

거래 ⑦ 거주자가 외채이자로 외국에 13백만 달러 지급

거래 ⑧ 거주자가 해외교포로부터 2백만 달러를 송금 받음

거래 ⑨ 비거주자가 50백만 달러로 국내 A기업 주식 10%를 매입

거래 ⑩ 국내기업이 해외에서 외화증권을 30백만 달러 발행

거래 ⑪ 비거주자가 국내에서 원화증권 77억 원을 발행(달러 환산 시 7백만 달러)

거래 ⑫ 거주자가 외국으로 이민가면서 이주비용으로 15백만 달러를 환전하여 송금

거래 ⑬ 국내기업이 특허권을 외국기업에 매각하고 현금 3백만 달러를 수취

---

9 이 부분은 한국은행이 발간한 알기 쉬운 경제지표(2014.12) pp97~99를 요약한 것이다. 자세한 내용은 알기 쉬운 경제지표를 참조하라.

거래 ⑭ 국내기업이 상표권을 외국기업으로부터 매입하고 현금 2백만 달러를 지급
거래 ⑮ 한국은행이 외환보유액 운용에 따른 외화증권 이자수익 6백만 달러를 현금으로 수취

위 15건 거래에 대하여 복식부기 원리에 따른 분개를 하면 아래 표와 같다. 예를 들어 거래 ①의 경우 상품수출 90백만 달러는 대변(실물자산 감소)에, 이에 따른 수출대금의 입금은 외화자산의 증가이므로 차변(금융자산 증가)에 90백만 달러를 계상한다. 거래 ⑧의 경우 해외교포로부터 송금 받은 금액 2백만 달러는 외화자산의 증가로 차변에 계상함과 동시에 이전소득 수취로 대변에 2백만 달러를 계상한다.

〈대외거래에 대한 분개〉

(단위 : 백만 달러)

거래	차변(-)		대변(+)		비고
①	현금	90	상품수출	90	실물자산감소 금융자산증가
②	무역신용(자산)	10	상품수출	10	
③	상품수입	80	현금	80	
④	상품수입	5	무역신용(부채)	5	
⑤	현금	20	서비스수취	20	
⑥	서비스지급	17	현금	17	
⑦	본원소득지급	13	현금	13	
⑧	현금	2	이전소득수취	2	금융자산증가
⑨	현금	50	직접투자(부채)	50	
⑩	현금	30	증권투자(부채)	30	금융부채증가 금융자산증가
⑪	증권투자(자산)	7	현금	7	
⑫	_1)	–	_1)	–	
⑬	현금	3	서비스수취	3	
⑭	자본수지지급	2	현금	2	
⑮	준비자산	6	본원소득수입	6	

주 : 1) 비거래 변동, 즉 한 주체의 거주성 변동으로 인한 자산의 국경 간 이동은 국제수지표에 계상 안함.

위의 분개 내용을 국제수지표에 정리하면 다음과 같다. 복식부기 원리에 따라 대변과 차변에 동일한 금액이 계상되어 경상수지와 자본수지 및 금융계정을 합치면 0이 되지만 실제로 국제수지표를 작성하면 그렇지가 않다. 이 차이를 오차 및 누락(errors and omissions)이라는 조정항목으로 조정하게 된다. 오차 및 누락이 발생하는 것은 국제수지표가 통관통계, 외환수급통계 등 여러 기관에서 각기 다른 목적으로 작성되는 많은 기초통계를 이용하여 작성되기 때문에 각 기초통계 간의 계상시점 및 평가방법상의 차이나 기초통계 자체의 오류, 통계 작성과정에서의 보고 오류나 누락 등이 발생하기 때문이다.

〈국제수지표〉

		차변(−)	대변(+)	수지
경상수지(a)	상품	80③ 5④	90① 10②	15
	서비스	17⑥	20⑤ 3⑬	6
	본원소득	13⑦	6⑯	−7
	이전소득		2⑧	2
	소계	115	131	16
자본수지(b)	소계	2⑭		−2

		자산	부채	순유입
금융계정(c)	직접투자		50⑨	50
	증권투자	−7⑪	30⑩	23
	파생금융상품	−	−	−
	기타투자	−90① −10② 80③ −20⑤ 17⑥ 13⑦ −2⑧ −50⑨ −30⑩ 7⑪ −3⑬ 2⑭	5④	−81
	준비자산	−6⑮		−6
	소계	−99	85	−14
합계(a+b+c)		−216	216	0
오차 및 누락		−	−	0

주 : 숫자 위의 첨자는 거래번호임.

참고 2-3   **국제수지통계와 외환수급통계**

일정기간 동안 모든 대외거래를 기록한 국제수지(balance of payment)와는 별도로 외환수급이 동반된 대외거래만을 체계적으로 분류·기록한 통계로 외환수급통계(foreign exchange receipts and payments)가 있다. 외환수급통계는 외환의 현금흐름을 보여 주는 기초자료로 국제수지통계 작성 시 중요한 기초자료가 된다. 외환수급통계는 한국은행의 외환 전산망에 보고되는 외국환은행의 보고자료를 기초로 작성되는 반면 국제수지통계는 관세청의 통관통계, 외환수급통계 등을 종합하여 작성된다. 물물교환이나 현물증여는 국제수지에는 포함되지만 외환수급통계에는 포함되지 않는다.

외환수급통계와 국제수지통계 비교

	외환수급통계	국제수지통계

분류
체계
	• 경상거래
	  – 무역, 서비스
	• 자본거래
	  – 외국인직접투자, 해외직접투자
	• 금융거래
		• 경상거래
		  – 상품, 서비스, 본원소득, 이전소득
		• 자본·금융계정
		• 오차 및 누락

포괄
범위
	• 외환수급을 수반하는 대외거래
	  – 수출입 : FOB기준 환산
	  – 무환거래 제외
	  – 물자차관 및 현물투자 제외
	  – 원화거래 제외
		• 모든 대외거래
		  – 수출입 : FOB기준 환산
		  – 유환 및 무환거래 모두 계상
		  – 물자차관 및 현물투자 포함
		  – 원화거래 포함

계상 시점	• 외국환은행을 통한 외환수급시점	• 수출입 : 통관시점(선박은 인도시점) • 서비스, 이전소득 : 제공시점 • 소득 : 발생시점 • 자본 : 채권채무 변동시점
기초 자료	• 외국환은행의 외환전산망 보고자료	• 외환수급통계(무역외, 자본 및 금융거래) • 관세청 통관통계(수출입) • 기업실사자료(운임, 보험료 등)

요약

1. 환율이란 두 나라 통화 사이의 교환비율로 한 나라 통화가치를 다른 나라 통화단위
    로 표시한 상대적인 가치를 의미한다. 환율을 표시할 때 외국통화 1단위의 가격을
    자국통화의 단위로 나타내는 방법을 자국통화 표시방법(European term) 또는 직
    접표시법이라고 한다. 예를 들면 U$1 = ₩1,200 또는 ₩/U$ = 1,200으로 표시하는
    방법인데, 이 경우 미 달러화가 기준통화이고 자국통화인 원화는 피고시통화가 된
    다. 반면 환율을 자국통화 1단위와 교환되는 외국통화의 단위수로 표시하는 방법은
    외국통화 표시방법(American term) 또는 간접표시법이라고 한다. 예를 들어 환율
    을 ₩1 = U$1/1,200 또는 U$/₩ = 0.00083으로 표시하는 방법이다. 국제금융시장
    에서 유로나 파운드 등 일부 통화를 제외하고 대부분 자국통화 표시방법으로 환율
    을 표시한다.

2. 외환매매계약 체결 후 통상 2영업일 이내에 외환의 결제가 이루어지는 거래를 현물
    환거래(spot transaction)라고 하고 이때 적용되는 환율을 현물환율(spot rate)이라
    한다. 선물환율(forward rate)은 외환의 매매계약 체결일로부터 2영업일 경과 후 특
    정일이나 특정기간에 외환의 결제가 이루어지는 선물환거래에 적용되는 환율을 말
    한다. 매입환율이란 환율을 제시하는 고시은행이 환율의 제시를 요청한 은행으로부
    터 외환을 사겠다는 가격(환율)이며, 매도환율이란 팔겠다는 가격을 뜻한다. 매도환
    율과 매입환율의 차이를 매매율차(bid-ask spread)라고 한다. 매매율차는 거래통화
    의 유동성, 거래규모 및 빈도, 환율 안정성 및 전망 등에 따라 수시로 변동한다.

3. 대고객환율은 개인, 기업 등 비은행 고객과의 소규모거래에 적용되는 환율이고, 은
    행간환율은 은행들 간 대규모거래에 적용되는 환율로 대고객환율 산정 시 기초가
    된다. 통상 국제금융시장에서 환율은 은행간환율을 의미한다. 크로스환율(cross
    rate)은 국내외환시장과 국제외환시장에서 그 의미가 다르다. 한 나라의 외환시장
    에서 크로스환율은 자국통화가 개입되지 않은 외국통화 간의 환율을 말한다. 예를

들어 우리나라 외환시장에서 원화의 대미달러환율(₩/US$)을 기준환율로 설정할 경우 일본 엔화의 대미달러환율(¥/US$)이 크로스환율이 된다. 국제외환시장에서는 크로스환율은 기축통화인 미 달러화가 개재되지 않은 여타 통화 간의 환율을 의미한다. 재정환율(arbitrated rate)은 한 나라의 통화와 기준이 되는 외국통화 간의 환율(예 : ₩/US$)이 산정되어 있을 때 기준이 되는 외국통화와 다른 외국통화 간의 크로스환율(¥/US$)을 이용하여 산출하는 한 나라의 통화와 다른 외국통화 간의 환율(₩/¥)을 말한다.

4. 명목환율은 환율 측정 시점마다 인플레이션 변동에 따른 두 나라 통화의 구매력 변동을 정확히 반영하지 못하는 문제점이 있다. 실질환율은 명목환율을 거래 당사국 두 나라의 상대물가로 조정하여 계산되며 외국통화에 대한 자국통화의 상대적인 구매력을 반영하기 때문에 자국의 수출경쟁력을 나타낸다. 명목환율과 실질환율은 두 나라 통화 사이의 관계만을 나타내며 자국통화와 모든 교역상대국 통화 사이의 종합적인 가격경쟁력은 자국통화와 여러 교역상대국 통화와의 환율변동을 가중 평균한 실효환율로 표시할 수 있다. 실효환율은 주요 교역상대국과의 교역비중만을 감안하는 명목실효환율(NEER)과 교역상대국과의 교역비중뿐 아니라 물가변동도 감안하는 실질실효환율(REER)로 구분된다.

5. 국제수지란 일정기간 동안에 한 국민경제의 거주자와 비거주자 사이에 일어난 모든 경제적 대외거래를 체계적으로 정리한 통계로서 IMF가 권고하는 통일된 국제기준에 의해 작성된다. 거주자와 비거주자의 구분은 단순히 경제주체의 법률상 국적이나 지리적 영역보다는 경제활동에 있어 이익의 중심이 어디 있는가에 달려 있다. 예를 들면 개인의 경우 외국국적을 가진 사람이라도 1년 이상 국내에 거주하면서 생산활동에 종사할 경우 이익의 중심이 국내에 있는 것으로 보아 거주자로 분류한다. 모든 경제적 대외거래는 재화, 서비스 및 소득을 포함하는 거래, 자국을 제외한 전 세계에 대한 금융 채권과 부채를 발생시키는 거래, 경제적 대가 없이 일방적으로 주고받는 이전거래 등으로 구성된다.

6. 국제수지표는 상품수지, 서비스수지, 본원소득수지, 이전소득수지로 구성되는 경상수지와 자본수지, 금융계정, 오차 및 누락으로 구성된다. 상품수지는 일정기간 중 한 나라가 수출한 상품총액과 수입총액의 차이를 말하며 서비스수지는 외국과 서비스거래 결과 발생한 수입과 지급을 계상한다. 본원소득수지는 급료 및 임금수지와 투자소득수지로 구성된다. 이전소득수지에는 해외에 거주하는 교포가 국내외 친척 등에게 보내오는 송금이나 정부 간에 이루어지는 무상원조 등이 기록된다. 자본수지에는 자본이전 및 비생산 · 비금융자산 거래가 기록된다. 금융계정은 직접투자, 증권투자, 파생금융상품, 기타투자 및 준비자산으로 구성되며 거주자의 입장에서 자산 또는 부채 여부를 판단한다. 국제수지통계는 복식부기 원리에 따라 모든 개별 대외거래가 차변과 대변에 동일 금액으로 기록되므로 이론상으로는 대차 양변의 불일치가 발생하지 않아야 한다. 그러나 실제로 국제수지통계를 작성할 때 통관통계, 외환수급통계 등 기초통계들 간의 계산시점 및 평가방법상 차이, 보고 오류 등으로 인해 통계적 불일치가 존재한다. 오차 및 누락은 이와 같은 통계적 불일치를 조정하기 위한 항목이다.

CHAPTER

3

국제금융의 기본원리

제1절 평가이론의 의의

먼저 평가(平價, parity)라는 말이 동일한 가치 또는 등호(等號, equality)를 의미한다는 점으로부터 평가이론이 "무엇은 어떤 것과 같다"는 상호관계를 보여 주는 것임을 일단 짐작할 수 있다. 이러한 말뜻이 암시하는 바와 같이 평가이론은 국제금융시장에서 가장 기본적인 변수인 환율, 금리, 물가 간의 상호관계를 등호로 나타내는, 다시 말하여 상호 균형조건과 관련된 이론이라고 할 수 있다. 평가이론은 통상 평가조건(parity conditions)을 중심으로 전개되며, 각 변수들 간의 균형상태를 다루기 때문에 이를 국제 금융의 균형가격이론이라고도 한다.

국제금융거래에서 손익의 발생원은 크게 수익률과 환율의 변동이라고 볼 수 있다. 균형금리 또는 수익률을 결정하는 기본요인이 자본의 한계생산(marginal product of capital)과 물가상승률이며, 균형환율을 결정하는 기본적인 요인 중 하나가 물가상승률이기 때문에 세 변수, 즉 물가상승률, 금리, 환율 상호 간의 균형관계가 바로 국제금융의 기초원리가 되는 셈이다.

이와 같은 국제금융의 평가이론은 차익거래(arbitrage)를 기본 전제로 하고 있다. 차익거래란 동일한 상품에 대하여 두 시장에서 수익률이나 가격이 같지 않을 경우 이윤을 취할 기회가 생기는데, 이러한 이윤을 취득하기 위해 행하여지는 상품매매를 말하며, 이때 거래주체를 차익거래자(arbitrager)라고 한다.

여기서 다룰 평가이론은 일물일가(一物一價)의 법칙과 이로부터 도출되는 구매력 평가이론, 그리고 금리와 환율변동 간의 균형관계를 보여 주는 국제피셔효과와 금리평가조건 등이다.

제2절 구매력 평가이론

1. 일물일가의 법칙

일물일가의 법칙(law of one price)은 동일한 시점에 동일한 하나의 상품은 어떤 시장에서도 그 가격이 동일하다는 것이다. 일물일가의 법칙을 국제거래에도 적용할 수 있다. 국제거래의 경우 무역에 따르는 운송비용과 관세 등 무역장벽이 없는 완전경쟁 시장구조 하에서 각 시장에서 팔리는 동일한 재화의 가격은 어느 한 나라의 통화단위로 표시하였을 때 동일하게 결정된다는 것이다.

즉 특정 재화 i의 국내통화 표시가격을 P_i라 하고 외국에서의 외국통화 표시가격을 P_i^*라 할 때 다음과 같은 관계가 성립하는데, 이를 일물일가의 법칙이라 한다.

$$P_i = S \cdot P_i^* \qquad\qquad 식\ (3\text{-}1)$$

S : 명목환율

일물일가의 법칙은 완전한 차익거래를 기초로 하며, 차익거래에 어떠한 비용도 들지 않는다는 점을 가정하고 있다. 일물일가의 법칙이 성립되기 위한 기본 전제조건을 구체적으로 정리하면 다음과 같다. 먼저 해당 제품은 완전 동질의 제품이어야 하며, 국가 간에 교역이 가능한 제품이어야 한다. 또한 차익거래나 교역에 어떠한 제약도 없어야 하며 차익거래상 일체의 비용, 즉 거래비용(transaction costs)[1]이 없어야 한다. 따라서 동질의 제품임에도 불구하고 두 시장 간에 가격 차이 또는 수익률 차이가 존재하면 차익거래의 유인이 발생하고, 그 결과 가격 차이가 없어진다는 것이다. 예를 들어 제품 i의 국내가격(P_i)이 외국가격(SP_i^*)보다 높다면 무역업자들은 해당 제품을 외국으로부터 수입해 국내에 판매하여 이득을 취하는 거래를 하게 될 것이며, 이러한 거래과정에서 국내가격

---

1 여기서 거래비용이란 수송비나 거래수수료 등 좁은 의미의 거래비용뿐만 아니라 거래의 성립을 위해 소요되는 모든 시간적·금전적 비용을 포괄하는 넓은 의미의 개념이다. 즉 거래비용은 거래와 관련된 탐색비용, 정보비용, 교섭비용, 운송비용, 감독비용 그리고 더 나아가서 규제나 조세징수 등과 관련한 모든 비용을 포함한다.

이 낮아지고 외국가격이 상승하여 결과적으로 식 (3-1)이 성립하게 될 것이다.

그러나 국제무역에 있어 수수료, 운송비용 등 여러 가지 거래비용과 관세 등 무역장벽이 엄연히 존재하는 데다 품질, 브랜드 등 제품이 차별화되어 있고 국가 간에 교역이 불가능한 비교역재가 존재하는 것이 현실이므로 일물일가의 법칙은 실제로 성립하기 어렵다고 할 수 있다.

2. 절대적 구매력 평가

개별 상품에 대한 일물일가의 법칙을 국제경제에 적용한 식을 확장하여 국가 간에 거래되는 모든 상품에 적용하면 다음과 같이 나타낼 수 있다.

$$P_i = S \cdot P_i^* (i = 1, \ 2, \ ......, \ n)$$

국내물가 P와 해외물가 P^*는 개별 재화들의 가격을 해당 재화의 가중치를 고려하여 전부 합하여 산출되는데, 편의상 두 나라 모두 물가지수를 구성하는 상품들이 동일하고 그 가중치도 동일하다고 가정하면 다음과 같은 식을 얻을 수 있다.

$$P = S \cdot P^* \qquad\qquad\qquad\qquad 식 (3-2)$$

P : 국내 물가수준

P^* : 상대외국 물가수준

식 (3-2)는 절대적 구매력 평가(absolute purchasing power parity)이론을 나타내는데, 이는 국내외 통화 간 환율을 감안하여 동일통화로 나타낼 때 양국의 물가가 서로 같다는 물가평가를 의미한다. 또한 식 (3-2)를 약간 변형하여 다음과 같이 나타낼 수 있다.

$$\frac{1}{P} = \frac{1}{SP^*} \qquad\qquad\qquad\qquad 식 (3-3)$$

이는 양국 통화의 구매력이 서로 동일함을 나타내는 구매력 평가를 의미하게 된다.

한편 식 (3-2)와 식 (3-3)을 다음과 같이 환율을 나타내는 식으로 정리할 수 있다.

$$S = \frac{P}{P^*} \qquad\qquad 식\ (3\text{-}4)$$

$$S = \frac{1/P^*}{1/P} \qquad\qquad 식\ (3\text{-}5)$$

이 식들은 구매력 평가에 의한 환율결정을 나타낸다. 즉, 거시경제적 관점에서 보면 환율은 양국 간 구매력을 일치시키는 비율이며, 이는 구매력 평가에 의하여 결정된다는 것이다.

그러나 절대적 구매력 평가식에는 다음과 같은 한계점이 있다. 먼저 앞에서 언급한 바와 같이 현실적으로 일물일가의 법칙이 성립되기 어려운 데다가 양국의 물가지수에 포함되는 재화 및 서비스의 바스켓 구성과 그 가중치가 다르고, 특히 비교역재가 바스켓에서 차지하는 비중이 클수록 절대적 구매력 평가를 기대하기 힘들다.

3. 상대적 구매력 평가

양국 물가와 환율의 절대수준을 고려하는 데서 비롯되는 절대적 구매력 평가설의 제약을 완화하기 위하여 양국의 물가와 환율의 절대수준보다는 각각의 변동률을 이용하여 구매력 평가설을 구성한 것이 상대적 구매력 평가설(relative purchasing power parity)이다.

상대적 구매력 평가식은 물가와 환율의 변화율을 고려함으로써 절대적 구매력 평가식에 비하여 변화가 거의 없는 제약요인의 변수들을 배제할 수 있는 이점이 있다. 교역장벽이나 시장의 불완전성 등 절대적 구매력 평가설의 성립을 제약하는 요인들이 안정적이라면 상대적 물가수준의 변동을 환율변동의 근사치로 볼 수 있기 때문이다.

식 (3-2)를 변화율로 나타낸 식으로 전환하여 다음과 같은 상대적 구매력 평가식을 도출할 수 있다.

$$\dot{P} = \dot{S} + \dot{P}^* \qquad\qquad 식\ (3\text{-}6)$$

또는 $\dot{S} = \dot{P} - \dot{P}*$ 식 (3-6)′

$\dot{P}$: 자국의 물가변화율(상승률)

$\dot{P}*$: 외국의 물가변화율(상승률)

$\dot{S}$: 자국통화표시 환율변화율

상대적 구매력 평가식이 의미하는 바는 환율변동이 자국과 상대외국의 물가상승률 차이에 의해서 결정된다는 것이다. 예를 들어 자국통화표시 환율이 10% 정도 상승하였다면 이는 자국의 물가상승률이 상대외국에 비하여 10% 정도 높기 때문이라는 것이다.

상대적 구매력 평가식을 이용하여 환율변동을 예측할 수 있는데, 이는 식 (3-6)′를 아래와 같이 변형하여 이용하는 것이다.

$E(\dot{S}) = \pi - \pi*$ 식 (3-7)

$E(\dot{S})$: 기대환율변동률

π : 자국물가의 기대상승률

$\pi*$: 상대외국물가의 기대상승률

예를 들어 앞으로 1년 동안 우리나라 물가가 10%, 미국의 물가가 5% 상승할 것이라고 예상하고 현재의 대미달러환율이 U$1 = ₩1,200이라고 한다면 식 (3-7)에 따라 기대 환율변동률 $E(\dot{S})$는 5%[즉, $\pi(10\%) - \pi*(5\%)$ = 5%]이다. 따라서 상대적 구매력 평가에 따르면 1년 후 예상 균형환율은 현재 환율보다 5% 상승한 U$1 = ₩1,260이다.

4. 구매력 평가의 일반화

상대적 구매력 평가로 절대적 구매력 평가의 제약요인이 상당부분 완화되지만, 단순히 양국 간의 물가상승률 차이로 환율의 변화를 설명하는 것은 현실적으로 여러 가지 문제점을 내포하고 있다. 이는 양국의 물가지수에 포함되는 바스켓 구성이 동일하지 않으며 양국 간 생산요소와 기호의 차이 등으로 그 가중치가 다르기 때문이다. 또한 환율은 원래 교역재 간의 교환비율인데, 구매력 평가는 교역재와 비교역재를 모두 포괄하는 양국의 전반적인 물가수준을 비교함으로써 얻어지는 것이다. 따라서 구매력 평가로 환율을 설명하는 것은 한계를 지니고 있다. 이러한 점에서 교역재와 비교역재의 차이를 고려하여 일반화된 구매력 평가식을 도출해 보기로 하자.

먼저 교역재의 경우 구매력 평가가 성립한다고 가정한다.

$$P_T = SP_T^*$$ 식 (3-8)

P_T : 자국통화로 측정된 국내 교역재 가격

P_T^* : 외국통화로 측정된 외국의 교역재 가격

한편 국내 물가지수 P는 자국통화 단위로 측정된 교역재 가격(P_T)과 비교역재 가격(P_N)의 가중평균으로 구해진다. 마찬가지로 외국의 물가지수도 외국통화 단위로 측정된 교역재 가격(P_T^*)과 비교역재 가격(P_N^*)의 가중평균으로 구해진다고 할 수 있다.

$$P = P_N^{\alpha} \ P_T^{1-\alpha}$$ 식 (3-9)

$$P^* = P_N^{*\beta} \ P_T^{*1-\beta}$$ 식 (3-10)

α : 국내 물가지수에서 비교역재가 차지하는 비중

β : 외국 물가지수에서 비교역재가 차지하는 비중

식 (3-9)와 식 (3-10)을 이용하여 두 통화 간의 교환비율을 다음과 같이 나타낼 수 있다.

$$\frac{P}{P^*} = \frac{P_N^{\alpha} \ P_T^{1-\alpha}}{P_N^{*\beta} \ P_T^{*1-\beta}}$$ 식 (3-11)

교역재에 대하여는 구매력 평가가 성립한다는 가정 아래서 식 (3-11)의 우변 분자를 P_T로, 분모를 SP_T^*로 각각 나누어 정리하면 다음 식을 얻을 수 있다.

$$\frac{P}{P^*} = \frac{(P_N/P_T)^{\alpha}}{(P_N^*/P_T^*)^{\beta}} \cdot S$$ 식 (3-12)

식 (3-12)를 환율에 관하여 재정리하면 아래와 같은 일반화된 구매력 평가식이 도출된다.

$$S = \frac{P}{P^*} \cdot \frac{(P_N{}^*/P_T{}^*)^\beta}{(P_N/P_T)^\alpha} \qquad \text{식 (3-13)}$$

식 (3-13)은 교역재에 대한 비교역재의 상대가격이 환율에 영향을 미치고 있음을 나타내고 있다. 예를 들어 교역재에 비하여 비교역재의 국내가격이 상승하면 자국통화 표시 환율(S)이 하락하여 자국통화가치가 상승하게 된다. 이는 교역재의 경우에만 구매력 평가설이 성립하기 때문이다. 전체 물가지수가 불변인 가운데 비교역재의 상대가격 상승은 교역재 가격의 하락을 의미하며, 환율의 하락을 가져온다.

식 (3-13)은 다음과 같이 명목환율(S)과 실질환율(q)의 관계로 나타낼 수 있다.

$$S = \frac{P}{P^*} \cdot q \qquad \text{식 (3-14)}$$

위 식에서 도입한 실질환율 q는 교역재와 비교역재 간의 상대가격을 나타낸 것으로서 구매력 평가설도 포괄하는 보다 일반적인 개념이다. 식 (3-4)와 같은 절대적 구매력 평가설은 실질환율이 1로 고정되어 있는 특별한 경우에만 성립한다는 것을 알 수 있다. 즉 실질환율이 1인 경우는 양국 통화 간에 절대적 구매력 평가가 성립하여 일물일가의 법칙이 성립함을 의미한다.

5. 구매력 평가이론의 제약성

구매력 평가이론은 차익거래를 전제로 하는 일물일가의 법칙에 바탕을 두며 환율변동을 화폐적 현상으로 파악하여 물가변동만으로 설명하고 있는데, 바로 이러한 점이 현실적으로 동 이론의 성립을 제약하고 있다.

환율결정이론으로서 구매력 평가이론이 안고 있는 제약점을 구체적으로 살펴보면 다음과 같다.

첫째, 국가 간 차익거래가 제약을 받는 현실경제에서는 구매력 평가이론의 설득력이 약화된다. 실제 국제무역에는 여러 가지 거래비용이 수반되며 국가 간 비교의 대상이 되는 물가지수에는 차익거래가 성립하기 어려운 비교역재나 서비스 등이 포함되어 있기 때문이다.

둘째, 외환시장과 물가지수로 반영되는 상품시장의 가격변동 메커니즘이 상이하다는 것이다. 환율변동은 장래 경제환경 변화 등에 대한 예상이나 기대에 큰 영향을 받는 반면 물가변동은 과거나 현재의 상품 수요공급 상황에 크게 영향을 받는다. 따라서 외환시장에서의 단기적인 실제 환율변동은 물가수준의 변동만으로 설명하기 힘들다.

셋째, 외환시장과 상품시장에서 형성되는 가격이 균형수준으로 접근하는 속도가 서로 다르다. 외환시장에서는 외국통화 등과 같이 동질적이고 표준화된 상품이 거래되므로 그 가격이 신속하게 변동 조정되는 특징이 있다. 오히려 지나치게 빠른 반응을 보여 단기적으로 변동폭이 불안정하게 확대되거나 과도한 반응(overshooting)을 나타내는 경향이 있다. 이에 반하여 상품시장에서는 가격이 균형수준으로 접근하는 속도가 상대적으로 느리다. 이는 생산시설의 조정과 상품거래 등에 시간이 소요되고 차익거래를 제약하는 여러 요인이 존재하기 때문이다.

넷째, 구매력 평가이론은 상품시장과 관계없는 독자적인 자본이동 등에 의하여 비롯되는 환율의 변동을 설명하지 못한다는 제약이 있다.

실증적으로 보더라도 이러한 여러 가지 제약으로 구매력 평가는 단기적으로 거의 성립하지 않는다. 그럼에도 구매력 평가는 유용한 면이 있으며, 아직도 환율결정이론으로서 관심의 대상이 되고 있다. 구매력 평가이론이 단순명료하며 아직까지 만족스러운 환율결정이론이 정립되지 못한 상태에서 그나마 설득력이 있기 때문에 장기적인 환율 예측이나 사후적인 평가조정 기준으로 활용되는 것이다.

6. 빅맥 구매력 평가

구매력 평가이론의 제약점에도 불구하고 국제금융가에서는 장기적인 균형환율을 파악하는 데 아직도 구매력 평가를 크게 활용하고 있다. 그러나 구매력 평가의 기본개념은 단순명료한 반면 실제로 구매력 평가환율을 계측하는 데는 첨단의 계량분석기법이 동원되는 등 그 분야의 소수 전문가를 제외하고는 이해하기가 쉽지 않은 것이 사실이다. 이에 따라 좀 더 간편한 구매력 평가 계측의 필요성이 제기되었는데, 이에 해당되는 것이 바로 빅맥 구매력 평가(Big Mac PPP)이다.

빅맥은 미국 맥도날드(Mcdonald)사의 대표적인 상품으로서 세계 80여 개 국가에서 거의 동질의 품질로 팔리는 햄버거 상표명이다. 빅맥 구매력 평가는 영국의 경제주간지인 이코노미스트(The Economist)가 1987년부터 작성하기 시작하였다. 처음에는 단지 경제이론의 가벼운 응용 차원에서 환율의 적정수준 여부를 알아보고자 하는 데 그 목적을 두었으나, 해를 거듭할수록 계측의 단순함에도 불구하고 그 실용성이 입증되어 이제는 하나의 중요한 지표로 자리 잡고 있다. 미국의 유수한 국제금융전문기관 등에서 유수한 전문가 집단이 오랜 시간을 소요하여 계측한 구매력 평가에 의한 장기환율예측에 비하여 결코 뒤떨어지지 않는다는 사실이 알려지면서 관심의 대상이 되었다.[2] 빅맥 구매력 평가는 단지 빅맥이라는 하나의 상품가격만을 고려대상으로 하고 있기 때문에 엄밀한 의미에서는 일물일가 법칙의 응용이라고 볼 수 있다.

〈표 3-1〉은 2008년 7월 24일 기준으로 세계 주요국가에서 팔리는 빅맥 가격을 상호 비교하여 구매력 평가를 산정한 것이다. 우선 우리나라의 경우를 예로 들어 보기로 한다. 미국에서의 빅맥 가격은 U$3.57이었고 우리나라에서는 빅맥이 ₩3,200이었다. 따라서 양국 간의 빅맥 구매력을 일치시켜 주는 균형환율은 식 (3-4) '$S = P/P^*$'에 따라 ₩896/U$(=₩3,200/U$3.57)이다. 그런데 2008년 7월 24일 우리 원화의 실제 대미환율은 ₩1,018/U$이므로 빅맥 구매력 평가를 기준으로 할 때 우리 원화가 12% 정도 과소평가(under valued)되어 있는 셈이다.

또한 인도네시아의 경우를 보면 빅맥 구매력 평가는 미 달러당 5,238루피아인데도 2008년 7월 24일 실제 대미환율은 9,152루피아이므로 인도네시아 루피아화는 미 달러에 비하여 43%나 과소평가되어 있는 형편이다. 이와는 대조적으로 노르웨이는 빅맥 구

---

2 그러나 빅맥의 재료(밀가루, 쇠고기 등)는 맥도날드사의 현지화 전략에 따라 국가별로 차이가 난다. 이러한 문제점을 감안하여 이코노미스트지는 세계적으로 동일한 커피 원재료를 사용하는 스타벅스(Starbucks)사의 인기제품인 톨(tall) 사이즈의 국별 가격 비교를 통해 각국의 환율수준을 평가하는 Starbucks Index를 발표하게 되었다.

매력 평가가 미 달러당 11.2크로네인 데 비하여 2008년 7월 24일 실제 대미환율이 5.08 크로네를 기록함으로써 빅맥 구매력 평가 기준으로 121%나 과대평가(over valued)되어 있는 것으로 나타났다.

〈표 3-1〉 빅맥 구매력 평가

	Big Mac prices		implied ppp[1] of the dollar	actual exchange rate	under(−)/over(+) valuation against dollar
	in local currency	in dollars			
United States[2]	$3.57	3.57	−	−	
Argentina	Peso11.0	3.64	3.08	3.02	+2
Australia	A$3.45	3.36	0.97	1.03	−6
Brazil	Real7.50	4.73	2.10	1.58	+33
Britain	£2.29	4.57	1.56[3]	2.00	+28
Canada	C$4.09	4.08	1.15	1.00	+14
Chile	Peso1,550	3.13	434	494	−12
China	Yuan12.5	1.83	3.50	6.83	−49
Czech Republic	Koruna66.1	4.56	18.5	14.5	+28
Denmark	DK28.0	5.95	7.84	4.70	+67
Egypt	Pound13.0	2.45	3.64	5.31	−31
Euro Area[4]	€3.37	5.43	1.06	1.59	+50
Hong Kong	HK$1.3	1.71	3.73	7.80	−52
Hungary	Forint670	4.64	187.7	144.3	+30
Indonesia	Rupiah18,700	2.04	5,238	9,152	−43
Japan	Yen280	2.62	78.4	106.8	−27
Malaysia	Ringgit5.50	1.70	1.54	3.2	−52
Mexico	Peso32.0	3.15	8.96	10.2	−12
New Zealand	NZ$4.90	3.72	1.37	1.32	+14
Norway	Kroner40.0	7.88	11.2	5.08	+121
Poland	Zloty7.00	3.45	1.96	2.03	−3
Russia	Rouble59.0	2.54	16.5	23.2	−29
Saudi Arabia	Riyal10.0	2.67	2.80	3.75	−25
Singapore	S$3.95	2.92	1.11	1.35	−18

	Big Mac prices		implied ppp[1] of the dollar	actual exchange rate	under(−) /over(+) valuation against dollar
	in local currency	in dollars			
South Africa	Rand16.9	2.24	4.75	7.56	−37
South Korea	Won3,200	3.14	896	1,018	−12
Sweden	SKr38.0	6.37	10.6	1.02	+78
Taiwan	NT$75.0	2.47	21.0	30.4	−31
Thailand	Baht62.0	1.86	17.4	33.4	−48
Turkey	lire5.15	4.32	1.44	1.19	+21
UAE	Dirhams10.00	2.72	2.80	3.67	−24

주 : 1) 현지에서의 가격을 미국에서의 가격으로 나눈 값
　　 2) 뉴욕, 시카고, 애틀랜타, 샌프란시스코의 평균
　　 3) 달러/파운드
　　 4) 유로지역의 가중평균가격
자료 : The Economist

제3절 이자율이론

이자율(금리)[3]은 일반적으로 일정기간 동안 자금을 차입하여 사용한 경우 지불해야 하는 대가로서 자금의 현재가치와 장래가치 간의 교환비율이라 할 수 있으며 실물부문과 금융부문을 연결하는 고리역할을 한다. 여기서는 이자율의 수준 및 구조에 대해서 간략히 살펴보기로 한다.

3　이자율과 금리를 혼용하기로 한다. 금리는 통화자본과 관련된 제한적인 의미로, 이자율은 실물대차까지 포함하는 넓은 개념으로 정의되기도 하지만 통화경제의 발달로 명확히 구분하기는 곤란하다. 이자율(금리)은 금융시장에서 이자나 원금의 지급시기 등에 따라 여러 가지 측면에서 정의할 수 있는데 이 가운데 만기수익률(yield to maturity)이 가장 정확하고 또 널리 쓰이는 개념이라고 할 수 있다. 만기수익률은 자산수익의 현재가치와 자산의 현재가격을 동일하게 하는 이자율을 가리킨다.

1. 이자율의 수준

1.1 대부자금설

대부자금설(loanable funds theory)은 이자율이 대부자금의 수요(차입)와 공급에 의해서 결정된다는 이론이다. 대부자금설의 이자율 결정은 채권가격이 채권시장에서 채권의 수요와 공급에 의해 결정되는 과정을 통해 살펴볼 수 있다.[4] [그림 3-1]은 이자율과 채권의 수요·공급을 나타낸다. 이자율과 채권가격은 역관계에 있으므로 채권의 수요곡선 B_d는 [그림 3-1]에서 보는 바와 같이 우상향하는 모습을 나타낸다. 즉 이자율이 상승(채권가격이 하락)하면 채권의 수요가 증가하게 된다. 이와 반대로 채권공급곡선 B_s는 우하향하는 모습을 나타낸다. 이자율이 하락(채권가격이 상승)하면 채권의 공급이 늘어나게 되는 것이다.

이와 같은 채권의 공급·수요와 대부자금의 수요·공급 사이에는 대칭적인 관계가 있다. 즉 기업이 투자자금을 조달하기 위해 채권을 공급하는 것은 채권 구입자로부터 자금을 차입하는 것과 같으므로 대부자금 수요에 해당하며, 채권 구입자가 저축을 이용하여 채권을 수요하는 것은 대부자금을 공급하는 것이므로 채권 수요는 대부자금의 공급과 같다.[5] 따라서 채권의 수요·공급곡선을 대부자금의 공급·수요곡선으로 대체하여 대부시장에서의 균형이자율을 구할 수 있다.

대부자금설에 의한 균형이자율은 [그림 3-2]에서 보는 바와 같이 대부자금의 수요(L_d)와 공급(L_s)이 일치하는 r^* 수준에서 결정된다. [그림 3-2]에서 균형이자율 r^*은 안정적인 균형을 나타낸다. 이는 대부자금의 공급이 수요를 초과하면 이자율이 하락하고, 이와 반대로 대부자금의 수요가 공급을 초과하면 이자율이 상승하기 때문이다.

4 　대부자금설은 고전학파에 의해 주장된 이론인데 본문과 같이 채권이라는 저량변수(stock)의 수급관계가 아닌 저축과 투자라는 유량변수(flow)를 통해 설명하기도 한다. 즉 균형이자율은 대부자금의 공급인 저축과 대부자금의 수요인 투자가 일치되는 수준에서 결정된다. 이 경우 대부자금의 공급이 화폐부분이 아닌 저축, 투자 등 실물부분에 의해 영향을 받기 때문에 실질이자율이 중요하다.

5 　대부자금시장에서 가계·기업·정부 모두 대부자금의 수요자나 공급자가 되지만, 가계는 대부자금의 순공급자이고 기업이나 정부는 대부자금의 순수요자인 경우가 일반적이다.

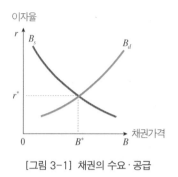

[그림 3-1] 채권의 수요 · 공급

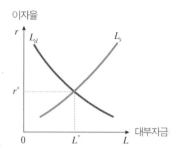

[그림 3-2] 대부자금의 수요 · 공급

1.2 유동성선호설

유동성선호설(liquidity preference theory)은 채권의 수급관계로 이자율 결정과정을 설명하는 대부자금설과는 대조적으로 이자율이 통화의 수요와 공급에 의해 결정된다고 본다. 유동성선호설은 Keynes가 주장하는 이론으로 그의 통화수요함수를 기초로 한다. 여기서 Keynes는 현금과 요구불예금으로 정의된 통화는 이자수익이 전혀 없는 반면 대체자산인 채권은 이자율 수준에 상응하는 수익을 제공하는 것으로 가정하였다. 따라서 이자율(채권수익률)이 상승하면 통화를 보유하는 데 따른 기회비용이 상승하므로 통화 수요는 감소하게 된다. 즉 [그림 3-3]에서 보는 바와 같이 통화 수요(M_d)는 우하향의 모습을 나타낸다. 통화의 공급은 통화당국의 정책결정에 의해 결정되므로 M_s와 같이 수직선의 형태를 갖는다. 통화시장의 균형은 통화의 수요 · 공급곡선이 만나는 a 점에서 이루어지며 이때 균형이자율은 $r*$로 결정된다.

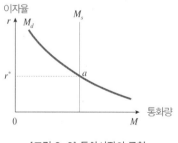

[그림 3-3] 통화시장의 균형

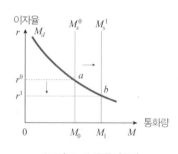

[그림 3-4] 유동성효과

한편 통화 공급의 변화가 이자율에 미치는 영향을 간략히 살펴보기로 한다. [그림 3-4]에서 보는 바와 같이 중앙은행이 확장적인 통화정책을 채택하여 통화 공급을 M_s^0에서 M_s^1으로 확대하면 균형점이 a에서 b로 이동하고 균형이자율이 r^0에서 r^1으로 하락하게 된다. 이와 같이 통화 공급 증가로 이자율이 하락하는 것을 유동성효과(liquidity effect)라고 한다. 그러나 통화량 증가는 유동성효과 이외에도 시간이 지남에 따라 다양한 효과를 수반하게 된다. 즉 이자율 하락에 따른 국민소득 증가효과(income effect) 및 이에 따른 이자율 상승, 또한 통화 공급 증가에 따른 물가상승 등 복합적으로 효과가 나타나게 되므로 이들 효과의 상대적 크기에 따라 이자율에 미치는 영향이 달라지게 된다.

2. 이자율의 구조

2.1 이자율의 위험구조

만기가 동일한 채권이라도 이자율 수준이 차이를 나타내는데 이는 만기 이외의 여타 결정요인들이 다르기 때문이다. 이자율의 위험구조(risk structure of interest rates)는 만기를 제외한 이자율 결정요인의 영향을 집약한 것이다. 이를 간략히 살펴보면 다음과 같다.

가. 채무불이행 위험

차입자에 따라 원금과 이자를 상환할 능력이 다르며, 이에 따라 원리금의 상환능력이 불확실한 차입자는 투자자들에게 위험을 부담하는 데 대한 보상으로서 더 높은 수익률을 제공하지 않으면 안 된다. 신용공여자가 만기에 원금과 이자를 상환 받을 수 없는 위험을 채무불이행 위험(default risk)이라 부른다. 일반적으로 정부가 발행하는 국채의 경우 정부가 원리금 상환을 보장하기 때문에 채무불이행 위험이 전혀 없으나, 여타 채권의 경우는 그 정도가 다르기는 하지만 채무불이행 위험이 존재한다. 즉 회사채의 경우 만기가 같더라도 그 회사의 신용상태에 따라 채무불이행 위험이 다르다. 따라서 채무불이행 위험은 지급불능 위험이 전혀 없는 국채의 수익률과 비교함으로써 측정할 수 있다.

이와 같이 특정 채권의 수익률과 채무불이행 위험이 없는 금융자산 수익률 간 차이를 채무불이행 위험 프리미엄(default risk premium)이라 한다.

나. 유동성 위험

이자율은 해당 금융자산의 유동성(liquidity) 정도에 따라서 달라진다. 유동성이란 해당 금융자산을 보유하고 있다가 쉽게 매각하여 현금화할 수 있는 정도이다. 일반적으로 투자자들은 유동성을 중시하기 때문에 이자율이 낮아도 유동성이 높은 자산에 투자한다. 따라서 유동성이 낮은 금융자산의 경우 수익률이 높지 않으면 투자유인이 없다. 유동성은 거래시장에 따라 달라지는데 일반적으로 채무불이행 위험의 경우처럼 정부에서 발행하는 국채를 유동성을 비교하는 기준으로 삼을 수 있다. 즉 채무불이행 위험이 없는 안전자산인 국채 선호현상으로 국채시장의 유동성이 높은 반면 회사채시장은 유동성이 상대적으로 낮기 때문에 회사채 투자자는 추가 프리미엄을 요구하게 되는 것이다.

다. 정보비용 및 조세

금융자산의 이자율에 차이가 생기는 또 다른 이유는 투자하고자 하는 금융자산에 관한 정보를 획득하는 데 드는 정보획득비용 및 금융자산 만기도래 시 투자자가 부담하는 조세가 상이하기 때문이다. 투자자가 투자자산에 관한 정보를 획득하기 위하여 시간과 금전 등 자원을 소비하게 되면 그만큼 투자의 기대수익은 감소하게 된다. 따라서 이와 같은 정보획득비용은 자금 대여자가 차입자에게 부과하는 차입비용인 이자율에 반영되어야 하는 것이다. 두 금융자산이 동일한 채무불이행 위험과 유동성을 갖는 경우 투자자는 정보비용이 낮은 금융자산에 투자하게 된다. 일반적으로 정부에서 발행하는 국채는 정보비용이 매우 낮으며 정보수집 비용이 높은 금융자산의 경우 금융시장에서 거래되기가 어렵기 때문에 상대적으로 그 유동성이 낮다.

한편 금융자산에 따라 부과되는 세율이 다르기 때문에 투자자는 이자에 대한 과세는 물론 세율도 고려하여 투자하게 되며 조세부담이 높으면 그만큼 수익률이 높지 않으면 안 된다.

2.2 이자율의 기간구조

같은 금융자산일지라도 만기에 따라 이자율이 상이하다. 이자율의 기간구조는 만기를 제외한 여타 조건이 동일한 금융자산의 수익률(만기수익률)과 만기와의 관계를 말하며 이는 수익률곡선(yield curve)으로 표시된다. 수익률곡선에 대해서는 수익률곡선의 형태와 수익률곡선의 이동방향이 논의의 초점이 되고 있는데 수익률곡선은 [그림 3-5]에서 보는 바와 같이 여러 가지 형태(우상향형, 우하향형, 수평형, 낙타형)를 취할 수 있으나 우상향의 모습을 취하는 것이 일반적이다.[6] 또한 수익률곡선 이동 시에는 같은 방향으로 이동하며 교차하는 경우가 드물다. 이자율의 기간구조에 대한 이론은 기대가설, 시장분할가설, 특정시장선호가설 등이 있는데 동 이론들은 이와 같은 일반적인 현상의 설명에 초점을 두고 있다.

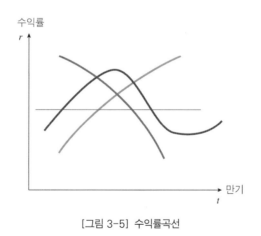

[그림 3-5] 수익률곡선

가. 기대가설

기대가설(expectations hypothesis)은 이자율의 기간구조 또는 수익률곡선의 형태가

---

6 Echols & Elliot(1976)은 미국 국채 수익률곡선에 관한 연구를 통해 1964 ~ 1972년 중 기간구조를 수평형, 상승형, 하락형, 낙타형 등 4종류로 분류하였다. 하나금융경영연구소가 분석한 1999 ~ 2009년 기간 중 한국과 미국의 수익률곡선 형태별 비중을 보면 한국의 경우 우상향(61%)이 가장 일반적이며 낙타형(20%), 우하향형(16%), 수평형(3%) 순이었다. 미국의 경우 우상향(77%), 우하향(17%), 낙타형(4%), 수평형(2%) 순이었다.

미래의 단기이자율에 대한 투자자들의 합리적인 기대 또는 예상에 의해서 결정된다고 주장하는 이론이다. 여기서 장기수익률은 만기까지의 예상 단기이자율의 평균으로 구해진다.[7] 따라서 어떤 시점에서 투자자들이 앞으로 이자율이 상승할 것으로 예상하면 장기수익률이 단기이자율보다 높아 수익률곡선은 우상향하게 된다. 반면 앞으로 이자율이 하락할 것으로 예상하면 장기수익률은 단기수익률보다 낮게 되고 수익률곡선은 우하향하는 모습을 나타내게 된다. 또한 단기이자율의 변동이 없을 것으로 예상되면 수익률곡선은 수평선이 된다.

기대가설은 투자자들이 위험에 대해 중립적(risk-neutral)이고 투자수익의 극대화만을 목표로 하고 있으며 만기가 다른 채권 간의 완전한 대체관계가 존재한다는 가정을 기본으로 하고 있다. 즉 투자자들이 위험도가 상이한 금융자산을 대상으로 하는 투자에서 투자수익의 극대화에만 관심을 가진다고 보는 것이다.

이와 같은 기대가설은 앞에서 언급한 수익률곡선과 관계된 일반적인 경향을 일면 설명하고 있으나 극단적인 가정 등 현실적으로 몇 가지 문제점을 지니고 있다. 먼저 수익률곡선은 대체로 우상향하는 형태를 취하고 있는데, 기대가설로는 이러한 현상을 일관성 있게 설명하기 어렵다. 기대가설에 따르면 앞에서 본 바와 같이 미래의 단기이자율 예상에 따라 우상향, 우하향, 수평 등 여러 가지 형태를 취하게 된다. 두 번째로 먼 미래의 단기이자율에 대한 예상이 현시점에서 형성된다고 보는 것은 비현실적이다. 세 번째로 미래의 불확실성에 따른 위험을 고려하지 않고 있다. 또한 장기이자율과 단기이자율 사이에 일정한 관계가 존재한다고 보는 것도 비현실적이다.

나. 시장분할가설

시장분할가설(segmented markets hypothesis)은 만기에 따른 채권의 수익률이 각 채권에 대한 수요와 공급에 의해 결정되며 다른 채권에 대한 기대수익률 등에 의하여 영향을 받지 않는다는 이론이다. 시장분할가설은 채권시장이 만기에 따라 분할되어 있으며

---

7   이 가설에 의하면 장기수익률은 수학적으로 단기현물금리와 미래 각 시점의 선물이자율의 곱으로 분해된다.

만기가 다른 채권 간에는 전혀 대체관계가 없다고 가정한다. 이와 같은 가정은 만기가 다른 채권 간에 완전한 대체관계가 있다고 보는 기대가설과는 정반대라 할 수 있다. 즉 금융시장에 참여하는 투자자에 따라 장기투자를 선호하는 투자자가 있는가 하면 단기투자를 선호하는 투자자가 있으며, 자기가 선호하는 만기의 채권 기대수익률에만 관심을 가진다는 것이다.

시장분할가설에 따르면 채권시장에는 일반적으로 현금화시점이 가까운 단기채권을 보유하려는 자금공급자와 장기채권을 발행하여 자금을 조달하고자 하는 자금수요자가 많기 때문에 단기채권에 대한 초과수요와 장기채권의 초과공급이 발생하게 된다. 그 결과 단기채권의 가격이 상승하고 장기채권의 가격이 하락함으로써 단기이자율이 하락하고 장기이자율이 상승하게 되어 수익률곡선이 우상향한다.

이와 같이 시장분할가설은 수익률곡선이 우상향하는 이유를 설명할 수 있으나 만기가 다른 채권의 수익률이 함께 이동하는 현상을 설명할 수 없다는 단점이 있다. 이는 장단기 채권 간에 대체관계를 인정하지 않고 채권시장이 만기에 따라 완전히 분할되어 있는 것으로 가정함으로써 특정 만기의 채권수익률이 다른 만기의 채권수익률에 영향을 미치지 못하기 때문이다.

다. 특정시장선호가설

특정시장선호가설(preferred habitat hypothesis)은 장기채권의 이자율을 만기까지 예상된 평균 단기이자율에 기간 프리미엄(term premium)을 합한 것으로 보는 이론으로, 이자율의 기간구조에 관한 이론 중 가장 널리 받아들여지고 있다.

특정시장선호가설은 기대가설과 시장분할가설을 종합하여 채권 간에 어느 정도의 대체관계를 가정하고 있다. 또한 동 이론은 투자자들이 특정 만기를 선호하는 경향이 있지만 채권수익률에 큰 차이가 생기면 평소에 선호하지 않는 다른 채권도 구입한다고 가정한다. 예를 들어 투자자들이 단기채권을 더 선호한다면 수익률이 장기채권보다 낮을지라도 단기채권을 보유하려고 한다. 채권은 잔존만기가 길어질수록 단기채권에 비해 유동성이 낮고 예기치 못한 금리변동 위험 등이 발생할 가능성이 크므로 투자자들이 장기채권을 보유하도록 하기 위해서는 정(+)의 기간 프리미엄을 보상해 주어야 한다. 기간 프리미엄은 정(+) 또는 부(-)의 값을 가질 수 있으나 대체로 장기채권에 대해서는 정의 기간 프리미엄이 추가된다. 조건이 동일하다면 투자자는 유동성이 높은 단기채권을 선호하기 때문에 기간 프리미엄을 유동성 프리미엄(liquidity premium)이라고도 부른다.

특정시장선호가설은 기대가설과 시장분할가설을 종합하고 있을 뿐 아니라 우상향의 수익률곡선은 물론 평탄하거나 우하향의 수익률곡선도 잘 설명한다. 또한 수익률곡선이 왜 우하향보다 우상향의 기울기를 더 자주 갖는지 명료하게 설명해 준다.

제4절 국제피셔효과와 금리평가이론

1. 피셔효과

기대인플레이션이 명목금리에 미치는 효과를 피셔효과(Fisher effect)라고 부른다. 여기서 명목금리는 시장에서 관찰되어 외부로 표현되는 숫자상의 금리로서 명목금리에서 물가상승률을 차감한 실질금리와 대칭되는 개념의 금리이다. 피셔효과는 주창자인 미국의 경제학자 피셔(Irving Fisher)의 이름에서 비롯된 것으로, 피셔는 명목금리와 실질금리 그리고 기대인플레이션율과의 관계를 다음과 같은 식으로 나타내었다.

$$(1+i) \ = \ (1+r)(1+\pi) \qquad\qquad 식 (3\text{-}15)$$

또는

$$i = r + \pi + r \cdot \pi \qquad\qquad 식 (3\text{-}15)'$$

i : 명목금리

r : 실질금리

π : 기대인플레이션율

여기서 기대인플레이션율 π가 매우 낮은 수준이라면 $r \cdot \pi$는 무시($r \cdot \pi = 0$)할 수 있기 때문에 식 (3-16)과 같이 나타낼 수 있다. 흔히 피셔효과를 나타내는 식으로서 식 (3-15)와 식 (3-15)′보다는 이를 단순화한 식 (3-16)이 더 많이 이용되고 있다.

$$i = r + \pi \qquad\qquad 식\ (3\text{-}16)$$

즉, 명목금리는 실질금리와 기대인플레이션율의 합으로 구성된다는 것이다. 예를 들어 자금 대여자는 실질금리뿐만 아니라 예상되는 인플레이션에 의한 대여자금의 가치하락분도 보상받아야 하기 때문에 기대인플레이션율을 실질금리에 가산한 수준의 명목금리를 요구한다고 보면 직관적으로 이해하기 쉽다. 따라서 피셔효과에 의하면 실질금리가 연 7%라고 하고, 향후 1년간 물가가 6% 상승할 것이라고 예상할 때 명목금리 수준은 둘을 합한 13%가 된다.

피셔효과를 나타내는 식 (3-16)은 양국 간의 명목금리 차이의 기본적인 이유를 설명해 준다. 본국의 금리를 식 (3-16)으로 나타내고, 상대외국의 금리는 여기에 별표를 붙여 아래 식 (3-17)로 표시한다.

$$i^* = r^* + \pi^* \qquad\qquad 식\ (3\text{-}17)$$

식 (3-16)에서 식 (3-17)을 차감하면 식 (3-18)을 구할 수 있는데, 이것이 바로 양국 간의 명목금리차는 양국 간의 실질금리차와 기대인플레이션율의 차이에서 비롯된다는 사실을 보여 준다.

$$i - i^* = (r - r^*) + (\pi - \pi^*) \qquad\qquad 식\ (3\text{-}18)$$

그런데 국가 간 금리수준의 차이를 설명함에 있어 실질금리와 기대인플레이션율에 대한 자료상의 제약으로 이들의 대용 변수를 사용하는 것이 현실이다. 실질금리 대신 경제성장률을, 그리고 기대인플레이션율 대신 실제물가상승률을 사용한다. 예를 들어 일본의 금리(예 : 3%)보다 우리나라 금리(예 : 8%)가 높은 근본적인 이유는 우리의 경제성장률(예 : 4%)이 일본의 경제성장률(예 : 2%)보다 높을 뿐만 아니라 일본은 물가가 거의 오르지 않는 데(예 : 1%) 비하여 우리나라는 상대적으로 높은 물가상승(예 : 4%)을 경험한 데 있다고 할 수 있다.

실질금리(r)는 실물자산의 생산력(productive return)과 위험프리미엄(risk premium)에 의존하는 것으로서 상대적으로 안정되었다고 가정한다. 이러한 가정하에서 피셔효과는 주로 명목금리와 기대인플레이션율의 관계에 분석의 초점을 두고 있다. 또한 양국의 실질금리수준이 동일하다($r - r* = 0$)는 가정(주로 주요 선진국의 경우를 염두에 두거나 또는 차익거래에 의하여 실질금리가 같아진다는 모형)하에서 식 (3-18)은 아래와 같이 변경된다.

$$i - i* = \pi - \pi*$$ 식 (3-19)

식 (3-19)는 양국 간의 명목금리 차이는 양국 간의 기대인플레이션율의 차이와 같다는 것을 나타내고 있다.

2. 국제피셔효과

국제금융거래상 이익의 원천은 양국 시장 간 금리 또는 수익률(이하 금리로 통일) 차이와 외환거래 차익에 있다. 따라서 이러한 '환율변동을 감안한 금리차이'가 바로 국제 차익거래의 유인이 되며, 가장 기본적인 두 변수인 환율변동과 금리차를 함께 고려한 분석이 바로 금리평가이론의 요체라고 할 수 있다.

먼저 국제피셔효과라는 말의 뜻으로부터 이것이 무엇을 말하고자 하는지 알아보자. 우선 피셔효과가 명목금리에 주목하는 가설이라는 점과 국제자금거래는 반드시 외환거래를 수반하므로 환율이 개재한다는 점을 상기하면 국제피셔효과는 환율변동과 양국의 명목금리 차이에 관한 이론이라고 짐작할 수 있다.

국제피셔효과가 나타내고자 하는 이들 두 변수 간의 관계를 간단히 요약하면 가치하락, 즉 평가절하(depreciation)가 예상되는 통화는 통화의 가치하락폭만큼 그 통화표시 금융자산의 금리가 상대국의 해당 금리에 비하여 높아져야 균형을 유지할 수 있다는 점을 말한다. 예를 들면, A국의 통화가 향후 1년 동안 7% 정도 가치가 하락할 것이라고 예상될 때 A국 통화표시 금융자산을 보유하는 것은 환율 측면에서 7%의 손해가 예상되는 것이어서 A국 금융자산에 대한 금리가 B국의 금리보다 7%만큼 높아져야 균형이 이루어진다는 것이다. 여기서 균형이 이루어진다 함은 예상 환차손이 금리차익으로 보상되어야 한다는 것으로서 결과적으로 기대이익이 '0'이 된다는 것이다. 이제 국제피셔효과의 기본식을 예를 통하여 도출하여 보기로 하자.

먼저 차익거래상의 어떠한 제약도 없고 거래비용이나 세금도 없는 단순한 경우를 가정한다. 이를 위하여 미국인 투자자가 원금 U$H를 자국인 미국에 투자할 경우와 이를 외국인 영국에 파운드화(£)표시 금융자산에 투자하는 경우로 나누어 생각해 보자.

먼저 미국에서 달러화표시 금융자산에 투자할 경우 1년 후 기대되는 원리금은 다음과 같다.

$$\text{U\$H}(1+i) \hspace{4cm} \text{식 (3-20)}$$

여기서 i는 미국(또는 달러화표시 금융자산) 금리로서 1년만기 정기예금 금리 등을 예로 들 수 있다.

그리고 영국에 투자할 경우의 1년 후 기대되는 원리금은 다음과 같다.

$$\text{U\$H} \cdot \left(\frac{1}{s}\right) \cdot (1+i^*) \cdot S^e \hspace{3cm} \text{식 (3-21)}$$

여기서 i^*는 영국(또는 파운드화표시 금융자산)의 금리를 나타낸다. 그런데 영국에 투자하는 경우를 보면 미국인 투자자는 먼저 투자자금 U$H를 현물환율 S(달러화로 표시한 파운드화의 가격으로서 U$/£)로 영국 파운드화 자금으로 환전하고, 이 자금 U$H/$S$를 1년 동안 연리 i^*로 운용한다. 그리고 난 후에 이를 다시 미 달러화로 바꾸게 되는데, 이때 적용할 1년 후의 기대 현물환율 S^e는 투자시점에서 볼 때 어디까지나 예상치에 불과하다. 따라서 1년 후의 실제 현물환율이 예상치인 S^e와 달라질 가능성을 배제할 수 없다. 이 경우 환위험은 커버되지 못한다.

만일 영국에서의 투자가 더 유리하다면, 즉 '식 (3-21) > 식 (3-20)'의 관계가 성립한다면 차익거래동기에 의한 투자자금은 미국에서 영국으로 이동할 것이다. 자금이 영국으로 점차 이동함에 따라 영국시장에서는 자금공급 증가로 금리 $i*$가 하락할 것이고, 반대로 미국시장에서는 공급감소로 인해 금리 i는 점차 상승하게 된다. 한편 환율에 있어서도 영국 파운드화에 대한 수요증가와 달러화의 공급증가로 미 달러화의 가치는 점차 하락하여 환율 S는 상승하게 된다. 결국 대영국투자의 매력이었던 기대초과이윤은 소멸되고, 따라서 양국 간의 자금이동 유인도 없어진다. 이는 곧 식 (3-20)과 식 (3-21)이 동일하게 됨을 의미한다.

만일 반대로 영국투자에서보다 미국투자에서의 기대이익이 더 큰 경우, 즉 '식 (3-20) > 식 (3-21)'인 경우에도 차익거래의 결과 종국적으로 양 시장에서의 기대이익은 동일하게 되어 위의 등호가 성립된다. 즉, 양국 금융시장이 균형상태에 놓이게 된다.

$$\text{U\$H}(1+i) \;=\; \text{U\$H} \cdot \left(\frac{1}{S}\right) \cdot (1+i*) \cdot S^e \qquad\qquad \text{식 (3-22)}$$

그런데 이 식의 양변에 S를 곱한 다음 $S(1+i*)$를 차감하여 정리하면 국제피셔효과를 보여 주는 다음 식 (3-23)을 도출할 수 있다.

$$\frac{S^e - S}{S} \;=\; \frac{i - i*}{1 + i*} \qquad\qquad \text{식 (3-23)}$$

식 (3-23)을 기대현물환율 S^e에 대해서 정리하면 아래와 같다.

$$S^e \;=\; \frac{(1+i)}{(1+i*)} \cdot S \qquad\qquad \text{식 (3-23)}'$$

참고 3-1   현물환율과 기대현물환율

스위스 프랑 표시 금융자산의 금리가 연 4%, 미 달러 표시 금융자산의 금리가 연 13%, 현물환율이 SFr1 = U\$0.63일 때 국제피셔효과에 의한 1년 후 기대현물환율(S^e)을 구하라.

풀이

환율표시방법을 보면 SFr이 기준통화로 되어 있다는 점에 착안하여 미 달러 표시 금융자산의 금리를 $i = 0.13$으로, 그리고 SFr 표시 금융자산의 금리를 $i* = 0.04$로 보고 식 (3-23)'에 대입하면 아래와 같이 기대현물환율을 구할 수 있다.

S^e (SFr/U\$) = 0.63 × (1+0.13)/(1+0.04) = 0.6845

식 (3-23)에서 좌변은 다름 아닌 기대환율변동률 $E(\dot{S})$를 나타내며, 우변은 양국 간의 금리차이를 '$1 + i^*$'로 나눈 것이다. 여기서 i^*가 미미하다는 점을 감안하여 i^*를 '0'이라고 가정하면 식 (3-23)은 다음과 같이 단순화된다.

$$E(\dot{S}) = i - i^* \qquad\qquad 식\ (3\text{-}24)$$

식 (3-24)를 보면 국제피셔효과가 말하고자 하는 바가 더욱 분명해진다. 국제피셔효과에서 강조되는 점은 선물환으로 환위험이 커버되지 않았다는 것이다. 그래서 국제피셔효과를 흔히 커버되지 않은 이자율 평가조건(UIP : uncovered interest rate parity condition) 또는 유위험 이자율 평가조건이라고 부른다.

3. 금리평가이론

3.1 금리평가조건의 기본식

앞서 살펴본 국제피셔효과가 이른바 커버되지 않은 이자율 평가조건이라고 불리는 바와 같이 미래 환율변동에 따른 환위험이 커버되지 않는다는 점에서 현실적 설득력에 제약이 있다. 환위험은 통상 선물환거래를 통해 커버되고 있는데, 이러한 현실을 반영한 평가이론이 바로 무위험 이자율 평가조건(CIP : covered interest rate parity condition)이다.

여기서 외환매매계약 체결일로부터 일정기간 경과 후 특정일에 외환을 결제하기로 약정한 거래가 선물환거래이고 이때는 결제일까지 매매 쌍방의 현금결제가 유보되는데, 이러한 형태의 거래에 적용되는 환율을 선물환율(forward exchange rate)이라고 한다.

따라서 금리평가조건과 국제피셔효과 사이의 외견상 차이점은 국제피셔효과에서의 기대현물환율 S^e가 선물환율 F로 대체된다는 데 있다. 즉, 앞서 국제피셔효과의 기본식을 도출하기 위해 사용한 식들 중에서 우선 영국에 U$H만큼을 투자할 경우의 1년 후 기대원리금을 나타내는 식 (3-21)이 다음과 같은 식 (3-25)로 변경된다.

$$\text{U\$H} \cdot \left(\frac{1}{s}\right) \cdot (1 + i^*) \cdot F \qquad\qquad \text{식 (3-25)}$$

이에 따라 미래 환율변동에 따른 환위험을 선물환거래로 커버하는 경우 차익거래의 결과 양국에서의 기대이익이 동일하게 되는, 즉 어느 한 나라 시장에서의 초과기대이익이 소멸되어 국가 간 금융거래의 균형상태를 보여 주는 금리평가조건의 기본식은 다음과 같게 된다.

$$\text{U\$H}(1 + i) = \text{U\$H} \cdot \left(\frac{1}{S}\right) \cdot (1 + i^*) \cdot F \qquad\qquad \text{식 (3-26)}$$

단, 투자원금을 나타내는 H는 양변에서 상쇄되므로 없어도 된다.

한편, 이 식의 양변에 S를 곱한 다음 '$S(1 + i^*)$'를 차감하여 정리하면 금리평가조건을 보다 잘 설명하는 다음 식 (3-27)을 도출할 수 있다.

$$\frac{F - S}{S} = \left(\frac{i - i^*}{1 + i^*}\right) \qquad\qquad \text{식 (3-27)}$$

이 식은 양국의 금리차와 뒤에서 설명할 선물환 프리미엄 또는 디스카운트가 균형을 이루는 금리평가조건을 나타낸 것이다. 국제피셔효과의 경우와 같이 i^*가 미미하다고 가정하고 식 (3-27)을 아래와 같이 단순화할 수 있다.

$$\frac{F - S}{S} = i - i^* \qquad\qquad \text{식 (3-28)}$$

3.2 균형선물환율

금리평가조건을 충족하는 식 (3-26) 또는 식 (3-27)과 같은 균형식으로부터 다음과 같은 균형선물환율을 쉽게 도출할 수 있다.

$$F = S \cdot \left(\frac{1 + i}{1 + i^*}\right) \qquad\qquad \text{식 (3-29)}$$

선물환의 만기가 1년이 아닌 30일, 60일, 90일, 180일 등 여러 종류가 있기 때문에 이러한 만기일수(T)를 고려한 일반식은 다음 식 (3-30)이다.

$$F = S \cdot \left[\frac{1 + i\left(T/_{360}\right)}{1 + i^*\left(T/_{360}\right)} \right] \qquad \text{식 (3-30)}$$

그런데 선물환율 표시에는 ① 아웃라이트 표시방법(outright quotation)과 ② 스왑 레이트(swap rate) 또는 스왑 포인트(swap point)로 표시하는 방법이 있다. 현물환율을 표시할 때와 마찬가지로 환율 전체숫자로 나타내는 것이 전자의 방법이다. 선물환거래만 이루어지는 경우에 이를 아웃라이트 선물환(outright forward)이라고 하는 데서 이러한 이름이 붙었다고 볼 수 있다. 후자는 선물환율과 현물환율 간 차이인 스왑 레이트만을 표시함으로써 선물환율을 표시하는 방법인데, 이는 선물환과 현물환이 함께 거래되는 스왑거래에서 사용하기에 편한 표시방법이다.

예를 들어 설명하기로 한다. 미국 달러화당 스위스 프랑화의 현물환율 S(SFr/U\$)가 1.5274이고, 30일 선물환율 F_{30}(SFr/U\$)은 아웃라이트 표시방법으로 1.5305라고 하자. 이때 선물환율과 현물환율의 차이인 스왑 포인트[F_{30}(SFr/U\$) $-$ S(SFr/U\$)]는 0.0031, 즉 31포인트이다.

한편 스왑 포인트 또는 연율로 표시된 스왑 레이트[(선물환율−현물환율)/(현물환율)]를 선물환 프리미엄(부호가 마이너스이면 선물환 디스카운트)이라고 한다. 즉,

$$\text{선물환 프리미엄} = \frac{F - S}{S} \times \frac{360}{T} \qquad \text{식 (3-31)}$$

여기서 T는 만기일수이다. 따라서 위의 경우 스왑 포인트가 $+0.0031$로서 양이므로 선물환 디스카운트가 아닌 선물환 프리미엄이 존재하고, 그 값은 식 (3-31)에 따라 다음과 같이 도출된다.

$$\frac{1.5305 - 1.5274}{1.5274} \times \frac{360}{30} = 0.0244$$

그런데 여기서 현물 및 선물환율이 미 달러(U$) 1단위당 스위스 프랑(SFr)의 비율로 표기되었으므로 기준통화(base currency)는 미국 달러화이다. 선물환 프리미엄값이 플러스라는 사실은 기준통화의 선물환 가치가 기준통화의 현물환에 비하여 높아진다는 것을 의미하며, 이를 기준통화인 달러가 피고시통화인 스위스 프랑화에 대하여 "선물환 프리미엄에 있다"고 말한다.[8] 달러화 선물환 프리미엄이 있다는 것은 외환시장 참가자들이 미래 스위스프랑/달러 환율이 상승할 것으로 예상하고 있다는 의미이다. 마찬가지로 스왑 레이트의 값 또는 선물환 프리미엄의 값이 마이너스이면 피고시통화 스위스 프랑화에 대한 기준통화 달러화의 선물환 가치가 현물환에 비하여 낮아진다는 것을 의미하며, 이 경우 기준통화는 피고시통화에 대하여 "선물환 디스카운트에 있다"고 한다.

한편, 선물환율과 현물환율이 동일한 경우에는 선물환율이 플랫(flat)하다고 말한다.

3.3 금리평가이론과 차익거래

지금까지 살펴본 금리평가조건을 그림을 이용하여 설명하기로 한다. 금리평가조건을 보여 주는 식 (3-28)의 도출과정에서 예로 든 경우처럼 영국과 미국 두 나라 간에 이루어지는 차익거래를 상정하기로 한다. 현물환율 표기에서 '{F(U$/£) $-$ S(U$/£)}'의 부호가 플러스이면 기준통화인 파운드화의 선물환 프리미엄, 피고시통화인 달러화의 선물환 디스카운트가 존재한다. 반대로 스왑 레이트의 값이 마이너스의 부호를 가지면 기준통화 파운드화의 선물환 디스카운트, 미 달러화의 선물환 프리미엄이 존재한다.

[그림 3-6]에서 종축은 식 (3-28)의 좌변, 즉 선물환 프리미엄(디스카운트)의 크기를, 그리고 횡축은 식 (3-28)의 우변, 즉 미국과 영국 간의 금리차 정도를 나타낸다. 이 그림에서 대각선인 45°선은 양축 변수의 값이 동일함을 나타내므로 이 선이 바로 식 (3-28)을 그림에 옮긴 금리평가선이다. 금리평가선을 이용한 이와 같은 그림을 통한 분석의 유용성은 균형, 즉 금리평가선에서 이탈한 경우 어떻게 다시 균형으로 복귀하는가를 잘 설명한다는 데 있다.

---

8   무위험 이자율 평가조건에 의하면 국내금리가 외국금리보다 높은 경우 선물환 프리미엄이 형성되어야만 무위험 차익거래 기회가 없는 효율적인 시장 조건이 만족된다.

　　우선 [그림 3-6]에서 금리평가선을 이탈한 점 A의 경우를 보자. 이 점에서는 미국의 금리가 영국보다 0.02%포인트 높지만, 파운드화의 선물환이 0.04% 프리미엄 상태이며, 미국 달러화는 디스카운트 상태에 처해 있다. 따라서 파운드화의 프리미엄이 미국 투자에서의 금리차를 상쇄하고도 남아 영국 투자가 유리하다.

　　이에 따라 미국에서 영국으로 자금이동이 유발되며 차익거래가 진전될수록 영국의 금리는 자금공급 증대에 따라 금리가 떨어지고, 반대로 미국 금리는 자금공급 감소로 올라가 양국의 금리차가 더욱 확대된다. 그림에서는 화살표가 점 A에서 오른쪽으로 향한다. 한편, 파운드화의 선물환 프리미엄의 크기는 자금이동이 진전될수록 적어진다. 이는 파운드화 수요증가와 달러화 공급증가에 따라 달러의 가치가 떨어지는, 즉 현물환율 $S(\text{U\$}/\pounds)$의 상승을 가져오고, 일정기간 후 인도되는 달러 선물에 대한 수요증대로 $F(\text{U\$}/\pounds)$의 값은 떨어지기 때문이다. 따라서 화살표는 점 A에서 아래쪽으로 향한다. 금리 측면과 선물환 프리미엄 측면을 함께 보면 결국 양 화살표 방향의 중간쯤 어디인가의 금리평가선으로 복귀하게 된다. 그런데 금리평가조건을 충족하여 이렇게 금리평가선 상에 놓이게 되면 금리나 환율 측 어느 한 쪽에서의 이익은 다른 쪽의 손실로 상쇄되어 기대이익은 '0'이 되고 차익거래에 따른 자금이동은 더 이상 없게 된다.

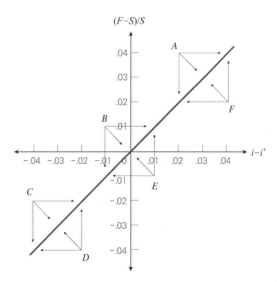

[그림 3-6] 미국 달러화와 영국 파운드화의 금리평가

금리평가선에서 이탈해 있는 나머지 점 B, C, D, E, F등의 경우도 마찬가지로 균형으로 복귀한다. 다만 점 A, B, C와 같이 금리평가선 위쪽에 위치하게 되면 이 예에서의 경우 영국 투자가 유리하고, 반대로 점 D, E, F등과 같이 금리평가선 아래쪽에 위치하면 미국 투자가 유리하다. 이렇게 금리평가선은 하나의 기준 또는 경계선의 역할을 한다. 각 점에서의 차익거래이익은 〈표 3-2〉에서와 같다.

〈표 3-2〉 금리평가선에서 이탈한 각 점에서의 차익거래이익　　　　　　　　　　　　　　(단위 : %, %p)

	A	B	C	D	E	F
1. 금리차($i-i^*$)	+0.02	-0.01	-0.04	-0.02	+0.01	+0.04
2. 달러화의 선물환 프리미엄	-0.04	-0.01	+0.02	+0.04	+0.01	-0.02
커버된 수익률(1+2)	-0.02	-0.02	-0.02	+0.02	+0.02	+0.02

한편, 국가 간의 자본이동에 규제가 없는 완전한 금융시장을 전제로 하고 있는 금리평가이론은 현실적으로 여러 가지 요인에 의해 제약을 받게 된다. 가장 큰 제약요인은 현실적으로 다양한 형태의 거래비용이 존재한다는 점이다. 거래비용이 존재하는 상황에서 경제적 이익이 거래비용을 커버하지 못한다면 차익거래가 이루어질 수 없다. 이와 같이 거래비용의 존재를 고려할 때 [그림 3-6]에서 본 직선형태의 금리평가선보다는 [그림 3-7]에서와 같이 직선형태의 금리평가선을 중심으로 하는 일정한 대(band)가 현실적으로 더 큰 의미를 갖는다고 하겠다.

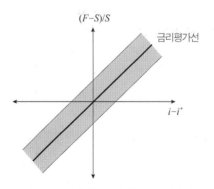

[그림 3-7] 거래비용 존재 시의 금리평가이론

제5절 국제금융 평가이론의 종합

선물환평가(forward exchange parity)에 의하면 선물환 프리미엄 또는 디스카운트는 현물환율의 기대변동률과 동일하다. 이때 선물환율은 미래 현물환율의 불편추정치 (UFR : forward rate as unbiased predictors of future spot rates) 역할을 하게 된다.

앞에서 본 바와 같이 국제피셔효과와 금리평가조건 간의 차이는 선물환 계약으로 환위험을 커버하였는지의 여부에 있다. 이는 각각의 기본식에서 미래 현물환율 예상치 (S^e)와 선물환율(F) 간의 대체로 나타난다.

그러나 다음과 같은 조건이 충족된다면 미래 현물환율과 선물환율은 같아지고, 결국 국제피셔효과와 금리평가조건은 동일한 내용이 된다.

첫째, 차익거래에 어떠한 제약도 없어 자유로운 거래가 보장되어야 하고, 둘째, 세금 또는 정보비용 등 거래비용이 없어야 하며, 셋째, 시장이 효율적이어서 이용 가능한 모든 정보가 가격에 즉시 반영되고, 넷째, 미래에 대한 불확실성이 없어야 한다.

이러한 네 가지 조건이 충족될 때 선물환율은 미래에 실현될 실제환율인 미래 현물환율(S^e)의 불편추정치(unbiased predictor)가 된다.

이와 같은 관계를 고려하여 지금까지 살펴본 여러 평가이론 상호 간의 관계를 종합적으로 살펴보기로 하자.

① 구매력 평가(PPP : purchasing power parity)

$$E(\dot{S}) = \pi - \pi^* \qquad\qquad\qquad\qquad \text{식 (3-7)}$$

② 피셔효과(FE : Fisher effect)

$$i - i^* = \pi - \pi^* \qquad\qquad\qquad\qquad \text{식 (3-19)}$$

③ 국제피셔효과(IFE : international Fisher effect)

$$E(\dot{S}) = i - i^* \qquad\qquad\qquad\qquad\qquad \text{식 (3-24)}$$

④ 금리평가조건(IRP : interest rate parity)

$$(F- S)/S = i - i^*$$ 식 (3-28)

⑤ 미래 현물환율의 불편예측치로서의 선물환율(UFR : forward rate as unbiased predictors of future spot rates)

$$S^e = F$$

①~⑤를 종합하여 [그림 3-8]과 같이 국제평가이론이 성립하는 사례를 나타낼 수 있다. [그림 3-8]은 양국 간의 기대인플레이션율 격차와 명목금리 격차, 현물환율의 예상 변동률, 그리고 선물환 프리미엄 또는 디스카운트가 모두 3%로 동일하게 되어 국제평가 이론이 완전하게 성립하는 사례를 보여 주고 있다.

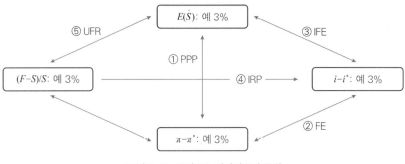

[그림 3-8] 국제금융 평가이론의 종합

요약

1. 국제금융 평가이론은 환율, 금리, 물가 간의 평가조건(parity conditions)을 중심으로 각 변수들 간의 균형상태를 다루기 때문에 국제금융의 균형가격이론이라고도 한다. 일물일가(一物一價)의 법칙과 이로부터 도출되는 구매력 평가이론, 그리고 금리와 환율변동 간의 균형관계를 보여 주는 국제피서효과와 금리평가조건 등이 있다. 국제금융의 평가이론은 차익거래(arbitrage)를 기본 전제로 하고 있다. 차익거래란 동일한 상품에 대하여 두 시장에서 수익률이나 가격이 차이가 날 때 저렴한 곳에서 사서 비싼 곳에 팔아 이윤을 취득하는 거래를 말한다.

2. 일물일가의 법칙은 동일한 시점에 동일한 하나의 상품은 어떤 시장에서도 그 가격이 동일하다는 것이다. 일물일가의 법칙이 성립할 때 특정 재화의 국내통화 표시가격은 외국통화 표시가격에 명목환율의 곱으로 항상 나타난다. 그러나 일물일가의 법칙은 현실세계에서는 운송비용 등의 거래비용, 관세 등 무역장벽, 품질이나 브랜드 등 제품 차별화, 국가 간 교역이 불가능한 비교역재의 존재 등으로 성립하지 않는 경우가 많다.

3. 두 나라 모두 물가지수를 구성하는 상품들이 동일하고 그 가중치도 동일하다고 가정하면 국내물가지수는 명목환율에 외국물가지수의 곱으로 구해지는 절대적 구매력 평가가 성립한다. 즉 환율을 감안하여 양국의 물가를 동일통화로 나타내면 서로 같게 된다. 현실적으로 일물일가의 법칙이 성립되기 어려운 데다가 양국의 물가지수에 포함되는 재화 및 서비스의 바스켓 구성과 그 가중치가 다르고, 특히 비교역재가 바스켓에서 차지하는 비중이 클수록 절대적 구매력 평가는 성립하기 힘들다. 이에 따라 양국의 물가와 환율의 절대수준보다는 각각의 변동률을 이용하여 구매력 평가설을 구성한 것이 상대적 구매력 평가설이다. 즉 자국의 물가변화율(상승률)이 외국의 물가변화율(상승률)과 자국통화표시 환율 변화율의 합으로 표시될 수 있으며 상대적 구매력 평가설이 성립한다. 이는 환율변동이 자국과 상대외국의 물가상

승률 차이에 의해서 결정된다는 것이다. 빅맥 지수는 구매력 평가설을 이용해 각국에서 판매되는 빅맥 햄버거의 가격을 달러로 환산하여 각국의 물가를 비교하는 데 사용된다.

4. 이자율(금리)은 일반적으로 일정기간 동안 자금을 차입하여 사용한 경우 지불해야 하는 대가로서 자금의 현재가치와 장래가치 간의 교환비율이며 실물부문과 금융부문을 연결하는 고리역할을 한다. 대부자금설은 이자율이 대부자금의 수요(차입)와 공급에 의해서 결정된다고 본다. 대부자금의 공급이 수요를 초과하면 이자율이 하락하고, 대부자금의 수요가 공급을 초과하면 이자율이 상승한다. 유동성선호설은 균형이자율은 통화의 수요와 공급에 의해 결정된다고 본다. 통화 공급이 증가할 때 균형이자율이 하락하는 효과를 유동성효과라고 한다. 통화 공급 증가가 이자율에 미치는 최종적인 효과는 유동성효과, 이자율 하락으로 인한 소득 증가효과와 통화 공급 증가에 따른 물가상승으로 발생하는 이자율 상승효과의 상대적 크기에 따라 결정된다. 만기가 동일한 채권이라도 이자율 수준이 다른 것은 이자율의 위험구조가 다르기 때문이다. 즉 이자율은 채권의 만기 이외에도 채무불이행 위험, 유동성 위험, 투자자산에 관한 정보획득에 드는 비용과 조세 등에 따라 차이를 보인다.

5. 이자율의 기간구조는 만기를 제외한 여타 조건이 동일한 금융자산의 수익률(만기수익률)과 만기와의 관계로서 수익률곡선으로 표시된다. 이자율의 기간구조에 대한 이론은 기대가설, 시장분할가설, 특정시장선호가설 등이 있다. 기대가설에서 장기이자율은 만기까지 예상되는 단기이자율의 평균으로 구해진다. 따라서 어떤 시점에서 투자자들이 앞으로 이자율이 상승할 것으로 예상하면 장기수익률이 단기이자율보다 높아지고 수익률곡선은 우상향한다. 시장분할가설은 채권시장이 만기에 따라 분할되어 있어 만기가 다른 채권들 간 대체관계가 없다고 본다. 따라서 만기가 다른 채권수익률은 각 채권에 대한 수요와 공급에 의해 결정되며 다른 채권에 대한 기대수익률에 영향을 받지 않는다고 본다. 이는 만기가 다른 채권 간 완전 대체성을 가정하는 기대가설과 대조적이다. 특정시장선호가설은 기대가설과 시장분할가설을 종합하여 장기이자율은 만기까지 예상되는 평균 단기이자율에 기간 프리미엄을

합해 결정된다고 본다. 투자자들은 특정 만기를 선호하는 경향이 있지만 채권수익률에 큰 차이가 생기면 평소에 선호하지 않는 다른 채권도 구입한다고 가정한다. 잔존만기가 긴 채권일수록 단기채권에 비해 유동성이 낮고 예상하지 못한 금리변동위험 등이 발생할 가능성이 크므로 투자자들이 장기채권을 보유하도록 하기 위해서는 정(+)의 기간 프리미엄을 보상해 주어야 하며 이 경우 수익률곡선은 우상향한다.

6. 피셔효과는 명목금리는 실질금리와 기대인플레이션율의 합으로 구성된다는 것이다. 실질금리는 실물자산의 생산력과 위험프리미엄에 따라 변동하는데 상대적으로 안정되었다고 가정하기 때문에 피셔효과는 주로 명목금리와 기대인플레이션율의 관계에 분석의 초점을 두고 있다. 국제피셔효과는 선물환으로 환위험이 커버되지 않을 경우 환율변동률은 양국의 금리차와 동일하다는 것이다. 즉 평가절하가 예상되는 통화는 해당 통화의 가치하락폭만큼 해당 통화표시 금융자산의 금리가 상대국의 금융자산 금리보다 높아야 균형을 유지할 수 있다는 것이다. 국제피셔효과는 흔히 커버되지 않은 또는 유위험 이자율 평가조건이라고 한다. 환위험은 통상 선물환 거래를 통해 커버되는데 이를 반영한 평가이론이 무위험 이자율 평가조건이다. 이에 따르면 양국의 금리차는 선물환 프리미엄 또는 디스카운트와 같다. 선물환율이 미래 현물환율의 불편추정치가 되기 위해서는 차익거래가 제약 없이 자유롭게 이루어져야 하고, 세금이나 정보비용 등 거래비용이 없어야 하며, 이용 가능한 모든 정보가 가격에 즉시 반영되는 효율적 시장이어야 하고, 미래에 대한 불확실성이 없어야 하는 엄격한 조건이 충족되어야 한다.

CHAPTER
4

외환시장과 환율

제1절 외환시장

1. 외환시장의 개념

외환시장(foreign exchange market)은 외환의 수요자와 공급자에 의해 외환의 매매가 정기적·지속적으로 이루어지는 시장을 말하는데, 특정의 장소를 지칭하기보다는 외환거래가 이루어지는 총괄적인 거래 메커니즘을 의미한다. 이 같은 외환시장은 기본적으로 서로 다른 두 통화를 교환하는 매매시장으로서 환율이 매개변수라는 점에서 금리를 매개변수로 외환의 대차가 이루어지는 외화자금시장(foreign money market)과는 성격을 달리한다.

외환시장은 거래당사자에 따라 외국환은행 간 외환매매가 이루어지는 은행간시장(interbank market) 그리고 은행과 기업 등 고객 사이에 거래가 이루어지는 대고객시장(customer market)으로 구분되는데, 일반적으로 외환시장이라 할 때는 은행간시장을 지칭한다.

외환시장에서 이루어지는 다른 통화 간의 매매는 기본적으로 상품 및 용역, 장단기 금융자산의 매매거래에 수반하여 일어나기 때문에 이들 외환거래는 기본적으로 지급 메커니즘의 한 과정이라고 할 수 있다. 따라서 각국의 금융시장이나 유로금융시장에서 이루어지는 이종통화표시 금융거래는 외환시장의 거래와 연계되어 이루어진다.

2. 외환시장의 기능

2.1 외환의 수요공급 조정

총괄적인 외환거래 메커니즘으로서의 외환시장은 기본적으로 외환의 수요와 공급을 조절하는 것을 가장 중요한 기능으로 한다. 외환의 수요와 공급은 대외거래의 총체적 결과로 나타나게 되는데, 구체적으로는 경상거래와 자본유출입거래에 의해 결정된다. 즉 외환의 수요는 상품 및 용역의 수입, 이전지급 등 경상지출과 단기 자본유출에 의해서 결정되며 외환의 공급은 상품 및 용역의 수출, 그리고 이전수입 등 장단기 자본유입에 의하여 결정된다. 외환의 수요공급 조정은 환율이라는 가격 메커니즘을 통하여 이루어진다. 즉 외환의 수요량과 공급량이 일치할 때까지 환율이 변동함으로써 외환시장이 청산(clearing)되는 것이다. 이러한 점에서 외환시장은 통상 외환의 수요공급량과 환율 간의 대응관계로 표현되며, 외환을 제외한 다른 여타 변수들의 변동을 고려하지 않는 부분균형분석방법에 의해 설명된다.

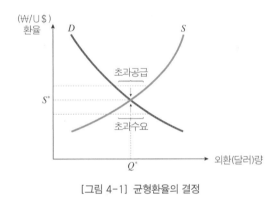

[그림 4-1] 균형환율의 결정

[그림 4-1]에서 보는 바와 같이 여타 변수들의 변동이 없을 때 외환의 공급(S)이 수요(D)를 초과하는 경우에는 자국통화표시 환율이 하락(자국통화가치 상승)하고, 이와 반대로 외환의 수요가 공급을 초과하는 경우에는 자국통화표시 환율이 상승(자국통화가치 하락)하게 된다. 따라서 외환의 수요와 공급이 균형을 이루는 점에서 균형환율이 결정된다. 외환의 수요공급, 그리고 균형환율의 결정에 관해서는 이 장의 제2절 1. 환율 결정의 기본 메커니즘에서 자세히 논의하기로 한다.

2.2 환차익 및 이자차익 거래

외환시장은 환차익(exchange arbitrage)과 이자차익(interest arbitrage)을 위한 거래를 매개해 주는 기능을 가진다. 환차익거래는 장소적으로 분리된 여러 외환시장에서 성립하는 통화 간의 환율 사이에 일관된 균형체계를 성립시키는 기능을 말하며, 이자차익 거래는 여러 나라의 금융시장 간 금리 차이를 이용해 이익을 획득하려는 거래로서 각국의 금융시장을 효율적으로 연결시킴으로써 국제적인 자본이동을 원활하게 해 주는 기능을 말한다. 차익거래란 동일재화를 가격이 낮은 시장에서 매입하여 가격이 높은 시장에서 매출함으로써 이익을 얻으려는 거래로 차익거래가 계속되면 결국 두 시장에서 동일재화의 가격은 같아지게 된다. 환차익거래는 외국환이라는 재화에 대해 행하여지는 차익거래로서 환차익거래를 통하여 외국환의 가격인 환율이 여러 외국환시장에서 동일하게 되는 경향이 있다.[1] 이자차익거래는 각국 금융시장 간 이자율 차이를 이용해 차익을 획득하려는 거래이다.

이자차익거래가 이루어지는 외환시장에서 국제 단기자금의 이동방향과 크기는 양국의 금리 차이와 현물환율과 선물환율의 차이에 의존한다. 이와 같이 이자율의 차이와 현물·선물환율의 차이에 따라 이루어지는 거래를 커버된 이자차익거래(covered interest arbitrage)[2]라 부른다. 이와 같은 차익거래를 통하여 국제적인 자본이동에 따르는 환위험을 회피시켜 줌으로써 여러 나라의 금융시장을 효율적으로 연결할 수 있는 것이다.

2.3 헤징과 투기

외환시장은 헤징(hedging)과 투기(speculation)의 기회를 제공한다. 일반적으로 헤징이란 국제거래에 따르는 환율의 불확실성, 즉 환위험을 감소시키려는 외국환거래를 말하며, 투기란 환차익을 얻기 위해 계획적으로 외환포지션을 전환시키는 외국환거래를 말한다.

국제무역이나 국제투자를 행하는 기업은 여러 가지 형태의 외화표시 자산과 부채를 가지게 되는데, 이때 자산과 부채가 동일한 경우를 스퀘어 포지션(square position)이라 하고, 자산과 부채가 일치하지 않는 경우를 오픈 포지션(open position)이라 한다. 오픈 포지션 가운데 자산이 부채를 초과하는 경우를 롱 포지션(long position), 부채가

---

1   환차익은 두 나라 간에 환율의 차이로부터 이익을 얻기 위해서 행해지는 직접차익(direct arbitrage) 또는 장소적 차익(spacial arbitrage)과 세 나라 통화 사이에 성립하는 환율 간에 일관된 균형체계를 이루도록 하는 간접차익 (indirect arbitrage) 또는 삼각차익(triangular arbitrage)으로 구분된다.

2   커버된 이자차익거래는 현물환의 매입과 동시에 선물환의 매출이 행해지므로 스왑거래의 대표적인 예이다.

자산을 초과하는 경우를 숏 포지션(short position)이라 한다.[3]

외환시장은 해당 기업이 환위험에 노출된 오픈 포지션을 스퀘어 포지션으로 바꾸는 헤징거래를 통하여 불확실성을 제거할 수 있는 기회를 제공함으로써 수출과 수입 등 모든 국제거래가 원활하게 이루어지도록 하는 기능을 가지고 있다. 또한 헤징을 통하여 커버된 차익거래와 마찬가지로 현물환율과 선물환율 사이에 일정한 균형체계가 성립된다.

투기는 헤징과는 달리 투기자들이 장래의 현물환율의 변화를 예상하고 환율변동에 따른 환차익을 얻기 위하여 계획적으로 스퀘어 포지션을 오픈 포지션으로 전환시키는 외국환거래를 말한다. 외환시장에서 투기자들은 이와 같은 투기를 통하여 상당한 이익을 얻거나 반대로 손실을 입게 되는데, 현물환시장 또는 선물환시장을 통해 이루어진다. 투기는 결과적으로 환율의 변동폭을 감소시키는 유익한 기능을 하느냐 또는 환율의 변동폭을 더욱 증가시키는 교란적인 작용을 하느냐에 따라 안정적 투기(stabilizing speculation)와 불안정적 투기(destabilizing speculation)로 구분할 수 있다.

3. 외환시장의 구조와 특징

3.1 외환시장의 구조

가. 외환시장의 구분

외환시장은 거래당사자에 따라 외국환은행 간 외환매매가 이루어지는 은행간시장과 은행과 기업 등 고객 사이에 거래가 이루어지는 대고객시장으로 구성된다. 은행간시장은 일종의 도매시장으로서 이 시장에서는 딜러들과 중앙은행의 외환거래가 이루어진다. 일반적으로 외환시장이라 할 때는 은행간시장을 의미한다. 대고객시장은 소매시장으로서 개별 고객이 자신의 거래은행이나 주요은행과 외환거래를 하는 시장을 말한다.

---

3   롱 포지션은 순외화자산 또는 외환매입초과 포지션(overbought position), 숏 포지션은 순외화부채 또는 외환매도초과 포지션(oversold position)이라고도 한다.

나. 외환거래 방식

외환시장을 대표하는 은행간 외환시장의 거래는 일반적으로 외환거래에 참가하는 은행들이 직접 거래하는 직접거래방식 또는 외환브로커를 통한 중개거래방식으로 이루어지는데, 두 방법은 상호 보완적인 면을 지니고 있다. 직접거래는 거래은행들이 기존의 거래관계를 상호 활용할 수 있을 뿐 아니라 거래를 보다 확실하게 성사시킬 수 있다는 이점을 가지고 있다. 즉 거래가격이 시장상황이나 거래은행의 포지션 사정에 비추어 다소 어려움이 있다 하더라도 거래 의사가 확실하면 은행 간에 언제나 거래가 성립할 수 있다. 반면에 거래은행이 외환브로커를 통한 중개거래방식을 활용하면 거래에 따르는 시간과 노력을 절약할 수 있다. 즉 전문적인 외환브로커는 다양한 시장참가자들이 제시하는 매입·매도가격에 대한 정확한 정보를 항상 접할 수 있기 때문에 거래은행에 보다 효율적인 국제금융 서비스를 제공할 수 있는 것이다.

다. 외환시장 참가자

외환시장의 주요 참가자는 크게 외국환은행, 외환브로커, 일반고객, 그리고 중앙은행으로 구분할 수 있다. 외국환은행은 외국환업무를 취급하는 상업은행으로서 자기 계정을 가지고 외환시장에 참여하여 딜링업무를 수행한다. 즉 외국환은행은 일반고객의 실수거래에 따른 수요를 충족시켜 주거나, 고객과의 거래에서 발생하는 외환 포지션을 조절하기 위하여 국내의 고객과 해외 외환시장 간 자금결제의 중개기능을 수행한다. 이와 같은 외국환은행은 외환시장에서 주도적인 역할을 담당하고 있다.

외환브로커는 자기 자신의 외환 포지션을 보유하지 않은 채 단지 수수료를 받고 은행간거래나 은행과 고객 사이의 외환거래를 전문적으로 중개한다. 브로커는 많은 거래를 통하여 외환시장의 정보를 가장 많이 보유하게 되는데, 이를 누설해서는 안 되며 항상 중립적인 입장을 취하여야 한다. 브로커의 가장 중요한 기능은 많은 은행들을 빠른 시간 안에 외환거래에 참가시키는 것이라고 할 수 있다. 한편 외환브로커는 자신이 외국환거래를 행하지 않기 때문에 외환딜러와는 달리 환위험에 직면하지 않는다.[4]

고객은 수출입거래 등 수요거래뿐만 아니라 환위험 방지 및 환차익 추구를 위해서 외환시장에 참여하는 자들을 말하며, 딜링업무를 수행하지 않는 은행, 증권회사, 연금기금, 보험회사 및 상호기금 등 여타 민간 금융기관, 비금융기업, 개인 그리고 공공기관 등으로 구성된다. 이와 같은 고객은 크게 실수요자, 차익거래자(arbitrager), 투기자(speculator) 세 가지로 구분된다. 실수요자는 외환거래를 통해 이익을 취하지 않는 자들을 말하며, 차익거래자는 주로 외환거래를 통해 발생되는 차익을 노리고 외환거래를 유발시키는 고객을 말한다. 그리고 투기자는 투자자와는 달리 환율의 변동으로 인해 발생되는 환차익을 노리고 외환거래에 참여하는 고객을 말한다.

중앙은행은 안정적인 환율수준을 유지하기 위하여 외환시장에 개입하게 된다. 고객과 은행 간의 거래 또는 은행과 은행 간의 거래에 있어 외환의 수급에 급격한 불균형을 보이거나 시중은행의 보유 외국환이 부족할 때 최종적으로 중앙은행이 개입을 하게 된다. 중앙은행이 능동적으로 개입하느냐 또는 사후적, 피동적으로 개입하느냐는 개입의 정도와 시기에 따라 결정된다.

라. 외환거래상품

외환시장에서 거래되는 상품은 대금 결제시기 및 위험 회피방법 등에 따라 현물환거래, 선물환거래, 외환 또는 통화스왑거래 그리고 통화옵션거래 등 네 가지 유형의 점두계약으로 구분할 수 있다. 이 밖에 거래소를 통하여 통화선물거래가 이루어진다.

현물환거래는 외환거래 계약 후 통상 2영업일 이내에 외환의 수도결제가 이루어지는 외환매매거래를 말한다. 여기에서 말하는 수도결제란 외환의 매매가 즉각적으로 현시세의 외환가격으로 이루어짐을 뜻한다.

선물환거래는 일정시점에서 외환매매 당사자 간에 특정통화의 거래규모와 환율(선물환율)을 결정한 후 거래일로부터 2영업일을 초과하는 미래 특정일에 외환의 수도결제가 이루어지는 외환매매거래를 가리킨다.

---

4   브로커 방식 대신 요즈음은 로이터 등에서 제공하는 전자거래시스템을 이용해 전통적인 중개회사를 거치지 않고 직거래와 유사한 거래가 확산되고 있다.

외환 또는 통합스왑거래는 일반적으로 외환매매의 당사자가 동일금액의 외환을 결제일과 거래 방향을 달리하여 체결하는 외환매매거래이다. 즉, 현물환의 매매와 동시에 이와 동액의 선물환매매를 실시하는 외환거래로서 현물거래나 선물거래 하나만이 이루어지는 일방적 거래(outright transaction)와 구분된다. 일반적으로 스왑거래에서는 현물환율과 선물환율 간에 차이가 나게 마련인데, 그 차이를 스왑 레이트(swap rate)라고 한다.

통화옵션거래는 옵션매입자에게 일정액의 특정 외국통화를 약정기일 또는 약정기일 이전에 특정가격으로 매입 또는 매도할 수 있는 권리를 부여하는 계약이다. 한편 통화선물거래는 선물환거래와 마찬가지로 특정통화를 계약 시에 약정된 가격으로 미래의 일정시점에 매입 또는 매도하기로 약정하는 거래이다. 통화선물거래는 일정거래소에서 표준화된 규모와 수도일에 따라 거래되며 인도결제일 이전에 나타날 수 있는 환율변동을 헤지할 수 있는 수단으로 이용되는 등 거래동기에 있어서도 점두시장을 통해 이루어지는 선물환거래와는 차이가 있다.

3.2 외환시장의 특징

외환시장은 다른 금융시장과 비교할 때 몇 가지 특징적인 면을 지니고 있다. 즉 외환시장은 범세계적 시장, 24시간시장, 점두시장, 제로섬 게임 시장, 그리고 2가격시장으로 특징지을 수 있다. 이를 구체적으로 살펴보면 다음과 같다.

가. 범세계적 시장

1980년대 이후 각국이 자본 및 외환거래에 대한 규제를 크게 완화하면서 나라 간 자본이동이 활발하게 이루어지고 정보통신기술의 발달에 힘입어 시장정보가 신속하게 확산됨에 따라 외환시장은 특별한 지역구분이 없는 범세계적 시장으로서 그 기능을 수행하고 있다. 즉, 자본이동이 자유롭게 이루어지는 가운데 통화옵션, 선물거래 등을 이용한 새로운 외환거래기법과 정보통신기술의 급속한 발전으로 모든 시장정보와 가격결정 메커니즘이 동조화(synchronization)되어 가면서 하나의 통합된 세계시장으로서의 성격을 갖게 되었다.

나. 24시간시장

주요 외환시장이 전 세계에 걸쳐 있어 거래시간이 부분적으로 중복·연결되면서 24시간 연속적으로 외환거래가 이루어지기 때문에 외환시장을 24시간시장이라고 부른다. 구체적으로 국제외환시장의 연속성을 살펴보면 다음과 같다. 우선 시간상으로 가장 먼저 영업이 시작되는 오스트레일리아의 시드니 외환시장이 개장되면서 뒤이어 동경, 홍콩, 싱가포르 외환시장이 개장되고 아시아 외환시장이 오후가 되면 중동의 바레인 시장으로 이어지며 곧이어 런던 외환시장이 개장하게 된다. 런던이 세계 외환시장의 중심역할을 할 수 있는 것은 가장 유리한 시간대에 개장되어 아시아 시장과 뉴욕 시장을 연결하는 교량역할을 할 수 있기 때문이다. 런던 시장의 점심시간이 지나면 곧바로 뉴욕 외환시장으로 이어져 하루 중 전 세계적으로 가장 거래규모가 큰 시간대에 접어들며, 뉴욕 시각으로 오후 3시경에는 LA, 샌프란시스코 등 미국 서부 시장으로 연결된다. 이들 미국 서부 시장이 오후에 접어들면서 다시 시드니 시장이 개장됨으로써 전 세계 외환시장은 24시간 계속 거래를 수행할 수 있게 된다.

다. 점두시장

외환시장에서의 거래는 대부분 점두시장(OTC : over-the-counter market)의 거래형태로 이루어진다. 점두거래는 거래소와 같은 특정장소에서 이루어지는 장내거래와는 달리 외환거래자들이 자신들의 사무실에서 전화나 팩스, 그리고 컴퓨터 단말기 등을 이용하여 거래를 수행하는 장외거래의 형태를 말한다.

라. 제로섬 게임 시장

외환시장에서의 외환거래자의 거래결과는 기본적으로 제로섬 게임(zero-sum game)의 성격을 갖고 있다. 이는 외환시장거래에 참여하는 한 거래자가 외환거래이익을 실현하였다면 다른 거래자는 필연적으로 이에 상응하는 거래손실이 발생한다는 것을 의미한다.[5]

마. 2가격시장(two-way market)

외환의 가격은 외환을 파느냐 사느냐에 따라 그 가격이 상이하다. 외환시장에서 형성되는 가격은 매입가격(bid price)과 매도가격(offered price)이라는 두 가지 가격(two-way price)을 동시에 고시한다. 최근 들어 전신과 전화 등의 급격한 발달로 인해 점점 매입률과 매도율의 차이가 좁혀지고 있으며, 국제적인 거래에 있어서는 단일가격(one-way market)으로 거래되기도 한다.

참고 4-1   EBS 등 전자중개시스템의 확산

외환시장은 과거 전화 등을 통한 음성거래와 전용회선을 이용하는 전신거래가 중심이었다. 최근에는 거래의 효율성을 제고하기 위해 은행간시장에서도 음성거래로부터 전자중개시스템(EBS : electronic brokerage system)으로의 전환이 빠르게 진행되고 있다. 이에 따라 딜러의 대고객거래에서도 전자거래 플랫폼이 이용되고 있으며 헤지펀드 등도 전자중개시스템에 참가하고 있다. 일부 대형 금융기관 등 딜러나 로이터, 블룸버그 등이 운영하는 전자거래 플랫폼 개방을 확장하여 과거 전통적인 중개회사를 거치지 않는 거래도 증가하고 있다. 이러한 전자거래의 보급으로 거래의 투명성이 높아지고 국제적으로 은행간시장에서 전통적인 브로커를 통한 외환거래는 감소하고 있다.

---

4. 외환시장의 효율성

4.1 외환시장 효율성의 의의

시장의 효율성문제는 주로 주식시장에 적용되어 왔지만 자유변동환율제도가 채택된 이후 외환시장에도 적용하여 그 효율성 검증이 실시되어 왔다.[6]

---

5   그러나 이러한 외환시장의 제로섬 관계는 중앙은행의 외환시장 개입이 없을 경우 나타나는 현상이다. 만일 중앙은행이 외환시장에 개입한 결과 중앙은행이 순손실을 입었을 경우는 외환거래자들의 거래는 포지티브 섬 게임(positive sum game)이 되고 중앙은행이 순이득을 실현할 경우에는 네거티브 섬 게임(negative sum game)이 된다.

6   주식시장에 비하여 외환시장은 신뢰할 수 있는 효율성 검증 결과를 얻기가 매우 어려운데 이는 외환시장의 경우 주식시장에 비하여 균형수익률을 제시하는 가격결정모형에 대해서 전반적으로 의견의 일치가 이루어지지 못하기 때문이다. 예를 들어 균형환율수준에 대해서 의견의 일치가 이루어지지 않으면 투자자들이 실제 현물환율을 균형환

외환시장의 효율성문제는 구체적으로 시장참가자들이 외환시장에서 추가적으로 입수한 정보를 이용함으로써 외환거래를 통하여 정상외이윤이나 초과이윤의 획득을 기대할 수 있느냐 하는 것으로, 외환시장이 효율적이면 그러한 이윤을 기대할 수 없다. 외환시장의 효율성문제는 현물환율이 결정되는 현물환시장의 효율성문제와 선물환율이 결정되는 선물환시장의 효율성문제로 구분할 수 있지만 선물환율에 의한 미래 현물환율의 예측력에 관한 문제로 집약된다. 즉 현재시점(t)의 선물환율(F_t)이 미래시점 ($t+1$) 현물환율[$E(S_{t+1})$]의 불편예측치(unbiased predictor)가 되는지 여부를 규명하는 것이 외환시장 효율성문제의 핵심이 되며 효율적인 외환시장은 다음과 같이 표현된다.

$$E(S_{t+1}) = F_t \qquad\qquad 식 (4\text{-}1)$$

그런데 일반적으로 기대환율에 대한 실제 관측치를 구하는 것은 매우 어려우므로 외환시장의 효율성은 아래와 같이 두 가지 가설로 나누어 살펴볼 수 있다.

$$E(S_{t+1}) = E(S_{t+1} \mid \Phi_t) \qquad\qquad 식 (4\text{-}2)$$

$$E(S_{t+1} \mid \Phi_t) = F_t \qquad\qquad 식 (4\text{-}3)$$

$E(S_{t+1})$: $t+1$시점에서의 기대 현물환율
$E(S_{t+1} \mid \Phi_t)$: t시점에서 정보집합 Φ_t가 주어져 있을 때 $t+1$시점에서의 기대 현물환율
F_t : t시점에서의 선물환율

식 (4-2)는 합리적 기대가설7을 의미하여, 시장참가자들이 현재시점(t)에서 이용가능한 모든 정보집합 Φ_t를 이용하여 미래($t+1$)의 현물환율을 합리적으로 예상하는 것을 말한다. 또한 식 (4-3)은 불편성가설을 의미하며 현재시점의 선물환율이 미래의

율수준과 일치하도록 효율적으로 설정하는가를 검증하기 어려운 것이다.
7 합리적 기대가설에 대한 자세한 내용은 거시경제학 서적을 참조하기 바람.

현물환율에 대한 불편예측치라는 것을 나타낸다. 따라서 외환시장의 효율성은 결합가설로서 합리적 기대가설과 불편성가설이 동시에 성립함을 의미하는 것이다.

4.2 외환시장 효율성과 금리평가이론[8]

식 (4-2)의 합리적 기대가설과 식 (4-3)의 불편성가설이 동시에 성립하는 효율적 외환시장이 차익거래를 전제로 하는 균형환율과 균형금리 간 관계를 나타내는 금리평가이론과 어떠한 관계를 가지는지 살펴보기로 하자. 이를 위해 현재시점의 선물환율이 미래 현물환의 합리적 기대치가 되는 식 (4-3)을 이용하기로 한다. 식 (4-3)의 양변에서 현재의 현물환율 S_t를 빼고 다시 양변을 현물환율(S_t)로 나누어 주면 아래의 식 (4-4)가 도출된다.

$$\frac{E(S_{t+1} \mid \varPhi_t) - S_t}{S_t} = \frac{F_t - S_t}{S_t} \qquad \text{식 (4-4)}$$

도출된 식 (4-4)의 좌변은 미래의 현물환율에 대한 예상변동률을 나타내고 우변은 선물환 프리미엄(forward premium)을 나타낸다. 여기서 커버된 금리평가(covered interest parity)가 성립할 경우 선물환 프리미엄은 양국 간의 금리차이가 같아지므로 식 (4-4)는 다음과 같이 바꾸어 쓸 수 있다.

$$\frac{E(S_{t+1} \mid \varPhi_t) - S_t}{S_t} = i_t - i_t{}^* \qquad \text{식 (4-5)}$$

식 (4-5)에서 보는 바와 같이 커버된 금리평가와 외환시장의 효율성, 즉 불편성가설이 성립하게 되면 커버되지 않은 금리평가도 성립하게 된다.

그러나 커버된 금리평가가 성립하더라도 불편성가설이 성립하지 않는 경우, 즉 외환시장이 효율적이지 못한 경우는 식 (4-5)의 등식관계가 성립하지 않으므로 커버되지

---

8 금리평가이론에 대해서는 제3장 제4절 국제피셔효과와 금리평가이론을 참조하기 바람.

않은 금리평가는 성립하지 않게 된다. 이와 같이 외환시장의 효율성 성립 여부에 따라 커버된 금리평가와 커버되지 않은 금리평가의 동시 달성 여부가 결정된다.

제2절 환율의 결정

1. 환율결정의 기본 메커니즘

일국 통화의 대외가치를 나타내는 환율은 외환의 가격을 의미한다. 따라서 재화의 가격이 재화의 수요공급에 의해서 결정되는 것과 같이 자유변동환율제도하에서 환율은 외환시장에서 외환에 대한 수요와 공급에 의하여 결정된다. 외환의 수요와 공급에 의해 결정된 환율은 다시 외환의 수요와 공급에 영향을 미치게 됨으로써 외환의 수급과 환율은 서로 피드백 관계(feedback effect)를 가지게 된다.

이하에서는 이와 같은 피드백 관계를 고려하여 정태적인 관점에서 기본적으로 환율의 결정요인이 되는 외환의 수요와 공급, 균형환율의 결정, 그리고 결정된 환율의 안정성에 대해 간략히 살펴보기로 한다.

1.1 외환의 수요 · 공급

한 나라에 있어 외환에 대한 수요와 공급은 모든 대외거래의 총체적인 결과로서 재화와 용역의 수출입 결과인 경상수지와 장단기 자본의 유출입에 의하여 결정된다.

가. 외환의 수요

외환의 수요는 크게 ① 외국 재화 및 용역에 대한 수요 ② 외국에 대한 기부, 원조 등 이전지급 ③ 외국 금융자산에 대한 수요가 있기 때문에 존재하는 것이며 이들 상품, 용역, 금융자산 등에 대한 수요의 크기가 외환수요의 크기를 결정한다. 외환에 대한 수요는 외환 그 자체보다는 외환을 지급하고 구입해야 하는 외국의 재화, 용역, 금융자산 등의 수요로부터 파생되는 것이므로 외환수요는 파생수요(derived demand)이다.

외환에 대한 수요량(quantity demanded)은 환율과 역관계를 갖는다. 이는 외국통화를 하나의 상품이라고 보면 환율은 그 상품의 가격이므로 가격이 쌀수록 수요량이 증대한다는 수요의 법칙이 적용되기 때문이기도 하다.

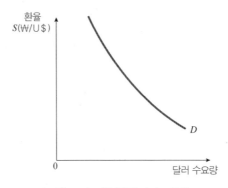

[그림 4-2] 외환(달러)의 수요곡선

그러나 외환의 수요는 파생수요이므로 달리 설명할 수 있다. 미국 상품에 대한 우리나라 수입수요의 경우를 예로 들어 설명하기로 한다. 미국 상품에 대한 우리나라에서의 수요는 국내에서의 판매가격이 저렴할수록 증대한다. 미국 상품의 달러가격에는 변화가 없다고 가정하면, 국내 수입가격은 원화의 대미달러환율 $S(\text{₩}/\text{U\$})$에 의하여 결정된다. 여기서 대미달러환율이 미 달러당 1,300원에서 1,200원으로 떨어진다면 그만큼 수입품의 국내가격은 저렴해지므로 이에 대한 국내 수입수요는 커진다. 따라서 환율 S가 낮을수록 외환(여기서는 미국 달러화)에 대한 수요도 증대하는 것이다. 즉, 외환의 수요량과 환율 간에는 역의 관계가 성립한다.

한편 외환의 수요를 결정하는 환율 이외의 요인에는 외환의 유출을 가져오는 모든 요인이 포함된다. 예를 들어 수입수요를 결정하는 요인만 해도 물가수준, 기호, 소득수준, 여타 재화의 가격 등 많은 요인이 있다. 외환의 수요곡선은 환율 이외의 결정요인들이 일정하다고 가정하는 부분균형 분석방법에 기초하고 있어 환율과 외환수요량의 관계를 나타내는 [그림 4-2]는 우하향의 형태를 가진다. 그리고 환율 이외의 여타 결정요인이 변동하는 경우에는 수요곡선 자체가 좌우로 이동한다.

나. 외환의 공급

외환의 공급은 크게 ① 외국에 대한 재화 및 용역의 수출 ② 외국으로부터의 증여, 원조와 같은 이전수입 ③ 외국으로부터의 투자 및 차입 등과 같은 외국에 대한 금융부채 등 외환의 수입을 수반하는 거래를 통해 이루어진다.

　외환의 공급량(quantity supplied)은 환율과 정(+)의 상관관계를 보인다. 우리나라의 수출을 예로 들어 설명하면 다음과 같다. 우리나라의 수출공급은 상대국인 미국의 수입수요이다. 따라서 우리나라 수출품의 국내가격 또는 원화표시 수출가격이 동일한 수준에 있다고 가정하면 미국 시장에서 이 상품의 가격은 미국 통화로 표시된 환율에 의하여 결정된다. 예를 들어 우리의 자국통화표시 환율 $S(\text{₩}/\text{U\$})$가 1,200원에서 1,300원으로 상승하였다면 이는 외국(미국)통화표시 환율 $S(\text{₩}/\text{U\$})$로 볼 때 1/1,200달러에서 1/1,300달러로 하락한 셈이 되므로 우리나라 수출품의 미국 국내시장가격은 저렴해진다. 따라서 우리나라 수출품에 대한 미국의 수입수요는 증대되고, 그만큼 미 달러화의 공급은 증가하게 된다. 즉, 외환의 공급량과 환율(자국통화표시 환율) 사이에는 정(+)의 관계가 성립한다.[9]

　한편 환율을 제외하고 외환공급에 영향을 주는 결정요인에는 외환유입을 가져오는 요인들이 포함된다. 우선 우리의 수출만 생각해도 수출품에 대한 미국시장에서의 수요에 영향을 주는 환율 이외의 요인들인 미국의 물가수준, 기호, 소득수준, 여타 재화들의 가격 등이 있고 우리나라 수출품 생산공급에 영향을 주는 임금 등 생산요소비용, 기술수준 등이 있다. 농산물의 경우 작황을 좌우하는 기후조건도 중요한 결정요인이 될 수 있다.

---

[9]　일국의 외환에 대한 수요·공급은 경상거래와 자본거래를 모두 포괄하여 설명하여야 하지만, 여기서는 환율변동에 따른 외환의 수요·공급을 보다 명확히 설명하기 위하여 경상(무역)거래에 국한된 예를 들었다.

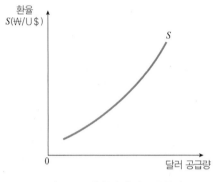

[그림 4-3] 외환(달러)의 공급곡선

[그림 4-3]에서와 같이 외환(여기서는 미 달러화)의 공급곡선은 우상향의 기울기를 갖는다. 그리고 환율 이외의 여타 결정요인이 변화하는 경우에는 공급곡선 자체가 좌우로 이동하게 된다.

1.2 균형환율의 결정

자유변동환율제도하에서 환율은 외환의 수요와 공급이 균형을 이루는 점에서 결정된다. 즉 [그림 4-4]에서 보는 바와 같이 점 a에서 외환의 수요와 공급이 균형을 이룬다면, 이때 결정되는 환율수준 S^*가 균형환율이 된다.

환율은 외환시장에서 외환의 수요공급에 의해서 결정되므로 외생적 요인이 외환의 수요와 공급에 영향을 미치면 균형환율이 변동하게 된다. 균형환율이 변동하는 경우를 예를 들어 간략히 살펴보기로 하자.

먼저 우리나라 국내경기가 크게 회복되어 우리나라 실질소득이 늘어나는 경우를 생각해 보자. 다른 모든 조건이 일정하다면 국내경기 회복에 따른 실질소득 증가로 외국(미국) 재화에 대한 수입수요가 늘어나게 된다. 이에 따라 달러화에 대한 수요는 [그림 4-5](A)에서 보는 바와 같이 D에서 D'로 상향이동 하게 되며 S_1에서 새로운 균형환율이 결정된다. 결과적으로 원화가치가 하락(depreciation)하게 된다.

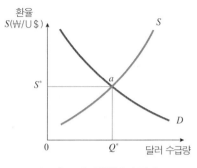

[그림 4-4] 균형환율의 결정

다음으로 우리나라의 교역 상대국인 미국의 경기가 회복되거나 해외로부터 우리
나라에 투자자금이 유입되는 경우 균형환율의 변동을 살펴보자. 미국의 국내경기가 회
복되면 미국의 실질소득이 늘어나게 되고, 우리나라 상품에 대한 수입수요가 늘어나게
된다. 이에 따라 우리나라의 대미 수출이 증가하고 달러화 공급이 증가하게 된다. 우리
나라에 달러화 투자자금이 유입되는 경우도 외환시장에 달러화 공급을 증가시키는 요
인이 된다. [그림 4-5](B)에서 보는 바와 같이 달러공급 증가는 달러공급곡선의 우측이
동($S \rightarrow S'$)으로 나타낼 수 있다. 결과적으로 균형환율은 S^*에서 S_2로 변동하게 되며
원화가치는 상승(appreciation)하게 된다.

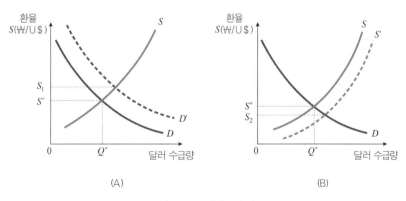

[그림 4-5] 균형환율의 변동

한편 이와 같은 경제적 요인 이외에도 특히 단기에 있어서는 불확실한 정치 및 경제
뉴스와 이에 따른 심리적 변화 등 다양한 요인들에 의해서 균형환율이 변동하게 된다.

1.3 균형환율의 안정성

자유변동환율제도하에서 균형환율은 외환의 수요와 공급에 의해서 결정되는데, 환율이 균형수준에서 이탈하는 경우 균형수준으로 복귀함으로써 안정적 균형을 나타낼 수도 있고 균형수준에서 더욱 멀어짐으로써 불안정한 균형을 나타낼 수도 있다.

이와 같은 균형환율의 안정성 여부는 외환의 수요곡선과 공급곡선의 형태에 따라 결정된다. [그림 4-4]는 전형적인 외환의 수요공급곡선을 이용하여 균형환율을 도출한 것이다. 그러나 외환의 수요곡선이 반드시 우하향하고 외환 공급곡선이 항상 우상향하는 형태를 나타내는 것은 아니다. 경우에 따라서는 외환 수요곡선이 우상향하거나 외환 공급곡선이 우하향의 형태를 가질 수 있다.

전형적인 외환의 수요공급곡선을 포함하여 여러 가지 가능한 형태의 외환 수요공급곡선 조합을 예로 들어 균형환율의 안정성을 설명해 보기로 한다.

[그림 4-6](A)와 같이 외환의 수요공급곡선이 전형적인 형태를 나타내는 경우나 (B)와 같이 외환의 수요공급곡선이 모두 우하향의 형태를 나타내지만 공급곡선이 수요곡선보다 그 기울기가 가파른 경우 환율이 균형환율 S^*에서 이탈하더라도 다시 균형점 a로 복귀하게 된다. 즉 실제환율이 S^*보다 높은 S_1으로 이탈하게 되면 외환(달러)의 초과공급이 발생하며 환율의 하락압력이 작용함으로써 균형점 a로 접근하게 된다. 이와 반대로 환율이 균형환율 S^*에서 S_2로 이탈하는 경우에는 외환(달러)의 초과수요가 발생하고, 이에 따라 환율이 상승함으로써 균형점 a로 접근하게 된다. 이러한 점에서

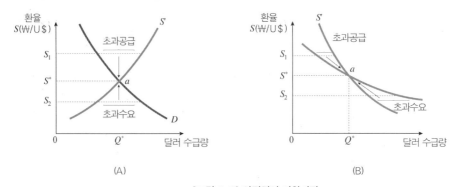

(A)   (B)

[그림 4-6] 안정적인 외환시장

[그림 4-6]은 안정적인 외환시장의 경우를 나타낸 것이다.

　　한편 [그림 4-7](A)와 같이 외환의 수요공급곡선이 모두 우하향의 형태를 나타내면서 외환의 공급곡선 기울기가 수요곡선의 기울기보다 완만한 경우, 그리고 [그림 4-7](B)와 같이 외환의 수요공급곡선이 모두 우상향의 형태를 나타내면서 수요곡선이 공급곡선보다 그 기울기가 완만한 경우 외환시장은 불안정하다. 즉 실제환율이 S_1으로 균형수준 S^*보다 높아지면 외환의 초과수요가 발생하고 이에 따라 환율이 더욱 상승하게 되고, 실제환율이 S_2로 균형수준 S^*보다 낮아지면 초과공급이 발생함으로써 환율은 더욱 하락하게 된다. 결과적으로 외환의 수요공급곡선이 [그림 4-7]과 같은 형태를 가지게 될 때 균형수준에서 이탈된 환율은 균형점으로 돌아오지 못하고 더욱 멀어지게 된다. 이와 같은 현상은 대내외 경제상황 급변으로 외환시장 참가자들의 환율 하락(또는 상승) 기대심리가 같은 방향으로 집중되어 환율이 급락(또는 급등)하게 되는 경우 나타날 수 있다. 예를 들어 외환위기 발생 시 외환보유액이 고갈되는 상황에서 지속적인 환율상승 기대로 초과수요가 지속되는 경우가 [그림 4-7](B)에 해당된다고 할 수 있다.

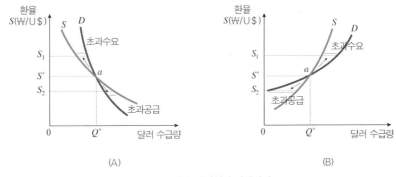

[그림 4-7] 불안정적인 외환시장

　　이상의 예를 통하여 균형환율보다 높은 환율수준 하에서 외환의 초과공급이 발생되고 반대로 균형환율보다 낮은 환율수준 하에서 외환에 대한 초과수요가 발생되어야만 외환시장의 안정적 균형이 달성된다는 결론을 얻을 수 있다.[10]

10　이것이 외환시장의 안정적 균형을 달성하기 위한 충분조건이 된다. 이러한 조건은 다음과 같은 식으로 나타낼 수 있으며 이를 로빈슨-메츨러(Robinson-Metzler)의 안정조건이라 한다.

2. 거시경제학적 환율결정이론

2.1 거시경제학적 환율결정이론 개요

환율결정에 관한 이론은 매우 다양하며 경제환경의 변화와 더불어 발전하여 왔다. 과거 금본위제도로부터 최근까지의 환율결정에 관한 이론을 개괄하면 크게 고전적 이론, 전통적 이론, 그리고 현대적 이론으로 분류할 수 있다. 전통적으로 환율은 거시경제적인 현상으로 이해되어 왔다. 자국통화의 상대적인 가치를 나타내는 환율은 자국과 상대국 두 나라의 물가수준, 통화량, 이자율 등 거시경제 변수의 움직임과 밀접한 관계를 가지는 것으로 인식되어 왔다.

고전적 환율결정이론은 제2차 세계대전 이전 국제금본위제도하의 고정환율체제에서 환율을 다루었던 이론으로서 국제대차설, 구매력평가설, 그리고 환심리설 등이 있다. 이들 내용을 간략히 살펴보면 국제대차설(theory of balance of international indebtedness)은 양국 통화의 교환비율인 환율이 국제채권과 국제채무에 의해 결정된다는 것으로 최초의 학설이다. 구매력평가설(purchasing power parity theory)은 환율이 자국통화의 구매력에 대한 외국통화의 구매력 비율에 의해 결정된다고 보는 이론으로 현대적인 관점에서도 많은 시사점을 제공하고 있다. 또한 환심리설은 환율이 외환의 수요와 공급의 양적 및 질적 요인뿐 아니라 외환에 대한 심리적 평가에 의해서도 결정된다는 학설로서 환율의 과도반응(overshooting) 현상이나 기대와 환율 간의 인과관계 등 현대 환율결정이론에 기여한 것으로 평가된다.

전통적 환율결정이론은 기본적으로 재화와 서비스와 같은 경상거래로부터 발생하는 외환의 수요공급을 중요시하고, 환율이 플로우(flow) 성격을 가지는 경상수지의 변동에 따라 조정된다고 보는 플로우 접근방법에 기초한 이론이다. 따라서 전통적 환율결정이론은 환율의 국제수지이론(balance of payment theory of exchange rate)이라고

$E^s + |E^d| > 0$

E^s : 균형점에서 외환공급의 환율탄력성

E^d : 균형점에서 외환수요의 환율탄력성

할 수 있으며, 탄력성 접근방법과 총지출 접근방법 등을 들 수 있다. 탄력성 접근방법 (elasticity approach)은 환율변동이 수출입상품의 상대가격 변동을 통하여 국제수지에 미치는 영향을 중시하는 이론이다. 이에 비해 총지출 접근방법(absorption approach)은 환율변동이 한 나라의 총생산과 총지출 변동을 통하여 국제수지에 미치는 영향을 중시하는 이론이다.

최근의 환율결정이론은 1970년대 들어서부터 진행된 금융규제 완화 등으로 국제자본이동이 매우 활발해지고 브레튼우즈체제의 붕괴와 더불어 고정환율제도에서 변동환율제도로의 변경이 불가피해지면서 발전된 이론이다. 현대적 환율결정이론은 전통적인 상품시장의 플로우 접근방법에서 벗어나 대내외 금융자산 스톡(stock)의 균형을 중요시하는 스톡 접근방법을 택하고 있다. 따라서 현대적 환율결정이론을 자산시장 접근방법(asset market approach)이라고도 한다. 현대적인 자산시장 접근방법은 다시 통화적 접근방법(monetary approach)과 포트폴리오 밸런스 접근방법(portfolio balance approach)으로 구분된다.

통화적 접근방법은 자본의 완전이동성과 국내외 금융자산 간 완전대체성(perfect substitutability)을 전제로 하여 환율이 국내와 상대국의 통화에 대한 수요와 공급에 의해서 결정된다고 보는 이론이다. 통화적 접근방법에는 상품시장에서 가격의 신축성을 가정한 통화론자 모형(monetarist model)과 단기적으로 가격의 경직성을 가정한 환율의 과도반응 모형(overshooting model)이 있다. 포트폴리오 밸런스 접근방법은 국내외 금융자산 간 불완전대체성을 전제로 투자가들이 투자대상 자산 간의 기대수익률을 고려하여 최적 포트폴리오를 구성하는 과정에서 환율이 국내외 증권의 상대적 공급에 의하여 결정된다고 보는 이론이다.

이상에서 개괄해 본 환율결정에 관한 이론은 환율을 거시적 현상으로 이해하는 거시경제학적 환율이론으로 중장기적인 환율의 움직임을 설명하고 예측하는 데 유용한 도구로 사용되고 있다. 특히 거시경제학적 환율이론은 1973년 이후 주요 선진국들이 환율제도를 고정환율제도에서 변동환율제도로 전환하게 되면서 크게 발전하였는데 최근 자산시장 접근방법(asset market approach)이 거시경제학적 환율이론의 주류를 이루고 있다. 즉 자산시장 접근방법에 의한 거시적 환율결정이론은 1970년대 후반 이후 국제금융시장의 환경변화를 반영함으로써 변동환율제도하의 주요 선진국 간 환율변동을 설명하는 데 매우 유용한 도구로서 사용되었다.

2.2 통화적 접근방법

통화적 접근방법은 자본의 자유로운 이동이 허용되는 가운데 국내외 증권 간 완전대체성, 즉 국내증권과 외국증권의 기대수익률이 동일하다는 환위험이 커버되지 않은 금리평가조건(uncovered interest parity)을 기본전제로 하여 환율이 통화의 수요와 공급에 의하여 결정된다는 이론이다. 이러한 통화적 접근방법은 통화론자들에 의하여 환율의 형태를 설명하기 위한 다양한 형태의 모형으로 정형화되었는데, 여기서는 가장 중요한 신축적 가격의 통화모형과 경직적 가격의 통화모형(과도반응 모형) 두 가지에 대해 살펴보기로 한다.

가. 신축적 가격의 통화모형

신축적 가격의 통화모형은 Frenkel(1976), Mussa(1976) 그리고 Bilson(1978)에 의하여 발전되어 왔다. 신축적 가격모형은 앞에서 언급한 바와 같이 자유로운 자본이동과 국내외 증권 간의 완전대체성을 기본전제로 하고 있는데, 이에 더하여 장단기의 구분 없이 구매력평가설이 항상 성립한다고 가정한다.

이제 아래와 같은 전통적인 통화수요함수를 이용하여 신축적 가격의 통화모형을 설명해 보자.

$$m - p = \eta y - \sigma i \qquad\qquad\qquad 식 (4\text{-}1)$$

$$m^* - p^* = \eta y^* - \sigma i^* \qquad\qquad\qquad 식 (4\text{-}2)$$

m : 국내명목통화량(로그값)

m^* : 외국명목통화량(로그값)

p : 국내물가수준(로그값)

p^* : 외국물가수준(로그값)

y : 국내실질소득(로그값)

y^* : 외국실질소득(로그값)

i : 국내명목이자율

i^* : 외국명목이자율

식 (4-1)과 (4-2)는 실질통화수요는 거래수요 증가로 실질소득과 정(+)의 관계를 가지며 이자율과는 역(-)의 관계가 있음을 나타내고 있다. 한편 연속적으로 성립하는 구매력평가설은 다음과 같이 나타낼 수 있다.

$$s = p - p^*$$ 식 (4-3)

s : 외국통화 1단위 가치 해당 국내통화단위수(환율의 로그값)

또한 통화주의자 모형들은 국내증권과 외국증권은 완전대체관계에 있다는 중요한 가정을 하고 있다. 즉, 환위험이 커버되지 않는 금리평가조건의 성립을 가정한다.

$$E(\dot{s}) = i - i^*$$ 식 (4-4)

여기서 $E(\dot{s})$는 자국통화의 기대절하율을 나타낸다. 따라서 식 (4-4)는 자국통화의 기대절하율은 국내증권과 외국증권 간의 금리격차와 일치한다는 것을 나타내고 있다.

식 (4-1)과 (4-2)를 국내 및 외국 물가수준에 관하여 정리하면 다음과 같다.

$$p = m - \eta y + \sigma i$$ 식 (4-5)

$$p^* = m^* - \eta y^* + \sigma i^*$$ 식 (4-6)

그 다음 식 (4-5)와 (4-6)을 식 (4-3)에 대입하면 다음과 같은 축약형의 환율방정식을 얻을 수 있다.

$$s = (m - m^*) - \eta(y - y^*) + \sigma(i - i^*) \qquad \text{식 (4-7)}$$

식 (4-7)은 현물환율이 국내와 외국 간의 통화 및 실질소득의 증가율, 그리고 이자율의 격차에 의하여 결정됨을 나타내고 있다. 이제 세 변수가 각각 어떻게 환율에 영향을 미치는가를 살펴보자.

먼저 통화량 변동의 영향을 보면, 국내통화 공급 증가는 그 증가율만큼 국내통화를 절하시키며 외국통화 공급 증가는 그 증가율만큼 국내통화를 절상시킨다. 그 과정을 예를 들어 설명하면, 국내통화 공급 10% 증가는 즉시 물가 10% 상승을 가져오며 구매력평가설이 항상 성립한다는 조건하에서 국내통화의 10% 절하를 초래한다는 것이다.

두 번째로 국민소득의 상대수준이 환율에 미치는 영향은 다음과 같은 경로를 따른다. 국내소득이 증가할 경우 거래적 통화수요가 늘어나는데, 통화잔고와 이자율이 고정되어 있다고 가정할 때 실질잔고의 증가는 국내물가의 하락을 통해서만 달성된다. 또한 구매력평가설이 항상 성립한다는 가정하에서 국내물가의 하락은 자국통화의 절상을 의미하는 것이다. 즉 국내소득의 증가는 자국통화의 절상을 초래하는 것이다. 이와는 반대로 외국소득의 증가는 외국의 물가수준을 하락시키고 구매력평가설이 성립하는 가정하에서 자국통화의 절하를 초래한다.

세 번째로 국내금리 상승은 국내통화의 절하를 초래한다. 이는 다음과 같이 명목금리가 실질금리와 기대인플레이션율의 합으로 구성되어 있는 데 기인한다.

$$i = r + \pi^e$$
$$i^* = r^* + \pi^{*e}$$

$i(i^*)$: 국내(외국) 명목금리

$r(r^*)$: 국내(외국) 실질금리

$\pi^e(\pi^{*e})$: 국내(외국)의 기대인플레이션율

실질금리가 고정되어 있고 양국의 실질금리 수준이 동일하다면 국내 명목금리 상승은 국내 인플레이션율의 상승에 기인한다. 기대인플레이션율의 상승은 통화수요의

감소와 재화에 대한 지출증가를 통하여 국내물가의 상승을 초래한다. 국내물가의 상승은 구매력평가설의 성립을 전제할 때 국내통화의 절하를 의미한다. 이와는 대조적으로 외국의 물가수준 상승은 외국재화에 대한 지출증가와 외국물가의 상승을 가져오는, 결과적으로 구매력평가설의 성립을 가정할 때 국내통화의 절상을 초래하는 것이다. 식 (4-7)의 국내외 금리 격차를 국내외 기대인플레이션율 격차로 대체하면 다음 식을 얻을 수 있다.

$$s = \left(m - m^*\right) - \eta\left(y - y^*\right) + \sigma\left(\pi^e - \pi^{*e}\right) \qquad\qquad \text{식 (4-8)}$$

신축적 가격의 통화모형은 경제 내의 모든 가격이 완전히 탄력적이며 국내외 증권은 완전대체관계로서 환율결정에 영향을 미치는 것은 통화공급과 관련된 통화수요라는 전제에 기초하고 있다. 이러한 상황하에서 통화증가율이 높은 나라에서는 기대인플레이션율이 높을 것이며, 높은 기대인플레이션은 실질통화잔고에 대한 수요 감소, 재화에 대한 지출 증가, 그리고 구매력평가설이 성립되는 전제 아래서 국내물가 상승과 국내통화의 평가절하를 초래하게 된다. 이와 같은 신축적 가격의 통화주의 모형에 대하여 많은 검증이 이루어졌는데, 이 이론이 구매력평가설을 기초로 하고 있다는 점에서 실증적으로 잘 성립하지 않는 경향을 나타내고 있다.

그러나 신축적 가격의 통화모형은 구매력평가설에 의존하고 있다는 한계점에도 불구하고 통화공급의 역할과 인플레이션 기대, 그리고 경제성장을 환율변동의 요인으로 도입하였다는 점에서 환율이론의 발전에 중요한 기여를 하였다고 평가된다.

나. 경직적 가격의 통화모형

신축적 가격의 통화모형이 지니고 있는 주요 취약점은 구매력평가설이 연속적으로 성립하며 가격이 환율과 같은 상·하방으로 신축적이라는 점이다. 즉 구매력평가조건을 통하여 환율변동은 물가변동으로부터 비롯된다는 것이다. 그러나 변동환율제도 채택 이후 환율은 지속적으로 구매력평가 수준으로부터 괴리를 나타내어 신축적 가격의 통화모형으로는 환율변동을 설명하기 어려웠다.

그런 가운데 Dornbush(1976)는 신축적 가격의 결점을 보완하여 환율이 구매력평가 수준으로부터 지속적으로 괴리를 나타낼 수 있음을 설명하는 통화모형을 제안하였다. Dornbush가 제안한 모형은 경직적 가격모형으로 불리며 환율의 과조정(overshooting) 개념을 도입하고 있다. 경직적 가격모형은 재화시장의 가격과 노동시장의 임금은 경직적인 경향이 있으며, 통화공급 변동과 같은 여러 가지 충격에 반응하여 서서히 변동하는 경향이 있음을 반영하고 있다. 특히 물가와 임금은 하락압력에 대한 저항이 강하다. 그러나 환율은 신축적인 가격의 시장에서 결정된다. 즉 환율은 새로운 경제환경이나 충격에 대하여 즉시 반응하여 절상 또는 절하되는 경향이 있다. 즉 환율의 변동은 이에 상응하는 물가의 변동과 그 속도가 다르며, 이에 따라 구매력평가 수준으로부터 지속적으로 괴리를 나타낼 수 있는 것이다.

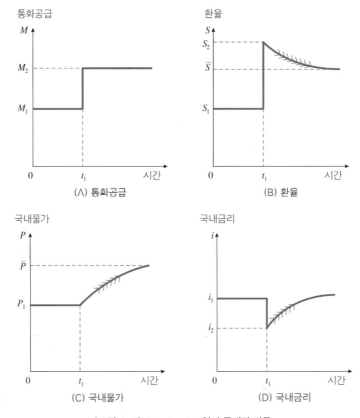

[그림 4-8] Dornbush모형의 동태적 변동

Dornbush모형을 이용하여 환율의 변동을 간략히 설명하기로 하자. Dornbush모형은 환위험이 커버되지 않은 금리평가조건이 연속적으로 성립한다고 가정하고 있다. 즉 국내금리가 외국금리보다 낮다면 낮은 국내금리를 보상하기 위하여 외국금리와의 차이만큼 국내통화의 절상이 기대되는 것이다. 이는 자본시장에서 완전한 차익거래가 이루어져 기대수익률이 같아지기 때문이다. 이와는 대조적으로 재화의 가격은 경제정책의 변화에 대하여 완만하게 조정되는 경향이 있다. 이는 통상임금은 수시로 조정되기보다는 시간간격을 두고 정기적으로 조정되며, 기업이 그들의 제품가격을 수시로 조정하지 않기 때문이다. 따라서 재화가격의 평균 개념인 국내물가는 경직성을 띠고 있다고 할 수 있다.

이와 같은 상황에서 모든 사람들이 장기환율이 구매력평가설에 의해서 결정되는 것으로 생각한다고 하자. 또한 [그림 4-8]에서 보는 바와 같이 경제가 국내금리와 세계금리 수준이 i_1으로 동일한 완전균형 상태에 있다고 하자. 이 경우 국내통화의 절상 또는 절하는 기대되지 않는다. 즉 국내통화 잔고는 M_1, 국내물가수준은 P_1, 그리고 환율은 S_1으로서 구매력평가조건을 만족하는 수준이다.

이제 t_1 시점에서 통화당국이 예기치 않게 국내통화를 M_1에서 M_2로 20% 증가시킨다고 가정해 보자. 이 경우 모든 사람들은 장기적으로 국내통화 공급 20% 증가가 국내물가의 20% 상승(P_1에서 $\overline{P}$로)을 초래하게 되며 이에 따라 구매력평가설의 성립을 전제로 할 때 국내통화가 S_1에서 S_2로 20% 절하될 것으로 생각한다. 그러나 단기적으로는 매우 다른 결과를 나타내게 된다. 이는 단기적으로 물가가 경직성을 보여 P_1 수준을 유지하기 때문이다. 예상치 못한 국내통화 공급 확대로 물가수준 P_1에서 통화는 초과공급 상태를 나타내며 국내금리가 i_1에서 i_2로 하락함에 따라 통화수요가 늘어나 통화의 초과공급 상태가 해소된다. 통화공급 증대에 따른 국내금리 하락으로 국내금리가 외국금리에 비하여 낮아지게 됨에 따라 투기자들은 이에 대한 보상으로 국내통화의 절상을 기대하게 된다. 이러한 이유로 국내통화는 t_1 시점의 S_1에서 장기균형 수준 $\overline{S}$를 넘어서는 S_2 수준으로 과도 평가절하된다. 즉 환율이 장기균형 수준에서 벗어날 정도로 과도 조정되는 모습을 나타내는데, 이는 낮은 국내금리에 대한 보상으로 국내통화의 절상이

기대되기 때문에 국내통화가 20% 이상 절하되기 때문이다.

통화증가에 대한 환율과 금리의 최초 반응에 이어 여러 가지 요인들이 작용하여 경제는 장기균형 수준으로 옮겨가게 된다. 국내금리 하락과 국내통화 절하에 따라 국내재화에 대한 수요가 증가하게 된다. 생산수준의 고정을 가정할 때 국내재화에 대한 초과수요로 국내물가가 P_1 수준에서 상승하게 된다. 또한 국내재화에 대한 외국수요 증가로 환율은 S_1 에서 장기균형 수준 $\overline{S}$로 절상 조정된다. 즉 국내통화는 기대한 만큼 장기적으로 실제 절상되는 것이다. 이와 동시에 국내물가 상승은 통화시장의 균형을 회복시킴으로써 국내통화 수요 증대, 그리고 국내금리 상승을 초래한다. 시간이 지남에 따라 국내물가 수준은 P_1 에서 $\overline{P}$로 상승하며 통화공급 증가율과 같은 상승률을 나타내고 환율은 S_2 에서 구매력평가가 성립하는 수준인 $\overline{S}$로 절상된다. 한편 국내금리 수준은 i_2 에서 최초 i_1 수준으로 상승하며, 이에 따라 국내통화에 대한 절상 또는 절하 기대는 더 이상 존재하지 않는다.

이와 같은 Dornbush모형을 정형화된 식을 이용하여 설명하여 보자. 정형화된 모형에서는 해외금리가 i^*로 고정되어 있어 외국에 대하여 영향을 미치지 못하는 소국경제의 경우를 가정하기로 하자. 이 경우 자국에 있어서 통화수요는 전통적인 통화수요의 형태로 주어진다.

$$m - p = \eta y - \sigma i \qquad\qquad \text{식 (4-9)}$$

또한 국내증권과 외국증권은 완전대체관계에 있다고 가정한다. 즉 환위험이 커버되지 않은 금리차익조건이 성립한다고 가정한다.

$$E(\dot{s}) = i - i^* \qquad\qquad \text{식 (4-10)}$$

경직적 가격모형과 신축적 가격모형의 주요한 차이는 경직적 가격모형은 신축적 가격모형과는 달리 구매력평가설이 연속적으로 성립하지 않고 장기적으로만 성립한다고 가정하는 점이다. 구매력평가설에 의한 장기환율결정은 다음과 같은 식으로 나타낼 수 있다.

$$\bar{s} = \bar{p} - \bar{p}^*$$ 식 (4-11)

$\bar{s}$: 장기균형환율(로그값)

$\bar{p}$: 장기국내물가수준(로그값)

$\bar{p}^*$: 장기외국물가수준(로그값)

Dornbush모형은 단기적으로는 환율이 구매력평가수준에서 이탈하게 되는데 환율의 기대변동을 정식화하면 다음과 같다.

$$E(\dot{s}) = -\theta(s - \bar{s})   \theta > 0$$ 식 (4-12)

식 (4-12)는 자국통화의 기대평가절하율은 조정계수의 속도(θ), 그리고 현재 환율수준 s와 장기균형 환율수준 $\bar{s}$의 차이에 의해서 결정됨을 나타내고 있다.

경직적 가격의 통화모형이 개발됨으로써 환율결정이론은 커다란 진보를 이루었는데, 주요한 공헌은 재화시장의 차익거래보다는 자본시장을 강조하고 자본시장이 단기적으로 환율을 결정하는 주요인으로 분석한 점이다. 재화시장의 차익거래는 단기보다는 중장기적으로 환율결정에 보다 영향을 미치는 것으로 볼 수 있다. 반면에 국제포트폴리오에 있어서 기대수익률을 일치시키려는 투자자들의 욕구가 단기환율을 결정하는 주요 요인이라고 할 수 있다.

경직적 가격모형을 이용하면 국제물가와 국제통화량의 변동에 비하여 환율이 대폭 변동되는 이유를 직관적으로 설명할 수 있다. 더구나 경직적 가격모형을 통하여 구매력평가수준에서 이탈된 환율수준을 합리적인 외환시장의 결과로 설명할 수 있는 것이다. 즉 Dornbush의 경직적 가격모형을 이용하면 어떤 시점에서의 실제 환율수준과 구매력평가 환율수준의 괴리를 합리적인 투기의 결과로 볼 수 있는 것이다.

또한 Dornbush모형은 통화공급과 같이 환율을 결정하는 변수들의 변동보다 실제 환율이 통상 큰 폭으로 변동하는 이유를 설명하고 있다. 이러한 점에서 국내통화정책이 변동할 경우 대폭적인 환율변동이 뒤따르게 됨을 예상하게 된다.

2.3 포트폴리오 밸런스 접근방법

포트폴리오 밸런스 접근방법은 통화적 접근방법과는 달리 국내외 금융자산 간 불완전 대체성을 전제로 하고 투자자들이 각 투자대상 자산의 기대수익률에 따라 그들의 자산을 최적 배분하는 과정에서 환율이 국내외 증권의 상대적 공급 등에 의해서 결정된다는 이론이다.

포트폴리오 접근방법은 Branson(1976), Kouri(1976) 등에 의해 개발되었는데, 간편하면서도 포괄적인 내용을 담고 있는 Branson(1976, 1984), Kouri(1976), Branson과 Masson(1977)의 모형을 토대로 Frenkel(1983), Branson(1984) 등 많은 학자들이 여러 방향으로 모형을 수정 발전시켜 왔다.

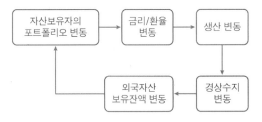

[그림 4-9] 포트폴리오 밸런스 모형의 파급경로

Branson(1976)과 Kouri(1976)의 모형은 포트폴리오 밸런스 접근방법의 기초가 되는 모형으로서 정책운용에 따른 경상수지 불균형으로 초래되는 외국자산의 증가 또는 감소에 분석의 초점을 맞추고 있다. 즉 일국의 경상수지 흑자(적자)는 해당 국가의 여러 거래상대 국가들에 대한 청구권 및 외국증권 보유 증가(감소)를 의미하며 이는 환율에 영향을 미치게 된다는 것이다. 이러한 포트폴리오 밸런스 모형의 파급경로는 [그림 4-9]와 같이 나타낼 수 있다.

이제 국내자산과 해외자산 두 가지 자산만이 투자자들의 포트폴리오에 포함되는 가장 간단한 경우를 대상으로 하는 Frenkel(1983)의 모형을 이용하여 포트폴리오 밸런스 접근법에 의한 환율결정모형에 대해 살펴보기로 한다. 국내자산이란 자국 정부에 의해 발행된 국내통화표시채권을 가리키고 해외자산이란 외국정부에 의해 발행된 외국통화표시채권을 말한다.

　　Frenkel은 국제적으로 완전히 통합된 자본시장에 개별 투자자들이 국내외 채권 간의 포트폴리오 균형을 이룩하는 데 있어서 예상되는 거래수익률 차이, 즉 리스크 프리미엄에 의해 결정되는 적정비율에 따라 국내외 채권을 결합시킨다고 본다. 이를 식으로 나타내면 다음과 같다.

$$\frac{B_\iota}{sF_\iota} = f_\iota\left[i - i^* - E(\dot{s})\right] \qquad\qquad 식 (4\text{-}13)$$

B_ι : 개별 투자자 ι 가 보유하고 있는 국내통화표시채권

F_ι : 개별 투자자 ι 가 보유하고 있는 해외통화표시채권

s : 환율(자국통화표시환율)

i : 국내통화표시 채권수익률

$i^* + E(\dot{s})$: 해외통화표시 채권수익률

f_ι : 상관계수 $(f_\iota > 0)$

Frenkel은 아래와 같은 지수함수 형태의 f_ι를 도입하였다.

$$f_\iota\left(i - i^* E(\dot{s})\right) = e^{\left[\alpha_\iota + \beta_\iota\left(i - i^* - E(\dot{s})\right)\right]} \qquad\qquad 식 (4\text{-}14)$$

따라서 개별 투자자들의 자산수요함수는 아래와 같이 구체화된다.

$$\frac{B_\iota}{sF_\iota} = e^{\left[\alpha_\iota + \beta_\iota\left(i - i^* - E(\dot{s})\right)\right]} \qquad\qquad 식 (4\text{-}15)$$

　　식 (4-15)를 보면 개별 투자자의 국내외 채권투자 선택에 있어서 이자율 차이가 확대되거나 자국통화표시 환율이 절상될 것으로 예상되는 경우 국내채권에 대한 수요가 증가하게 됨을 알 수 있다.

　　이제 식 (4-15)를 기초로 모든 개별 투자자들이 동일한 포트폴리오 선호를 가지고 있다고 가정하면 다음과 같이 일국의 국내외 증권 보유비율을 나타내는 거시적 자산수요함수를 도출할 수 있다.

$$\frac{B}{sF} = e^{[\alpha + \beta(i - i^* - E(\dot{s}))]}$$ 식 (4-16)

$B = \sum_{i=1}^{n} B_i$: 국내자본시장에서의 자국채권 순공급

$F = \sum_{i=1}^{n} F_i$: 국내자본시장에서의 외국채권 순공급

$\alpha = \alpha_i,\ \beta = \beta_i$

여기서 주목할 점은 국제적으로 단일자본시장이 존재하고 국내외 모든 투자자들이 동일한 선호체계를 갖고 있으므로 국내자본시장에 나타나는 자산의 공급은 어디까지나 정부가 발행하여 민간부문이 보유하고 있는 채권의 공급이라 할 수 있다. 따라서 국내채권의 순공급 B는 국내에서 발행된 정부의 순부채에 해당되고 F는 외국에서 발행된 외국정부의 순부채에 해당된다고 볼 수 있다.

이제 식 (4-16)을 로그함수 형태로 전환하고 환율 s에 대해서 정리하면 아래와 같은 환율결정 방정식을 얻게 된다.

$$s = -\alpha - \beta\{i - i^* - E(\dot{s})\} + b - f$$ 식 (4-17)
$$b = \log(B),\ f = \log(F)$$
$$\alpha,\ \beta > 0$$

식 (4-17)에 따르면 여타 조건이 일정할 경우 국내외 이자율 격차($i - i^*$)가 확대되거나 외국채권의 순공급(f)이 증대되면 자국통화환율이 하락(자국통화가치 상승)하고 국내채권의 순공급(b)이 증대되면 자국통화환율이 상승(자국통화가치 하락)하게 된다.

한편 자국통화환율의 예상변동률($E(\dot{s})$)에 의해서도 환율이 변동하게 되는데, 간단한 포트폴리오 밸런스 모형에서는 통상 정태적 기대(static expectation), 즉 $E(\dot{s}) = 0$의 가정을 택하고 있다.

3. 환율결정에 대한 미시적 접근

3.1 환율결정에 대한 미시적 접근의 필요성

1980년대 이후 환율의 변동성이 확대되면서 환율의 움직임을 거시경제학적 환율이론만으로 설명하기 어렵게 되었으며 이러한 추세는 갈수록 심화되고 있다. 이에 따라 전통적인 거시경제학적 환율이론의 설명력에 회의를 가지고 이를 재고하는 연구가 활발히 진행되고 있다. 이와 같은 연구는 관련된 두 나라 거시경제변수의 변동성이 별로 크지 않은데도 환율이 큰 폭으로 움직이는 데 주목하고 자산시장 접근방법이 지닌 한계점을 살펴봄으로써 비롯되었다.

자산시장 접근방법은 환율변동의 상당부분이 양국 간에 일어나는 재화 및 자본의 순흐름과 조화되기 어렵다는 점이 관찰되면서 발전된 이론으로, 환율이 양국 간의 금융자산 스톡에 의하여 결정된다고 보고 있다. 이러한 자산시장 접근방법에 기초한 모형의 첫 번째 특징은 그것이 총량변수를 이용하는 거시모형이라는 점이다. 즉 자산시장 접근모형은 외환시장의 본질과는 동떨어진 요인을 포함하여 외환의 수요공급을 결정하는 모든 요인을 고려한다. 이와 같은 거시모형의 초점은 자산시장에 있으며 따라서 자산시장 내 경제주체들의 행위가 강조된다.

그러나 외환의 수요공급을 결정하는 모든 요인을 고려하는 자산시장 접근방법은 자산시장의 동태적인 움직임을 강조하면서도 구체성이 없고 애매모호한 면을 지니고 있다. 자산시장 접근방법은 이와 같은 한계점을 자산시장에 대한 단순가정을 통하여 해결하고 있다. 즉 자산시장 접근방법은 기본적으로 모든 경제주체는 동일하며, 각 경제주체는 정보를 완전하게 이용할 수 있으며, 거래에는 비용이 수반되지 않는다는 세 가지 가정을 전제로 하고 있다.

이러한 세 가지 가정에서 도출할 수 있는 가장 중요한 점은 자산의 거래에 대한 설명이 결여되어 있다는 점이다. 자산의 가격은 경제주체들이 언제나 원하는 포트폴리오를 구성할 수 있도록 매 순간 조정된다고 가정하고 있는 것이다. 자산의 가격이 순간적으로 조정된다는 것은 시장에 새로운 정보가 시시각각 도착하며 모든 시장 참가자가 이를 관찰하고 그 정보를 동일한 방향으로 해석함을 의미한다. 따라서 기본적 거시모형은 현재 및 미래 환율의 기본적 결정요인에 관련된 모든 정보, 다시 말해서 다른 통화로 표시된 자산에 대한 현재 또는 미래 수익의 변동을 의미하는 정보는 환율에 즉각적이고 확실한 영향을 미친다고 보고 있는 것이다.

그러나 자산시장 접근방법에 기초한 거시환율모형의 의미와 현실경제 사이에는 커다란 괴리가 존재한다. 앞에서 언급한 바와 같이 거시경제변수의 변동성에 비하여 환율의 변동성이 과도하여 사후적으로도 환율의 움직임을 설명하기 어려운 상황이며 이에 따라 환율예측이 매우 어려운 실정이다. 거시환율모형이 내재하고 있는 주요 한계점은 매일매일 외환시장에서 이루어지고 있는 자산의 거래형태를 고려하지 못한 점이라고 할 수 있다.

3.2 외환시장에서의 미시적 환율변동 요인

외환시장의 미시구조 분석은 외환시장에서 나타나는 여러 가지 실증적 규칙성을 주된 연구대상으로 하는데, 전통적 환율이론이 설명할 수 없었던 환율 변동성 및 거래량 변동의 원인으로서 정보의 비대칭성하에서 각 경제주체들이 가지는 이질적 기대(heterogeneous expectation), 외환거래 과정과 그 메커니즘 등을 제시하고 있다. 또한 최근에는 외환위기와 관련된 환율의 동태적 움직임도 중요한 연구주제로 부각되고 있다.

가. 비대칭적 정보하의 기대형성

외환시장에서 환율의 변동은 외환시장에 참가하는 경제주체들이 수집한 정보를 토대로 형성하는 시장기대에 의해서 영향을 받는다. 즉 각 경제주체들은 국제외환시장의 동향과 통화량, 국제수지 등 거시경제에 대한 전망, 그리고 당국의 정책방향 등 환율에 영향을 미칠 수 있는 여러 가지 요인에 대한 정보를 수집하고 이를 토대로 장래 환율에 대한 기대를 형성하고 포지션을 조정하는 외환거래를 실행하는 과정에서 환율이 변동하게 된다. 따라서 환율의 변동은 경제주체들이 형성하는 기대수준에 달려 있다고 하겠다.

환율변동 요인으로서 기대의 중요성은 기존의 대표적 거시경제적 환율결정모형인 자산시장 접근방법에서도 중시되고 있으나 기본적으로 경제주체들의 합리적 기대, 즉 동질적(homogeneous)인 기대형성을 가정하고 있다. 그러나 현실적으로 모든 경제주체가 시의적절하게 필요한 관련정보를 신속하고 정확하게 입수할 수 있는 것은 아니다. 즉 정보수집에 따르는 거래비용 때문에 각 경제주체들이 이용할 수 있는 정보는 차이가 있게 된다. 실제로 경제주체들의 기대형성과정 서베이 분석결과에 따르면 투자자들의 단기적인 기대수준은 비대칭적 정보(asymmetric information)하에서 대부분 불안정한 모습을 나타내고 있다.

일반적으로 환율을 결정하는 데 주요한 역할을 하는 외환시장의 정보는 정보의 생성 및 전파방식에 있어서 일반 금융시장이나 주식시장의 정보와는 몇 가지 다른 특징을 가지고 있다.[11] 비대칭적 정보현상으로 외환시장에 이질적인 기대가 존재하게 될 경우 시장에서는 투자자들 간에 동질적인 기대가 성립할 경우에 비하여 단기적으로 외환의 거래가 빈번해지고 물량도 늘어나게 되며 아울러 변동성도 커지게 되는 결과가 초래된다. 외환의 단기적 거래가 빈번해지고 투기적 거래가 많아지면 투자자들은 해당국가의 환율결정 요인들에 대한 기초경제여건과 관련된 기초적 분석보다는 과거의 환율변동 패턴 등을 분석하여 미래 환율을 예상하는 기술적 분석에 의존하는 경향을 보이게 된다. 이와 같은 기술적 분석에 의존하게 되면 단기적 환율에 대한 예상이 보다 이질적으로 되는 현상이 초래될 수 있다. 그 이유는 환율에 관한 기법은 여러 가지가 있고 거래주체가 누구냐에 따라 서로 다른 기법을 사용하게 되므로 투자자들 간에 환율 예상에 대한 상이한 분석결과를 얻게 될 확률이 커지기 때문이다.

---

11 첫째, 외환시장에서는 국제수지 및 물가, 통화 등 거시경제 상황이나 각국의 정치, 경제적 사태에 관한 정보가 환율변동에 상대적으로 큰 영향을 미치게 된다. 둘째, 정보의 생성 면에서 외환시장의 경우 증권시장에 비하여 관련정보의 공개가 별로 이루어지지 않고 있다. 즉 증권시장의 경우 일반적으로 상장기업에 대하여 일정 경영정보를 일반에게 공개토록 규정하고 있는 데 반하여 외환시장의 경우 외환관련 정보공개를 촉구하는 공식적인 기구 등이 없다. 셋째, 증권시장에서는 브로커들의 내부정보 이용금지 등 규제가 많으나 외환시장 거래에서는 규제가 상대적으로 약하다는 점을 들 수 있다. 넷째, 외환시장의 정보는 증권시장의 정보에 비하여 훨씬 다양하고 가변적인 성격을 지니고 있다.

나. 외환거래과정 및 메커니즘

(1) 외환거래량과 환율의 변동

외환시장의 미시구조적 행태를 포착하기 위한 노력은 주로 외환거래 규모와 환율변동 간의 통계적 특성을 파악하는 데 초점을 맞추고 있다. 먼저 외환의 거래량과 환율의 변동성 사이에 높은 상관관계가 있다는 사실이 실증적으로 밝혀지고 있다. 우선 외환시장의 시간대에 따라 외환거래량이 달라지고 이를 반영하여 환율변동성도 변하게 되며 일반적으로 외환거래량과 환율의 변동성 사이에는 정(+)의 상관관계를 나타내고 있다. 또한 전 세계적으로 24시간 동안 거래가 일어나는 외환시장에서 한 시장에서의 환율변동성 증가가 그 다음 시장에 영향을 미치는 경향을 보이게 된다. 예를 들어 런던 외환시장 폐장 시 환율의 변동성이 커질 경우 뉴욕 외환시장 개장 시 환율의 변동성이 크게 된다는 것이다.

거래량과 변동성 간의 상관관계는 단순히 두 변수 간의 관계를 나타내는 것 이상의 의미를 지니고 있다. 이는 두 변수 간의 인과관계 및 시차구조를 정확히 분석함으로써 예측에 활용할 수 있음을 시사하기 때문이다. 외환의 거래량과 환율변동성이 관련이 있다는 것은 두 가지 의미를 내포하고 있는데, 외환시장을 통하여 정보가 효율적으로 처리된다는 점과 정보와는 관계없이 외환거래량 자체가 과도한 환율변동을 가져올 수 있다는 점이다.

한편 외환거래량과 환율변농성 간의 상관관계는 성우에 따라 그 방향이 다르게 나타나게 된다. 즉 외환거래자 간에 이질적인 신뢰(기대)를 바탕으로 거래가 늘어날 경우 거래량과 변동성은 정(+)의 상관관계를 가지게 되지만 단순히 거래자 숫자의 증가에 의해 거래량이 증가하는 경우에는 환율변동성이 오히려 감소함으로써 부(-)의 상관관계를 나타낼 수 있다.

(2) 매매율차와 환율변동

외환시장에 대한 미시적 분석으로서 매매율차(bid-ask spread)와 관련한 연구도 활발히 진행되고 있다. 일부 학자는 거래에 참여하는 각 경제주체가 외환시장에서 이용 가능한 모든 정보를 수집·이용한다는 가정하에 매매율차는 거래량과 부(-)의 상관관계를 가지며 변동성과는 정(+)의 상관관계를 가지는 것으로 분석한다.[12] 이러한 주장에 대하여 또는 다른 학자들은 실제로 외환시장에서 모든 정보가 완전하고 효율적으로 이용되기가 어렵기 때문에 정보의 전파와 수집이 불완전하여 각 경제주체들이 비대칭적인 정보를 바탕으로 서로 이질적인 기대를 형성하게 될 경우 그 결과가 달라질 수 있다고 주장한다.[13]

(3) 시장조성자와 환율변동

주식시장에 존재하는 시장조성자의 존재를 외환시장과 관련하여 분석하는 연구도 활발히 진행되고 있다. 외환시장에서 시장조성자라 함은 은행간 딜러시장에서 호가를 제공하는 외환딜러를 말한다. 이와 관련된 연구에 의하면 외환거래의 대부분을 좌지우지하는 외환딜러들이 비대칭적 정보경로(asymmetric information channel)와 재고통제경로(inventory control channel)를 통하여 외환의 매수·매도가격을 변동시킴으로써 환율이 변동된다고 본다. 비대칭적 정보경로는 딜러들에게 주문을 내는 거래자가 딜러보다 우월한 정보를 보유하고 있을 때 딜러는 이를 근거로 자신의 예상을 변화시킴으로써 호가를 조정하게 되는 경우를 의미하며, 재고통제경로란 외환딜러들이 자신의 포지션을 조절하기 위한 목적으로 가격의 변화를 유도하는 경우를 의미한다.

3.3 환율결정요인에 대한 최근의 접근법

환율결정요인에 대한 거시적 또는 미시적 접근법에 대해서는 많은 실증분석이 이루어져 왔다. 대부분의 실증분석 결과는 1973년 이후 변동환율제도하에서 기존의 환율결정모형의 환율변동에 대한 설명력과 예측력이 만족스럽지 못하다는 점을 제시하고 있다.

---

[12] 예를 들어 거래량이 줄어드는 주말과 휴일 전에는 매매율차가 확대되고 변동성이 커지게 된다. 또한 유동성을 확보해야 하는 유동성거래자는 하루 중 개장 및 폐장시점에 거래량이 많아 거래비용이 줄어들 때 의도적으로 많은 거래를 행하게 된다.

[13] Hsieh and Kleidon(1996)

특히 Meese와 Rogoff(1983)의 연구는 거시적 환율결정모형의 환율 예측력이 임의보행 (random walk)모형에 비해서 높지 않다는 결과를 제시하였다. 1980년대 들어서는 환율이 거시적 환율결정모형, 즉 기초경제여건이나 국제금융이론이 제시하는 평형조건이 제시하는 환율수준을 크게 벗어나 단기간에 급변동하는 사례가 빈번해졌다. 이에 따라 기존의 환율결정요인에 대한 거시적 접근법과 미시적 접근법을 보완하려는 새로운 시도가 많이 있었는데 크게 두 가지 방향으로 나누어 볼 수 있다. 단기간에 걸쳐 발생하는 환율의 급변동을 설명하는 데 있어 시장참가자의 합리적인 행동을 가정하지만 뉴스 등 다른 환율변동요인에 보다 주목하는 입장과 환율의 급변동은 외환시장 참가자의 비합리적인 행동 때문이라고 보는 입장이 그것이다.

가. 뉴스 접근법(news approach)

뉴스 접근법은 거시경제 환율결정모형에 뉴스의 역할을 도입하여 환율의 변동을 설명한다. 환율은 금융자산의 하나인 외환의 현재가격으로서 시장참가자들의 미래기대치 (기대환율)의 변동에 크게 영향을 받는다. 이러한 상황에서 통화량이나 국제수지와 같은 거시경제지표와 관련하여 예상치 못한 뉴스가 나오면 시장참가자들은 이 새로운 정보를 반영하여 기대환율을 바꾸게 되고 이는 다시 현재환율을 변동시키게 된다.

　　　뉴스 접근법에서는 환율의 예측오차가 경제변수에 대한 새로운 뉴스에 의해 발생하는 예측오차와 경제변수와 무관한 순수교란요인에 의한 오차(random error)로 구성되어 있다고 본다. 따라서 환율이 외형상 임의보행(random walk)하는 모습을 보여도 예상치 못한 경제변수와 관련된 뉴스를 반영하여 환율변동을 분석하면 예측오차의 상당부분이 설명된다고 본다. 그러나 예상치 못한 뉴스가 환율변동의 일부만 설명한다는 점에서 한계가 있다고 지적된다.

나. 투기적 거품 접근법(speculative bubble approach)

투기적 거품 접근법은 외환시장 참가자들이 합리적으로 행동하더라도 외환시장의 속성상 환율이 과도하게 변동할 수 있다고 본다. 환율은 주식이나 부동산 등 다른 자산의 가격과 마찬가지로 경제변수들의 과거 변동에 따라 사후적으로 결정되지만 시장참가자들의 미래에 대한 사전적 기대에 크게 영향을 받는다. 이러한 미래에 대한 기대 변화는 환율을 안정시키기도 하지만 경우에 따라 환율을 크게 변동시킬 수도 있다. 예를 들어 외환시장에서 원/달러 환율 하락 기대가 커지면 약세통화인 달러화를 매도하고 강세통화인 원화를 매입하고자 하는 수요가 증가하고 사후적으로 달러화 대비 원화가치 상승이 실현된다. 이 경우 환율은 경제변수의 변화 없이 미래 환율에 대한 기대로 외환매매 수요가 늘어나 결국 최초의 기대를 실현시키는 자기실현적 기대(self-fulfilling expectation)가 작용하여 움직이게 된다.

자기실현적 기대가 작용하는 상황에서는 기초경제여건의 변화 없이도 환율이 과도하게 상승하거나 하락하는 투기적 거품(speculative bubble)이 형성될 수 있다. 투기적 거품 접근법은 기초경제여건과 괴리된 과도한 환율변동이 시장참가자들의 자기실현적 기대를 통해 발생할 수 있다는 새로운 시각을 제시하였다고 평가된다. 그러나 거품이 발생하는 근본원인이나 시점, 거품이 붕괴되는 조건, 고정환율제보다 변동환율제에서 투기적 거품이 더 빈번하게 발생하는 이유 등에 대해서는 설명력이 부족하다고 평가된다.

다. 노이즈 트레이딩 모형(noise trading model)

노이즈 트레이딩 모형은 환율결정요인 분석과 관련하여 거시경제지표에 집중하는 근본적 분석(fundamental analysis)과 외환거래량이나 거래행태 등 외환시장의 미시구조적 특징에 집중하는 기술적 분석(technical analysis)을 종합하려는 입장이다. 전통적 분석이 환율에 영향을 주는 기초경제여건과 관련된 지표에 대한 분석에 집중하는 장기분석(long-run analysis)인 반면 기술적 분석은 차트 등을 활용해 추세(trend)를 파악하여 환율변동을 예측하는 단기분석(short-run analysis)이라고 할 수 있다.

노이즈 트레이더는 근본적 분석보다는 기술적 분석을 중요시하는 투자자들을 의미한다. 또한 기초경제여건에 대한 합리적인 분석이나 정확한 정보보다는 주관적인 판단, 루머, 과거패턴에 따라 투자하는 시장참가자들을 의미한다. 외환시장 내에서 근본적 분석에 의존하는 시장참가자와 노이즈 트레이더의 상대적인 비중이 변함에 따라 외환수요도 변동하고 이에 따라 환율도 변동하게 된다고 본다.

예를 들어 외환시장 내 노이즈 트레이더의 비중이 커져 대형 금융기관이 기술적 분석에 의해 대규모 주문을 할 경우 이를 추종하는 다른 매매가 증가하면서 환율이 거시경제여건의 변화와 무관하게 변동할 수가 있다. 외환시장에서 이러한 추종매매가 극심해질 경우에는 외환에 대한 매도나 매수 한 쪽에 대한 일방적인 수요가 존재하는 시장 쏠림현상이 나타날 수 있다. 이러한 시장의 쏠림현상은 외환당국인 중앙은행이나 정부의 외환시장 개입에 의해서 완화되는 경우가 있다.

참고 4-2   환율변동의 예측

앞에서 살펴본 외환시장에서의 환율결정 메커니즘 및 거시적 환율결정이론을 종합하면 환율변동에 영향을 미치는 다양한 요인을 물가, 경제성장, 금리, 통화량 등과 같은 거시경제변수에 관련된 기초적 요인과 시장 분위기, 중앙은행의 외환시장 개입, 새로운 뉴스, 외환시장 내의 미시적 요인 등과 같은 기술적 요인으로 구분할 수 있다. 또한 이와 같은 요인들은 중장기적인 요인과 단기적인 요인으로 구분할 수 있으나 이 요인들을 중장기 및 단기적인 요인으로 명확하게 구분하기는 곤란하며 현실경제에서는 중장기적인 요인들과 단기적인 요인들이 상호 복합적으로 작용하면서 환율변동에 영향을 미치고 있다.

따라서 이와 같이 여러 요인이 상호 복합적으로 작용하여 변동하는 환율을 정확히 예측하는 것은 매우 어려운 일이다. 현재 환율을 예측하는 방법은 환율변동 요인을 구분하는 기준에 따라 크게 근본적 분석방법(fundamental forecasting approach)과 기술적 분석방법(technical forecasting approach)으로 구분할 수 있다. 근본적 분석방법은 일반적인 경제이론과 기초적 경제변수에 관한 자료를 활용하여 장래의 환율을 예측하는 것이고, 기술적 분석방법은 과거의 금리, 환율 변동행태를 통계적으로 분석하여 다양한 변동패턴, 추세적인 특징을 도출해 냄으로써 장래의 환율을 예측하는 것이다.

근본적 분석방법은 환율변동에 영향을 미치는 경제적·경제외적 변수를 선택 분석하여 장기적인 환율변동 방향 및 변동폭을 과학적으로 제시할 수 있으나 분석에 이용되는 변수들의 오차가 크고 상당한 적용시차가 존재하는 데다 예상치 못한 사태 발생, 기대 변동 등을 환율예측에 시의적절하게 반영하기 어렵다는 문제점이 있다. 이와 같은 근본적 분석방법의 문제점을 보완하기 위해 최근 기술적 분석방법에 의한 환율예측 방법이 널리 이용되고 있는데 이는 환율전망에 직접 관련되는 현물환율, 선물환율, 금리 등의 과거 추세에 분석의 초점을 맞추고 이들의 변동행태를 차트기법이나 이동평균법 등 통계적 기법을 활용하여 환율을 예측하는 것이다. 기술적 분석방법에 활용되는 지표는 일반적으로 시장에서 즉시 입수가 가능하고 오차가 거의 없다는 이점이 있으며 이에 따라 단기전망에 있어서는 근본적 분석방법에 비해 성과가 우월할 수도 있다. 하지만 장기환율 움직임과 기초경제변수들 간에는 여전히 높은 상관관계가 있는 것으로 분석된다는 점에서 기초경제변수와 기술적 요인을 모두 고려하는 복합적인 방법이 보다 합리적인 예측방법으로 제시될 수 있다.

제3절 중앙은행의 외환시장 개입

1. 외환시장 개입 메커니즘

1.1 외환시장 개입의 의의

외환시장 개입(foreign exchange market intervention)이란 전통적으로 통화당국인 중앙은행이 환율수준이나 환율의 변동성에 영향을 미치기 위하여 민간부문의 외환거래에 인위적으로 개입하는 조치를 의미한다. 즉 외환시장 개입은 중앙은행이 은행간 외환시장에 적극적으로 참여하여 자국통화표시자산을 대가로 외화표시자산을 매입 또는 매각하는 것을 말하며 외환시장 운영(foreign exchange market operation)으로 불리기도 한다. 중앙은행이 외화표시자산을 매입 또는 매각함으로써 민간부문의 국내통화 및 외화표시자산의 상대적 규모와 시장참가자들의 예상이 변하고 이에 따라 환율수준 또는 환율의 변동성이 달라지는 것이다.

　　해외로부터 대규모 자본이 국내에 유입되는 경우를 예로 들어 보자. 대규모 외화자본 유입에 따라 국내 외환시장에서는 외화표시자산(미 달러화)이 국내통화(원화)에 비하여 상대적으로 많아지므로 원화의 대미달러환율은 하락(원화의 절상 및 가치상승)압력을 받게 되며 중앙은행은 외환시장에 개입하여 이를 완화할 수 있다. 즉 중앙은행은 국내 외환시장에서 원화를 대가로 달러화를 매입함으로써 미 달러화의 초과공급(원화의 초과수요)을 완화하고 원화의 절상압력을 상쇄시킬 수 있다. 이와 반대로 통화당국이 물가안정 등을 위하여 원화의 절상(원화가치 상승)을 유도하고자 한다면 외환시장에서 원화를 매입하는 대신 달러화를 매각하는 거래를 하게 된다.

1.2 외환시장 개입목적

중앙은행이 외환시장에 개입하는 목적은 정책당국이 외환시장이나 경제여건을 어떻게 파악하고 구체적으로 어떠한 정책목표에 비중을 두느냐에 따라 달라진다고 할 수 있는데 일반적으로 환율의 안정적 운용, 균형 또는 적정환율의 달성, 그리고 외환보유액 수

준 및 구성변화 등을 중앙은행의 외환시장 개입목적으로 들 수 있다.[14]

가. 환율의 안정적 운용

중앙은행은 환율을 안정적으로 운용하기 위하여 외환시장에 개입한다. 변동환율제도 하에서 환율은 경제상황의 변화에 매우 민감하게 반응하기 때문에 단기에 급격하게 변동하는 경향을 나타낸다. 환율의 지나친 변동은 실물경제를 교란시킴으로써 국민경제에 부정적인 영향을 초래하게 된다.[15]

환율의 안정적 운용을 목표로 하는 중앙은행의 외환시장 개입은 단순히 매일의 외환거래에서 발생할 수 있는 불규칙적인 요인들의 영향을 완화하기 위해서 실시되기도 하지만 그보다는 대체로 일정기간 동안 환율이 한쪽 방향으로 급격히 변동하는 것을 막기 위해 이루어진다. 예를 들어 지난주부터 환율상승이 지속될 경우 중앙은행은 이와 같은 환율의 움직임을 역전시키기 위해서 외환시장에서 국내통화를 대가로 외화를 매각하여 환율하락을 유도하는 개입을 하게 되는 것이다.

나. 균형환율로의 접근

환율이 균형환율[16]에서 괴리되어 있을 때 중앙은행은 환율을 균형환율로 접근시키기 위하여 외환시장에 개입한다. 예를 들어 자국의 환율이 고평가되어 만성적인 무역적자를 겪고 있는 나라의 경우 중앙은행은 다른 거시경제정책과의 조화를 고려하여 자국 통화가치의 하락을 유도함으로써 대외무역의 균형을 달성하기 위해서 외환시장에 개입할

---

14 이와 같은 외환시장 개입목적 중 일국이 실제로 어느 것을 선택하는가는 그 국가의 환율제도, 외환 및 금융시장의 발전정도 등과 더불어 여타 경제정책들과의 상호관계에 의해서 결정된다.

15 학자들과 정책담당자들은 환율변동성의 증대가 해외자산 투자수익에 대한 위험을 증대시켜 기업의 해외투자 및 수출입 등 무역을 저해하기 때문에 세계경제의 효율적인 자원배분을 어렵게 한다고 보고 있다. 아울러 자국자산의 위험이 증가함에 따라 자국 금융시장의 안정성이 낮아지고 결국 경제정책의 목표달성이 어렵게 된다고 주장한다. 중앙은행의 외환시장 개입은 이러한 환율변동성의 부정적인 영향을 최소화하기 위한 목적으로 실시된다.

16 여기서의 균형환율은 단순히 외환의 수요와 공급이 일치하는 환율수준보다는 여타 거시경제변수의 균형을 해치지 않는 환율수준을 나타내는 적정환율(optimal exchange rate)의 의미를 담고 있다.

수 있다. 이 경우 환율이 중앙은행이 목표로 하고 있는 일정수준 혹은 일정범위에 이를 때까지 한 방향으로 움직이게 된다는 점에서 환율변동성 축소를 위한 외환시장 개입과 는 상반되는 면이 있다고 하겠다.

여기서 중앙은행이 균형환율을 어떻게 정의하고 측정[17]하는가 하는 것이 대단히 중요한데 이는 잘못 측정된 균형환율을 목표로 하여 외환시장 개입이 이루어질 경우 환 율수준이 균형환율로부터 오히려 더욱 멀어질 수 있으며 나아가 여타 거시경제정책과 상충되는 결과를 초래할 수 있기 때문이다.

참고 4-3   균형환율

균형환율은 교과서나 보고서에서 다양한 의미로 사용된다. 우선 변동환율제도를 채택한 국가의 외환시장에서 외환의 수요 와 공급에 의해 결정되는 시장환율은 그 자체로 균형가격으로서 의미를 가질 수 있다. 그러나 시장환율은 정보 비대칭과 비효율적인 규제 등으로 경제변수를 고려해 이론에서 제시하는 환율과 괴리되는 경우가 많다. 이에 따라 대내외 경제적 상황 등을 고려한 다양한 균형환율 개념이 생성되고 산출방법이 중요해진다. 균형환율을 산출할 때 일시적인 환율 변동요인 은 제외하고 환율수준이 일정기간 지속 가능한지 여부를 고려하는 것이 중요하다. 또한 물가, 저축-투자 갭, 국제수지 등 환율에 영향을 주는 거시경제변수와의 일관성 여부도 반영한다. 아울러 국가부채나 국제수지 상황 등을 감안한 적정환율 개념도 사용된다. 대표적인 균형환율은 실질실효환율(REER : real effective exchange rate)이다. 이는 REER이 구매 력평가에 기초하여 물가수준을 감안하고 여러 통화에 대한 환율을 대외거래비중으로 가중평균한 실효환율이기 때문이다. 또한 일국의 경제가 대내외 균형을 달성하도록 하는 환율수준인 기조적 균형환율(FEER : fundamental equilibrium exchange rate)이 있다. 기타 시장환율이 외환의 수급을 반영한 균형환율을 반영한다고 보고 시장환율에서 일시적인 요인을 제거한 행태적 균형환율 개념이 있다. 자산시장모형(portfolio theory) 등 환율결정모형으로부터 도출된 환율이나 REER의 추세치 등 시계열 분석으로부터 도출된 환율도 모두 균형환율의 일종이라고 할 수 있다.

---

[17] 일반적으로 환율수준의 적정여부를 측정하는 방법으로는 구매력평가에 바탕을 둔 실질환율이나 실질실효환율을 이용하는 방법과 환율결정모형을 이용하여 추정한 환율을 균형환율로 간주하는 방법, 그리고 Williamson(1990) 등이 제시한 기조적 균형환율(fundamental equilibrium exchange rate) 접근법 등이 있다.

다. 외환보유액 및 구성의 변화

환율의 변동성이 심하지 않고 환율이 균형환율로부터 지나치게 이탈될 우려가 없을 경우 중앙은행은 공적 외환보유액이나 그 구성을 변화시키기 위해서 외환시장에 개입한다. 외환보유액은 일국의 통화당국이 일정시점에서 국제유동성으로 보유하고 있는 대외지급준비자산을 말하며 일반적으로 유동성, 안정성, 그리고 일반적 수용성의 특성을 지니고 있는 대외자산으로 구성된다.

중앙은행은 국내외 경제동향이나 금융시장상황 변화에 따라 공적 외환보유액 수준을 수시로 조정하고 보유외환의 환리스크 관리나 수익률 제고를 위하여 그 자산구성을 변화시킬 필요가 있으며 이를 위해 외환시장에 개입하게 된다.

1.3 외환시장 개입시기 및 개입방식

가. 외환시장 개입시기

중앙은행이 외환시장에 개입하는 시기는 앞에서 살펴본 외환시장 개입목적과 밀접한 관련이 있다. 일반적으로 외환시장 개입시기는 환율 및 국제수지, 물가를 비롯한 경제동향, 외환보유액 규모, 국내외 금융시장 동향, 그리고 통화정책 방향 등에 따라 다르게 나타나는데 대체로 다음과 같이 몇 가지로 요약할 수 있다.

먼저 외환시장에서 외환수급이 불균형상태를 보이거나 시장심리의 불안으로 환율의 변동성이 급증하는 등 외환시장의 교란이 우려될 경우 중앙은행은 외환시장에 개입하게 된다. 둘째, 환율이 외환당국이 판단하는 균형환율 수준과 지속적인 괴리를 보여 국제수지, 물가, 경제성장 등 적정 거시경제 목표 달성을 저해할 우려가 있다고 판단되는 경우 중앙은행의 외환시장 개입이 이루어진다. 셋째, 외환시장 참가자들에게 외환당국의 정책에 대한 신호(signal)를 주기 위해 외환시장에 개입하는 경우도 있다. 즉 현재의 환율수준이 시장기대를 적절히 반영하지 못하고 있거나 중앙은행이 장래 통화정책이나 환율정책에 대한 의지를 시장참가자들에게 인식시키기 위해서 외환시장에 개입하는 것이다. 이 경우 시장참가자의 기대변화 또는 확신을 통하여 정책의 실효성을 거둘 수 있다. 마지막으로, 투기적 자본의 급격한 유출입으로 외환시장이나 국내통화시장의 불안이 야기되는 경우 외환시장의 개입이 이루어진다.

나. 외환시장 개입방식

중앙은행은 환율변동은 물론 금리, 물가, 경제성장, 외환보유액, 국제수지 등 국내외 경제상황에 대한 종합적인 분석하에 외환시장 개입의 시기, 규모, 그리고 개입방식을 결정하게 된다. 일반적으로 중앙은행이 외환시장에 개입하는 방식은 크게 환율변동의 장기적 추세는 기본적으로 외환시장의 기능에 맡기고 단기적인 과도한 환율변동을 완화하는 역풍(leaning against wind) 개입방식과 환율을 일국의 기초경제여건에 맞추어 적정환율의 범위 내로 유지시키기 위한 목표환율대(target zone for exchange rate) 개입방식으로 구분할 수 있다.

(1) 역풍 개입방식

역풍 개입방식은 환율변동의 장기적 추세는 외환시장에서 결정되도록 하고 단기적으로 환율이 과도하게 변동하는 경우 외환시장 개입을 통하여 이를 완화시키는 방식이다. 즉 단기적으로 환율이 급격하게 상승하는 경우 중앙은행이 외환을 매각하여 환율의 하락을 유도하고 환율이 과도하게 하락하는 경우 외환을 매입하여 환율상승을 유도함으로써 시장환율이 안정적으로 유지되도록 하는 것이다.[18]

이러한 개입형태는 기본적으로 환율이 한쪽 방향으로 급격히 이동할 경우 시장참가자들의 심리적인 요인이나 외부적인 충격에 의해 환율이 균형수준에서 이탈할 가능성이 높다는 것을 암묵적으로 가정하고 있다. 다시 말해서 외환시장 개입이 기초경제여건에 의해 결정되는 장기적인 환율추세를 바꿀 수는 없지만 단기적으로 과도한 변동을

---

18 역풍 개입방식과는 대조적으로 중앙은행은 시장환율의 과대평가 또는 과소평가 현상을 조기에 해소하기 위해 환율이 하락하고 있는 상황에서 중앙은행이 외환을 매각하거나, 환율이 상승하고 있는 상황에서 외환을 매입함으로써 환율 하락 또는 상승을 가속화하는 시장개입을 하는 경우도 있는데 이러한 방식을 순풍(leaning with wind) 개입방식이라 한다. 그러나 이러한 경우는 플라자합의 이후 주요 선진국의 미 달러화 절하를 위한 공조개입을 제외하면 매우 드물고 대부분의 선진국 중앙은행은 환율의 급격한 변동을 억제하기 위해 주로 역풍 개입방식을 이용하고 있다.

완화시킴으로써 환율이 균형수준으로부터 이탈하는 것을 방지하고자 하는 것이다.

역풍 개입방식은 1일, 1주일, 그리고 월단위로 전기의 실제환율 등을 참고로 하여 과도한 환율변동을 억제함으로써 외환당국이 목표로 하는 수준에 가깝게 환율을 유지할 수 있는 장점이 있다. 그러나 이 방식은 시장개입 규모를 산정할 때 그 기준이 되는 객관적 지표를 선정하기가 어려울 뿐만 아니라 기준선정이 가능하더라도 외환당국의 개입전략이 노출되기 쉬워 일방적인 투기를 유발할 위험을 내재하고 있다.

(2) 목표환율대 개입방식

목표환율대 개입방식은 적정환율을 중심으로 상하한선을 설정하여 이 범위 내에서는 자유로운 환율변동을 허용하지만 실제환율이 목표환율대를 벗어나거나 벗어날 우려가 있는 경우 외환당국이 외환시장에 개입하는 방식이다.[19] 적정환율은 일반적으로 국제수지, 경제성장, 물가 등 일국의 기초경제여건을 동시에 바람직한 상태로 유지시켜 주는 환율을 의미하며 추정방법에 따라 조금씩 다르게 해석된다. 즉 적정환율은 대내외 균형을 이루는 환율에 대한 이론에 따라 다소 차이를 나타내는 균형환율을 포괄하는 개념이다.

목표환율대 개입방식은 중장기적으로 주요경제변수에 기초하여 산출된 목표환율대를 조정함으로써 환율왜곡을 시정할 수 있을 뿐만 아니라 단기적으로 환율의 급변동을 억제할 수 있는 장점이 있지만 적정환율 수준 및 목표환율대의 설정이 어렵고 목표환율대의 수정이 빈번해질 경우 목표환율대에 대한 신뢰도가 떨어지는 단점을 지니고 있다. 따라서 목표환율대 개입방식이 효과적으로 운용되기 위해서는 적정환율의 수준, 환율변동의 허용폭, 그리고 목표환율대의 조정원칙 등이 사전에 적절하게 설정되어야 한다.

1.4 외환시장 개입의 기본 메커니즘

일반적으로 중앙은행은 환율이 단기적으로 과도하게 변동하거나 환율수준이 중장기 균

---

19 이 방식은 1974년 IMF가 '환율변동의 운용지침(Guidelines for the Management of Fluctuating Exchange Rates)'에서 권고한 내용으로 1980년대 들어 Krugman이 이론적 모형을 구축하였다. Williamson은 목표환율대로 ±10%의 band를 주장하고 있다.

형수준에서 크게 이탈할 경우 외환시장에 개입하여 외환의 매매조작을 실시하게 된다. 그런데 외환시장 개입은 외환매매의 반대급부로 국내통화의 매매가 이루어지기 때문에 국내통화량에 영향을 미치게 된다. 이 경우 중앙은행은 통상 외환시장 개입에 의한 통화량 변동을 제거하기 위하여 공개시장조작(OMO : open market operation)을 병행하여 실시하게 된다. 이와 같이 통화량의 변동이 상쇄되는 외환시장 개입을 불태화 외환시장 개입(sterilized intervention)이라 한다. 한편 공개시장조작을 병행 실시하지 않아 외환 시장 개입으로 통화량의 증감이 초래되는 경우를 태화 외환시장 개입(non-sterilized intervention)이라 한다.

가. 태화 외환시장 개입

태화 외환시장 개입이란 중앙은행의 외환시장 개입에 따른 순외화자산(NFA : net foreign assets) 변동만큼 본원통화(MB : monetary base)의 변동이 수반되는 경우를 말한다. 중앙은행이 민간부문과 외환거래를 행할 때 모두 본원통화로 행한다면 중앙은행의 외환시장 개입에 의한 순외화자산의 변동은 같은 액수만큼 본원통화의 변동을 수반하게 된다. 이를 중앙은행의 대차대조표를 이용하면 보다 명확히 설명할 수 있다. 〈표 4-1〉은 외환시장 개입 시의 중앙은행 대차대조표를 간단히 나타낸 것이다. 중앙은행 대차대조표[20]의 자산항목은 순국내자산(NDA : net domestic assets), 순외화자산(NFA : net foreign assets)으로 구성되며 부채항목은 본원통화로 구성되어 있다.

〈표 4-1〉 태화 외환시장 개입 시 중앙은행 대차대조표

자산	부채
순국내자산(NDA)	본원통화(MB) (본원통화 증감 : △MB)
순외화자산(NFA) (순외화자산 증감 : △NFA)	

$\triangle NFA = \triangle MB$

---

20 중앙은행의 대차대조표 및 통화공급 메커니즘에 관한 자세한 내용은 통화금융론을 참조하기 바람.

중앙은행이 외환시장에서 환율의 상승(국내통화가치 하락)을 유도하기 위해 외화자산을 매입하는 경우 외화자산 매입의 대가로 국내통화가 지급되므로 〈표 4-1〉의 중앙은행 대차대조표상에서 순외화자산(NFA)과 본원통화(MB)가 각각 동일한 금액만큼 증가하게 된다. 이와 반대로 환율의 하락(국내통화가치 상승)을 유도하기 위해 외화자산을 매각하는 경우 순외화자산과 본원통화는 각각 동일한 금액만큼 감소하게 된다. 즉 태화 외환시장 개입의 경우 △NFA = △MB의 형태로 중앙은행 대차대조표의 자산 및 부채항목 모두에 영향을 미치게 된다.

나. 불태화 외환시장 개입

불태화 외환시장 개입이란 중앙은행의 외환시장 개입으로 초래되는 본원통화의 변동이 순국내자산(NDA)의 변동을 통하여 부분적으로 또는 완전히 상쇄되는 경우를 말한다. 예를 들어 중앙은행이 외화자산의 매입과 동시에 반대급부로 지급되는 본원통화의 증가분만큼 국공채 등 국내자산을 매각하거나 국내신용의 공급을 축소하여 본원통화 증발을 상쇄시킬 경우 〈표 4-2〉 중앙은행 대차대조표상의 총자산과 부채는 변화가 없다. 즉 외화자산의 증가(+NFA)는 순국내자산의 감소(-NDA)로 상쇄됨으로써 총자산은 변하지 않고 부채항목의 본원통화도 아무런 변화가 없다. 이와 같이 완전 불태화를 가정하는 경우 +NFA 및 -NDA의 형태로 중앙은행 내차내조표의 자산구성에 영향을 미치게 된다. 완전 불태화가 이루어지지 않고 외환시장개입에 수반되는 반대방향의 공개시장조작이 부분적으로 이루어질 경우는 본원통화의 변동이 수반된다.

〈표 4-2〉 불태화 외환시장 개입 시 중앙은행 대차대조표

자산	부채
순국내자산(NDA) (순국내자산 감소 : −NDA)	본원통화(MB)
순외화자산(NFA) (순외화자산 증가 : +NFA)	

(+NFA) + (−NDA) = 0

한편 우리나라의 경우에는 선진국에 비하여 국공채시장의 발달이 미비하여 주로 중앙은행인 한국은행이 통화정책수단으로 발행하는 통화안정증권의 매매를 통하여 불태화가 이루어지고 있다. 한국은행이 외환시장에 개입하여 외화자산을 매입하는 동시에 공개시장조작을 통하여 통화안정증권을 매각하여 본원통화를 환수하는 경우 통화안정증권이 이자를 지급하는 부채로서 본원통화와 구별되기 때문에 대차대조표상에서 본원통화는 변동하지 않고 통화안정증권 발행분만큼 국내부채(DL : domestic liabilities)가 증가하게 된다. 따라서 이 경우 순외화자산의 증가(+NFA)와 부채항목의 국내부채 증가(+DL)로 나타나게 된다.[21]

2. 외환시장 개입의 효과

중앙은행의 외환시장 개입효과는 시장개입 형태에 따라 달라진다. 이는 시장개입 유형에 따라 환율에 영향을 미치는 경로가 다르기 때문이다. 또한 동일한 시장개입 형태의 경우에도 시장개입 규모, 기간 등에 따라 환율에 대한 효과가 크게 달라진다.

2.1 태화 외환시장개입 효과

외환당국의 시장개입에 의해 통화량의 변동을 수반하는 태화 외환시장 개입은 외환시장효과 및 통화효과, 그리고 기대효과를 통하여 환율에 영향을 미치게 된다.

가. 외환시장효과 및 태화 통화효과

외환시장효과란 중앙은행의 외환시장 개입에 따른 외환의 수요공급 변동으로 환율이 즉각적으로 변동하는 경로를 말한다. 또한 외환시장 개입에 수반되는 통화량의 변동은 국내금리와 환율을 변동시키게 되는데 이를 통화효과라고 한다. 예를 들어 중앙은행이

---

[21] 이와 반대로 외화자산을 매각하고 통화안정증권을 매입하는 경우 중앙은행인 한국은행의 대차대조표에 순외화자산 감소(-NFA)와 국내부채 감소(-DL)로 나타나게 된다. 이와 같이 우리나라의 경우 불태화 외환시장 개입으로 중앙은행 대차대조표의 자산 및 부채항목 모두에 영향을 미치게 된다.

외환을 매입하면 즉각적으로 외환의 수요가 늘어나 환율이 상승(자국통화가치 하락)한다. 또한 외환매입은 국내통화량의 증가를 수반하며 이에 따라 국내금리가 하락하고 이과정에서 자본이 유출되고 외환수요가 유발됨으로써 환율이 상승하게 된다. 이와 같은 외환시장효과 및 통화효과는 상대적으로 환율변동에 단기적으로 영향을 미친다.

나. 기대인플레이션효과

중앙은행에 의한 태화 외환시장 개입은 통화량의 변동을 수반하므로 기대인플레이션에 영향을 미치게 되며 기대인플레이션 변동은 구매력평가설에 의해서 환율을 변동시키는 요인으로 작용한다. 예를 들어 중앙은행이 외환을 매입하는 경우 국내통화량이 증가하고 이에 따라 국내의 기대인플레이션이 외국에 비하여 상대적으로 높아져 장기적으로 환율이 상승(자국통화가치 하락)하게 된다. 즉 외국통화가치가 상승하고 자국통화의 가치는 하락하게 된다. 이와 같은 기대변동에 의한 환율변동효과는 외환시장효과 및 통화효과에 비하여 장기적으로 영향을 미치게 된다.

2.2 불태화 외환시장개입 효과

통화변동을 수반하지 않는 불태화 외환시장 개입은 외환시장효과, 포트폴리오 밸런스 효과, 그리고 신호효과를 통하여 환율에 영향을 미치게 된다.

가. 외환시장효과

중앙은행의 외환시장 개입이 통화변동을 수반하지 않는 불태화개입의 형태를 취할 경우에는 외환의 수요공급 변동을 통하여 환율에 영향을 미치게 되지만 태화 외환시장의 경우와 같은 통화효과와 기대인플레이션효과를 통한 환율변동을 기대할 수 없다. 따라서 태화 외환시장 개입의 경우에 비하여 환율변동에 미치는 효과가 단기적이고 제약되어 있다. 즉 불태화개입은 중앙은행이 외환의 매입 또는 매각 개입과 동시에 공개시장에서 반대방향으로 동일한 규모의 국공채를 매각 또는 매입함으로써 통화량 변동과 이에 따른 기대인플레이션효과가 차단되는 것이다.

나. 포트폴리오 밸런스 효과

중앙은행에 의한 불태화 외환시장 개입은 외환시장효과에 의한 환율변동 외에 민간부문이 보유하는 포트폴리오의 구성을 변동시킴으로써 환율에 영향을 미치게 된다. 즉 불태화 외환시장 개입은 외환의 매입 또는 매각액과 동일한 규모의 국내 국공채를 반대방향으로 매각 또는 매입하게 되므로 통화량에는 영향을 미치지 않으나 민간부문의 포트폴리오 구성에는 변화를 초래하게 된다. 예를 들어 원화환율의 하락(원화가치 상승)을 방지하기 위해 중앙은행이 외환시장에 불태화 개입하는 경우 중앙은행은 외화표시채권을 매입하는 동시에 원화표시채권을 매각하게 되는데 이에 따라 외화표시채권의 초과수요 및 원화표시채권의 초과공급 상태가 초래된다.

여기서 민간부문이 보유하는 외화표시 금융자산과 자국화(원화)표시 금융자산의 대체정도에 따라 환율에 미치는 영향이 달라진다. 먼저 민간부문이 외화표시 금융자산과 자국화표시 금융자산 간에 완전대체성이 있는 것으로 인식한다면 포트폴리오 구성을 변동시킬 필요가 없기 때문에 환율이나 금리에 영향을 미치지 않는다.

그러나 국내외 금융자산이 불완전대체 관계를 가지는 경우 영향을 미치게 된다. 즉 민간부문은 중앙은행의 불태화 외환시장 개입 결과 새로이 구성되는 포트폴리오를 수용할 수 없게 되며 이에 따라 당초의 포트폴리오를 회복하고자 하게 되는데 이 과정에서 환율과 금리가 변동하게 된다. 이와 같이 중앙은행이 외화표시채권 매입과 동시에 동액의 원화표시채권을 매각하는 경우 외화표시채권 수요가 증가하게 되며 이는 환율을 상승(원화가치 하락)시키는 요인으로 작용하게 된다. 이 경우 원화표시채권의 공급이 증가함에 따라 국내금리가 상승하게 되고 이는 환율 하락(원화가치 상승) 요인으로 작용함으로써 외환시장개입 효과가 저하된다. 이와 같이 불태화 외환시장 개입은 국내외 금융자산 간에 불완전대체 관계가 있는 경우 환율변동에 추가적인 영향을 미치게 된다.

다. 신호효과

중앙은행은 외환시장 개입을 통하여 시장참가자들에게 중앙은행의 내부정보 등을 제공함으로써 환율에 영향을 미칠 수 있는데 이를 신호효과(signaling effect)라고 한다. 즉 중앙은행의 외환시장 개입은 시장참가자들에게 향후 통화정책방향을 알리고 현재의 환율이 적정환율로부터 이탈되어 있다는 신호를 전달하는 역할을 하게 되는데 이는 시장참가자들의 환율예상에 영향을 미치고 예상환율변동이 현재환율에 영향을 미치게 된다.

2.3 외환시장 개입의 유효성 검증

중앙은행의 외환시장 개입은 개입유형, 개입시기, 개입통화 등에 따라 결과가 달라지기 때문에 시장개입의 유효성 여부를 일률적으로 말하기 어렵다. 선진국의 경우 외환시장 개입은 대부분 불태화개입 형태를 취하는데 이에 따라 외환시장 개입의 유효성에 관한 경험적 연구들은 대부분 불태화 외환시장 개입이 환율에 영향을 미치는 채널의 유효성 여부에 초점을 두고 있다. 그간 주요 선진국의 경험을 대상으로 이루어진 연구·분석 결과에 따르면 외환시장개입 효과에 대해서 다양한 견해가 제시되고 있다.

먼저 현행 변동환율제도로 이행한 이후 초기에 많은 학자들이 외환시장개입 효과에 대해서 회의적인 태도를 보였으며 특히 1980년대 초에는 학계뿐만 아니라 중앙은행 및 외환거래자들도 외환시장 개입의 실효성이 없다는 견해에 동조하는 입장이었다. 이는 그 당시 외환시장 개입의 유효성을 입증할 만한 실증분석 결과를 도출하지 못하였던데다 외환시장이 효율적이라는 주장이 대두되었던 데 따른 것이다.

그러나 1980년대 후반 주요 선진국 간 정책협조(policy coordination)체제 구축을 계기로 외환시장 개입의 유효성에 대한 인식이 급속히 바뀌었다. 1985년 플라자합의 및 1987년 루브르합의 이후 환율이 외환시장개입 방향에 따라 움직이면서 대부분의 외환거래자들도 외환시장 개입이 환율변동에 상당한 영향을 미친다는 인식을 가지게 되었다. 이와 더불어 1980년대 후반 이후 주요 국가들의 중앙은행 외환시장개입 관련 자료들이 공개되면서 외환시장 개입의 실효성을 뒷받침하는 분석결과들이 다수 제시되고 있다.

외환시장 개입의 유효성에 관한 최근의 실증분석 결과들이 모두 일치하지는 않지만 대체적으로 외환시장 개입을 통하여 환율을 장기간 지속적으로 변화시키지는 못하더라도 단기적으로는 원하는 방향으로 변화시킬 수 있는 것으로 나타났다.

3. 외환시장 개입의 한계

중앙은행이 외환시장 개입을 통하여 환율을 효과적으로 조정하는 데는 현실적으로 많은 제약이 있다. 먼저 중앙은행이 외환시장 개입을 통하여 외환시장 참가자들의 기대를 중앙은행이 의도하는 대로 전환시키는 것이 쉽지 않다는 점이다. 즉 외환시장 개입이 시장참가자들의 기대변화를 통하여 효과를 나타내기 위해서는 상당기간에 걸쳐 상당규모의 시장개입이 이루어져야 하는데 이와 같이 개입이 이루어지기 어려운 것이다.

두 번째로 환율정책이 여타 국내 거시정책 즉 금융 및 재정정책과 조화를 이루어야 그 목표를 효과적으로 달성할 수 있는데 여타 정책과 상충됨으로써 중앙은행의 외환시장개입 효과가 상쇄되거나 희석되는 경우가 적지 않다는 점이다.

세 번째로 일국의 외환시장 개입은 대외적으로 외국의 외환당국이 시장개입에 대해 어떠한 반응을 보이느냐에 따라 그 효과가 크게 달라진다는 점이다. 일반적으로 외환시장 개입은 관련 상대국 사이에 긴밀하고 일관성 있는 협조하에서 공동개입이 이루어질 경우에 효과가 크게 나타나게 된다. 그러나 대외적으로 외국과의 일관성 있고 건실한 정책협조는 기본적으로 이해관계에 따라 깨질 수 있는 한계를 내포하고 있는 것이다.

요약

1. 외환시장은 상품 및 용역의 수입, 이전지급 등 경상지출과 장단기 자본유출에 의해서 결정되는 외환의 수요와 상품 및 용역의 수출, 이전수입 등 장단기 자본유입에 의해 결정되는 외환의 공급을 환율이라는 가격 메커니즘을 통해 조절하는 기능을 한다. 외환시장은 환차익 및 이자차익 거래의 기능을 가지며 헤징과 투기의 기회를 제공한다. 일반적으로 외환시장이라 할 때는 은행간시장을 의미한다.

2. 외환시장의 주요 참가자는 크게 외국환은행, 외환브로커, 일반고객, 그리고 중앙은행으로 구분되며 은행 간 외환거래는 외환거래에 참가하는 은행들이 직접 거래하는 직접거래방식과 외환브로커를 통한 중개거래방식으로 구분된다. 외환매매거래는 현물환 및 선물환 거래와 함께 현물환의 매매와 동시에 동액의 선물환 매매가 이루어지는 통화스왑거래, 옵션매입자에게 특정 외국통화를 약정기일이나 그 이전에 특정가격으로 매입 또는 매도할 수 있는 권리를 부여한 통화옵션거래가 있다. 이들 장외거래와 달리 지정된 거래소에서 표준화된 조건으로 이루어지는 장내거래인 통화선물거래가 있다. 외환시장은 범세계적 시장, 24시간시장, 점두시장, 제로섬 게임 시장, 그리고 2가격시장의 성격을 가진다.

3. 시장참가자들이 추가적인 정보를 이용한 외환거래로부터 초과이윤을 기대할 수 없을 때 외환시장은 효율적이라고 한다. 외환시장의 효율성 검정은 현재시점의 선물환율이 미래 현물환율의 불편예측치인지 여부를 규명하는 것이다. 외환수요는 외국 재화 및 용역에 대한 수요, 외국에 대한 기부나 원조 등 이전지급, 외국 금융자산에 대한 수요의 크기에 의해 결정되며 일반적으로 환율과 부(-)의 상관관계에 있다. 반면 외환공급은 외국에 대한 재화 및 용역의 수출, 외국으로부터의 증여나 원조 같은 이전수입, 외국으로부터의 투자·차입 등 외환 금융부채 등에 의해 결정되며 환율과 정(+)의 상관관계를 보인다.

4. 자유변동환율제도하에서 환율은 외환의 수요와 공급이 균형을 이룰 때 결정된다. 균형환율은 자국과 외국의 경기회복에 따른 실질소득의 변화, 국제투자자금의 유출입 변화, 정치 및 경제뉴스와 이에 따른 시장참가자들의 심리변화 등 다양한 요인들에 의해서 변동한다. 환율은 균형수준에서 이탈하는 경우, 이전 균형수준으로 복귀하는 안정적 균형 또는 균형수준에서 점점 멀어지는 불안정한 균형을 나타낼 수 있다. 외환시장의 안정적 균형은 환율이 균형환율보다 높은 경우에는 외환의 초과공급이, 환율이 균형환율보다 낮은 경우에는 초과수요가 발생되어야 달성된다.

5. 전통적 환율결정이론은 경상거래로부터 발생하는 외환의 수요·공급을 중시하고, 환율이 플로우 성격을 가지는 경상수지의 변동에 따라 조정된다고 보는 플로우 접근방법으로, 환율의 국제수지이론이라고 할 수 있다. 전통적 환율결정이론에서 탄력성 접근방법은 수출입상품의 상대가격 변동을 통하여 환율변동이 국제수지에 미치는 영향을 중시한다. 총지출 접근방법은 환율변동이 총생산과 총지출 변동을 통하여 국제수지에 미치는 영향을 중시한다.

6. 현대적 환율결정이론은 대내외 금융자산 스톡의 균형을 중요시하는데 자산시장 접근방법이라고도 한다. 이는 다시 통화적 접근방법과 포트폴리오 밸런스 접근방법으로 구분된다. 통화적 접근방법은 자본의 완전이동성과 국내외 금융자산 간 완전대체성을 전제로 환율이 자국 및 상대국 통화에 대한 수요와 공급에 의해서 결정된다고 본다. 통화적 접근방법에는 상품시장에서 가격의 신축성을 가정한 통화론자 모형과 단기적으로 가격의 경직성을 가정한 과도반응 모형이 있다. 포트폴리오 밸런스 접근방법은 국내외 금융자산 간 불완전대체성을 전제로 투자가들이 투자대상 자산 간의 기대수익률을 감안하여 최적 포트폴리오를 구성하는 과정에서 국내외 증권의 상대적 공급에 의하여 환율이 결정된다고 본다.

7. 환율결정의 거시적 접근법은 1980년대 이후 환율의 급변동을 설명하는 데 한계를 보임에 따라 외환시장의 미시구조와 거래 메커니즘, 정보의 비대칭성, 시장참가자의 이질적 기대와 군집행태, 경제관련 뉴스 등에 초점을 두고 환율의 단기 급변동을 설명하려는 시도가 증가하고 있다. 대표적으로 뉴스 접근법, 투기적 거품 접근법,

노이즈 트레이딩 모형 등이 있다.

8. 외환시장 개입은 중앙은행이 은행간 외환시장에 참여하여 자국통화표시자산을 대가로 외화표시자산을 매매하는 것이다. 외환시장 개입방식은 환율변동의 장기적 추세는 외환시장의 기능에 맡기고 단기적으로 과도한 환율변동을 완화하는 역풍 개입방식과 환율을 기초경제여건에 맞추어 적정환율의 범위 내로 유지시키기 위한 목표환율대 개입방식으로 구분된다. 외환시장 개입에 따른 국내통화량 변동을 그대로 두는 개입을 태화 외환시장 개입, 채권매매 등의 공개시장조작으로 상쇄시키는 개입을 불태화 외환시장 개입이라고 한다. 태화 외환시장 개입은 외환시장효과, 통화효과 및 기대효과를 통하여 환율에 영향을 준다. 불태화 외환시장 개입은 우선 민간이 보유한 포트폴리오의 대내외 자산 구성을 변동시킴으로써 환율에 영향을 준다(포트폴리오 밸런스 효과). 또한 시장참가자들에게 향후 통화정책방향과 현재의 환율이 적정수준으로부터 이탈되어 있다는 신호를 전달하여 시장참가자들의 미래 환율에 대한 기대를 변화시킴으로써 현재환율에 영향을 준다

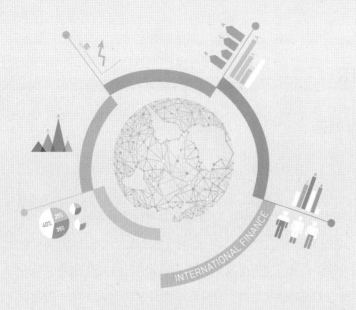

5 CHAPTER

우리나라의 외환시장과
환율제도

—

제1절 우리나라의 외환시장 [1]

1. 우리나라 외환시장 개관

1.1 외환시장의 구조

외환시장은 일반적으로 외환거래의 형성, 유통, 결제 등 외환거래와 관련된 메커니즘을 포괄한다. 우리나라의 외환시장은 개인, 기업, 정부 및 외국인으로 구성된 고객, 외국환은행, 중개회사, 그리고 외환당국 등이 참가하고 있는데 거래당사자에 따라 크게 은행간시장과 대고객시장으로 구분할 수 있다. 은행간시장은 도매시장의 성격을 갖는 일반적인 의미에서의 외환시장을 말하며 대고객시장은 일종의 소매시장 성격을 갖는 시장으로 은행과 개인, 기업 등 고객 간에 외환거래가 이루어지는 시장을 말한다.

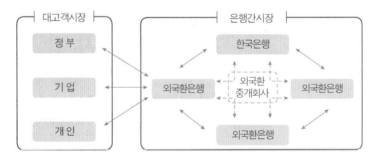

[그림 5-1] 우리나라 외환시장의 구조

가. 은행간시장

은행간시장은 외국환시장 간에 외환의 거래가 이루어지는 시장으로 '외국환거래법'에 의거 외국환업무 취급인가를 받은 외국환은행[2]과 중앙은행인 한국은행, 그리고 외국환

---

1   이 절의 주요 내용은 한국은행(2016)이 발간한 '한국의 외환제도와 외환시장'을 상당부분 참고하였다.

2   2017년 말 현재 국내은행(시중은행, 특수은행, 지방은행), 외국은행 국내지점, 종금사, 증권사 등 55개 금융기관이 있다.

중개회사가 참여하고 있다.

    은행간시장은 외국환은행 딜러 간에 직접 거래하는 시장과 중개회사[3]를 통해 거래하는 시장으로 구분된다. 우리나라의 경우 은행간 직거래 비중은 낮고 대부분의 외국환은행들은 중개회사를 통한 거래를 이용하고 있다. 중개회사를 통한 거래는 외국환은행이 전화나 전자중개시스템(EBS : electronic brokerage system)을 통해 외국환중개회사에 외환의 매입 또는 매도 희망금액과 희망환율 등 거래조건을 제시하면 외국환중개회사에서 거래조건이 상호 일치하는 거래 상대방을 연결시켜 줌으로써 거래가 이루어진다. 은행간 직거래는 중개회사를 경유하지 않고 로이터 단말기의 딜링머신 등을 통해 가격 등 거래조건이 결정된다.

    우리나라의 외환시장을 대표하는 은행간시장은 거래가 원활히 이루어질 수 있도록 〈표 5-1〉에서 보는 바와 같이 거래조건 등을 표준화하여 운용하고 있다.

〈표 5-1〉 은행간시장의 주요내용[1]

구분	원/달러 거래	원/위안 거래
거래종류	현물환, 선물환, 외환스왑거래	현물환, 선물환, 외환스왑거래
거래단위	100만 달러 단위(100만 달러 이상)	100만 위안 단위(100만 위안 이상)
호가방법	1달러에 대한 원화가격을 10전 단위로 호가	1위안에 대한 원화가격을 1전 단위로 호가
거래체결	전화 및 전자주문방식에 의한 매매주문을 전산으로 자동체결	
거래시간[2]	09:00 ~ 15:30	
비고	-	2014년 12월 원/위안 직거래시장 개설

주 : 1) 중개회사 경유 은행간 거래 기준
    2) 2004년 1월 2일 이전 : 09:30 ~ 12:00, 13:30 ~ 16:30 2004년 1월 2일 ~ 2005년 2월 28일 : 09:00 ~ 6:00 2005년 3월 2일 ~ 2016년 7월 31일:09:00 ~ 15:00 (12월 마지막 영업일은 휴장) 2016년 8월 1일 ~ 현재 : 09:00 ~ 15:30 (12월 마지막 영업일은 휴장)

---

3   2017년 말 현재 국내 중개회사 4개, 외국계 중개회사 6개 등 총 10개 기관이 있다.

나. 대고객시장

대고객 외환시장은 외국환은행이 수출입업체, 보험사 등 비은행금융기관, 연기금, 정부 및 여행자 등 고객과 외환을 매매하는 시장이다. 예를 들어 수출기업이 해외로부터 받은 수출대금을 국내에서 사용하고자 하는 경우 대고객시장에서 외환을 매도하고 원화를 수취하며 수입기업은 수입대금을 지불하기 위해 대고객시장에서 원화를 지급하고 외환을 매입하는 것이다(〈표 5-2〉 참조).

〈표 5-2〉 외국환은행의 대고객 외환거래의 주요내용

대고객 매입거래	대고객 매도거래
수출환어음 매입(네고)[1]	수입환어음 결제[2]
외국인 국내 투자자금 매입[3]	차관 또는 외화대출 원금 상환[4]
외화 현찰 및 수표 매도	외국인 국내투자회수자금 매도
국내 외화송금 매입	외화 현찰 및 수표 매도
	국외 외화송금 매도

주 : 1) 수출업자가 선적을 끝내고 선적서류(B/L)를 첨부하여 발행한 수출환어음을 은행이 매입
　　2) 해외의 네고은행으로부터 선적서류와 함께 송부된 수입환어음 결제를 위해 은행이 외화 매도
　　3) 외국인이 국내증권 취득을 위해 국내로 송금한 외화를 은행이 매입
　　4) 기업이 외화차입금이나 차관자금을 상환하기 위해 외화 매입(은행은 외화 매도)

외국환은행은 고객과의 외환거래에 있어서 상대적으로 수동적인 입장에 서게 되며, 일반적으로 대고객 매입과 매도가 일치하지 않기 때문에 불가피하게 외환포지션 변동이 발생한다. 이러한 외국환은행의 외환포지션 변동은 해당은행의 순외화자산과 원화자산의 변동을 가져옴으로써 환위험을 초래할 수 있다. 대고객거래 결과 발생하는 외국환은행의 외환포지션 변동은 은행간시장을 통해 조정하게 되며 이와 같은 외환포지션 조정과정에서 대고객시장과 은행간시장의 연계가 이루어진다. 대고객 외환시장의 경우 거래되는 상품의 종류 및 거래조건 등이 정형화되어 있지 않다.

〈표 5-3〉 외국환은행의 포지션

종류		매입초과 포지션 (Overbought Position)	매도초과 포지션 (Oversold Position)	스퀘어 포지션 (Square Position)
형태		대고객매입 > 대고객매도	대고객매입 < 대고객매도	대고객매입 = 대고객매도
원화자금 흐름		원화자금의 유출	원화자금의 유입	영향 없음
외화자금 흐름		해당은행의 순외화자산 증가	해당은행의 순외화자산 감소	해당은행의 순외화자산 불변
환 위 험	환율상승	환차익 발생	환차손 발생	영향 없음
	환율하락	환차손 발생	환차익 발생	

1.2 외환거래의 분류

외환시장에서의 거래형태는 외환매매상품에 따라 전통적 외환거래와 파생적 외환거래로 분류하는데 전통적 외환거래에는 현물환거래, 선물환거래 및 외환스왑이 있으며 파생적 외환거래는 통화선물, 통화옵션, 통화스왑 등을 포함한다.

전통적 외환거래를 간략히 설명하면 현물환(spot)거래는 계약체결 후 2영업일 이내에 현물이 수도·결제되는 거래이고 선물환(forward)거래는 계약체결 후 2영업일을 경과한 특정일에 수도·결제가 이루어지는 거래이다. 통상 두 통화 간의 자금조정을 위해 이루어지는 외환스왑(FX swap, foreign exchange swap)거래는 현물환매입/선물환매도(또는 현물환매도/선물환매입)가 동시에 일어나는 거래이다.

주로 환위험을 회피하기 위한 수단으로 활용하는 파생적 외환거래를 간략히 설명하면, 통화선물(currency futures)은 약정일에 미리 정한 가격으로 특정 통화를 사거나 파는 거래로 일반적인 선물환거래(장외거래)와는 달리 선물거래소를 통하여 이루어지는 장내거래이며, 통화옵션(currency option)은 미래의 특정 시점에 특정 통화를 미리 약정한 가격(행사가격)으로 사거나 팔 수 있는 권리를 매매하는 거래다. 통화스왑(currency swap)은 거래 당사자가 보유하고 있는 이종 통화를 일정 기간 동안 서로 바꾸어 사용하면서 이자를 지급하고 만기일에 원금을 다시 교환하는 거래를 말한다. 이 밖에 파생적 외환거래로 차입자(또는 발행자)의 신용에 따라 가치가 변동하는 기초자산(underlying asset)의 신용위험을 분리하여 이를 거래 상대방에게 이전하고 그 대가로 수수료를 지급하는 신용파생상품(credit derivatives)거래가 있다.

이와 같은 전통적·파생적 외환거래의 거래 동기, 거래 메커니즘 등을 시장별로 간략히 살펴보기로 한다. 아울러 은행 간 단기 외화과부족을 조정하기 위해 단기 외화자금거래가 이루어지는 외화자금시장도 간략히 살펴보기로 한다.

2. 현물환 및 선물환 시장

2.1 현물환시장

현물환거래는 통상 계약일로부터 2영업일 이내에 현물의 수도·결제가 이루어지는 거래로 외환시장에서 가장 일반적인 거래형태이며 모든 거래의 기본이 된다. 현물환거래의 계약일(transaction date)은 거래당사자 간 거래금액, 만기, 계약통화 등 거래조건이 결정되는 일자이며, 결제일(settlement date)은 거래계약 후 실제로 외환의 수도·결제가 이루어지는 일자를 말한다. 일반적으로 현물환거래는 계약과 결제가 동시에 이루어지는데 실제 외환거래에서는 지급지시와 자금이체 처리 등에 필요한 시간 및 거래통화 소재지역 간 발생하는 시차 등으로 계약 후 2영업일 이내에 외환의 인수도가 일어난다. 현물환거래의 동기는 크게 실수요 매매, 투기(speculation) 및 환리스크관리(hedging) 목적 등으로 구분할 수 있다. 먼저 실수요 매매 목적의 현물환거래는 기업, 개인 등 고객들이 수출입, 해외송금 및 해외투자 등에 따라 수취하거나 지급할 외환을 외국환은행에 매각 또는 매입하는 것을 말한다. 예를 들면 수출기업의 경우 일반적으로 미 달러화, 유로화 등으로 수출대금을 수취하므로 외국환은행에 외화(수출대금)를 매각하고 원화를 조달하게 된다.

투기적 목적의 거래는 미래의 환율에 대한 기대를 바탕으로 외환매매 차익을 추구하는 거래라 할 수 있다. 즉 환율상승을 예상할 경우 외환을 매입하고 환율하락을 예상할 경우에는 외환을 매도한 후 반대거래를 통해 차익을 실현한다. 그러나 외국환은행은 외국환포지션 노출에 따른 환리스크를 피하기 위해 외국환포지션을 스퀘어(square)로 유지하는 것이 일반적이다. 우리나라의 '외국환거래규정'에서는 외국환은행의 경영 건전성 유지 등을 위하여 외국환은행이 외국환포지션을 매입초과(overbought) 또는 매도

초과(oversold)의 상태로 노출(open)되는 규모를 제한하고 있다.[4]

이 밖에 현물환거래는 외국환은행의 환리스크관리 목적, 즉 외국환포지션을 조정하기 위한 목적으로도 이루어진다. 예를 들어 외국환은행이 고객과 현찰매매, 수출환어음 매입, 수입대금 결제, 차관상환 등의 외환매매를 하면 매입초과 또는 매도초과 포지션이 발생하는데 매입초과는 은행간시장에서 외환 매도를 통해, 매도초과는 은행간시장에서 외환 매입을 통해 포지션 과부족을 조정함으로써 환리스크를 회피할 수 있다.

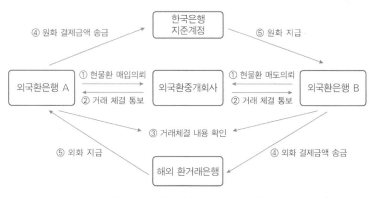

[그림 5-2] 은행간시장의 외환거래 메커니즘

참고 5-1 **우리나라의 외국환포지션 관리제도**

외환포지션은 일정시점에서 외국환은행 및 기업 등이 보유하고 있는 외화표시 자산과 부채의 차액을 말하며 다음과 같이 구분된다. 매입초과포지션(overbought position 또는 long position)은 외화자산이 외화부채보다 많은 상태, 매도초과포지션(oversold position 또는 short position)은 외화부채가 외화자산보다 많은 상태를 의미한다. 외화자산과 외화부채 규모가 비슷한 상태를 스퀘어 포지션(square position)이라고 한다. 외환포지션은 환거래의 종류에 따라 현물환포지션(현물자산-현물부채), 외환파생상품포지션(외환파생상품자산-외환파생상품부채), 현물환포지션과 외환파생상품포지션을 합산한 종합포지션으로 구분된다.

---

4 따라서 투기적 목적 거래의 경우 외국환포지션을 노출된 상태로 유지하기도 하지만 낮은 가격으로 외환을 매입한 후 동일 영업일에 높은 환율로 외환을 매도하거나, 높은 환율로 외환을 매도한 후 동일 영업일에 낮은 환율로 외환을 매입함으로써 외국환포지션을 익일까지 노출하지 않으면서 거래차익을 추구하는 일중거래(intra-day trading)도 이루어진다.

외국환은행의 외화자산과 외화부채가 일치하지 않을 경우 환율변동 위험에 노출되어 이에 따른 손익이 발생하게 된다. 외국환은행이 매입초과포지션인 상황에서 환율이 상승하면 이익을 보게 되나 환율이 하락하면 손실을 입게 된다. 반대로 매도초과포지션에서는 환율상승 시 손실을, 환율하락 시 이익을 보게 된다. 따라서 외국환은행의 외환포지션이 과도할 경우 경영이 부실화되고 외환시장이 교란될 위험이 있다. 우리나라는 은행의 건전경영을 유도하고 외환시장 교란을 사전에 방지하기 위하여 외환매입초과포지션 또는 외환매도초과포지션의 한도를 설정하는 외환포지션 관리제도를 운영하고 있다.

2017년 말 현재 종합포지션과 외환파생상품포지션을 기준으로 외환포지션을 관리하고 있다. 외국환은행은 종합포지션 한도를 전월 말 자기자본의 50% 이내로 유지해야 한다. 외환파생상품포지션 한도는 국내은행의 경우 전월 말 자기자본의 30%, 외은지점은 전월 말 자기자본의 150% 이내로 유지해야 한다. 종합포지션은 통화별 매입초과포지션 합계와 통화별 매도초과포지션 합계 중 큰 금액을 일별 관리대상 포지션으로 산정하고 있다. 예를 들면 A은행의 통화별 포지션이 달러화로 환산했을 때 아래와 같이 될 경우 관리대상 포지션은 더 금액이 큰 매도초과포지션 235억 달러가 된다.

• 매입초과포지션 : 유로 80억 달러, 엔 120억 달러, 파운드 30억 달러 (합계 230억 달러)
• 매도초과포지션 : 달러 150억 달러, 스위스프랑 85억 달러 (합계 235억 달러)

한편 외환파생상품포지션은 통화별 매입초과포지션 합계에서 통화별 매도초과포지션 합계를 차감한 순액이 관리대상 포지션이 된다. 여기에 포함되는 외환파생상품거래는 선물환, 통화선물, 통화스왑, 통화옵션뿐 아니라 신용 및 기타 파생상품거래 중 통화관련 거래도 포함된다.

외국환은행의 포지션 상황은 은행간 환율에 결정적인 영향을 미친다. 예를 들어 특정일에 외국환은행의 포지션이 관리한도를 크게 벗어나게 되면 그 한도를 맞추기 위해 외국환은행은 외국환을 매매하게 되고 이는 환율에 영향을 준다.

현물환시장은 앞에서 설명한 바와 같이 은행간시장 및 대고객시장으로 구분되는데 이 중 은행간시장에서 외국환중개회사를 경유한 거래가 현물환거래의 가장 일반적인 형태이다. 외국환중개회사를 통한 은행간 현물환거래 메커니즘을 간략히 살펴보면 다음과 같다(그림 5-2) 참조). ① 먼저 외국환은행이 외국환중개회사에 전화 또는 전자중개시스템을 이용하여 거래내용을 주문하면 외국환중개회사는 접수한 주문 중 최고 매입환율(best bid rate)과 최저 매도환율(best offer rate)을 각 참가 금융기관의 컴퓨터 스크린에 제시한다. ② 이러한 거래주문 후 주문내용대로 거래가 체결되면 외국환중개회사로부터 거래체결을 통보받게 된다. ③ 그 후 거래상대방에게 거래성립 확인을 한 후 ④ 각각 원화와 외화를 지정계좌에 송금하고 ⑤ 지급결제를 완료함으로써 거래가 종결된다. 이때 결제는 원화의 경우 한국은행 지준계좌(BOK-Wire)를 통해서, 외화는 주로 해외의 코레스은행(correspondent bank, 주로 뉴욕 소재) 계좌를 통하여 이루어진다.

2.2 선물환시장

선물환거래는 계약일로부터 일정기간(통상 2영업일) 경과 후 특정일에 현물의 수도·결제가 이루어지는 외환거래로 동 거래는 현재시점에서 약정한 가격으로 미래시점에 결제하게 되므로 약정된 결제일까지 매매 쌍방의 결제가 유보된다는 점에서 현물환거래와 구별된다.

선물환거래는 일방적인 선물환 매입 또는 매도 거래만 발생하는 outright forward거래와 선물환거래가 스왑거래의 일부분으로서 일어나는 swap forward거래로 구분된다. outright forward거래는 다시 만기시점에 실물의 인수도가 일어나는 일반 선물환거래와 만기시점에 실물의 인수도 없이 차액만을 정산하는 차액결제 선물환(NDF : non-deliverable forward)거래로 나누어진다.

[그림 5-3] 선물환거래의 종류

한편 선물환시장도 현물환시장과 마찬가지로 은행간시장 및 대고객시장으로 나눌수 있다. 우리나라의 경우 은행간시장에서는 일반 선물환거래가 거의 일어나지 않으며 대신 외은지점과 국내은행 간 자금조달 등을 위한 외환스왑거래가 대부분을 차지하고 있다. 반면 대고객시장에서는 수출입기업과 국내 외국환은행 간 일반 선물환거래 및 외환스왑거래, 그리고 비거주자와 국내 외국환은행 간의 차액결제 선물환(NDF)거래가 활발하게 일어나고 있다.

선물환의 일반적 거래 동기는 환리스크 관리 목적, 투기적 목적 또는 금리차익 획득 목적으로 나누어진다. 먼저 환리스크 관리를 위한 선물환거래는 주로 수출입기업들이 경상거래에 따른 환리스크를 헤지하기 위하여 이용한다. 즉 선물환거래를 통하여 장래 결제일에 적용할 환율을 거래당일에 확정시킴으로써 유리한 환율변동으로 인한 기회이익을 포기하는 대신 불리한 환율변동으로부터 초래될 환리스크를 회피하고자 하는 것이다.

투기적 목적의 선물환거래는 장래 환율에 대한 예측을 바탕으로 한다. 즉 환율이 상승할 것으로 예상될 경우 선물환 매입계약을 체결한 후 만기시점에서 예상대로 환율이 상승하면 현물환시장에서 더 높은 가격으로 매도함으로써 거래차익을 획득한다. 반대로 환율이 하락할 것으로 예상될 경우 선물환 매도계약을 체결한 후 만기시점에서 예상대로 환율이 하락하면 현물환시장에서 더 낮은 가격으로 매입함으로써 거래차익을 얻을 수 있다.

금리차익 획득 목적으로 일어나는 선물환거래는 금리평가이론(covered interest rate parity)을 바탕으로 한다. 즉 선물환율과 현물환율의 관계를 살펴보면 자본이동이 자유로운 경제에서는 금리평가이론에 따라 선물환율은 현물환율을 기준으로 양 통화의 금리차에 의해 결정된다. 따라서 선물환율과 현물환율의 차이로 표시되는 선물환율의 스왑레이트가 양 통화 간 금리차와 괴리될 경우 금리차익거래를 통해 환리스크 없이 이익을 획득할 수 있다. 이러한 차익거래가 지속적으로 일어나면 선물환율의 스왑레이트는 종국적으로 양 통화 간 금리차이 수준으로 수렴하게 될 것이다(3장 참조).

은행간시장에서의 선물환거래 구조는 기본적으로 현물환거래 구조와 동일하다. 다만 만기가 3영업일 이상이고 거래주문 시 제시가격은 절대 환율수준이 아니라 선물환율과 현물환율의 차이인 스왑포인트(swap point)로 호가하며 거래가 체결되면 직전 체결된 현물환율을 기준으로 선물환율을 산출한다. 예를 들어 1개월 선물환 매입자는 bid 5.0원으로, 선물환 매도자는 offer 5.3원으로 가격을 제시한 상황에서 5.0원에 선물환거래가 체결되었다면 선물환율은 직전에 체결된 현물환율(1,150원으로 가정)에 5.0원을 가산한 1,155원으로 결정된다.

참고 5-2 차액결제 선물환(NDF) 시장

차액결제 선물환(NDF: non-deliverable forward)거래는 선물환거래의 일종으로 일반 선물환(outright forward)과는 달리 만기에 계약원금의 상호교환 없이 계약 선물환율과 지정환율(fixing rate) 간의 차액을 지정통화로 결제하는 거래를 말한다. 지정환율은 당사자 간의 약정에 따라 결정되는데 보통 만기일 이전 특정시점의 현물환율을 사용한다. 원/달러 NDF계약의 경우 만기일 전영업일의 매매기준율을 적용한다(매매기준율에 대해서는 p213 참고 5-4 참조). 예를 들면 NDF 매입(매도)계약을 체결한 후 만기일에 환율이 상승하여 지정환율이 계약환율을 상회하면 차액을 상대방으로부터 수취(지급)하고 반대로 만기일에 지정환율이 계약환율을 하회하면 차액을 상대방에게 지급(수취)한다. 만기는 3영업일 이상 가능하지만 주로 정형화된 기간물(1개월물 ~ 3년물)의 형태가 대부분이다. 건별 거래금액에도 제한이 없으나 관행상 1백만 달러 단위로 거래하는 것이 일반적이다. NDF거래의 예시를 보면 다음과 같다 (한국은행 2003).

국내 외국환은행이 1,200원/달러의 계약환율로 1개월 후에 비거주자에게 1백만 달러를 매도하는 NDF계약을 체결하고 1개월 후 환율이 상승하여 지정환율이 1,300원이 되었다면 국내 외국환은행은 계약환율과 지정환율의 차이에 해당하는 76,923달러를 비거주자에게 지급해야 한다.

$$(1,200 - 1,300) \times 1,000,000 \div 1,300 = -76,923$$

반대로 1개월 후 환율이 하락하여 지정환율이 1,100원이 되었다면 국내 외국환은행은 계약환율과 지정환율의 차이에 해당하는 90,909달러를 비거주자로부터 수취한다.

$$(1,200 - 1,100) \times 1,000,000 \div 1,100 = 90,909$$

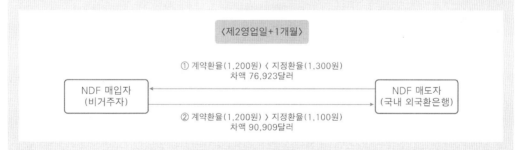

NDF거래는 가격고시 방법, 결제일 결정방법 등 기본거래 면에서 일반 선물환거래와 동일하지만 일반 선물환거래와 비교할 때 몇 가지 특징을 가지고 있다. 먼저 NDF거래는 만기에 차액만을 결제하므로 두 통화를 총액결제하는 일반 선물환계약에 비해 결제위험(settlement risk)이 상대적으로 작다. 두 번째로 NDF거래는 주로 미 달러로 차액결제하기 때문에 원화와 같이 국제화되지 않은 통화일지라도 비거주자가 해당 통화를 보유하거나 환전할 필요 없이 자유롭게 선물환거래를 할 수 있다. 이에 따라 싱가포르, 홍콩, 뉴욕 등 역외시장에서도 원/달러 NDF거래가 활발하게 이루어지고 있다. 세 번째로 NDF계약은 일반 선물환거래에 비해 결제금액이 적게 소요되는 레버리지효과가 있어 투기거래에 유리하며 순수 투기목적인 경우 이익금 환전에 따른 불편이 전혀 없다.

NDF거래는 주로 비거주자들이 국제화되지 않은 통화를 대상으로 환위험을 헤지하거나 환투기에 이용할 목적으로 이용된다. 특정국 통화가 국제화되지 않았더라도 외국인이 직간접 투자 등으로 인해 해당국 통화의 환율변동 위험에 노출될 수 있으므로 NDF거래를 통해 환위험을 헤지한다. 외국인이 국내주식 등 원화자산에 투자하는 경우 투자회수 시점에서의 환율변동 위험을 회피하기 위해 NDF 매입거래를 한다. 이 경우 미래 환율이 상승(원화 약세)함에 따른 환차손을 NDF거래에서의 환차익으로 보전하여 환율변동 위험을 방지할 수 있다. 역외 비거주자들은 대체로 NDF거래 시 엔화환율 변동을 기준(reference)으로 삼아 거래하는 경향이 있다. 즉, 엔화환율이 하락(엔화 절상)하면 원화환율도 동반 하락(원화 절상)할 것으로 예상하여 원/달러 NDF를 매도하고 이에 따라 국내 현물환시장에서는 달러공급이 늘어나면서 환율이 하락한다. 또한 우리나라 주식시장이 나스닥 등 미국시장과 동조화하는 모습을 보이면서 비거주자는 미국주가 상승 시 국내주가 상승과 환율 하락을 예상하여 NDF를 매도하고 그 결과 국내 외환시장에 현물환이 공급되어 환율이 하락하는 경우도 발생한다.

한편 NDF거래는 직간접적으로 현물환율을 변동시키는 요인으로 작용하고 있다. 예를 들어 비거주자가 국내은행으로부터 NDF를 매도(매입)하면 환율하락(상승) 압력이 발생하고 환율의 변동폭이 확대되는 결과를 초래한다. 즉 비거주자가 국내은행을 상대로 NDF를 매도(매입)하면 국내은행은 선물환 매입(매도)초과 포지션을 취하게 되고 환위험을 헤지하기 위해 현물환시장에서 외환을 매도(매입)하게 됨에 따라 현물 환율하락(상승) 압력으로 작용하게 된다. 한편, 국내은행의 NDF 매입거래가 만기가 되면 NDF계약 종결로 발생하는 매도초과 포지션을 해소하기 위해 국내은행은 현물환을 매입하는 거래(fixing거래)를 실시하게 된다. 이 경우 NDF계약 시와는 반대로 외환시장에 현물환 수요요인이 발생하여 현물 환율상승 압력이 커진다. 일반 선물환거래의 경우에는 만기 시에 선물환 매입금액에 상당하는 현물환을 실제로 수수하기 때문에 현물 및 선물을 포함한 전체 포지션에 변동이 없는 점과 큰 차이를 보인다.

비거주자의 NDF 매도시 국내은행의 포지션 변화

	매입포지션(+)	매도포지션(−)
NDF계약시	① NDF 매입	② 현물환 매도
NDF만기시	④ 현물환 매입(fixing)	③ NDF계약 만료

원화와 미 달러화 간 NDF는 1990년대 중반 싱가포르, 홍콩 등 역외시장에서 Prebon Yamane사를 비롯한 일부 외환중개회사를 중심으로 비거주자 간에 거래가 시작되었다. 1999년 4월 1단계 외환자유화 조치로 국내 외국환은행과 비거주자 간의 NDF거래를 허용하면서 거래규모가 점차 확대되는 추세를 나타내고 있다. 거래지역도 초기에 홍콩과 싱가포르에서 현재는 뉴욕, 런던, 프랑크푸르트 등으로 확대되어 거래가 활발히 이루어지고 있다. 현재 원/달러 NDF거래는 외은지점의 경우 싱가포르, 홍콩 등에 소재한 자행 타지점과 주로 거래하며, 국내은행은 중개회사를 통하여 거래한다. 역외 NDF시장에서는 Prebon Yamane, Garban, Astley Pearce 등 수개의 중개회사가 우리나라 원화 외에 대만달러화, 중국위안화, 필리핀페소화 등 아시아지역 통화에 대한 NDF거래를 중개하고 있다. 이와 더불어 NDF거래의 국내 외환시장에 대한 영향도 점차 증대되고 있다.

3. 외화자금시장

외화자금시장은 금리를 매개변수로 하여 대출과 차입 등 외환의 대차거래가 이루어지는 시장을 말한다. 대표적인 외화자금시장으로는 스왑(외환 및 통화스왑)시장이 있다. 스왑 거래의 경우 외환의 매매형식을 취하고 있으나 실질적으로는 금리를 매개로 하여 여유통화를 담보로 필요통화를 차입한다는 점에서 대차거래라고 볼 수 있다. 이 외에도 은행 간 초단기로 외화의 차입 및 대여가 이루어지는 외화콜시장과 1년물 이내의 기간물 대차거래가 이루어지는 단기 기간물 대차시장 등이 외화자금시장의 범주에 속한다. 이하에서 스왑시장, 외화콜시장, 단기 기간물 대차시장을 중심으로 외화자금시장을 살펴본다.

3.1 스왑시장

가. 외환스왑시장

외환스왑(FX swap)거래란 거래 양 당사자가 현재의 계약환율에 따라 서로 다른 통화를 교환하고 일정기간 후 최초 계약시점에서 정한 선물환율에 따라 원금을 재교환하기로 하는 거래를 말한다. 외환스왑거래는 거래방향이 서로 반대되는 현물환과 선물환거래 또는 만기가 다른 선물환과 선물환 거래를 동시에 행하는 일종의 환포지션 커버 거래의 성격이다. 즉 외환스왑거래는 동일한 거래상대방과 현물환과 선물환(spot-forward swap) 또는 만기가 다른 선물환과 선물환(forward-forward swap), 현물환과 현물환(spot-spot swap : backward swap)을 서로 반대방향으로 동시에 매매하는 거래이다. 후술하는 통화스왑과 유사하나 주로 단기거래에 이용되고 이자의 교환은 없다는 점에서 차이가 있다. 이종통화 간의 금리차, 예를 들어 원화와 달러화 간 금리차는 선물환율에 반영된다.

　　외환스왑거래에 있어 매입·매도는 원일물(far date)거래를 기준으로 구분되는데 외환스왑 매입은 근일물을 매도하고 원일물을 매입하는 sell & buy swap거래를 말하며 외환스왑 매도는 근일물을 매입하고 원일물을 매도하는 buy & sell swap거래를 말한다. 이와 같이 외환스왑거래는 거래의 형태는 외환매매의 형식을 취하고 있으나 실제로는 보유 중인 여유통화를 담보로 필요통화를 차입하는 것으로 단기금융시장(monet market)의 자금대차거래와 유사하다.

외환스왑의 거래동기는 자금조달 목적, 환리스크 관리 목적, 금리차익 획득 목적 및 금리변동을 이용한 투기적 목적 등으로 구분할 수 있다.

자금조달 목적의 외환스왑거래는 현재 보유하고 있는 통화를 빌려주는 대가로 필요한 통화를 조달함으로써 통화 간 자금 과부족을 조절하기 위해 이루어지는 거래이다. 예컨대 외화자금에 여유가 있으나 원화자금이 필요한 외국은행 국내지점과 원화자금은 풍부하나 외화자금이 부족한 국내은행 간에 일시적인 자금조달 수단으로 외환스왑거래가 이용된다. 또한 NDF거래 등 선물환거래에 따른 외국환은행의 외환포지션 조정을 위한 필요자금 조달을 위해서도 이용된다.

환리스크 관리 목적의 외환스왑거래는 외화자금의 흐름을 일치시키거나 외환거래 결제일을 연장 또는 단축함으로써 환리스크를 관리하기 위한 거래를 말한다. 예를 들면 수출자금 유입과 수입대금 유출이 빈번하게 발생하는 종합상사 등의 경우 각 거래에 대해 개별적으로 환리스크를 관리하는 것보다 자금의 공급시점 및 수요시점을 예상하여 결제시점의 차이 기간 동안 외환스왑거래를 하면 보다 용이하게 환리스크를 헤지할 수 있다. 또한 당초 예상한 결제일보다 자금이 조기 또는 지연 회수될 경우 외환스왑거래를 통해 결제를 연장 또는 단축함으로써 결제일과 현금흐름의 시차문제를 해소할 수도 있다. 이 밖에 외환스왑거래는 현재의 스왑레이트와 내외금리 간의 차이를 이용하여 차익거래를 통해 환리스크 없이 초과수익을 얻기 위한 금리차익 획득 목적과 향후의 내외금리차 및 장단기 금리차의 변동을 이용하여 수익을 얻으려는 투기적 목적으로도 활용된다.

외환스왑시장은 은행간시장 및 대고객시장으로 구분되는데 은행간시장에서의 외환스왑거래 구조는 참가자, 거래단위, 거래시간 등 기본조건에 있어 현물환 및 선물환거래와 동일하다. 가격표시는 선물환과 마찬가지로 스왑포인트(선물환율-현물환율)로 호가하고 있으며 거래가 체결되면 직접 체결된 현물환율을 기준으로 선물환율을 산출한다. 외환스왑은 현물환-현물환, 현물환-선물환 및 선물환-선물환의 거래가 가능하므로 결제일자는 현물환의 경우 현물환 결제일자, 선물환은 선물환 결제일자의 결제방법을 따른다. 예를 들어 두 은행이 현물환율 1,220원, 1개월 선물환율 1,203원에 1백만 달러를 현물환매도/선물환매입(sell & buy)의 외환스왑거래를 체결했을 경우는 [그림 5-4]와 같다.

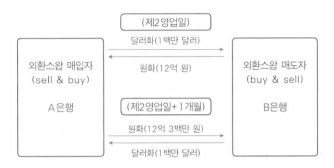

자료 : 한국은행, 우리나라의 외환제도와 외환시장 (2016.1)

[그림 5-4] 외환스왑거래(예시)

　외환스왑거래는 국내금융기관이 역외시장에 있는 금융기관과의 NDF거래와 연계되어 많이 활용된다. 예를 들어 BOA 서울지점이 비거주자인 메릴린치(홍콩)와 선물환(NDF)매도 계약을 체결하였다고 하자 (계약금액 : $1억, 계약기간 : 1개월, 계약환율 : 1,196원). 이 경우 외국환포지션 관리를 받는 BOA 서울지점은 NDF매도에 따라 감소된 선물포지션을 커버하기 위하여 국내 AB은행으로부터 현물환 $1억을 1,192.5원에 매입하는 거래를 체결할 수 있다. BOA 서울지점은 NDF매도에 따른 포지션 조정용 현물환을 매입하는 데 필요한 원화자금을 조달하기 위하여 국내CD은행과 달러화를 지급하고 원화를 받는 외환스왑거래(sell/buy)를 실시할 수 있다 (계약금액 : $1억, 계약기간 : 1개월, 계약환율 : 현물환율 1,192원 선물환율 1,195.2원). 계약기간 종료 시 원화를 지급하고 달러화를 상환 받음으로써 외환스왑거래가 종료된다.

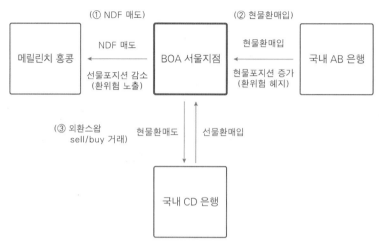

[그림 5-5] NDF와 연계된 외환스왑거래(예시)

참고 5-3 **역외시장(offshore market) 참가자 구성**

역외시장 참가자는 투자은행(investment bank), 자산운용사(기금)(global asset manager), 헤지펀드(hedge fund) 등으로 구성된다. 국내 직간접 주식투자 및 채권투자와 연계된 환율변동 헤지 목적의 거래가 주종을 이루는 가운데 내부 모델 등을 활용한 차익 및 투기 목적의 거래도 활발한 것으로 알려져 있다. 역외시장 참가자들은 구체적으로 환율전망에 기초한 헤지비율 조정, 투기적 포지션 설정, 통화간·상품간 재정거래 등을 위해 활동하고 있다.

투자은행은 자산운용사(기금) 및 헤지펀드 등과의 대고객거래로 발생한 포지션의 청산거래 외에도 자기계정에 의한 투기적 목적의 거래도 활발히 하고 있다. 투기적 목적의 거래를 위해 조직내 적극적으로 단기차익을 추구하는 proprietary trading desk를 설치하여 개별 통화 또는 통화바스켓을 대상으로 거래하고 있다. 역외에서 활동하는 대표적인 투자은행은 홍콩, 싱가포르, 동경 등에 기반을 두고 있는 Morgan Stanley, Goldman Sachs, Merrill Lynch, UBS, 도이치뱅크, Citi 등이다.

자산운용사(기금)는 대표적인 국부펀드인 싱가포르 투자청(GIC : Government of Singapore Investment Corporation) 을 비롯하여 뮤추얼펀드, 연기금, 재단, 보험사 등을 포함한다. 국내 자산투자에 따른 환 헤지 목적의 거래와 함께 자기계정에 의한 투기적 목적의 거래를 활발히 하고 있다. Warren Buffet이 운영하는 Berkshire Hathaway Inc.도 글로벌 달러화 전망에 기초하여 역외시장에서 원/달러 NDF 포지션을 취하는 것으로 알려져 있다. 헤지펀드는 아시아 외환위기 당시의 Quantum Fund, Tiger Fund 등과 같이 글로벌 또는 개별국가의 경제적 구조변동에 따른 대규모 차익을 추구하는 '글로벌 매크로 펀드'와 G7 이외의 고금리 통화를 거래하는 '이머징마켓 펀드' 등을 포함한다. 최근 글로벌 매크로 펀드는 과거 Tiger fund 등의 전성기 때와는 달리 각국의 경제정책의 투명성 제고, 가격변동성 축소, 헤지펀드 간의 경쟁 심화 등으로 수익창출 기회가 크게 감소하였다는 인식하에 기업분석 등 미시적 접근도 병행하면서 투자스타일을 다변화하고 있는 중이다. 원화 NDF거래에 적극적인 것으로 알려진 헤지펀드로는 Citadel Investment group, Tudor Investment Corporation, Moore Capital Investment, GSAM, Caxton Associates 등이 있다.

나. 통화스왑시장

통화스왑(currency swap)[5]은 외환스왑과 마찬가지로 양 당사자 간 서로 다른 통화를 교환하고 일정기간 후 원금을 재교환하기로 약정하는 거래를 말한다. 통화스왑도 자금대차거래라는 점에서 외환스왑과 비슷하나 이자지급 방법과 스왑 기간에서 차이가 있다.

외환스왑이 주로 1년 이하의 단기자금 조달 및 환리스크 헤지 수단으로 이용되는 반면, 통화스왑은 주로 1년 이상의 중장기 환리스크 및 금리리스크 헤지 수단으로 이용된다. 이자지급 방법에 있어서도 외환스왑은 스왑기간 중 해당통화에 대해 이자를 교환하지 않고 만기시점에 양 통화 간 금리차이를 반영한 환율(계약시점의 선물환율)로 원금을 재교환하나 통화스왑은 계약기간 동안 이자(매 6개월 또는 3개월)를 교환하고 만기시점에 처음 원금을 교환했을 때 적용했던 환율로 다시 원금을 교환한다.

통화스왑의 거래동기는 장기자금 조달, 환리스크 관리, 금리차익 및 금리변동을 이용한 투기적 거래 등의 목적으로 나누어 볼 수 있다. 자금조달 목적 거래는 외화자금이 필요한 외은지점이 장기자금을 조달하기 위해 통화스왑거래를 이용하는 경우를 말한다. 특히 해외로부터 외화 장기차입이 어렵거나 조달금리가 상승할 경우 외화 장기차입에 대한 대체수단으로서 통화스왑거래를 이용한다. 환리스크 관리 목적의 통화스왑거래는 특정 통화표시 자산이나 부채를 다른 통화표시 자산이나 부채로 전환함으로써 환리스크를 회피하는 것을 말한다. 예를 들어 [그림 5-6]과 같이 해외에서 채권을 발행하여 외화자금을 조달한 국내기업의 경우 외화자금을 통화스왑거래를 통해 원화자금으로 교환하여 사용한 후 외화채권 만기 시 통화스왑거래에서 상환 받은 외화로 외화채무를 상환함으로써 환위험을 헤지할 수 있다.

---

[5] 통화스왑의 종류로는 currency swap(이종통화 간 고정금리와 고정금리 교환), cross-currency coupon swap(이종통화 간 고정금리와 변동금리 교환), cross-currency basis swap(이종통화 간 변동금리와 변동금리 교환)이 있는데 이 중 cross-currency coupon swap이 일반적이다.

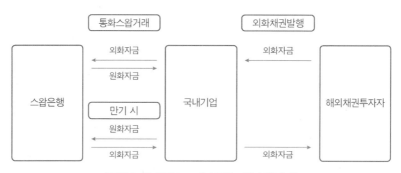

[그림 5-6] 환리스크 헤지 통화스왑거래(예시)

금리차익 획득 목적의 거래는 통화스왑금리와 원화채권수익률 및 외화채권수익률이 차이가 날 때 이루어진다. 즉 특정통화로 자금을 조달하여 통화스왑거래를 통해 다른 통화로 전환한 후 채권에 투자함으로써 차익을 획득하는 경우를 말한다. 예를 들면 [그림 5-7]과 같이 외화자금을 조달한 후 통화스왑거래를 이용하여 원화자금으로 전환하는 데 발생하는 비용(통화스왑금리)보다 원화채권의 투자수익률이 높으면 '외화차입 → 통화스왑거래(외화지급 및 원화수취) → 원화채권투자'를 통해 차익(원화채권금리 − 통화스왑금리)을 실현하게 된다.

한편 투기적 목적의 통화스왑거래는 향후 금리전망에 따라 고정금리와 변동금리를 상호 교환하는 것을 의미하는데 동 거래 시 원화금리 상승이 예상되면 원화고정금리를 지급(달러변동금리 수취)하고, 원화금리 하락이 예상되면 원화고정금리를 수취(달러변동금리 지급)함으로써 이익을 볼 수 있다.

통화스왑은 당사자 간 직접거래 또는 중개회사(브로커)를 통한 중개거래 방식으로 이루어진다. 직접거래는 해외채권 발행 등을 통한 외화조달이 많은 공기업, 카드회사나 보유 중인 원화자금을 외화채권으로 운용하는 보험회사 등과 국내은행 또는 대형 외은 지점 간에 주로 일어나고 있다. 중개거래의 경우는 직접거래의 결과 발생한 포지션을 스왑은행 간에 조정하거나 보유자산의 헤지 또는 투기적 목적으로 흔히 이용된다. 우리나라는 1999년 9월 국내중개회사에서 원/달러 통화스왑거래를 처음으로 중개하기 시작하였다. 중개회사를 통해 거래되는 우리나라 원화와 미 달러화 간의 통화스왑은 주로 원화 고정금리와 미 달러화 변동금리(6개월 Libor)가 교환되는 cross-currency swap방

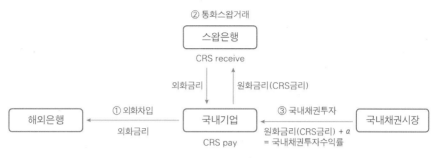

[그림 5-7] 금리차익 통화스왑거래(예시)

식으로 거래되고 있다. 원/달러 통화스왑(CRS)거래에서 통화스왑(CRS)금리는 원화를 수취한 거래자가 지급하는 원화 고정금리로서, 외화자금에 대한 수요나 국가신용위험 수준 등에 따라 변동한다. 원/달러 CRS거래는 CRS receive와 CRS pay로 구분되는데 이는 동 거래에서 원화 고정금리(CRS금리)를 수취하는지 아니면 지급하는지 여부에 따라 결정된다. 즉, 스왑 개시일에 미 달러화를 수취(원화는 지급)하고 계약기간 동안 원화 고정금리를 수취(미 달러화 변동금리인 Libor를 지급)하는 거래를 CRS receive, 반대의 거래를 CRS pay라고 한다.

CRS금리는 국내 외화자금사정 변화를 반영하는데, 외화자금 수요(CRS receive)가 증가하거나 국가신용위험이 높아지면 하락한다. 예를 들어 2004 ~ 2006년 조선업 호황 시 조선업체는 중장기에 걸쳐 들어올 것으로 예상되는 선박건조대금(외화) 수입에 따른 환위험 헤지를 위해 중장기 선물환을 국내 거래은행에 매도하였다. 이에 따라 선물환 매입 초과포지션 상태가 된 거래은행은 포지션을 조정하기 위해 현물환 매도가 필요하게 되고 이에 따라 외화자금 수요가 증가하였다. 국내거래은행은 미 달러화를 수취하고 원화를 지급한 후 만기에 다시 교환하는 CRS receive 거래를 확대함에 따라 CRS금리도 하락하였다. 한편 2008년 글로벌 금융위기로 우리나라의 국가신용위험이 상승하면서 은행부문의 외화유동성에 대한 우려가 증가하였다. 이에 따라 은행권의 외화자금 조달 목적의 CRS Receive 거래 수요가 커지고 CRS금리는 하락하였다.

3.2 외화콜시장

외화콜이란 은행 간에 외화를 초단기로 대차하는 거래로서 통상 30일 이내의 외화대차거래를 의미한다. 외화콜을 대여하는 것을 외화콜론이라 하고 차입하는 것을 외화콜머니라 부른다. 은행들은 수출입대금 결제, 외화대출 등의 대고객거래와 외화매매거래나 외화증권 발행·상환 등의 결과 일시적으로 외화자금의 과부족이 발생할 때 외화콜거래에 참가한다. 외화콜거래는 주로 개별 은행의 외화차입 여건 및 일시적인 외화자금사정에 따라 거래규모가 결정된다.

우리나라의 외화콜시장은 1989년 12월 금융결제원 자금중개실을 중개기관으로 하는 미 달러화 콜거래시장의 개설로 시작되었다. 이후 일본 엔화(1991년 3월), 독일 마르크화(1992년 9월, 유로화 출범 이후는 유로화), 영국 파운드화(1994년 11월) 등의 대상 통화가 추가되었다.

외화콜거래는 외국환중개회사의 중개에 의한 거래와 외국환은행 당사자 간의 직접거래로 구분된다. 중개거래는 은행들이 보통 전화를 통해 자금차입 또는 자금대여 주문을 내고 외국환중개회사는 이 주문들 가운데 조건이 맞는 거래를 찾아 중개한다. 은행 간 직접거래는 정형화된 방식은 없으며 주로 거래라인이 있는 은행들이 딜링머신을 이용해 거래의향을 전달하고 금리 등 조건을 협의하여 거래여부를 결정한다. 외화콜거래는 담보가 없는 신용콜이기 때문에 중개거래에 참여하는 은행들은 콜머니 기관별로 신용한도(credit line)를 설정하여 관리하고 있다.

한편 외화콜금리는 수요·공급에 따라 결정되기는 하나 언제든지 외국과 거래가 가능하기 때문에 국제금융시장에서 형성되는 초단기금리에 연동된다. 우리나라는 시차가 비슷한 싱가포르 시장의 금리를 기준으로 거래하고 있는데 동 금리는 미 달러화 기준금리인 미국 연방기금금리(federal funds rate)와 비슷하게 움직인다.

3.3 단기대차시장

외화 단기대차시장이란 은행 간 3개월·6개월·9개월·1년 등 1년 이내의 특정기간 동안 외화의 대여·차입 거래가 이루어지는 시장을 의미한다. 동 거래는 은행들의 해외 장기차입 및 운용, 대고객거래 등 각종 거래로 인한 외화 과부족을 조정하기 위해 일정기간 동안 외화를 조달·운용할 목적으로 이루어진다.[6] 과거에는 은행 간 거래에 필요한 신용한도(credit line) 내에서 담보 없이 거래하는 신용거래가 큰 비중을 차지하였으나 최근에는 환매조건부 채권매매(repurchase agreement : RP 또는 Repo)에 의한 대차거래도 많이 일어나고 있다.

외화의 단기차입은 장기차입에 비해 금리가 낮고 차환(roll-over)을 계속할 경우 장기차입과 같은 효과를 거둘 수 있다는 점에서 차주은행 입장에서 선호할 수도 있으나, 만기가 짧기 때문에 자금조달원으로는 다소 불안정한 점이 있다. 특히 국내외에서 신용경색이 나타나거나 남북 대치 등 우리나라의 특수사정으로 국가위험도(country risk)가 높아질 경우, 그리고 외국계 은행이 우리나라 금융기관에 대한 신용한도를 급격히 줄이면 차입 가산금리가 일시에 급등하고 차환이 곤란해지는 상황이 지속되면서 전반적인 외화유동성 부족현상이 초래될 수 있다.

우리나라의 외화 단기대차거래는 외은지점 및 외국소재 은행이 대주로, 그리고 국내은행이 차주로 참여하는 경우가 대부분이다. 외은지점은 외은본점으로부터의 차입, 국내은행으로부터의 외화콜머니 등을 통해 외화자금을 조달하고 조달금리에 가산금리를 추가하여 국내은행에 단기신용을 공여하고 있다.

단기대차거래 시 금리는 국제금융시장에서 단기금리의 기준이 되는 Libor에 일정 가산금리를 부가하는 방식을 취하고 있다. 가산금리의 폭은 전반적인 외화유동성 사정, 차주은행의 신용도, 우리나라의 국가위험도 등을 감안하여 결정된다. 따라서 국내외 상황에 따라 일시적으로 가산금리가 큰 폭으로 상승하기도 한다. 한편 RP에 의한 대차거래는 동 거래가 채권매매의 형식을 취하고 있으나 실제로는 채권을 담보로 한 대차거래

---

6   외화 단기대차와 관련하여 현행 외국환거래법상의 제한은 없으며 은행의 일상적인 외국환업무의 하나로 이루어지고 있다.

의 성격을 가지기 때문에 동일한 조건의 신용대차에 비해 금리가 다소 낮은 것이 일반적이다. RP에 의한 차입은 차입은행의 신용도가 낮거나 신용한도가 거의 소진되었을 때나 우리나라 국가위험도가 상승해 신용차입이 어려울 때 활용된다.

4. 외환파생상품시장

4.1 통화선물시장

통화선물(currency futures)거래는 선물거래소(exchanges)에 상장되어 있는 특정통화에 대하여 시장참가자 간 호가방식에 의해 결정되는 선물환율로 일정기간 후에 인수도할 것을 약정하는 거래를 말한다.[7] 통화선물거래는 계약 시에 약정된 가격으로 미래의 일정시점에 특정통화를 매입·매도한다는 점에서 선물환거래와 유사하다. 그러나 거래단위, 결제월, 최소 가격변동폭 등 거래조건이 표준화되어 있고, 선물거래소의 청산소(clearing house)가 거래계약의 이행을 보증하며 매일매일 거래대상 통화의 가격변동(marking to market)에 따라 손익을 정산하는 일일정산제도, 계약불이행 위험에 대비하기 위한 이행보증금 성격의 증거금[8] 예치제도 등이 있다는 점이 다르다. 또한 선물환거래는 대부분 만기일에 실물 인수도가 이루어지지만 통화선물거래는 최종 결제일 이전에 대부분 반대거래를 통하여 차액을 정산[9]하고 있다.

---

7 통화선물은 1972년 5월 시카고 상품거래소(CME : Chicago Mercantile Exchange)의 국제통화시장(IMM : International Monetary Market)이라는 부설시장에서 최초로 거래가 시작되었다. 이후 영국(1982년 9월), 호주(1983년 10월), 캐나다(1984년 6월), 싱가포르(1984년 9월), 일본(1989년 6월)에 통화선물시장이 개설되었으며 우리나라는 1999년 4월 23일 한국선물거래소(부산 소재, 현재 한국거래소)에 미 달러화 선물이 처음 상장되었다.

8 선물거래 증거금은 납입주체에 따라 선물거래소가 중개회사(선물회사 등)로부터 징수하는 매매증거금(clearing margin)과 중개회사가 고객에게 부과하는 위탁증거금(customer margin)으로 구분된다. 또한 증거금은 납입시점에 따라 처음 선물거래를 할 때 납부해야 하는 개시증거금(initial margin), 일일 가격변동 제한폭 정도의 손실을 보전할 수 있는 최저수준의 유지증거금(maintenance margin), 손실액이 일정수준을 초과하여 증거금잔액이 유지증거금에 미달할 때 추가로 보충해야 하는 추가증거금(additional margin), 이익이 발생하여 증거금잔액이 개시증거금을 초과할 경우 인출이 가능한 초과증거금(excess margin)으로 구분된다.

9 선진국의 경우 만기에 현물결제가 이루어지는 비율이 1~2%에 불과한 것으로 알려져 있으며 우리나라의 미 달러화 선물도 결제일에 현물이 인수도되는 비율은 전체 계약금액의 3~4%에 불과하다.

〈표 5-4〉 통화선물과 선물환의 비교

	통화선물	선물환
거래장소	장내거래소(exchange)	장외(over-the-counter)
거래조건	거래단위, 결제월 등이 표준화	거래당사자의 필요에 맞춤
거래방법	거래소의 전산거래시스템을 통한 다수 거래당사자 간의 공개입찰	거래당사자들 간의 직접거래
신용관리	거래소(청산소)가 거래상대방의 입장에서 계약이행을 보증	계약이행을 전적으로 매매쌍방의 신용에 의존하므로 대부분 신용도가 높은 기업과 계약을 체결
시장참가자	원칙적으로 제한이 없으며 선물환거래가 어려운 개인 또는 기업도 참가	신용도가 높은 금융기관 또는 기업
결제	대부분 만기 전에 반대매매에 의해 포지션을 청산	대부분 만기 시 실물 인수도에 의해 결제

　　한국거래소에서 미 달러화 선물거래는 '선물증거금 납입 → 매매주문 → 거래체결 → 일일정산 → 만기 전 반대거래(포지션 청산) 또는 최종 결제일 실물 인수도'의 순서로 진행된다. 선물증거금은 미 달러화 선물의 계약가격과 매일매일의 정산가격을 비교하여 일일정산을 하는데 손실액은 증거금잔액에서 차감하고 증거금잔액이 유지증거금에 미달할 경우 최초 개시증거금 수준까지 증거금을 추가로 납부해야 한다. 반대로 이익이 발생하여 증거금잔액이 개시증거금을 초과할 경우 초과증거금은 현금으로 인출할 수 있다. 이러한 통화선물거래는 환율수준에 따라 중도에 반대거래(매입시 환매도, 매도시 환매수)를 통해 포지션을 청산하거나 만기일까지 보유한 후 최종 결제일에 실물을 교환함으로써 거래가 종결된다.

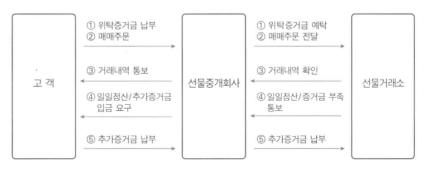

[그림 5-8] 통화선물의 거래절차

〈표 5-5〉 통화선물거래의 손익구조

	시장(선물)환율 > 계약환율	시장(선물)환율 < 계약환율
매입자	이익 : 시장환율 – 계약환율	손실 : 계약환율 – 시장환율
매도자	손실 : 시장환율 – 계약환율	이익 : 계약환율 – 시장환율

통화선물거래는 시장환율의 변동에 따라 손익이 달라지는데 시장환율이 최초 계약환율을 상회하면(예 : 시장환율 1,180원/달러, 계약환율 1,160원/달러) 미 달러화 매입자가 이익(매도자 손실)을 얻게 되나 하회할 경우에는 매입자가 손실(매도자 이익)을 입게 된다(〈표 5-5〉 및 [그림 5-9] 참조).

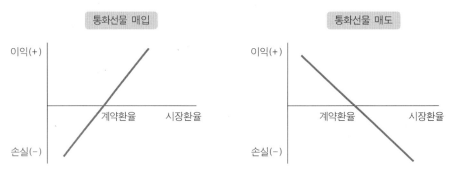

[그림 5-9] 통화선물거래의 손익구조

통화선불거래는 환리스크 관리 목적, 투기적 목적 및 차익거래 목적 등으로 이용된다. 환리스크 관리 목적 거래는 현재 보유 중이거나 앞으로 발생할 현물환포지션과 반대방향으로 통화선물을 매입 또는 매도함으로써 환율변동에 따른 리스크를 회피하는 것을 말한다. 투기적 목적 거래는 환율상승 예상 시 통화선물을 매입하고 환율하락 예상 시 통화선물을 매도함으로써 시세차익을 추구하는 거래이다. 또한 차익거래 목적의 통화선물거래는 환율의 변동방향과 상관없이 선물가격과 현물가격의 일시적인 불균형을 이용하여 선물과 현물 중 상대적으로 저평가된 것을 매입하고 고평가된 것을 매도한 후, 현물환율과 선물환율의 차이가 축소된 시점에서 반대거래를 통하여 위험을 부담하지 않고 이익을 실현하기 위한 거래를 말한다.

우리나라에서 통화선물은 1999년 4월 23일 한국선물거래소(현 한국거래소)에 미국 달러선물이 상장되면서 거래되기 시작한 이후 수출입 및 외국인 투자 확대에 따른 엔화와 유로화의 거래 증가, 환율의 급격한 변동 등으로 이들 외화에 대한 적극적인 환리스크 헤지 필요성이 대두되면서 2006년 5월 26일 엔선물, 유로선물이, 2015년 10월 5일 위안선물이 추가로 상장되었다.

4.2 통화옵션시장

통화옵션(currency option)은 미래의 특정시점(만기일 또는 만기 이전)에 특정통화(기초자산)를 미리 약정한 가격(행사가격)으로 사거나(call option) 팔(put option) 수 있는 권리로서 거래소[10]와 장외시장에서 거래된다.

통화옵션거래 시 통화옵션 매입자는 대상통화를 매매할 수 있는 권리를 사는 대가로 통화옵션 매도자에게 프리미엄(옵션가격)을 지급하고 이후 환율변동에 따라 자유롭게 옵션을 행사하거나 행사하지 않음으로써 권리를 포기할 수 있다. 반면 옵션매도자는 옵션매입자가 권리를 행사할 경우 반드시 계약을 이행해야 하는 의무를 부담한다.

통화옵션거래는 선물환거래와 달리 시장환율이 옵션매입자에게 유리한 경우에만 옵션을 선택적으로 행사할 수 있기 때문에 옵션매입자의 손실은 프리미엄에 국한되는 반면 이익은 환율변동에 따라 무제한적이라는 비대칭적인 손익구조를 가지고 있다. 아울러 선물환이나 통화선물에 비해 거래비용이 적게 들고(레버리지효과), 여러 가지 옵션상품 등을 합성하여 고객의 헤지수요에 맞는 다양한 형태의 상품개발[11]이 가능하다는 장점이 있다.

---

10 거래소 시장은 1980년대 초 필라델피아 증권거래소(PHLX : Philadelphia Stock Exchange)의 현물환옵션이 효시이며, 이후 시카고 상업거래소(CME : Chicago Mercantile Exchange)에서 본격적인 거래가 이루어졌다.

11 옵션의 손익구조상 콜옵션과 풋옵션을 반대방향으로 동시에 매매하면 선물환거래와 같은 효과를 가질 수 있는데 이 경우 합성옵션의 명칭도 복잡한 옵션상품이라는 인식을 주지 않기 위해 주로 합성선물환(range forward, target forward, synthetic futures 등)이라는 명칭을 사용하고 있다(예 : 콜옵션매입 + 풋옵션매도 = 합성선물환매입(synthetic long futures), 콜옵션매도 + 풋옵션매입 = 합성선물환매도(synthetic short futures)).

〈표 5-6〉통화옵션거래와 통화선물거래 비교

	통화옵션거래	통화선물거래
거래내용	대상자산을 매도 또는 매입할 수 있는 권리에 대한 거래	대상자산의 인수도를 위한 거래
거래책임	매입자는 대상자산을 매도 또는 매입할 수 있는 권리를 가지며 매도자는 매입자의 권리행사에 대한 의무 부담	매입자와 매도자 모두 거래이행 책임 부담
손실위험	매입자의 위험은 주문 시 지불한 프리미엄에 한정되고 매도자의 위험은 무한정	매입자와 매도자 모두 위험이 무한정
거래증거금	매도자에게만 거래증거금 부과	매입자와 매도자 모두 거래증거금 부과
결제방법	반대매매에 의한 결제 또는 권리행사에 따른 실물 인수도 또는 현금차액 결제[1]	반대매매에 의한 결제 또는 최종 결제일 대상자산의 인수도

주 : 1) 한국거래소의 통화옵션거래는 현금차액 결제만 허용

　　한국거래소에서 거래되는 미 달러화 통화옵션은 '옵션증거금(또는 프리미엄) 납입 → 매매주문 → 거래체결 → 만기 전 반대거래(포지션 청산) 또는 만기일 옵션 행사[12] (또는 미행사)'의 순서로 진행된다. 통화옵션의 거래과정은 통화선물과 유사하나 일일 정산제도가 없고 증거금의 경우 상대방의 권리행사에 따라 의무를 부담하는 옵션매도자는 향후 손실위험을 감안한 수준의 증거금[13]을, 옵션매입자는 옵션 매수대금인 프리미엄[14]을 납부한다는 점이 다르다.

[그림 5-10] 통화옵션의 거래절차

12　옵션은 권리행사 시기에 따라 만기일에만 권리행사가 가능한 유럽형 옵션(European option)과 최종 거래일 이전에 언제든지 권리행사가 가능한 미국형 옵션(American option)으로 구분되는데 한국거래소에 상장되어 있는 미 달러화 옵션은 유럽형이다.

13　옵션매도자의 경우 손실발생액이 무한정이므로 거래대상물의 가격변화에 따라 증거금 수준을 조정하게 된다. 이러한 옵션거래의 증거금은 거래이행의 담보로 선물거래소에 보관하는 것으로 거래대상물의 가격변화에 따라 증거금이 거래상대방에게 이전되는 선물거래에서의 일일정산과는 다르다.

14　옵션프리미엄은 옵션의 가치(내재가치 + 시간가치)를 말하는 것으로 통화옵션의 가치에 영향을 미치는 요소는 기초자산 가격(현물환율), 행사가격, 환율변동성, 잔존만기, 내외금리차 등이 있다.

〈표 5-7〉과 [그림 5-11]은 옵션거래의 손익구조를 나타내고 있다. 즉 앞에서 언급한 바와 같이 통화옵션거래는 권리내용에 따라 매입할 권리인 콜옵션(call options)과 매도할 권리인 풋옵션(put options)으로 구분되는데 콜옵션 매입자는 기초자산가격(현물환율)이 행사가격을 상회하면 권리를 행사하고, 하회할 경우에는 지불한 프리미엄만 손실

〈표 5-7〉 통화옵션거래의 손익구조

		시장(현물)환율 〉 행사가격	시장(현물)환율 〈 행사가격
콜옵션	매입자	〈권리 행사〉 이익 : (시장환율-행사가격)-프리미엄	〈권리 포기〉 손실 : 프리미엄
	매도자	〈의무 이행〉 손실 : 프리미엄-(시장환율-행사가격)	〈의무 소멸〉 이익 : 프리미엄
풋옵션	매입자	〈권리 포기〉 손실 : 프리미엄	〈권리 행사〉 이익 : (행사가격-시장환율)-프리미엄
	매도자	〈의무 소멸〉 이익 : 프리미엄	〈의무 이행〉 손실 : 프리미엄-(행사가격-시장환율)

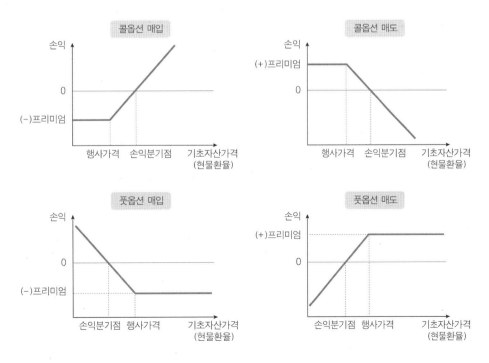

[그림 5-11] 통화선물거래의 손익구조

을 보고 권리를 포기한다. 이와 달리 풋옵션 매입자는 기초자산가격(현물환율)이 행사 가격을 하회하면 권리를 행사하고, 상회할 경우에는 권리를 포기함으로써 지불한 프리미엄만 손실을 부담하게 된다.

우리나라에서는 1999년 4월 23일 미국 달러옵션이 한국선물거래소(현 한국거래소)에 상장되었으나 거래가 거의 이루어지지 않고 있다. 반면 장외통화옵션시장은 1999년 4월 외환거래 자유화 조치 이후 급성장하다가 2008년 글로벌 금융위기 이후 거래가 일시 위축되었다가 다시 빠르게 성장하고 있다. 장내시장에서 거래가 부진한 것은 활발한 시장조성자(market maker)가 없어 유동성이 부족한 데다 만기, 행사가격 등 거래조건이 정형화됨에 따라 고객의 다양한 수요를 충족시키기 어렵기 때문이다.

4.3 신용파생상품시장

신용파생상품(credit derivatives)이란 대출금, 채권 등과 같이 차입자 또는 발행자의 신용에 따라 가치가 변동하는 기초자산(underlying asset)의 신용위험(credit risk)을 분리하여 이를 다른 거래상대방에게 이전하고 그 대가로 프리미엄(수수료)을 지급하는 금융상품을 말한다. 신용파생상품을 거래하기 위해서는 신용위험이 실제 발생하였는지를 나타내는 신용사건(credit event)의 종류 및 내용을 정하고 발생시점을 정의하는 것이 가장 중요하다. 신용사건의 정의와 종류는 국제스왑·파생금융상품협회(ISDA : International Swaps and Derivatives Association)에서 마련한 표준안[15]을 참고하여 거래당사자가 매매계약 시 약정한다. 거래당사자는 신용위험을 회피하기 위해 신용위험을 넘기고 프리미엄을 지급하려는 보장매입자(protection buyer)와 신용위험을 떠안으면서 그 대

15　국제스왑·파생금융상품협회(ISDA)에서 마련한 5개 사항의 표준안에서 규정한 신용사건은 다음과 같다.

종류	정의
도산(bankruptcy)	파산, 청산, 화의, 회사정리절차 신청 등
지급실패(failure to pay)	만기일에 채무를 상환하지 못하는 경우
기한의 이익 상실(obligation acceleration)	부도 등으로 기일 이전에 상환하여야 할 의무가 발생하는 경우
모라토리엄(moratorium, repudiation)	국가의 지급정지 선언
채무재조정(restructuring)	채권자와 채무자 사이에 채무원금, 이자, 지급시기 등이 재조정되는 경우

가로 프리미엄을 수취하려는 보장매도자(protection seller)로 구성된다.

　　일반적으로 신용파생상품은 기초자산의 이전 없이 신용위험만을 분리하여 거래하므로 신용위험에 대한 가격산정의 적정성을 높여 신용위험을 다수의 투자자에게 분산시키는 기능을 제공한다. 선진 금융기관들이 이러한 신용파생상품을 신용위험 관리수단과 새로운 수수료 수입원으로 적극 활용하여 세계 신용파생상품시장이 급속히 성장하였으나 글로벌 금융위기로 인해 거래규모가 크게 위축되었다. 우리나라의 경우 은행, 보험회사를 중심으로 외국 금융기관과 신용파생상품을 거래하여 왔으며 그 규모는 아직 작은 수준이다.

　　신용파생상품은 기초자산 및 전가대상 위험의 종류, 신용사건의 내용 등에 따라 신용파산스왑(CDS : credit default swap), 총수익스왑(TRS : total return swap), 신용연계채권(CLN : credit linked note), 신용옵션(CSO : credit spread option) 및 합성담보부증권(CDO : collateralized debt obligation) 등 다섯 가지로 구분할 수 있다.

　　신용파산스왑은 신용위험을 전가하고자 하는 보장매입자가 일정한 수수료를 지급하는 대가로 기초자산의 채무불이행 등 신용사건이 발생할 경우 신용위험을 떠안은 보장매도자로부터 손실액 또는 일정금액을 보전받고 기초자산을 인도하기로 하는 거래를 말한다. 이는 가장 기본적인 신용파생상품으로 기초자산에 대한 지급보증과 성격이 유사하나 기존거래자와의 거래관계를 그대로 유지할 수 있는 특성을 가지고 있다.

　　총수익스왑은 보장매입자가 기초자산 보유에 따라 발생하는 이자, 자본수익 등 총수익을 보장매도자에게 지급하는 대가로 약정이자(통상 Libor + 스프레드)를 수취하는 거래를 말한다. 계약기간 중 신용사건이 발생하면 보장매입자는 기초자산을 보장매도자에게 인도하고 약속된 보장금액을 수취한다. 이는 기초자산으로부터 발생하는 모든 현금흐름을 거래상대방에게 이전하기 때문에 해당자산을 매각하는 것과 비슷한 효과가 있으며 채무불이행 등의 신용위험만을 전가하는 신용파산스왑과는 달리 기초자산의 신용위험뿐만 아니라 금리 및 환율변동 등에 따른 시장위험도 이전한다.

　　신용연계채권은 보유 중인 채권 등의 신용위험을 전가하고자 하는 보장매입자가 기초자산을 근거로 별도의 증권(신용연계채권)을 발행하여 이를 보장매도자에게 매각한 후 신용사건 발생 시에는 신용연계채권을 상환하지 않고 당해 기초자산을 대신 인도하는 거래를 말한다. 이때 보장매도자는 위험부담의 대가로 높은 이자를 수취한다. 통상 기초자산은 1개 또는 2 ~ 5개 채권(국내채권 또는 국내외채권 혼합)으로 구성되며 채권의 수 및 신용등급 등에 따라 투자수익률이 달라진다.

신용옵션은 옵션매입자(보장매입자)가 일정한 프리미엄을 옵션매도자(보장매도자)에게 지급하는 대신 약정된 가격(또는 신용스프레드)으로 기초자산(또는 기초자산의 신용스프레드)을 매입(콜옵션) 또는 매도(풋옵션)할 수 있는 권리를 보유하는 거래를 말한다. 여기서 신용스프레드란 증권이나 대출의 이자율에서 무위험자산(예 : 미국국채)의 이자율을 차감한 수치 혹은 두 자산으로부터 얻어지는 수익률 간의 차이다.

합성담보부증권은 다수의 대출자산, 채권 등 기초자산군에 내재된 신용위험을 이전받아 이를 기초로 발행한 선·후순위 채권을 의미한다. 이때 기초자산의 종류에 따라 대출채권은 CLO(collateralized loan obligations), 채권은 CBO(collateralized bond obligations) 등으로 나눌 수 있으나 CDO(collateralized debt obligations)로 통칭할 수 있다. 합성담보부증권은 자산군(pool)의 신용위험을 효율적으로 관리하기 위하여 1개 내지 여러 개 기업채권의 신용위험 관리에 유용한 신용파생상품의 특성과 다수의 채권을 유동화하는 전통적 CDO 개념을 결합한 자산담보부증권의 일종으로 볼 수 있다.

제2절 우리나라의 환율제도

1. 우리나라 환율제도의 변천

1.1 고정환율제도(1945년 10월 ～ 1964년 4월)

해방 이후 미군정 당국이 1945년 10월에 당시의 조선은행권인 원(圓)화와 미 달러화 간의 공정환율을 1달러당 15원(圓)으로 정하였는데, 당시는 민간의 대외거래가 인정되지 않아 이 환율은 단순히 미군정청의 대민간 채무지급에만 적용되었다. 그 후 동 환율은 민간무역이 개시되면서 1947년 7월, 1달러당 50원(圓)으로 평가절하되었다.

우리나라 정부수립 후 1948년 9월 체결된 '한미 간 환금에 관한 잠정협정'에 의거 또다시 1달러당 450원으로 평가절하되었다. 또한 1949년 6월에는 환율을 정부보유 외환의 환금에만 적용되는 공정환율과 실세를 감안하여 재무부장관이 수시로 정하여 정부보유 외환 이외 외환의 환금에 적용되는 일반환율로 구분되는 복수환율제도를 운용하였으나 1950년 5월 폐지되었다.

이와 같이 해방 이후 고정환율제도하에서 공정환율이 실세를 반영하지 못함으로써 환율체계의 심각한 왜곡이 초래되었다. 이를 시정하기 위하여 외환경매제 등이 실시되었으며, 이후 통화개혁[16] 등 제반 경제조치를 거치면서 1964년 5월 단일변동환율제도가 채택될 때까지 10여 차례의 추가적인 평가절하가 단행되었다.

1.2 단일변동환율제도(1964년 5월 ～ 1980년 2월)

경제개발계획의 진행과 더불어 대내외 여건이 변하게 되면서 공정환율의 유동화와 실세화가 요구되었다. 이에 따라 정부당국은 1964년 5월 3일 종전의 1달러당 130원이었던 공정환율을 225원을 하한으로 하는 단일변동환율로 변경함과 동시에 외환증서제도[17]를 도입하였다.

이러한 제도변경은 환율체제 면에서 해방 이래 견지하여 온 고정환율제도로부터 변동환율제도로의 전환인 것이며, 외환제도 면에서는 종전의 외환매각집중 대신에 외환매각집중제와 예치집중제를 혼합한 형태의 외환증서제도를 채택한 것으로 그 이전의 환율조정과는 성격이 다르다.

그러나 1964년 5월 채택된 단일변동환율제도는 수입쿼터의 철폐, 외환증서시장의

16　1953년 2월 100:1 비율로 통화개혁을 실시해 원(圓)을 환(圜)으로 변경하였다가 1962년 6월 10:1 비율로 다시 환을 원으로 변경하고 단일고정환율제를 유지하였다.

17　외환증서(foreign exchange certificates)제도는 외국환을 대용하는 증서를 발행하여 이를 시장에서 매매 유통시키는 제도로서 외국환을 정부나 중앙은행 등이 집중관리하면서도 외환시장에서의 자유로운 외환증서 매매를 통한 외환수급의 변동에 따라 환율이 자유롭게 변동할 수 있도록 하기 위한 것이었다. 우리나라는 IMF로부터 환시장 개입 재원 마련을 위한 stand-by 차관을 확보한 1965년 3월 이후 동 제도를 이용하여 오다가 1980년 2월 27일 환율제도가 단일변동환율제도하의 복수통화바스켓제도로 전환함에 따라 폐지하였다.

형성, 그리고 환시장 개입기금의 확보 등 제도 실시에 필요한 기초여건이 마련되지 못하여 시행이 보류되어 오다가 1965년 3월 IMF로부터 외환시장 개입을 위한 안정기금 확보를 계기로 시행하게 되었다. 한국은행은 매일 외환증서 시장률의 상하 2% 범위 내에서 환율을 결정하고 외환증서의 수급 불균형이 발생할 때 시장개입을 실시하였다.

단일변동환율제도 채택 이후에도 외환시장의 기반이 취약해 사실상 고정환율제가 유지되었다. 이러한 상황에서 투자 및 소비수요, 만성적인 인플레이션 등으로 환율과 물가의 괴리현상이 지속되었으며 수입수요 증대, 수출저해 등 여러 가지 문제점이 발생했다. 이러한 점을 시정하기 위하여 정부당국은 불가피하게 네 차례에 걸쳐 평가절하를 실시하였다.[18]

1.3 복수통화바스켓제도(1980년 2월 ~ 1990년 2월)

1980년 1월 12일 한국은행 집중기준율이 미 달러당 484원에서 580원으로 대폭 평가절하된 데 이어 동년 2월 27일부터 복수통화바스켓에 의한 변동환율제도로 이행되었는데, 동 환율제도는 다음과 같은 기본방향으로 운용되었다.

먼저 미 달러화에 링크된 종전의 환율결정방법을 복수통화바스켓페그로 전환함으로써 미 달러화 이외의 여타 통화에 대해서도 상대적으로 안정적인 환율변동이 이루어질 수 있도록 했다. 둘째, 과거와 같이 일시에 대폭적인 평가절하를 실시하는 환율조정 방식을 피하기 위하여 환율이 점진적으로 실세를 반영하도록 함으로써 환율의 국제수지 조정기능을 높이도록 하였다. 셋째, 급격한 환율변동에 따른 경제의 불안정성을 최소화하기 위하여 환율의 안정적·점진적 변화를 도모하는 미조정(fine-tuning) 원칙을 견지하고자 하였다.

이러한 점들에 초점을 맞추고 환율변동의 안정성과 주요 교역상대국과의 경쟁력 유지를 고려하여 SDR바스켓과 교역량을 가중치로 한 독자바스켓을 결합한 복수바스켓

---

18 1974년 들어 유가파동의 여파로 국제수지적자가 크게 확대되자 수출경쟁력을 강화하기 위하여 1974년 12월 이후 기준환율이 종전의 1달러당 397원에서 480원으로 대폭 평가절하된 환율이 사실상 고정 운영되어 왔다. 그리고 1980년 1월에는 제2차 석유파동으로 더욱 악화된 국제수지를 개선하기 위하여 1달러당 580원으로 현실화하였다.

을 채택하고 여기에 실세반영장치를 가미함으로써 환율을 결정하였다.[19] 1980년 2월부터 이용되었던 미 달러화에 대한 원화의 집중기준율 산식은 다음과 같다.

$$S = \beta \cdot SDR \, 바스켓 + (1 - \beta) \cdot 독자바스켓 + \alpha (실세반영장치)$$

S : 원/달러 환율

β : SDR바스켓의 가중치

α : 실세반영장치

여기서 β 및 α는 정책당국에 의해 결정되어 일반에게는 공개되지 않았다. SDR바스켓은 IMF가 미국, 일본, 독일, 영국, 프랑스 등 주요국의 통화시세를 가중평균하여 5년마다 구성하며 독자바스켓은 우리나라의 교역량을 기준으로 한 주요 교역상대국의 통화가치에 따라 결정되었다. 따라서 대미 달러환율은 국제금융시장에서의 주요 통화시세에 연계되어 변동하였으며, 우리나라 외환시장에서의 외환수급사정을 정확히 반영하지 못하였다.

이러한 외환수급상의 불균형문제는 실세반영장치(α)를 이용하여 조금씩 조정함으로써 해결하고 환율의 실세화를 도모하여 왔는데, 이로 인해 복수통화바스켓방식에 의한 환율결정은 당국이 정책조정변수를 통해 환율을 임의로 조작할 수 있는 제도라는 의혹을 받게 되고, 따라서 미국으로부터 환율의 절상압력을 받게 되는 등 부작용이 초래되었다.

1.4 시장평균환율제도(1990년 3월 ~ 1997년 12월)

정부는 복수통화바스켓에 의한 문제점을 해결하고 국내 외환시장의 활성화 및 금융 국제화를 촉진하기 위하여 1990년 3월부터 시장평균환율제도(market average rate system)를 도입 시행하였다. 시장평균환율제도는 우리나라 금융·경제의 국제화 진전

---

[19] 구체적으로 외환시장에서 은행간환율과 대고객환율 등 모든 환율의 결정기준이 되는 한국은행 집중기준율은 SDR바스켓에 의한 원화의 대미 달러 환율과 독자바스켓에 의한 원화의 대미 달러 환율을 기준으로 하되 한국은행 총재가 여기에 내외 금리차와 물가상승률 격차, 그리고 국제수지 및 외환시장의 수급전망 등을 감안하여 당일의 집중기준율을 결정·고시하도록 하였다.

에 따른 환율제도의 단계적 개편방안의 일환으로 자유변동환율제도로 이행하기 위한 과도기적인 환율제도였다고 할 수 있다.

〈표 5-8〉 일일 환율변동 제한폭(%)

90.3	91.9	92.7	93.10	94.11	95.12	97.11	97.12
±0.4	±0.6	±0.8	±1.0	±1.5	±2.25	±10.0	폐지

동 제도하에서는 외환중개회사를 통해 외국환은행 간 실제 거래된 환율과 거래량을 가중평균하여 다음 영업일의 기준환율을 산출[20]하고 원/달러 환율이 동 기준환율을 중심으로 상하 일정범위 내에서만 변동되도록 하였다.

환율의 변동폭을 제한한 것은 국내금리 수준이 국제금리에 비해 높고 국제수지상황이 불안한 데다 국내금융시장도 충분히 발달되지 못하여 환율이 불안정하게 변동할 가능성이 커질 것에 대비하기 위한 것이었다. 시장평균환율제도 도입 당시에는 일일 환율변동 제한폭을 기준환율을 중심으로 상하 0.4%로 설정하였으나 그 후 변동제한폭을 지속적으로 확대하였다. 1997년 11월 외환위기에 처하게 되면서 변동제한폭을 상하 10%로 대폭 확대하였다가 같은 해 12월 완전히 철폐하였다.

1.5 자유변동환율제도(1997년 12월 ～ 현재)

우리나라의 환율제도는 1997년 12월 16일 시장평균환율제도하에서의 일중 환율변동 제한폭 철폐와 더불어 선진국형의 자유변동환율제도(free floating system)로 이행하게 되었다. 자유변동환율제도로의 이행은 시장평균환율제도 도입 시부터 예정된 것이었으나 우리나라 외환시장의 발전정도에 비추어 당초 계획보다는 다소 앞당겨진 것이라고 볼 수 있다.

자유변동환율제도로 이행한 이후 원/달러 환율은 은행간시장에서 외환수급에 따

---

20 단, 전 영업일의 거래규모가 전년도 일평균 거래규모의 50%에 미달될 경우에는 전전 영업일 실적을 합산하여 산출한다.

라 자유로이 결정됨으로써 환율의 시장기능이 더욱 제고되었다. 다만 환율이 일시적인 충격으로 단기간에 급등락할 경우 외환당국이 시장참가자의 일원으로 개입하여 환율의 변동속도를 조절(smoothing operation)하는 역할을 수행하고 있다.

우리나라뿐만 아니라 자유변동환율제도를 채택하고 있는 미국, 일본 등 대부분 선진국의 경우에도 환율 급변동 시 외환시장 안정을 위하여 외환시장에 개입하는 것이 일반적이다. 특히 외환시장 규모가 작은 우리나라는 선진국에 비해 외환당국의 개입 필요성이 크다고 할 수 있다. 그러나 장기적으로는 외환당국의 개입이 없어도 시장기능이 원활히 발휘될 수 있도록 외환시장의 하부구조를 확충해 나가야 할 것이다.

2. 우리나라의 현행 환율구조

우리나라의 환율은 기준환율(시장평균환율)이 매일 산정되고 외국환은행은 기준환율과 은행간 매매율을 감안하여 대고객 매매율을 결정한다.

2.1 기준환율 및 재정환율

기준환율(매매기준율)은 외국환은행과 고객과의 외환거래나 은행 간 외환거래의 기준이 되는 원화와 미달러화 간 환율을 말하며, 당일자 기준환율은 모든 외국환은행이 외국환중개회사를 통하여 거래한 원화-미달러 전일결제 현물환거래매매율을 거래량으로 가중평균하여 산출하는 환율(시장평균환율)이다. 기준환율은 외국환은행의 대고객 매매율 결정에 기준이 될 뿐만 아니라 한국은행과 외국환평형기금과의 거래, 국제금융기구에 대한 출연 및 출자에 따르는 정부와의 거래 등에 적용되고 있다.

재정환율은 미 달러화를 제외한 여타 통화와 우리나라 원화의 환율로서 주요 국제금융시장에서 형성된 미 달러화와 여타 통화와의 매매중간율을 기준으로 재정하여 산출된다. 자유변동환율제도하에서는 환율변동성이 커질 경우 기준환율의 의미가 약해질 수 있다는 점을 고려하여 기준환율뿐만 아니라 종가환율이 중요한 가격지표로 활용되고 있다.

2.2 외국환은행 간 매매율

외국환은행 간 매매율은 외국환은행이 은행 간 외환시장에서 외환을 거래할 때 적용되는 환율을 말한다. 외국환은행 간 매매율은 외환에 대한 수요와 공급, 시장참가자들의 기대변동 그리고 국제금융시장에서의 미 달러화 환율동향 등 시장상황의 변동에 따라 수시로 변동하며 외국환은행이 고객과의 외환거래 시 적용하는 대고객 매매율의 기준이 된다. 은행간환율은 대고객환율보다 매입률과 매도율 간의 차이가 작은데 이는 은행 간에는 거래가 대규모로 이루어짐으로써 단위당 거래비용이 더 적게 들기 때문이다.

2.3 외국환은행 대고객 매매율

외국환은행 대고객 매매율은 외국환은행이 고객과 외환을 매매할 때 적용하는 환율로, 당일의 기준환율과 외국환은행 간 매매율을 감안하여 각 은행이 자율적으로 결정하도록 되어 있다. 즉 모든 대고객 외환거래는 기준환율(매매기준율)을 중심으로 외국환은행이 거래의 종류에 따라 일정률의 마진을 감안하여 자율적으로 결정한 대고객 매매율에 따라 이루어지는데, 은행이 고객에게 외국돈을 팔 때 적용되는 매도율이 외국돈을 살 때 적용되는 매입률보다 높은 것이 일반적이다. 외국환은행 대고객 매매율은 거래형태에 따라 현찰매매율, 전신환매매율 등으로 구분된다. 전신환매매율이란 전신에 의해

현찰매도율	1,190.47원
여행자수표매도율	1,184.04원
전신환매도율	1,181.10원
매매기준율	1,170.00원
전신환매입률 여행자수표매입률	1,158.90원
현찰매입률	1,148.93원

(○○은행, 2009년 12월 30일 현재)

[그림 5-12] 외국환은행의 대고객 매매율(원/미달러) 구조

1일 이내에 자금이 결제될 때 적용되는 환율로서 은행의 자금부담비용이 포함되지 않는 순수한 의미의 환율이며, 다른 대고객 매매율의 기준이 된다.

2.4 선물환율

선물환거래 시 약정환율은 계약 당시 거래대상 통화의 거래기간별 은행 간 선물환율 또는 거래대상 통화의 실세현물환율에 거래기간 동안의 해당 통화 간 금리차를 반영하여 산출된 환율을 기준으로 적정범위 내에서 결정한다.

참고 5-4 **우리나라 외환시장에서의 매매기준율 결정과정**

현재 우리나라 외환시장에서 형성되는 환율은 크게 매매기준율, 외국환은행간 매매율 및 외국환은행 대고객 매매율로 구분된다. 일반적으로 언론에서 환율종가 등으로 보도되는 환율은 매매기준율이다. 매매기준율은 시장평균환율(MAR : market average rate)로 계산된다. 구체적으로 시장평균환율은 외국환거래 시 기준이 되는 환율로 외국환은행간 미 달러화 매매율을 거래량으로 가중평균한 환율을 말하는데 구체적으로는 외국환중개회사의 중개로 거래된 전 영업일의 은행간 현물환거래 환율을 거래량으로 가중평균하여 금일의 매매기준율을 산출하여 매 영업일마다 영업개시 전에 각 외국환은행에 통보한다.

시장평균환율 산출(예)

은행간 거래환율 (A)	거래량 (B)	거래금액 (C) = A × B
₩ 1210.00 : U$ 1 ₩ 1200.00 : U$ 1 ₩ 1200.50 : U$ 1	U$ 10,000 U$ 10,000 U$ 20,000	12,100,000 12,000,000 24,010,000
합계	U$ 40,000 (D)	48,110,000 (E)
시장평균환율	E / D = 48,110,000 / 40,000 = 1202.75	
기준환율	1202.80*	

* 사사오입하여 시장평균환율을 산출

한편 외국환은행간 매매율은 국내 은행간 외환시장에서 외국환은행들이 거래를 하면서 형성되는 환율을 말한다. 과거에는 매매기준율을 중심으로 상하 각각 일정범위 내로 변동폭이 제한되었으나(시장평균환율제도), 1997년 12월 16일 동 규제가 폐지됨으로써 현재는 시장에서 자유롭게 결정되고 있다(자유변동환율제도). 그리고 외국환은행 대고객 매매율은 외국환은행이 고객과의 외환거래 시 적용하는 환율이다. 1992년 7월 자율화되어 현재는 각 외국환은행이 당일자 매매기준율 및 외국환은행간 거래환율을 감안하여 자율적으로 결정하고 있다.

3. 환율정책의 목표와 수단

3.1 환율정책의 목표

환율정책의 목표는 환율제도의 선택과 밀접한 관계가 있다. 왜냐하면 환율제도에 따라 환율정책의 목표와 수단이 달라지기 때문이다. 우리나라가 관리변동환율제도를 유지했던 1980 ~ 1997년의 환율정책 목표는 명목환율의 안정보다는 경상수지 균형, 실질환율의 안정에 더 큰 비중을 두었다. 1980년대의 복수통화바스켓제도하에서는 경상수지의 균형에, 시장평균환율제도가 시행되던 기간에는 물가안정, 고용중대 등 대내균형 달성을 위한 실질환율의 안정에 환율정책의 목표가 있었다고 할 수 있다.

반면 자유변동환율제도로 이행한 후에는 환율의 급격한 변동을 완화하는 데 가장 큰 목적을 두고 있다. 이는 외환위기 이후 물가안정목표제(inflation targeting)를 도입하여 통화정책을 운용함으로써 물가목표와 환율목표를 동시에 달성하는 것이 불가능해졌기 때문이다.

한편 우리나라는 선진국에 비해 외환시장 규모가 협소하고 외부충격에 대해 환율이 민감하게 반응하는 특징을 보이고 있다. 환율변동은 수입재 가격의 변동을 통하여 국내물가에 직접적인 영향을 줄 뿐만 아니라 교역재와 비교역재의 상대가격 변화를 통하여 국내 총수요를 변화시킴으로써 간접적으로도 물가에 영향을 미친다. 또한 환율변동은 수출입상품의 가격경쟁력을 결정하는 중요한 변수로 작용하는 데다 외국자본의 유출입에도 적지 않은 영향을 주므로 경제전반에 대한 파급효과는 매우 크다고 하겠다.

이러한 점에서 환율정책의 운용은 기본적으로 외환시장에서의 수요와 공급에 따라 결정되는 시장원리를 중시해 나가되 일시적인 수급불균형이나 외부충격 등으로 환율이 급등락할 경우에는 이를 완화시키기 위해 외환당국이 시장참가자의 일원으로 개입할 필요가 있을 것이다. 아울러 환율의 시장기능을 더욱 원활히 하기 위해 외환시장의 양적·질적 발전을 도모해 나가는 것도 환율정책의 주요 목표라 할 수 있다. 외환시장의 발전은 환율의 안정, 경제주체에 대한 다양한 헤지수단 제공, 은행의 대외경쟁력 제고 등에 필수적이다.

3.2 환율정책의 수단

환율정책 목표를 달성하기 위한 대표적인 정책수단으로 외환당국의 시장개입(intervention)을 들 수 있다. 외환시장 개입이란 통화당국인 중앙은행이 환율이나 외환보유액에 영향을 주기 위하여 외환시장에서 자국통화를 대가로 외화자산을 매입 또는 매각하는 것을 말한다. 즉 외환시장 개입은 중앙은행이 은행 간 외환시장에 직접 참가하는 것을 의미하며 이 경우 국내 통화량과 외화자산의 상대적 규모를 변화시키거나 시장참가자들의 예상을 변화시켜 환율수준이나 변동성에 영향을 미치게 된다.

우리나라의 경우 외환시장 개입은 한국은행이 기획재정부와 협의하여 수행하고 있다. 변동환율제도를 채택하고 있는 우리나라는 환율이 원칙적으로 외환시장에서 자율적으로 결정되도록 하고 있으나, 일시적인 수급불균형이나 시장불안심리 등에 의해 급변동하는 경우에 한해 환율변동 속도를 조절하는 스무딩 오퍼레이션(smoothing operation)을 하고 있다. 이 경우 시장개입을 위한 원화재원으로는 한국은행 발권력이나 정부의 외국환평형기금채권 발행자금이 있으며 외화재원에는 한국은행 등이 보유·운용하고 있는 외환보유액이 있다.

예를 들어 해외로부터 국내로 대규모의 자본이 유입된다고 가정해 보자. 이 경우 국내에 유입된 외환은 투자를 위해 원화로 환전해야 하므로 국내 외환시장에는 원화에 대한 수요가 늘어나 원화가 상대적으로 부족하게 된다. 따라서 원/달러 환율은 하락(원화의 절상) 압력을 받게 된다. 이때 환율이 급격하게 하락한다면 환율변동성의 확대 등 불확실성이 증가되므로 중앙은행은 외환시장에서 원화를 대가로 미 달러화를 매입함으로써 미 달러화의 초과공급(원화의 초과수요)을 흡수하여 원화의 절상속도를 조절하게 된다. 이와는 반대로 환율이 급격하게 상승하는 경우에는 외환당국이 원화를 대가로 미 달러화를 매각하게 된다.

이처럼 외환시장 개입은 외환의 매매에 대한 반대급부로 국내 통화량에도 영향을 미치게 되므로 한국은행은 필요시 공개시장조작 등을 통하여 외환시장 개입에 따른 통화량을 흡수하고 있다. 이와 같이 외환시장 개입으로 인한 과잉통화량의 영향을 중화시키는 개입을 불태화 외환시장 개입(sterilized intervention)이라 하며, 그렇지 않은 경우를 태화 외환시장 개입(non-sterilized intervention)이라고 한다. 우리나라를 비롯한 세계 각국은 일반적으로 불태화 개입정책을 취하고 있다.

3.3 외환보유액의 운용

외환보유액(international reserves)은 급격한 자본유출 등 유사시 대외지급에 대비하기 위하여 통화당국(중앙은행 및 정부)이 외화로 보유하고 있는 일국의 최종적인 대외지급준비자산(last resort)을 말한다. 따라서 외환보유액은 항시 사용할 수 있도록 유동성 및 안전성을 최우선적으로 고려하여 운용하게 된다. 우리나라의 경우 통화당국은 중앙은행인 한국은행과 정부의 외국환평형기금[21]을 말한다. 최종적인 대외지급준비자산은 외화자금의 급속한 해외유출, 국내은행 및 기업의 해외 차입여건 악화 등으로 외환부족사태가 발생하는 경우에 대비하기 위한 자산이라는 의미다. 국제통화기금(IMF)은 1997년 아시아 외환위기 이후 외환보유액 통계공표의 투명성을 높이기 위해 외환보유액의 포괄범위에 대한 구체적 기준을 설정하여 각국이 준수토록 권고하였다("International Reserves and Foreign Currency Liquidity Guidelines", 2001, IMF).

IMF의 지침(guideline)에 따르면 외환보유액은 유동성이 있거나 시장성이 높은 자산으로 통화당국이 언제든지 사용 가능한(readily available) 대외자산을 말한다.[22] 여

---

21 자국 통화가치의 안정을 도모하고 투기적인 외화유출입에 따른 외환시장의 혼란을 방지하기 위해 정부가 직접 또는 간접으로 외환시장에 개입하여 외환을 매매하기 위하여 조성한 기금을 말한다. 이 제도는 각국에서 많이 도입하고 있는데 그 명칭은 미국에서는 외환안정기금(exchange stabilization fund), 영국에서는 외환평형기금(exchange equalization fund)이라고 부르며, 우리나라는 외국환평형기금(foreign exchange equalization fund)이라고 부르고 있다. 우리나라에서는 원화기금계정과 외화기금계정으로 구분되어 한국은행에 설치되어 있으며 기획재정부장관이 외환수급상 긴급한 사태 등 필요하다고 인정할 경우 쓸 수 있다. 외국환평형기금은 원화자금은 외환시장 안정용 국고채, 외화자금은 외국환평형기금채권(외평채)을 발행하여 조달하고 있으며 자금의 운용은 한국은행, 한국투자공사, 국내외국환은행, 외국금융기관 등에 예치 또는 대여하거나 외환매매 시 결제자금으로 사용된다.

22 외환보유액과 국제수지표의 준비자산 증감은 다 같이 통화당국이 보유하고 있는 대외자산을 대상으로 하지만 외환보유액이 일정시점에서의 잔액을 나타내는 스톡(stock)통계인 반면 준비자산 증감은 일정한 기간의 증감을 나타내는 플로우(flow)통계이다. 또한 외환보유액의 월중 증감(금월 말 현재 외환보유액 - 전월 말 현재 외환보유액)은 거래에 의한 증감(국내 외환시장에서 거래를 통한 외화자산의 매매 등)뿐만 아니라 이자수입 등 운용수익과 환율변동에 의한 증감(보유 중인 기타통화표시 외화자산의 달러표시 가치가 변동하는 경우)도 포함하는 반면 국제수지표의 준비자산 증감은 거래에 의한 증감만을 계산한다.

기서 시장성이 높은 자산이란 최소의 비용과 시간으로 매매 가능하며 매입자 및 매도자가 항상 존재하는 자산을 의미한다. 통화당국이 소유하지 않고 다른 기관이 소유한 외화자산이라도 통화당국이 통제 가능하고 유동성·시장성 등 여타 외환보유액의 기준에 부합되면 외환보유액에 포함된다. 또한 언제든지 사용 가능한 자산이란 사용하는 데 제약이 없는 자산을 말하며 대외자산이란 비거주자에 대한 청구권(claim)을 말한다.

세계 각국은 일반적으로 통화 및 환율정책 수행, 외환위기 예방, 국가신인도 제고, 자국통화의 태환성 보장, 공적 외채자금 상환 및 국제기구 출자, 그리고 국가적 재난이나 비상사태 등에 대비하기 위해 외환보유액을 보유하는데 국별 상황에 따라 그 보유목적이 다소 상이하다. 외환보유액을 보유자산 형태별로 보면 유가증권 및 예치금이 대부분을 차지하고 있다. 외환보유액의 적정수준은 각 나라의 환율제도, 자본자유화 정도 및 외채규모 등 경제여건에 따라 달라질 수 있으므로 모든 국가에 일률적으로 적용할 수 있는 보편적인 기준은 없다. IMF도 외환보유액의 적정수준을 결정하는 데 각국의 특수사정을 고려해야 한다고 강조하고 있다. 한편 외환보유액을 과다하게 보유하는 경우에는 기회비용이 따르는데 이는 외환보유액이 신용도가 높은 안전자산에 운용됨에 따라 수익성이 다소 떨어질 가능성이 있기 때문이다.

참고 5-5 **주요국의 외환보유액 현황과 외환보유액의 통화별 구성**

전 세계에서 외환보유액 규모가 큰 나라들은 아시아 국가들이 대부분이다. 2017년 8월 말 현재 외환보유액 상위 10개국 중에 아시아 국가가 7개국을 차지하였다. 우리나라는 2017년 8월 말 현재 외환보유액이 3,848억 달러로 세계 9위를 차지하였다. 또한 외환위기를 경험하였던 러시아, 브라질도 위기에 대응하기 위해 외환보유액을 지속적으로 확충하여 2017년 8월 말 현재 외환보유액 순위에서 세계 6위와 10위를 각각 차지하였다.

주요국의 외환보유액 (2017년 8월 말 현재) (단위 : 억 달러)

순위	국가	외환보유액	순위	국가	외환보유액
1	중국	30,915	6	러시아	4,240
2	일본	12,680	7	홍콩	4,138
3	스위스	7,917	8	인도	3,970
4	사우디아라비아	4,876	9	한국	3,848

순위	국가	외환보유액	순위	국가	외환보유액
5	대만	4,464	10	브라질	3,818

자료 : 한국은행

각국의 외환보유액 중에서 가장 큰 비중을 차지하는 것은 미 달러화이다. IMF의 발표에 의하면 세계 외환보유액에서 미 달러화가 차지하는 비중이 감소하는 추세지만 여전히 60%를 상회하고 있다. 우리나라의 경우도 2015년 말 기준 미 달러화 비중이 66.6%로 기타 통화(33.4%)를 압도하고 있다.

세계 외환보유액의 통화별 구성   (단위 : %)

구분	2001년	2017년 2/4
미 달러화	71.5	63.8
유로화	19.2	19.9
일본 엔화	5.0	4.6
파운드화	2.7	4.4
기타 통화	1.6	7.3

자료 : IMF, Currency Composition of Official Foreign Exchange Reserve (COFER)

참고 5-6   외채

외채란 일정시점에 일국의 거주자가 비거주자에 대해 미래 특정시점에 금융원금 또는 이자를 지급해야 하는 확정채무 잔액을 말하며 공식명칭으로는 대외채무라고 한다. 외채통계는 IMF의 특별통계공표기준(SDDS : special data dissemination standard) 적용대상으로 각국은 IMF에 외채통계를 정기적으로 보고하고 있다. 외채통계는 확정채무만을 대상으로 작성되므로 장래 불확실한 상환의무를 나타내는 우발채무는 제외하며 모든 대외 금융거래 가운데 직접투자, 주식 등과 같은 지분성 금융자산과 파생금융상품을 제외한 모든 상품을 포함한다.

외채통계는 동 자료의 활용성을 높이고 이용자들의 편의를 위해 차입주체별, 기간별, 형태별(상품별), 표시통화별 등으로 분류하여 작성하고 있다. 먼저 차입주체별로는 차입주체에 따라 일반정부, 통화당국, 은행부문 그리고 기타부문 등 4개 부문으로 분류하고 있다. 기간별로는 원만기(original maturity) 혹은 계약만기 기준으로 1년 이내이면 단기(short term), 1년 초과이면 장기(long term)로 구분하고 있다. 단기외채와 장기외채일지라도 잔여만기(remaining maturity)가 1년 이내인 채무는 유동외채로 별도 작성하고 있다. 형태별(상품별)로는 증권발행, 차입금, 현금 및 예수금, 무역신용, 기타부채, 대부투자로 분류하며 통화별로는 현재 외화 및 원화 표시 두 가지로만 구분하고 있다. 외채통계는 원칙적으로 항목별 잔액을 파악하여 편제하며 잔액통계 입수가 어려울 경우에는 실사를 통해 전년 말 잔액을 파악한 후 외환수급 또는 국제수지 통계 등에서 입수되는 flow통계를 누적하여 미 달러화 기준으로 작성한다.

외채통계 작성 시 관련통계를 백분율로 수치화해서 외채수준을 모니터링하고 외채수준의 적정여부 등을 판단하는데 그 주요 분석지표로 단기외채비율(단기외채 / 외환보유액), 유동외채비율(유동외채 / 외환보유액), 외채원리금상환부담률(debt service ratio ; 외채원리금상환액 / 경상외환수입액), 이자지급부담률(interest service ratio ; 외채이자지급액 / 경상외환수입액) 등을 사용하고 있다. 여기서 외채원리금상환액은 장기외채원금과 장단기외채 이자를 포함하며 경상외환수입액은 상품수출, 서비스수지수입, 소득수지수입을 포함한다. 한편 외채통계는 채무성상품(debt instruments)을 대상으로 작성된다는 점에서 주식과 같은 지분성상품(equity instruments)까지 포괄하여 작성하는 국제대차대조표(IIP : international investment position)와 차이가 있다.

참고 5-7   적정 외환보유액 수준

적정 외환보유액 수준에 대한 논의는 무수히 많으며 그 판정기준에 대한 의견도 다양하여 보편적인 기준을 설정하기는 어렵다는 것이 일반적인 통설이다. 특히 국별로 경제구조적인 특수성이 있기 때문에 모든 국가에 일률적으로 적용할 수 있는 절대적인 적정 외환보유액 판단기준은 없다. 국제금융기구 및 학계에서 논의되고 있는 적정수준 추정방법은 크게 지표 접근법, 비용·수익 최적화 접근법 및 행태방정식 접근법의 세 가지로 구분할 수 있다.

우선 지표 접근법은 과거 경험으로부터 잠재적인 외환지급 수요를 예상지표로 삼아 적정규모를 추정하는데 경상수입액, 단기외채, 외국인 투자자금 유입액 등이 중요한 기준이 된다. 우선 수출 및 외부차입에 의한 외화유입이 중단되는 상황을 가정할 때 최저 보유액은 일정기간(예 : 3개월) 동안 해당국의 상품 및 서비스 수입을 충당할 수 있는 수준을 적정하다고 볼 수 있다. 또한 외채의 만기연장이 중단되는 상황을 가정할 경우 적정 보유액은 외부차입금의 만기연장이 중단될 경우 이를 모두 상환할 수 있는 수준이 된다. 외국인 투자자금이 유출되는 상황을 전제할 경우에는 주식 및 채권을 포함한 외국인 투자자금 유입액의 일정비율(예 : 20% 내외)이 최소한의 외환보유액 수준이 된다.

구체적인 예를 들면 외환보유액의 최저수준에 대하여 IMF(1953)는 연간 경상지급액(상품 및 서비스 수입액)의 25%를 제시하였다. IMF(2001)는 신흥시장국이 보유하여야 할 최소 외환보유액으로 잔여만기 1년 이내 단기외채(유동외채)와 위기발생 시 유출 가능한 외화자금 규모(거주자의 자본도피 예상액)를 합한 금액을 제시하면서 각국의 특수성을 고려해야 한다고 지적하였다. IMF는 적정 외환보유액의 기준으로 2011년 '(유동외채의 30% + 외국인투자잔액의 10% + M2의 5% + 수출액의 5%) × 100 ~ 150%'를 제시하였다가 2013년에는 외국인투자잔액 기준을 10%에서 15%로 올렸다. BIS(2004)는 '3 ~ 6개월 동안의 평균 수입액 + 유동외채 + 외국인 주식투자자금 유출규모 + 국내은행 외화예금 인출규모 + 현지금융'을 최저한도로 제시하고 있다.

최적화 접근법은 외환보유에 따른 비용·수익을 균형화시키거나 효용 극대화 또는 비용 최소화의 조건으로부터 외환보유액의 수요함수를 도출하여 적정규모를 추정한다. 예를 들어 우리나라의 경우 외환보유액 보유에 따른 수익은 미국채 등에 투자하면서 발생하는 이자수익 등 외환보유액 운용수익과 외환보유액에 따른 유무형의 이익(예 : 국가신용도 상승이나 외환위기 예방 등) 등이 있다. 반면 외환보유액 보유로 인해 발생하는 비용으로는 국내통화량 증가를 흡수하기 위하여 통화안정증권을 발행하는 데 따르는 이자비용, 안정성·유동성이 중시되는 외환보유액이 고위험·고수익 자산에 투자되지 않는데 따른 대체투자 상실비용(기회비용) 등이 있다. 이러한 외환보유에 따른 순비용(총비용 – 총수익)을 최소화하는 선에서 적정규모를 추정한다.

마지막으로 행태방정식 접근법은 외환보유액 수요함수로부터 행태방정식을 추정하여 계량적으로 적정규모를 산출한다.

요약

1. 우리나라의 외환시장에는 개인, 기업, 정부 및 외국인으로 구성된 고객, 외국환은행, 중개회사, 그리고 외환당국 등이 참가하고 있다. 은행간시장은 외국환은행 간에 외환거래가 이루어지는 시장으로 '외국환거래법'에 의거 외국환업무 취급인가를 받은 외국환은행과 한국은행, 그리고 외국환중개회사가 참여하고 있다. 대고객 외환시장은 외국환은행이 수출입업체, 보험사 등 비은행금융기관, 연기금, 정부 및 여행자 등 고객과 외환을 매매하는 시장이다.

2. 선물환거래는 일방적인 선물환 매입 또는 매도 거래만 발생하는 outright forward거래와 선물환거래가 스왑거래의 일부분으로서 일어나는 swap forward거래로 구분된다. outright forward거래는 다시 만기시점에 실물의 인수도가 일어나는 일반선물환거래와 만기시점에 실물의 인수도 없이 차액만을 정산하는 차액결제 선물환(NDF)거래로 구분된다.

3. 우리나라의 외화자금시장은 외환 및 통화스왑시장, 외화콜시장, 단기 기간물 대차시장 등으로 구성되어 있다. 외환스왑은 거래 양 당사자가 현재의 계약환율에 따라 서로 다른 통화를 교환하고 일정기간 후 최초 계약시점에서 정한 선물환율에 따라 원금을 재교환하는 거래이다. 외환스왑거래는 거래방향이 서로 반대되는 현물환과 선물환거래 또는 만기가 다른 선물환과 선물환 거래를 동시에 행하는 일종의 환포지션 커버 거래의 성격을 가진다. 거래동기는 자금조달, 환리스크 관리, 금리차익 획득 및 금리변동을 이용한 투기적 목적 등으로 구분할 수 있다. 외환스왑거래에 있어 매입·매도는 원일물(far date)거래를 기준으로 구분되는데 외환스왑 매입은 근일물을 매도하고 원일물을 매입하는 sell & buy swap거래를, 외환스왑 매도는 근일물을 매입하고 원일물을 매도하는 buy & sell swap거래를 말한다.

4. 통화스왑(CRS)은 양 당사자 간에 서로 다른 통화를 교환하고 일정기간 후 원금을 재교환하기로 약정하는 거래로서 계약기간 동안 정기적으로 이자를 교환하는 점에

서 외환스왑과 차이가 있다. 외환스왑이 주로 1년 이하의 단기자금 조달 및 환리스크 헤지 수단으로 이용되는 반면 통화스왑은 주로 1년 이상의 중장기 환리스크 및 금리리스크 헤지 수단으로 이용된다. 원/달러 통화스왑거래에서 통화스왑(CRS)금리는 원화를 수취한 거래자가 지급하는 원화 고정금리로서, 외화자금에 대한 수요나 국가신용위험 수준 등에 따라 변동한다. 원/달러 CRS거래는 CRS receive와 CRS pay로 구분되는데, 스왑 개시일에 미 달러화를 수취(원화를 지급)하고 계약기간 동안 원화 고정금리를 수취(미 달러화 변동금리인 Libor를 지급)하는 거래를 CRS receive, 반대의 거래를 CRS pay라고 한다. CRS금리는 국내 외화자금사정 변화를 반영하는데, 외화자금 수요(CRS receive)가 증가하거나 국가신용위험이 높아지면 하락한다.

5. 외화콜이란 은행 간에 외화를 초단기로 대차하는 거래로서 통상 30일 이내의 외화 대차거래를 의미한다. 외화콜 대여는 외화콜론, 외화콜 차입은 외화콜머니라 부른다. 은행들은 수출입대금 결제, 외화대출 등의 대고객거래, 외화매매거래나 외화증권 발행 · 상환 등에 따라 일시적으로 발생한 외화자금 과부족 조정을 위해 외화콜거래에 참가한다. 외화 단기대차시장은 은행들의 해외 장기차입 및 운용, 대고객거래 등 각종 거래로 인한 외화 과부족을 조정하기 위하여 1년 이내에 외화의 대여와 차입 거래가 이루어지는 시장이다.

6. 통화선물거래는 계약 시 약정된 가격으로 미래 일정시점에 특정통화를 매입 · 매도한다는 점에서 선물환거래와 유사하다. 그러나 거래단위, 결제월, 최소 가격변동폭 등 거래조건이 표준화되어 있고, 선물거래소의 청산소가 거래계약의 이행을 보증하며 매일매일 거래대상 통화의 가격변동에 따른 손익을 정산하는 일일정산제도, 계약불이행 위험에 대비하기 위한 이행보증금 성격의 증거금 예치제도 등이 있다는 점이 다르다. 또한 선물환거래는 만기일에 실물 인수도가 이루어지지만 통화선물거래는 최종 결제일 이전에 대부분 반대거래를 통하여 차액을 정산한다.

7. 통화옵션거래는 미래의 특정시점에 특정통화(기초자산)를 미리 약정한 가격(행사가격)으로 사거나(call option) 팔(put option) 수 있는 권리를 매매하는 거래로, 거

래소와 장외시장에서 모두 거래된다. 통화옵션거래 시 옵션매입자는 대상통화를 매매할 수 있는 권리를 사는 대가로 옵션매도자에게 프리미엄(옵션가격)을 지급하고 이후 환율변동에 따라 자유롭게 옵션을 행사하거나 권리를 포기할 수 있다. 반면 옵션매도자는 옵션매입자가 권리를 행사할 경우 계약을 이행해야 하는 의무를 가진다.

8. 신용파생상품은 대출금, 채권 등과 같이 차입자나 발행자의 신용에 따라 가치가 변동하는 기초자산의 신용위험을 분리하여 이를 다른 거래상대방에게 이전하고 그 대가로 프리미엄을 지급하는 금융상품을 말한다. 신용파생상품은 기초자산 위험의 종류, 신용사건의 내용 등에 따라 신용파산스왑(CDS), 총수익스왑(TRS), 신용연계채권(CLN), 신용옵션(CSO) 및 합성담보부증권(CDO) 등 다섯 가지 거래로 구분할 수 있다.

9. 우리나라의 환율제도는 고정환율제도(1945년 10월 ~ 1964년 4월), 단일변동환율제도(1964년 5월 ~ 1980년 2월), 복수통화바스켓제도(1980년 2월 ~ 1990년 2월), 시장평균환율제도(1990년 3월 ~ 1997년 12월), 자유변동환율제도(1997년 12월 ~ 현재) 순으로 변천되어 왔다. 우리나라의 환율은 기준환율(시장평균환율)이 매일 실시간으로 산정되고 외국환은행은 기준환율과 은행간 매매율을 감안하여 대고객 매매율을 결정한다. 기준환율(매매기준율)은 외국환은행과 고객과의 외환거래나 은행 간 외환거래의 기준이 되는 원화와 미달러화 간 환율을 말하며, 당일자 기준환율은 모든 외국환은행이 외국환중개회사를 통하여 서래한 원화-미달러의 전일결제 현물환거래매매율을 거래량으로 가중 평균하여 산출한다.

10. 우리나라의 경우 외환시장 개입은 한국은행이 정부(기획재정부)와 협의하여 수행하고 있다. 변동환율제도를 채택하고 있는 우리나라는 환율이 원칙적으로 외환시장에서 자율적으로 결정되도록 하고 있으나, 일시적인 수급불균형이나 시장불안심리 확산 등에 따른 환율의 급변동 시 변동속도를 조절하는 스무딩 오퍼레이션 차원에서 개입을 하고 있다. 외환시장 개입을 위한 원화재원으로는 한국은행 발권력이나 정부의 외국환평형기금채권 발행자금이 있으며 외화재원에는 한국은행 등이 보유·운용하는 외환보유액이 있다.

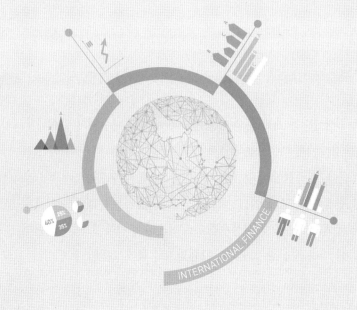

CHAPTER

6

거시경제정책과
환율변동

제1절 개방경제하의 총수요

개방경제하에서 일국에서 생산되는 재화 및 용역은 자국과 해외 경제주체의 수요에 의해 결정된다. 따라서 개방경제에서 총수요는 국내생산 재화 및 용역에 대한 국내수요와 해외수요의 총액을 나타낸다. 이러한 일국의 재화 및 용역에 대한 총수요는 단기적으로 그 나라의 총생산규모를 결정한다. 장기적으로 국내생산은 노동, 자본과 같은 생산요소의 국내공급에 의해서 결정되어 완전고용 생산수준으로 접근하게 된다. 그렇지만 단기적으로는 총수요의 변화에 따라 생산요소가 과잉고용되거나 과소고용될 수 있다.

1. 총수요의 결정

일국의 총생산은 국민소득을 발생시키는 네 가지 유형의 지출, 즉 소비, 투자, 정부지출 그리고 경상수지의 합으로 구성된다. 이에 부합하여 개방경제의 생산에 대한 총수요 (AD)는 소비수요(C), 투자수요(I), 정부수요(G), 그리고 순수출수요, 즉 경상수지 (CA)의 합으로 나타낸다.

이와 같이 총수요를 구성하는 각 항목은 여러 가지 요인에 의해 변동되는데 여기서는 분석의 편의상 소비수요(C)가 가처분소득($Y-T$)에 의해 결정되고 경상수지는 실질환율($S \cdot P^*/P$)과 가처분소득에 의해 결정되며 정부수요(G)와 투자수요(I)는 주어진 것으로 가정하기로 한다.

$$AD = C(Y-T) + I + G + CA\left(\frac{S \cdot P^*}{P},\ Y-T\right) \qquad \text{식 (6-1)}$$

Y : 소득

T : 조세

이제 가처분소득과 실질환율의 변동이 총수요에 미치는 영향을 살펴보기로 하자. 먼저 가처분소득($Y-T$)의 변동이 총수요에 미치는 영향은 가처분소득의 변동에 따른 소비와 경상수지의 변동을 통해 나타난다. 일반적으로 가처분소득과 소비수요는 정(+)

의 관계를 가지고 있다. 즉 가처분소득이 증가하면 소비수요도 증가하게 된다. 하지만 소비수요는 가처분소득의 증가보다 적게 증가하는 것이 일반적이다. 한편 가처분소득이 증가하면 외국으로부터의 수입이 늘어나 경상수지는 악화된다. 이와 같이 가처분소득의 증가는 소비수요의 증가를 가져오지만 다른 한편으로 순수출의 감소(경상수지 악화)를 초래하기 때문에 가처분소득이 총수요에 미치는 영향은 명확하지 않다. 다시 말해서 서로 반대방향으로 작용하는 소비수요 변동효과와 순수출 변동효과의 크기에 따라 총수요에 미치는 효과의 방향이 결정되는 것이다.

다음으로 실질환율의 변동이 경상수지와 총수요에 미치는 영향을 살펴보자. 실질환율($S \cdot P^*/P$)의 변동이 경상수지에 미치는 효과는 실질환율 변동이 수출과 수입에 미치는 효과를 결합한 것이다. 먼저 실질환율 변동이 수출에 미치는 효과를 살펴보면, 실질환율 $S \cdot P^*/P$ 가 상승할 경우 자국재화가 외국재화에 비하여 상대적으로 저렴해지며 이에 따라 자국재화에 대한 외국의 수요가 증가하게 된다. 결과적으로 수출이 늘어나고 경상수지는 개선된다. 이와 같이 실질환율 변동이 수출에 미치는 효과는 비교적 명확하다고 할 수 있다.

이에 비하여 실질환율의 변동이 수입에 미치는 영향은 다소 복잡하다. 실질환율이 상승하는 경우 외국재화가 국내재화에 비하여 상대적으로 비싸지기 때문에 외국재화에 대한 국내수요는 감소하게 된다. 하지만 외국재화에 대한 국내수요 감소가 반드시 자국생산물의 단위로 표시되는 수입액의 감소를 의미하지는 않는다. 실질환율 $S \cdot P^*/P$ 의 상승은 자국생산물의 단위로 표시된 수입품의 가치를 상승시키기 때문에 실질환율 $S \cdot P^*/P$ 의 변동이 경상수지에 미치는 효과는 불확실하다.

실질환율의 상승에 따른 경상수지의 개선여부는 수출물량 증가 및 수입물량 감소효과 중 어느 것이 큰가에 달려 있다. 여기서는 실질환율의 상승에 따른 물량효과가 가격효과보다 커서 실질환율이 상승하면 수출액이 증가하고 수입액이 감소함으로써 경상수지가 개선된다고 가정한다.[1] 이와 같은 가정을 전제로 실질환율의 상승은 경상수지 개선

1　이러한 가정은 수출 및 수입수요가 실질환율에 대해서 탄력적이라는 마샬-러너 조건(Marshall-Lerner condition)을 전제로 한다. 마샬-러너 조건에 대해서는 제7장 참조.

을 통하여 총수요를 증대시키게 된다. 반대로 실질환율이 하락하게 되면 경상수지 악화를 통하여 총수요는 감소하게 된다.

2. 실질소득과 총수요

총수요를 나타내는 식 (6-1)을 실질환율, 가처분소득, 투자수요, 그리고 정부지출의 함수형태로 표시하면 아래와 같다.

$$AD = AD\left(\frac{S \cdot P^*}{P}, \ Y - T, \ I, \ G\right) \qquad \text{식 (6-2)}$$

앞에서 살펴본 바와 같이 실질환율과 가처분소득이 변동하면 다소 복잡한 과정을 거쳐 총수요가 변동하게 된다. 또한 투자수요 및 정부지출의 변동도 총수요에 영향을 미치게 된다. 이제 논의의 편의를 위해서 실질소득 Y를 제외한 모든 변수들이 변동하지 않는다고 가정하고 실질소득(Y)과 총수요(AD)의 관계를 살펴보기로 하자.

[그림 6-1]에서 보는 바와 같이 실질소득이 증가하면 총수요도 증가하게 된다. 하지만 총수요는 최초 실질소득의 증가분보다 낮은 비율로 증가한다고 할 수 있다. 즉 실질소득이 증가하면 실질소득 증가분의 일부가 소비증가로 나타나는데 이 중 일부분은 수입품에 대한 지출로 이어진다. 따라서 실질소득의 증가가 자국생산을 위한 총수요에 미치

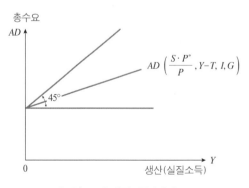

[그림 6-1] 실질소득과 총수요

는 효과는 실질소득 증가에 수반되는 소비수요의 증가보다 작으며 또한 소비수요 증가 규모는 최초 실질소득 증가규모보다 작다고 할 수 있다. 이와 같은 관계는 [그림 6-1]에서 AD의 기울기가 1 보다 작게 표시함으로써 나타낼 수 있다.

제2절 환율과 생산수준

1. 재화시장과 환율

1.1 실질생산의 결정

재화시장은 총수요와 총공급이 일치할 때 균형을 이룬다. 즉 실질생산 Y 가 국내생산에 대한 총수요 AD 와 일치할 때 재화시장은 균형을 이룬다.

$$Y = AD\left(\frac{S \cdot P^*}{P}, \ Y - T, \ I, \ G\right) \qquad \text{식 (6-3)}$$

여기서 실질생산과 총수요 간의 관계는 재화 및 용역의 가격이 고정되어 있다는 가정을 전제로 하기 때문에 단기적인 관점에서 분석한 것이다. 이와 같은 단기적인 관점에서의 실질생산 결정은 [그림 6-2]를 통하여 설명할 수 있다. [그림 6-2]에서 총공급(Y)과 총수요(AD)가 만나는 a 점에서 단기적인 균형이 이루어진다. 즉 Y_1의 생산이 이루어질 때 단기적으로 재화시장이 균형을 이루게 된다. Y_2의 생산수준을 나타내는 점 b 에서는 총수요가 생산을 초과하여 초과수요가 존재하기 때문에 생산이 증가하게 된다. 생산은 Y_1 수준에 이를 때까지 증가하여 점 a 에서 균형에 도달하게 된다. Y_3의 생산수준을 나타내는 점 c 에서는 초과공급이 존재하고 비자발적인 재고가 쌓이게 된다. 재고가 누적됨에 따라 기업들은 Y_1 수준에 이를 때까지 생산을 줄이게 되며 결과적으로 경제는 점 c 에서 균형을 나타내는 점 a 로 이동하게 된다.

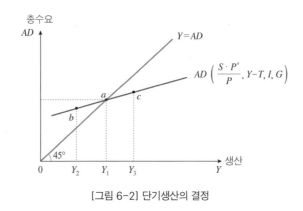

[그림 6-2] 단기생산의 결정

1.2 재화시장의 균형

이제 이와 같은 실질생산의 결정과정을 토대로 하여 재화시장의 균형을 가져오는 환율과 실질생산이 어떠한 관계를 가지는지 살펴보기로 하자. [그림 6-3]은 국내외 물가수준이 일정할 때 자국통화의 절하가 생산에 미치는 효과를 나타낸다.

국내외 물가수준이 일정할 때 명목환율이 S_1에서 S_2로 상승하면 외국의 재화 및 용역은 자국의 재화 및 용역에 비해서 상대적으로 비싸게 된다. 이에 따라 총수요곡선이 AD_1에서 AD_2로 이동하여 자국의 재화와 용역에 대한 총수요가 증가하고 재화시장이 균형을 이루는 생산수준도 Y_1에서 Y_2로 증가하게 된다.

이와 같이 국내외 물가수준이 일정하다는 가정 아래서 명목환율의 변동은 총수요와 생산수준에 영향을 미치는데 이러한 관계를 이용하여 단기적으로 재화시장의 균형을 가져오는 명목환율과 생산수준의 조합을 도출할 수 있다. [그림 6-4]의 윗부분에서 보는 바와 같이 명목환율이 S_1에서 S_2로 상승(절하)하면 재화시장의 균형을 가져오는 생산수준도 Y_1에서 Y_2로 증가하게 된다. 즉 [그림 6-4]의 아랫부분에서 재화시장이 균형을 이루는 명목환율과 생산수준의 조합이 a 점(S_1, Y_1)에서 b 점(S_2, Y_2)으로 이동되며 이와 같은 점들은 우상향하는 DD 곡선으로 나타낼 수 있다.

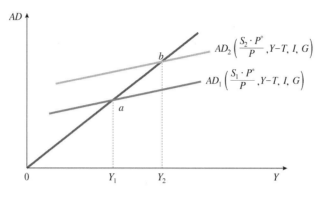

[그림 6-3] 자국통화 절하가 생산에 미치는 효과

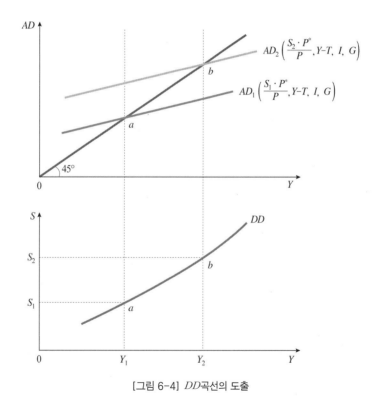

[그림 6-4] DD곡선의 도출

한편 DD곡선은 재정지출(G), 투자(I), 또는 조세(T)가 변동함에 따라 이동하게 된다. 즉 재정지출과 투자가 증가하면 DD곡선은 우측으로 이동하며 이와는 반대로 조세가 증가하면 좌측으로 이동하게 된다. [그림 6-5]는 명목환율이 고정되어 있을 때 정부지출의 증가가 DD곡선에 미치는 효과를 보여 주고 있다. [그림 6-5]에서 고정된 명목환율 S_0하에서 정부지출이 G_1에서 G_2로 증가하면 총수요가 AD_1에서 AD_2로 증가하게 된다. 이에 따라 재화시장의 균형을 나타내는 DD곡선은 D_1D_1에서 D_2D_2로 우측으로 이동하게 된다.

또한 명목환율 S와 해외물가 P^*가 일정한 상태에서 P가 상승하면 순수출의 감소로 총수요가 줄어들게 되고 이에 따라 균형생산수준이 감소함으로써 DD곡선은 좌측으로 이동한다. 이와는 대조적으로 명목환율과 국내물가(P)가 일정한 상태에서 P^*가 상승하면 순수출의 증가로 총수요의 증가와 균형생산의 증가가 수반되므로 DD곡선은 우측으로 이동하게 된다.

이와 같이 총수요를 증가시키는 요인들은 DD곡선을 우측으로 이동시키는 반면 총수요를 감소시키는 요인들은 DD곡선을 좌측으로 이동시킨다.

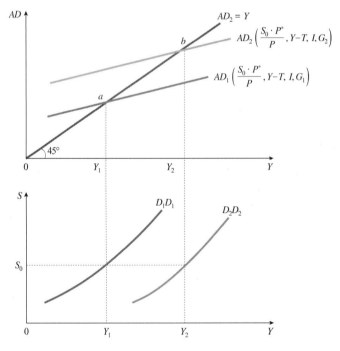

[그림 6-5] 정부지출 증가에 따른 DD곡선의 이동

2. 자산시장과 환율

앞에서는 재화시장의 균형을 가져오는 환율과 생산수준의 관계를 살펴보았다. 하지만 경제 전체가 균형을 달성하기 위해서는 재화시장뿐 아니라 자산시장도 균형을 이루어야 한다. 자산시장의 균형은 국내통화시장과 외환시장의 균형을 의미한다. 이러한 점에서 이제부터 국내통화시장과 외환시장의 균형을 가져오는 환율과 생산수준 간의 관계를 살펴보기로 한다.

외환시장은 금리평가조건이 성립하면 균형을 이룬다. 즉 국내금융자산의 기대수익률과 외국금융자산의 기대수익률이 일치할 때 외환시장은 균형을 이룬다. 또한 금리평가관계에 사용되는 금리는 국내 실질통화수요와 실질통화공급이 같아져 국내통화시장이 균형을 이루는 수준에서 결정된다. 이와 같이 외환시장과 국내통화시장이 동시에 균형을 이룰 때 균형환율과 균형생산수준이 결정된다. 여기서 분석의 초점이 국내결제에 있으므로 외국의 금리는 주어진 것으로 가정한다.

먼저 미래의 예상환율이 S^e로 주어지면 금리평가조건은 아래와 같이 나타낼 수 있다.

$$i = i* + \left(\frac{S^e - S}{S} \right) \qquad\qquad \text{식 (6-4)}$$

식 (6-4)에서 국내금리(i)는 금리평가조건을 만족시킴과 동시에 실질통화수요와 실질통화공급이 균형을 이루도록 하는 역할을 수행한다.

$$\frac{M_s}{P} = L(y, r) \qquad\qquad \text{식 (6-5)}$$

[그림 6-6]은 생산수준(Y_1), 자국의 명목통화공급(M_s), 자국의 물가수준(P), 외국금리($i*$), 그리고 예상환율(S^e)이 주어져 있을 경우 S_1에서 국내통화시장과 외환시장이 균형을 이룸을 나타내고 있다. [그림 6-6]의 아랫부분에서 생산수준이 Y_1, 실질통화공급이 $\overline{M_s}/P$일 때 국내통화시장이 균형을 이루는 금리수준은 i_1이다. 이때 외환시장의 균형을 가져오는 환율수준 즉 국내외자산의 기대수익률을 동일하게 하는 환율수준은 S_1이다.

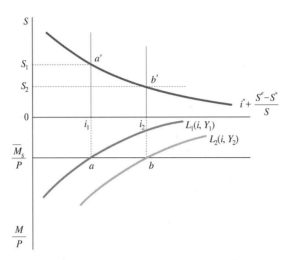

[그림 6-6] 자국통화시장과 외환시장의 균형

생산이 Y_1에서 Y_2로 증가하면 실질통화수요가 $L_1(i,\ Y_1)$에서 $L_2(i,\ Y_2)$로 우측으로 이동하고 이에 따라 국내의 균형금리가 i_1에서 i_2로 상승하게 된다. 예상환율(S^e)과 외국이자율(i^*)이 일정하게 주어진 상태에서 국내이자율이 상승하면 외환시장의 균형을 가져오는 환율수준은 하락하게 된다. 즉 환율수준이 S_1에서 S_2로 하락하는 b점에서 외환시장은 새로운 균형을 이루게 된다. 결국 자산시장의 균형을 유지하기 위해서는 생산의 증가는 자국통화의 절상(환율의 하락)을 수반하여야 하며 생산의 감소는 자국통화의 절하(환율의 상승)를 수반하여야 한다.

이제 자국통화시장과 외환시장이 동시에 균형을 이루는 환율과 생산수준의 관계는 [그림 6-7]의 AA곡선과 같이 나타낼 수 있다. [그림 6-6]에서 본 바와 같이 생산수준이 Y_1에서 Y_2로 증가하면 자산시장의 균형을 가져오는 환율수준이 S_1에서 S_2로 하락하므로 AA곡선은 우하향하는 선으로 나타낼 수 있다.

자산시장의 균형을 나타내는 AA곡선은 국내통화공급(M_s) 및 국내물가(P) 변동, 미래예상환율(S^e) 및 외국금리(i^*)의 변동, 그리고 실질통화수요(L)의 변동 등에 의해서 이동된다. 먼저 실질통화공급이 증가하면 이자율이 하락하여 국내통화시장은 균형을 이루고 국내이자율의 하락에 따른 환율상승으로 외환시장도 균형을 이루게 된다. 따라서 명목통화공급 증가 또는 국내물가 하락으로 실질통화공급이 증가하게 될 경우 AA곡선은 상향이동 하게 된다.

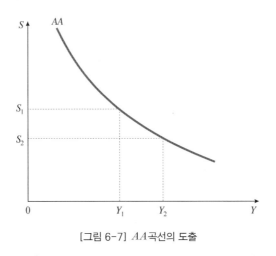

[그림 6-7] AA곡선의 도출

예상환율이 상승하게 되면 AA곡선은 상방으로 이동하여 환율이 상승하게 되며 그에 따라 이자율 평가조건이 성립하게 된다. 또한 외국이자율이 상승하는 경우 역시 AA곡선이 상향이동 하게 된다. 즉 국내이자율이 불변인 상태에서 외국이자율이 상승하여 외국자산의 기대수익률이 높아지면 자국통화가 절하되어야만 이자율 평가조건이 성립한다. 한편 실질통화수요가 감소하는 경우에도 AA곡선은 상향으로 이동하게 된다.

3. 개방경제의 단기균형

앞에서 물가수준이 단기적으로 불변이라는 가정 아래서 개방경제의 재화시장과 자산시장의 균형을 가져오는 생산수준과 환율의 조합인 DD곡선과 AA곡선을 도출하였다. 경제 전체의 단기균형은 재화시장과 자산시장이 동시균형을 이룰 때 달성된다. 즉 [그림 6-8]에서 보는 바와 같이 DD곡선과 AA곡선이 만나는 점 a에서 재화시장의 총수요와 총공급이 일치함으로써 경제 전체의 단기균형이 달성되며 이때 균형생산 및 환율수준은 Y_1과 S_1으로 결정된다.

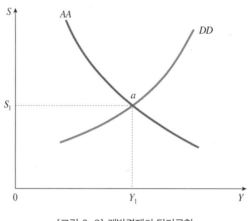

[그림 6-8] 개방경제의 단기균형

이제 단기균형점 a 가 안정적인가를 살펴보기로 하자. 이를 위하여 [그림 6-9]에서 보는 바와 같이 경제가 재화시장 및 자산시장의 균형에서 벗어난 b 점에 위치하고 있다고 가정하고 경제가 균형점 a 로 복귀하는 경향이 있는지를 살펴보기로 한다. 먼저 b 점이 AA곡선보다 위에 위치하여 환율수준이 자산시장의 균형을 가져오는 수준보다 높기 때문에 금리평가를 유지하기 위해 환율이 절상될 것으로 예상된다. 환율의 절상이 예상된다는 것은 외국자산의 기대수익률이 자국자산의 기대수익률보다 낮다는 것을 의미하므로 외환시장에서는 자국통화에 대한 초과수요가 발생한다. 또한 b 점은 DD곡선의 위에 위치하므로 재화시장에서도 초과수요가 발생한다. 이는 환율이 재화시장이 균형을 이루는 수준보다 높아 자국재화의 가격수준이 외국재화에 비해 상대적으로 낮기 때문이다.

[그림 6-9]에서 외환시장의 자국통화에 대한 초과수요로 인해 환율이 S_2에서 S_3로 하락하여 국내외 자산의 기대수익률이 같아지게 되면 자산시장은 균형을 회복하고 경제는 c 점으로 이동한다. 그러나 c 점에서 재화시장의 초과수요는 여전히 존재한다. 이를 반영하여 기업들이 생산을 늘리게 되면 경제는 AA곡선을 따라 총수요와 총공급이 일치하는 점 a 로 이동하게 된다. b 점에서 a 점으로 이동하는 과정에서 자산시장에서의 가격조정은 즉각적으로 이루어지지만 생산이 조정되는 데 상당한 시간이 소요되는 것이 일반적이다. 따라서 생산수준이 변동하는 도중에도 자산시장은 계속 균형상태를

유지하게 된다.

한편 경제가 AA곡선을 따라 c 점에서 a 점으로 이동하면 생산증가로 통화수요가 증가하고 이에 따라 이자율이 상승하기 때문에 환율은 하락하게 된다. 즉 미래의 자국통화 예상절상률을 낮추고 금리평가를 유지하기 위하여 [그림 6-9]에서 환율수준이 S_3에서 S_1으로 하락한다. 일단 경제가 DD곡선상의 a 점에 도달하면 총수요가 생산과 일치하고 생산자는 더 이상 비자발적인 재고 소모에 직면하지 않게 된다. 따라서 a 점은 자산시장뿐 아니라 재화시장이 균형을 이루는 유일한 균형점으로 a 점에서 경제는 안정적 균형을 이룬다.

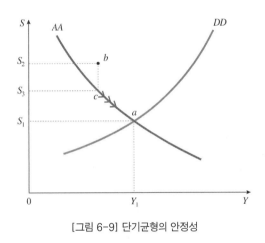

[그림 6-9] 단기균형의 안정성

제3절 거시경제정책과 환율변동

1. 일시적 거시경제정책 변화 효과

앞에서 개방경제의 단기균형이 어떻게 달성되는가를 살펴보았는데 여기서는 통화 및 재정 정책변화가 생산과 환율에 어떠한 영향을 미치는가를 분석해 보기로 한다.

우선 통화 및 재정 정책변수가 일시적으로 변화하는 경우의 효과를 살펴보기로 한다. 정책변수의 일시적 변화라 함은 모든 경제주체들이 해당정책변수가 조만간 변동되

기 이전의 수준 또는 다른 수준으로 변동될 것으로 기대하는 것을 의미한다. 여기서 예상
환율은 장기균형환율[2]과 동일한 것으로 가정하고 일시적인 정책변수의 변화는 예상환
율에 아무런 영향을 미치지 못하는 것으로 가정한다. 또한 일시적인 거시경제정책 변화
의 효과를 분석하기 위해서 외국의 이자율(i^*)과 물가수준(P^*), 그리고 국내물가(P)
가 단기적으로 고정된 것으로 가정한다.

1.1 통화정책 변화 효과

일시적인 통화정책 변화 효과를 [그림 6-10]을 통하여 알아보자. [그림 6-10]에서 자국의
통화공급이 일시적으로 증가하면 국내이자율이 불변인 상태에서 자산시장 균형곡선은
A_1A_1에서 A_2A_2로 이동하지만 재화시장 균형곡선 DD는 움직이지 않는다. AA곡선
이 A_2A_2로 상방으로 이동함에 따라 단기균형점은 $a(Y_1,\ S_1)$에서 $b(Y_2,\ S_2)$로 이동하
게 된다. 결국 일시적인 통화공급 증가는 환율을 상승(자국통화 절하)시키고 생산수준
을 증가시킨다.

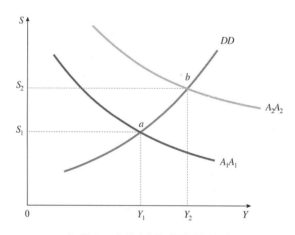

[그림 6-10] 일시적 통화공급 증가효과

---

2 완전고용이 달성되고 물가가 완전히 조정된 상태에서 자산·재화시장이 균형을 이루는 환율수준을 의미.

통화공급의 일시적 증가는 다음과 같은 과정을 거쳐 환율상승과 생산증가를 초래한다. 먼저 최초의 소득수준이 Y_1이고 물가수준이 고정되어 있다고 하면 통화공급 증가는 국내금리(i)를 하락시킨다. 여기서는 통화공급 변동이 일시적이며 예상환율(S^e)에 영향을 미치지 않는 것으로 가정하고 있으므로 통화공급 증가에 따른 국내금리 하락에 대응하여 금리평가를 유지하기 위해서는 환율이 즉시 S_1에서 S_2로 상승하여야 한다. 즉 국내금리가 하락하기 전에 예상했던 것보다 자국통화가 더욱 빠른 속도로 절상할 것이라는 기대를 형성하기 위해서 환율이 즉각적으로 상승하게 된다. 그러나 통화의 즉각적인 절하로 자국재화가 외국재화에 비하여 저렴해지기 때문에 자국재화에 대한 총수요가증가하고 이에 따라 생산도 DD곡선을 따라 증가하게 된다.

1.2 재정정책 변화 효과

재정정책은 정부지출의 증감 또는 조세의 증감을 통해서 총수요를 변동시키며 이에 따라 DD곡선이 이동한다. [그림 6-11]은 정부지출이 일시적으로 증가하였을 때 단기적으로 경제에 미치는 영향을 보여 주고 있다. 경제가 최초 a 점에서 균형을 이루고 있을 때 정부가 재정지출을 일시적으로 증대시키면 DD곡선이 D_1D_1에서 D_2D_2로 우측이동하고 b 점에서 새로운 균형이 이루어진다. 즉 일시적인 정부지출 증가는 생산을 Y_1에서 Y_2로 증가시키고 환율을 S_1에서 S_2로 하락(자국통화 절상)시키게 된다.

이제 단기균형이 a 점에서 b 점으로 이동하는 과정을 구체적으로 살펴보기로 하자. 우선 정부지출의 증가는 생산의 증가를 가져오고 생산의 증가에 따라 거래적 통화수요가 증가한다. 명목통화공급과 물가수준이 고정된 상태에서 통화수요가 증가하면 국내금리가 상승하게 된다. 예상환율과 외국금리가 고정된 가운데 국내금리가 상승하면 외국금융자산에 비하여 국내금융자산의 기대수익률이 높아지게 되는데 이와 같은 기대수익률 차이가 해소되고 금리평가가 유지되기 위해서는 환율이 하락하여야 하는 것이다.

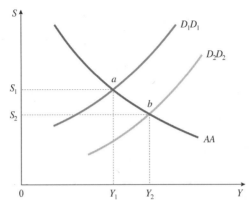

[그림 6-11] 일시적 재정지출 증가효과

2. 항구적 거시경제정책 변화 효과

통화 및 재정정책의 항구적 변화는 통화공급, 정부지출, 조세 등 정책수단의 현재가치뿐 아니라 장기환율에도 영향을 미치며 장기환율의 변화는 다시 장래환율에 대한 예상에 영향을 미친다. 이와 같은 예상환율의 변화는 단기적인 환율수준 즉 현재환율에도 영향을 미치기 때문에 항구적인 정책변화의 효과는 일시적인 정책변화의 효과와 크게 다르다. 여기서는 항구적인 통화 및 재정정책 변화가 경제에 미치는 장단기 효과를 살펴보기로 한다.

정책변화의 장기효과를 보다 명확히 나타내기 위하여 경제는 최초에 장기균형상태에 있으며 정책변수의 변화를 제외한 여타 조건은 변화가 없다고 가정한다. 이러한 가정은 당초 경제가 완전고용생산 및 장기균형환율 수준을 나타내는 장기균형상태에 위치하고 이에 따라 예상환율이 불변인 상태임을 의미한다. 장기균형상태에서는 현재의 환율과 예상환율이 일치하므로 금리평가조건에 의해 자국과 외국의 이자율은 동일하게 된다.

2.1 통화정책 변화 효과

먼저 항구적인 통화공급 증가가 경제에 미치는 단기효과는 [그림 6-12]를 통하여 설명할 수 있다. 통화공급이 증가하면 자산시장 균형선 AA는 A_1A_1에서 A_2A_2로 우측으로 이동하게 된다. 그런데 통화공급의 증가가 항구적일 경우에는 예상환율에도 영향을 미친다. 즉 통화공급의 항구적 증가는 현재환율을 비례적으로 상승시키며 결과적으로 예상환율이 통화공급 증가에 비례하여 상승하게 된다. 따라서 통화공급 증가가 항구적인 경우 [그림 6-12]에서 보는 바와 같이 통화공급 증가가 일시적인 경우에 비하여 AA 곡선의 이동폭이 확대되고 환율의 상승폭과 생산의 증가폭이 커지게 된다.

이를 구체적으로 살펴보면 통화공급 증가가 항구적으로 이루어질 때 b 점에서 새로운 단기균형이 이루어지는데 이때의 생산수준(Y_2)과 환율수준(S_2)은 통화공급 증가가 일시적인 경우의 단기균형점(c 점)에 비하여 모두 높게 나타나는 것이다.

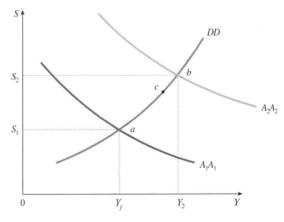

[그림 6-12] 항구적 통화공급 증가의 단기효과

통화공급의 증가가 항구적으로 이루어지기 때문에 중앙은행의 정책에 의하여 A_2A_2 에서 A_1A_1 으로 복귀하지 않는다. 따라서 경제는 시간이 지남에 따라 조정과정을 거치게 된다. 단기균형점 b 에서 생산수준 Y_f 를 상회하고 있어 노동과 자본에 대한 초과수요가 발생하게 된다. 이에 따라 노동자들은 높은 임금을 요구하고 생산자들은 높은 생산비용을 고려하여 제품가격을 올리게 되며 결과적으로 물가가 상승하게 된다. 물가상승은 실질통화의 감소를 통해서 생산의 감소를 초래하게 된다. 이러한 과정을 거쳐 장기적으로 결국 생산은 원래의 완전고용생산 수준으로 복귀하게 된다.

[그림 6-13]은 경제가 장기적으로 완전고용상태로 복귀하는 과정을 보여 주고 있다.

생산이 완전고용생산 수준 Y_f를 상회하고 생산요소가 초과수요를 나타내는 한 물가는 계속 상승한다. 물가가 상승하면 국내재화가 외국재화보다 비싸지므로 수출이 감소하고 수입이 증가한다. 따라서 DD곡선은 D_1D_1에서 D_2D_2로 좌측으로 이동하게 된다.

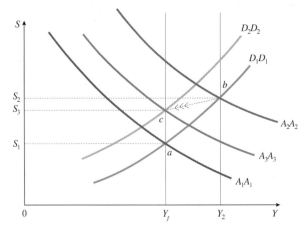

[그림 6-13] 항구적 통화공급 증가의 장기효과

이러한 과정은 DD곡선은 D_1D_1에서 D_2D_2로 AA곡선은 A_2A_2에서 A_3A_3로 이동하여 D_2D_2곡선과 A_3A_3곡선이 완전고용생산 수준인 c점에서 교차하게 될 때까지 계속된다. c점에서는 환율과 물가가 통화공급 증가에 비례하여 상승할 뿐 여타 실물변수 및 이자율은 변하지 않는다. 즉 장기적으로 통화는 중립적이다.

단기균형점 b와 장기균형점 c 사이의 조정경로를 살펴보면 통화공급 증가에 따라 단기적으로 자국통화가 S_1에서 S_2로 급격히 절하되는 과조정(overshooting) 현상을 나타낸 후 시간이 지남에 따라 점차 S_3수준으로 절상되는 것을 알 수 있다.

2.2 재정정책 변화 효과

항구적인 확대(또는 긴축) 재정정책은 재화시장에 직접적인 영향을 미칠 뿐만 아니라 장기예상환율 변화를 통하여 자산시장에도 영향을 미친다. [그림 6-14]는 재정지출이 항구적으로 증가하는 경우 장단기에 걸쳐 경제에 미치는 효과를 보여 주고 있다.

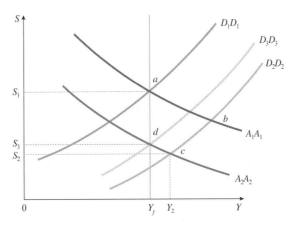

[그림 6-14] 항구적 재정지출 확대 효과

[그림 6-14]에서 재정지출의 증가는 총수요에 영향을 미쳐 DD곡선은 D_1D_1에서 D_2D_2로 우측으로 이동한다. 또한 항구적인 재정지출 증대로 자국의 재화 및 용역에 대한 정부부문의 수요가 항구적으로 증가하기 때문에 장기적으로 자국통화의 절상(환율 하락)이 예상된다. 장기예상환율이 하락하게 되면 [그림 6-14]에서 보는 바와 같이 자산시장 균형선이 A_1A_1에서 A_2A_2로 하향이동 한다. 따라서 D_2D_2곡선과 A_2A_2곡선이 만나는 c 점에서 새로운 단기균형이 이루어진다. 단기균형점 b 를 확대재정정책을 실시하기 이전의 장기균형점 a 와 비교해 보면 생산이 최초 균형점의 완전고용생산 수준 Y_f를 상회하여 초과수요가 존재하고 환율은 S_1에서 S_2로 하락하는 것을 볼 수 있다.

[그림 6-14]에서 주목할 점은 예상환율의 변화에 따라 자국통화가 절상됨으로써 재정지출 증가의 생산증대효과가 약화된다는 것이다. 만일 예상환율 변화에 따른 효과가 없다면 새로운 균형은 b 점에서 이루어질 것이다. [그림 6-14]에서 보는 바와 같이 b 점은 c 점에 비하여 더 큰 초과수요가 존재하고 환율절상 폭이 작게 나타난다. 이와 같이 예상환율 하락에 따른 자산시장 균형곡선 AA 의 하락폭이 클수록 자국통화의 절상폭이 더 커지게 된다.

한편 이러한 자국통화의 절상은 자국재화를 외국재화에 비하여 비싸게 만들기 때문에 자국재화에 대한 수요가 감소되는 결과를 가져온다. 따라서 재정지출 확대에 따른 수요증대 효과는 장기적으로 소멸되어 생산은 당초 완전고용 수준에서 장기적인 균형이 이루어진다. 즉 [그림 6-14]에서 단기균형을 나타내던 c 점에서 자국통화 절상에 따른 수요감소로 DD곡선이 D_2D_2에서 D_3D_3로 이동함으로써 D_3D_3곡선과 A_2A_2곡선이 만나는 d 점에서 새로운 장기균형이 이루어진다. d 점에서는 단기균형점 c 에서 존재하던 초과수요가 해소되며 환율은 다소 상승한 S_3수준을 나타낸다. 또한 d 점을 최초의 장기균형점 a 와 비교하면 생산수준은 불변이지만 환율이 S_1에서 S_2로 하락하는 것을 볼 수 있다. 결론적으로 [그림 6-14]의 a 점과 같이 경제가 장기균형상태에 있을 때 재정지출을 항구적으로 증대시키면 환율만 하락시킬 뿐 생산에는 아무런 영향을 미치지 못한다는 것을 알 수 있다.

제4절   거시경제정책과 경상수지

경상수지 불균형은 장기적으로 국민경제에 바람직하지 못한 영향을 미칠 수 있으며 불균형이 과도할 경우 국가 간 무역마찰을 초래하기도 하므로 각국은 경상수지를 정책목표의 하나로 설정 운영하는 경우가 많다. 이런 점에서 국내정책 목표에 초점을 두고 있는 통화 및 재정정책이 경상수지에 어떠한 영향을 미치는가를 살펴보기로 한다. 이를 위하여 앞에서 사용한 DD-AA 모형에 경상수지를 도입하기로 한다.

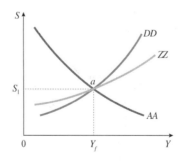

[그림 6-15] DD-AA-ZZ 곡선

[그림 6-15]에서 ZZ곡선은 어떤 바람직한 수준의 경상수지를 유지시키는 생산과 환율의 조합을 나타낸다. 즉 $CA(S \cdot P^* / P,\ Y - T) = Z$ 를 만족시키는 Y와 S의 조

합을 나타내는 것이다. 예를 들어 Z는 정책당국이 설정한 바람직한 수준의 경상수지 흑자규모를 의미한다고 볼 수 있다. 이와 같은 바람직한 수준의 경상수지 달성을 가져오는 Y와 S의 조합, 즉 ZZ곡선은 [그림 6-15]에서 보는 바와 같이 우상향의 형태를 갖는다. 이는 여타 조건이 불변일 때 소득이 증가하면 수입이 증가하여 경상수지가 악화되는데 이 경우 경상수지를 일정한 수준으로 유지하기 위해서는 환율의 상승이 수반되어야 하기 때문이다. 즉 환율상승(자국통화 절하)으로 수출이 증가하고 수입이 감소하여 소득증가에 따른 수입증가 효과가 상쇄되어야 하는 것이다.

한편 ZZ곡선의 기울기는 DD곡선의 기울기보다 작게 나타나는데 이는 다음과 같이 설명할 수 있다. 예를 들어 [그림 6-15]에서 DD곡선과 ZZ곡선이 만나는 a 점에서 Y가 증가하는 경우를 생각해 보자. Y의 증가에 따라 국내에서 생산된 재화에 대한 국내 거주자의 수요가 늘어나지만 증가한 소득의 일부는 저축되거나 외국재화의 수입에 지출되므로 국내생산물에 대한 국내수요 증가는 최초 Y의 증가규모에 미치지 못한다. 즉 국내에서 생산된 재화와 용역은 국내에서 모두 소비되지 못한다. 결국 자국생산물의 초과공급 현상이 발생하지 않기 위해서는 수출수요가 외국재화에 대한 수입수요보다 빠르게 증가하도록 환율이 DD곡선을 따라 충분히 상승하여야 한다. 다시 말해서 국내저축에 의해 유보된 잠재수요를 겨냥하여 생산이 증가함에 따라 순해외수요, 즉 경상수지는 DD곡선을 따라 충분히 개선되는 것이다. 따라서 [그림 6-15]에서 a 점보다 오른쪽에 위치한 DD곡선상에서는 경상수지 흑자규모가 a 점에서 보다 커지게 된다. 그러므로 a 점을 기준으로 a 점의 오른쪽에서는 DD곡선이 ZZ곡선의 위쪽에 위치하게 되며 반대로 a 점의 왼쪽에서는 DD곡선이 XX곡선의 아래쪽에 위치하게 된다.

이제 통화 및 재정정책이 경상수지에 미치는 영향을 살펴보기로 하자. 먼저 통화공급이 일시적으로 증가하면 [그림 6-16]에서 보는 바와 같이 AA곡선이 A_1A_1에서 A_2A_2로 상향이동을 하게 되고 이에 따라 경제는 단기적으로 최초 균형점 a 에서 b 의 위치로 이동하게 된다. 즉, 통화공급 증가로 생산의 증가와 환율상승이 초래된다. 그런데 b 점은 XX곡선보다 위쪽에 놓여 있으므로 경상수지는 개선된다. 결과적으로 통화량 증가는 단기적으로 경상수지 흑자를 확대시키는 효과를 갖는다.

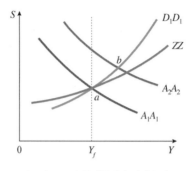

[그림 6-16] 통화증가와 경상수지

일시적인 재정지출 증가가 경상수지에 미치는 영향은 [그림 6-17]이 보여 주고 있다. 일시적인 재정지출 증대는 DD곡선을 D_1D_1에서 D_2D_2로 우측이동 시키고 이에 따라 c 점에서 새로운 균형이 이루어진다. c 점에서는 환율이 하락하고 국민소득이 증가하기 때문에 경상수지가 악화된다. 결과적으로 재정지출이 일시적으로 증가하면 단기적으로 경상수지 흑자가 감소되는 효과가 나타난다.

한편 항구적으로 통화공급이 증가하거나 재정지출이 확대되면 시간이 지남에 따라 경제가 단기균형점 b 또는 c 에서 이동하게 되고 장기적으로 완전고용생산 수준 Y_f 선상의 어느 점(예를 들어 d 점)에서 새로운 장기균형이 이루어진다.

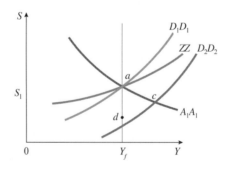

[그림 6-17] 재정지출 증가와 경상수지

제5절　거시경제의 상호의존

지금까지는 소규모 개방경제의 가정하에서 자국의 경상수지가 자국통화의 실질환율과 자국의 가처분소득에 의해서 결정되는 것으로 설명하였다. 그러나 현실경제에서는 외국의 소득수준이 자국수출품에 대한 수요에 영향을 미치고 결과적으로 자국의 경상수지를 변동시키는 요인으로 작용하게 된다.

　　여기에서는 소규모 개방경제의 가정을 완화하여 거시경제가 상호의존관계에 있는 2국 모형을 설정하고 이를 토대로 통화 및 재정정책이 상대국에 어떠한 영향을 미치는가를 살펴보기로 한다.[3]

　　먼저 세계경제가 자국과 외국으로 대표되는 2국으로 구성되어 있으며 자국의 경상수지가 자국통화의 실질환율과 자국의 가처분소득뿐 아니라 외국의 가처분소득에 의해서도 영향을 받는 것으로 가정한다. 이를 함수식으로 나타내면 다음과 같다.

$$CA \ = \ CA\left(\frac{S \cdot P^*}{P}, \ \ Y-T, \ \ Y^*-T^*\right) \qquad\qquad 식 (6\text{-}6)$$

여기서 Y^*-T^*는 외국의 가처분소득을 나타내며 실질환율 $\frac{S \cdot P^*}{P}$의 상승은 자국의 경상수지를 개선시키고 자국의 가처분소득 증가는 자국의 경상수지를 악화시키는 효과가 있는 것으로 가정한다. 한편 외국의 가처분소득 증가는 자국재화에 대한 외국지출의 증가 즉 자국재화의 수출 증가를 통하여 자국의 경상수지를 개선시키는 요인으로 작용하게 된다.

　　자국재화에 대한 총수요는 언제나 자국의 소비 및 투자지출 그리고 정부지출과 경상수지의 합으로 표시되는데 다음 식을 만족시킬 때 자국재화시장은 균형을 이루게 된다.

$$Y \ = \ C(Y-T)+I+G+CA\left(\frac{S \cdot P^*}{P}, \ \ Y-T, \ \ Y^*-T^*\right) \qquad 식 (6\text{-}7)$$

3　여기서 설정된 2국 모형은 먼델-플레밍 접근방법(Mundell-Fleming approach)을 따른 것이다.

외국의 경상수지 역시 자국과 외국재화의 상대가격인 실질환율 $\dfrac{S \cdot P^*}{P}$ 와 자국 및 외국의 가처분소득에 의해 결정된다. 2국으로 구성되어 있는 세계경제에서는 양국의 수지가 동일한 단위로 측정되는 경우 자국의 경상수지 흑자(적자)는 외국의 경상수지 적자(흑자)와 정확히 일치하여야 한다. 즉 자국의 수출은 외국의 수입이고 자국의 수입은 외국의 수출이 되기 때문에 자국의 수출초과는 이에 대응하는 외국의 수입초과분과 같게 된다는 것이다. 따라서 외국의 경상수지는 다음과 같이 나타낼 수 있다.

$$CA^* = \frac{-CA\left(\dfrac{S \cdot P^*}{P},\ Y - T,\ Y^* - T^*\right)}{(S \cdot P^* / P)} \qquad\qquad \text{식 (6-8)}$$

여기서 CA^*는 외국통화단위로 표시된 외국의 경상수지를 나타내는데 이는 자국의 경상수지 CA를 자국화폐로 표시된 외국재화가격 즉 실질환율 $\dfrac{S \cdot P^*}{P}$ 로 나누어서 측정된다.

이와 같은 2국의 경상수지 결정식에 따라 자국의 소득증가는 자국의 경상수지를 악화시키는 반면 외국의 경상수지를 개선시키게 되며 같은 논리로 외국의 소득증가는 외국의 경상수지를 악화시킴으로써 자국의 경상수지를 개선시키게 되는 것이다.

식 (6-8)에서 보는 바와 같이 $\dfrac{S \cdot P^*}{P}$ 변동이 CA^*에 미치는 효과가 복잡하지만 $\dfrac{S \cdot P^*}{P}$ 의 상승(자국재화가격의 상대적 하락)이 CA를 개선시키는 동시에 CA^*를 악화시키는 것으로 가정하기로 한다. 외국의 재화시장 균형은 다음과 같이 총수요와 총공급이 일치할 때 균형을 이루게 된다.

$$Y^* = C^*(Y^* - T^*) + I^* + G^* - \left(\frac{P}{S \cdot P^*}\right)$$
$$\times CA\left(\frac{S \cdot P^*}{P},\ Y - T,\ Y^* - T^*\right) \qquad\qquad \text{식 (6-9)}$$

식 (6-6) ~ (6-9)를 이용하여 통화 및 재정정책이 양국 간에 미치는 상호 영향을 살펴보기 전에 실질환율 $\dfrac{S \cdot P^*}{P}$ 가 일시적으로 일정수준에서 고정되어 있다고 가정할 때 자국과 외국의 생산수준이 어떻게 결정되는가를 살펴볼 필요가 있다.

[그림 6-18]을 통하여 자국 및 외국의 생산수준 결정과정을 설명할 수 있는데 여기서 HH곡선은 자국의 총수요와 총공급이 일치하는 각 시점에서의 자국과 외국의 생산수준을 나타내고 있다. HH곡선은 우상향하는데 이는 Y^*의 증가는 자국의 수출증가를 통하여 총수요를 증가시키고 높은 수준의 자국생산을 유발하기 때문이다. FF곡선은 외국에서의 총수요와 총공급이 일치하는 매시점에서의 자국과 외국의 생산수준을 보여주는데 FF곡선도 HH곡선의 경우와 같은 이유로 우상향한다. 즉 Y의 증가는 외국의 수출수요를 증대시키고 이러한 총수요의 증가는 외국의 생산증가를 가져오는 것이다.

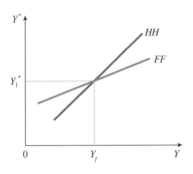

[그림 6-18] 2국 모형에서의 생산결정

실질환율이 일정수준에서 고정되어 있을 때 HH곡선과 FF곡선이 교차하는 점 a에서 양국의 총수요와 총공급이 일치하게 된다. 여기서 HH의 기울기가 FF의 기울기보다 큰 것은 일국의 생산증가는 외국의 생산물시장보다 자국의 생산물시장에 대하여 더 큰 영향을 미치기 때문이다. 다시 말해서 Y의 증가에 기인한 자국생산물의 초과공급이 해소되기 위해서는 HH곡선을 따라서 Y^*의 대규모 증가가 필요한 것이다. 마찬가지로 Y^*의 증가 이후 외국생산물시장의 균형이 회복되기 위해서는 FF곡선을 따라서 Y가 크게 늘어나야 하는 것이다.

자국 또는 해외의 재정정책 변화는 재정지출 G와 G^* 그리고 순조세 T, T^*의 증감을 통하여 총수요를 변동시키며 총수요의 변동은 HH곡선과 FF곡선을 이동시킨다. 이와 더불어 재정정책은 명목환율 S의 변경을 통하여 HH와 FF에 영향을 미친다. 즉 자국의 재정지출 확대는 자국통화의 명목환율을 하락시키고 반면에 외국의 재정지출 확대는 자국통화의 명목환율을 상승시킨다. 통화정책 역시 통화공급의 증감이 명목환율에 영향을 미침으로써 HH 및 FF를 이동시킨다.

그러면 위와 같이 설정된 2국 모형을 이용하여 자국과 외국의 통화 및 재정정책이 어떻게 상호영향을 미치게 되는가를 살펴보기로 한다. 먼저 자국의 긴축통화정책 효과에 관하여 살펴보자. 긴축통화정책의 실시로 자국의 통화공급이 감소하면 이자율이 상승하고 투자자들이 자국통화의 강세를 예상함에 따라 자국통화환율이 하락하는 결과가 초래된다. 이러한 자국통화환율의 하락으로 외국재화에 비하여 자국재화가 비싸게 되며 이에 따라 외국재화에 대한 수요가 증가하게 되는데 이는 주어진 Y의 수준에서 자국재화에 대한 수요가 유지되기 위해서 필요한 것이다.

[그림 6-19]는 이러한 자국통화 긴축효과를 보여 주고 있다. 자국의 통화공급 증가는 자국통화환율 하락을 통하여 H_1H_1을 H_2H_2로 상향이동 시키게 된다. 자국통화환율의 하락은 외국의 재화시장에도 영향을 미치게 되는데 이는 외국의 재화가 상대적으로 저렴해지기 때문이다. 이에 따라 F_1F_1이 F_2F_2로 좌측이동 하게 된다.

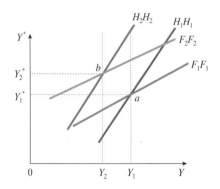

[그림 6-19] 자국의 긴축통화정책 효과

  HH와 FF의 이동으로 자국의 생산은 감소되는 반면 외국의 생산은 증가되며 세계경제가 최초의 균형상태인 a 로부터 새로운 균형점인 b 로 이동하게 된다. 자국의 통화공급 감소가 외국의 생산을 증가시키는 것이 처음에는 의외로 생각될 수 있는데 이는 자국의 생산 감소가 수입재에 대한 자국의 수요에 직접적인 감소효과를 가져오기 때문이다. 그러나 자국수입수요의 결과적인 감소는 세계소비가 자국재화에서 외국재화로 전환되면서 나타나는 2차적인 효과인 것이다.

  다음은 자국의 확대재정정책 효과에 관하여 살펴보자. [그림 6-20]을 이용하여 자국의 재정지출확대 효과를 설명할 수 있는데 자국의 재정지출이 확대되면 자국통화환율이 하락함으로써 외국재화가 상대적으로 저렴해지고 이에 따라 외국재화수요가 증가하게 된다. 이에 따라 모든 자국생산 Y에 대응되는 외국생산 Y^*가 증가하게 된다. 다시 말해서 F_1F_1이 F_2F_2로 상향이동 하게 된다.

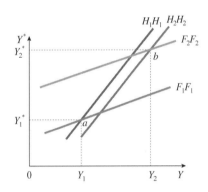

[그림 6-20] 자국의 확대재정정책 효과

  여기서 자국은 소규모 국가가 아니기 때문에 국내통화환율의 하락에도 불구하고 재정지출확대는 자국재화에 대한 총수요를 증가시키게 된다. 즉 모든 Y^*에 대하여 Y가 증가하게 되는 것이다. 이러한 자국의 총수요 증가는 H_1H_1이 H_2H_2로 우측이동 하는 것을 의미한다. 결과적으로 자국의 확대재정정책 실시로 세계경제가 최초의 균형점 a 로부터 새로운 균형점 b 로 이동함에 따라 자국과 외국의 소득이 모두 증가하게 된다.

요약

1. 개방경제에서 일국의 총수요는 소비, 투자, 정부지출 및 순수출(또는 경상수지)의 합으로 나타낸다. 소비수요는 가처분소득, 순수출은 실질환율과 가처분소득에 의해 결정된다. 가처분소득의 증가는 국내 소비수요를 증가시키지만 순수출을 감소시키기 때문에 총수요에 미치는 전체적인 영향은 두 효과의 크기에 따라 결정된다.

2. 실질환율의 상승은 자국재화의 가격을 상대적으로 저렴하게 해 수출을 증가시키는 반면 외국재화에 대한 국내수요를 감소시킨다. 그러나 실질환율 상승이 외국상품에 대한 국내수요량을 감소시키지만 수입품 단위당 가격을 상승시키므로 반드시 전체 수입금액을 감소시키는 것은 아니다. 실질환율 상승이 경상수지에 미치는 효과는 수출가격 하락에 따른 수출물량 증가효과와 수입가격 상승에 따른 수입물량 감소효과의 규모의 상대적 크기에 따라 결정된다. 실질환율 상승에 따른 물량효과가 가격효과보다 클 경우에는 수출액이 증가하고 수입액이 감소함으로써 경상수지가 개선되고 총수요는 증가한다. 반대로 실질환율이 하락하게 되면 경상수지가 악화되고 총수요는 감소한다.

3. 실질소득이 증가하면 총수요도 증가하지만 그 증가규모는 최초 실질소득의 증가분보다 작은데 이는 실질소득 증가분 모두가 국내 소비증가로 나타나지 않고 일부가 수입품에 대한 지출증가로 나타나기 때문이다. 국내외 물가수준이 일정할 때 명목환율이 상승하면 자국의 재화와 용역에 대한 수요가 증가하고 국내 생산수준도 증가하게 된다.

4. 재화시장의 균형을 이루는 환율과 실질생산과의 관계를 나타내는 DD곡선은 재정지출이나 투자가 증가하면 우측으로 이동하며 조세가 증가하면 좌측으로 이동한다. 명목환율과 해외물가가 일정한 상태에서 국내물가 상승은 순수출 감소를 통해 균형생산수준을 감소시키기 때문에 DD곡선을 좌측으로 이동시킨다. 반면 명목환율과 국내물가가 일정한 상태에서 해외물가 상승은 순수출 증가를 통해 균형생산수

준을 증가시키므로 DD곡선을 우측으로 이동시킨다.

5. 국내 실질통화수요와 실질통화공급이 일치하여 국내통화시장이 균형을 이루고 여기서 결정되는 실질금리로 평가된 국내금융자산의 기대수익률이 외국금융자산의 기대수익률과 일치하는 금리평가조건이 성립하는 외환시장 균형이 동시에 이루어질 때 균형환율과 균형생산수준이 결정된다.

6. 자산시장이 균형을 유지하기 위해서는 생산의 증가는 자국통화 절상(환율의 하락)을 수반하여야 하며 생산의 감소는 자국통화 절하(환율의 상승)를 수반하여야 한다. 자산시장 균형환율과 실질생산과의 관계를 나타내는 AA곡선은 국내통화공급, 국내물가, 예상환율 및 외국금리, 실질통화수요의 변동에 영향을 받는다. 명목통화공급 증가 또는 국내물가 하락으로 실질통화공급이 증가하거나 예상환율이 상승하면 AA곡선은 상방으로 이동한다. 또한 국내이자율이 불변인 상태에서 외국이자율 상승으로 외국자산의 기대수익률이 높아지게 되면 자국통화가 절하되어야만 이자율 평가조건이 성립하므로 AA곡선이 상향으로 이동하게 된다. 실질통화수요가 감소하는 경우에도 AA곡선은 상향으로 이동하게 된다.

7. 물가수준이 단기적으로 불변일 경우 개방경제의 단기균형은 재화시장과 자산시장의 균형을 가져오는 생산수준과 환율의 조합인 DD곡선과 AA곡선이 만나는 점에서 결정된다. 일시적인 통화공급 증가는 환율을 상승(자국통화 절하)시키고 생산수준을 증가시켜 경상수지를 개선시킨다. 일시적인 재정지출 증가는 환율을 하락(자국통화 절상)시키고 생산수준을 증가시키지만 단기적으로 경상수지를 악화시킨다.

8. 항구적인 통화 및 재정정책의 변화는 일시적인 정책변화와는 달리 장기환율에 영향을 주는 예상환율은 물론 단기환율에도 영향을 미친다는 점에서 차이가 있다. 항구적인 통화공급 증가는 환율과 물가를 비례적으로 상승시키지만 실물변수 및 금리에는 영향을 미치지 않아 장기적으로 통화가 실물부문에 영향을 주지 않는 중립성이 유지된다. 항구적인 재정지출 확대로 인한 생산증가 효과는 환율하락(자국통화 절상)으로 자국재화에 대한 수요를 감소시켜 장기적으로 생산에는 영향을 주지 못한다. 항구적인 통화공급 증가나 재정지출 확대는 경제를 단기균형점 사이에서 이동

하게 하지만 장기적으로는 완전고용수준에서 생산이 균형을 이루게 한다.

9. 자국의 경상수지가 자국통화의 실질환율과 자국의 가처분소득뿐 아니라 외국의 가처분소득에 의해서도 영향을 받을 경우 외국의 가처분소득 증가는 자국재화의 수출 증가를 통하여 자국의 경상수지를 개선시키는 요인으로 작용한다. 이 경우 자국의 통화공급이 감소하면 금리가 상승하고 시장에서 자국통화의 강세를 예상하면서 환율이 하락한다. 이에 따라 외국재화에 대한 수요가 증가하여 자국의 생산은 감소되고 외국의 생산은 증가한다. 한편 자국의 재정지출이 확대되면 자국재화에 대한 총수요가 증가하지만 자국통화환율 하락에 따라 상대적으로 자국재화가 저렴해져 외국재화수요가 증가하게 되고 이에 따라 자국과 외국의 소득이 모두 증가한다.

CHAPTER

7

국제수지의 조정

제1절 국제수지의 균형

한 나라의 외화수입과 지급은 균형을 이루는 것이 중요하다. 균형을 이루지 않고 외화지급이 수입을 초과하는 상태, 즉 국제수지 적자가 지속되면 결국 외환보유액이 고갈되어 긴요한 재화마저 제때 수입하지 못하는 사태가 초래되거나 외채 규모가 확대되어 바람직한 국민경제 운용에 제약요인으로 작용한다. 한편, 수입이 지급을 초과하는 상태, 즉 국제수지 흑자도 반드시 좋은 것이라고만 할 수는 없다. 왜냐하면 외화의 순유입이 과도하게 증가하는 경우 해외부문 통화증가를 통해 인플레이션을 초래할 수 있고, 변동환율제도하에서는 통화가치의 상승(appreciation)을 가져와 외국과의 상대가격체계 왜곡 등을 초래하기 때문이다.

국제수지의 균형을 국제수지표를 통하여 살펴보기로 한다. 국제수지표는 복식부기원리에 의하여 작성되기 때문에 대상기간 중 지급계정(차변)은 수취계정(대변)의 총계와 언제나 일치하여 항등관계를 유지한다. 그러나 일부 계정만을 골라 양변의 합계를 계산하면 반드시 일치하는 것이 아니다. 이렇게 몇몇 계정의 양변 합계가 일치한다면 이를 국제수지의 균형(equilibrium of balance of payments)이라 하고, 일치하지 않는다면 국제수지의 불균형(disequilibrium of balance of payments)이라고 한다.

국제수지표상의 모든 거래를 크게 자율적 거래(autonomous transaction)와 보정적 거래(compensatory 또는 accommodation transaction)로 나눌 수 있는데, 국제수지의 균형·불균형 여부를 판단하는 기준으로 이러한 개념이 활용된다. 자율적 거래는 주로 국가 간의 물가, 금리 등 경제 기초여건(economic fundamentals)의 차이 등에 따라 발생하는 거래로서 흔히 상품과 용역 등 경상거래와 해외직접투자 등이 이 거래의 성격에 가깝다. 이에 대해 보정적 거래는 자율거래의 결과 발생한 수지차를 보전하기 위하여 부수적으로 일어나는 거래로서 단기자본거래, 외환보유액의 변동 등이 이 거래 성격에 가깝다. 따라서 이 두 거래 간의 관계는 자율적 거래의 순계가 적자(흑자)이면 보정적 거래의 순계는 흑자(적자)로 나타난다.

국제수지는 자율적 거래의 대변(수취) 합계가 차변(지급) 합계보다 클 경우를 흑자, 그리고 반대의 경우를 적자로 보아 국제수지 불균형이라고 보고 양변의 합계가 일치할 때 국제수지가 균형에 있다고 말한다. 그런데 여기서 유의할 점은 자율적 거래와 보정적 거래를 구분하는 절대 기준이 없다는 점이다. 따라서 어디에 적정한 경계선을 긋는가 하는 것이 국제수지의 균형·불균형을 정의하는 데 매우 중요하다. 일반적으로 자율거래와 보정거래의 구분은 IMF방식의 국제수지총괄표를 재분류한 국제수지분석표에서 하나의 기준선을 그어 선 위(above the line) 항목을 자율거래로, 선 아래(below the line) 항목을 보정거래로 분류하는 방법이 이용되고 있다.

제2절 국제수지의 조정

1. 가격 · 정화 조정 메커니즘

가격·정화 조정 메커니즘(price-specie flow mechanism)[1]은 국제금본위제도하에서 국제수지 조정과정을 설명하는 이론이다. 이는 18세기 스코틀랜드의 철학자 겸 경제학자였던 흄(David Hume)에 의하여 제기된 국제수지 조정에 관한 고전이론이다.

당시의 중상주의자들은 한 나라의 국력이 금이나 은과 같은 정화의 축적에 의존한다고 믿고 국제수지 흑자를 통해 정화의 유입을 최대화하기 위해 수출을 장려하고 수입을 제한하였다. 이에 반해 흄은 개인의 복지후생이 그 나라의 금이나 통화의 총량에 의존하는 것이 아니라 그 경제의 생산능력에 의존하며 통화는 재화가 생산되는 곳으로 움직인다고 생각하였다. 이와 같이 화폐와 재화의 흐름을 설명하면서 흄은 재화가격의 변동과 정화의 국제적 이동에 의하여 국제수지가 조정되는 과정을 [그림 7-1]과 같이 체계화하였다. 여기서 국제수지는 상품수출입 수지차인 상품수지를 가리킨다.

조정과정을 구체적으로 알아보자. 자국의 상품수지가 흑자를 나타낼 경우 외국으로부터 금의 유입이 일어나며 금본위제도하에서 금이 곧 통화이므로 통화량이 늘어난

---

1   금본위제도나 고정환율제도 하에서 금이나 정화의 이동과 물가수준의 조정을 통하여 국제수지가 자동으로 조정되는 경로를 말한다. 여기서 정화(specie)란 지폐나 보조화폐에 대한 본위화폐를 말한다. 금본위제도에서는 본위화폐인 금화와 새로운 화폐발행이나 대외결제 준비자금으로서의 지금(地金)을 정화라고 할 수 있다.

다. 한편 물가는 통화량과 비례적인 정의 관계를 나타낸다는 전제하에서 통화량의 증가는 국내물가 상승을 초래하며, 이는 곧 자국 상품가격의 상승으로 나타난다. 자국 상품가격의 상승으로 인해 수출이 감소하고 수입이 증가함으로써 결국 국제수지 흑자가 소멸되고 국제수지는 균형을 회복하게 된다.

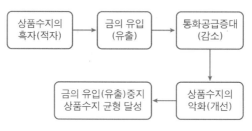

[그림 7-1] 가격 · 정화 조정 메커니즘

이와 같은 국제수지 조정 메커니즘이 성립하기 위해서는 금본위제도라는 통화제도 이외에도 화폐수량설과 가격의 신축성이 전제되어야 한다. 물가변동의 근본원인을 통화량의 증감에서 찾는 화폐수량설은 통화량과 물가와는 정의 비례관계가 있다고 본다. 또한 가격 · 정화 조정 메커니즘이 작동하기 위해서는 가격이 신축적이어야 한다. 예컨대 통화량이 감소해도 가격이 즉각 신축적으로 반응하지 못한다면 수출입에 있어 가격조정이 일어날 수 없다.

가격 · 정화 조정 메커니즘이 제시하는 바는 금본위제도하에서는 모든 나라들의 국제수지 불균형을 해소하는 자동적인 국제수지 조정 메커니즘이 존재한다는 것이다. 흄의 이러한 생각은 당시 수출증대 및 수입억제를 통한 금의 축적을 추구하던 중상주의 사조에 반대하고 계속적인 국제수지 흑자, 즉 국제수지 불균형 유지는 불가능하다는 메시지를 제시한 것이다.

그러나 이러한 가격 · 정화 조정 메커니즘에 의한 이론적인 국제수지의 자동조정은 과거 금본위제도하에서 가격 신축성의 결여, 통화에 대한 수요와 공급의 불일치 등으로 제대로 작동하지 아니하였다.

2. 탄력성 접근방법

2.1 탄력성 접근방법 내용

탄력성 접근(elasticity approach)방법은 환율변동에 따른 수출입상품의 가격변동을 통하여 국제수지가 조정되는 메커니즘을 설명하는 국제수지 조정이론으로, 가장 전통적인 분석방법이다. 각국은 경상수지 적자 시에는 자국통화의 평가절하를, 그리고 경상수지 흑자 시에는 자국통화의 평가절상을 고려한다. 이러한 환율의 변동은 수출입상품의 상대 가격 변화와 이에 따른 수출입 물량 변동을 통하여 경상수지에 영향을 미치게 된다. 이때 그 영향의 정도는 수출입 물량의 가격탄력성 크기에 의해 결정된다는 것이 탄력성 접근 모형이다. 탄력성 접근 모형의 주요 내용을 아래의 식을 이용하여 설명하기로 하자.

$$CA = P_X \cdot X(P_X) - P_M \cdot M(P_M) \qquad\qquad \text{식 (7-1)}$$

CA : 경상수지

P_X : 수출품가격(외국통화단위표시)

P_M : 수입품가격(외국통화단위표시)

X : 수출물량

M : 수입물량

식 (7-1)에서 수출물량(X)과 수입물량(M)은 각각 수출품가격과 수입품가격의 함수이므로 경상수지는 이들 수출가격과 수입가격에 의하여 결정됨을 알 수 있다.

이해를 위하여 우리나라와 미국 양국 간의 거래를 예로 들어 설명하기로 한다. 우선 환율의 변동, 예컨대 우리나라 원화가 미 달러당 1,000원에서 1,250원으로 12.5% 평가 절하하였다고 하자. 미국으로부터 수입하는 수입품의 달러가격이 10달러로 불변이라고 하면 수입품의 원화표시 국내가격은 평가절하 전 10,000원(U$10 × 대미환율 1,000원)에서 평가절하 후 12,500원(U$10 × 대미환율 1,250원)으로 상승한다. 이렇게 원화 표시 수입상품가격의 상승은 우리나라의 대미수입을 감소시키는 방향으로 작용한다. 수입물량의 감소 정도는 우리나라 수입수요의 가격탄력성 크기에 달려 있다.[2] 한편, 원화의 평가절하는 수출품의 외화표시가격을 하락시켜 대미수출을 증가시키는 방향으로 작용한다.[3] 우리나라 수출은 상대국인 미국의 수입수요에 달려 있는데, 수출총액의 증가 여부는 미국 수입수요가 가격변동에 얼마나 민감하게 반응하는지를 나타내는 미국의 우리 상품에 대한 수입수요의 가격탄력성에 달려 있다.

이와 같이 탄력성 접근 모형은 환율의 평가절하가 국민경제 전반에 미치는 영향보다는 수출입상품의 가격변화를 통하여 국제수지에 어떠한 영향을 미치는가에 분석의 초점을 두는 부분균형(partial equilibrium) 분석방법을 이용하고 있다.

2.2 마샬-러너 조건

위에서 예를 통해 살펴본 바와 같이 평가절하는 수출증대와 수입감소를 통해 경상수지를 개선시킬 여지가 있지만, 국제수지 개선은 이른바 마샬-러너 조건(Marshall-Lerner condition)을 충족하여야 한다. 이 조건에 의하면 환율조정에 의한 국제수지 개선을 실현하기 위해서는 적어도 자국(우리나라)의 외국(미국)상품에 대한 수입수요의 가격탄력성과 외국(미국)의 자국(우리나라)상품에 대한 수입수요, 즉 우리의 수출에 대한 수요의 가격탄력성의 절대치 합이 1 보다 커야 한다는 것이다.[4]

$$\text{마샬-러너 조건}: |\eta| + |\eta^*| > 1 \qquad\qquad \text{식 (7-2)}$$

---

2   여기서 수요의 가격탄력성 절대치 X의 의미는 가격이 1% 상승할 때 수요는 X% 감소한다는 것을 나타낸다. 만일 가격탄력성이 비탄력적(탄력성의 절댓값이 1 이하)이라면 이는 가격의 변화 정도, 즉 환율변동률 12.5%에 못 미치는 수입물량의 감소를 의미한다. 따라서 수입물량 감소폭이 수입품가격 상승에 탄력적으로 반응하지 못하기 때문에 수입총액은 줄어들지 않고 오히려 증가한다.

3   예를 들어 국내가격 20,000원짜리 상품이 평가절하 전 환율 미 달러당 1,000원 수준에서 미국 현지 판매가격이 20달러였다면 평가절하 후 환율 미 달러당 1,250원선에서 20,000원짜리 수출품의 미국 판매가격은 16달러로 하락한 것과 마찬가지인 셈이다.

4   예를 들어 '$\eta = -0.8$, $\eta^* = -0.4$'라고 한다면 평가절하는 국제수지를 개선시킬 수 있다. 자국통화 1% 절하 시 자국의 수입물량이 0.8% 감소하는데, 외화표시 수입가격이 일정하다면 외화표시 수입총액은 그대로 0.8% 줄어들고 우리 수출물량은 0.4% 증가(외국에서 가격하락(−)에 따른 증가)하였지만 수출단가 절하폭이 1%에 달해 수출총액은 오히려 0.6% 감소에 그쳐 경상수지를 개선시킬 수 있기 때문이다. 마찬가지로 국제수지 흑자로 인한 불균형 해소는 평가절상을 통해 가능한데, 그 개선 여부 역시 마샬-러너 조건의 충족 여부에 달려 있다.

η : 자국의 외국상품에 대한 수입수요의 가격탄력성

η^* : 외국의 자국상품에 대한 수입수요의 가격탄력성

　　마샬-러너 조건이 실제로 만족되는지에 대해서 경제학자들은 크게 두 가지 상반된 입장을 취하고 있다. 수출입의 수요탄력성 합이 1 보다 작은 경향이 있다고 주장하는 탄력성 회의론과 장기적으로 마샬-러너 조건이 성립한다는 주장이다. 수출과 수입의 수요탄력성에 대한 실증적 연구가 시작되면서 현실적으로 마샬-러너 조건이 충족되지 못한다는 회의[5]를 가지게 되었으나, 1950년대 들어 수입과 수출의 수요탄력성을 추정하는 새로운 방법 등이 개발되면서 탄력성 회의론에 대한 학자들의 재검토가 이루어졌다. 이들은 탄력성 회의론자들이 추정한 수출입 수요의 가격탄력성이 시간의 역할을 고려하지 않았기 때문에 실제보다 과소추정되었다고 주장하였다. 이후 여러 학자들이 탄력성의 단기 추정치는 작지만 장기 추정치는 상대적으로 커서 장기적으로는 마샬-러너 조건이 충족된다는 것을 실증분석을 통하여 입증하였다.[6]

　　한편 일부 학자는 개발도상국의 경우보다 선진국의 경우 평가절하의 효과가 더욱 잘 나타날 수 있다고 주장하였다. 이는 대부분의 개발도상국은 수입에 크게 의존하는 경제구조 때문에 수입수요의 가격탄력성이 매우 낮은 데 비하여 선진국의 경우 수출수요의 가격탄력성이 매우 크기 때문이다. 이러한 점은 마샬-러너 조건은 평가절하가 어떤 나라의 경우 국제수지 적자를 개선하는 치유책이 될 수 있으나 다른 나라의 경우 치유책이 될 수 없음을 시사한다고 하겠다.

5　특히 1940년대에는 이러한 탄력성 회의론이 팽배하였는데, 1930년대 세계 대공황 기간 중 변동환율제도를 택했던 나라들의 경우 외환시장의 불안에 따라 환율이 크게 변동하고 고정환율제도를 택했던 나라들도 대폭적인 평가절하를 단행했음에도 불구하고 경상수지 적자가 개선되기보다 오히려 악화되었던 경험을 반영한 것이었다.

6　예를 들어 Artus and Knight(1984)의 연구에 따르면 주요 선진국들의 국내외 수입수요 탄력성을 초단기(6개월 이내), 단기(1년 이내), 그리고 장기로 나누어 추정한 결과 대부분의 국가들에 있어서 단기 탄력성 추정치가 장기 탄력성 추정치의 약 1/2 정도였으며, 초단기의 경우 마샬-러너 조건이 충족되지 않았으나 장기로 갈수록 마샬-러너 조건이 확실하게 성립함을 보여 주었다.

2.3 J곡선 효과

최근의 실증분석에서 밝혀진 바와 같이 마샬-러너 조건이 일반적으로 장기에 걸쳐 성립하지만, 단기적으로 충족되지 않을 수 있다는 가능성은 J곡선 효과(J-curve effect)를 통하여 설명할 수 있다. J곡선 효과는 국제수지에 대한 평가절하의 효과가 시차(time lag)를 가지고 나타나는 현상을 그림으로 나타낸 것으로 [그림 7-2]에서 보는 바와 같이 평가절하 후 처음에는 경상수지(국내화 표시)가 악화되었다가 시간이 흐름에 따라 J자형과 같이 경상수지가 점차 개선되는 과정을 보여 준다.

즉 단기적으로 수출물량과 수입물량이 크게 변하지 않고 이에 따라 평가절하를 실시한 나라는 단기적으로 수출수입이 줄어들고 수입지출이 늘어나 경상수지가 악화된다 (a → b). 그러나 시간이 지남에 따라 수출물량이 늘어나고 수입물량이 줄어들기 시작한다. 결과적으로 경상수지 적자는 개선되기 시작하고 결국 흑자를 나타낸다. 수출입 수요가 단기적으로 반응하는 정도가 작고 장기적으로 크게 반응하는 이유는 몇 가지 기본적인 요인들로 요약할 수 있다.

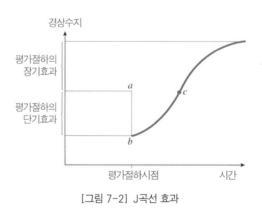

[그림 7-2] J곡선 효과

먼저 수요자가 반응하는 데 시간이 소요된다는 점이다. 즉 평가절하를 실시하는 나라와 교역상대국들의 소비자들이 상황변화에 반응하는 데 시간이 걸리는 것이다. 먼저 국내수요가 외국수입재에서 국내생산재로 전환하는 데 불가피하게 어느 정도 시간이 소요되는데, 이는 국내소비자들이 수입재와 비교하여 국산제품의 신뢰성 및 평판 등

가격변화 이외의 다른 문제들을 우려하기 때문이다. 반면에 외국소비자들은 자국생산재의 평가절하를 실시한 국가로부터의 수입품으로 전환하는 것을 탐탁하게 여기지 않을 것이다.

둘째로 공급자가 반응하는 데도 시간이 소요된다는 점이다. 즉 평가절하로 수출경쟁력이 향상되더라도 국내생산자가 생산설비 확충 등 구조조정을 통하여 수출재의 생산을 확대하는 데 시간이 소요되는 것이다. 또한 수출수입계약은 평가절하 시점보다 수개월 전에 이루어져 일정기간 동안은 수출입물량이 크게 변하지 않는 것이 보통이다.

셋째로 불완전한 경쟁을 들 수 있다. 일반적으로 외국시장을 확보하는 데는 많은 시간과 비용이 들게 마련이다. 일국이 평가절하를 실시하면 외국의 수출업자들은 어렵게 확보한 수출시장 점유율이 낮아지도록 내버려 두지 않을 것이다. 즉 외국 수출업자들은 자신들의 수출가격을 낮춤으로써 상대국의 평가절하에 따른 자국의 경쟁력 저하에 대응할 것이다. 이에 따라 평가절하에 따른 수입감소 효과가 부분적으로 상쇄된다. 마찬가지로 외국의 수입대체산업은 평가절하를 실시한 국가의 수출증가 위협에 대응하여 국내시장에서 자국제품 가격을 인하함으로써 평가절하국의 추가적인 수출증대 효과를 약화시키는 노력을 하게 된다.

마지막으로 국내가격으로 나타낸 수출가격이 고정되어 있지 않고 상승할 수 있는 점도 J곡선 효과를 가져오는 요인이 될 수 있다. 즉 수출산업의 중간재 및 원자재 용도용 수입비중이 높은 경우 관련 수입재 가격이 상승하면 수출가격도 상승압력을 받게 되므로 평가절하에 따른 경쟁력 향상 효과가 감소되는 것이다.

3. 총지출 접근방법

환율변동(평가절하)에 따른 국제수지 조정효과를 설명하는 총지출 접근방법(absorption approach)은 1930년대 이후 고전적인 탄력성 분석방법을 놓고 탄력성 낙관론과 비관론의 논쟁이 일고 있을 때 이러한 탄력성 문제를 다루지 않고 국제수지 변동효과를 직접 설명하기 위한 시도로서 제시되었다. 탄력성 분석방법은 환율변동에 따른 수출입상품의 가격변화를 통하여 국제수지가 조정되는 과정을 설명하는 데 비하여 총지출 접근방법은 국민소득계정을 이용하여 국제수지 조정과정을 설명한다. 여기서는 총지출 분석 방법 중 대표적인 알렉산더(Alexander, 1952) 모형을 이용하여 국제수지 조정 메커니 즘을 살펴보기로 한다.

먼저 개방경제의 국민소득계정은 다음과 같은 기본적 항등식으로 나타낼 수 있다.

$$Y = C + I + G + (X - M) \qquad \text{식 (7-3)}$$

Y : 실질국민소득 C : 민간소비지출

I : 민간투자지출 G : 정부지출

X : 총수출 M : 총수입

여기서 국내에서의 총지출인 '$C + I + G$'를 absorption이라고 부르는데, '$A = C + I + G$'를 식 (7-3)에 대입하면 아래와 같이 표시된다.

$$Y = A + (X - M) \qquad \text{식 (7-4)}$$

식 (7-4)를 경상수지(CA)에 관하여 정리하면 다음과 같다.

$$CA = X - M = Y - A \qquad \text{식 (7-5)}$$

식 (7-5)에서 보는 바와 같이 경상수지(상품수지)는 국민소득(Y)과 국내총지출 (A) 간의 격차로 나타낼 수 있다. 즉 경상수지 흑자는 국내총생산이 국내총지출을 상회함을 의미하며, 경상수지 적자는 국내총생산이 국내총지출보다 작다는 것을 나타낸다. 이와 같은 관점에서 볼 때 경상수지(상품수지) 적자를 개선하기 위해서는 absorption, 즉 C, I, G를 줄여야 한다. 상품수지균형($X - M = 0$)은 국내총생산과 absorption이 균형($Y - A = 0$)을 이루지 않고는 달성할 수 없음을 의미한다. 여기서 환율의 평가절하가 국제수지를 개선시키기 위해서는 Y의 증대, A의 감축을 도모할 수 있어야 한다는 것이다. 이를 설명하기 위하여 식 (7-5)를 차분형태로 전환할 필요가 있다.

$$dCA = dY - dA \qquad \text{식 (7-6)}$$

식 (7-6)은 평가절하가 경상수지에 미치는 효과는 그것이 국내총지출과 국민소득에 각각 어떠한 영향을 미치는가에 달려 있음을 나타낸다. 만일 평가절하가 국내지출에 비하여 국내소득을 증가시킨다면 경상수지는 개선된다. 그러나 만일 평가절하가 국내소득에 비하여 국내지출의 증가를 가져온다면 경상수지는 악화된다. 따라서 평가절하가 국민소득과 국내총지출에 미치는 영향을 분석하는 것이 총지출 접근방법의 핵심이 된다.

국내총지출은 두 부분으로 나눌 수 있다. 즉 소득증가에 따른 지출증가와 평가절하가 국내지출에 미치는 직접효과로 구분된다. 식 (7-7)은 국내총지출 변동이 이와 같은 두 가지 효과로 구분되는 것을 나타내고 있다.

$$dA \ = \ adY + dAd \qquad\qquad\qquad\qquad 식\ (7\text{-}7)$$

여기서 adY는 소득증가에 수반되어 초래되는 지출증가분을 나타내는데, a는 한계지출성향(marginal propensity to absorb)을 의미한다. 또한 dAd는 평가절하에 기인하여 초래되는 다른 모든 지출(Ad)에 대한 변동분을 나타낸다.

식 (7-7)을 식 (7-6)에 대입하면 다음과 같은 식을 얻게 된다.

$$dCA \ = \ (1 - a)dY - dAd \qquad\qquad\qquad 식\ (7\text{-}8)$$

식 (7-8)은 평가절하의 효과를 고려할 때 세 가지 요인에 주목할 필요가 있음을 보여준다. 즉 평가절하는 한계지출성향(a)의 변화, 소득수준(dY)의 변화, 그리고 직접적으로 지출에 미치는 효과(dAd)에 의해서만 경상수지에 영향을 미칠 수 있다는 것이다.

식 (7-8)로부터 평가절하가 경상수지를 개선시킬 수 있는 조건을 아래와 같이 도출할 수 있다.

$$(1 - a)dY > dAd \qquad\qquad\qquad\qquad 식\ (7\text{-}9)$$

즉 국내총지출(A)에 사용되지 않은 소득 변동분이 직접지출 변동분보다 큰 경우에 경상수지가 개선된다는 것이다.[7]

4. 통화론적 접근방법

전술한 탄력성 접근모형이나 총지출 접근모형은 경상수지를 대상으로 국제수지 조정을 분석한 것으로서 외화표시 금융자산거래 등 자본수지를 고려하지 못한다는 제약점이 있다. 이에 비하여 통화론적 접근방법은 기본적으로 국제수지를 통화적 현상으로 보고 경상수지뿐만 아니라 자본수지도 고려하고 있다.

국제수지에 대한 통화론적 접근방법은 국제수지 불균형은 통화시장의 불균형에서 비롯되며, 따라서 국제수지분석을 위해서는 통화의 수요와 공급에 초점을 맞추어야 한다고 주장한다. 이제 기본적인 통화론적 접근모형과 국제수지 불균형의 조정과정에 대해 간략히 살펴보기로 한다.

4.1 기본 통화모형

통화론적 접근모형은 세 가지 주요한 가정, 즉 안정적인 통화수요함수, 완전고용생산수준, 그리고 구매력평가의 성립을 전제로 한다.

먼저 통화수요함수는 통화수량설에 기초하고 있으며 안정적이라는 것이다.

$$Md = kpy, \quad k > 0 \qquad\qquad\qquad 식 (7\text{-}10)$$

Md : 명목통화 잔고에 대한 수요

p : 국내물가수준

y : 실질국민소득

여기서 k 는 명목소득 변화에 대한 통화수요의 민감도를 나타내는 파라미터이다. 통화수요는 국내물가수준의 변화에 대해 정(+)의 관계를 나타내는데, 이는 통화수요가 실질통화 잔고에 대한 수요를 의미하기 때문이다. 국내물가수준의 상승은 실질통화잔고

---

7   이와 같은 경상수지개선 조건의 충족 여부는 경제가 국민소득의 증가가 가능한 불완전고용상태냐, 국민소득의 증가가 불가능한 완전고용상태냐에 따라 달라진다.

$\left(\dfrac{M}{P}\right)$를 축소시키며, 이에 따라 통화수요가 같은 비율로 증가하게 된다. 또한 통화수요는 실질국민소득과 정의 관계를 가진다. 즉 다른 조건이 불변이라면 실질소득의 증가는 거래적 통화수요의 증가를 가져온다. 이러한 통화수요함수는 총수요의 기초가 된다.

둘째, 노동시장이 완전히 탄력적이며 경제가 계속해서 완전고용생산 수준에 머무는 것으로 가정한다. 다시 말해서 임금이 노동의 수요와 공급을 일치시키는 수준에 고정되어 있다고 가정한다. 예를 들어 국내물가수준의 상승은 국내생산의 증가를 가져오지 않는다. 왜냐하면 높은 물가수준을 반영하여 임금이 즉시 조정되기 때문이다.

셋째, 통화모형은 구매력평가의 성립을 가정하고 있다. 단순한 통화모형에서의 구매력평가이론은 균형상태에서 다음 식을 유지하기 위하여 환율이 조정되는 것을 의미한다고 할 수 있다.

$$S = \frac{P}{P^*}, \ \ \ \text{즉} \ P = SP^* \qquad\qquad\qquad \text{식 (7-11)}$$

S : 명목환율(외국통화 1단위당 국내통화단위수)

P : 국내물가수준(국내통화표시)

P^* : 외국물가수준(외국통화표시)

이와 같은 세 가지 가정을 전제로 하는 기본적인 통화모형에 몇 가지 계정상의 항등관계 및 행태에 관한 가정을 추가하면 통화론적 접근방법에 의한 국제수지 조정모형을 얻을 수 있다.

통화수요와 대비되는 국내통화공급은 일반적으로 다음과 같이 나타낼 수 있다.

$$Ms = D + R \qquad\qquad\qquad\qquad\qquad\qquad \text{식 (7-12)}$$

Ms : 국내통화공급(본원통화)

D : 통화당국의 국내증권보유

R : 외국통화보유액

식 (7-12)는 국내통화공급(Ms)이 통화당국이 보유하는 국내증권(D)과 외국통화(R) 두 가지 요소로 구성됨을 보여 주고 있다. 따라서 국내통화(본원통화)는 언급한 두 가지 경로를 통하여 공급될 수 있다. 첫째, 통화당국은 공개시장조작을 실시할 수 있는데, 중앙은행이 민간경제주체가 보유하는 증권을 매입하게 되면 중앙은행의 통화성부채가 증가하는 동시에 국내 증권보유자산이 증가하게 된다. 식 (7-12)에서 D가 이러한 경로를 나타낸다. 둘째, 통화당국은 외환시장개입을 실시할 수 있다.

즉 중앙은행은 민간경제주체가 보유하는 외국통화자산(외국통화 또는 외국재정증권)을 매입함으로써 중앙은행의 통화성부채를 증가시키는 동시에 외국통화 및 외국증권자산을 증가시키게 된다. 식 (7-12)의 R이 이러한 경로를 나타낸다.

식 (7-12)는 아래와 같은 차분형태로 나타낼 수 있다.

$$dMs = dD + dR \qquad\qquad 식\ (7\text{-}13)$$

식 (7-13)은 국내통화공급의 증가(감소)를 dD로 표시되는 공개시장조작 또는 dR로 표시되는 외환시장개입을 통하여 설명한 것이다. 이와 같이 통화론적 접근방법은 기본적으로 국제수지 조정과정을 통화수요와 통화공급의 변동에 초점을 맞추어 설명하고 있다.

4.2 국제수지 불균형 조정 메커니즘

통화론자들은 국제수지 흑자 및 적자를 통화시장에서의 통화잔고 불균형에 기인한 통화의 흐름으로 이해한다. 즉 국제수지 적자는 통화수요에 비하여 통화잔고가 과도한 데기인하며, 반면에 국제수지 흑자는 통화공급 잔고에 비하여 통화수요가 과도한 데 기인한다는 것이다. 따라서 국제수지 불균형은 통화시장의 불균형을 반영할 뿐이라는 것이다. 이러한 점에서 통화의 흐름은 국제수지에서 자율적 항목(autonomous items)에 해당된다. 반면에 재화 및 용역의 매매, 그리고 중장기 및 단기투자는 보정적 항목(accommodation items)으로 간주된다. 이와 같은 통화론적 접근방법은 경상계정 항목을 자율거래로 보고 자본계정과 외환보유 변동항목을 보정적 거래로 보는 케인지언 접근방법과 완전히 상반된다고 할 수 있다.

통화론자는 전체 국제수지(BP)가 경상수지(CA), 자본수지(K), 그리고 통화당국의 외환보유변동(dR)으로 구성된다고 보았다. 즉,

$$BP = CA + K + dR = 0$$

따라서

$$CA + K = -dR \qquad\qquad\qquad 식 (7\text{-}14)$$

만일 국제수지계정에서 dR이 정($+$)의 값을 나타낸다면 경상수지(CA)와 자본수지(K)의 합이 적자임을 의미한다. 이는 통화당국이 외국통화 보유분으로 자국통화를 매입함에 따라 외환보유액이 줄어들었음을 의미하는 것이다.

식 (7-14)는 국제수지를 다른 측면에서 보는 것이다. 즉 외국통화매입에 따른 외환보유액 증가는 국제수지 흑자를 구성하며, 반면에 국내통화 매입에 기인한 외환보유액 감소는 국제수지 적자를 나타낸다. 만일 통화당국이 외환시장에 개입하지 않는다면, 즉 환율이 변동하도록 그대로 둔다면 외환보유액은 변동하지 않는다. 또한 국제수지에 대한 통화론자의 견해에 따르면 국제수지는 균형을 이룬다. 변동환율제도하에서 경상수지적자는 동일한 규모의 자본유입에 의해서 메워져야 하며, 결과적으로 국제수지는 균형을 이룬다.

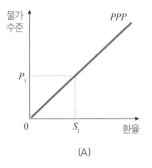 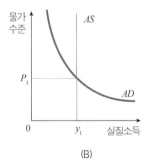 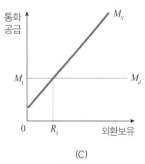

[그림 7-3] 모형의 균형

[그림 7-3]에서 보는 바와 같이 총수요(AD)가 총공급(AS)과 일치할 때 모형은 균형상태에 있게 된다. 이와 같은 균형은 [그림 7-3](B)에서 총수요와 총공급 선이 물가수준 P_1과 소득수준 y_1에서 교차하여 재화에 대한 초과수요가 존재하지 않는 상태를 말한다. 이와 더불어 [그림 7-3](A)에서 보는 바와 같이 균형상태에서는 외환시장에서 PPP가 성립함으로써 국내물가수준 P_1과 외생적인 외국물가수준 P^*하에서 구매력평가 환율이 S_1으로 주어진다.

마지막으로 통화시장도 균형을 나타낸다. 즉 국내 구성요소 D_1과 외환보유요소 R_1으로 구성되는 통화공급 M_1이 통화수요와 일치한다. [그림 7-3](C)는 통화공급선 Ms와 통화수요선 M_d가 교차하고 통화공급이 M_1이 됨을 나타내고 있는데, 통화수요선의 정확한 위치는 국내물가수준과 국내소득수준에 의하여 결정된다. 통화시장의 균형 역시 국제수지의 균형을 의미한다.

통화론적 접근방법은 환율 평가절하가 통화공급과 관련하여 통화수요에만 영향을 미쳐 국제수지를 조정하는 효과를 가진다고 주장한다. [그림 7-4]는 환율 평가절하의 효과를 설명한다. [그림 7-4](A)에서 보는 바와 같이 환율을 S_1에서 S_2로 평가절하하면 국내물가수준이 구매력평가선(PPP) 아래인 A에 위치하기 때문에 국내재화가 경쟁력 면에서 유리해진다. 국내재화가 외국재화에 비해 경쟁력이 우위를 점하게 되면 국내통화에 대한 수요가 증가($Md_1 \rightarrow Md_2$)하게 되며 에에 따라 통화수요 M_2가 통화공급 M_1을 초과하게 된다. 평가절하로 국내재화가 경쟁력 면에서 유리해진다는 것은 외국인들의 국내재화에 대한 수요가 늘어나는 반면 국내 거주자들의 외국재화 및 용역에 대한 수요가 줄어듦에 따라 국제수지가 흑자로 돌아섬을 의미한다. 국내통화의 절상을 방지하려면 통화당국은 새로운 통화를 창출하여 외국통화를 매입하여야 한다. 이는 외환보유액 증가 및 통화공급 증가를 가져오고 결과적으로 국내생산재화에 대한 총수요를 증대시키게 된다. 총수요 증가($AD_1 \rightarrow AD_2$)는 물가수준 P_2에서 구매력평가(PPP)가 회복될 때까지 국내물가를 상승시키게 된다.

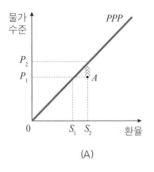 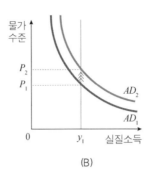 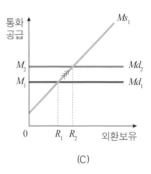

[그림 7-4] 모형의 균형

국내물가수준이 P_2로 상승하고 통화공급이 M_2로 증가되면 실질통화잔고는 균형 수준($M_1/P_1 = M_2/P_2$)에 도달하게 되며 평가절하에 따른 경쟁력 우위는 소멸된다. 즉 통화공급이 다시 통화수요와 같아져 국제수지는 균형으로 돌아오게 된다. 장기적으로 환율 x 퍼센트 평가절하는 국내물가수준을 x 퍼센트 상승시키고 국내통화량을 x 퍼센트 증가시킨다. 다시 말해 평가절하에 기인한 국제수지 흑자는 단지 일시적인 현상이다.

통화론적 접근방법은 통화당국이 평가절하와 동시에 통화 팽창적인 공개시장조작을 실시하지 않는 한 평가절하는 국제수지를 일시적으로 개선시키는 효과를 가진다는 점을 강조한다. 만일 통화당국이 공개시장조작을 통하여 즉시 통화량을 M_2로 증가시킨다면 총수요가 증가($AD_1 \rightarrow AD_2$)하고 국내물가 상승($P_1 \rightarrow P_2$)하게 되며, 이에 따라 평가절하에 따른 경쟁력의 우위는 사라지게 된다.

통화론적 접근방법으로부터 얻을 수 있는 평가절하의 효과에 대한 주요한 점은 환율변동을 통하여 국제수지를 항구적으로 변동시킬 수 없다는 점이다. 즉, 환율의 평가절하 또는 평가절상은 통화시장의 불균형을 통하여 국제수지 흑자 또는 적자를 가져오지만, 이러한 국제수지 불균형은 외환보유액 변동을 통하여 통화시장의 균형이 회복될 때까지만 지속된다.

참고 7-1 적정수준 경상수지 흑자의 중요성[8]

국제수지는 경상수지, 자본수지, 금융계정으로 구성되는데 이 구성항목 중에서 경상수지가 가장 중요한 내용을 담고 있기 때문에 일반적으로 국제수지라 할 때는 경상수지를 의미한다.

경상수지는 앞에서 설명한 바와 같이 상품수지, 서비스수지, 본원소득수지, 이전소득수지로 구분되는데, 이 중 상품수지와 서비스수지가 우리 경제에 미치는 영향이 가장 크다고 할 수 있다. 상품과 서비스를 외국에 수출하면 수출분만큼 수요가 증가하므로 생산확대를 유발하게 되어 일자리가 늘어나고 소득도 증대되는 데 반해, 상품이나 서비스를 외국에서 수입하면 수입분만큼 수요가 감소하므로 국내기업이 생산을 축소하게 되어 급여 또는 일자리가 감소한다. 즉, 상품 및 서비스수지는 소득 및 고용과 직접 관련이 있다.

상품 및 서비스수지를 포함한 경상수지가 흑자를 기록하면 외국에 판 상품과 서비스가 사들인 것보다 많으므로 수출을 통해 늘어나는 소득과 일자리가 수입을 통해 줄어드는 소득과 일자리보다 크게 되고, 따라서 전체적으로는 그만큼 국민소득이 늘어나고 고용이 확대된다. 또한 경상수지 흑자로 유입된 외화로 외국으로부터 차입한 빚을 갚아 나갈 수 있게 되어 외채를 줄일 수도 있다. 아울러 국내 공급부족 등으로 물가상승 압력이 있을 경우에는 수입을 큰 부담 없이 늘려갈 수 있게 되어 물가를 보다 쉽게 안정시킬 수 있을 뿐 아니라 국내경기가 좋지 않아 경기부양책을 쓰고자 할 경우에도 수입증가를 크게 염려하지 않아도 되므로 부양책을 쓰기가 용이해지는 등 경제정책수단의 선택폭이 넓어져 경제를 보다 건실하게 운영할 수 있게 된다.

그러나 경상수지 흑자가 반드시 좋다고만 할 수도 없는데, 이는 경상수지 흑자가 국내통화량을 증가시켜 통화관리를 어렵게 하고 통상측면에서는 우리가 흑자를 내고 있는 교역상대국의 우리나라 수출품에 대한 수입규제를 유발하는 등 무역마찰을 초래할 가능성이 커지기 때문이다. 그렇지만 우리나라와 같이 경제가 해외에 크게 의존하고 있는 국가의 경우는 대외 경제적 충격에 대한 흡수력을 높이고 국민소득과 고용을 늘리기 위해서 적정한 수준의 경상수지 흑자를 유지하는 것이 바람직하다. 참고로 우리나라의 경상수지 추이를 살펴보면 동아시아 외환위기 이후 2008년 글로벌 금융위기 때를 제외하고 전반적으로 흑자 기조를 유지하였다.

---

8   한국은행, 알기 쉬운 경제지표 해설(2010)에서 인용.

요약

1. 한 나라의 외화수입과 지급이 균형을 이루는 국제수지의 균형은 중요하다. 국제수지 적자가 지속되면 외환보유액이 고갈되거나 외채 규모가 확대되어 바람직한 국민경제 운용에 제약요인으로 작용한다. 국제수지 흑자도 바람직한 것만은 아닌데 이는 외화의 순유입이 과도하게 증가하는 경우 해외부문 증가를 통하여 인플레이션을 초래할 수 있고, 변동환율제도하에서는 통화가치의 상승을 가져와 외국과의 상대 가격체계 왜곡 등을 초래하기 때문이다. 이에 따라 국제수지가 불균형을 이루게 되면 균형 회복이 중요한데 국제수지 조정이론으로 가격 · 정화 조정 메커니즘, 탄력성 접근방법, 총지출 접근방법, 통화론적 접근방법이 있다.

2. 가격 · 정화 조정 메커니즘은 국제금본위제도하에서 국제수지 조정과정을 설명하는 이론이다. 자국의 상품수지가 흑자를 나타낼 경우, 외국으로부터 금의 유입이 일어나며 금본위제도하에서 금이 곧 통화이므로 통화량 증가와 국내물가 상승을 초래하고, 이는 자국 상품가격의 상승에 따른 수출감소 및 수입증가를 초래하여 결과적으로 국제수지 흑자가 소멸되고 국제수지는 균형을 회복하게 된다. 그러나 이러한 가격 · 정화 조정 메커니즘에 의한 이론적인 국제수지의 자동조정은 과거 금본위제도하에서 가격 신축성의 결여, 통화에 대한 수요와 공급의 불일치 등으로 제대로 작동하지 아니하였다.

3. 탄력성 접근방법은 환율변동에 따른 수출입상품의 가격변동을 통하여 국제수지가 조정되는 메커니즘을 설명하는 이론으로 가장 전통적인 분석방법이다. 환율의 변동은 수출입상품의 상대가격 변화와 이에 따른 수출입 물량변동을 통하여 경상수지에 영향을 미치게 된다. 이때 그 영향의 정도는 수출입 물량의 가격탄력성 크기에 의해 결정된다. 환율 평가절하에 의해 국제수지가 개선되려면 마샬-러너 조건이 충족되어야 한다. 일반적으로 마샬-러너 조건은 장기에 걸쳐 성립하지만 단기적으로 J곡선 효과로 충족되지 않을 수 있다. J곡선 효과는 국제수지에 대한 평가절하의 효

과가 시차를 가지고 나타나는 현상을 말한다. J곡선 효과가 나타나는 이유는 수요자와 공급자가 반응하는 데 시간이 소요되고, 실제로 경쟁이 불완전한 데다 국내가격으로 나타낸 수출가격이 고정되어 있지 않고 상승할 수 있기 때문이다.

4. 총지출 접근방법은 국민소득계정을 이용하여 국제수지 조정과정을 설명한다. 총지출 분석방법 중 대표적인 알렉산더 모형에 따르면 경상수지를 국민소득과 국내총지출 간의 격차로 보고 환율의 평가절하가 국민소득과 국내총지출에 미치는 영향에 따라 경상수지 변동 방향이 결정된다. 즉 평가절하는 한계지출성향의 변화, 소득수준의 변화, 그리고 직접적으로 지출에 미치는 효과에 의해서만 경상수지에 영향을 미칠 수 있으며 국내총지출에 사용되지 않은 소득 변동분이 직접지출 변동분보다 큰 경우에 경상수지가 개선된다.

5. 통화론적 접근방법은 통화론자들의 이론으로 탄력성 접근모형이나 총지출 접근모형과 달리 기본적으로 국제수지를 통화적 현상으로 보고 경상수지뿐만 아니라 자본수지도 고려하며 세 가지 주요한 가정, 즉 안정적인 통화수요함수, 완전고용생산 수준, 그리고 구매력평가의 성립을 전제로 한다. 통화론적 접근방법은 국제수지 흑자 및 적자를 통화시장에서의 통화잔고 불균형에 기인한 통화의 흐름으로 이해하고 환율 평가절하가 통화공급과 관련하여 통화수요에만 영향을 미쳐 국제수지를 조정하는 효과를 가진다고 주장한다. 통화론적 접근방법은 통화당국이 평가절하와 동시에 통화 팽창적인 공개시장조작을 실시하지 않는 한 평가절하는 국제수지를 일시적으로 개선시키는 효과를 가지며 국제수지를 항구적으로 변동시킬 수 없다는 점을 강조한다. 즉, 환율의 평가절하(절상)는 통화시장의 불균형을 통하여 국제수지 흑자(적자)를 가져오지만, 이러한 국제수지 불균형은 외환보유액 변동을 통하여 통화시장의 균형이 회복될 때까지만 지속된다.

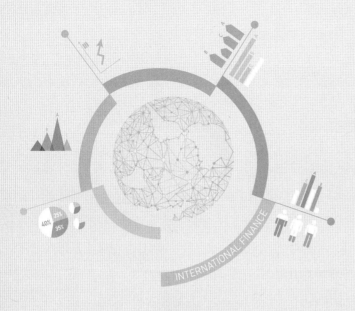

CHAPTER

8

국제은행시장 및
국제단기금융시장

제1절 국제은행시장

1. 국제은행시장의 개념

일반적으로 국제은행(international bank)은 내국인을 대상으로 국내은행들이 제공하는 일반적인 서비스(업무)를 벗어나 외국통화표시거래, 외국인과의 거래, 혹은 해외에서 이루어진 거래 등 국제은행 업무를 제공하는 은행을 말하며 국제금융의 핵심적인 역할을 수행한다. 즉 국내금융과 국제금융의 업무는 은행이 수취하는 예금과 그들이 제공하는 대출과 투자의 유형에 따라 구분하는 것이다.

국제은행시장(international banking markets)은 은행이 비거주자로부터 예금을 받아 비거주자에게 대출하는 시장, 즉 국경을 넘어(cross-border) 예금과 대출이 이루어지는 시장을 말한다. 예를 들어 미국에 소재한 미국 은행이 중국 기업으로부터 예금을 받아 이를 한국의 은행에 대출하는 것이다. 최근 금융 세계화, 그리고 금융시장의 개방 및 통합이 진전되면서 은행의 국내업무와 국제업무의 구분이 어려워지고 있다.

2. 국제은행업 개요

2.1 주요 국제은행 업무

일반적으로 국제은행 업무는 2개 이상의 다른 통화가 관련되어 있고 자국과 해당 외국의 법적 제도가 상이하고 해당 기관의 대외채권·채무는 물론 국가의 대외채권·채무와 관련되어 있기 때문에 국내은행 업무에 비해 매우 복잡하고 다양하다. 한편 글로벌 국제 금융환경 변화와 더불어 은행들이 국제화를 추진하면서 국제업무를 통하여 리스크도 발생할 수 있지만 국내업무에 비해 여러 가지 유리한 점들을 기대할 수 있다. 예를 들어 한계비용 및 거래비용 감축, 선진 금융기법 및 정보 활용, 규제 회피, 방어적인 거래, 헤지 등을 통한 리스크 감축 등을 들 수 있다.[1]

---

1   이와 관련하여 Rugmen과 Kamath (1987)는 국제은행 업무를 통한 이득을 다음과 같이 열거하였다. i) 자국에서 개발된

국경을 넘나드는 국제은행의 업무를 명확히 구분하기는 어렵지만 업무 성격에 따라 크게 구분하면 예금 및 대출 등 국제상업은행의 금융중개업무, 주식·채권 발행시장에서의 주간사 업무 및 주식·채권의 유통거래를 담당하는 국제투자은행 업무, 그리고 국제금융시장에서의 자금조달과 필요한 부문에 대한 자금지원을 담당하는 국제금융 업무로 구분할 수 있다. 아울러 국제은행 업무는 전문성을 가진 국제은행이 제공하는 고객에 대한 컨설팅 서비스와 자문 서비스 등을 포함한다.[2]

이와 같은 국제은행 업무의 확대 과정을 단계별로 간략히 살펴보면 다음과 같다. 먼저 초기단계에서의 국제은행 업무는 무역금융, 국제코레스금융, 외환거래 등 전통적인 은행업무가 주를 이루었다. 1970년대와 1980년대에 들어 유로통화시장의 발전과 더불어 국제은행 업무도 다양하고 크게 확대되었다. 즉, 국제은행은 종전의 전통적인 국제은행 업무와는 별도로 다양한 유로금융 업무, 특히 유로 신디케이트 대출, 유로채권 발행 및 유통, 국제 간 기업 합병 및 인수를 포함하는 기업서비스 업무를 담당하게 되었다.

경영 및 마케팅 지식은 해외에서 낮은 한계비용으로 이용될 수 있음; ii) 해외의 은행 자회사는 개인적인 인맥과 신용분석 등에 관한 모은행의 정보를 해외시장에서 이용할 수 있음; iii) 외국에 진출한 현지 기업들이 자국의 은행으로부터 얻는 정보에 비해 자국에서 영업하는 외국은행의 자회사로부터 해당 외국의 무역 및 금융시장에 관한 보다 정확한 정보를 입수할 수 있음; iv) 거대한 다국적은행은 높은 명성, 유동성, 그리고 안전성 면에서 해외고객을 유치하는 데 유리함; v) 다국적은행은 국내은행과 동일한 규제를 적용받지 않는 경우가 많음 — 재무정보의 공포 필요성 감소, 외화표시예금에 대한 예금보험 및 지급준비금 의무 부재 등; vi) 은행이 그들의 다국적기업을 해외에 따라 나가 서비스를 제공함으로써 고객 상실을 방지 — 도매거래의 방어전략; vii) 다국적은행 활동은 은행이 여행자수표, 관광객, 그리고 해외비즈니스 시장이 해외은행 경쟁자에 의해 상실되는 것을 방지 — 소매거래의 방어전략; viii) 해외지점, 외화잔액을 유지함으로써 정부 규제 회피, 통화교환에 따르는 거래비용과 환위험 감축; ix) 자국은행들이 제공한 서비스로 포화상태에 이른 국내 시장의 제한적인 성장에서 벗어나 새로운 성장동력 발굴; x) 국제적 다각화를 통한 수익성 및 안정성 제고 — 여러 국가들 간에 경기사이클과 금융정책사이클이 상쇄됨으로써 어느 한 국가의 국가 특유 위험 감축 가능.

2 이와 관련하여 Rugmen과 Kamath (1987)는 국제은행 업무를 통한 이득을 다음과 같이 열거하였다. i) 자국에서 개발된 경영 및 마케팅 지식은 해외에서 낮은 한계비용으로 이용될 수 있음; ii) 해외의 은행 자회사는 개인적인 인맥과 신용분석 등에 관한 모은행의 정보를 해외시장에서 이용할 수 있음; iii) 외국에 진출한 현지 기업들이 자국의 은행으로부터 얻는 정보에 비해 자국에서 영업하는 외국은행의 자회사로부터 해당 외국의 무역 및 금융시장에 관한 보다 정확한 정보를 입수할 수 있음; iv) 거대한 다국적은행은 높은 명성, 유동성, 그리고 안전성 면에서 해외고객을 유치하는 데 유리함; v) 다국적은행은 국내은행과 동일한 규제를 적용받지 않는 경우가 많음 — 재무정보의 공포 필요성 감소, 외화표시예금에 대한 예금보험 및 지급준비금 의무 부재 등; vi) 은행이 그들의 다국적기업을 해외에 따라 나가 서비스를 제공함으로써 고객 상실을 방지 — 도매거래의 방어전략; vii) 다국적은행 활동은 은행이 여행자수표, 관광객, 그리고 해외비즈니스 시장이 해외은행 경쟁자에 의해 상실되는 것을 방지 — 소매거래의 방어전략; viii) 해외지점, 외화잔액을 유지함으로써 정부 규제 회피, 통화교환에 따르는 거래비용과 환위험 감축; ix) 자국은행들이 제공한 서비스로 포화상태에 이른 국내 시장의 제한적인 성장에서 벗어나 새로운 성장동력 발굴; x) 국제적 다각화를 통한 수익성 및 안정성 제고 — 여러 국가들 간에 경기사이클과 금융정책사이클이 상쇄됨으로써 어느 한 국가의 국가 특유 위험 감축 가능.

1980년대와 1990년대에는 이자율스왑, 대출약정발행증권(NIF : note issuance facility)[3] 등 다양한 혁신적인 상품이 도입되고 1980년대 개도국이 직면한 외채문제의 관리와 대출상환계획 조정 등과 관련된 대출에 대한 유통시장이 개발되면서 국제은행 업무가 더욱 확대되었다. 이와 함께 은행들이 세계적 관점에서 고객의 부를 증진시키기 위한 금융서비스를 제공해야 할 필요성이 커진 점도 국제은행 업무가 더욱 다양해지고 확대되는 요인으로 작용하였다. 1990년대 이후에는 국제은행의 업무가 증권인수, 증권거래 서비스, 기업금융, 그리고 펀드운용 등을 통하여 투자은행업무로 확대되었다. 이와 같은 국제은행의 업무 확대로 각국 금융시장의 연계성이 커지는 가운데 금융기관들이 새로운 위험에 노출되면서 금융불안을 초래하는 요인으로도 작용하고 있다.

2.2 국제은행의 조직 유형

국제은행이 업무를 수행하는 형태는 기존에 확립된 은행업무 조직, 업무발전 단계, 업무와 관련된 제반 환경 등에 따라 다양하게 나타날 수 있다. 여기에서는 주요국에서 국제금융 업무를 수행하고 있는 금융기관의 조직 유형을 간략히 살펴본다.

가. 코레스 은행

국제금융거래에서 가장 초보적인 형태는 다른 국가에 있는 두 은행 간에 결제계정(correspondent account)을 개설하고 이를 유지하는 코레스[4] 은행 관계(correspondent bank relationship)를 설정하는 것이다. 예를 들어 한국의 은행이 미국의 BOA에 코레스 은행 계좌를 설정하고 미국의 BOA가 한국의 은행에 코레스 계좌를 설정하여 이를 통해 수출·수입에 관련된 국제적인 지급이나 추심, 상호 간의 신용 제공, 유가증권의 처리·보

---

3 직접금융을 통한 자금조달이 어려울 경우 은행이 일정한도 내에서 자금을 공급하겠다는 대출공여 약정의 일종이다. 차입자는 NIF를 발행함으로써 필요자금을 안정적으로 확보하는 한편 경영환경 변화에 따라 투자안을 신축적으로 변경할 수 있다. NIF 인수 금융기관은 다양한 수수료 수입을 획득하면서도 실제 자금 투입 없이 고객과 돈독한 관계를 유지할 수 있다.

4 코레스란 용어는 은행이 고객계좌의 결제를 위하여 사용한 전신이나 우편통신에서 유래되었는데 국제은행 간 통신은 주로 SWIFT 메시지로 이루어진다.

관, 현금관리 서비스, 국제금융 전반에 관한 자문기능 등을 포함한 국제금융업무를 수행하는 것이다. 더 나아가 해당 은행들은 코레스 은행 관계를 통하여 컨소시엄 은행단이나 신디케이트 은행단을 구성하여 국제대출에도 참여할 수 있다.

코레스 은행 관계를 설정하는 양국의 해당은행들은 이를 통해 해외금융시장 진입비용을 최소화할 수 있고 해당지역에 요구되는 서비스의 규모를 조정할 수 있는 이점을 활용할 수 있다. 코레스 은행 관계를 유지하기 위해서는 직원이나 시설물에 대한 별도의 투자가 거의 필요 없다. 한편 코레스 은행이 고객에게 제공하는 서비스는 해당은행이 고객 서비스를 위해 자체적으로 운영하는 해외조직을 가지고 있을 경우에 비해 서비스 수준이 높지 않을 수 있다는 제약점이 있다.

은행들은 코레스 은행을 통한 금융서비스의 제약을 극복하고 고객들이 요구하는 금융서비스를 충분히 제공하는 한편 해외로부터의 수익을 확대하기 위하여 여러 형태로 외국 직접진출을 도모한다. 은행의 외국진출 형태는 크게 사무소(representative office), 대리은행(bank agencies), 해외지점(foreign branches), 계열은행(affiliates), 그리고 현지법인(subsidiaries) 등으로 구분할 수 있다.

나. 대표사무소

대표사무소는 소수의 직원이 특정은행을 대표할 수 있도록 설치한 해외사무소로 대부분 해외지점 설립을 위한 전단계로 설치한다. 일반적으로 대표사무소는 업무관련 정보나 기업관행 등을 수집하여 본점이나 다른 지점에 전달하고 연락·섭외하는 기능과 해외사업기회 발굴, 현지 코레스 은행의 서비스를 촉진시키는 기능을 수행한다. 이러한 대표사무소는 일반적으로 저렴한 비용으로 현지시장을 접할 수 있는 장점이 있으나 시장조사의 깊이나 폭이 진행 중인 사업의 유지나 추가적인 사업의 추진에 비해 떨어진다는 단점이 있다.[5]

---

5   지점이나 현지법인에 비하여 설립자본이 덜 소요됨에도 불구하고 대표사무소는 비경제적일수도 있다.

다. 대리은행

대리은행은 대표사무소와 해외지점의 중간에 해당하는 조직형태로 대표사무소와 마찬가지로 본점의 일부로서 주재국의 거주자들로부터 예금을 수취할 수 없으나 금융거래 잔고를 인수할 수 있고 비거주자(외국인)의 예금을 수취할 수 있다.[6] 또한 신용 공여, 은행간 시장에서의 차입과 대여 등은 허용되어 있고 외환시장에도 참여할 수 있다. 대출활동에 필요한 자금은 본점을 대리히여 주재국 자금시장이나 유로시장으로부터 직접 차입하거나 모은행(parent bank) 및 계열은행(affiliates)으로부터 차입하여 조달할 수 있다.

라. 해외지점

해외지점은 은행의 주요 구성부분으로서 법적·기능적인 관점에서 본점 활동의 연장선상에 있는 조직이다. 해외지점은 주재국의 현지은행처럼 운영되지만 모은행의 일부분으로 모국의 은행규제를 받는 동시에 주재국의 은행규제도 받는다. 은행들이 해외지점을 설립하여 해외에 진출하는 이유는 일반적으로 해외지점이 대표사무소보다 다국적기업들에게 훨씬 더 실질적이고 효율적으로 완전한 범위의 서비스를 제공[7]할 수 있으며 이를 통하여 주재국 현지의 은행들과 경쟁을 도모하기 위한 것이다.

마. 계열은행

계열은행은 현지은행과 외국은행이 합작하여 설립하는데 외국은행이 소수주주(통상 소유자본의 20 ~ 50% 이하)로 자본에 참여하는 형태를 취한다. 계열은행은 주재국 내에서 외국은행으로 취급되지 않고 현지은행의 지위를 누릴 수 있다. 이러한 점에서 대부

---

6   대리은행은 주재국의 예금취급기관과 달리 예금부채(deposit liability)에 대한 지급준비금 보유의무가 없다.

7   예를 들어 해외지점이 제공할 수 있는 대출금 한도는 해외지점의 자본금이 아닌 모은행의 자본금에 의존하며 이에 따라 해외지점이 고객에게 제공할 수 있는 대출은 모은행이 현지법에 의해 설립하는 현지법인 은행보다 그 규모가 더 클 수 있다. 또한 해외지점의 장부는 모은행 장부의 일부분이기 때문에 해외지점의 시스템은 코레스 은행의 네트워크보다 더 빠르게 고객에게 결제를 수행할 수 있게 한다. 이는 기업 재무제표의 자산이나 부채를 변동시키는 기업활동이 모은행과 같은 동일한 내부조직 내에서 이루어지기 때문이다.

분의 은행들은 계열은행보다는 해외지점이나 현지법인 은행의 형태를 선호하고 있다.

바. 현지법인

현지법인은 주재국의 법에 따라 주재국 현지에 설립한 독립법인으로 외국 모은행이 완전 소유하거나 다수 지분을 소유한 은행이다. 주재국의 법에 따라 지점 설치가 허용되지 않거나 금융활동 영역이 지점에 대하여 허용하는 범위보다 광범위하게 규정되는 경우 현지법인을 설립하는 것이 일반적이다.[8] 외국 현지법인 은행들은 자국 모은행의 외국 내 지점과 같이 금융활동의 주요 센터인 지역에 위치하는 경향이 있다.

사. 컨소시엄은행

컨소시엄은행(consortium bank)은 여러 금융기관이 연합으로 참여하는 합작투자은행(joint venture bank)으로 최소한 1명의 주주는 외국은행으로 구성되며 어느 은행도 총 주식의 50% 이상을 소유하지 못하도록 되어 있다. 컨소시엄은행은 별도의 법적 독립성을 보유한다는 점에서 은행의 차관단(consortium)[9]과 구별된다.

　　일반적으로 컨소시엄은행의 대다수 주주가 재정 제약으로 독자적으로 해외지점망을 운영할 수 없었던 중간규모의 컨소시엄은행들은 런던에 본부를 두고 있으며 대부분의 유로통화시장에서 활동하고 있다. 이들 컨소시엄은행 설립의 주요 목적은 공동의 목표달성을 위하여 각 주주은행들의 자본 및 경영자원을 모두 합쳐 시너지효과(synergy effect)를 도모하는 것이다.[10]

8 　예를 들어 미국, 한국, 일본 등에서는 전통적으로 상업은행 업무와 투자은행 업무를 분리하는 전업주의(specialized banking system)를 취하기 때문에 이를 회피하기 위한 방법으로 현지법인을 설립하는데, 미국의 경우 투자금융활동을 하기 위한 방법으로 머천트뱅크(merchant bank)를 설립하기도 한다. 미국은 1969년부터 유럽지역을 중심으로 1933년 제정된 은행법 글래스-스티걸법(Glass-Steagall Act)의 적용을 받지 않는 현지법인 머천트은행(merchant banking subsidiary)을 설립하여 자신들이 출자한 컨소시엄은행 및 현지은행들과 경쟁관계에 들어가게 되었는데 이는 해외활동으로 미국정부의 통제권 밖의 일이었다. 현지법인 머천트은행의 본부는 대부분 런던에 두고 있다.

9 　은행 차관단은 다수의 은행들이 각기 고유의 명의를 사용하면서 특정 차관의 결성 및 거래를 위하여 구성되는 loan consortium, loan syndicate 등의 집단을 말한다.

10 　컨소시엄은행의 사업목표를 주주은행들이 사전에 명확하게 설정해 놓지 않고 애매모호하게 남겨 놓음으로써 컨소시

참고 8-1   엣지법 은행

엣지법 은행(Edge Act banks)은 미국 내에 위치해 있고 국제적 은행활동이 허용되는 연방법에 의해 허가를 받은 미국은행들의 자회사이다. 엣지법 은행은 1919년 미국 뉴저지 주 상원의원인 월터 에지(Walter E. Edge)가 제안한 소위 엣지법(Edge Act)에 의해 설립된 은행으로, 미국 내 본점을 두지만 해외지점 설립, 해외 현지은행 설립 및 해외 투자활동 등도 할 수 있다. 엣지법안의 핵심은 연방준비제도 가맹은행과 은행지주회사(bank holding company)가 연방준비이사회의 인가를 받아 엣지은행을 설립하여 국제금융에 관한 영업활동을 수행할 수 있도록 한 것이다.

〈표 8-1〉은 Banker가 매년 조사하여 발표하는 세계 1,000대 은행 가운데 기본자본(Tier I Capital) 기준으로 2016년 말 현재 30대 은행을 열거한 것이다. 2016년 말 현재 세계 30대 은행 가운데 중국 은행이 8개로 가장 큰 비중을 차지하고 있으며, 미국 은행이 6개, 그 다음으로 영국, 일본, 프랑스 은행이 각각 4개, 스페인 은행이 2개를 차지하고 있어 일부 국가의 대형은행들이 국제은행시장에서 활발하게 활동하고 있음을 보여 주고 있다. 한편 한국에서 가장 규모가 큰 은행인 산업은행(Korea Development Bank)이 58위를 차지하고 있으며 KB Financial Group(64위), Shinhan Financial Group(70위), Hana Financial Group(81위), 그리고 Woori Bank(91위)가 100위 내에 속해 있다.

〈표 8-1〉 세계 30대 은행 (2016년 말 기준, 단위 : 백만 달러)

순위	은행명	국가	기본자본	총자산	세전이익	자본대비 이익률(%)
1	ICBC	China	274,432	3,422,154	55,968	20.39
2	China Construction Bank	China	220,007	2,827,348	45,993	20.91
3	JP Morgan Chase & Co	US	200,482	2,351,698	30,807	15.37
4	Bank of China	China	198,068	2,591,001	35,681	18.01
5	Agricultural Bank of China	China	185,607	2,741,355	35,571	19.16

엄 간부직원들이 스스로의 목표와 전략을 개발해 나가도록 하는 경우도 있다. 컨소시엄은행의 이와 같은 활동은 크게 세 가지 유형으로 구분할 수 있다 : i) 유로통화시장에서 주로 중기자금의 대출활동에 주력하여 중기유로통화대출 및 신디케이트 대출(syndicate loan)의 간사은행 역할; ii) 국제머천트은행 및 투자은행들의 영역에 속하는 다양한 업무 수행 ― 주로 국제적인 기업의 합병, 인수, 프로젝트금융(project financing), 기업 재무에 대한 자문 등; iii) 도·소매금융 활동.

순위	은행명	국가	기본자본	총자산	세전이익	자본대비 이익률(%)
6	Bank of America	US	180,778	2,147,391	22,150	12.25
7	Citi group	US	176,420	1,731,210	24,801	14.06
8	Wells Fargo & Co	US	164,584	1,787,632	33,641	20.44
9	HSBC Holdings	UK	153,303	2,409,656	18,867	12.31
10	Mitsubishi UFJ Financial Group	Japan	131,753	2,648,521	13,307	10.10
11	Credit Agricole	France	84,522	1,846,586	10,238	12.11
12	BNP Paribas	France	83,537	2,167,601	11,282	13.50
13	Bank of Communications	China	82,193	1,102,521	13,253	16.12
14	Goldman Sachs	US	81,511	861,419	8,804	10.80
15	Sumitomo Mitusui Financial Group	Japan	80,189	1,656,626	8,703	10.85
16	Banco Santander	Spain	79,867	1,456,804	10,377	12.99
17	Barclays	UK	78,558	1,671,660	3,094	3.94
18	Mizuho Financial Group	Japan	70,186	1,717,647	8,952	12.75
19	RBS	UK	69,173	1,217,027	−1,399	−2.02
20	Morgan Stanley	US	66,722	787,465	8,486	12.72
21	Deutsche Bank	Germany	63,285	1,770,793	−6,627	−10.47
22	Groupe BPCE	France	56,747	1,267,973	6,655	11.73
23	Norinchukin Bank	Japan	55,875	898,366	2,873	5.14
24	Lloyds Banking Group	UK	54,543	1,204,012	2,454	4.50
25	Societe Generale	France	54,267	1,450,425	6.640	12.24
26	Credit Suisse Group	Switzerland	53,599	829,096	−2,446	−4.56
27	China Merchants Bank	China	53,535	843,602	11,568	21.61
28	BBVA	Spain	52,776	815,302	5,003	9.48
29	Shanghai Pudong Development Bank	China	49,118	777,250	10,305	20.98
30	China Citic Bank	China	48,996	789,259	8,472	17.29
58	Korea Development Bank	Korea	24,842	263,959	2,291	9.22
64	KB Financial Group	Korea	21,822	280,053	1,846	8.46
70	Shinhan Financial Group	Korea	19,781	316,025	2,684	13.57
81	Hana Financial Group	Korea	16,531	278,817	1,020	6.17
91	Woori Bank	Korea	13,701	248,920	1,238	9.04

자료 : The Banker (2016.6.29)

제2절 유로시장 개요

1. 유로통화 · 유로시장의 개념

1.1 유로통화

유로통화(Eurocurrency)는 1950년대 후반 런던을 중심으로 한 유로달러(Eurodollar)에서 비롯된 개념으로서 미 달러화, 일본 엔화, 영국 파운드화 등과 같이 국제적 교환성을 갖는 통화들이 해당 통화 발행국 이외의 지역에서 거래되는 경우 이들을 가리키는 개념이다. 예를 들어 미 달러화가 통화 발행국인 미국 이외의 지역에서 예치 · 운용되는 경우 이 달러는 유로달러가 된다. 또 일본 엔화가 런던, 프랑크푸르트 등 일본 이외의 지역에서 예치 · 운용될 때 이들 통화는 유로엔이 되는 것이다. 유로통화의 '유로'라는 접두어는 유로통화가 처음 형성될 때 런던을 비롯한 유럽지역에서 시작되었기 때문에 생긴 명칭인데, 지금은 유럽지역에 국한되지 않고 아시아, 중동, 중남미 등 전 세계적으로 역외를 나타내는 일반적인 개념으로 쓰이고 있다.

통화 발행국 내의 국제금융 자유지역에서 예치 · 운용되는 자국통화 역시 유로통화에 해당된다. 1981년 12월 미국은 미국의 비거주자를 대상으로 역외금융을 전담하는 뉴욕 IBF (International Banking Facilities)를 설립하였는데, 여기서 예치 · 운용되는 미 달러화는 유로달러에 해당된다.

1.2 유로시장

유로시장은 유로통화로 표시된 장단기 금융자산이 각국의 규제를 벗어나 효율적으로 거래되는 범세계적인 국제금융시장을 가리킨다. 유로시장은 그 기능 수행 면에 있어 공간적으로나 시간적으로 제약을 받지 않기 때문에 협의의 시장이 아니다. 오늘날 유로시장은 흔히 역외시장(offshore market)과 동일한 개념으로 사용되고 있다.

유로시장은 외환시장과 매우 밀접한 관계를 가지고 있다. 유로시장은 유로예금, 유로대출 그리고 유로채권 발행 등이 이루어지는 신용시장(credit market)이며, 외환시장은 이종통화 간의 지급수단이 교환되는 매매시장으로서 유로시장의 신용거래에 필요한 유로통화 등이 매매된다. 즉, 유로시장의 신용거래는 외환시장에서의 이종통화 매매거래와 연계되어 이루어지는 것이다.

　유로시장거래는 거래통화가 그 통화의 발행국 이외의 지역에서 거래되고 있는지의 여부가 중요하며, 그 거래자의 거주성 여부는 영향을 미치지 못한다. 즉, 유로은행(Eurobank)이 유로시장에서 예금·대출 등 금융중개업무를 수행하는 데 있어 해당 거래가 거주자 또는 비거주자와의 거래인지 여부와 관계없이 거래대상 금융자산이 유로통화로 표시되어 있으면 이는 유로은행의 업무에 해당되는 것이다. 그러나 현실적으로는 외환관리 등 규제가 존재함에 따라 유로은행의 거래는 비거주자와의 거래가 주종을 이루게 된다. 여기서 유로은행은 은행 소재국 이외의 국가가 발행한 통화로 표시된 자금의 예금 및 대출업무를 수행하는 은행을 말한다.

2. 유로시장의 구성

제1장에서 언급한 바와 같이 유로시장은 유로통화자금을 대상으로 역외에서 간접금융거래가 이루어지는 유로통화시장(Eurocurrency market)과 유로채의 발행과 매매 등 유로채를 대상으로 직접금융거래가 이루어지는 유로채시장(Eurobond market)으로 나누어진다. 유로통화시장은 다시 주로 만기 1년 미만의 자금이 거래되는 유로단기금융시장(Euromoney market)과 만기 1년 이상의 중장기 자금이 거래되는 유로대출시장(Eurocredit market)으로 구분된다.

　유로단기금융시장은 주로 유로은행의 대고객거래 및 유로은행 간 거래를 중개하는 도매금융 시장으로 유로은행의 대고객거래는 대부분 다국적기업, 수출입상사, 정부기관 및 환거래은행과의 거래로서 유로예금의 예수 및 단기대출의 자금거래를 말한다. 이와 같은 유로단기금융시장은 유로예금의 창출과 함께 형성되며 예금 위주의 시장이라는 점에서 유로예금시장(Eurodeposit market)이라고도 한다. 유로예금은 유로통화의 발행국 내 은행에 예치된 자금을 발행국 이외의 지역에 소재하는 은행으로 단순히 이체함으로써 창출되는 예금을 말한다. 일단 창출된 유로예금은 기업이나 개인에 대한 대출 또는 은행 간 재예치 등으로 활용된다. 따라서 유로예금시장은 비은행 고객으로부터 수취한 고객 예금과 은행 간 시장에서 형성된 은행 간 예금으로 구성된다.

유로대출시장은 만기 1년 이상의 중장기 자금시장으로서 유로은행이 단기유로자금을 가지고 기업, 정부 등의 공공차입자에게 중장기로 대출해 주는 시장을 말한다. 유로대출시장은 다수의 은행으로 구성된 차관단이 주로 공공차입자에게 거액의 공동융자를 제공하는 신디케이트 대출(syndicated loan)시장과 개별 유로은행에 의해 주로 민간인에게 개별 융자가 이루어지는 대출시장으로 구분할 수 있다. 신디케이트 대출은 유로시장뿐 아니라 미국 금융시장에서도 대규모 중장기자금을 대출하는 중요한 수단의 하나로 이용되고 있는데, 유로시장에서의 신디케이트 대출이 보다 일반적이다. 신디케이트 방식에 의한 유로시장의 대출은 전통적인 은행대출업무와 투자은행의 인수업무(underwriting)를 혼합한 성격을 지니고 있다.

유로채권시장은 중장기 유로채권의 발행·인수 및 매매가 이루어지는 국제 장기자본시장을 말한다. 유로채권은 채권의 표시통화국 이외의 지역에서 발행·거래되는 채권으로서 2개국 이상의 채권인수업자들로 구성된 국제적 신디케이트의 인수를 통하여 발행되어 국제적으로 유통된다.

유로시장은 초기에는 은행 간 단기자금의 거래에 중점을 두었으나, 1970년대에 들어서는 만기 3 ~ 10년의 신디케이트론시장이 중기대출시장으로서 급성장함에 따라 차주의 범위도 선진국 간 거래에서 개도국으로 확대되고, 각국의 중앙은행과의 거래도 괄목할 만한 신장을 보이게 되었다. 특히 1980년대 이후 유로시장은 자금조달 및 운용 형태에 있어 증권화현상이 심화되고 거래기법이 다양화되면서 크게 발전하였다.

3. 유로시장의 연혁

유로시장의 생성과 발전은 제2차 세계대전 이후 전개된 동서냉전, 그리고 미국의 금융규제와 밀접한 관계가 있다. 우리나라 6·25전쟁을 계기로 미국과 소련을 중심으로 하는 동서냉전이 본격화되고, 이에 따라 양 진영 간 상호 불신의 벽이 더욱 높아만 가는 가운데 동유럽국가 은행들은 미국에 예치한 외화자산이 미국 정부에 의하여 동결 또는 규제될 것을 우려하여 자국의 외화자산을 런던으로 옮기게 되었다. 이는 런던의 금융시장이 당시 소수 대형 예금은행을 중심으로 하는 전통적 시장을 제외하고는 영국 당국에 의한 금융규제를 거의 받지 않았기 때문이다. 이것이 바로 유로달러시장이 생성되는 계기가 되었다.

그러나 규모로 볼 때 동유럽권 국가들의 달러예금만으로는 유로시장 발전에 한계가 있었다. 금융시장 규모의 확대와 질적인 발전은 금융자산에 대한 수요증대와 이에 따른 공급증대를 통하여 이루어지는데, 유로달러시장도 예외가 아니었다. 이러한 관점에서 볼 때 유로달러시장의 성장은 미 달러화 금융자산에 대한 수요와 공급 확대를 통해서만 가능한데, 여기에는 다음과 같은 계기가 있었다.

첫째, 1950년대 수차례 발생한 영국 파운드화 위기를 계기로 1960년대부터 국제금융시장에서 미 달러화의 위치가 확고해짐에 따라 달러표시 금융자산에 대한 수요가 증대하였다. 1957년 영국 정부는 파운드화 위기를 극복하기 위하여 비거주자에 대한 리파이넌스를 금지하는 등 국제금융거래에 있어 파운드화 사용을 대폭 제한하였는데, 이러한 금융규제조치와 영국 경제력의 약화는 국제금융거래에서 파운드화의 퇴조를 가져왔다.

둘째, 거시경제 여건변화에 따른 미국의 금융 및 자본에 대한 규제이다. 먼저 금리규제를 보면, 1960년대 인플레이션 진행에 따라 명목금리가 상승하게 되자 미국 정부는 Regulation Q라고 부르는 예금금리상한제를 실시하였다. 요구불 예금에 대한 이자지급 금지 등을 포함한 이러한 금리규제는 미국 국내예금과 유로예금 간 금리차의 확대와 이로 인한 유로시장으로의 달러자금 유출을 초래하였다. 이와 같은 자금유출과 미국의 만성적인 무역수지 적자는 유로달러 공급을 증대시키는 결과를 가져왔다.

셋째, 만성적인 국제수지 적자에 따른 자본유출을 억제하기 위하여 미국이 취한 일련의 규제조치가 유로달러에 대한 수요를 증가시키는 요인으로 작용하였다. 즉 1964년 제정된 금리평형세(interest equalization tax)[11]와 1965년의 해외금융 및 해외투자에 대한 자율규제(Voluntary Control on Bank Lending Abroad and on Foreign

---

11 1950년대 후반 이후 서유럽 국가들의 요구불예금 금리가 미국보다 높아 미국 달러자금이 유럽으로 대거 유출되자 미국은 1963년 7월 외국 유가증권을 취득한 자국민들로부터 투자수익의 15%를 금리평형세로 징수하였다.

Investment) 등의 자본이동 규제는 미국 국내에서 외국인 등의 자금차입을 억제하였는데, 이 결과 자금수요자들은 자금조달시장을 유로시장으로 옮기게 되었다.

이 밖에 다국적기업의 성장, 국제투자의 증가, 후진국들의 경제개발 열기 등으로 유로달러에 대한 수요는 더욱 확대되었다.

한편, 주요 선진국들의 경제부흥과 이들 통화의 국제교환성이 회복됨에 따라 달러화 이외의 유로통화가 등장하게 되었고, 이들 국가의 금융 및 자본 규제완화, 미 달러화의 약세에 따라 유로시장에서의 비중은 높아져 왔다.

4. 유로시장의 특징

유로시장은 역외금융시장으로서 국내금융시장과 달리 다음과 같은 특징을 가지고 있다. 첫째로 유로시장은 다양한 금융자산이 각국의 금융규제를 벗어나 자유스럽고 효율적으로 거래되는 초국가적인 금융시장이다. 유로시장에서 예금ㆍ대출업무를 중개하는 유로은행에 대해서는 국내은행에 적용되는 지준예치의무가 면제되는 등 유로은행은 자금조달 비용 면에서 국내은행보다 유리한 조건을 가지고 있다. 또한 유로은행이 소재하는 국가의 입장에서도 유로시장에 대한 직접적인 규제를 피하려는 경향이 있는데, 이는 유로시장의 거래가 대부분 비거주자 간의 거래로서 자국의 금융정책 수행에 직접적인 제약요인으로 작용하지 않는 반면, 금융기법의 축적이나 고용기회의 창출 등 직간접적인 혜택을 줄 수 있기 때문이다. 이와 같이 유로시장은 각국의 금융규제나 통제를 직접적으로 받지 않기 때문에 국내금융시장에서보다 거래가 매우 효율적이고 경쟁적으로 수행될 수 있으며, 이에 따라 예대금리차(spread)도 국내시장에서보다 좁아지게 된다.

둘째, 유로시장은 그 기능 수행 측면에서 공간적으로나 시간적으로 제약을 받지 않는 범세계적인 국제금융시장이다. 즉 유로시장은 일정한 장소나 공간에 국한되는 협의의 시장이 아니고 전화ㆍ텔렉스에 의한 정보는 물론 컴퓨터화한 모든 시장정보를 24시간 이용하여 거래가 이루어지는 시장으로서 제반 정보를 모든 금융시장에 제공함으로써 세계 금융시장을 통합하는 기능을 수행하고 있다. 따라서 유로시장에서의 금융자산 가격은 이들 정보를 계속적으로, 그리고 즉시 반영하는 가장 효율적인 가격이 된다. 결과적으로 유로시장거래는 스왑이나 옵션 등 다양한 국제금융기법을 이용하여 금융자산의 효율적 배분을 촉진함으로써 투자가나 차입자 모두에게 높은 유용성을 제공하고 있다.

셋째, 유로시장은 각국의 지준정책이나 금리정책에 따라 유로예대금리가 영향을 받고, 유로은행의 포트폴리오 구성도 달라지게 된다. 이는 유로시장이 금리나 자금의 상대적 가용성(availability) 측면에서 각국의 금융시장과 밀접하게 연계되어 있기 때문이다. 한편 유로시장 내에서도 유로단기시장과 유로장기시장, 그리고 유로CP시장 등이 상호 밀접한 관련을 가지고 있어 이들 시장 간에 금융자산의 대체거래가 신속하고 광범위하게 이루어진다.

넷째, 유로시장에서의 거래는 각국의 정치적 위험과 더불어 최종대부자(lender of last resort)로서 중앙은행의 부재에 따른 위험프리미엄(risk premium)을 내재하고 있는데도 불구하고 실질적인 거래위험이 크지 않다. 즉 유로은행에 대하여 각국의 지준예치의무가 면제됨으로써 유로은행은 각국 중앙은행의 규제로부터 벗어나 업무를 보다 자유롭고 효율적으로 수행할 수 있다. 하지만 유로통화의 최종 자금 공급자로서 중앙은행의 역할을 기대할 수 없기 때문에 유로시장거래에서 이에 따른 위험프리미엄이 추가된다. 그럼에도 불구하고 지금까지 유로시장에서 실질적인 거래위험은 현실화되지 않았는데, 이는 유로은행들이 자산·부채의 운용에 있어 만기구조를 대체로 비슷하게 유지하는 매치된 거래(matched dealing) 원칙을 적용해 왔기 때문이라 볼 수 있다.

제3절 유로커런시시장

1. 유로예금의 생성

1.1 유로은행

유로은행은 어떤 은행이 특정국에서 은행업무를 영위할 때 특정국 이외의 지역에서 발행된 통화표시의 예금이나 대출업무를 수행하는 경우 이들 은행을 지칭하는 개념으로, 일반적으로 유로시장에서 예금 및 대출업무를 중개하는 금융기관을 말한다. 예를 들어 미국의 시티은행 런던지점이 파운드화 이외의 통화, 즉 달러화나 엔화 등의 예금·대출 업무를 취급하는 경우 이들 은행은 유로은행이 된다.

유로은행은 앞에서 언급한 바와 같이 국내은행에 적용되는 지준예치의무가 면제되는 등 중앙은행이나 금융감독 당국의 규제를 받지 않고 있다. 따라서 유로은행은 국내은행들에 비하여 예금조달과 대출업무를 자유롭고 효율적으로 수행할 수 있다. 유로은행의 예금은 콜머니(call money), 정기예금(time deposit), 그리고 변동금리채(floating rate note) 등으로 구성되어 있으며 유로은행 대출은 크게 유로은행에 의한 대출과 최종차입자인 기업과 정부에 대한 대출로 이루어져 있다.

유로시장에서 가장 기본적인 금융상품 형태는 유로예금이라 할 수 있는데, 유로예금은 유로통화 발행국 내의 은행에 예치된 자금을 유로은행으로 이체함으로써 창출된다. 이제 유로예금이 생성되는 메커니즘을 구체적으로 살펴보기로 하자.

1.2 유로예금의 생성 메커니즘

유로예금은 특정 통화 발행국(또는 규제대상) 밖에서 예치·운용되는 그 나라 통화표시 예금을 말한다. 예를 들어 영국 런던금융시장에서 예치·운용되는 미 달러화표시 정기예금 등이 유로예금이 된다. 여기서는 유로예금이 생성되는 구체적인 과정과 특징을 시장참가자의 대차대조표를 통하여 살펴보기로 하자. 유로예금 중 가장 큰 비중을 차지하는 유로달러예금을 예로 들기로 한다([그림 8-1] 참조).

먼저 미국 회사 IBM이 일본계 은행인 후지은행(Fuji Bank) 뉴욕지점에 예치되어 있는 100만 달러의 요구불예금을 인출, 미국계 은행인 뱅커스 트러스트(BTC : Bankers Trust Company) 런던지점에 정기예금으로 예치하여 동일금액의 유로예금으로 전환하고자 한다고 가정하자. 이때 고객인 IBM사는 후지은행 뉴욕지점에 대하여 BTC 런던지점을 수취인으로 하는 100만 달러의 수표를 발행함으로써 국내 요구불예금의 유로정기예금으로의 전환은 종료된다. 이에 따라 IBM사의 후지은행 뉴욕지점의 요구불예금이 100만 달러 감소하고, 대신 IBM사의 대차대조표상 자산항목 구성의 변화가 있게 된다.

후지은행 뉴욕지점은 고객인 IBM사의 자금이체 요청을 받게 되면 100만 달러를

BTC 런던지점에 이체해야 하므로 두 은행 간 자금이체가 일어난다. 그런데 이러한 두 은행 간 자금이체는 후지은행 뉴욕지점과 BTC 뉴욕지점 간의 이체를 통하여 이루어진다. 이는 두 은행 모두 뉴욕연방준비은행(Federal Reserve Bank, New York)에 가지고 있는 예금계정, 즉 지급준비금('지준'이라고 약칭하기도 함)계정을 개설하고 있기 때문에 일단 각행 뉴욕지점 간의 자금이체로 나타나기 때문이다. 이때 두 은행 간의 자금이체는 후지은행 뉴욕지점의 지준예치금 100만 달러 감소와 BTC 뉴욕지점의 지준예치금 100만 달러의 증가로 나타나게 된다.

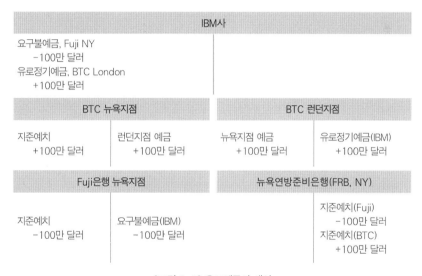

[그림 8-1] 유로예금의 생성

신규자금을 예수한 BTC의 경우 뉴욕지점의 지준예치금 100만 달러 증가와 런던지점의 정기예금 100만 달러 증가를 두 지점의 대차대조표를 통하여 보면, 먼저 런던지점은 부채항목에서 유로정기예금 100만 달러 증가와 자산항목에서 뉴욕지점에 대한 예금 100만 달러 증가로 나타나게 된다. 마찬가지로 뉴욕지점은 부채항목에서 런던지점으로부터의 예금증가 100만 달러와 자산항목에서 뉴욕연방준비은행에 대한 지준예치금 100만 달러 증가로 나타나게 된다.

이상에서 고객(IBM)의 요청에 의하여 미국 내에 예치된 100만 달러의 요구불예금이 런던으로 이체되어 유로달러예금으로 변형되는 과정을 살펴보았는데, 이러한 자금의 이체는 종국적으로 뉴욕연방준비은행에서 BTC 뉴욕지점의 지준예치금 증가로 나타나게 됨을 알 수 있다.

한편, 유로달러 이외의 여타 유로통화예금의 경우도 마찬가지이다. 예를 들어 유로엔예금은 종국적으로는 거래은행들의 일본 엔화 지준예치계정이 개설되어 있는 일본은행(일본의 중앙은행)의 지준예치계정 간의 대체거래로, 유로마르크예금은 독일 중앙은행인 연방은행(Bundes Bank)에 개설된 마르크화 지준예치계정 간의 대체거래로 이루어진다. 이렇게 유로통화의 은행 간 예금거래는 결국 해당 유로통화 발행국 중앙은행에 개설되어 있는 거래은행들의 지준계정 간 대체, 즉 장부상의 이체에 불과하므로 유로통화의 현금 자체는 발행국 이외의 지역으로 실제 이동하지 않음을 알 수 있다.

이렇게 생성된 유로예금은 3개월 만기와 같은 단기정기예금의 형태를 이루고 있어 국내 요구불예금에서와 같이 수표발행이 불가능하므로 지급수단으로 사용될 수 없다. 유로예금을 예수한 유로은행이 이를 고객에게 직접 대출할 수도 있지만 다른 은행에 자금을 판매하는 이른바 재예치(redeposit)를 하는 경우가 많은데, 한 은행의 유로예금은 일련의 은행간예치(interbank deposit) 과정을 거쳐 종국에는 최종차입자에게 대출된다. 런던 금융시장에서 이러한 은행간거래에 적용되는 금리가 바로 런던은행간 금리인 리보금리(LIBOR : London interbank offered rate)다. 보통 자금을 매도하고자 하는 금리(offered rate)와 매입하고자 하는 금리(bid rate)와의 차이를 스프레드(spread)라고 하는데, 런던시장에서 유로달러의 경우 그 스프레드의 크기는 통상 32분법에 의거 초단기자금은 1/32%p, 장기자금 등은 1/8%p였다. 근래에는 장단기 구분 없이 스프레드의 크기가 1/8%p(=0.125%p)로 단일화되는 경향을 보이고 있다.

2. 유로금리의 결정

2.1 유로금리와 국내금리의 관계

일반적으로 유로시장에서 형성되는 각 통화별 금리는 해당 통화의 국내금리와 밀접한 관계를 가지고 있다. 국제적으로 자본이동이 완전히 자유롭게 이루어지는 상황에서 유로금리와 국내금리는 차이가 없을 것으로 기대된다. 그러나 현실적으로 유로금리와 국내금리는 어느 정도 격차를 두고 움직일 뿐 아니라 경우에 따라 독자적으로 움직이기도 한다. 즉 현실경제에서 유로금리와 국내금리 간의 관계는 상호연계성이 크지만 각자의 여건변화를 반영한 독자성 역시 가지고 있다는 특징이 있다. 이제 유로통화에서 가장 큰 비중을 차지하는 유로달러의 금리와 미국 국내금리를 중심으로 이들 관계를 살펴보기로 한다.

가. 상호연계성

유로달러금리와 미국 국내금리는 통화 발행국이 미국이라는 점에서 기본적으로 상호의존관계를 갖는다. 만일 유로달러시장과 미국 국내시장 간에 자본이동이 자유롭게 이루어지고 양 시장의 모든 조건이 동일하다면 양 시장 간에 금리 괴리가 발생하지 않는다. 그러나 유로시장에서는 일반적으로 지급준비금 적립, 예금보험 납입의무 등이 면제되기 때문에 국내시장에 비하여 금리가 유리하게 결정된다. 즉 유로시장에서 자금조달 및 운용상 소요되는 제반비용이 국내시장의 그것보다 낮기 때문에 유로시장은 국내시장에 비하여 자금의 수요공급 양면에서 좋은 조건의 금리를 제시할 수 있다. 따라서 유로달러금리는 기본적으로 양 시장 간의 제반비용 절감요인을 가감한 수준에서 미국 국내금리에 연계되어 변동된다고 볼 수 있다. 유로달러시장이 미국 국내시장에 일부 영향을 미치기도 하지만, 미국 달러자금시장이 유로달러시장에 비해 그 규모가 매우 크기 때문에 유로달러시장은 미국 국내시장의 움직임에 크게 영향을 받는다. 이제 유로금리를 유로예금금리와 유로대출금리로 구분하여 좀 더 구체적으로 살펴보기로 하자.

먼저 유로달러의 예금금리(bid rate)는 미국 국내 예금금리보다 높게 형성된다. 이는 유로달러예금이 미국 국내예금에 비하여 리스크가 높으므로 투자자들은 그만큼 높은 수익률을 기대하고 유로달러예금에는 지급준비금 적립 등의 비용부담이 없으므로 유로은행은 보다 높은 금리를 제시할 수 있기 때문이다.

다음으로, 유로달러의 대출금리(offered rate)는 일반적으로 미국상업은행의 단기대출 실효금리보다 낮게 형성된다. 여기서 미국상업은행의 단기대출 실효금리란 미국

상업은행의 대출기준금리가 되는 프라임레이트(prime rate : 우량기업 대출금리)에 보상예금[12]비용과 외국계 은행에 대한 대출가산금리를 합한 것을 말한다. 예를 들어 외국계 은행에 대한 대출가산금리를 0.5%, 보상예금을 20%로 가정할 때 대출실효금리는 다음과 같이 산출된다.

$$실효금리 = (프라임레이트 + 0.5\%) \times \frac{1}{1-0.2}$$

이상에서 살펴본 바와 같이 유로달러의 대출금리와 예금금리는 기본적으로 미국 국내은행의 예금금리와 대출금리의 범위 내에서 미국 국내금리에 연동되어 움직이고 있다. 즉 유로시장에서는 각종 규제가 면제되기 때문에 유로은행의 예대 금리차이(spread)는 미국 국내은행의 예대 금리차이보다 작으며, 구체적인 유로금리 수준은 미국 국내시장의 움직임과 연계된 가운데 유로시장의 자금수급사정 및 차입자의 신용도 등에 따라 결정된다.

나. 독자성

유로금리는 일반적으로 당해 통화 발행국의 국내금리와 매우 밀접한 연계성을 가지고 결정되지만, 때로는 국내금리와의 연동관계를 벗어나 상당한 괴리를 보이는 등 독자적인 움직임을 나타내기도 한다. 즉, 국제 자본이동 규제에 따른 유로시장 자체의 자금수급 변화, 양 시장 간 국가 위험도 차이(country risk) 등 제반 여건의 차이로 인해 유로예금 및 대출금리가 미국의 국내예금 및 대출금리 사이를 벗어나 움직이는 경우가 발생하기도 한다. 이와 같이 유로달러금리가 독자적으로 움직이도록 하는 요인들을 좀 더 구체적으로 살펴보기로 하자.

먼저 한 나라가 자유로운 국제 자본이동을 규제하는 외환관리를 실시할 경우 유로

---

12 보상예금(compensating balance)이란 원래 미국 상업은행들이 고객에게 제공하는 어음교환, 신용공여 및 정보제공, 현금수납대행 등 각종 서비스에 대한 수수료 대신 일정금액의 요구불예금을 예입하게 한 데서 연유하였다. 즉 은행의 서비스 제공에 따른 비용보상 성격의 예금을 의미하는데 차입자 측면에서 보면 보상예금 금리가 상대적으로 낮기 때문에 실질 차입한도를 줄이거나 차입코스트를 증가시키는 요인으로 작용한다.

시장의 자금수급사정이 인위적으로 변화되고, 이에 따라 유로시장의 금리는 국내금리와 큰 괴리를 나타낼 수 있다. 예를 들어 서독의 경우 1970년대 초에 외환시장의 안정을 도모하기 위하여 지속적으로 해외자금의 유입을 억제하였는데, 이에 따라 유로마르크 예금금리가 서독 국내 예금금리보다 낮은 수준을 나타내기도 하였다.

두 번째로 유로통화를 발행한 국가와 유로통화시장이 소재한 국가의 국별 위험도 또는 정치적 위험의 차이로 인하여 유로금리와 국내금리가 큰 격차를 보이면서 상호 독자적으로 움직일 수 있다. 예를 들어 유로달러시장에서 자금을 차입할 때 유로은행 소재국이 그 대출약정의 이행을 금지하게 되는 위험이 있을 경우 유로달러시장의 금리는 미국 국내의 달러금리와 큰 격차를 나타내게 된다.

세 번째로 유로시장은 기본적으로 국내시장에 존재하는 금융기관의 설립제한, 외국은행 진출억제 등 각종 규제가 없기 때문에 금리가 결정되는 여건도 다르다. 이에 따라 유로금리와 국내금리는 양 시장의 여건 차이를 반영하여 격차를 나타내기도 한다.

이 밖에 외환시장에서의 환투기, 국가 간 자금도피 등으로 유로시장의 금리가 국내금리와 차이를 보이면서 독자적으로 움직이기도 한다. 하지만 위에서 언급한 요인들은 일시적 또는 단편적인 요인들에 불과하여 기본적으로는 국내금리에 절대적으로 영향을 받는다고 할 수 있다.

2.2 금융규제와 예대금리의 차이

앞에서 설명한 바와 같이 유로시장은 국내금융시장에 비하여 금융규제의 정도가 매우 약하므로 자금조달 및 운용 여건이 국내시장에 비해 상대적으로 유리하다. 이와 같이 유리한 여건 아래서 이루어지는 유로금리의 결정 메커니즘을 구체적으로 설명하기에 앞서 여기서는 금융규제가 예대 스프레드(예대금리차)에 미치는 영향을 살펴보기로 한다.

논의를 단순화하기 위하여 금융규제로서 오직 지급준비금제도만 존재한다고 가정하기로 하자. 중앙은행은 예금자 보호 등을 위하여 은행예금 중 일정부분을 중앙은행에 의무적으로 예치하도록 하는 지급준비제도를 운용하고 있다. 예를 들어 법정 예금지급준비율이 20%이고 은행이 100만 달러 규모의 예금을 신규 예수하였다면 100만 달러의

20%에 해당하는 20만 달러를 중앙은행에 지급준비금으로 예치하여야 한다. 이때 예금금리가 연 10%라고 한다면 은행의 이자금(예금) 조달에 드는 비용은 일단 예금자에게 지급할 이자 연 10만 달러(예금액 100만 달러 × 10%)라고 생각할 수 있다. 그런데 통상 지급준비예치금에는 이자가 지급되지 않으므로 실질적인 (실효)조달금리는 예금금리 10%를 상회하게 된다. 왜냐하면 이 은행이 운용할 수 있는 가용자금 규모는 신규예금 100만 달러에서 중앙은행에 무이자로 예치하고 있는 20만 달러를 제외한 80만 달러이기 때문이다. 이는 곧 실질적으로 80만 달러를 조달하기 위하여 10만 달러의 비용을 지급하는 것과 다를 바 없다. 따라서 실효조달금리는 예금금리 10%보다 2.5%p 더 높은 12.5%에 달한다. 이를 식으로 나타내 보면 다음과 같다.

예금이자지급/(신규예수금액 − 지급준비금) × 100
= 10만 달러/(100만 달러 − 20만 달러) × 100 = 12.5%

또는

예금이자(10%)/[1 − 지급준비율(20%)] × 100 = 12.5%

위 예에서 지급준비금제도라는 규제로 인해 2.5%p의 규제비용이 발생하기 때문에 여타 비용이나 적정 이윤을 감안할 때 은행의 예대 스프레드는 이보다 커야 하고, 이에 따라 대출금리도 12.5%보다 높아야 한다. 그러나 유로시장은 지급준비금, 예금보험료 납입 등과 같은 규제대상에서 제외된 상태이기 때문에 이러한 규제비용을 지급할 필요가 없다. 이에 따라 유로시장에서의 예대 스프레드는 국내시장에서의 예대 스프레드보다 작다.

이렇게 예대 스프레드가 작다는 것은 유로시장의 예금금리가 국내시장의 예금금리보다 높고, 유로시장의 대출금리는 국내 대출금리보다 낮음을 의미하는 것이다. 이는 곧 금리 측면에서 볼 때 투자자(예금자)와 차입자(기업 등) 양측 모두에게 국내시장에서의 경우에 비해 유리한 여건을 제공하는 것이다.

2.3 유로금리의 결정 메커니즘

일반적으로 유로시장은 국내시장에 비하여 금리 면에서 자금의 수요자·공급자 모두에게 유리한 기회를 제공하고 있으며, 양 금리는 상호 밀접한 연계관계를 가지고 있음을 앞에서 언급하였다. 이제 자본에 대한 규제가 없는 자유로운 시장을 전제로 유로금리가 결정되는 과정을 구체적으로 살펴보고자 한다. 유로금리의 결정 메커니즘은 [그림 8-2]를 이용하여 국내금리의 결정과정과 연계하여 설명할 수 있다.

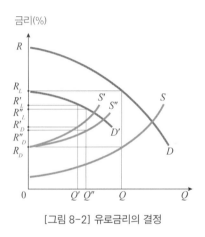

[그림 8-2] 유로금리의 결정

　　일반적으로 자금의 균형가격이라고 할 수 있는 금리는 금융시장에서의 자금수요와 자금공급에 의하여 결정되는데, 여기서 자금공급은 예금자(또는 투자자)에 의하여 그리고 자금수요는 기업 등 차입자에 의하여 이루어진다. 이를 금융중개기관인 은행의 입장에서 보면 예금자로부터 예금금리를 지급조건으로 자금을 조달하여 여기에 예대스프레드만큼을 붙인 수준의 금리로 기업 등 차입자에게 대출하는 것이다. 따라서 자금공급곡선은 예금자에 의한 대출자금공급이므로 금리가 높을수록 더 많은 자금이 공급된다는 원리를 반영하여 우상향 형태의 곡선이 된다. 반면에 자금의 수요곡선은 기업 등 자금 차입자에 의한 대출자금수요이므로 금리가 낮을수록 대출자금 수요규모가 늘어난다는 원리를 반영하여 우하향 형태이다.

　　먼저 국내금융시장 쪽을 보면 [그림 8-2]에서 곡선 D와 S는 국내금융시장에서 대출자금의 수요 및 공급곡선을 각각 나타낸다. 만일 은행의 예대 스프레드가 존재하지 않는다고(즉, 예대 스프레드의 크기가 0) 가정하면 균형금리는 수요곡선과 공급곡선이 만나는 하나의 수준에서 결정된다. 이는 곧 예금금리와 대출금리가 같다는 것을 의미한다.

그러나 본 분석에서는 예대 스프레드의 존재가 중요한 의미를 지니고 있고, 또 예대 스프레드가 0이 될 수 없는 것이 금융시장의 현실이다. 따라서 [그림 8-2]에서 예대 스프레드는 국내 대출금리 R_L과 국내 예금금리 R_D 간의 차이다. 이는 국내은행이 지급준비금, 예금보험료 등 규제비용을 포함한 모든 관련비용을 보상하고 일정이윤을 확보하기 위해 필요한 예대금리 격차인데, 이때 국내시장 규모는 이러한 예금금리와 대출금리에 상응하는 금액으로서 원점 0에서 Q까지에 해당하는 $0Q$가 된다.

다음으로 유로시장을 보기로 하자. 유로시장의 예금 및 대출 금리는 기본적으로 유로자금의 수요와 공급에 의하여 결정된다. 그리고 여기에 은행의 비용과 이윤의 크기를 반영하는 예대 스프레드의 크기, 미국시장 등 주요 국제금융시장에서의 금융여건, 금융상품의 위험성, 유동성 등에 의해서도 영향을 받는다. 여기서 유념해야 할 점은 자본에 대한 규제가 없는 상황에서 자금의 수요공급 주체들이 국내시장을 마다하고 유로시장으로 진출하는 유인은 주로 금리 면에서 찾을 수 있다는 것이다. 즉, 자금공급자에 해당하는 예금자들은 유로시장에서 국내금융시장보다 높은 예금금리를 받을 수 있는 한편 자금수요자들은 국내금융시장에서보다 낮은 금리로 대출받을 수 있기 때문이다.

[그림 8-2]에서 유로예금금리가 국내예금금리보다 낮다면 유로예금은 생성될 수 없으므로 유로자금공급곡선 S'는 국내예금금리 R_D를 하한으로 하는 우상향의 곡선 형태를 취하고 있다. 마찬가지로 자본에 대한 규제가 없는 상태 하에서 유로대출금리가 국내대출금리보다 높다면 유로시장에서 대출수요가 창출될 이유가 없으므로 유로자금수요곡선 D'는 국내대출금리 R_L을 상한으로 하는 우하향 곡선 형태를 보이고 있다.

따라서 이러한 유로시장에서의 자금수요곡선과 공급곡선, 그리고 스프레드의 크기에 의하여 유로대출금리 R'_L과 유로예금금리 R'_D가 결정된다. 이때 유로시장에서의 대출자금 규모는 $0Q'$가 된다. 이렇게 자본규제가 없는 유로시장에서의 예대금리 스프레드는 국내시장에서의 스프레드보다 좁게 나타나 있는데, 이것이 바로 유로시장 존립의 기본조건이다. 또한 이러한 예대 스프레드가 축소되면 유로시장 규모는 확대되고 동 스프레드가 확대되면 유로시장 규모는 축소된다는 사실을 알 수 있다.

이렇게 국내금리와 유로금리와의 관계를 살펴보면 '국내대출금리(R_L) 〉 유로대출금리(R'_L) 〉 유로예금금리(R'_D) 〉 국내예금금리(R_D)'의 관계가 성립된다. 예컨대 미국의 '프라임레이트(prime rate) 〉 LIBOR 〉 유로정기예금(3개월)금리 〉 미국 국내정기예금(3개월)금리' 간의 관계가 그것이다. 국내시장과 유로시장에서의 대출금리 격차($R_L - R'_L$)는 유로시장에서 차입자가 유리한 정도를 나타낸 것으로, 동 격차가 확대되면 유로자금수요는 커진다. 또 국내시장과 유로시장에서의 예금금리 격차($R'_D - R_D$)는 유로시장에서 예금자가 유리한 정도를 나타낸 것으로 동 격차가 확대되면 유로자금공급은 커진다.

이 밖에 또 다른 유로금리 결정요인으로는 유로시장에 대한 신뢰성 정도가 있다. 예금자 입장에서는 일정한 위험 하에서 상대적으로 높은 금리를 제공하거나 일정 금리 하에서 상대적으로 낮은 리스크를 갖고 있는 시장을 선호할 것이다. 이 때문에 유로시장에서의 정치적 리스크 감소 등으로 유로시장에 대한 예금자들의 신뢰성이 높아지는 경우 유로자금의 공급증대로 [그림 8-2]에서 자금공급곡선이 S'에서 S''로 이동한다. 이에 따라 동일한 예대 스프레드 하에서 유로대출금리가 R''_L로 하락하고, 유로예금금리는 R''_D로 하락한다. 이때 유로시장 규모는 $0Q'$에서 $0Q''$로 확대된다.

2.4 유로금리의 위험구조와 기간구조

국내금리가 국내시장의 여건에 따라 위험구조(risk structure)와 기간구조(term structure)가 형성되는 것과 마찬가지로 유로금리도 유로시장의 여건을 반영하여 위험구조와 기간구조가 형성된다. 먼저 금리의 위험구조를 살펴보기로 하자. 금리의 위험구조는 만기를 제외한 금리결정요인의 영향을 집약한 것이다. 만기가 동일한 금융채권 사이에 금리수준이 차이를 보이는 것은 일반적으로 신용공여자가 원금과 이자를 상환 받을 수 없는 상환불능위험(default risk), 유동성의 정도, 그리고 정보비용 등이 서로 다르기 때문이다.

유로금리는 이와 같은 국내금리의 위험구조 결정요인에 더하여 유로예금으로부터 기대되는 현금흐름 중 일부를 실현되지 못하게 하는 환위험(foreign exchange risk), 금리위험(interest rate risk), 정치적 위험(sovereign risk) 등 추가적인 위험요인에 의해서도 영향을 받는다. 즉 유로시장의 거래는 채무불이행이나 신용위험은 물론 자산과 부채의 표시통화 불일치로 인한 환위험, 자산과 부채의 만기 불일치(maturity mismatching)에 따른 금리위험, 자본이동 규제 및 외국통화 거래규제와 같은 정치적 위험 등의 추가적인 위험요인에 의하여 영향을 받는다. 유로은행은 환위험 해소를 위하여 선물환계약을 활용하거나 발생 가능한 통화 불일치의 총규모나 개별 거래자별 신용한도(credit line)를 제한하기도 한다. 일반적으로 유로단기금융시장보다는 유로대출시장에서 만기 불일치 상황이 더 자주 발생한다. 실제 유로은행의 개별 거래들은 자산·부채의 만기구조가 다소 상이한 면도 있으나, 일정기간 동안 유로은행 거래를 종합해 보면 전체적인 자산·부채의 만기구조가 어느 정도 일치되어 있어 금리 및 환 리스크, 유동성 리스크 노출 정도가 상대적으로 크지 않다고 할 수 있다.

금리의 기간구조는 만기 이외의 모든 조건이 동일할 경우 금리와 만기 간의 관계를 나타내는 수익률곡선(yield curve)으로 표시된다. 유로시장에서의 금리기간구조는 국내시장에서의 금리기간구조 이론으로 설명할 수 있다. 자본거래에 대한 규제가 없는 경우 국내금리와 유로금리는 차익거래에 의해 동일한 수준으로 수렴하기 때문에 국내시장과 유로시장에 동일한 금리가 적용된다. 또한 자본규제가 있는 경우에도 그 규제가 모든 만기에 동일하게 적용된다면 국내금리와 유로금리의 만기구조가 일시적으로 다르더라도 유로금리가 각 만기에 대응하는 국내금리에 대하여 동일한 포지션을 유지하려는 경향이 있기 때문에 거의 동일한 기간구조를 가지게 된다.

한편 유로시장 간의 금리기간구조는 유로시장을 분할하는 자본규제가 없으므로 주로 인플레이션 예상을 반영한 환율변화 예상에 따라 다르게 나타난다. 예를 들어 유로달러와 유로파운드 금리의 기간구조는 선물환 프리미엄 또는 선물환 디스카운트, 그리고 미래시점에서의 미래 현물환율에 대한 각각의 기대를 반영하여 형성된다. 금리기간구조를 나타내는 수익률곡선은 경우에 따라 여러 가지 형태를 취할 수 있으나, 만기가 길어질수록 수익률이 상승하는 우상향의 모습을 나타내는 것이 일반적이다.

제4절 유로대출시장

유로대출(Eurocredit)시장이란 일반적으로 중장기 유로대출시장을 말한다. 중장기 유로대출시장은 다수의 금융기관으로 구성된 차관단(syndicate)이 주로 공공차입자를 대상으로 공동융자를 제공하는 신디케이트 대출시장과 개별 유로은행에 의해 주로 민간인에게 개별융자가 이루어지는 대출시장으로 구분된다. 본 절에서는 그 비중이 큰 신디케이트 대출시장에 대해서 살펴보기로 한다.

1. 신디케이트 대출시장 개요

신디케이트 대출(syndicated loan)이란 다수의 금융기관이 차관단(syndicate)을 구성해 이 차관단에 참여한 각 금융기관이 자금을 분담하여 차주에게 동일한 조건으로 대규모의 자금을 빌려주는 공동융자 형식의 대출을 말한다. 예를 들어 거액의 차입요청을 받은 은행이 여신한도 등으로 차주가 필요로 하는 거액을 단독으로 대출하기 어려운 경우 다른 은행들과 공동으로 대출하는 경우가 이에 해당된다. 이러한 점에서 신디케이트 대출은 전통적인 상업은행(commercial bank)의 대출기능과 투자은행(investment bank)의 인수기능이 복합된 형태라고 할 수 있다. 이러한 공동융자 형식의 대출은 특정 국가의 국내금융시장에서도 이루어지고 있으나 일반적으로 유로시장에서 활성화되어 있다.

신디케이트 대출은 개별융자에 비해 대출규모가 훨씬 크고 융자기간도 장기인 특징을 가지고 있는데 1970년대 이후 1980년대 초까지 국제금융시장에서 대표적인 대출수단으로 이용되었다. 신디케이트 대출은 1970년대 전반 이후 1980년대 초까지의 1 · 2차 오일쇼크 기간 중 원유가격 급등에 따른 막대한 국제수지 흑자를 통해 급증한 산유국의 오일달러 예금이 환류(petro-dollar recycling)되는 과정에서 비산유국 특히 개발도상국과 동구권 국가들에 대한 대출 확대 시 대표적인 중장기 융자수단으로 활용되었다. 이와 같은 국제상업은행들의 신디케이트 대출은 동 기간 중 전 세계적으로 자금을 재분배하는 역할을 담당하면서 유로시장의 발전을 주도하였다. 그러나 1980년대 초 이후 신디케이트 대출시장은 유로시장의 증권화(securitization)가 급속히 진전되는 가운데 주요한 차입국이었던 많은 개발도상국이 파산하면서 1970년대에 비해 국제금융시장에서의 비중이 낮아지게 되었다. 이에 따라 신디케이트 대출에서 대출자가 대출채권을 매각할 수 있도록 한 양도성대출(transferable loan facility)[13]과 같은 유동성이 보강된 대출상품이 개발되었다.

신디케이트 대출은 대체로 다음과 같은 이점을 가지고 있다. 먼저 차입자의 입장에서 보면 대규모의 소요자금을 단일조건으로 비교적 효율적으로 조달할 수 있다. 즉 차입자는 대규모 소요자금을 조달하기 위해 개별 대출은행과 차입조건, 융자절차 및 대출한도 등에 대하여 별도로 협의를 하지 않아도 되므로 거래비용을 줄일 수 있다. 또한 신디케이트 대출을 제공하는 은행들은 대규모자금 융자 시 차입자의 채무불이행에 따른 대출위험을 공동융자방식을 통해 분산시킬 수 있다. 이 밖에 중소은행들의 경우에는 유로시장에서 신디케이트 대출에 참여할 수 있는 기회를 가짐으로써 대규모 은행들의 거래기법 등을 이용·습득할 수 있게 된다.

한편 신디케이트 대출은 국내거래에 한정되지 않는 국제적 거래라는 점에서 일반적인 국내대출과 다르다. 즉 신디케이트 대출의 차주와 대주 간 또는 대주들 간의 사법관할이 다를 수 있으며, 차주당사국 통화가 아닌 다른 나라의 통화로 대출이 실행되기도 하고, 이러한 대출채권이 해외투자자들에게 판매되기도 한다. 이에 따라 신디케이트 대출 실행 시 여러 가지 국제적인 요소를 통합할 방법이 필요하다. 또한 대출계약의 이행과 파산 등과 관련하여 참여국 간 법률적인 충돌 가능성, 대출 관련 분쟁을 관할하게 될 사법권의 선택, 배상 청구 시 집행방법 등을 고려하여 신디케이트를 구성하여야 한다.

---

13 금융자산의 증권화가 진전되면서 전통적 대출시장에서도 대출자산의 유동성을 높이기 위한 양도성 대출형식이 출현하여 유통시장이 형성되었다. 양도성대출은 차입자의 입장에서는 채권발행에 비하여 절차가 간편할 뿐만 아니라 자금조달비용을 절감할 수 있는 이점이 있으며, 대출자의 입장에서는 필요한 경우에 대출채권을 유통시장에서 양도할 수 있어 대출자산의 유동성을 높일 수 있는 이점이 있다.

2. 신디케이트 구성과 대출형식

2.1 신디케이트 구성

신디케이트 대출에 관련되는 당사자들은 주간사은행, 간사은행, 참여은행, 차주, 지급보증인, 대리은행, 법무법인 등으로 구성된다. 주간사은행 또는 주간사은행단(신디케이트 대출금액이 크거나 차주의 특별한 요청에 의해 복수로 주간사은행 역할을 분담하는 경우)은 신디케이트를 구성하고 대출업무를 주관하는 일류국제은행으로서 이 은행의 국제적 신인도는 신디케이트의 구성범위나 차입조건 등에 큰 영향을 미치게 된다.

　　주간사은행의 주요 기능은 차주의 물색(sourcing the loan), 대출조건의 확정(structuring the loan), 차관단(신디케이트 참가 은행)의 모집(selling the loan), 차관단 여신의 사후관리(servicing the loan)로 나눌 수 있다. 주간사은행은 먼저 자금차입 수요가 예상되는 차주들에 대한 정보 수집을 통하여 신디케이션에 적합한 차주를 찾아내어 시장성 있는 신디케이션을 제시하고, 차주의 요구와 시장여건에 부합하는 차관주선계획을 작성, 이를 차주와 간사단 및 참여예상 은행들과의 협의 조정을 거쳐 가격 및 조건 등을 확정하고 차관단계약서 등 관련 서류를 작성한다. 또한 주간사은행은 차관금액의 전부 또는 일부를 인수할 간사단을 구성하고 적절한 차관단 구성전략을 수립하여, 목표 차관단 여신금액을 상회하는 규모의 일반 참여은행단을 모집한다. 일반적으로 주간사은행은 순조로운 자금조성을 위하여 간사은행단과 함께 참여은행단보다 많은 금액의 대출부담을 약정한다. 한편 주간사은행은 대출의 실제 집행으로부터 상환완료까지 사후관리 업무를 처리하는데, 차관계약 서명 이후에 발생하는 차관의 사후관리 실무는 대리은행(agent bank)을 선임하여 전담시키는 것이 일반적이다.

　　간사은행은 시장의 참여은행들을 대상으로 차관단 여신을 판매하고 판매되지 않은 부분을 인수하여 차관단 금액조성에 책임을 지게 되며 차관단계약서 등 관련 문서를 작성함에 있어 주간사은행을 돕는다. 간사은행은 일반 참여은행들보다 대출 분담액이 크다는 이유로 우대를 받지만 실제로 차관단 모집 과정에서 그 역할이 주도적인 것은 아니다. 일반 참여은행은 주간사은행이 제시한 차관단계약서상 여러 조건을 받아들여

대출금의 일부 분담을 약정하고 차관단의 하부구조를 이루는 은행을 말한다. 한편 대리은행은 차관단 구성이 완료되고 차관계약이 체결된 이후의 제반 사후관리 업무를 수행한다. 대리은행은 일반적으로 주간사은행이 겸임하나 경우에 따라서는 간사은행단 중에서 특정 은행이 그 역할을 담당하기도 한다.

2.2 신디케이트의 구성절차와 대출형식

신디케이트 구성 및 대출절차는 먼저 차입자의 대출시장 조사와 대출을 주선하는 주간사은행의 차주에 대한 정보수집에서부터 시작한다. 즉 차입자는 대규모의 자금을 국제금융시장에서 조달하고자 할 경우 통상적으로 신디케이트 대출을 구성할 수 있는 능력을 지닌 일류 국제은행과 접촉하여 자신의 시장 신인도, 차입규모 및 차입통화, 시장진출 시기, 차관단의 구성전망 등을 고려하여 차입조건 등을 상호 협의한다. 이러한 협의과정을 통하여 차입조건이 합의되면 주간사은행은 차주로부터 차입의향서(letter of intent)를 받게 되고 이어 간사은행단이 구성된다.

주간사은행은 간사단이 구성되고 차주로부터 기채의뢰서(award of mandate)를 받게 되면 해당 대출건에 대한 상세한 내용과 차주에 대한 정보가 게재되어 있는 모집계획서(placement memorandum)를 준비하고 신디케이트 참가은행을 공개적으로 모집(open market syndication)하게 된다. 이어 주간사은행이 작성한 차관약정서 초안이 각 참가은행에 발송되어 이들의 의견이 취합·조정된 후 차관약정서의 내용이 최종 확정된다. 이어 최종 확정된 차관약정서가 송부되고 차관협정이 조인되면 차주는 관리수수료 등 일정 수수료를 지급하고 일정기간 내에 차입자금을 인출하게 된다.

신디케이트 대출형식은 간사은행단을 구성하고 주간사은행과 간사은행단의 책임인수금액을 확정한 후 일반 참여은행을 대상으로 신디케이션을 추진하는 general syndication(일반적인 신디케이션), 신디케이션의 여신구조상 전 세계 여러 지역의 은행들을 모집해야 할 필요가 있거나 신디케이션 여신의 규모가 큰 경우 인수리스크(underwriting risk)를 최소화하기 위해 추가적인 인수은행단을 모집하는 syndication to sub-underwriters, 그리고 비교적 적은 수의 은행들로 차관단 목표대출금액을 모집하는 club deal 방식으로 구분할 수 있다.

일반적으로 신디케이션이 크면 은행들의 참여도 다양화되고 그만큼 참여은행들을 구분하는 명칭도 많아지는데, 신디케이션에서 의무를 부담하지 않고 단순한 참여자의 역할을 하게 되는 은행을 참여은행(participating bank)으로 칭한다. 차관단의 구성에는 여신구조와 규모에 따라 달라질 수 있지만 일반적으로 6 ~ 8주 정도가 소요되는데, 일정기간 내에 적당한 수의 참여은행을 모집하여 신디케이트를 구성하는 것이 신디케이트 대출의 성패를 가르는 중요한 과정이다. syndication to sub-underwriters의 경우 주간사은행의 입장에서는 추가적인 비용의 지급으로 신디케이션 수익률이 저하될 수 있으나 간사은행단을 모집한 후 일반 참여은행단을 모집하는 신디케이션 실행 시 이미 많은 은행이 신디케이션에 참여했다는 사실을 공표함에 따라 일반 참여은행들에게 차주 또는 프로젝트의 신용에 대해 신뢰를 제공한다는 점에서 효과적이라 할 수 있다. 한편 club deal 방식은 차입빈도가 높은 소규모 차입자에 대한 대출방식으로서 전체 대출자금을 주간사은행이나 간사은행 등으로 구성된 간사그룹이 균등 분할하여 인수하는 방법이다. 동 방식은 금융시장에 차주의 재무 및 영업상황을 공표할 경우 차주에 대한 불리한 인식이 발생할 것으로 판단되어 향후 차입을 위해 현재의 불리한 차입조건을 시장에 공표하고 싶지 않을 때에도 제한적으로 이용될 수 있다.

2.3 신디케이트 대출의 가격결정

가. 신디케이트 대출금리 및 금리스프레드

신디케이트 대출금리는 대부분 변동금리방식(기준금리+스프레드)으로 이루어지고 있으며 기준금리는 시장금리(리보, 미국의 프라임레이트 등)를 그대로 적용하기 때문에 신디케이트 대출의 가격결정(pricing)은 가산금리(spread)와 수수료의 결정으로 귀착된다. 신디케이트 대출에 적용되는 리보는 매 3개월 또는 6개월 단위로 갱신시점의 시장금리로 조정되는데 통상 6개월 단위로 새로운 리보가 적용된다. 금리스프레드의 크기는 차입자와 차입자가 속한 국가의 신용도(sovereign risk) 및 위험평가, 시장의 자금수급 사정, 금리수준 및 금리 안전성, 만기, 그리고 대출규모 등에 의해 영향을 받게 된다.

먼저 차입자 및 차입자가 속한 국가의 신용도에 따라 금리스프레드가 달라지는데 일반적으로 주요 선진국에 대한 스프레드는 이들 국가에 대한 신인도를 반영하여 낮은 스프레드가 적용되는 반면, 개도국에 대한 스프레드는 이들 국가의 정치·경제 불안 등을 반영하여 선진국에 비하여 높은 스프레드가 부과되고 있다. 둘째, 시장의 자금수급 사정이 금리스프레드에 미치는 영향을 살펴보면 대출시장에서 가용자금이 자금수요에 비하여 상대적으로 풍부한 차입자시장(borrowers' market)에서는 스프레드가 축소되는 반면, 대출자금수요가 상대적으로 자금공급을 상회하는 대출자시장(lenders' market)에서는 스프레드가 확대되는 경향이 있다. 셋째, 시장금리가 상승하는 국면이나 고금리 상태에 있을 때는 대체로 스프레드가 축소되는 경향이 있지만, 금리가 하락하거나 저금리 수준에 있을 때는 스프레드가 확대되는 경향이 있다. 마지막으로, 금리변동의 불안정성이 높아지거나 대출기간이 길어질 경우 금리스프레드가 확대되는 경향이 있다. 이는 원리금 회수불능 위험 및 유동성 위험이 증가하기 때문에 대출은행이 일반적으로 리스크 프리미엄보다 높은 스프레드를 요구하기 때문이다.

나. 신디케이트 대출 수수료

국제금융시장에서 신디케이트 대출을 통해 자금을 차입한 경우 대출에 대해 지급하는 이자 이외에도 주간사은행을 비롯한 참여은행단에 신디케이트 대출을 구성하기 위해 차입교섭 단계부터 차관단계약이 완성될 때까지 시간과 노력을 투자한 대가로 일정한 수수료(up-front fee)를 지급한다. 이러한 수수료는 약정수수료(commitment fee), 관리수수료(management fee), 참가수수료(participation fee), 대리은행 수수료(agent fee), 그리고 기타 부대비용(out-of pocket expenses)으로 구성된다.

약정수수료는 대출계약 체결 후, 일정기간 내에 인출되지 않은 미인출잔액에 대해 일정비율로 지급하는 수수료를 말하며, 관리수수료는 기채의뢰서를 받은 주간사은행 앞으로 지급되는 수수료로 차관의 도입 교섭으로부터 종료될 때까지의 차관단을 구성하는 데 수행한 노력에 대한 대가로 지급되는 수수료를 말한다. 대리은행 수수료는 대리은행의 사후업무 수행에 따른 대가로 지급되는 수수료를 말하며 해마다 일정액이 선급되는 것이 일반적이다. 이 밖에 기타 부대비용은 주간사은행이 차관단 구성업무를 수행하는 과정에서 쓰게 되는 비용으로 변호사비용(legal fee), 로드쇼(road show)비용, 사업성 평가 보고서(feasibility report) 작성비용 등이 포함된다.

참고 8-2 **리보금리(LIBOR) 조작사건 및 대체금리 논의과정**

2005년 중반부터 2009년까지 Barclays 등 투자은행은 자행의 파생상품 포지션 이익을 위해 영국 은행연합회에 제출하는 LIBOR금리를 조작했던 행위가 적발되었다. 이에 영국 금융감독청(FSA), 미국 법무부 및 상품선물거래소(CFTC) 등 주요국 감독당국은 해당은행들에 막대한 벌금을 부과하였다. LIBOR금리 조작사건으로 인해 금융기관과 정책당국에 대한 투자자들의 신뢰가 저하되면서 금융시스템 전반에 대한 의구심이 확대되었다. 특히 LIBOR 기반의 금융·파생상품계약 규모는 350조 달러에 달하고 있으나, 금융위기 이후 은행 간 무담보 단기 조달시장 규모가 크게 축소되고 조작스캔들로 신뢰도가 크게 저하되었다. 이에 따라 2013년부터 미국, 영국 등 주요국들은 현재 은행들 간 차입 시 적용되는 금리인 LIBOR를 실거래를 반영하는 방식으로 개선하거나 아예 이를 대체할 새로운 준거금리(alternative benchmark interest rate)를 만드는 작업에 착수하였다. 새로운 준거금리로서 미국과 스위스는 국채담보 익일물 Repo 금리를, 영국과 일본은 무담보 익일물 금리를 대안금리로 선정하였다. 유로존은 EURIBOR 개선안이 철회됨에 따라 향후 전망이 다소 불확실한 상황이다.

우선 미국은 국채담보 익일물 Repo 금리인 SOFR (secured overnight financing rate)을 대안금리로 결정하고 2018년 4월 3일부터 금리를 고시하기 시작하였다. 연방기금이나 유로달러시장과 달리 Repo시장은 거래량이 일평균 6,600억 달러로 매우 활성화되어 있다는 점을 고려한 것이다. 동 금리는 2022년부터 LIBOR를 대체할 계획인데 관련 파생상품시장의 발전이나 금리기간구조 구축 등이 과제로 남아 있다. 영국은 영란은행을 주축으로 한 워킹그룹이 2017년 4월말 무담보 익일물 은행간 금리인 SONIA (sterling overnight index average)를 대안금리로 선정하여 산출방식을 개선하여 2018년 4월 23일부터 공식 사용하고 있다. 유로존은 호가인 EURIBOR를 실거래 기반 금리로 전환하는 방안이 검토되었으나 거래량 부족 등으로 무산되었다. 앞으로 EURIBOR나 EONIA (Euro's overnight index average)를 개선하거나 다른 대안금리 개발 등이 추진될 것으로 보인다. 스위스는 3개월 만기 스위스 프랑 LIBOR를 정책금리 목표로 설정하고 있는데 국제적인 LIBOR 대체 논의에 따라 향후 LIBOR 폐지에 대응한 새로운 대안금리를 선정할 계획이다. 국채담보 Repo금리인 SARON (Swiss average rate overnight)을 유력하게 검토 중이다. 일본은 일본은행이 공표하는 콜금리가 대안금리로 유력한 상황이다. 향후 콜시장의 발전과 콜금리 기반 OIS(overnight index swap) 시장 활성화 방안 등을 검토할 계획이다.

주요국이 새로운 준거금리를 만들고 LIBOR를 대체하는 과정에서 시장불안이나 상당한 조정비용이 발생할 가능성이 있다. 이에 따라 시장참가자들은 향후 변화하는 국제금융환경에 적응하기 위해서 새로운 준거금리의 개발이나 대안 준거금리로 가장 많이 언급되는 Repo시장에 대한 이해가 필요할 것으로 보인다.

요약

1. 국제은행시장은 은행이 비거주자로부터 예금을 수취하여 국경을 넘어 다른 비거주자에게 대출하는 시장이다. 국제은행의 업무를 명확히 구분하기는 어렵지만 업무성격에 따라 예금 및 대출 등 국제상업은행의 금융중개거래, 주식·채권 발행시장에서의 주간사 업무와 유통거래를 담당하는 국제투자은행 업무, 국제금융시장에서의 자금조달과 필요한 부문에 대한 자금지원을 하는 국제금융 업무로 구분할 수 있다. 고객에 대한 컨설팅이나 자문서비스 등도 국제은행의 업무에 포함된다.

2. 국제은행의 가장 초보적인 거래 형태는 다른 국가에 있는 두 은행들이 상호 결제계정을 개설하는 코레스 은행 관계에서 출발한다. 이를 통해 수출·수입과 관련된 국제적인 지급이나 추심, 상호 간의 신용 제공, 유가증권의 처리·보관, 현금관리 서비스 등의 국제금융업무가 가능해진다. 코레스 은행을 통한 국제금융 서비스의 제약을 극복하기 위하여 은행들은 사무소, 대리은행, 해외지점, 계열은행, 그리고 현지법인의 형태로 해외에 진출한다.

3. 유로통화는 1950년대 후반 런던을 중심으로 한 유로달러에서 비롯된 개념으로서 미 달러화, 일본 엔화, 영국 파운드화 등과 같이 국제적 교환성을 갖는 통화들이 해당 통화 발행국 이외의 지역에서 거래되는 경우 이들 통화를 지칭한다. 유로시장은 유로통화로 표시된 장단기 금융자산이 각국의 규제를 벗어나 효율적으로 거래되는 범세계적인 국제금융시장이다. 유로통화의 범주는 그 통화가 발행국 이외의 지역에서 거래되고 있는지 여부에 따라 결정되며, 거래자의 거주성 여부는 영향을 미치지 못한다. 오늘날 유로시장은 흔히 역외시장과 동일한 개념으로 사용된다.

4. 유로은행은 어떤 은행이 특정국에서 은행업무를 영위힐 때 특정국 이외의 지역에서 발행된 통화표시 예금이나 대출 업무를 수행하는 경우 이들 은행을 지칭하는 개념이다. 즉 유로은행은 유로시장에서 유로예금 및 대출 업무를 중개하는 금융기관이다. 유로예금(또는 대출)은 특정 통화 발행국(또는 규제대상) 이외 지역에서 예치·

운용되는 그 특정 통화표시 예금(대출)을 말한다. 유로시장은 유로통화를 대상으로 역외에서 간접금융거래가 이루어지는 유로통화시장과 유로채권을 대상으로 발행과 매매 등 직접금융거래가 이루어지는 유로채권시장으로 나누어진다. 유로통화시장은 만기 1년 미만의 자금이 거래되는 유로단기시장과 만기 1년 이상의 중장기 자금이 거래되는 유로대출시장으로 구분된다.

5. 유로시장은 국내금융시장과 달리 다양한 금융자산이 각국의 금융규제를 벗어나 자유스럽고 효율적으로 거래되는 초국가적인 금융시장이며, 기능 수행 측면에서 공간적·시간적 제약을 받지 않는 범세계적인 국제금융시장이다. 유로시장에서의 거래는 국내 거래에 비해 정치적 위험 및 최종대부자로서 중앙은행의 부재에 따른 추가적인 위험프리미엄이 존재하지만 실질적으로 거래에 따른 위험이나 금리 부담이 크지 않다. 유로예금은 유로통화 발행국 내의 은행에 예치된 자금을 유로은행으로 이체함으로써 창출된다. 유로통화의 은행 간 예금거래는 결국 해당 유로통화 발행국 중앙은행에 개설되어 있는 거래은행들의 지준계정 간 대체, 즉 장부상의 이체에 불과하므로 유로통화에서 현금 자체는 발행국 이외의 지역으로 실제로 이동하지 않는다.

6. 국제적으로 자본이동이 완전히 자유롭게 이루어진다면 이론적으로 유로금리와 국내금리 간 금리차이는 없다. 현실적으로는 자본이동을 제약하는 각국의 세제 및 규제, 결제시스템의 차이로 인해 유로금리와 국내금리는 어느 정도 시차를 두고 비슷하게 움직이거나 경우에 따라 독자적으로 움직이기도 한다. 유로시장에서는 일반적으로 지급준비금 적립, 예금보험 납입의무 등이 면제되므로 금리가 국내시장에 비하여 유리하게 결정된다.

7. 유로달러의 대출 및 예금 금리는 기본적으로 미국 국내은행의 예금 및 대출 금리 범위 내에서 미국 국내금리에 연동되어 움직인다. 유로시장에서는 각종 규제가 면제되기 때문에 유로은행의 예대 금리차이는 미국 국내은행의 예대 금리차이보다 일반적으로 작다. 유로달러금리는 일반적으로 미국 내 금리와 매우 밀접한 연계성을 가지고 결정되지만 때로는 유로시장의 자금수급사정이나 차입자의 신용도 등에 따라

상당한 괴리를 보이기도 한다.

8. 유로시장의 예대금리 스프레드가 국내시장보다 좁아야 유로시장이 존립하게 된다. 국내금리와 유로금리 간에는 일반적으로 '국내대출금리 〉 유로대출금리 〉 유로예금금리 〉 국내예금금리'의 관계가 성립된다. 국내시장과 유로시장에서의 대출금리 격차는 유로시장에서 차입자가 유리한 정도를 나타내며 동 격차가 확대되면 유로자금수요는 커진다. 또 국내시장과 유로시장에서의 예금금리 격차는 유로시장에서 예금자가 유리한 정도를 나타낸 것으로 동 격차가 확대되면 유로자금공급은 커진다. 유로시장에서 결정되는 유로금리는 국내금리의 위험구조 결정요인에 추가적인 환위험, 금리위험, 정치적 위험 등에 의해서도 영향을 받는다.

9. 유로대출시장은 중장기 대출시장으로 다수의 금융기관으로 구성된 차관단이 공공차입자를 대상으로 공동융자를 제공하는 신디케이트 대출시장과 개별 유로은행에 의해 주로 민간인에게 개별융자가 이루어지는 대출시장으로 구분된다. 신디케이트 대출은 차입자에게는 대규모 소요자금을 단일조건으로 효율적으로 조달할 수 있는 이점을, 대출은행들에게는 대규모자금 융자 시 차입자의 채무불이행에 따른 대출위험을 공동융자방식을 통해 분산시킬 수 있는 이점을 제공한다. 신디케이트 대출금리는 대부분 리보 등 기준금리에 스프레드(가산금리와 수수료 등)를 더하는 방식으로 결정된다.

CHAPTER

9

국제채권시장

제1절 국제채권시장 개요

1. 국제채의 개념

국제채권시장은 채권이 국경을 넘어 발행 유통됨으로써 중장기자금의 대차가 이루어지는 시장이다. 국제채권시장은 국제대차시장, 국제주식시장, 외환시장, 파생상품시장 등과 함께 국제금융시장을 구성하며 주요 선진국의 내국채권(domestic bond)시장과 국제채권(international bond)시장으로 구분된다. 주요 선진국의 내국채권(이하 내국채로 지칭)은 주로 미국, 일본, 영국, 독일 등 경제규모가 크고 일찍부터 국제금융 중심지 역할을 수행해 온 국가에서 발행되고 거주자뿐 아니라 국제투자기관 등 비거주자의 투자도 활발하게 이루어지는 해당국 정부채, 정부기관채, 그리고 회사채를 의미한다.

국제채권(이하 국제채로 지칭)은 차입자의 소재국 밖에서 발행 유통되는 채권으로, 채권의 표시통화 국가와 발행지 국가의 일치 여부에 따라 외국채(foreign bond)와 유로채(Eurobond)로 구분된다. 외국채란 외국의 차입자가 발행지 국가의 통화표시로 발행한 채권을 의미하는데 일반적으로 발행지의 특징을 나타내는 용어로 부른다. 유로채는 채권의 표시통화가 나타내는 국가 이외의 지역에서 발행 유통되는 채권으로서 1960년대 중반부터 발행되기 시작하였다.[1]

한편 최근 들어서는 외국채와 유로채 양 시장에서 동시에 거래가 가능한 글로벌채권(global bond)의 발행이 활발히 이루어지고 있다. 글로벌채권은 1989년 세계은행(World Bank)이 최초로 발행한 이후 국제기구, 각국정부, 다국적기업 등이 주로 이용하고 있는데 동 채권의 장점은 여러 시장에서 동시에 거액의 자금조달이 가능하며 폭넓은 투자가들을 확보할 수 있다는 점이다.

외국채란 차입자가 외국의 자본시장에서 그 나라 통화로 그 나라의 국내채와 비슷

---

1 유로의 어원은 미 달러화가 미국 이외의 지역 중 주로 유럽지역에 편중되어 예치됨에 따라 유럽에 있는 미 달러라는 의미로 '유로달러'라고 불린 데서 유래되었다. 지금은 어느 한 나라의 통화가 해당국 이외 지역에서 거래된다는 의미로 사용되고 있다. 예를 들면 미국 이외의 지역인 유럽이나 아시아에서 거래되는 미 달러를 유로달러, 일본 외의 지역인 미국, 중국, 유럽에서 거래되는 엔화를 유로엔이라고 부른다.

한 절차를 거쳐 발행 유통되는 채권으로 예를 들어 한국의 어느 기업이 미국시장에서 미 달러화 표시 채권을 발행하는 경우이다. 외국채가 발행지역의 국내채와 다른 점은 발행자가 외국인이라는 점 외에 원천세 부과 등 채권 발행에 대한 자본시장 규제가 달리 적용된다는 점이다. 위에서 언급한 바와 같이 외국채는 발행지의 특징을 나타내는 독특한 명칭으로 불린다. 예를 들어 미국, 일본, 영국, 호주, 한국, 중국에서 발행되는 외국채는 양키본드(yankee bond), 사무라이본드(samurai bond), 불독본드(bulldog bond), 캥거루본드(kangaroo bond), 아리랑본드(arirang bond), 판다본드(panda bond)로 각각 불린다.

유로채는 한 나라의 차입자가 외국에서 제3국 통화로 표시된 채권을 각국의 투자자들을 대상으로 발행 매각하는 채권을 말한다. 예를 들어 한국의 어느 기업이 유로시장에서 미 달러화 표시채권을 발행하는 경우가 이에 해당된다. 유로채는 국제금융시장에서 가장 큰 비중을 차지하고 있으며 자금 차입자와 투자자의 다양한 수요에 맞추어 표시통화도 다양하게 이루어지고 있다. 특히 최근 들어 스왑시장이 빠르게 성장하면서 차입자가 금리 및 환위험 부담을 덜 수 있게 됨에 따라 차입통화의 다변화가 활발하게 이루어지고 있다.

유로채의 인수단 및 판매그룹은 통상 수개국의 국제은행 및 증권회사들로 구성된다. 유로채는 보통 1,000달러 단위의 소액단위로 발행되며 발행형식은 익명의 소지인식으로 채권보유의 익명성이 보장되며 이자소득에 대한 원천세 등이 면제된다. 발행통화별로는 미 달러화, 유로화, 일본 엔화가 대부분을 차지하며 유로달러채의 비중이 가장 높다. 즉 유로채시장의 성장은 기축통화로서 유동성이 풍부한 미 달러화를 발행통화로 한 유로달러채에 의해 주도되었다.

글로벌채권은 최우량 차입자자 대규모로 기채를 할 때 주로 이용하며 동 채권은 미국, 유럽, 중동, 아시아 등 전 세계적으로 동시에 채권의 모집 및 판매가 이루어지고 결제도 국내결제와 Euroclear 등을 통한 국제적 결제가 모두 가능하다. 최근 국제금융시장의 세계화로 국내외 시장의 구분이 모호해지고 있으며 향후 이러한 추세가 더욱 가속화될 것으로 예상된다. 이에 따라 글로벌채권과 유사한 형태의 채권 발행이 지속적으로 증가할 것으로 보인다.

유로채와 외국채를 비교하면 두 채권은 발행시장 자체의 기본적 성격이 달라 여러 가지 면에서 차이점이 있다. 유로채는 유로시장이 갖는 초국가적 역외시장으로서 채권 발행과 유통에 대하여 원칙적으로 규제를 받지 않아 발행 형태와 조건, 발행시기 등에 있어 발행자의 선택범위가 비교적 넓은 시장이다. 반면에 외국채시장은 발행채권 표시 통화국이 자국의 통화정책, 국제수지 관리, 그리고 국내 투자자의 보호라는 관점에서 자본시장 감독당국의 공식규제가 있고 각국 자본시장의 독특한 거래관행을 따라야 하는 등 비교적 많은 제약을 받는다.

한편 유로달러채권과 글로벌채권을 비교해 보면 글로벌 투자자의 입장에서는 결제시스템, 원천세, 채권의 형태 등에 있어서 유로달러채권과 글로벌채권과의 중요한 차이는 없다. 유로달러채는 표시통화를 달러로 미국 이외의 지역에서 발행되고, 글로벌채권은 유로달러 채권시장과 미국시장에서 동시에 발행된다는 차이점이 있다. 전통적으로 글로벌채권은 미국 증권거래위원회(SEC : Securities and Exchange Commission)의 등록절차를 통하여 발행되어 전 세계 투자자들과 미국내 투자자들에게 자유롭게 판매가 가능한 반면 유로달러채권은 미국 이외 투자자들로 제한되어 있다.

2. 국제채시장의 구조와 기능

일반적으로 채권시장은 발행자와 투자자라는 최종수요자, 그리고 두 당사자의 금융활동을 연결하여 주는 중개전문기관이 어우러져 채권발행과 유통이 이루어지는 시장이다. 국제채권시장은 기본적으로 채권의 발행자와 투자자, 발행 주선기관, 그리고 유통 중개기관으로 구성된다.

국제채의 발행자는 주요국 정부, 지방자치단체, 세계은행 등 국제기구, 금융기관 그리고 기업들이 대부분을 차지하고 있다. 국제채 투자자는 국제채의 상당수가 무기명식(bearer's form)으로 발행되기 때문에 투자자의 구성을 정확하게 파악하는 것은 쉬운 일이 아닌데 개인투자자(individual investor)와 기관투자가(institutional investor)로 크게 나눌 수 있다. 기관투자가는 정부기관, 중앙은행, 국제기구, 투자기금, 연금기금, 보험회사, 기업, 은행 등 그 범주가 다양하다.

국제채의 발행은 미국의 투자은행, 유럽계 은행 및 일본 증권사 등 전문 국제채 발행 주선기관들에 의해 주도되고 있는데 이들은 적합한 차입자를 발굴하여 채권발행을 주선·인수하고 각 금융기관의 거래원(dealer 또는 trader)이나 판매원들과의 유기적 활동을 통해 채권 소화를 촉진한다. 또한 중개인(broker)들로 구성되는 유통 중개기관은 발행채권에 유동성을 제공함으로써 채권거래를 성립시킨다. 거래원은 매수가-매도가(bid-offer)를 동시에 발표하는 이중호가(two-way-quotation)에 의하여 자기계정으로 채권매매 거래를 성립시키며 이 과정에서 같은 기관 판매원의 도움을 받는다. 반면에 중개인은 매수인과 매도인을 찾아 연결하고 이에 대한 대가로 수수료를 받는다. 거래원은 매수-매도가의 차이, 즉 스프레드를 이익으로 확보하는 데 비해 중개인은 이중호가 없이 중개거래 성립 시의 수수료 수입에 의존한다는 점에서 차이가 있다.

국제채시장은 투자자의 입장에서 최적의 포트폴리오 구성을 가능하게 하는 한편 차입자의 입장에서는 보다 낮은 비용의 자금조달을 가능하게 한다. 즉 투자자는 자국의 정부채나 회사채 등으로만 포트폴리오를 구성하는 것보다 국내 경기변동에 영향을 적게 받는 국제채에 투자함으로써 이익증대를 추구하고 투자위험 분산을 극대화할 수 있다. 또한 국제채 발행자는 전 세계 투자자들을 대상으로 필요한 통화로 다양한 국제채를 발행함으로써 유동성과 안정성을 제고하면서 최적의 자본구조를 보다 용이하게 달성할 수 있다. 이에 따라 뉴욕, 런던, 동경 등 주요 국제금융센터를 중심으로 국제금융시장의 연계성이 증대됨으로써 국제유동성의 편재 문제가 시정되고 세계금융자산의 최적배분이 촉진되고 있다. 특히 최근에는 국가별 금리, 환율 변동에 따라 국제적으로 투자자금을 수시로 이동시키는 포트폴리오 투자의 중요성이 더욱 커짐에 따라 각국 금융시장 간의 연계성이 더욱 강화되고 있다.

3. 세계 국제채권시장 개황

3.1 내국채와 국제채

2015년 말 현재 세계 채권시장의 규모(총발행잔액 기준)는 96.7조 달러인데 그 중 내국채와 국제채(외국채 및 유로채)가 각각 75.6조 달러(78.2%)와 21.1조 달러(21.8%)를 차지하고 있다. 국제채는 발행규모가 빠르게 증가하다가 2008년 글로벌 금융위기 이후 신용위험이 증가하면서 감소세로 전환되었으며 내국채는 주요국이 경기부양을 위해 국채 등의 발행을 확대하면서 증가세를 유지하고 있다.

〈표 9-1〉 국제채권시장 발행잔액   (단위 : 십억 달러, %)

	2000년 말		2005년 말		2010년 말		2015년 말	
내국채(a)	29,667	(82.1)	45,612	(75.7)	66,335	(70.6)	75,611	(78.2)
정부채	13,232	(36.6)	22,165	(36.8)	37,874	(40.3)	42,763	(44.2)
금융기관채	12,522	(34.6)	18,264	(30.3)	21,987	(23.3)	22,981	(23.8)
회사채	3,914	(10.8)	5,184	(8.6)	6,564	(7.0)	9,867	(10.2)
국제채(b)	6,490	(17.9)	14,609	(24.3)	27,664	(29.4)	21,121	(21.8)
합계(a+b)	36,158	(100.0)	60,221	(100.0)	93,999	(100.0)	96,732	(100.0)

주 : ( ) 내는 비중(%)
자료 : BIS (한국은행 국제채권시장 2017에서 재인용)

발행잔액을 통화별로 보면 2015년 말 현재 미 달러화가 43.9조 달러(45.3%), 유로화가 18.2조 달러(18.8%), 엔화 11.3조 달러(11.7%) 순이다. 미 달러화는 글로벌 금융위기 후 2010년에는 발행비중이 38.0%까지 하락한 뒤 경기회복 등으로 점차 증가하는 반면, 유로화 비중은 유로화 출범 후 점차 상승해 2005년 25.5%까지 상승하였으나 유로존 재정위기와 그에 따른 경기부진으로 하락하고 있다. 엔화는 일본경제가 2000년대 이후에도 장기 부진이 지속되면서 발행비중이 지속적으로 감소하고 있다.

〈표 9-2〉 국제채권시장 통화별 발행잔액   (단위 : 십억 달러)

	2000년 말		2005년 말		2010년 말		2015년 말	
미 달러	17,551	(48.5)	26,314	(43.7)	35,761	(38.0)	43,867	(45.3)
유로	7,535	(20.8)	15,369	(25.5)	21,733	(23.1)	18,196	(18.8)
엔	6,209	(17.2)	8,854	(14.7)	15,084	(16.1)	11,318	(11.7)
기타	3,685	(13.5)	9.684	(16.1)	21,421	(22.8)	23,351	(24.2)
합계	36,158	(100.0)	60,221	(100.0)	93,999	(100.0)	96,732	(100.0)

주 : ( ) 내는 비중(%)
자료 : BIS (한국은행 국제채권시장 2017에서 재인용)

3.2 세계 국제채시장 개황

국제채 규모를 발행형태별로 보면 2015년 말 현재 고정금리채가 14.2조 달러로 전체의 67.4%를 차지하고 있다. 그리고 변동금리채와 주식연계채 등 비고정금리채와 단기금융상품이 각각 6.1조 달러(28.7%)와 0.8조 달러(3.9%) 수준을 기록하고 있다.

〈표 9-3〉 국제채 발행형태별 발행잔액[1]   (단위 : 십억 달러)

	2000년 말		2005년 말		2010년 말		2015년 말	
고정금리채	4,284	(66.0)	9,680	(66.3)	18,394	(66.5)	14,239	(67.4)
변동금리채	1,471	(22.7)	3,956	(27.1)	7,871	(28.5)	비고정금리채[2] 6,063 (28.7)	
주식연계채	242	(3.7)	323	(2.2)	485	(1.8)		
단기금융상품	494	(7.6)	650	(4.5)	914	(3.3)	819	(3.9)
합계	6,490	(100.0)	14,609	(100.0)	27,664	(100.0)	21,121	(100.0)

주 : 1) ( ) 내는 비중(%)
     2) BIS가 2015년 9월 이후 통계편제 분류방법을 변경하여 변동금리채와 주식연계채의 구분이 더 이상 유효하지 않음.
자료 : BIS (한국은행 국제채권시장 2017에서 재인용)

표시통화별로 보면 유로화 출범 이후 2005년까지는 대체로 달러화표시 채권이 감소하고 유로화표시 채권이 증가했으나 2010년 이후에는 유로화표시 채권에 비해 달러화표시 채권의 비중이 증가하고 있다. 2015년 말 현재 미 달러화가 9.2조 달러(43.7%)

로 가장 비중이 높고, 유로화 8.1조 달러(38.4%), 파운드화 2.0조 달러(9.2%), 엔화 0.4
조 달러(2.0%) 순이다. 엔화표시 채권은 2000년대 이후 그 비중이 지속적으로 감소하고
있다.

〈표 9-4〉 국제채 표시통화별 발행잔액
(단위 : 십억 달러)

	2000년 말		2005년 말		2010년 말		2015년 말	
미 달러	3,246	(50.0)	5,573	(38.1)	10,839	(39.2)	9,229	(43.7)
유로	1,930	(29.7)	6,592	(45.1)	12,169	(44.0)	8,121	(38.4)
파운드	490	(7.6)	1,179	(8.1)	2,196	(7.9)	2,010	(9.5)
엔	507	(7.8)	483	(3.3)	784	(2.8)	418	(2.0)
기타	316	(4.9)	781	(5.3)	1,676	(6.1)	1,343	(6.4)
호주 달러	37	(0.6)	156	(1.1)	336	(1.2)	258	(1.2)
뉴질랜드 달러	7	(0.1)	38	(0.3)	39	(0.1)	43	(0.2)
합계	6,490	(100.0)	14,609	(100.0)	27,664	(100.0)	21,121	(100.0)

( ) 내는 비중(%)
자료 : BIS (한국은행 국제채권시장 2017에서 재인용)

발행자 국적별로 본 발행잔액(2015년 말 기준)은 미국 3.2조 달러(15.2%), 영국
2.5조 달러(11.9%), 독일 1.7조 달러(8.1%), 프랑스 1.5조 달러(7.1%), 이탈리아 0.9조
달러(4.2%) 순이다.

한편 2015년 말 현재 국제채 발행주체를 보면 금융기관이 15.2조 달러(71.3%)로
비중이 월등히 높다. 기업, 정부, 국제기구는 각각 3.1조 달러(14.5%), 1.52조 달러
(7.2%), 1.48조 달러(7.0%)를 차지하고 있다. 글로벌 금융위기 후 AAA 신용등급 국가
수가 감소하면서 각국 정부가 발행하는 국제채의 발행 비중은 지속적으로 감소하고 있
는 반면 국제기구나 기업이 발행하는 채권은 증가하고 있다. 특히 2010년 주요 선진국이
제로금리나 양적완화정책을 실시하면서 국제유동성이 신흥국시장으로 유입되면서 중
국 등 신흥국 비금융기업의 채권발행이 증가하고 있다. 한편 유로존의 경기부양이나 개
도국의 인프라 건설용 자금수요가 늘어나면서 세계은행이나 유럽재정안정기금(EFSF)
등 국제기구의 채권발행도 증가하고 있다.

〈표 9-5〉 국제채 발행자 국적별 발행잔액   (단위 : 십억 달러)

	2000년 말		2005년 말		2010년 말		2015년 말	
미국	1,833	(28.2)	3,465	(23.7)	6,599	(23.9)	3,191	(15.2)
일본	105	(1.6)	141	(1.0)	184	(0.7)	436	(2.1)
독일	486	(7.5)	1,595	(10.9)	2,036	(7.4)	1,712	(8.1)
이탈리아	133	(2.0)	566	(3.9)	1,132	(4.1)	885	(4.2)
프랑스	326	(5.0)	919	(6.3)	1,900	(6.9)	1,498	(7.1)
영국	708	(10.9)	1,900	(13.0)	3,663	(13.2)	2,506	(11.9)
기타	2,898	(44.7)	6,022	(41.2)	12,150	(43.9)	10,893	(51.6)
호주	127	(2.0)	317	(2.2)	587	(2.1)	608	(2.9)
뉴질랜드	8	(0.1)	19	(0.1)	13	(0.0)	20	(0.1)
합계	6,490	(100.0)	14,609	(100.0)	27,664	(100.0)	21,121	(100.0)

( ) 내는 비중(%)
자료 : BIS (한국은행 국제채권시장 2017에서 재인용)

〈표 9-6〉 국제채 발행주체별 발행잔액   (단위 : 십억 달러)

	2000년 말		2005년 말		2010년 말		2015년 말	
정부채	776	(12.0)	1,422	(9.7)	2,423	(8.8)	1,528	(7.2)
금융기관채	4,410	(68.0)	11,101	(76.0)	20,779	(75.1)	15,065	(71.3)
회사채	924	(14.2)	1,542	(10.6)	1,542	(10.6)	3,051	(14.5)
국제기구채	380	(5.9)	544	(3.7)	544	(3.7)	1,477	(7.0)
합계	6,490	(100.0)	14,609	(100.0)	27,664	(100.0)	21,121	(100.0)

( ) 내는 비중(%)
자료 : BIS (한국은행 국제채권시장 2017에서 재인용)

제2절 국제채권 발행 및 유통시장

1. 국제채 발행시장

1.1 국제채 발행방법

국제채 발행방법에는 공모발행(public offering)과 사모발행(private placement)의 두 가지 방법이 있다. 공모발행은 국제인수단(underwriting syndicate)이나 국제판매단(selling group)이 발행채권을 인수·판매함으로써 광범위한 국제투자가들에게 신속한 매각이 가능하다. 즉 공모방법은 채권의 광역매각을 통한 거액기채가 용이하며 공시와 상장거래를 통해 시장지명도(market visibility)를 높일 수 있는 이점이 있다. 또한 공모채는 증권거래소 상장을 통한 유통거래가 보장됨으로써 표면금리 등의 발행조건이 사모채에 비해 유리하다.

사모발행은 공모발행에서처럼 인수단을 구성하여 매각하는 것이 아니고 제한된 범위의 일부 기관 및 개인투자가들을 대상으로 발행되어 증권거래소에는 일반적으로 상장되지 않는다. 따라서 사모발행은 발행기관이 공모발행 시 거치는 복잡한 등록절차를 생략할 수 있어 낮은 발행비용으로 투자자에게 보다 높은 수익률을 제공하는 증권발행을 가능케 한다. 또한 사모발행 시 발행기관은 투자은행의 도움을 받아 소수의 특정기관에만 증권을 판매함에 따라 투자자는 사모발행 채권의 유동성이 낮은 점을 보상받기 위해 높은 수익률을 요구하는 것이 일반적이다.

1.2 국제채 발행형태

국제채의 발행형태는 크게 부채성증권(debt instrument)과 주식연계증권(equity-linked securities)으로 나눌 수 있는데, 부채성증권으로는 액면이자율(coupon rate)의 표시방법에 따라 미리 정해진 약정금리를 정기적으로 지급하는 보통채권(straight bond)과 변동하는 변동금리채권(FRN : floating rate note)이 있다. 또한 만기 전까지 이자지급이 없는 무이표채권(zero coupon bond), 발행자가 사전에 발행규모, 만기, 통화 등 주요 조건을 정해 놓은 프로그램(MTN program)에 의거해 필요시 수시로 발행되는 MTN(medium term note) 등이 있다.

주식연계증권에는 대상 주식과의 관련성에 따라 전환채권(CB : convertible bond), 조건부자본증권(CoCo본드 : contingent convertible bond), 주식매입권부채권(BW : bond with warrant) 및 주식예탁증서(DR : depositary receipt)가 있다. 또한 국제금융시장의 다양한 차입·투자수요에 부응하여 전통적 채권형태가 변형된 합성채권(synthetic bond) 등 새로운 형태의 채권이 등장하고 있다.

가. 보통채권(straight bond)과 변동금리채권(FRN : floating rate note)

보통채권은 주요국 내국채 및 협의 국제채의 가장 전형적인 발행방식으로 고정금리채권이라고도 불리며 정기적으로 미리 정해진 약정금리에 따른 이자를 지급한다. 유로채의 경우 이자지급 주기는 통상 1년이었으나 최근에는 지급주기가 다양화되었다. 보통채권은 만기까지의 이자지급금액이 확정되기 때문에 확정된 자금계획수립이 필요한 일반기업이 발행하는 채권에 적합하다.

변동금리채권은 정기적(3개월 또는 6개월 단위)으로 이자를 지급하되 이자지급 시마다 지급금리가 변동한다. 금리는 일반적으로 리보, 단기정부채권(T-Bill) 수익률 등 단기시장금리를 기준으로 동 금리에 일정 스프레드를 가산한다. 장기자금 조달 시 신디케이트론보다 조달비용이 낮고 동일만기의 할인채권(무이표채권)과 비교하여 듀레이션[2]이 짧기 때문에 금리변동 시 가격변동이 상대적으로 작다. 자금시장에서 변동금리로 자금을 조달하여 변동금리대출로 운용하는 금융기관이 발행하는 채권에 적합한 형태이다.

나. 무이표채권(zero coupon bond)

만기까지 약정된 이자지급이 없는 채권으로서 할인형식으로 발행하는데 일반적으로 보

---

2   듀레이션의 개념에 대해서는 〈참고 9-1〉을 참조.

통채권보다 발행비용이 낮으며 만기 시까지 추가적인 자금부담이 없기 때문에 발행자의 재무관리 면에서 유리하다. 발행자의 입장에서는 무이표채권은 만기까지 이자지급이 없어 현금흐름상 부담이 없으며 보통채권에 비해 장기이고 발행비용이 상대적으로 저렴하다는 이점이 있으나 명목 발행액에 비해 발행대금 수령액이 매우 적다는 단점이 있다. 한편 투자자의 입장에서 보면 이자소득 대신에 액면가와 발행가의 차액을 자본소득으로 얻게 되므로 자본소득에 대한 과세율이 이자소득 세율에 비해 상대적으로 낮은 국가의 투자자들이 선호한다.

다. MTN(medium term note)

MTN은 발행자가 만기, 금액, 통화, 발행채권의 종류 등을 사전에 지정한 MTN 프로그램에 의해 발행하는 채권으로 발행자의 자금수요, 시장상황, 투자자의 요구에 따라 자유로이 발행되는 채권을 말한다. 원래 MTN은 중기채권을 의미했으나, 지금은 9개월에서 30년 또는 30년을 초과하는 만기를 갖기도 하는 등 비정형적으로 발행되는 채권을 의미한다. MTN시장은 미국 증권거래위원회(SEC : Securities and Exchange Commission)가 1982년 3월 Rule 415를 도입하여 2년간 발행 예상금액을 일괄 등록하고 동 금액 범위내에서 별도의 등록절차 없이 자유로이 채권을 발행할 수 있게 한 일괄등록제도(shelf registration)를 도입한 이후 미국뿐 아니라 유로시장에서도 보편적으로 이용되는 자금조달수단 중의 하나로 급속히 성장하였다. 최근에는 발행자와 투자자의 다양한 요구에 부응하기 위하여 파생금융상품과 결합한 다양한 형태[3]로 발행되고 있다.

라. 전환채권(CB : convertible bond), 조건부자본증권(CoCo본드 : contingent convertible bond) 및 주식매입권부채권(BW : bond with warrant)

전환채권은 고정금리채권과 마찬가지로 확정이자를 지급하지만 일정조건 아래 발행기

---

[3] 이자율 Cap과 Floor를 가지고 있는 변동금리부 MTN (floating rate MTN), 일정기간 이후에 지급금리가 증가하는 Set-up MTN, 이중통화 MTN (dual currency MTN), 주식연계 MTN (equity linked MTN) 등이 있다.

업의 보통주로 전환할 수 있는 선택권이 부여된 채권으로 액면이자율이 보통채권보다는 낮으나 발행기업의 주가가 상승하면 자본이득(capital gain)을 얻을 수 있다. 따라서 전환채권은 채권이 갖는 이자소득의 확실성과 주식 전환에 따른 자본이득의 실현 가능성이 결합된 금융상품이라고 할 수 있다. 전환채권은 주식으로 전환 시 채권 자체가 주식으로 전환되기 때문에 주식전환자금을 추가로 납입하지 않는다.

한편 조건부자본증권, 일명 CoCo본드는 평상시에는 정상적인 채권으로 이자를 지급하지만, 발행회사가 부실해지면 주식으로 전환되거나 원리금 상환 감면조건 등의 조건이 붙은 후순위채권이나 혼성채권(hybrid bond)을 의미한다.

투자자 입장에서 CoCo본드는 평상시에는 고정적인 이자를 받는 채권이지만 발행자가 적기시정조치를 받거나 부실금융기관으로 지정되는 등 부실상황에 놓였을 경우 상각(write-down)되거나 주식으로 전환되므로 높은 금리를 제공해 주지만 그만큼 위험이 큰 채권이다. 금융당국의 입장에서는 금융위기 등의 특별한 상황에서 공적자금 투입 없이 금융기관의 채무가 자본으로 전환되어 신속한 자본확충이 가능한 장점이 있다. 따라서 2010년 글로벌 금융위기 이후 주요국 정책당국의 주도로 많이 발행되었다.[4] 은행들 입장에서는 동 채권이 대부분 만기가 없는데다 주식으로 전환 시 자기자본으로 인정되므로 자기자본비율을 높이려는 목적에서 많이 발행하고 있다.

주식매입권부채권은 채권 소지자가 발행기업의 주식을 일정기간 내에 일정가격으로 매입할 수 있는 권리를 부여한 채권으로 보통채권(straight bond)에 주식매입권(warrant)을 덧붙인 형태의 채권이다. 투자자는 주가상승 시 주식매입권 행사로 주식매입에 따른 추가적인 자본이득을 기대할 수 있고, 발행자는 이에 대한 대가로 액면 이자율을 낮출 수 있는 이점이 있다. 주식매입권부채권이 전환채권과 다른 점은 주식매입권이 분리되어 유통될 수 있으며 주식매입권 행사 시 주식매입자금을 추가로 납부해야 한다는 점이다.

---

4   2010년 바젤은행감독위원회가 은행의 자본을 강화하기 위한 방안의 하나로 제안하였다.

마. MBS, ABS, 커버드본드 등 자산유동화 채권

주택저당증권(MBS: mortgage-backed securities)은 기초자산인 주택저당대출(mortgage)을 담보로 하여 발행하는 자산유동화증권(ABS : asset backed securities)의 일종으로 미국의 공적주택금융기관인 Ginnie Mae, Fannie Mae, Freddie Mac이 발행하는 MBS가 대표적이다. 기초자산인 주택저당대출은 통상 발행회사가 설립한 특수목적회사(SPV : special purpose vehicle)에 양도한다.

2015년 말 현재 MBS는 미국채권시장에서의 발행잔액이 8.9조 달러로 21.8%를 차지하고 있어 국채(13.2조 달러, 32.9%)에 이어 가장 발행규모가 큰 채권이다. 동일만기 국채에 비해 금리가 높으나 모기지 차입자가 대출금을 조기상환할 경우 현금흐름이 불안정해지는 위험이 있다.

자산유동화증권(ABS)은 자동차할부대출, 신용카드대출, 학자금대출 등을 보유하고 있는 기관이 동 기초자산으로부터 유입되는 현금흐름을 담보로 발행한 채권을 의미한다. ABS 발행기관은 기초자산을 특수목적회사에 양도하기 때문에 ABS의 신용등급이 발행기관의 신용등급보다 더 높은 경우가 일반적이다. 이는 ABS 발행기관이 파산하거나 신용등급이 하락하더라도 특수목적회사에 기초자산을 양도한 ABS에 그 손실이 전가되지 않기 때문이다. ABS는 1980년대 중반부터 MBS의 발행방식이 다른 자산들을 담보로 적극 활용되면서 활성화되기 시작하였다. MBS도 ABS의 일종이라고 할 수 있다.

커버드본드(covered bond)는 주택저당내출이나 공공부문내출 등을 기초사산으로 하여 발행되는 채권이라는 점은 MBS와 비슷하나, MBS나 ABS와는 달리 특수목적회사에 기초자산을 양도하지 않고 발행회사가 보유하고 관리한다는 점에서 차이가 있다. 유럽에서 유래되어 활성화된 커버드본드는 상품유형이 국별로 상이하나, 투자자가 발행기관 부도 시 담보자산에 대한 우선청구권을 가지면서 담보자산이 부도될 때에도 발행기관에 대한 손실청구권을 가지는 이중청구권(dual recourse)을 보유한다는 점은 공통적이다. 발행기관과 담보자산이 엄격히 구분됨에 따라 신용등급이 높으며 공적감독기관의 담보자산에 대한 감시로 인해 투자자 보호를 위한 안전장치가 여타 채권보다 높은 특징이 있다.

바. 합성채권(synthetic bond)과 혼성채권(hybrid bond)

혼성채권이란 기존의 채권에 주식, 외환, 상품, 파생상품을 결합하여 채권과 이들 개별 상품들의 특성이 혼합된 새로운 형태의 채권을 의미한다. 합성채권은 채권에 이들 상품을 결합하여 별개의 상품이나 증권으로 만든다는 점에서 혼성채권과 비슷하나 기존 상품의 특성을 그대로 반영한다는 점에서 혼성채권과는 다르다.

전형적인 합성채권은 시장금리 변동에 따른 이자수익 감소문제를 해소하기 위해 개발되었다. 예를 들어 국제금융시장에서 변동금리로 차입하여 고정금리채권에 투자하는 경우 시장금리가 상승하게 되면 채권으로부터 수취되는 이자소득은 고정되어 있는 반면, 자금 차입에 따른 이자비용은 증가하게 된다. 이때 고정금리채권 투자자가 변동금리를 수취하고 고정금리를 지급하는 금리스왑(IRS : interest rate swap)거래를 하게 되면 고정금리채권 투자에서 발생하는 고정된 이자소득으로 스왑계약에 따른 고정금리 이자를 지급하고, 스왑거래를 통해 수취하는 변동금리로 국제금융시장에서 차입한 변동금리를 지급할 수 있게 된다. 이 경우 투자자는 이자수취를 목적으로 고정금리채권에 투자 시 문제가 되는 시장금리 변동에 따른 수익감소 문제를 어느 정도 해소할 수 있다. 이 예에서와 같이 고정금리채권 투자와 금리스왑이라는 두 가지 거래를 통해 실질적으로 금리변동에 따른 위험을 헤지할 수 있는 합성채권을 구성할 수 있다. 투자자는 위의 예와 같은 자산스왑(asset swap)방식의 거래, 즉 고정금리채권 매입과 변동금리수취ㆍ고정금리지급 금리스왑거래를 직접 하거나 금융기관으로부터 이와 유사한 기능을 제공하는 합성채권을 매입할 수 있다.

국제차입수단의 직접금융화 추세로 국제채권의 발행비중이 상대적으로 커지는 가운데 발행방법도 시장의 다양한 수요에 맞추어 새로운 형태가 계속 출현하고 있다. 즉 CB, BW 등의 채권, DR 등 주식을 통한 전통적인 자금조달 방법보다 비용이 저렴한 새로운 자금조달 수단의 개발, 금리나 환율 변동 위험의 헤지, 차익거래를 통한 자본 이득의 획득 등을 위해 기존의 복수의 금융상품을 합성하는 수준을 넘어 여러 상품이 제공해 주는 특성을 단일상품에 혼성해 주는 혼성채권의 개발이 확대되고 있다. 가장 보편적인 혼성채권은 금리와 통화, 금리와 주식, 통화와 상품, 금리와 파생상품의 특징을 결합한 것이다. 이 중 대표적인 혼성채권으로는 이중통화채권(dual currency bond), 연계채권 (linkage formula) 및 만기조정가능채권(adjustable coupon bond) 등이 있다. 이중통화채권은 국제통화 간의 환율 및 금리 전망을 바탕으로 기채통화와 상환통화를 달리하여 발행되는 채권이고, 연계채권은 채권의 발행과 상환을 특정상품의 가치에 연동시킨 채권을 말하며, 가장 대표적인 연계채로 통화연계채권을 들 수 있다. 만기조정가능채권은 채권의 만기 도래 시 발행자가 만기를 일정기간 연장할 수 있는 발행형태를 말한다.

참고 9-1   듀레이션 (duration)

듀레이션은 채권에서 발생하는 이자 및 원금 등 현금흐름의 가중평균만기로서 1938년 F. R. Macaulay에 의해 고안되었다. 맥컬리 듀레이션(Macaulay duration)은 채권의 잔존만기 대신 실질적인 회수에 걸리는 평균적인 시간의 길이를 알기 위한 목적에서 고안된 것으로서 다음 식으로 계산된다.

$$D_{Mac} = \sum_{t=1}^{T} t \cdot \frac{C_t/(1+y)^t}{\sum C_t/(1+y)^t}$$

C : 해당시점의 현금흐름(액면이자와 원금 모두 포함)
T : 만기
t : 현금흐름이 발생하는 시점
y : 채권의 만기수익률

맥컬리 듀레이션의 계산 (예)

기간 $= t$ (a)	현금흐름 $= C_t$ (b)	현가계수 $= 1/(1+y)^t$ (c)	현재가치 $= C_t/(1+y)^t$ (d = b×c)	기간×현재가치 $= t \cdot C_t/(1+y)^t$ (e = a×d)
1	3	0.956937	2.870813	2.87081
2	3	0.915729	2.747190	5.49437
3	3	0.876296	2.628890	7.88666
4	3	0.838561	2.515684	10.06273
5	3	0.802451	2.407353	12.03676
6	3	0.767895	2.303687	13.82212
7	3	0.734828	2.204485	15.43139
8	3	0.703185	2.109555	16.87644
9	3	0.672904	2.018713	18.16841

기간 = t (a)	현금흐름 = C_t (b)	현가계수 = $1/(1+y)^t$ (c)	현재가치 = $C_t/(1+y)^t$ (d = b×c)	기간×현재가치 = $t \cdot C_t/(1+y)^t$ (e = a×d)
10 (T)	103	0.643927	66.324551	663.24551
계			$\sum C_t/(1+y)^t$ = 88.130923	$\sum_{t=1}^{T} t \cdot C_t/(1+y)^t$ = 765.89520
맥컬리 듀레이션 (e/d)				8.69

자료 : 'Fabozzi, Bond Markets, Analysis and Strategies', 2014

위 식은 다음 식으로도 표현될 수 있는데 결국 듀레이션은 채권에서 발생하는 이자 및 원금 등 미래의 현금흐름의 현재가치 ($PV(\cdot)$)에 각 현금흐름의 잔존기간(1, 2, 3, …, T)을 곱하여 합한 값을 채권의 현재가치($\sum PV(\cdot)$)로 나눈 것으로 현재가치로 환산된 가중평균상환기간을 의미한다.

$$D_{Mac} = 1 \times \frac{PV(C_1)}{\sum PV(C_t)} + 2 \times \frac{PV(C_2)}{\sum PV(C_t)} + \cdots + T \times \frac{PV(C_T)}{\sum PV(C_t)}$$

한편 실무에서 더 자주 활용되는 수정듀레이션(modified duration)은 채권금리(할인율) 변화에 의한 채권가격의 민감도 (퍼센트 변화)를 간편하게 계산하기 위해 아래와 같이 맥컬리 듀레이션을 (1 + 채권금리)로 나누어 수정한 것이다.

$$D_{Mod} = \frac{D_{Mac}}{(1+y)}$$

듀레이션은 채권금리 변화에 따른 채권가격의 변동성을 근사치로 예측할 수 있게 해 준다. 여타 조건이 동일한 경우, 액면이 자율이 작을수록, 만기가 길수록, 만기수익률이 작을수록 채권가격의 민감도가 더 커지듯이 듀레이션도 더 길어진다. 무이 표채권(zero coupon bond)인 할인채인 경우는 채권의 만기 이전에 이자지급이 없기 때문에 채권의 만기와 듀레이션이 일치한다. 한편 조기상환 옵션이 부여되는 콜옵션부채권(callable bond) 등 채권금리 변동에 따라 잔존만기가 달라지는 채권이 활성화되면서 듀레이션의 개념은 채권금리 변화에 대한 채권가격의 민감도를 나타내는 지표로 발전되었다. 듀레이 션을 활용하여 채권금리 변화와 채권가격 변동 간의 관계를 쉽게 이해할 수 있는데 주로 다음 식이 활용된다.

$$dP/P = -D_{Mac} \cdot dy$$

dP/P : 채권가격변동률

dy : 금리변화율

즉 위의 식을 통해 금리가 1% 변화하였을 때(dy) 채권가격이 몇 % 변화하는지를 알 수 있다. 예를 들어 국내은행이 3개월마 다 3%의 금리를 지급하는 듀레이션이 2.7인 이표채를 발행하였는데 채권수익률(할인율)이 오늘 장중에 2.9%에서 2.8% 로 0.1% 하락했을 경우 채권가격은 0.27% (= -(-0.1)% × 2.7) 상승한다.

1.3 국제채 발행절차

국제채의 발행절차는 T-bill이나 T-bond와 같은 국채와 회사채 등 채권 종류에 따라 차이가 있다. 미국 등 주요국의 경우 국채는 대부분 전자화된 경매(auction)시스템을 통해 경쟁매매 입찰(bid)을 통해 발행된다. 예를 들면 미 재무부는 국채를 발행할 때 경매일정을 미리 공표하는데 잠재적인 국채매입 투자자들은 이를 통해 매수할 국채의 만기와 수량 등을 미리 알 수 있다. 실제 경매시스템을 통해 입찰업무를 담당하는 기관은 미 재무부의 국채발행업무 대행기관인 미연방준비은행(FRB)이다. 미국채 발행 시 경매에 입찰할 자격은 미 재무부에 의해 사전에 선정된 국채전문딜러(PD : Primary Dealer)라고 하는 금융기관에만 부여된다. 여타 금융기관은 Primary Dealer를 통해 신규발행된 국채를 매입할 수 있다. 미국채에 대한 경매는 더치입찰방식(Dutch Auction)의 단일가격 입찰(uniform price auction) 형태로 진행된다. 즉 발행되는 미국채를 매입하기 위하여 제출된 입찰서에 대하여 가장 낮은 금리(가장 높은 채권가격)를 제출한 입찰참가자의 물량부터 낮은 금리부터 누적하여 입찰될 전체 발행물량에 다다랐을 때 그 물량에 해당되는 참가자가 입찰에 참여한 금리가 곧 모든 참가자의 낙찰 금리가 된다. 즉 이 금리보다 낮게 입찰에 참여한 모든 참여자가 동일한 금리로 각각 신청물량을 배정 받는다.[5] 입찰마감 즉시 낙찰자가 결정되면 일정기간 후에 채권명의가 매도자에서 매수자로 변경되며 대금지급이 이루어진다.

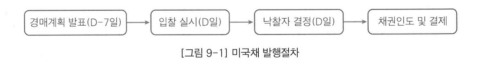

[그림 9-1] 미국채 발행절차

국채에 대한 입찰 결과는 일반적으로 발행물량 대비 입찰물량의 비율인 bid-cover ratio를 사용하는데 동 비율이 높을수록 미국채에 대한 수요가 높아 국채경매에 대한 참여도가 높다고 해석된다.

---

5   이와 대조적으로 낙찰된 특정금리 이하에서 각각의 입찰자가 제출한 금리를 적용하는 방식을 conventional auction이라고 한다.

한편 국제채를 발행하려는 기업, 정부기관, 국제기구 등은 국채와는 다른 발행절차를 거친다. 기업이 유로채를 발행할 경우 주요 절차는 발행 공고일(announcement day), 가격 결정일(pricing day), 종료일(closing day) 등의 주요 기준일을 전후로 하여 준비기간, 모집기간, 판매기간, 종료단계 등 4단계로 나누어 볼 수 있다. 발행절차에 소요되는 기간은 발행 방식과 발행자의 지명도에 따라 달라지는데 통상 종료단계까지 11~15주 정도가 소요된다. 이 절차를 간략히 살펴보면 다음과 같다.

첫 번째로, 발행 준비기간 중에는 먼저 모든 절차를 주관하게 될 주간사기관(lead manager)을 선정하고 기채주선의뢰서(mandate letter)를 발급함으로써 채권 발행의 절차를 시작한다. 주간사기관은 세계 일류 증권사들 간의 경쟁을 통해 선정되며 주간사기관 선정은 발행자에게 가장 중요한 절차라고 할 수 있다.[6] 주간사기관은 채권발행조건 등을 결정하기 위하여 발행자에 대한 기업실사(due diligence)를 실시한다.

두 번째로, 채권모집기간 중에는 주간사기관은 신디케이트를 구성하고 신디케이트 참가자들의 참여 희망액과 시황 등을 분석한 후 발행자와 협의하여 발행조건을 최종 확정한다. 발행시장 상황, 발행 시기, 잠재적 투자 수요 등을 고려하여 발행채권의 형태와 예상 발행가격 등의 발행조건을 결정한다. 최종 발행조건을 확정하고 채권의 시장발행이 공식화되는 시점을 가격 결정일(pricing day) 또는 채권 발행일(offering day)이라고 한다.

세 번째로, 판매기간 중에는 발행자와 간사단 간 응모계약을 체결하고 동시에 주간사기관은 인수단(underwriting syndicate)과 판매단(selling group)에 최종 발행조건과 채권 할당액을 통지하고 인수단으로부터는 당일 중에 최종 조건에 대한 수락 여부를 회신 받아 인수계약을 체결한다.[7] 기관투자가들을 상대로 발행채권을 매각하기 위한 투

6　채권 발행자는 복수의 대형 투자은행들이 제시하는 조건을 검토하여 주간사기관을 선정하게 된다. 투자은행들은 채권 발행자에게 자사의 자금력, 네트워크, 조사분석 역량, 과거실적을 제시하면서 홍보를 한다. 주간사기관은 발행자의 현황 및 시장상황 등을 감안하여 자금조달과 투자자 모집계획을 수립하기 위한 정보 획득을 위해 채권 발행자에 대한 실사를 실시한다. 영업전망, 산업 내 경쟁력, 재무상태 등을 감안하여 발행자가 충분한 원리금 상환 능력이 있는지를 조사한다.

7　통상 주간사기관은 채권발행과 관련된 위험에 대해 책임을 분담하기 위하여 채권수요의 과다와는 관계없이 발행채권의 일부 또는 전부를 인수하겠다는 약속을 한다.

자설명회(road show)를 개최하여 홍보와 판매를 한다. 종종 복수의 투자은행들이 주간 사기관인 경우 신디케이트를 만들며 채권발행을 진행할 때는 판매단을 구성하여 채권 판매를 진행하기도 한다. 판매단은 주간사기관은 아니나 발행채권의 홍보와 판매과정에 참여하여 자신들의 고객인 기관투자가에게 매입을 권유하는 투자은행 그룹을 말한다. 채권 발행일로부터 발행 종료일까지 채권판매는 채권실물과 거래대전의 수수가 없이 점두거래(over-the-counter) 형식으로 이루어진다.

마지막으로, 종료단계에서는 판매기간이 끝남과 동시에 판매단 또는 인수단이 납부한 판매대금이 발행자의 계정으로 입금되고 채권투자자에게 채권이 인도됨으로써 모든 발행절차가 완료되며 유통시장에서의 거래가 시작된다. 채권 인도는 채권 실물이나 대용증권으로 이루어진다. 대용증권은 인쇄 미비 등의 이유로 임시로 발급하는 증서를 말한다. 유로채의 경우 발행 공고일로부터 90일 후에 지급대리인을 통하여 최종투자자 앞으로 채권 실물이 교부되는 것이 관행이다.

[그림 9-2] 유로채 발행절차

참고 9-2   발행일전 거래시장(when issued market)

발행일전 거래시장은 발행 물량과 종목 등 입찰계획이 발표된 이후 실제 발행일까지 채권이 미리 시장에서 거래되는 시장을 말한다. 미국, 영국, 일본 등 주요 선진국과 한국, 중국, 인도, 싱가포르 등 주요 신흥국에서 국채입찰 전 금리탐색 기능을 제고하고, 신규 거래수요를 창출하기 위해 운용되고 있다. 즉 발행일전 거래시장은 발행자 입장에서 입찰 전에 국채수요를 사전에 파악하게끔 해서 시장 수급에 탄력적으로 대응하게 한다. 예를 들어 발행일전 시장을 통해 시장불안에 따른 수요급감이 예상되면 발행물량을 축소해 입찰 실패를 예방할 수 있다. 입찰에 참여하는 투자자들의 경우 발행일전 거래를 통해 입찰 전에 금리를 탐색하고 입찰물량 보유에 따른 위험을 헤지할 수 있다.

발행일전 거래시장에서는 입찰이 아직 이루어지지 않아 발행될 채권의 표면이자율(coupon)이 결정되지 않았기 때문에 금리로 호가를 하며, 결제일은 발행되는 채권의 최초 결제일로 한다.

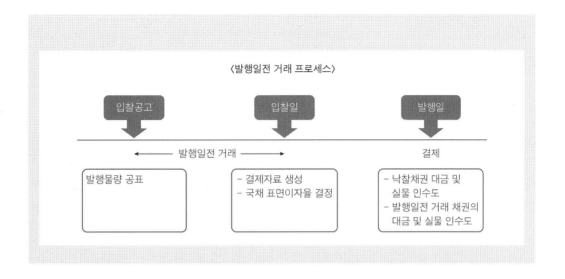

1.4 국제채 발행조건

차주와 주간사기관은 협의를 통하여 국제채 발행 시 시장 여건을 감안하여 발행액, 액면이자율, 발행가격, 만기, 상환방법 등 발행조건을 결정한다. 보통채를 기준으로 일반적인 발행조건을 살펴보면 다음과 같다.

　　먼저 발행액(issue amount)은 차입자의 자금소요계획을 바탕으로 하여 발행시장의 수급상황 및 발행자의 신용도에 대한 시장 반응 등을 고려하여 주간사기관과 발행자 간에 협의를 통하여 결정된다. 액면이자율(coupon rate)은 발행 공고일 현재 신용도가 비슷한 발행자가 최근 발행한 동일 만기 채권의 유통수익률을 감안하여 고정금리채의 경우 통상 1/8% 단위로 정한다. 이자지급 회수는 발행시장에 따라 다른데 고정금리채의 경우는 일반적으로 통상 1년에 1회 지급하는 조건으로 한다. 변동금리채의 액면이자율은 기준금리를 3개월 Libor 또는 6개월 Libor를 주로 이용하며 기준금리에 일정비율의 가산금리(spread)를 더하는 방식으로 정한다. 발행가격(issue price)은 모집기간이 끝나는 시점에서 당해 채권에 대한 시장반응과 모집기간 중의 시황 변동사항을 반영하여 결정되며 액면가 100을 기준으로 하여 bp(basis point : 1%의 1/100) 단위로 백분율로 표시된다. 만기는 발행시장별 특성과 발행자의 신용도에 따라 달라지나 3 ~ 10년이 일반적이다.

상환방법은 만기일에 액면가로 전액을 일시에 상환하는 만기 일시상환(bullet repayment) 방식, 발행일로부터 일정 거치기간이 경과한 후 매년 일정비율을 상환토록 하는 감채기금(sinking fund) 방식, 유통시장에서의 적절한 가격유지를 목적으로 유통시장 가격이 미리 정한 가격수준 이하로 떨어지게 되면 발행자가 반드시 일정물량을 시장에서 매입하여 소각토록 하는 매입기금(purchase fund) 방식, 그리고 발행자 또는 투자자에게 중도상환 청구권을 부여하는 중도상환 청구권(call/put option) 방식이 있다. 채권 만기가 길어질수록 중도상환 방식을 가미하여 평균 만기(average maturity)를 짧게 하려는 경향이 있다. 중도상환 청구권 방식에서 콜옵션(call option)은 발행자에게 미리 정한 조건으로 임의 조기상환할 수 있는 권리를 부여한 경우로 투자자 보호를 위하여 옵션이 조기에 행사될수록 액면가에 일정 프리미엄을 가산토록 규정하는 것이 일반적이다. 풋옵션(put option)은 투자자에게 미리 정한 조건에 의하여 조기상환을 받을 수 있는 권리를 부여한 것이다.

한편 최근 들어 주선기관 간의 경쟁으로 발행자의 위험을 최소화하기 위하여 간사단이 현재 시점에서 확정한 조건으로 채권 전액을 발행자로부터 매입한 다음 투자자를 대상으로 자기 책임 하에 판매하는 pre-pricing 유형의 bought deal 방식, 모집기간 중에 발생 가능한 가격변동 위험을 최소화하기 위한 yield pricing 방식, 발행자가 만기와 액면금리를 미리 정하여 고시한 후 금융기관과 투자자를 대상으로 경쟁입찰을 실시하여 가장 높은 매입가격을 제시한 입찰자 순으로 채권을 할당하는 auction issue 방식 등 새로운 방식이 등장하고 있다.

2. 국제채 유통시장

2.1 유통시장의 기능

유통시장(secondary market)은 기 발행된 채권들이 거래될 수 있게 함으로써 동 채권 보유자들에게 유동성을 제공하는 역할을 수행한다. 또한 유통시장은 발행시장에서 채권이 손쉽게 발행될 수 있는 기반을 제공한다. 즉 유통시장의 뒷받침으로 투자자는 채권 매입의사 결정을 쉽게 내릴 수 있으며 발행채권의 가격도 유통시장에서 유통되고 있는 채권의 가격을 반영하여 손쉽게 결정할 수 있다. 이는 유통시장이 매도자 측이나 매수자 측 모두 다수로 구성되어 발행시장보다 훨씬 경쟁적이고 효율적이어서 유통시장의 거래가격은 시장참여자들이 현재의 여건에서 기대하는 수익률이므로 발행가격을 결정하는 데 있어 기준이 되기 때문이다. 유통시장은 발행시장을 전제로 증권발행과 더불어 자연발생적으로 형성되며 발행시장 역시 유통시장의 존재를 전제로 성립한다.

채권의 유통시장은 기본적으로 장외시장으로, 유통시장의 기능이 원활하게 발휘되기 위해서는 유통대상 채권은 일반적으로 다음과 같은 요건을 충족하여야 한다. 먼저 유통대상 채권은 유동성 즉 현금화 가능성이 양호해야 하며 채권의 발행량이 시장수요를 충족할 만큼 충분해야 한다. 또한 채권의 소유가 편재되지 않고 분산되어 있어야 하고 채권가격의 변동성이 있어야 한다. 특히 채권가격의 변동성은 이자수익을 목적으로 하는 단순투자자 이외에 가격변동에 따른 매매차익을 목적으로 하는 투자자에게 보다 큰 거래유인으로 작용하는 경향이 있다.

2.2 유통시장 참여자

국제채 유통시장의 주요 참여자는 기관투자가(institutional investor)인 각국의 정부, 중앙은행, 투자은행, 상업은행, 각종 연금기금운용기관, 투자전문회사, 증권회사, 보험회사, 일반회사 및 개인투자자(individual investors)로 크게 구분할 수 있다. 국제채는 특정거래소에 대부분 상장되어 있음에도 불구하고 장외시장에서 유통되는데 유통시장에서 국제채의 거래가 이루어지기 위해서는 일반적으로 시장조성자(market maker), 트레이더(trader), 판매인(salesman), 브로커(broker) 등의 역할이 필요하다.

시장조성자는 OTC 채권시장에서 거래를 원하는 고객에게 항상 매입, 매도 가격을 스스로 결정하여 고시함으로써 시장을 조성하는 딜러 증권회사이다. 트레이더는 딜러 기능을 수행하는 증권회사 내에서 여타 경쟁회사의 트레이더와 거래하면서 증권 포지션을 관리함으로써 판매인이 고객에게 고시할 가격을 결정하여 주는 역할을 담당한다.

판매인은 고객과 트레이더를 연결시켜 주는 업무를 수행한다. 즉 고객에게 투자와 관련된 시장정보 등을 제공하고 가격을 제시하는 한편 고객의 주문을 트레이더에게 연결시켜 고객과의 거래 체결 역할을 수행한다. 브로커는 자기계정으로 리스크를 부담하면서 거래를 하는 트레이더와는 달리 포지션을 갖지 않으면서 순수한 거래 중개만을 담당하는 증권회사를 말한다. 한편 애널리스트(analyst) 및 이코노미스트(economist)는 경제동향, 통화당국의 통화신용정책, 금융시장 동향 등을 조사 분석함으로써 향후 금리 방향 및 수익률곡선의 변화 등을 예측하여 거래관련 정보를 제공한다.

제3절 국제채권 투자

1. 국제채 거래구조

일반적으로 투자자는 투자은행의 sales trader를 통해 채권거래를 하는데 주로 전화를 이용하여 거래가 이루어진다. sales trader의 주요 역할은 시장조성(market making)으로 주로 증권 매매에 따른 bid-offer 스프레드로 수익을 창출한다.[8]

투자자의 입장에서 일반적인 채권거래 절차를 간략히 살펴보면 다음과 같다. ① 거래대상 채권을 선택하고 동 채권의 시장가격을 확인한다. 채권의 시장가격은 CANTOR, GovPX, Bloomberg 등 시장정보 제공 서비스를 이용하여 입수할 수 있다. ② 거래기관에 가격제시를 요구한다. 즉 판매원이나 브로커에 indicative price 또는 firm price의 제시를 요구하는데 유동성이 높은 채권의 경우에는 시장에서 형성되는 가격을 용이하

---

8 투자은행의 trader는 통상 sales trader, block trader, arbitrage trader로 구분된다. block trader는 투자은행 고유의 자산을 이용해서 증권을 대량으로 사고파는 일을 담당하는데 이들은 증권을 저가로 매입하고 고가로 매도함으로써 수익을 창출한다. arbitrage trader(혹은 proprietary trader)는 증권가격이 제대로 평가되지 못하고 있을 경우 이것을 이용해 수익을 얻는 거래를 하는 trader를 지칭하는데 이들은 수학모델을 이용해서 여러 증권들의 가치를 선정하여 저평가된 증권은 매입하고 고평가된 증권은 매각하는 등 복합적인 거래를 통해 수익을 획득한다. sales trader와 block trader가 채권 또는 주식 중 한 쪽만을 거래하는 데 비해 arbitrage trader는 채권, 주식, 파생상품 등 여러 성격의 금융상품을 자유롭게 거래한다.

게 알 수 있으나 유동성이 낮은 채권의 경우에는 일반적으로 bid-offer 스프레드가 크다. ③ 채권가격이 적당하다고 판단하면 거래를 체결한다. ④ 거래내용을 확인한다. 즉 채권의 종류, 표면이자율, 만기, 가격, 결제일, 결제방법 등에 대한 제반사항을 재확인한 후 확인서 송부를 요청한다. ⑤ 채권대금을 결제한다. 즉 지정된 결제일에 매입대금을 지급하거나 매각대금을 수취함으로써 거래를 마감한다.

2. 국제채 투자 시 고려사항

국채채를 거래할 때 가장 중요한 것은 거래자의 거래목적으로 안정성(stability), 수익성(profitability), 그리고 유동성(liquidity) 등을 고려해야 한다. 거래목적 여부를 떠나 일반적으로 국제채에 투자할 때 투자대상 국제채의 조건, 발행자와 거래상대방에 관한 사항, 투자전략, 결제방법 등을 사전에 숙지하여야 한다.

먼저 국제채의 조건으로 채권의 신용등급, 만기, 발행규모, 발행형태, 상환이나 중도 지급불능 사태 시의 처리방법, 이자지급에 관한 사항, 세금에 관한 특기사항, 채권실물의 발행·교부·결제에 관한 사항, 거래지역의 제한, 기타 옵션 등을 고려하여야 한다. 발행자와 관련하여 고려해야 할 사항으로는 발행자 및 발행자가 속한 국가의 신용도, 투자 포트폴리오상 발행자의 투자한도, 발행자의 재무제표 분석 결과, 그리고 발행자의 과거 국제채 시장에서의 채권발행 실적 등을 들 수 있다.

또한 국제채 발행에 관한 사항으로 발행방법, 발행 시 간사기관, 특히 주간사기관에 관한 사항과 대리인들에 관한 사항, 그리고 발행 당시의 가격이나 수수료 등에 관한 사항도 고려하여야 한다. 거래상대방에 관한 사항으로는 신용도와 시장조성 능력 등을 고려하여야 한다. 특히 결제기구를 통하지 않고 채권의 직접교환 결제조건이나 상대방에게 예탁할 것을 전제로 거래하거나, 스왑 등과 결합하여 합성채권의 형태로 거래할 경우 채권 자체의 신용도뿐만 아니라 거래상대방의 신용위험을 심각하게 고려해야 한다. 이 밖에 각종 법규나 회계 관행, 담보가능 여부나 시장에서의 해당 국제채에 대한 정보입수 방법, 결제방법과 관련 국제결제기구에 관한 사항도 고려하여야 한다.

한편 효과적인 투자를 위해서는 투자기간 결정, 목표수익률 설정, 포트폴리오 투자 구성 등 사전에 투자전략을 수립하여야 한다. 먼저 투자기간과 관련하여 투자목적이 초 단기 매매이익 달성인 경우 신용등급보다는 유동성이 높은 주요국 정부채나 세계은행 등 국제금융기구가 발행한 채권에 투자하는 것이 유리하며, 보다 장기의 수익을 목적으로 하는 경우 추가적인 거래에 따른 비용절감을 위해 투자기간에 근접한 만기를 갖는 채권에 투자하는 것이 바람직하다. 목표수익률에 관한 사항으로는 향후 시장여건에 대한 예상이나 보유하고 있는 채권 포트폴리오의 변동을 통하여 채권의 신용등급, 수익률, 잔여만기를 종합적으로 고려하여 교체매매를 함으로써 예상수익률을 달성하는 전략도 중요하다. 또한 대규모 투자자는 통화별·발행국가별·신용등급별·만기별·채권종류별로 여러 가지 기준에 따라 분산투자하는 전략을 수립하는 것이 바람직하다.

3. 국제채 신용평가

국제채 투자에서 가장 중요하게 고려할 요소는 발행자의 신용도이며 신용도가 높을수록 채권발행 조건이 유리해진다. 채권에 투자하는 일반투자자들이 발행자의 신용상태를 분석하여 상환능력을 점검하는 것은 쉬운 일이 아니다. 이에 따라 일반투자자들의 채권투자에 관한 의사결정을 돕기 위하여 채권 발행자의 신용도에 대한 정보를 제공하는 전문신용평가기관이 등장하게 되었으며, 몇몇 국가에서는 자국 자본시장에서 채권을 발행하는 경우 일반투자자 보호를 위해 전문기관으로부터의 신용등급 획득을 의무화하고 있다.[9] 또한 신용등급 획득이 의무화되어 있지 않은 유로채시장 등 다른 자본시장에서도 전문기관의 신용평가를 받아 이를 공시하면 채권 발행 및 인수에 보다 유리하다.

채권발행에 대한 전문기관의 신용도 평가는 발행자의 신용도를 원리금 상환위험에 따라 몇 가지 등급(rating)으로 분류하는 상대평가의 형태를 취한다. 현재 국제적으

---

9 1990년 이전만 하더라도 각국 정부는 미 달러와 같은 기축통화로 발행한 해외 채무들에 대해서만 신용등급을 받으려는 경향이 있었다. 이는 국제투자자들이 개발도상국 통화로 발행된 채권에 대한 투자를 꺼리는 경향이 있어 이에 대한 신용등급을 잘 받을 유인이 작았기 때문이다. 2000년대 들어 국제자본의 이동이 활발해지면서 국제투자자들은 개발도상국 통화로 표시된 채권에 대해서도 투자를 늘리기 시작하였는데, 이에 따라 해외로부터 투자를 받기 원하는 국가는 자국통화로 표시된 채권에 대해서도 신용등급을 잘 받기 위해 신경을 쓰게 되었다. 그러나 아직까지도 기축통화로 표시된 채권에 대한 투자가 개발도상국 통화로 표시된 채권에 대한 투자보다 그 규모가 월등히 크다.

로 공신력을 인정받고 있는 대표적 신용평가기관으로는 미국의 Standard & Poors Corp.(S & P), Moody's Investment Service (Moody's), Fitch, 그리고 일본의 공사채 연구소(JBRI) 등이 있으며 이들 기관은 중장기채권의 경우에 원리금 상환위험에 따라 몇 개의 등급으로 나누어 발표하고 있다.

일반적으로 채권시장에서는 A (single A) 이상의 채권은 high grade bond라 부르고 BBB - (triple B 마이너스) 이상의 신용등급을 투자적격등급(investment grade)이라 하여 비교적 안전한 투자대상으로 간주한다. 또한 BBB - 미만의 등급을 총칭하여 투자부적격 또는 투기등급(speculative grade)이라 부르며 이에 해당하는 채권을 보통 정크본드(junk bond)라 하여 수익성은 높으나 위험성이 높은 채권으로 분류한다.[10]

신용등급은 채권발행자에게 부여하는 경우와 채권에 대하여 부여하는 경우로 구분되는데 A라는 기업이 신용등급을 부여받은 뒤 국제채를 발행하는 경우 동 국제채에 A기업의 신용등급이 자동으로 부여되는 것은 아니며, 별도의 절차를 거쳐서 신용등급을 새로이 부여받아야 한다. 신용등급은 발행 채권별로 부여되는 것이기 때문에 A기업이 발행한 여러 종류의 국제채 중 신용등급이 부여되지 않은 채권도 있을 수 있으며 신용등급을 부여받은 채권들도 채권 조건에 따라 각기 다른 신용등급이 부여될 수도 있다.

신용등급이 일단 부여되면 신용평가회사는 임의로 등급조정을 하며 통상적으로 등급 조정 시에는 신용등급 조정대상 목록(watch list)을 발표함으로써 사전예고를 한다. 신용등급을 부여받은 기업은 신용평가에 필요한 재무제표 등 각종 홍보자료를 수시로 신용평가사에 제공하여 신용등급 임의조정에 대비하기도 한다. 한편 국가 내에 거주하는 법적 실체들에게 할당되는 신용등급의 상한을 나타내는 국가신용등급은 기본적으로 매우 중요하다. 국가의 등급 평가는 정치적 위험 및 여러 가지 경제 요인을 다각적으로 검증하여 이루어진다.[11] 〈표 9-7〉에서 보는 바와 같이 3대 국가신용평가기관들의 등

10　정크본드를 특정하는 일관된 기준은 없으며 국별, 신용평가회사별로 기준이 다소 상이하다. 보통 '투자부적격' 또는 '투기' 등급으로 불리는 신용등급 BB 이하의 기업 또는 기관이 발행하는 채권을 정크본드라 한다. 정크본드를 발행하는 기업은 부도 가능성이 상대적으로 크고 신용등급도 낮기 때문에 투자자들에게 보통채권보다 높은 이자를 지급하기 때문에 고수익채권(high yield bond)이라고도 한다.

11　Moody's, S & P, Fitch에 따르면 국가신용등급을 평가할 때 고려하는 사항은 매우 광범위하다. 먼저 경제적 측면에서 국민소득, 환율, 부채비율 등을 고려하며 해당 국가의 정치적, 사회적 측면의 요소들도 고려하는데 실제로 경제적,

급 체계는 다소 다르지만 등급의 개수는 거의 동일하게 구성되었다.

〈표 9-7〉 세계 3대 신용평가기관의 등급 기준

신용평가사		Moody's	S&P	Fitch
장기	투자등급	Aaa	AAA ·	AAA
		Aa1, Aa2, Aa3	AA+, AA, AA-	AA+, AA, AA-
		A1, A2, A3	A+, A, A-	A+, A, A-
		Baa1, Baa2, Baa3	BBB+, BBB, BBB-	BBB+, BBB, BBB-
	투기등급	Ba1, Ba2, Ba3	BB+, BB, BB-	BB+, BB, BB-
		B1, B2, B3	B+, B, B-	B+, B, B-
		Caa1, Caa2, Caa3	CCC+, CCC, CCC-	CCC+, CCC, CCC-
		Ca	CC	CC
			C	C
		C	D	DDD, DD, D
단기	투자등급	P-1	A-1+	F1+
			A-1	F1
		P-2	A-2	F2
		P-3	A-3	F3
	투기등급	Not Prime	B	B
			C	C
			D	

국제채의 수익률은 기본적으로 기준(benchmark)이 되는 채권의 수익률에 가산금리(spread)를 더하여 결정되는데 가산금리는 발행자의 신용등급, 만기 수급상황 및 시장여건 등을 고려하여 정한다. 만기 수급상황은 기관투자가들이 포트폴리오 구성 시 투자 적격과 부적격, 국가별 혹은 동일 발행자(issuer)에 대한 신용노출(exposure) 한도를 엄격히 설정하여 운용하므로 가산금리 수준에 결정적인 영향을 미친다. 특히 투기등급인 정크본드에 대해서는 엄격한 투자제한을 두고 있는데다가 리스크도 높기 때문에 가

정치적, 사회적 측면의 다양한 요소들과 국가신용등급 간의 관계를 명확하게 밝히는 것은 쉬운 작업이 아니다. 이는 일부 요소의 경우 이를 계량적으로 측정하는 것이 불가능하기 때문이다.

산금리가 매우 크다.

　　일반적으로 시장의 자금사정이 호전되면 인지도가 높은 정규발행자나 특정국가 기관들의 발행물량이 적어 희소가치가 있을 경우 가산금리가 축소된다. 반면에 자본시장이 불안하고 신용경색이 심화되면 신용등급 간 가산금리 격차가 확대되고 투자가들은 유동성을 더욱 선호하게 된다. 이때는 건당 발행규모가 적을수록 가산금리가 더욱 커지며, 정규발행자이거나 지리적 혹은 다른 요인으로 투자자의 인지도가 높을수록 가산금리는 축소된다. 한편 동일한 신용등급이라 할지라도 경기회복 단계에 있는 국가의 채권이 경기하강 국면에 있는 국가의 채권보다 가산금리가 낮으며 기준금리의 절대수준이 낮으면 가산금리는 커지는 경향이 있다.

참고 9-3　국가 신용등급 방법론 개요(S&P)

- **정치적 위험**
  - 정치적 기관들의 안정성과 합법성
  - 리더십 승계의 질서
  - 공공안녕
  - 정치과정에서의 대중 참여
  - 경제적 정책 결정과 목표의 투명성
  - 지정학적 위험

- **소득과 경제구조**
  - 번영, 다양성 및 경제의 시장지향적인 정도
  - 소득 격차
  - 자금중개에 있어서 금융부문의 유효성, 신용의 이용가능성
  - 비금융 민간부문의 경쟁력과 수익성
  - 공공부문의 효율성
  - 보호주의와 다른 비시장의 영향력
  - 노동의 유연성

- **경제성장 전망**
  - 저축과 투자의 크기와 구성
  - 경제성장률과 패턴

- **재정의 유연성**
  - 일반적인 정부 수익, 지출, 그리고 흑자/적자 추세
  - 수익 획득의 유연성과 효율성

- 지출 유효성과 압력
- 연금채무

- 보고의 적시성, 커버 범위 및 투명성

■ **전반적인 정부의 부채 부담**

- GDP 대비 전반적인 정부의 총부채 및 순부채 비율
- 이자 지급이 수익에서 차지하는 비중
- 통화 구성과 만기 개요
- 현지 자본시장의 깊이와 넓이

■ **역외 및 우발채무**

- 비금융 공공부문 기업들의 규모와 건전성
- 금융부문의 강건성

■ **통화적 유연성**

- 경기사이클에서의 가격 형태
- 통화 및 신용 팽창
- 환율제도의 양립 가능성과 통화 목표
- 중앙은행의 독립성과 같은 제도적 요인들
- 통화정책 수단의 범위와 효율성, 특히 국가재정의 입장과 자본시장 특성의 관점에서
- 물가연동과 달러 통용화

■ **대외 유동성**

- 대외 계정에 대한 재정 및 통화정책의 영향
- 자본흐름의 구성

- 경상수지 계정의 구조
- 준비자산의 적정성

■ **외채부담**

- 예금과 구조화된 부채를 포함한 총외채 및 순외채
- 만기 개요, 통화 구성 및 이자율 변화에 대한 민감도
- 양허적 자금조달에 대한 접근성
- 부채상환 부담

자료 : Eun et al. (2012)

참고 9-4　외평채 가산금리와 CDS 프리미엄

한 나라 국가신용도의 변화를 보여 주는 지표로는 국제신용평가회사들이 평가하는 국가신용등급, 정부가 외국에서 발행하는 달러화표시 국채의 금리, 해당국가의 부도확률을 거래하는 CDS의 프리미엄이 대표적이다. 우리나라의 경우 국제금융시장에서 달러화표시 외평채를 발행하고 있는데, 외평채 가산금리는 유통시장에서 형성된 외평채수익률의 미국채수익률 대비 가산금리(spread)를 의미한다. 구체적으로 가산금리는 국제금융시장에서 유통 중인 외평채의 잔여만기와 가까운 만기의 미국채를 기준으로 하는데, 통상 5년만기 미국채수익률과의 차이를 기준으로 산정된다. 외평채 가산금리는 외평채수익률과 무위험자산(risk-free asset)으로 인식되는 미국채수익률 간의 차이이므로 결국 채권발행 주체인 우리나라 신용위험의 상대적 크기를 나타내는 것으로 볼 수 있다. 따라서 외평채 가산금리는 기본적으로 우리나라의 경제펀더멘털이나 대외지급능력을 반영하여 결정된다.

그러나 우리나라 경제여건의 변화와 상관없이 글로벌 위험회피성향(risk aversion), 미국채수익률, 외평채 및 여타 신흥시장국 외화표시채권 수급 등의 요인에 의해서도 크게 영향을 받는 경우가 많다. 예를 들어 2008년 글로벌 금융위기 이후 미 연준이 장기국채 매입계획을 발표했을 때 미국채수익률이 급락하여 외평채 가산금리가 일별로 급증하던 사례가 있었다. 또한 우리나라를 비롯해 신흥시장국이 발행한 채권의 실제 유통물량이 많지 않아 외평채 가산금리가 수급상황에 크게 영향을 받는 경우도 많이 발견된다.

신용부도스왑(CDS : credit default swap)은 채권, 대출 등 기초자산을 발행한 국가, 기업, 금융기관 등의 신용위험을 거래하는 대표적인 신용파생상품(credit derivative)이다. 우리나라의 국가 CDS 프리미엄(sovereign CDS premium)은 모라토리엄, 채무재조정 등 우리나라에 신용사건(credit event)이 발생할 경우 외평채 투자 손실을 보전받기 위해 지불하는 대가로서 보험료와 유사한 성격이다. 우리나라의 국가 CDS 거래는 통상 미 달러화를 기준통화로 하여 이루어지기 때문에 신용사건 발생 시 외평채를 인도하고 채권 액면금액을 지급받게 된다. 국가 CDS 프리미엄은 외평채 가산금리와 같이 'bp(basis point)' 단위로 표시되며, 일반적으로 Libor에 대한 가산금리로 간주되고 있다. 이는 CDS 등 파생금융상품 거래가 위험채권 투자와 연계하여 이루어질 경우 조달코스트 내지 기회비용으로서 Libor를 고려하는 것이 합리적이기 때문이다. 이에 따라 CDS 프리미엄 대신 CDS 스프레드라는 표현을 쓰기도 한다.

우리나라의 국가 CDS 프리미엄에는 시장에서 평가하는 우리나라의 신용위험 수준이 반영되어 있다. 우리나라 CDS 프리미엄도 외평채 가산금리처럼 기본적으로 우리나라의 경제펀더멘털이나 대외지급능력을 반영하여 결정되지만 글로벌 위험회피 성향 등 투자심리적 요인에 더욱 민감하게 반응하는 특성을 보일 때도 많다.

국가 CDS 거래구조를 간단히 살펴보면 다음과 같다. ① 우리나라의 신용위험을 헤지하고자 하는 보장매입자(protection buyer)가 보장매도자(protection seller)에게 신용위험 전가의 대가로 CDS 프리미엄을 지급한다. ② 보장매도자는 계약기간 중 우리나라에 신용사건이 발생할 경우 보장매입자로부터 외평채를 인도받고 채권 액면금액을 지급함으로써 보장매입자의 손실을 보전해 준다. 여기서 계약기간은 당사자 간 계약에 의해 다양한 기간을 정할 수 있으나, 5년물 거래가 주종이다. 또한 계약금액만큼의 외평채 실물을 인도하고 채권 액면금액을 지급받는 것이 일반적이나, 경우에 따라서는 차액을 현금으로 정산하는 방식도 있다.

구체적인 거래 예시를 들기 위해 지금 2017년 11월 말일 현재 국제금융시장에서 한국정부가 발행한 미 달러화표시 외평채를 기초자산으로 하는 5년물 CDS 매입/매도 호가가 290bp/300bp로 제시되어 있다고 하자. 이러한 외평채를 매입한 국제투자자는 한국정부가 부도 시 외평채 투자에 따른 손실을 입게 된다. 이러한 손실 위험을 없애기 위하여 국제투자자는 'CDS 계약(명목)금액 1천만 달러, 계약기간 5년, CDS 프리미엄 300bp(연간)' 조건으로 보장매입계약을 체결한다. 이 경우 국제투자자는 매년 30만 달러(= 1천만 달러 × 3.00%)를 보험료 성격의 비용으로 지불하는 대신 향후 5년간 신용사건이 발생하는 경우 외평채 원금을 보장받음으로써 손실을 거래상대방에게 전가할 수 있다. 한편 외평채를 보유하고 있지 않은 헤지펀드 등도 향후 우리나라 신용위험도 상승(CDS 프리미엄 상승) 예상하에 투기목적의 보장매입 거래를 할 수도 있으며, 예상대로 CDS 프리미엄이 상승할 경우 기존 거래 청산을 통해 CDS 프리미엄 변동분만큼 이익실현이 가능하다.

외평채 가산금리와 국가 CDS 프리미엄은 모두 우리나라의 국가 신용위험을 나타내며 서로 밀접하게 연계된 지표이나, 산정방법, 결정요인 등 일부 차이점이 있다. 특히 우리나라의 경우 다른 신흥시장국에 비해 외국인 투자자에 대한 시장 개방도가 높아 외국인의 국내금융자산 등에 대한 헤지 수요 등으로 우리나라의 국가 CDS 거래가 상대적으로 활발하여 변동성이 큰 편에 속한다.

외평채 가산금리와 국가 CDS 프리미엄의 비교

		외평채 가산금리	국가 CDS 프리미엄
공통점	성격	• 시장에서 평가하는 국가신용위험 수준을 나타냄	
	결정요인(공통)	• 우리나라의 경제펀더멘털 및 대외지급능력 • 글로벌 위험회피 성향	
차이점	산정 시 기준금리	• 미국채수익률	• Libor
	종류	• 유통 중인 외평채별로 존재 　(예 : 2014년물 가산금리 등)	• 당사자 간 계약에 의해 다양 　(예 : 1년물, 2년물, 5년물 등)
	결정요인(고유)	• 미국채수익률 변동, 외평채 수급요인 등	• 우리나라에 대한 익스포저를 보유한 투자자의 헤지 수요 정도 등

4. 국제채의 결제

4.1 국제채 결제방법

유가증권의 청산(clearing)[12] 및 결제(settlement)[13]는 유가증권의 판매자와 구매자 간에 효율적이고 안전한 소유권의 이전을 위한 필수적인 과정으로 특정 결제시스템[14]을 통하여 이루어진다. 구체적으로 국제채의 결제는 국제채 거래에 따른 자금이체와 증권의 인수도를 완결시키는 행위를 의미한다. 국제채의 결제는 일반적으로 투자운용부서(front office)와 별개로 구성되어 있는 결제전문부서(back office)가 담당하는 경우가 많은데 이는 견제와 균형의 원리에 따라 리스크를 최소한으로 줄이기 위한 방법이다. 국제채의 결제과정을 구체적으로 살펴보면 다음과 같다. 투자운용부서가 매매거래 결과를 장부에 기입(booking)하면 내부시스템을 통해 결제전문부서에 전달된다. 결제전문부서는 투자운용부서의 거래내역을 거래상대기관의 결제전문부서에서 보내온 거래확인서와 대조하여 일치하면 결제전문(SWIFT message)을 작성한다. 거래상대기관과의 거래정보에 이상이 없으면 자금이체 및 채권의 인수도 요청 전문을 해당채권을 보관하고 있는 증권보관기관(custody) 및 결제은행 등에 송신하고 이를 확인한다. 다음은 채권 결제일의 익영업일에 결제조치 결과를 확인하는 단계인데 회계상 거래내역 및 잔액정보, 증권보관기관 및 결제은행에서 보내오는 실제 정보가 당초 계획한 거래내용과 부합하는지 여부를 확인하는 절차이다. 결제실패가 발생했을 때 전문 재작성 및 송신, 손실 발생 시 보상금 청구 등 사후조치를 실시한다.

국제채의 결제방법은 크게 인수 및 지급 동시결제(delivery against payment basis), 인수 및 지급 시간차결제(delivery free of payment basis), 그리고 브로커 대행결제(safe custody basis)로 구분할 수 있다.

---

12 청산이란 결제에 필요한 최종적인 채권·채무관계를 확정하는 단계로서 매매보고, 매매확인, 차액산출 등을 포함한다.

13 결제는 청산과정을 통하여 확정된 거래당사자들이 증권을 인도(delivery)하고 대금을 지급(payment)함으로써 채권·채무관계 해소를 법률적으로 확인하는 단계를 의미한다.

14 거래소, 시장참여자, 규제기관, 예탁기관 등 여러 구성요소를 상호 유기적으로 연결하여 전체적으로 기능을 발휘할 수 있도록 하는 일련의 업무체계를 의미한다.

인수 및 지급 동시결제는 채권실물(또는 book entry 방식에 의하여 잔고가 확인된 채권)과 현금의 지급·수취가 동시에 확인된 상태에서만 결제가 이루어지는 것으로 결제에 따른 불일치 또는 선지급에 의한 상대방의 지급불능위험을 제거한 가장 안전한 방법이라고 할 수 있다. 그러나 이 방식을 이용하여 거액, 다량의 거래를 할 때에는 매 건마다 이에 상응하는 채권실물과 현금을 보유해야 하므로 막대한 자금 동원능력이나 채권 보유능력을 갖추어야 하는 단점이 있다. 채권의 최초 발행 시 거래에 이 방식을 고집할 경우 오히려 결제가 제대로 이루어지지 못할 위험이 있다.

인수 및 지급 시간차결제는 채권실물과 현금의 이동이 상호 완전 대응되지 않은 상태에서 일방적으로 채권의 인수도와 현금의 이체가 발생하는 결제방식으로 상대방의 지급불능 사태가 발생할 때 인도한 현금 또는 채권을 회수하지 못할 위험이 존재한다. 그러나 동 방법은 상대방의 신용이 높거나 본지사 간의 채권거래 또는 다량의 거래를 취급하는 국제적인 채권 딜러나 최초 채권의 발행 시에 번거로움을 피하기 위해 많이 이용되고 있는 결제방식이다.

브로커 대행결제는 채권거래의 상대방이 동 채권의 보관업무를 대행하고 있는 경우로 채권의 매입과 동시에 상대방의 보관구좌에 채권을 예치하고 매입대금만을 지급하고 채권의 매도 시 상대방으로부터 매각대금만을 수취하는 형태의 결제방식이다. 이는 내국채, 특히 사모발행 방식에 의한 채권의 매매중개를 담당하는 증권사 등 브로커가 고객을 대신하여 채권을 보관하는 경우의 결제방식이다.

4.2 국제채 결제기구

각국은 자국 내의 증권거래를 보다 원활하게 처리하기 위해 자금결제제도와 별도로 증권결제기구(clearing house)를 설립 운영하여 왔는데 동 기구는 일반적으로 증권의 예탁, 양도, 질권 설정 등의 업무를 겸하고 있어 중앙예탁기관(CSD : central securities depository)이라고 불린다.[15] 이러한 자국 내 증권결제기구로는 미국의 FRB[16], 프랑스

---

15 중앙예탁기관이 설립되기 이전에는 증권의 실물이 직접 이동하고 거래대금 역시 별도의 경로로 이체됨에 따라 증권의

의 SICOVAN, 일본의 JSCC (Japan Securities Clearing Corporation), 미국의 DTCC (Depository Trust & Clearing Corporation), 스위스의 SIX-SIS, 그리고 독일의 German Kassenverein 또는 Effektengiro 등이 있다. 유로채시장이 급속히 성장함에 따라 국제 간의 거래를 원활하게 처리하기 위해 국제적인 증권결제기구가 필요하게 되었으며, 이에 따라 주요국들은 Euroclear, Clearstream 등 국제중앙예탁기관(ICSD : International Central Securities Depository)을 설립·운영함으로써 국제증권결제를 효율적으로 처리하고 있다.[17]

Euroclear는 1968년 12월 미국계인 Morgan Guaranty Trust Company of New York에 의해 벨기에 브뤼셀에 설립된 국제중앙증권예탁기구로 80여 개국 이상의 증권기관에 국내외 증권, 채권, 주식, 파생금융상품, 펀드 등의 서비스를 제공하고 있는 세계 최대의 결제기구다. 2000년까지 Morgan Guaranty Trust Company of New York에 의해 운영되었으나 2000년 벨기에가 설립한 Euroclear Bank에 모든 기능을 이관하고 이후 프랑스의 Sicovam, 영국 / 아일랜드의 CRESTCo, 네덜란드의 Necigef, 그리고 벨기에의 CIK 등 각국의 증권예탁기구를 차례로 인수하여 지금의 Euroclear로 성장하였다.

Clearstream은 1970년 9월 미국계인 Euroclear에 대항하여 98개 유럽 주요은행의 공동출자에 의하여 룩셈부르크에 설립된 기구인 CEDEL (Centrale de Livraison de valeurs Mobilieres S. A.)과 Deutsche Borse Clearing이 2000년에 합병하여 만들어진

운송비용이 발생하고 증권의 분실 및 자금이체상의 오류, 누락 등 위험이 존재하였다.

16 미국채의 결제는 주로 FRB에서 운영하는 Fedwire Funds Service를 이용한다. Fedwire계좌를 보유하지 않은 기관들은 Euroclear, Clearstream 및 DTCC 등 국제결제시스템을 활용해 Fedwire계좌가 있는 상업은행 등 예금취급 금융기관들을 통한 Bridge방식으로 결제한다. Fedwire계좌가 없는 개인이나 기업, 금융기관의 계좌는 예금취급기관이, 예금취급기관의 계좌는 Fedwire를 통해 FRB가 가지고 있으며, 이러한 계좌들이 CBES (commercial book-entry system)와 FRB가 운영하는 NBES (national book-entry system)로 구성된 다중자동결제시스템을 통해 채권의 매매, 예탁, 명의이전 등의 절차가 이루어진다. FRB는 예금취급 금융기관뿐 아니라 미 재무성과 정부 유관기관, 해외 중앙은행들의 계좌도 관리한다.

17 Giovannini Group (2001)은 국제증권결제는 다음과 같은 다섯 가지 방식 가운데 한 방식으로 이루어질 수 있다고 주장하였다 — i) 증권발행국가의 중앙증권예탁기관(CSD)에 대한 직접 접근; ii) 증권발행국가의 중앙증권예탁기관 회원금융기관 활용; iii) 국제중앙증권예탁기관(ICSD) 활용; iv) 글로벌 보호예수기구(global custodian) 활용; v) 중앙증권예탁기관의 연결. 그는 보편적인 국제증권결제방식으로 ii) 증권발행국가의 중앙증권예탁기관 회원금융기관 활용; iii) 국제중앙증권예탁기관(ICSD)의 활용을 언급하였다.

기구로 현재 프랑크푸르트 증권거래소(Frankfurt Stock Exchange) 소유다. Clearstream의 핵심 비즈니스 영역은 채권시장으로 2008년 현재 약 2,500개의 유럽은행들과 국제투자은행 및 28개 중앙은행이 custody service를 이용하고 있다.

Euroclear와 Clearstream과 같은 국제중앙예탁기관에서 제공하는 서비스는 크게 증권청산 및 결제, 자금이체 및 신용공여, 증권 보관, 증권의 대여 및 차입 등으로 구분할 수 있다.

먼저 증권의 청산 및 결제 업무는 증권의 매매에 따라 매도자의 증권결제구좌에 보관된 증권을 매입자의 증권결제구좌로 이체시키는 과정을 말하는데 Euroclear의 경우 32개 통화표시 증권의 인수 및 지급 동시결제(delivery against payment) 및 시간차결제(delivery free of payment) 방식에 의한 결제서비스를 제공하고 있다.

둘째, 자금의 이체 및 신용공여 업무는 해당결제기관 이용자들 사이의 자금이체 및 외부금융기관으로부터의 자금이체가 가능하도록 이체망을 개설하여 예기치 못한 자금부족 발생 시 계약한 범위 내에서 부족분을 충당해 주는 서비스를 말한다.

셋째, 보관 업무는 증권의 매입자가 증권의 만기까지 취해야 할 행동을 대리해 주는 것으로 증권의 현물 보관(safekeeping), 액면이자 또는 배당금의 수령, 만기 시 원금 수령, 각종 세금의 정산, warrant 행사 대행, 기타 put / call 옵션의 행사 등과 관련된 업무를 말한다.

넷째, 증권의 대여 및 차입 업무는 증권실물을 대여하거나 차입을 대행해 주는 기능으로 대여자에게는 소유권 상실의 위험 없이 대여수수료 수익을 추가로 얻을 수 있는 기회를 제공하고, 차입자에게는 증권 부족으로 인한 결제불능 상태를 피할 수 있어서 결국 증권의 공매(short sale)가 가능하도록 하는 서비스를 말한다.

제4절 주요국의 채권시장

1. 미국

1.1 국채시장

미국채는 중앙정부가 재정자금을 조달하기 위하여 발행하는 채권이다. 국채는 신용위험이 거의 없는 안전성을 가지면서 유동성이 높아 상대적으로 위험이 높은 다른 위험 금융상품의 가격을 산정할 때 기초가 된다. 국채금리는 대부분의 나라에서 지표금리가 되므로 국채시장은 금융시장 발전의 토대가 된다. 특히 세계 제1의 경제대국인 미국정부가 발행하는 국채는 신용위험이 거의 없는데다 유동성이 가장 풍부해 국제금융시장에서 투자의 기준이 되는 자산이다. 미국채는 주요국의 외환보유액에서 큰 비중을 차지하는 안전자산으로서 헤지수단이 된다. 한편 미국채금리는 모든 국제투자자들에게 벤치마크 역할을 하는데 10년만기 미국채금리는 주택담보대출의 기준금리가 된다. 2015년 현재 미국채 발행잔액은 13.2조 달러로 주택저당채권(8.7조 달러), 회사채(8.2조 달러), 지방정부채(3.8조 달러)보다 훨씬 규모가 크다.

〈표 9-8〉 미국 채권시장 구성   (2015년 말 기준, 단위 : 십억 달러)

	발행잔액 (구성비, %)		연간 발행	일평균 거래량
MBS[1]	8,720.1	(21.8%)	1,710.0	197.4
국채	13,191.6	(32.9%)	2,122.5	490.1
회사채	8,172.3	(20.4%)	1,492.5	26.6
지방정부채(Munis)	3,777.0	(9.4%)	403.1	8.6
단기금융상품[2]	2,806.9	(7.0%)	–	–
정부기관채	1,995.4	(5.0%)	513.5	4.5
ABS[3]	1,394.0	(3.5%)	255.2	1.4
계	40,057.2	(100%)	6,496.7	728.7

주 : 1) GNMA, FNMA, FHLMC, CMO 및 기타 MBS (private-level)를 포함
    2) CP, BA (bankers acceptance), large time deposit
    3) 모기지 관련 상품 제외
자료 : SIFMA (Bond Market Association)

미국채는 만기에 따라 1년 이하는 T-bill, 2년 이상 10년 이하는 T-note, 30년 이상은 T-bond로 구분된다. T-bill은 4주(1개월), 13주(3개월), 26주(9개월), 52주(1년)의 만기를 가지고 있으며 이자지급이 없는 할인채(zero coupon bond) 형식으로 발행된다. 52주 만기 채권은 매월, 나머지는 매주 발행된다. T-Note는 2년, 3년, 5년, 7년 및 10년 만기 채권으로 6개월마다 이자가 지급되는 이표채(coupon bond) 형식으로 발행된다. T-Bond는 30년 만기 채권으로 6개월마다 이자가 지급된다. T-Note와 T-Bond는 모두 매월 발행된다. 한편 미 재무부는 유럽과 같이 50년 및 100년 만기 국채 발행을 검토하고 있다고 발표했다. 물가연동채(TIPS : treasury inflation-protected securities)는 원금이 물가상승률에 연동되어 있어 만기 전까지 물가상승률에 따라 원금이 증감함으로써 원금 및 이표금액이 변화하는 채권으로 1997년부터 발행되기 시작하였다. 5년, 10년, 30년 세 가지 종류의 만기로 발행된다. 변동금리채권(FRN : floating rate note)은 이표가 분기마다 13주 만기의 T-bill의 할인율에 연동되어 결정되는 만기 2년의 채권으로서 2014년부터 발행되기 시작하였다.

〈표 9-9〉 미국채 발행 현황
(단위 : 억 달러, %)

시장성 국채(a)	136,606	(69.8)	비시장성 국채(b)	59,128	(30.2)	합계 (a+b)	195,734	(100.0)
Bills	16,470	(8.4)	Government Account Series	56,041	(28.6)			
Notes	86,310	(44.1)	Savings Securities	1,657	(0.8)			
Bonds	18,255	(9.3)	Domestic Series	230	(0.1)			
TIPS	12,100	(6.2)	Foreign Series	3	(0.0)			
FRN 등	3,472	(1.8)	State & Local Government Series 등	1,692	(0.8)			

주 : 2016년 9월말 현재
( ) 내는 비중
자료 : 미 재무부

한편 미국채는 만기일 도래 전 매매 가능 여부에 따라 시장성(marketable) 국채와 비시장성(non-marketable) 국채로 구분된다. 시장성 국채는 입찰을 통해 국채전문딜러(primary dealer)[18]에게 발행된 후 유통시장에서 거래된다. 시장성 국채는 T-bill, T-Note, T-bond, 물가연동채, 변동금리채를 포함한다. 비시장성 국채는 사회보장기금 및 연방노후신탁기금 등 정부계정(government account series), US savings bonds 등을 포함하는데 재무부가 유통시장을 통하지 않고 직접 매매당사자로 발행한다. 2016년 9월말 현재 발행잔액 기준으로 시장성국채와 비시장성국채 중 T-note와 정부계정 비중이 각각 44.1%, 28.6%로 가장 크다.

미국채는 장외에서 거래가 이루어지는데 동경, 런던, 뉴욕 등 주요 금융시장에서 거의 하루 종일[19] 거래된다. 미국채의 주요 투자자를 보면 외국인 비중(41.4%)이 가장 높으며 연기금(14.2%), 뮤추얼펀드(9.7%) 등의 비중이 높다.

〈표 9-10〉 미국채 투자자별 거래 현황   (단위 : 억 달러, %)

	외국인	뮤추얼펀드	연기금	지방정부	은행	보험	기타	합계
금액	63636	14941	21907	7143	5671	3013	37462	153773
비중	41.4	9.7	14.2	4.6	3.7	2.0	24.4	100.0

주 : 2016년 3월말 현재, 미 연준 및 정부보유분 제외
자료 : 미 재무부

미국채에 투자하는 외국인을 보면 중국, 일본 등 중앙은행들의 비중이 50%를 상회하는 등 보유자산의 안전성과 유동성을 중요시하는 장기투자자 비중이 높다.

---

18 미 뉴욕 연준과 미국채를 직접 거래할 수 있는 자격을 부여받은 기관으로 2016년 현재 23개 증권회사 및 은행으로 구성되어 있다. 국채전문딜러는 시장성 국채의 인수, 시장에서 적극적인 매매호가를 제시하는 시장조성자 역할을 담당한다. 또한 미 연준의 공개시장조작 시 시장과의 연결고리 역할을 담당하는 국채전문딜러는 국채거래물량 및 포지션을 연준에 보고할 의무를 가진다.

19 거래시장은 현지시간 기준으로 도쿄가 9:00~17:00, 런던이 7:30~17:30, 뉴욕이 7:30~17:00 동안 열리므로 뉴욕시장 폐장 후 도쿄시장 개장 전 공백을 제외하고는 매일 21.5시간 동안 열린다.

〈표 9-11〉 미국채의 외국인 보유 현황   (단위 : 억 달러, %)

	2008	2009	2010	2011	2013	2014	2015	2016.3	2016
발행잔액	73,535	88,592	105,044	116,420	128,229	136,806	144,167	151,411	153,773
보유금액	32,885	37,281	45,198	50,648	56,481	58,609	62,127	62,178	63,636
(비중)	(44.7)	(42.1)	(43.0)	(43.5)	(44.0)	(42.8)	(43.1)	(41.1)	(41.4)

자료 : 미 재무부

2016년 6월말 현재 국별보유액을 보면 중국(1조 2400억 달러)과 일본(1조 1460억 달러)이 가장 크고 아일랜드(2690억 달러), 케이만군도(2680억 달러), 브라질(2510억 달러) 등의 순이다. 한국의 미국채 보유액은 약 960억 달러로 16위권이다. 한편 미국채를 가장 많이 보유한 기관은 연준으로 2조 4000억 달러 수준을 보유하고 있다.

〈표 9-12〉 주요국별 미국채 보유 현황 (2016년 6월말 현재)   (단위 : 십억 달러)

국명	합계	장기채	T-Note, T-bond	TIPS	FRN	단기채 (T-bill)
중국	1,240	1,238	1,068	170	–	2
일본	1,146	1,086	1,044	42	1	61
아일랜드	269	235	199	20	16	35
케이만군도	268	175	111	57	7	93
브라질	251	239	217	13	8	13
스위스	238	207	182	24	1	31
영국	228	199	154	41	4	29
룩셈부르크	225	180	146	21	13	5
대만	188	185	171	14	–	3
홍콩	185	137	99	4	34	48
기타지역	2,029	1,706	1,498	164	43	324
합계	6,268	5,585	4,889	569	127	683
보유기관수	4,034	3,761	3,322	359	80	272

자료 : 미 재무부

1.2 정부기관채

미국의 정부기관채는 미국채와 함께 가장 거래가 활발한 채권으로 Fannie Mae, Freddie Mac 등 미국정부후원기업(government sponsored enterprises)이나 테네시강개발공사(TVA)와 같은 미정부기관(federal government agency)[20]이 발행한 채권이다. 미국채와 비슷한 수준의 안전성과 유동성을 가지고 있으면서 상대적으로 높은 수익률을 제공한다. 2016년 말 현재 정부기관채의 발행기관별 비중을 보면 Fannie Mae, Freddie Mac 등 주택관련 미국정부후원기업이 발행한 채권이 85%, Farm Credit 등 농업관련 미국정부후원기업과 TVA 등 미정부기관이 발행한 채권이 각각 14%와 1%를 차지하고 있다. 미 정부기관채 시장은 모기지 시장이 커짐에 따라 Fannie Mae 등이 채권발행을 확대하면서 규모가 커졌다. 그러나 서브프라임 부실 및 글로벌 금융위기로 인해 Fannie Mae 및 Freddie Mac이 부실화되어 공적관리대상(conservatorship)으로 편입되면서 보유 포트폴리오를 축소하기로 결정함에 따라 발행잔액이 감소하였다.

〈표 9-13〉 미 정부기관채 발행 주요기관 개요

	연혁	주요 기능
Fannie Mae (FNMA)	1938년 정부기관으로 설립(연방주택청 보증 주택담보대출 매입이 주 업무) 1954년 민영화 시작 1970년 NYSE에 상장되면서 완전 민영화	민영화 후 무 정부보증 모기지채권 매입과 이를 기초자산으로 한 MBS의 보증 및 발행을 담당(정부보증 모기지가 기초자산인 MBS 보증은 Ginnie Mae로 이양) 2008년 공적관리대상 지정 후 재무부가 발행채권에 상환을 보증
Freddie Mac (FHLMC)	1970년 저축대부조합(S&L : Savings & Loan Association)의 모기지채권을 인수하여 이를 기초자산으로 한 MBS를 발행 및 보증 1989년 완전 민영화	S&L 이외 모기지 대출기관의 주택담보대출채권도 인수 2008년 공적관리대상 지정 후 재무부가 발행채권에 상환을 보증
FHLB	1932년 12개 지역 FHLB를 설립 S&L 회원들을 감독하고 동 회원들에 의해 소유 1989년 완전 민영화	주택담보대출의 인수대상기관 범위도 S&L 이외 모기지대출기관으로 확대 2008년 금융위기 후 FHFA (Federal Housing Finance Agency)는 S&L 회원들을 감독하고 동 회원들에 의해 소유

---

20 정부후원기업으로는 Federal National Mortgage Association (FNMA : Fannie Mae), Federal Home Loan Mortgage Corporation (FHLMC : Freddie Mac), Federal Home Loan Bank (FHLB), Federal Farm Credit Bank (FFCB) 등이 있고, 정부기관으로는 Tennessee Valley Administration (TVA) 등이 있다.

	연혁	주요 기능
FFCB	농민에 대한 적정금리의 자금제공을 목적으로 1916년 설립된 Federal Land Bank, Federal Intermediate Credit 등을 통합하여 1936년에 출범	1988년 Federal Credit System Financial Assistance 및 동 시스템이 발행하는 채권의 상환을 위해 Farm Credit System Insurance Corp.을 설립
Farmer Mac	1987년 농촌 및 지역 개발업자 지원을 위해 도매금융, 유통시장, 신용보강 등의 업무를 수행하기 위해 설립되어 1999년 상장	2008년 Fannie Mae 및 리먼브라더스 주식투자로 대규모 손실이 발생하자 Farm Credit System에서 동사의 주식을 매입하여 긴급구제 실시
TVA	1933년 Roosevelt 대통령의 요청으로 의회가 마련한 TVA Act에 의거 테네시강 탐사, 홍수피해 방지, 남동부지역 개발, 전기공급 등을 목적으로 설립, 연방정부가 지분을 전액 소유 1999년 연방정부의 재정지원 중단	경영진은 대통령과 상원승인으로 임명되고 자금조달은 매출과 채권발행에 의존(주식발행은 금지) 총 7개 주 155개 지역 공급업자를 통하여 약 900만 명에게 전기를 공급하는 미국 내 1위 전력공급자

1.3 지방정부채

미국의 지방정부채 시장은 주정부(state), 시(city), 군(county) 등 지방정부나 학교, 지역개발기관, 공공서비스 제공기관 등이 발행하는 채권이 거래되는 시장이다. 2016년 9월 현재 지방정부채 발행잔액은 3.7조 달러로 미국채(13.3조 달러), 주택저당채권(8.8조 달러), 회사채(8.2조 달러)에 이어 규모가 크다. 발행기관은 미국 전역에 10만 개 이상으로 추정되고 있으나 캘리포니아, 뉴욕, 텍사스 등 주로 상위 10개 주정부가 발행규모의 상당부분을 차지하고 있다. 기업이나 영리기관도 발행자금을 공익목적으로 사용할 경우 지방정부채를 발행할 수 있다. 지방정부채의 신용등급(평균 AA)은 평균적으로 회사채(평균 BBB)에 비해 우량하고 부도율도 훨씬 낮다. 지방정부채 발행잔액 중 약 82%가 투자등급채권이며 15%는 최고등급인 AAA를 부여받고 있다.

대부분의 지방정부채에서 발생하는 이자소득(coupon income)은 과세대상에서 제외된다. 이러한 특징으로 회사채와 달리 채권분석 능력이 상대적으로 떨어지는 가계 등 개인투자자가 투자를 주도하고 있다.

지방정부채는 상환자금 원천, 과세여부, 발행용도별로 구분된다. 원리금 상환자금의 원천에 따라 지방정부채는 General Obligation Bonds(이하 GOs)와 Revenue Bonds(이하 RBs)로 구분되는데 GOs는 조세수입, RBs는 사업·기업 운영수익금으로 원리금을 상환하는 채권이다. 따라서 GOs와 달리 RBs는 사업수익성 여하에 따라 원리금 지급실패 위험이 있다. 지방정부채 발행잔액 중 비중을 보면 RBs(67%)가 GOs(33%) 보다 높다.

GOs는 다시 발행기관이 채권 원리금 상환을 법적으로 완전히 보장하는 Unlimited GOs와 세율 상한이 정해져 있거나 세금 부과대상이 제한되어 있는 조세수입으로부터 채권 원리금 상환자금이 충당되는 Limited Tax GOs로 구분된다.

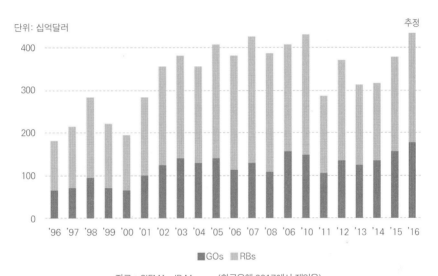

자료 : SIFMA, JP Morgan (한국은행 2017에서 재인용)

[그림 9-3] 미국 지방정부채 상환자금 원천별 발행규모 추이

RBs는 운송시스템, 전력·수도·가스, 주택건설 등과 관련된 공공기관이 주로 발행하는 businesslike governmental entities RBs, 공공기관이 아닌 기업 등이 병원, 공항, 운동장 건설 등 공익사업을 추진할 때 필요한 자금을 마련하기 위해 발행하는 business and conduit issuers RBs, 채권원리금이 사업 등에서 창출되는 수익 외에도 정부의 특별세 수입이나 임대료 수입 등으로 상환되는 dedicated revenue streams RBs 로 구분된다. 그 외에도 지방정부가 징수한 세금뿐 아니라 지방정부의 기타수입(각종 요금, 수수료, 과태료 등)이 원리금 상환 재원이 되는 채권인 double-barrel과 지방정부가 일시적인 자금수급 불균형 해소를 위해 13개월 이내 만기로 발행하는 채권인 notes 가 있다.

지방정부채의 이자소득에 대하여 미국 국내투자자들은 면세혜택을 받을 수 있으나, 해외투자자들은 미국채나 회사채 투자 시와 마찬가지로 이자소득에 대해 세금을 납부해야 한다. 일반적으로 주정부 등이 채권발행을 통해 모집한 자금이 사익 추구에 사용되는 비율이 10% 이내일 때 면세대상 채권으로 인정받는다. 또한 채권 발행자금 중 10% 이상이 사익 추구에 사용되더라도 미국 국세청(IRS : Internal Revenue Service)이 정한 한도 내에서 면세대상 지방정부채를 발행할 수 있다. 한편 국채나 회사채처럼 과세대상이 되는 지방정부채는 총지방정부채 발행잔액 중 13%를 차지하고 있는데 미국 국내투자자들에게 특별한 세금혜택이 없어 해외투자자들이 주된 수요 계층이다. 지방정부채 용도별 발행금액(최근 10년간)을 보면 일반용도(general purpose)와 교육사업이 총발행금액 중 각각 1/4 가량을 차지하여 가장 많고 다음으로 전기·수도·가스사업, 교통·운송사업, 의료사업, 주택사업 등의 순이다.

지방정부채는 최근 10년간 연 2,880억 달러 ~ 4,300억 달러(연평균 3,800억 달러) 정도 발행되고 있다. 유통시장에서의 일별 거래량이 2016년 기준으로 약 100억 달러 수준으로 투자등급 회사채 유통시장(약 170억 달러)에 비해 유동성은 크게 낮지 않은 수준이다.

1.4 MBS시장

주택저당증권(MBS : mortgage-backed securities)은 주택저당대출(이하 모기지)을 기초자산으로 발행하는 자산유동화증권(ABS)의 일종이다. 미국의 공공 또는 민간 주택금융기관이 발행하는 MBS는 국제금융시장에서 가장 활발하게 거래되는 채권이다.

MBS는 동일 만기의 국채에 비해 쿠폰금리가 높으며 구조화작업을 통해 다양한 듀레이션과 쿠폰을 보유한 상품을 만들 수 있는 장점이 있다. 반면 모기지 차입자가 대출금을 조기상환할 경우 투자에 따른 현금흐름이 불안하며 재투자 위험이 있는 단점이 있다. 따라서 은행, 보험, 연기금 및 중앙은행 등 MBS의 주요 투자자인 기관투자가들은 조기상환 확률 등에 대한 분석과 예측에 많은 노력을 기울이게 된다.

MBS는 Ginnie Mae[21], Fannie Mae와 Freddie Mac 같은 공적 주택금융기관이 발

행 또는 보증하는 agency MBS와 이들의 보증을 받지 못하는 non-agency MBS로 분류된다. agency MBS는 원리금 지급상환을 보증하는 agency가 미국 정부나 정부기관의 지원을 받는 기관이므로 신용위험이 미국채와 유사하다.[22] 동 기관이 발행하는 MBS가 전체 MBS시장에서 차지하는 비중은 83%(2015년 말 기준) 정도로 대부분을 차지한다.

MBS가 발행되어 판매될 때 기초자산인 모기지를 pooling하여 유동화(securitization)시키고 차입자가 상환하지 못할 때를 대비하여 지급보증 및 신용보강을 하는 과정이 핵심이다. 우선 주택 구매자에게 모기지를 대출해 준 대출기관(모기지은행, 상업은행, S & L 등)은 자금조달을 위해 보유 모기지를 MBS 발행자(Fannie Mae 등 3대 주택금융기관과 일부 상업은행)에 매각한다. MBS 발행자는 다수의 모기지를 일정기준[23]에 따라 하나의 모기지 집합체(pool)로 통합하고 이 pool의 미래현금흐름(모기지 차입자의 원리금 상환)을 바탕으로 MBS 채권을 발행한다. MBS는 모기지 차입자가 원리금 상환을 연체하거나 파산하더라도 MBS의 투자자의 원금손실이 발생하지 않도록 원금에 대한 지급보증 또는 신용보강 등을 거쳐 발행된다. 미국에서는 3대 공적주택금융기관이 주로 지급보증을 담당한다. MBS가 발행되면 주로 투자은행 등을 통해 거래되는데 은행, 보험, 뮤추얼 펀드 및 중앙은행과 국부펀드 등 기관투자자들이 최종 투자자들이다.[24]

agency MBS의 기초자산은 대출규모, 담보인정비율(LTV : loan-to-value ratio) 등

---

21 정식 명칭은 Government National Mortgage Association (GNMA)로 Fannie Mae의 민영화를 계기로 일부기능을 수행하기 위해 1968년 설립된 기관이다. 즉 연방주택청, 재향군인관리국, 농민주택관리국이 지급보증한 모기지대출채권을 기초자산으로 민간은행들이 발행하는 유동화증권에 대한 원리금 지급보증 업무를 수행할 목적으로 설립되었다.

22 Fannie Mae나 Freddie Mac은 정부후원기업(GSE : government sponsored enterprise)으로 통칭되는데 공공기능 수행을 위한 자금지원을 위해 특별법에 의거 설립되어 뉴욕증권거래소에 상장된 민간기관으로 정부기관은 아니다. 따라서 정부후원기업이 발행한 채권은 국가채무에 포함되지 않고 정부의 명시적인 지급보증도 없는 것이 원칙이다. 그럼에도 불구하고 시장에서는 이들이 공적인 사업을 하고 미 정부의 자금지원 등의 밀접한 관계를 감안하여 동 기관의 부도위기 시 정부가 부도를 허용하지 않는다는 암묵적 보증(implicit guarantee)이 있다고 믿고 있다.

23 저당주택이 단독주택 또는 다가구주택인지, 상환조건이 고정금리인지 변동금리인지 등과 대출만기나 대출금리 수준에 따라 pooling된다.

24 MBS는 투자자에 대한 현금흐름 구조에 따라 두 가지로 나뉜다. 우선 모기지 차입자의 원리금 상환에 의해 발생하는 현금흐름이 투자비중(pro-rata)대로 투자자들에게 전달되는 pass-through가 있다. 둘째, pass-through 및 모기지를 기초자산으로 하여 MBS 투자자의 다양한 선호에 부합되도록 몇 개의 트란세(tranche)로 나누어 구조화한 상품인 CMO (collateralized mortgage obligation)가 있다. 기초자산으로부터 유입되는 현금흐름을 만기, 이자율 및 조기상환 민감도에 따라 여러 트란세로 배분함으로써 다양한 투자목적에 부합하는 상품을 재생산할 수 있다.

agency가 정한 기준을 충족시키는 모기지들을 대상으로 하는데, Ginnie Mae를 통해 증권화되는 정부보증대출(government loan)과 이를 제외한 민간보증대출(conventional loan) 중 Fannie Mae와 Freddie Mac을 통해 증권화되는 적격대출(conforming loan)로 구성된다. 한편 non-agency MBS의 기초자산은 건당 대출규모가 크거나 신용도가 낮은 이유 등으로 agency의 MBS 발행기준을 충족하지 못하는 비적격대출(non-conforming loan)로 jumbo, alt-a 및 subprime 등으로 구분된다. non-agency MBS는 원리금 상환이 정부나 agency에 의해 보증되지 않기 때문에 발행자가 다양한 수단을 사용하여 신용보강(credit enhancement)을 해야 한다. non-agency MBS는 agency MBS에 비해 유동성이나 신용도가 낮아 글로벌 금융위기 이후 발행량이 급감하였다.

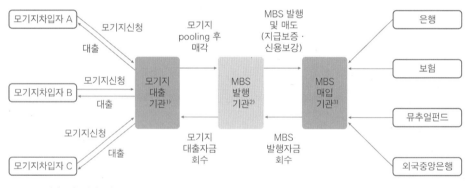

주 : 1) 모기지은행, 상업은행, S&L
　　 2) 3대 주택금융기관, 일부 은행 등
　　 3) 주로 투자은행

[그림 9-4] MBS 발행 및 판매 과정

2015년 말 현재 미국의 MBS 발행잔액은 8.7조 달러로 미국 채권 총발행잔액(40.1조 달러)의 21.8%를 차지해 국채(13.2조 달러, 32.9%)에 이어 두 번째로 크다. MBS는 1999년 이후 미국 채권시장에서 발행잔액 기준으로 가장 비중이 컸으나 2008년 금융위기 이후부터 감소세로 전환하여 2011년 이후에는 국채보다 비중이 적어졌다. CMO를 포함한 agency MBS의 발행잔액이 7.2조 달러(2015년 말 기준)로 MBS 시장의 83.0%를 차지하고 있다. agency MBS 중에서는 Fannie Mae가 2.8조 달러로 가장 많고 Freddie Mac(1.7조 달러)과 Ginnie Mae(1.6조 달러)는 비슷한 수준이다.

〈표 9-14〉 미국 MBS 시장 구성   (2015년 말 기준, 단위 : 십억 달러)

	발행잔액	(구성비)	연간 발행	일평균 거래량
agency MBS	7,234.1	(83.0%)	1,512.8	194.4
MBS	6,146.7		1,322.5	–
Fannie Mae	2,818.7		516.4	–
Freddie Mac	1,719.2		390.0	–
Ginnie Mae	1,608.8		454.3	–
CMO	1,087.4		190.3	–
non-agency MBS	1,486.0	(17.0%)	199.0	3.1

자료 : SIFMA (Bond Market Association) (한국은행 2017에서 재인용)

1.5 회사채시장

회사채는 기업이 비교적 장기인 자금을 조달하기 위하여 발행하는 채권으로서 동일 만기 국채에 비해 채무불이행위험(default risk) 등 신용리스크(credit risk)가 커서 상대적으로 높은 수익률을 제공한다. 2016년 10월말 현재 미국 회사채시장의 채권시장에서의 비중은 20.6%(8.4조 달러)로 국채(13.4조 달러, 33.3%), MBS(8.8조 달러, 21.9%)에 이어 세 번째로 크다. 회사채 발행은 글로벌 금융위기 등 신용경색기를 제외하면 꾸준히 증가하고 있으며, 외국 중앙은행 등 해외투자자의 수익률 제고를 위한 미 회사채에 대한

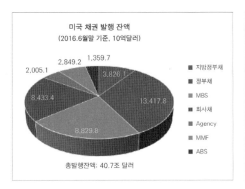
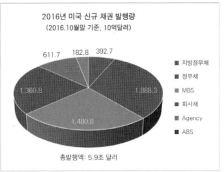

자료 : SIFMA (Securities Industry and Financial Markets Association)

[그림 9-5] 미국 채권 발행잔액 및 신규채권 발행규모 (2016)

신규투자도 증가하고 있다.

신용등급별 일평균 거래량(2016년 3분기 기준)은 투자적격등급이 178억 달러, 투자부적격등급이 123억 달러 수준인데 BBB등급의 일평균 거래량이 89억 달러로 가장 많고, A, AA, AAA등급이 각각 62억 달러, 24억 달러, 2억 달러 순이다. 회사채는 등록형태에 따라 세 가지로 분류된다. 등록채권(registered bonds)은 채권에 대한 증서가 발행되고 동 증서에 채권소유자의 성명이 기재되어 있는 채권을 의미한다. book-entry bonds는 실물증서를 교부하지 않고 증권예탁기관이 일괄적으로 채권소유자 명단을 관리하면서 이자(쿠폰)를 지급하는 채권으로 대부분의 회사채는 이 형태를 취하고 있다. 과거에는 채권소유자가 채권 실물증서를 보유하는 소지인식 채권(bearer bonds)이 있었으나 미국의 경우 1982년 조세개정법에 의해 발행이 금지되었다.

회사채는 대부분 채권딜러들의 컴퓨터고시시스템(computer quotation system)에 의해 상호 연결되어 있는 장외시장에서 거래된다. 회사채시장은 국채, 정부기관채, MBS에 비해 유동성은 그리 높지 않은 편이다. 신용등급별로 보면 BBB- 이상의 투자적격등급 회사채 거래량이 BB+ 이하의 고수익(high yield) 채권 거래량보다 많으나 최근 저금리 추세에서 고수익 채권에 대한 관심이 늘어나고 있다. 투자등급 채권 중에서는 BBB등급의 회사채 거래량이 가장 많다.

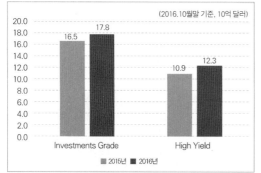

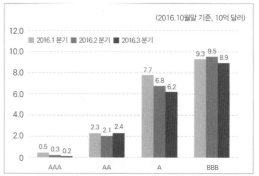

자료 : SIFMA

[그림 9-6] 투자적격 여부 및 투자등급별 회사채 거래규모

2. 유로지역

2.1 국채시장

유로지역의 국채시장은 국별로 상이한 발전단계를 보였는데 2차 세계대전 종료 후 독일을 중심으로 전후 복구자금 조달 목적으로 국채가 발행되면서 발전하기 시작했다. 유로지역 내 시장규모가 가장 큰 독일의 경우 1952년 장기채인 Bund를 발행하면서 국채시장 발전의 계기가 마련되었다. 유로지역의 다른 나라 국채시장은 대체로 1980년대 본격적인 발전이 이루어졌다. 1990년대 초반 경기침체에 대응하여 재정확대가 추세화되면서 유로지역 국채시장은 비약적인 양적 성장을 이루는 계기를 맞이하였다. 1999년 유로화 출범 이후 국제채권시장에서 유로화표시 채권의 비중이 지속적으로 증가하여 2000년 말 26%에서 2005년 말에는 31%까지 증가하였다. 유로지역 국채시장은 2008년 글로벌 금융위기 이후 경기부양 및 구제금융을 위한 국채발행 증가로 그 비중이 확대되었으나 2009년 유럽 재정위기 이후 긴축기조 전환 및 유로화 약세로 다시 감소하였다. 특히 독일, 프랑스 등 유로중심국과 그리스, 스페인, 이탈리아 등 유로주변국의 신용등급의 차별화가 뚜렷해지고 이들 국채금리 간 스프레드도 크게 확대되었다.

유로지역의 국채발행 잔액은 꾸준히 증가하여 2016년 8월말 현재 7조 1000억 유로에 달하고 있다. 채권시장에서 국채가 차지하는 비중은 1995년 말 55%에서 2010년 말 36%까지 감소하였다가 2016년 8월말 현재 43%까지 증가하였다.

〈표 9-15〉 유로지역의 채권종류별 발행잔액   (단위 : 십억 유로, %)

	1995	2000	2005	2010	2015	2016.8
국채(a)	2622	3464	4174	5473	6862	7112
지방정부채	84	106	316	463	695	710
금융회사채	124	287	821	3151	3340	3251
일반회사채	284	349	562	798	1070	1152
담보부채 등	1686	2553	3759	5420	4649	4218
총계(b)	4800	6760	9632	15305	16617	16442
국채비중(a/b)	54.6	51.3	43.3	35.8	41.3	43.3

자료 : ECB

독일 국채는 10년과 30년 만기의 장기채인 Bund, 5년 만기의 중기채인 Bobl, 2년 만기의 Schätze 등의 이표채, 6개월 및 1년 만기의 단기할인채인 Bubill, 5년, 10년, 30년 만기의 물가연동채로 구성된다. 2015년 말 현재 전체 국채 발행잔액 대비 비중은 Bund 62.2%, Bobl 19.8%, Schätze 9.4%, 물가연동채 6.0%, Bubill 2.6% 순이다. 독일정부는 주요국과 마찬가지로 매년 12월 하순 만기별 국채의 월별 발행예정 규모 등을 포함하는 연간 국채발행계획을 공표한다. 매 분기 말에는 다음 분기의 월별 국채발행 일자와 규모 등 세부계획을 발표한다. Bund는 입찰방식으로 발행되어 독일 증권거래소에 상장된다. Bund 입찰은 입찰능력을 감안하여 사전에 선정된 37개 내외의 증권사나 은행 등의 기관으로 구성되는 입찰그룹(Bund Issues Auction Group)에만 허용된다.

프랑스 국채는 만기에 따라 OAT, BTAN 및 BTF 등 세 종류의 표준화된 채권으로 구성되어 있다. OAT(Obligations Assimilables du Tresor)는 2년 ~ 50년 만기로 발행되는데 프랑스정부의 중장기 자금조달 목적으로 입찰방식으로 발행된다. 1996년부터 쿠폰 이자율이 OAT의 평균수익률인 TEC10 지수에 연동되는 변동금리채권을 발행했으며, 1998년에는 프랑스 소비자물가지수에 연동하는 OATi, 2001년에는 유로지역 소비자물가지수에 연동하는 OAT€i를 신규로 발행하기 시작했다. BTANs (Bons du Tresor a Interet Annuels)은 2013년 1월부터 중기채가 OATs 형태로 발행되면서 신규 발행이 중지된 2년, 5년 만기 중기 국채이다. 지금은 이미 발행된 채권들의 유동성을 유지하기 위해 기존 BTANs의 만기 시까지 추가발행만 하고 있다. BTFs (Bons du Tresor a taux fixe et a interets precomtes)는 만기 1년 이하의 할인채로 세입과 세출 간 불일치 등에 따른 단기 자금 과부족을 관리하기 위하여 발행되고 있다.

이탈리아 국채의 대부분은 MTS와 MOT로 대표되는 국채전자거래소(electronic government bond market)에서 거래되고 있는데 만기에 따라 네 가지로 구분된다. BTPs (Buoni Poliennali del Tes)는 3년, 5년, 7년, 10년, 15년 및 30년 만기의 중장기 고정금리 채권, BOTs (Buoni Ordinari del Tes)는 3개월, 6개월, 12개월 만기의 할인채, CCTs (Cert di Credito del Tes)는 만기 5년부터 7년까지의 변동금리 국채, CTZ (Cert di Credito del Tes)는 2년 만기의 할인채를 말한다. 2016년 9월말 현재 전체 국채 발행잔액(1조 8,639억 유로) 대비 비중을 보면 BTPs(69%), CCTs(7%), CTZ(2%) 등 중장기채권이

94%, 단기채권(BOTs)이 6%를 차지하고 있다.

　　스페인 국채는 중장기채권으로서 3년, 5년 만기의 Bonos와 10년, 15년, 30년 만기의 Obligaciones가 있으며 단기채권인 Letras는 6개월, 12개월, 18개월 만기의 할인채로 발행된다. 2016년 9월말 현재 스페인 국채 발행잔액(9,214억 유로)에서 Letras 등 단기채권을 제외한 중장기 국채 비중이 91.4%(8,424억 유로)를 차지하고 있다.

　　네덜란드 국채(DSL : Dutch State Loans)는 3년, 10년, 30년 만기의 중장기채권과 6개월 및 1년 만기의 단기채권(DTB : Dutch Treasury Certificate)으로 구분된다. 2016년 9월말 현재 발행잔액은 3,413억 유로다. 벨기에 국채는 3년, 5년, 10년, 15년, 30년 만기의 중장기채권인 linear bond (OLOs)와 3개월, 6개월, 12개월 만기의 단기채권인 Treasury Certificates (TC)로 구성되어 있다. 2016년 9월말 현재 발행잔액은 3,482억 유로로 이 중 TC가 8%(277억 유로), OLOs가 92%(3,205억 유로)를 차지하고 있다. 오스트리아는 5년, 10년, 15년 및 30년 만기의 국채를 주로 발행하고 있다. 2016년 9월말 현재 오스트리아 국채의 발행잔액은 1,863억 유로로 단기채 43억 유로와 중장기채 1,820억 유로로 구성되어 있다.

2.2 정부기관채시장

유럽 정부기관채도 국가가 발행기관의 지분을 소유하거나 채권의 원리금 상환에 대한 정부보증을 해주기 때문에 상대적으로 높은 신용도를 가지고 있다. 대표적인 유럽 정부기관채로는 KfW(Kreditanstalt für Wiederaufbau), CADES (Caisse d'Amortissement de la Dette Sociale) 및 BNG (Bank Nederlandse Gemeenten) 등이 있다. 유럽 정부기관채도 대부분 장외에서 거래되며 결제는 Euroclear, Clearstream, CREST 등을 통해 원칙적으로 거래 2일 후에 이루어진다. 2015년 말 현재 유럽 정부기관채 발행잔액은 6,574억 유로 정도로 전체 유럽 채권시장의 6.4%를 차지한다. 국가별로는 프랑스와 독일이 각각 2,350억 유로(35.7%) 및 1,981억 유로(30.1%)로 전체 정부기관채의 66%를 차지하고 있다.

　　프랑스 정부기관채 시장은 유럽 최대규모로 일부 기관이 발행시장의 대부분을 차지하는 독일, 네덜란드 등과는 달리 CADES, EDF, RESFER, UNEDIC 등 다수의 기관이 상당한 규모의 정부기관채를 고루 발행하고 있다. 사회보장기금 적자보전을 위해 CADES가 발행하는 채권은 프랑스 정부기관채 시장의 32%(2015년 말 발행잔액 기준 758억 유로)를 차지하고 있다. 전력산업 재원조달을 위해 채권을 발행하는 EDF(14%), 철도산업에 대한 투자재원 마련을 위해 채권을 발행하는 RESFER(12%) 등도 주요 발행 기관이다.

독일 정부기관채 시장은 유럽에서 두 번째로 큰 규모의 시장이다. 유럽 정부기관채 시장의 최대 발행자로 독일 및 신흥국 발전을 위한 개발은행인 Kreditanstalt für Wiederaufbau, 금융위기 이후 부실 부동산대출 구조조정을 위한 목적의 FMS Wertmanagement, 독일의 농업발전을 목적으로 한 개발은행인 Rentenbank 등 3개 기관이 독일 정부기관채 시장의 90%를 차지하고 있다. 프랑스의 일부 정부기관채는 정부의 명시적 보증 없이 암묵적 보증만 존재하는 데 비해 독일의 정부기관채는 정부의 보증을 받고 있다.

네덜란드 정부기관채 시장은 유럽 3위 규모로, 주요 발행기관으로 Bank Nederlandse Gemeenten (BNG), Nederlandse Waterschapsbank (NEDWBK) 등이 있다. 2015년 말 현재 네덜란드 정부기관채 발행잔액은 645억 유로인데 이 중 BNG(312억 유로, 48.4%)와 NEDWBK(205억 유로, 31.8%) 등 두 기관 발행채권이 전체시장의 80% 이상을 점유하고 있다. 두 기관은 모두 중앙정부, 지자체, 정부기관이 100% 소유하고 있어 네덜란드 정부의 암묵적 보증을 받고 있다.

2.3 커버드본드시장

유럽에서 활성화된 커버드본드(covered bond)는 금융기관이 주택저당대출 또는 공공 부문대출을 풀(pool)로 만들어 이를 담보로 발행하는 채권을 말한다. 담보자산풀 (covered asset pool)은 커버드본드를 발행한 금융기관의 대차대조표 내에 계속 존재 (on-balance)하지만 발행기관으로부터 단절(ring-fenced)되어 있어 발행기관이 디폴트되더라도 투자자는 해당 담보자산에 대한 우선청구권을 보장받는다. 한편 투자자는 커버드본드 담보자산의 일부가 디폴트되어 상환재원이 부족해지더라도 발행 금융기관의 여타 자산에 대해서 동일한 청구권이 보장되므로 이중청구권(dual recourse)을 가진다. MBS나 ABS의 경우에는 발행기관이 특수목적회사(SPV : special purpose vehicle)에 담보자산을 양도하고 SPV가 채권을 발행하지만 커버드본드는 별도의 SPV를 두지 않는다. 또한 커버드본드 투자자는 담보자산풀 외에 발행 금융기관에 대한 상환청구가 가능한 이중청구권을 보유하나 ABS와 MBS는 특정 담보자산풀에 대한 청구권만 보유하는 점에서 큰 차이가 있다.

커버드본드의 담보자산과 커버드본드는 발행기관의 대차대조표 자산 및 부채 항목에 각각 계상되기 때문에 금융기관의 건전성 유지를 위해 적격대출조건이 제한되고 잉여자금을 이용한 투자행위도 엄격히 제한되는 등 규제의 강도가 MBS나 ABS보다 상대적으로 높다.

커버드본드 투자자들은 이중청구권과 같은 안전장치 때문에 상대적으로 낮은 수익률을 요구하므로 발행기관은 주택저당 대출이나 공공부문 대출 등을 위한 자금조달 시 비용을 줄일 수 있다. 투자자 입장에서는 커버드본드 투자를 통해 안정적이고 상대적으로 높은 수익률을 도모할 수 있다. 그러나 커버드본드가 우량자산을 담보대상으로 하고 투자자들이 파산 시 담보자산풀에 대한 우선청구권을 보유해도 조기청산 시 급격한 담보자산 처분으로 원리금 상환이 보장되지 않는 신용위험이 존재한다.

커버드본드는 1770년 프러시아가 토지를 담보로 채권을 발행했던 데 기원을 두고 있다. 그 후 덴마크(1797년), 폴란드(1825년), 프랑스(1852년) 등 유럽의 주요국들이 이를 도입하면서 19세기에는 유럽 전역으로 확산되었다. 20세기 중반 이후에는 유럽 내 은행 간 시장을 통한 자금조달이 활성화되면서 커버드본드 발행은 다소 위축되었다가 20세기 후반 유로화가 도입되면서 커버드본드의 발행이 다시 활발해졌다. 커버드본드가 유럽에서 확산되는 과정에서 각국별로 고유의 법과 제도에 따라 발행되고 규제되면서 국가별로 개념이 조금씩 달라 표준화된 정의는 없다. 그러나 담보가 되는 자산풀은 교체가 가능하고 발행기관의 부도 시 발행기관에 대한 청구권과 담보자산에 대한 우선청구권 등 이중청구권을 부여하고 있다는 점은 대체로 유사하다.[25] 커버드본드 투자자에 대한 보호제도는 국별로 차이가 있으나, 발행 금융기관이 명목금액 기준으로 커버드본드 담보자산을 발행잔액 이상으로 유지할 의무를 가지며 담보자산이 주거용 및 상업용 대출채권, 공공부문 대출채권 등 우량자산으로 한정되는 점은 공통적이다.

커버드본드는 2000년 유로화 도입과 주택경기의 호황 등에 힘입어 지속적으로 증가하다가 2013년 들어 그리스 등 유로존 재정위기가 심화됨에 따라 주택시장이 침체되면서 감소세로 전환하였다. 2015년 말 현재 커버드본드의 발행잔액은 2.5조 유로 정도이다. 담보자산풀 구성으로 보면 2006년에는 공공부문 대출과 주택저당 대출이 비슷한 비중이었으나 주택저당 대출이 점차 증가하면서 2015년 현재 전체풀 가운데 주택저당 대출 부분이 2.1조 유로(84.7%)로 대부분을 차지하고 있다.

〈표 9-16〉 커버드본드 발행잔액   (단위 : 십억 유로)

	2006	2008	2010	2012	2014	2015
발행잔액	1,884.8	2,279.1	2,504.0	2,811.4	2,504.5	2,498.2
(공공부문대출)	915.0	815.6	653.0	544.0	408.6	371.5
(주택저당대출)	958.4	1,447.2	1,836.4	2,253.3	2,085.1	2,115.3
(선박대출)	11.3	16.3	14.5	13.6	9.8	10.4
(기타)	–	–	–	0.5	1.0	1.0

자료 : Covered Bond Fact Book (ECBC, 2016)

국별 발행잔액 규모(2015년 말 기준)는 독일(3,844억 유로), 프랑스(3,231억 유로), 스페인(2,809억 유로) 순이다. 독일의 경우 담보자산풀이 공공부문 대출과 주택저당 대출 비중이 비슷한 반면 스페인과 이탈리아는 주택저당 대출이 80%를 상회하고 있고 스웨덴은 100%이다.

---

25 그 외에도 담보자산은 별도 기관으로 이전되지 않고 채권발행기관의 대차대조표에 그대로 존재하며 수탁기관 또는 감독당국이 담보자산(cover asset)을 정기적으로 심사한다. 그리고 주로 유럽국가에서 유로화로 발행되며 최장 만기는 대체로 10년이다.

〈표 9-17〉 주요 국가의 담보자산별 커버드본드 발행잔액 및 비중 (2015년) (단위 : 억 유로, %)

	합계	공공부문		주택담보		기타[1]	
		잔액	비중	잔액	비중	잔액	비중
독일	3,844	1,805	47.0	1,977	51.4	60	1.6
프랑스	3,231	667	20.7	1,887	58.4	677	21.0
스페인	2,809	285	10.1	2,524	89.9	–	–
스웨덴	2,220	–	–	2,220	100.0	–	–
이탈리아	1,305	84	6.4	1,221	93.6	–	–

주 : 1) 프랑스의 경우 공공부문 대출과 주택저당 대출 등이 혼재된 커버드본드가 발행됨에 따라 동 채권의 경우 기타 항목으로 분류

3. 영국

3.1 국채시장

영국의 국채는 1694년 프랑스와의 전쟁에 소요되는 비용 마련을 목적으로 설립한 영란은행의 자본금(120만 파운드)을 조달하기 위하여 최초로 발행되었다. 영란은행이 정부를 대행하여 국채를 발행해 오다가 1998년 4월 이후 재무부 국채관리국(DMO : Debt Management Office)으로 발행업무가 이관되었다. 영국의 국채는 시장성 국채인 길트(Gilt : gilt-edged bonds), 재정증권(treasury bill)과 비시장성 국채인 국민저축증권, 물가연동형 국민저축증권, 프리미엄부 저축채권 등으로 구성된다. 시장성 국채 중 재정증권만 할인채이며 길트 및 비시장성 국채는 이표채 방식으로 발행된다. 이자지급은 일반적으로 반년단위로 이루어지나 FRN 및 영구채는 분기, 외화표시채권은 연간으로 지급된다.

    길트는 7년, 15년을 기준으로 단기채(만기 7년 미만), 중기채(7년 ~ 15년 미만), 장기채(15년 이상 영구채 포함)로 구분된다. 길트는 표준길트(conventional gilt), 물가연동길트(indexed-linked gilt), 조기상환조건부길트(double-dated gilt), 영구길트(undated gilt), 변동금리길트(floating rate gilt) 등으로 구분된다. 표준길트는 영국 국채 중 비중이 가장 큰데 채권보유자는 6개월마다 고정된 표면이자를 지급받고 만기에

최종이자와 원금을 상환 받는 표준적인 채권이다. 물가연동길트는 6개월마다 지급되는 이자와 최종 원금을 영국 소매물가지수(RPI)에 연동시킨 물가연동채권이다. 조기상환 조건부길트는 미리 고시된 2개의 기간 사이(보통 3 ~ 4년) 특정일에 정부가 조기상환할 수 있는 옵션(call option)이 부여된 채권으로서 1980년 이후에는 신규발행이 없으며 2013년을 마지막으로 상환되었다. 영구길트는 영구채권으로 정부가 채권을 상환하고 자 할 경우 어느 쿠폰지급일에나 액면금액으로 상환할 수 있는 채권인데 2015년 중 전액 상환되었다. 변동금리길트는 표면이자율이 해당시점의 단기금리에 연동되어 매 6개월 마다 변동되는 채권으로 2001년 마지막으로 남아 있던 채권이 만기 상환되었다.

〈표 9-18〉 영국 국채 분류

종류			만기	이자지급 방식
시장성 국채	길트	단기채(short gilt)	1~7년 미만	이표부
		중기채(medium gilt)	7~15년 미만	
		장기채(long gilt)	15년 이상	
		영구채		
	재정증권(treasury bill)		1년 미만	할인채
비시장성 국채	국민저축증권		5년	이표부(이자체증형)
	물가연동형 국민저축증권		5년	이표부(소매물가지수 변동률에 연동)
	프리미엄부 저축채권		정해지지 않음	이표부(추첨을 통한 상금 지급)

길트 발행잔액은 2016년 3월 현재 파운드화표시 채권의 약 60%를 차지하고 있다. 길트 중에서는 표준길트가 73.6%, 물가연동길트가 26.4%를 차지하며, 조기상환조건 부길트, 영구길트, 변동금리길트 등은 발행잔액이 없다. 2016년 3월말 현재 영국 국채 발행잔액 중 표준길트가 10,756억 파운드(64.5%), 물가연동길트가 3,865억 파운드 (23.2%) 등으로 길트가 전체 발행잔액의 87.7%를 차지하고 있다.

〈표 9-19〉 영국 국채 종류별 발행잔액   (단위 : 십억 파운드, %)

종류			구성	
			금액	비중
시장성 국채	길트	표준(conventional gilt)	1,075.6	64.5
		물가연동(index-linked gilt)	386.5	23.2
	재정증권(treasury bill)		71.5	4.3
비시장성 국채	국민저축증권, 물가연동형 국민저축증권, 프리미엄부 저축채권 등		134.4	8.1
계			1,668.0	100

주 : 2016년 3월말 기준
자료 : UK Debt Management Office

영국 국채의 발행방식으로는 경매방식(auction), 신디케이션방식(syndication), 텐더방식(tender) 등이 있는데 대부분 경매방식으로 발행된다. 경매방식은 경쟁입찰을 통해 입찰가격이 높은 순서대로 낙찰시키는 방식이다.[26] 신디케이션방식은 국채발행 입찰 참여실적, 유통시장 거래실적, 시장정보 제공 협조도 등을 감안하여 4 ~ 5개의 주간사기관을 선정하고 이들이 국채 매수자에 대하여 세부발행조건을 협의하고 매수주문 접수 및 배정 등을 담당하는 방식을 말한다. 텐더방식은 채권시장에서의 수요 등을 감안하여 이미 발행된 채권을 소규모(통상 5억 파운드 내외)로 추가 발행하는 방식이다.

영국 국채는 2010년 보수당이 집권한 이후 재정적자 감축을 추진하면서 발행규모가 점차 감소하는 추세다. 2016년 3월말 기준 길트 총 발행잔액 규모는 14,621억 파운드인데 만기 15년 이상의 장기채가 42%로 비중이 가장 크다.

---

26 낙찰자들이 제시한 각각의 입찰가격으로 발행하는 복수가격방식과 모든 낙찰자에게 동일한 가격(낙찰자들의 입찰가격 중 최저가격)으로 발행하는 단일가격방식으로 구분된다. 통상 표준길트 및 재정증권은 복수가격 경매방식으로, 물가연동길트는 단일가격 경매방식으로 발행하며, 초장기 표준길트나 물가연동길트는 신디케이션방식을 일부 이용하여 발행한다.

〈표 9-20〉 잔존만기별 길트 발행잔액   (단위 : 십억 파운드, %)

잔존만기	발행잔액	
	금액	비중
3년 미만	248.6	17.0
3~7년 미만	323.3	22.1
7~15년 미만	268.6	18.4
15년 이상	621.6	42.5
합계	1,462.1	100.0

주 : 2016년 3월말 기준
자료 : UK Debt Management Office

길트는 발행잔액 증가에도 불구하고 일중 거래규모는 글로벌 금융위기 이후의 규제강화 등으로 2011년(회계연도) 이후 소폭 감소하였다. 회전율(turnover ratio=연간 거래규모/길트의 시장가치)은 4.0 수준으로 7 ~ 10년 만기 구간 및 15년 만기 이상 장기 채권의 거래가 특히 활발하다. 2016년 말 현재 주체별 길트 및 재정증권 보유 비중을 보면 해외투자자(27.0%)와 보험사·연기금 등 장기투자자(26.8%), 영란은행(23.9%)이 80% 가까이 차지하고 있다.

3.2 정부기관채시장

2016년 10월말 현재 파운드화표시 정부기관채 발행잔액(731억 파운드) 중 영국계 기관은 129억 파운드(18%), 비영국계 기관은 602억 파운드(82%)를 발행하였다. 정부기관채의 신규발행은 국채와 달리 primary dealer를 대상으로 한 경쟁입찰을 통하지 않고 통상 3 ~ 4개의 주간사기관이 신디케이트를 형성하여 투자자들로부터 매수주문을 접수하여 진행한다. 2016년 10월말 현재 정부기관채 발행잔액(BBB급 이상) 중 신용등급이 AAA등급 채권규모는 46% , AA등급 33%, A등급 13%, BBB등급 8%로 대체로 신용등급이 양호하다. 잔존만기별로는 5년 이하가 47.1%로 가장 많고, 10년 이상이 41.3%, 5 ~ 10년이 11.6% 순이다. 연기금이나 보험사 등의 장기채 수요 증가로 10년 이상의 장기채권의 비중이 꾸준히 상승하는 추세다.

4. 일본

일본 국채(JGB : Japanese government bond) 시장은 전체 일본 채권시장에서 가장 큰 비중을 차지하는 시장으로 국내투자자가 국채의 90% 이상을 보유하고 거래하는 점에서 주요 선진국과 큰 차이가 있다. 2016년 3월말 현재 일본 국채가 채권시장에서 차지하는 비중은 발행잔액 기준으로 81%, 거래규모 기준으로는 99%를 차지하고 있다.

〈표 9-21〉 일본 채권시장별 발행잔액 및 거래비중 현황[1]   (단위 : 조 엔, %)

		국채	지방국채	정부기관채(정부보증)	정부기관채	회사채	금융채	Samurai	기타[2]	합계
발행잔액	금액	901.5	58.9	34.9	34.0	57.2	11.2	8.7	0.9	1107.3
	비중	81	5	3	3	5	1	1	0	100
거래비중	금액	807.3	2.4	1.5	1.4	1.6	0.4	0.3	2.2	817.2
	비중	99	0	0	0	0	0	0	0	100

주 : 1) 2016년 3월말 및 3월중 기준
    2) ABS, 전환사채, 사모사채 등
자료 : JSDA (Japan Securities Dealers Association)

일본 국채는 만기 1년 이하의 treasury discount bills (T-bill)[27], 2년 및 5년 만기의 중기채, 10년 만기 장기채, 20년, 30년 및 40년 만기의 초장기채로 구성되어 있다. 또한 2004년부터 발행하기 시작한 10년 만기의 물가연동국채(JGBi : inflation-indexed JGB), 개인투자자에게 판매하는 3년, 5년 만기의 고정금리채와 10년 만기의 변동금리채가 있다. 15년 만기의 변동금리부 채권은 2008년 5월부터 발행이 중지되었다. 만기 1년 이하는 할인채로, 2년 이상은 대부분 이표채(coupon bond)로 발행된다. 일본 국채의 발행방식으로는 공개입찰을 통해 금융기관에 발행하는 시장공개매각(offerings to the market), 개인투자자를 대상으로 한 소매판매 (sales to retail investors) 및 공공기

[27] 과거 1~6개월 만기의 financial bill과 6개월~1년 만기의 treasury bill로 구분되었으나 2009년 2월부터 명칭이 통합되었다.

관 매각(offerings to the public sector) 등이 있다.

거래비중은 10년 만기 장기채가 35.8%로 가장 높다. 특히 일본은행이 2016년 1월 마이너스 금리정책을 도입한 이후에는 만기 10년 이하 채권 금리가 마이너스 수익률을 보임에 따라 연기금 및 보험사를 중심으로 한 10년 이상 만기의 초장기채 거래비중이 확대되는 추세다.

2016년 3월말 현재 일본 국채의 투자자별 보유비중은 일본은행(34%), 국내은행(체신은행 포함)(26%), 보험회사(체신보험 포함)(20%), 외국인(10%), 공공연금 및 연기금(8%) 순이다. 채권 만기별로 볼 때 중장기물의 주요 투자자는 은행이며 초장기물의 주요 투자자는 보험 및 연기금이다. 외국인 투자자는 보유비중은 10%에 불과하지만, 거래비중은 33%를 차지하고 국채선물시장에서 비중은 50% 이상을 차지하고 있다.

〈표 9-22〉 투자자별 일본 국채 보유비중 추이   (단위 : %)

	일본은행 (BOJ)	은행	보험사	연기금	외국인	개인	재정 대출기금	기타
2012년	9.0	41.4	22.4	13.0	6.7	3.8	0.3	3.4
2013년	13.2	42.4	19.9	9.7	8.4	2.5	2.1	1.8
2014년	20.1	36.5	19.3	10.1	8.4	2.1	2.1	1.4
2015년	26.5	31.4	19.2	8.7	9.4	1.6	2.2	1.0
2016년 3월	33.9	25.6	19.8	8.2	10.2	1.3	0.2	0.9

주 : T-bill 포함
자료 : 일본 재정부

5. 중국

중국의 채권시장은 중국정부가 1980년대 사회주의 경제체제에서 벗어나 개혁개방정책을 추진하는 과정에서 국채발행을 본격화하면서 발전의 전기가 마련되었다. 특히 2000년대 초 이후 중국의 경제성장이 가속화되면서 채권시장의 규모도 커졌으며 2016년 3월말 현재 미국(37.4조 달러), 일본(12.4조 달러)에 이어 세계 3위(7.9조 달러)의 채권시장으로 성장하였다. 특히 중국의 채권시장은 중국정부가 2001년 12월 WTO에 가입하면서 약속한 금융서비스 부문의 개방을 추진하면서 급성장하기 시작하여 2016년 위안화의 SDR 바스켓 편입[28], 자본시장 선진화 추진 등으로 인해 해외투자자의 참여가 늘어나게 되었다. 중국정부가 중국 채권시장에 해외투자자의 참여를 촉진시키기 위해 실시한 중요한 조치들은 다음과 같다. 2002년에 적격 외국인기관투자자(QFII : qualified foreign institutional investor) 제도를 도입하여 사전 승인한 한도 내에서 외국인의 국내 주식 및 상장 채권에 대한 투자를 허용하였다. 2011년에는 위안화 적격 외국인기관투자자(RQFII : RMB qualified foreign institutional investor) 제도를 추가 도입하여 외국인이 외화뿐 아니라 사전에 승인한 한도 내에서 위안화로 채권시장에서 직접 거래할 수 있도록 하였다. 2016년 들어서는 일정자격을 충족한 외국인투자자들이 은행 간 시장에서 채권거래를 할 수 있도록 하였다. 또한 QFII와 RQFII 관련 규제도 점차 완화하는 등 외국인 투자를 확대하기 위한 조치를 가속화하였다. 중국의 국채는 2017년 9월말 현재 세계 2위의 경제규모 및 중국의 양호한 국가신용등급(A+)[29]으로 인해 안전성과 유동성 측면에서 국제 투자자들의 투자대상이 되고 있다.

중국의 국채는 또한 타인에게 양도가 가능한 기장식 국채(book entry treasury bonds)와 양도가 불가능한 저축형 국채(savings treasury bonds)로 구분된다. 기장식은 1993년부터 발행되었는데 저축형에 비해 상대적으로 유동성, 안전성 및 수익성이 높다. 저축형은 상업은행을 통해 개인투자자들에게만 발행되며 증빙식(certificated type)과 전자식(electronic type)으로 구분된다. 한편 국채는 만기에 따라 1년 미만(91일, 182일, 273일)인 treasury bill과 1년 이상(1년, 2년, 3년, 5년, 10년, 15년, 20년, 30년, 50년)인 government bond로 구분된다. 중국 국채는 1990년까지 금융회사나 국유

---

[28] IMF는 2016년 10월부터 SDR 통화바스켓에 미 달러화, 유로화, 영국 파운드화, 일본 엔화 외에 위안화를 편입하였다. 위안화의 편입 비율은 10.92%로서 미국 달러화(41.73%)와 유로화(30.93%)에 이어 세 번째이다 (일본 엔화와 영국 파운드화는 각각 8.33%, 8.09%). 위안화의 SDR 바스켓 편입은 그동안 중국정부가 추진한 위안화 국제화 추진이 성과를 보이고 있으며 위안화가 향후 국제금융시장에서 통용되는 기축통화의 하나가 될 가능성이 높아졌다는 것을 의미한다.

[29] 그러나 2017년 들어 주요 국제신용평가회사들은 중국경제의 성장세 둔화, 부채 증가에 따른 경제 및 금융 위험 상승 등을 감안하여 신용등급을 하향조정하였다. 2017년 5월 무디스가 Aa3에서 A1으로, 9월에는 S&P가 AA-에서 A+로 한 단계 강등하였다. 한편 피치는 2017년 7월 A+를 유지하였다.

기업 대상으로 강제할당 방식으로 발행되다가 1991년부터 1995년까지는 은행이나 증권사에 모집업무를 위탁하거나 위탁기관이 인수토록 하는 위탁공모방식으로 발행되었다. 1996년 이후에는 일정자격이 있는 primary dealer를 대상으로 경쟁입찰 방식으로 발행되고 있다. 중국의 채권시장 규모는 지속적으로 커지고 있으나 국채발행액은 매년 1 ~ 2조 위안 내외에서 안정되어 있어 전체 채권시장에서 차지하는 국채의 비중은 점차 감소하는 추세에 있다. 국채 발행잔액은 2006년 말 3.7조 위안에서 2016년 6월말 현재 11.2조 위안으로 증가했으나 전체 채권시장에서 국채가 차지하는 비중은 37%에서 19%로 감소하였다. 2015년 말 현재 GDP 대비 국채 발행잔액 비중은 43.9%로 미국(104.2%)이나 일본(229.2%)에 비해 크게 낮은 수준이다.

〈표 9-23〉 중국 국채 발행잔액 추이   (단위 : 십억 위안, %)

구분	2006년 말		2011년 말		2016년	
	발행잔액	비중	발행잔액	비중	발행잔액	비중
국채	3,666.8	(37.3)	7,272.9	(32.4)	11,173.6	(19.4)
전체 채권시장	9,831.5		22,431.9		57,609.6	

자료 : Wind

중국 국채의 최대 투자자는 상업은행으로 전체 국채의 67% 정도를 보유하고 있는데 만기까지 보유하는 성향이 크다. 다음으로는 중국인민은행 등의 정책금융기관, 보험사 순이다. 외국인 투자비중은 그간의 중국정부의 자본시장 개방조치에도 불구하고 3%를 약간 상회하는 수준에 그치고 있다.

〈표 9-24〉 중국 국채 기관별 보유현황   (%, 2015년 말 현재)

구분	상업은행	특별회원[1]	보험사	거래소[2]	해외투자자	기타
비중	67%	17%	4%	5%	3%	4%

주 : 1) 중국인민은행, 재정부, 정책금융기관 등
    2) 거래소는 거래물량이 예치되면서 보유로 계산된 것으로 추정
자료 : CEIC 한국은행(2017)에서 재인용

최근 중국경제의 성장세가 둔화되고 있으나 주요국에 비해 상대적으로 높은 경제성장세를 유지하고 있는 점, 중국 서부지역에 인프라 설비투자를 확대할 여지가 큰 점, GDP 대비 국채비중이 상대적으로 낮은 가운데 성장세 둔화를 완화하기 위한 적극적인 재정확대로 국채 발행량이 커질 가능성이 큰 점 등을 감안할 때 중국 국채시장은 앞으로 빠르게 성장할 것으로 예상된다. 아울러 중국정부가 위안화 국제화를 추진하기 위하여 자본시장 개방도 지속적으로 확대할 것으로 보여 국채시장의 유동성은 더욱 커질 전망이다.

중국의 정부기관채는 정책금융기관인 중국개발은행(China Development Bank), 중국수출입은행(The Export-Import Bank of China), 중국농업개발은행(Agricultural Development Bank of China)에서 발행하는 정책금융채가 대표적이다.[30] 중국정부는 1984년 금융채 발행을 최초로 허용한 뒤 1994년부터 주요 국가 프로젝트 사업을 추진하기 위한 대규모 자금조달을 위하여 별도의 정책금융기관을 설립하여 정책금융채를 발행하기 시작하였다. 2016년 8월 현재 정책은행들의 신용등급이 중국 국가신용도와 동일하기 때문에 안전성에 있어서 중국 국채와 유사한 수준으로 평가되고 있다. 정책금융채의 만기별 발행잔액은 1 ~ 3년이 가장 높은 비중(27.1%)을 차지하고 있으며 3 ~ 5년(23.0%), 7 ~ 10년(14.3%), 5 ~ 7년(11.9%) 순이다. 2016년 8월말 현재 정책금융채의 발행잔액은 12.2조 위안으로 전년 말 11.0조 위안 대비 10.7% 증가하였다. 기관별 발행잔액은 중국개발은행이 7.1조 위안(58.1%), 중국농업개발은행이 3.1조 위안(25.1%), 중국수출입은행이 2.0조 위안(16.8%)이다. 정책금융채는 중국 전체 채권 발행잔액(41.4조 위안, 2016년 8월 기준)의 약 29.4%를 차지하여 국채(중앙정부 및 지방정부채 포함, 약 49.0%)에 이어 두 번째로 큰 시장이다.

---

[30] 중국개발은행은 중국정부 및 국유기업이 100% 소유하고 있는 기관으로 정부의 주요 국가프로젝트 및 경제발전 사업 관련 자금조달 업무를 수행하고 있다. 전체 대출 중 도로, 공공인프라, 전력, 철도 등 국가기간산업에 대한 대출이 50%를 넘는다. 중국수출입은행은 정부가 100% 출자한 기업으로 무역신용 제공, 해외천연자원 개발 및 수입 관련 대출을 주요 활동으로 한다. 중국농업개발은행은 농촌·농업·농민 지원, 농업종합개발 및 농촌기반시설 확충을 위한 대출지원 등을 목적으로 설립되었으며 중국정부 및 국유기업이 전체 지분의 약 83%를 소유하고 있다.

6. 캐나다와 호주

캐나다 국채는 연방정부가 발행하는 채권으로서 장기고정금리채, 물가연동채, 단기할인채 등 유통시장에서 거래되는 시장성 채권과 저축채권과 연금채권 등 시장에서 거래되지 않고 캐나다 재무부가 매매당사자인 비시장성 채권으로 구분된다. 2015년 말 현재 캐나다 채권시장에서 차지하는 국채의 발행잔액과 거래량 비중은 각각 22%, 77%이다. 주요 투자자는 외국인, 보험사, 연기금, 은행, 증권사 등인데 외국인 비중이 30%로 가장 높다. 캐나다 국채는 호주 국채와 마찬가지로 3대 주요 신용평가기관으로부터 AAA 신용등급을 받고 있는데 상대적으로 여타 선진국 대비 금리수준이 높아 국제투자자가 매우 선호하는 채권이다. 시장성 국채는 만기 2 ~ 30년에 연 2회 고정금리 지급방식으로 발행되는 중장기 고정금리 국채(GOCs : Government of Canada), 할인방식으로 발행되는 만기 3개월 ~ 1년의 단기할인채권(CTBs : Canada treasury bills)과 만기 1일 ~ 3개월의 단기할인채권(CMB : cash management bill), 연 2회 지급하는 쿠폰이자와 만기 시 상환하는 원금을 소비자물가지수에 연동시키는 물가연동채권(RRBs : real return bonds)이 있다. 캐나다 중앙은행이 발행업무를 대행하며 정기적인 공개경쟁입찰방식을 통해 발행된다. 캐나다 국채는 증권거래소에 상장되지 않았으며 모든 거래는 장외시장에서 이루어지고 있다.

캐나다 주택금융공사채(Canada mortgage bonds)는 정부출자기업인 캐나다 주택금융공사(CMHC : Canada Mortgage and Housing Corporation)의 지급보증으로 캐나다 주택신탁(Canada Housing Trust)이 발행하는 정부기관채이다. 2016년 말 현재 주요 국제신용평가기관으로부터 AAA등급을 부여받은 데다 대부분 국가에서 0% 위험가중채권으로 분류되어 국내외 다양한 투자자들이 선호하는 채권이다. 5년 및 10년 만기 고정금리와 5년 만기의 변동금리로 발행되고 있다. 캐나다 수출개발공사채(export development bond)는 캐나다 수출개발공사에 의해 발행되고 정부가 100% 지급보증하는 정부기관채로 3년 및 5년 만기로 대부분 미 달러화로 발행되고 있다.

호주 국채(ACGBs : Australia commonwealth government bonds)는 호주 연방정부가 발행하는 채권으로 3대 신용평가기관으로부터 모두 AAA(Aaa)의 신용등급을 받고 있다. 2016년 6월말 현재 호주 국채 발행잔액은 4,204억 호주달러이며 92%는 장기채인 bonds이고 notes와 물가연동채는 각각 1%와 7%를 차지하고 있다. 모든 국채는 호주증권거래소(Australian Stock Exchange)에 상장되어 있으나 대부분 장외에서 거래되며 시드니, 런던, 뉴욕시장에서 모두 거래되고 있다. 발행 사무는 호주재정관리국(AOFM : Australian Office of Financial Management)이 정부를 대행하고 있으며 공개경쟁입찰방식을 통해 준정기적으로 발행된다.

7. 국제기구

국제기구는 단기자금은 CP나 CD 등 자금시장을 통하여, 장기자금은 채권시장을 통하여 조달한다. 국제기구채권(supranational bonds)은 다양한 방식으로 발행되는 국채에 비해 주로 신디케이트계약(syndicate deal) 형태로 발행된다. 신디케이트계약은 국제기구로 하여금 국제적으로 다양한 투자자풀을 확보하고 발행 시기와 가격, 규모 및 만기 등을 시장상황과 투자자의 성향 등에 따라 유연하게 대처할 수 있게 한다.

　　국제기구는 일반적으로 장기자금조달을 원활히 하기 위해 사회책임투자(SRI : socially responsible investments) 활성화, 통화 다변화, 채권 벤치마크 설정 등의 채권발행 전략을 사용한다. 특히 최근에는 녹색채권(green bonds), 대재난채권(catastrophe or cat bonds) 등 사회적 책임에 대한 투자를 위한 장기자금조달이 활발해지면서 국제기구 채권시장이 급성장하게 되었다. 국제기구들은 환경보전, 청정에너지, 온실가스 감축 등 환경 이슈와 관련된 채권발행을 활발히 하고 있다. 이는 환경문제 해결의 시급성이 부각되고 있는 데다 기업경영에 있어서 친환경, 사회공헌, 투명한 지배구조(ESG : environment, social, and governance)[31]가 중요해짐에 따른 투자정책 변화 등으로 환경문제에 대한 투자자들의 관심이 증가한 데 주로 기인한다. ADB의 수자원채권(water bonds), ADB와 AfDB의 청정에너지채권(clean energy bonds), EBRD의 지속환경채

---

[31] 기업의 계속경영 가능성을 평가하기 위해 기업의 사회적 활동을 계량화한 지표다. 기업의 성과를 측정할 때 친환경(environment), 사회적 기여(social), 투명한 지배구조(governance) 등 비재무적 분야를 고려하며 유럽, 미국 등 일부 선진국의 경우 거래소 상장 규정에 비재무적 정보 공시를 제도화하고 있다.

권(environmental sustainability bonds), IBRD와 IFC의 녹색채권(green bonds)이 대표적이다. 한편 세계은행(World Bank), 유럽투자은행(EBRD) 등은 지진, 홍수, 태풍 등의 자연재해로 인한 피해복구를 지원하기 위해 대재난채권을 발행하고 있다. 동 채권은 유사한 채권에 비해 높은 이자를 지급하는 반면, 만기 시 사전에 약속된 이벤트가 발생할 경우 이자지급이 중지되거나 축소되면서 원금의 일부 또는 전액을 지급받지 못하게 될 수 있는 특징이 있다.

〈표 9-25〉 주요 국제기구별 채권 발행잔액 (2015년 말)   (단위 : 십억, %)

발행기관	발행규모[1]	EUR	USD	기타 통화
EFSF	197.5	100.0	0.0	0.0
ESM	49.7	100.0	0.0	0.0
EU	56.9	100.0	0.0	0.0
EIB	452.5	46.1	27.5	26.4
EBRD	37.4	8.3	55.6	36.1
NIB	21.2	2.8	45.3	51.9
CEB	19.7	25.4	52.3	22.3
EUROFIMA	16.0	18.8	30.6	51.3
IBRD	124.7	5.2	64.2	30.6
IADB	70.1	0.4	74.8	24.8
ADB	57.4	2.6	58.4	39.0
IFC	47.1	1.1	57.7	41.2
AfDB	18.8	1.1	51.1	47.9
CAF	11.9	18.5	50.4	31.1

주 : 1) 유로화 환산 기준
자료 : 한국은행(2017)

최근 국제기구채권시장은 유로존 재정위기 이후 구제금융지원기금인 EFSM (European Financial Stabilisation Mechanism), ESM (European Stability Mechanism) 등이 설립되어 채권발행을 확대함에 따라 그 비중이 점차 커지는 모습이다. 통화별 국제기구채권 발행액을 보면 2016년 10월 말 현재 미 달러화 1,423억 달러, 유로화 607억 달러, 엔화 159억 달러, 파운드화 96억 달러 순이다.

국제기구채권에 대한 보증형태는 국제기구채권의 시장가격에 가장 중요한 영향을 미치는 요인 중 하나다. 명시적인 보증의 경우 관련 법령 등에 보증내용이 기술되어 있어 발행기관이 원리금 상환이 어려울 때 채권자는 보증자에게 직접 상환을 요청을 할 수 있다. 그러나 국제기구채권은 국채와 달리 명시적인 보증(explicit guarantee)을 제공하는 경우는 거의 없다. 국제기구채권의 보증 여부와 형태는 신용평가기관이 국제기구채권에 대한 신용평가에서 가장 중요하게 고려하는 요인인데 다음 세 가지 형태가 있다. 첫째 callable capital로서 국제기구채시장에서 가장 일반적인 형태의 채권보증 방식이다. callable capital은 일종의 우발채무 성격의 납입자본으로 수시상환(callable) 요청 시 제한된 범위 내에서 회원국 또는 주주가 추가자본을 투입하는 보증방식이다. 해당기구의 회원 또는 주주가 처음부터 수시상환을 대비하여 납입하는 것이 아니고 위기발생시 채권자가 주주에게 추가자본 투입을 요구하는 방식이다. 주주로부터 납입된 callable capital은 위기발생 시 주주에 의한 유동성 보증 역할을 한다. 둘째, guarantee ceiling으로 채권자가 발행자에게 보증 상한의 범위 내에서 직접적으로 상환을 요청할 수 있는 조항으로 발행자의 직접보증(explicit guarantee)과 비슷한 형태의 보증방식이다. EFSF (European Financial Stability Facility)의 보증형태로 보증액의 총합계는 보증 상한 이내의 금액으로 제한된다. 셋째, maintenance obligation으로 회원국이 자금지원을 통해 해당기관의 건전성을 보장하는 일종의 암묵적 재무보증이다. 명시적 보증과는 달리 투자자가 주주 또는 회원국에게 부채상환을 직접 요청을 할 수는 없다.

요약

1. 국제채권시장은 채권이 국경을 넘어 발행 유통됨으로써 중장기자금의 대차가 이루어지는 시장으로 주요 선진국의 내국채권시장과 국제채권시장으로 구분된다. 국제채권은 차입자의 소재국 밖에서 발행 유통되는 채권으로서 채권의 표시통화 국가와 발행지 국가의 일치 여부에 따라 외국채와 유로채로 구분된다. 외국채란 외국의 차입자가 발행지 국가의 통화표시로 발행한 채권을 의미하는데 일반적으로 발행지의 특징을 나타내는 용어로 불린다. 유로채는 차입자가 외국에서 국제투자자들을 대상으로 발행 유통시키는 제3국 통화로 표시된 채권을 말한다.

2. 국제채의 공모발행은 국제인수단이나 국제판매단이 발행채권을 인수·판매하기 때문에 광범위한 국제투자가들에게 거액의 채권매각이 용이하며 공시와 상장을 통해 시장지명도를 높일 수 있는 이점이 있다. 사모발행은 제한된 투자가들을 대상으로 발행되어 거래소에는 보통 상장이 되지 않아 공모발행 시 거치는 복잡한 등록절차를 생략할 수 있다. 국제채의 발행형태는 크게 부채성증권과 주식연계증권으로 나눌 수 있는데, 부채성증권으로는 미리 정해진 약정금리를 정기적으로 지급하는 보통채권과 변동하는 변동금리채권이 있다. 또한 만기 전까지 이자지급이 없는 무이표채권, 발행자가 사전에 발행규모, 만기, 통화 등 주요 조건을 정해 놓은 프로그램에 의거해 필요시 수시로 발행되는 MTN 등이 있다.

3. 주식연계증권에는 전환채권, 조건부자본증권, 주식매입권부채권 및 주식예탁증서 등이 있다. 전환채권은 고정금리채권과 같이 확정이자를 지급하지만 일정조건 아래 발행기업의 보통주로 전환할 수 있는 선택권이 부여된 채권으로 액면이자율이 보통채권보다는 낮으나 발행기업의 주가가 상승하면 자본이득을 얻을 수 있다. 조건부자본증권, 일명 CoCo본드는 평상시에는 정상적인 채권으로 이자를 지급하지만 발행회사가 부실해지면 주식으로 전환되거나 원리금상환 감면조건 등의 조건이 붙은 후순위채권이나 혼성채권을 의미한다. 주식매입권부채권은 채권 소지자가 발

행기업의 주식을 일정기간 내에 일정가격으로 매입할 수 있는 권리를 부여한 채권으로 보통채권에 주식매입권(warrant)을 덧붙인 형태의 채권이다.

4. 주택저당증권(MBS)은 기초자산인 주택저당대출을 담보로 하여 발행하는 ABS의 일종으로 미국의 공적주택금융기관인 Ginnie Mae, Fannie Mae, Freddie Mac이 보증 발행하는 MBS가 대표적이다. 자산유동화증권(ABS)은 자동차할부대출, 신용카드대출, 학자금대출 등을 보유하고 있는 기관이 동 기초자산으로부터 유입되는 현금흐름을 담보로 발행된 채권을 의미한다. ABS 발행기관은 기초자산을 특수목적회사에 양도하기 때문에 ABS의 신용등급은 발행기관의 신용등급보다 더 높은 경우가 일반적이다. 이는 ABS 발행기관이 파산하거나 신용등급이 하락하더라도 특수목적회사에 기초자산을 양도한 ABS에 그 손실이 전가되지 않기 때문이다.

5. 커버드본드는 주택저당대출이나 공공부문대출 등을 기초자산으로 발행되는 채권이라는 점이 MBS와 비슷하나, MBS나 ABS와 달리 특수목적회사에 기초자산을 양도하지 않고 발행회사가 보유·관리한다는 점에서 다르다. 유럽에서 유래되어 활성화된 커버드본드는 일반적으로 투자자가 발행기관 부도 시 담보자산에 대한 우선청구권을 가지고 담보자산이 부도처리될 때에도 발행기관에 대한 손실청구권을 가지는 이중청구권을 보유한다. 혼성채권은 기존의 채권에 주식, 외환, 상품, 파생상품을 결합하여 채권과 이들 개별 상품들의 특성이 혼합된 새로운 형태의 채권이다. 합성채권은 채권에 이들 상품을 결합하여 별개의 상품으로 만든다는 점에서 혼성채권과 비슷하나 기존 상품의 특성을 그대로 반영한다는 점에서 차이가 있다.

6. 유통시장은 기 발행된 채권의 원활한 거래를 위해 채권투자자들에게 유동성을 제공하고 이를 통해 다시 채권이 발행시장에서 용이하게 발행되도록 하는 기반을 제공한다. 국제채는 특정거래소에 대부분 상장되어 있으나 대부분 장외시장에서 유통된다.

7. 채권발행에 대한 전문기관의 신용도 평가는 발행자의 신용도를 원리금 상환위험에 따라 몇 가지 등급으로 분류하는 상대평가의 형태를 취한다. 대표적 신용평가기관으로는 Standard & Poors, Moody's Investment Service, Fitch 등이 있다. 일반적

으로 채권시장에서는 A (single A) 이상의 채권은 high grade bond라 부르고 BBB-(triple B 마이너스) 이상의 신용등급을 투자적격등급이라 하여 비교적 안전한 투자로 간주한다. 한편 BBB- 미만의 등급을 총칭하여 투자부적격 또는 투기등급이라 하며 이에 해당하는 채권을 정크본드라 하여 수익성은 높으나 위험성이 높은 채권으로 분류한다.

8. 국제채의 결제는 거래에 따른 자금이체와 증권의 인수도를 완결시키는 행위로 크게 인수 및 지급 동시결제, 인수 및 지급 시간차결제, 브로커 대행결제로 구분된다. 증권거래 관련 결제를 원활히 하기 위해 각국은 자금결제제도와는 별도로 증권결제기구를 설립 운영하여 왔는데 동 기구는 일반적으로 증권의 예탁, 양도, 질권 설정 등의 업무를 겸하고 있어 중앙예탁기관이라고 한다. 이러한 자국 내 증권결제기구로는 미국의 FRB나 DTCC, 일본의 JSCC, 스위스의 SIX-SIS, 독일의 German Kassenverein 등이 있다. 또한 Euroclear나 Clearstream 등 국제중앙예탁기관이 있다.

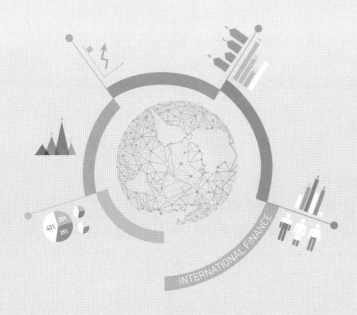

CHAPTER

10

국제주식시장

제1절 국제주식시장 개요

1. 국제주식시장의 개념

주식은 기업의 소유권을 나타내는 증권으로, 주식의 소유자는 배당을 통해 기업의 수익(earning)을 분배받으며 기업이 청산될 때는 채권자에게 채무를 상환한 후 남는 기업의 잔여재산에 대한 청구권을 가진다. 발행기업의 입장에서 주식은 채권과 달리 상환의무가 없는 자기자본으로 상대적으로 더 안정적인 장기 자본조달 수단이 된다. 투자자 입장에서 주식은 가격이 발행회사의 경영성과나 미래전망에 따라 수시로 변동하므로 채권에 비해 위험이 높은 특성이 있다. 이는 이자 및 만기 시 상환원금이 확정되는 고정소득증권(fixed income security)인 채권과 대조적이다.

국제주식시장은 이러한 주식이 국경을 넘어 발행되고 거래되는 시장으로 좁은 의미로는 다국적기업 등이 본점 소재지가 아닌 외국에서 발행한 주식이 거래되는 외국의 주식시장을 의미한다. 이는 국내 투자자들이 국내기업이 발행한 주식을 거래하는 국내 주식시장과 대칭되는 개념으로 넓은 의미에서 국제주식시장은 외국인이 투자하는 국내 주식이나 내국인이 투자하는 해외주식에 대한 거래가 이루어지는 시장을 모두 포괄한다.[1] 즉 국제주식시장은 투자자와 주식발행기업의 국적이나 거래시간 등 지리적·시간적인 제약이 없이 국경을 넘어 24시간 주식거래가 이루어지는 시장을 의미한다. 국제채권거래가 국가의 통치권 범위 밖에 존재하는 유로시장을 중심으로 발달해 온 반면 국제주식거래는 특정국가의 통치권 범위 안에 존재하는 각국의 거래소시장을 중심으로 발달해 왔다.

국제주식시장은 기본적으로 국내주식시장과 같이 주식의 발행자와 투자자, 발행주선기관, 그리고 유통 중개기관으로 구성되며 발행시장(primary market)과 유통시장(secondary market)으로 크게 구분된다. 국제주식 발행시장은 국내기업이 해외에서

---

[1] 국제주식시장이란 개념은 국제채권시장과 같이 뚜렷하게 정립된 개념은 아니다. 주식은 장외에서 거래되는 채권과는 달리 대부분 장내시장인 거래소에서 유통된다. 따라서 국제주식거래는 국내든 외국이든 공간적 제약 없이 국내인의 외국기업주식 거래와 외국인의 국내기업주식 거래를 모두 포괄하는 개념이다 (김인준·이영섭 2013).

기업공개를 통해 주식을 발행·상장하는 시장과 외국기업이 국내에서 기업공개 등을 통해 주식을 발행·상장하는 시장을 모두 포괄한다. 발행시장은 유·무상 증자를 통한 주식의 발행도 포함한다. 국제주식의 발행자는 국제채권과는 달리 글로벌 기업들이 대부분을 차지하고 있다. 국제주식 유통시장은 투자자들이 이미 발행된 주식을 매매하는 시장으로 외국인이 국내주식을 매매하는 시장과 내국인이 외국주식을 매매하는 시장을 모두 포괄한다. 국제주식의 시장성(marketability)과 가치(share valuation)에 대한 평가는 국제주식의 발행시장과 유통시장에서 이루어진다. 발행시장에서 기업공개(IPO : initial public offering)를 통해 발행되는 주식의 가치는 공모가를 통해 1차적으로 평가된다. 발행시장에서 주식을 매수한 투자자들은 대부분 이 주식을 영구 보유하지 않고 유통시장에서 거래한다. 일반적으로 투자자들은 주가가 기업의 내재가치에 비해 고평가된 주식을 매도하고 저평가된 다른 주식을 매수한다. 주가는 해당 기업의 사업전망에 따라 실 시각으로 변동하고 그에 따라 매매가 이루어지는데 경우에 따라 유통시장에서 주식을 언제든지 사고팔 수 있는 시장성이 확보되지 않거나 기업들이 발행시장에서 투자자들을 유인하는 데 어려움을 겪을 수 있다.[2]

2. 주식시장의 국제화

주요 선진국의 주식시장은 1980년대 중반 이후 영국의 빅뱅(big bang)과 같은 금융규제 완화 및 자본시장 개방 조치로 국경 간 주식투자가 늘어나면서 국제화가 본격적으로 진전되었다. 1990년대 말 아시아 금융위기 이후 2000년대 초반까지는 신흥시장국의 금융시장 개방 및 규제 완화가 진전되고 미국의 '그램-리치-블라일리법(Gramm-Leach- Bliley Act)' 제정으로 은행, 증권, 보험 등 금융산업 간 겸업이 대폭 허용되고, 닷컴 기업들의 상장이 증가하면서 주요 주식시장들의 국제화가 가속화되었다. 그 이후 주요국 증권거래소들 간 합병과 전략적 제휴가 증가하면서 각국 주식시장의 통합 속도는 더욱 빨라졌다.

---

2   일반적으로 유통시장에서 거래되는 주식의 유동성이 풍부하고 경쟁적인 거래를 하는 데 장벽이 없어야 주식의 시장가치가 공정하게 형성된다 (Eun et al., 2012 pp261~262).

주식시장의 국제화는 발행기업에게는 자본조달 경로를 국내에서 해외로 다변화하고 기업의 국제적 명성을 높일 수 있는 기회를 제공해 준다. 또한 투자자에게는 투자포트폴리오를 다양화할 수 있게 함으로써 국제투자에 따른 위험분산을 가능케 해 준다.[3] 국민경제 측면에서 주식시장이 국제화되면 외국인의 국내기업에 대한 투자 증대에 따른 기업 지배구조의 선진화, 선진 경영·금융기법의 도입, 시장 효율성 제고 등 긍정적인 효과를 기대할 수 있다. 반면 주식시장의 국제화로 단기적인 이익 추구를 위한 외국인 투자자금의 유출입이 빈번해짐에 따라 시장의 변동성이 커지고 외국인 투자자의 적대적 인수합병 시도로 국내기업의 경영권이 위협받는 등 부정적인 영향도 초래될 수 있다.

참고 10-1 영국의 금융산업 구조개혁(big bang)

오늘날 런던금융시장은 외환이나 국제주식 등의 거래규모에 있어 뉴욕시장과 더불어 가장 경쟁력 있는 시장으로 평가된다. 이는 영국이 1980년대 중반 금융산업 구조개혁(빅뱅)을 선도적으로 단행한 데다 1999년 출범한 유로단일시장의 이점을 잘 활용했다는 것에 주로 기인한다. 특히 1980년대 중반에 시작된 영국의 금융산업 구조개혁은 우리나라와 호주 등 주요국의 자본시장 통합법에도 큰 영향을 미쳤다.

런던금융시장은 산업혁명 이후 20세기 초까지 세계 금융의 중심지였다. 그러나 미국이 1933년 글래스-스티걸법(Glass-Steagall Act)을 통해 상업은행과 투자은행을 분리하는 금융개혁 조치를 통해 경쟁력을 강화하고 2차 세계대전 직후 미국경제가 전후 복구에 매진하는 유럽에 비해 활황을 보이면서 상대적으로 위축되었다. 런던금융시장은 1960년대 말 미국의 금리 상한제 및 달러유출 제한조치 등의 금융규제로 유로시장이 활성화되고, OPEC국가들을 중심으로 한 신디케이트론이 유럽은행을 중심으로 활성화되면서 1970년대 초반까지는 뉴욕에 필적하는 금융 중심지로서의 위상을 되찾았다.

그러나 1970년대 중반 이후 런던금융시장은 파운드화 위기와 증권 중개업자 사기사건 등으로 취약성이 노출되었다. 특히 1980년대 중반 동경 금융시장의 급속한 성장과 날로 격화되는 뉴욕 등 주요 금융 중심지와의 경쟁으로 크게 위축되어 주식 거래 규모가 뉴욕증시의 6% 수준에 불과하고 영국기업의 주식이 런던이 아닌 미국에서 주식예탁증서로 거래되는 사례가 빈번하였다. 이는 영국 내 증권사들이 협정을 통해 증권매매 최저수수료를 높게 설정한 데다 고객의 욕구가 다양해지고 컴퓨터를 활용한 증권거래기법이 발전하고 있는데도 증권 매매(dealing)와 중개(brokerage) 업무의 겸업을 금지하는 등 환경변화에 적절히 대응하지 못했기 때문이었다. 또한 은행의 증권업 겸업이 불가능한 데다 단기자금 중개업무는 할인상

---

3   예를 들어 국내투자자들이 국내주식들로만 투자포트폴리오를 구성할 경우, 신종전염병 창궐(예: 메르스)이나 대형 참사 발생(예: 세월호 침몰)과 같은 국내경제 전체에 영향을 미치는 체계적 위험을 회피하기 어려우나 외국주식에 투자하면 이러한 체계적 위험을 완화할 수 있다. 그런데 각국의 주식시장이 통합되면서 주가가 비슷하게 움직이는 경향이 커져 국제 분산투자로 인한 위험분산 효과도 점차 약화되는 추세다.

사(discount house), 예대업무는 예금은행(clearing bank), 기업금융 및 증권 인수업무는 종합금융사(merchant bank)가 담당하는 식으로 금융기관별로 업무영역이 한정되어 있어 금융기관 간 경쟁이 극히 제한된 상태였다. 이에 따라 영국 증권회사들은 소규모 회사들이 난립하여 자본력과 영업력 측면에서 국제경쟁력이 매우 낮았다.

영국정부는 1986년 영국증시의 완전개방, 매매수수료 자유화, 증권매매와 중개의 겸업 허용 등을 주요 내용으로 하는 금융서비스법(Financial Service Act)을 제정하여 금융산업 구조개혁 프로그램을 추진하였다. 영국 금융시장은 1970년대까지 주로 자율적 시장규제에 의해 움직이다가 1980년대 초부터 법령 중심의 규제로 이행되었는데 금융서비스법은 이러한 법 중심의 규제가 마무리된 증권분야의 통합법이었다. 동법의 시행으로 은행 및 증권 산업에 외국자본 진출이 확대되는 가운데 금융산업에 대규모 구조조정이 이루어지면서 증권사들의 자본이 크게 확충되었다. 1986년 당시 29개 증권사 중 21개 증권사는 상업은행과 합병하여 대규모 금융그룹의 자회사 형식으로 재편되었다. 금융그룹의 탄생으로 증권사는 대형화되고 수요자 중심의 one-stop 서비스가 가능하게 되었다. 또한 외국금융기관의 국내진출이 확대되고 비경쟁적 국내 증권사의 인수합병과 국내 금융기관의 통합 등 구조조정이 활성화되면서 증권시장의 경쟁압력(competition pressure)이 크게 높아졌다. 이러한 경쟁압력을 통해 런던금융시장은 효율성과 국제경쟁력을 크게 높일 수 있어 현재와 같은 국제금융센터로서의 위상을 확보하게 된 것으로 평가된다.

3. 국제주식시장 발전의 주요 요인

국제주식시장은 그동안 국제채권시장에 비해 규모가 작고 거래 또한 부진한 편이었으나 2000년대 들어 국제증권 투자자금 중 주식투자 비중이 증가하는 자본이동의 주식화(equitization of capital flows)가 진전되면서 전반적으로 확대되는 추세를 보이고 있다. 국제주식시장의 규모는 2008년 글로벌 금융위기 이후 일시적으로 줄어들었으나 글로벌 경제의 저성장 및 저금리 기조가 장기화되면서 선진국의 연기금을 중심으로 해외주식투자 비중이 대체투자와 함께 점차 커지는 추세를 보이고 있다. 2016년 이후 세계경제가 회복세를 보이면서 최근 주요국 주가가 사상 최고치를 경신하다가 2018년 이후 미중 무역분쟁 등으로 주춤하고 있다. 국제주식투자는 크게 세 가지 방향에서 확대되고 있다.

첫째, 주요 선진국의 연기금펀드나 뮤추얼펀드를 중심으로 국제투자자들은 수익률 제고와 분산투자 차원에서 외국거래소에 상장된 주식에 대한 투자를 확대하고 있다. 주요 선진국 경제가 성숙단계에 접어들면서 잠재성장률 하락으로 자국주식투자의 기대수익률이 하락하면서 해외주식투자를 통해 새로운 수익창출 기회를 창출하고자 하는 것이다. 주요 선진국 연기금들의 주식투자자산 중 해외투자자산 비중은 1998년 35%에서 2012년 53%, 2014년 57%까지 확대되었다.[4] 미국, 일본 등 주요 선진국 주식시장에 대한 외국인 투자비중도 2008년 글로벌 금융위기 이후 다시 확대되고 있다.

〈표 10-1〉 한국 미국 일본 주요 3국의 외국인 주식투자 비중 (%)

	2003	2004	2005	2006	2007	2008	2009	2010	2011	2012	2013
한국	40.1	42.0	39.7	37.3	32.4	28.8	32.7	33.0	32.9	34.7	35.2
미국	10.2	10.3	10.3	10.5	11.6	12.3	13.2	13.6	14.8	15.1	15.3
일본	21.5	23.2	26.3	27.8	27.6	23.6	26.0	26.9	26.4	28.1	31.0

자료: 금융투자협회 (2015.1.21)

둘째, 지명도가 높은 다국적기업이나 금융기관들이 자국거래소뿐 아니라 외국거래소에 직접 상장을 하거나 주식예탁증서(DR : deposit receipt)를 이용하여 간접상장을 하는 등 복수상장(multiple listing) 사례가 증가하고 있다. 이는 외국증시에 주식을 상장할 때 자금조달을 다변화할 수 있을 뿐 아니라 생산제품이나 서비스의 홍보에 효과적이라는 인식이 늘어난 데 기인한다.

셋째, 각국 증권거래소들이 인수합병이나 전략적 제휴를 통하여 대형화를 도모함에 따라 국경 간 주식거래가 활성화될 수 있는 환경이 조성되고 있다. 특히 제휴를 맺은 거래소 간 상대방 상장종목에 대하여 교차상장을 허용하는 사례가 늘어나고 있다. 아울러 홈트레이딩이나 여타 사이버거래가 용이해지면서 개인들이 직접 국제주식에 투자할 수 있는 환경이 조성된 점도 국제주식시장이 커지는 요인으로 작용하고 있다.

---

4   미국, 일본, 영국, 호주, 캐나다, 스위스, 네덜란드 등 7개국의 연기금의 자산배분 중 주식비중은 2000년대 초반 61%까지 확대되다가 2014년에는 42%까지 하락하였으나 해외주식투자 비중은 신흥국을 대상으로 늘어났다.

글로벌 연기금 자산배분

(단위 : %)

	1995	2001	2007	2013	2014
주식	49	61	55	52	42
채권	40	32	28	28	31
대체투자	5	5	15	18	25
현금	6	3	2	1	2

자료 : Willis Towers Watson (2015)

4. 국제주식투자의 유형

4.1 해외주식에 대한 직접투자

주요국의 기관투자자는 물론 개인투자자들도 홈트레이딩시스템(HTS : home trading system) 등 주식거래 인프라가 발달하고 해외기업에 대한 정보수집이 용이해지면서 외국거래소에 상장된 주식에 대한 직접투자를 확대하고 있다. 우리나라에서도 현재 주요 증권사들이 개인투자자들을 대상으로 해외주식에 대한 직접투자 서비스를 제공하고 있으며 그 투자규모가 꾸준히 늘어나고 있다.[5]

해외주식에 대한 직접투자를 위해서는 증권사 지점을 방문해 주식거래종합계좌를 개설하고 외화증권거래약정을 체결해야 한다. 그런 다음 계좌에 원화를 입금한 뒤 투자대상 국가에서 통용되는 화폐로의 환전을 요청한다. 외화로 입금할 수도 있으며 투자자가 직접 HTS를 통해 외화로 환전할 수도 있다. 환전이 끝나면 국내 주식거래와 같이 전화 또는 HTS를 통해 매매하는데 HTS를 통한 실시간 거래는 미국, 일본, 홍콩, 중국 등 주요국 주식시장만 가능하다.

개인투자자가 해외투자를 할 때 개별기업의 주식이 아닌 해외증시의 상장지수펀드(ETF : exchange traded fund)[6]에 투자하면 투자전략을 다양화하고 자산배분의 효과를 기대할 수 있다. 즉 개인투자자는 기관투자자에 비해 개별종목에 대한 정보획득이 쉽지 않은데 ETF에 투자함으로써 개별종목 선정 시 발생되는 종목선정의 번거로움이나 비체계적 위험부담을 피할 수 있다. ETF에 대한 투자는 개별종목을 모아 포트폴트리오를 구성하여 투자하는 경우보다 매매비용을 절감할 수 있다.[7]

5　한국예탁결제원에 따르면 개인투자자들이 국내 금융사의 예탁계좌를 통해 거래한 해외주식 거래대금(매수와 매도의 평균)은 2011년 30.7억 달러에서, 2013년 56.7억 달러, 2015년 141.0억 달러로 급증하였다.

6　ETF는 KOSPI 200이나 닛케이 225와 같은 특정 주가지수, 금이나 원유와 같은 특정 자산의 가격변동과 펀드의 수익률이 연동되도록 설계된 펀드로서 거래소에 상장되어 개별주식처럼 거래되는 펀드다. ETF는 개별주식의 장점인 매매의 편리성과 인덱스펀드의 장점인 분산투자, 낮은 거래비용 및 공시로 인한 높은 투명성을 가지고 있다.

7　한국예탁결제원에 따르면 2016년 상반기 국내 기관 및 개인투자자가 거래한 해외주식 중 거래금액 기준으로 상위 10개 가운데 절반 가까이가 ETF였던 것으로 나타났다.

해외주식에 직접 투자할 때는 거래수수료와 환전수수료 등 제반 비용과 함께 외환거래에 따른 환위험을 고려하여야 한다.[8] 우리나라와 달리 주요 선진국은 주식매매에 따른 양도차익에 대해 과세를 하고 있다는 점도 추가로 고려하여야 한다. 또한 해외주식투자는 외화로 투자되기 때문에 증권투자의 손익이 환율변동 위험에 노출되어 있다는 사실에 유의하여야 한다. 투자한 해외주식의 가격이 오르더라도 매수시점에 비해 매도시점에 원화가치가 크게 상승하면 손실을 볼 수 있다. 개인투자자들이 해외주식에 직접투자할 경우에는 보통 투자금액이 소액이기 때문에 환위험을 헤지할 때 상대적으로 비용부담이 크다. 따라서 개인투자자의 해외주식에 대한 직접투자는 대부분 환위험에 대한 헤지 없이 이루어진다.

4.2 해외펀드 가입을 통한 간접투자

개인들은 기관투자자에 비해 해외주식에 대한 정보력이나 분석력이 낮기 때문에 직접투자가 쉽지 않다. 이에 따라 기관투자자가 운용하는 컨트리펀드, 섹터펀드 및 글로벌펀드 등에 투자함으로써 외국주식에 대한 간접투자를 하게 된다. 컨트리펀드는 중국펀드, 남미펀드, 브릭스(BRICS)펀드 등 특정 국가나 경제권의 증시에 상장된 주식종목군에 투자하는 펀드를 말한다. 섹터펀드는 비슷한 경제구조를 가진 국가들(예: 원자재 생산국)이나 다수 국가의 특정산업(예: 선진국 은행산업 펀드)을 투자대상으로 하는 펀드이다. 글로벌펀드는 전 세계를 투자 대상으로 하여 주로 개방형으로 설정된 펀드를 말하며 각 국가나 특정지역을 투자대상으로 할 때 부담하는 개별적 · 비체계적 위험을 제거하고 전 세계 시장의 체계적 위험만을 부담하게 된다.[9]

---

8 거래수수료는 증권사마다 다른데 ARS 전화 등 오프라인을 통한 매매는 보통 거래대금의 0.015 ~ 0.3% 정도이며 HTS나 스마트폰을 통한 거래수수료는 오프라인을 통한 거래보다 낮다.

9 예를 들어 전 세계 각국의 시가총액 비중만큼 각국의 주식을 매수하여 구성된 포트폴리오에 투자하면 각국 경제의 특수한 요인에 따라 발생하는 불확실성인 개별적 · 비체계적인 위험은 해소되고 세계경제의 공통적인 요인(예: 유가)에 의한 체계적 위험만이 남게 된다.

해외펀드 가입을 통한 간접투자는 해외주식이나 ETF에 대한 직접투자와는 달리 실 시각으로 시장가격을 확인할 수 없다는 점을 고려하여야 한다.

〈표 10-2〉 해외주식 직접투자 및 해외펀드를 통한 간접투자 비교

	해외주식에 대한 직접투자	해외펀드 가입을 통한 간접투자
투자결정	시장가격을 참고로 매매 가격과 시점을 결정	매매가격을 모르는 상태에서 투자 결정(미래순자산가치에 따라 결정)
투명성	투자자가 투자 종목과 비중을 결정하므로 실시간으로 가격을 확인	보통 2개월 전 포트폴리오 구성 내역을 공시하므로 실 시각 확인이 어려움
비용	매매수수료	운용보수와 판매보수
환위험 헤지	환헤지 비율 낮음	환헤지 비율 높음

4.3 주식예탁증서를 통한 투자

선진국 투자자들이 신흥시장국 증시에 상장된 기업에 투자하기 위해서는 신흥국에 주식계좌를 개설하고 투자금액을 송금한 후 신흥국 통화로 환전해야 하는 불편이 따른다. 이러한 국경 간 주식투자 시 거래관습이나 제도, 거래통화의 차이에 따른 불편을 줄이기 위해 주식예탁증서에 대한 투자를 할 수 있다. 주식예탁증서는 외국에서 본국의 주식 대신 유통되는 증권을 말한다. 즉 외국에서 본국 주식을 거래할 경우 주식의 운송이 곤란하고, 주식거래 관련 제도와 관습의 차이로 인해 유통이 어렵기 때문에 원주는 본국에 두고 대체증권으로서 주식예탁증서를 유통수단으로 사용하는 것이다. 예를 들어 삼성 전자나 인도의 유망기업에 투자하고 싶은 국제투자자들은 미국이나 유럽의 주식시장에 발행되어 있는 관련 기업의 주식예탁증서를 매수함으로써 한국이나 인도 증시에 상장된 기업에 대한 직접투자와 동일한 효과를 얻을 수 있다. 대부분의 주식예탁증서에 대해서는 의결권이나 배당지급 등 주주의 권리와 관련하여 원주와 동일한 권리를 인정해 준다. 발행기업 입장에서는 미국이나 유럽 증시에 직상장하는 방식보다 주식예탁증서를 발행함으로써 더 간편하고 효율적으로 외국자본을 유치할 수 있다.

한편 국제금융시장이 완전시장일 경우 특정기업의 주식가격이 모든 나라에서 동일한 일물일가의 법칙이 유지되어야 한다. 그러나 실제로 국제금융시장은 각국 증시의

제도나 관습의 차이로 인해 불완전한 시장의 속성을 가질 때가 많다. 이에 따라 동일한 기업의 해외 주식예탁증서와 국내주식의 가격이 불일치한 상황이 발생하고 이를 이용한 차익거래가 형성된다. 즉 해외 주식예탁증서의 가격이 국내주식의 가격보다 높을 경우 투자자는 국내주식을 매입해서 주식예탁증서로 전환한 후에 해외에서 매각하는 방식으로 차익을 얻을 수도 있다.

제2절 국제주식 발행 및 유통시장

1. 국제주식 발행시장

1.1 국제주식의 발행

국제주식은 일반적인 주식과 마찬가지로 기업공개, 유상증자, 무상증자 및 주식배당[10] 등의 형식으로 발행될 수 있는데 대부분 기업공개와 유상증자 형식으로 발행된다. 기업공개(IPO)는 주식회사가 다수의 투자자로부터 신규발행주식을 모집하거나 대주주가 보유한 주식을 매각하여 주식을 분산시키는 것을 의미한다.[11] 유상증자는 기업이 재무구조 개선이나 신사업 투자 등을 위하여 신주를 발행하여 기업의 자본금을 증가시키는 것을 말한다. 국제주식의 경우 발행된 신주의 인수는 주주배정증자, 주주우선공모증자, 제3자배정증자보다는 일반공모증자방식으로 이루어진다.[12]

---

10 무상증자는 기존 주주들에게 소유주식수에 비례해 주식을 무상으로 교부하는 것을, 주식배당은 현금 대신 주식으로 배당을 실시하여 이익을 자본으로 전환하는 것을 말한다.

11 예를 들어, 중국에 본사를 두고 있는 세계 최대 온라인 상거래 업체 알리바바는 2014년 8월 19일 뉴욕증권거래소에 기업공개를 하였는데 기업공개 당일 알리바바의 주식은 공모가인 68달러보다 훨씬 높은 93.89달러에 거래를 마감하였고 주요 대주주인 알리바바의 CEO 마윈, 야후 등이 보유지분 일부를 매각하였다.

12 주주배정증자는 주주와 우리사주 조합에 신주를 배정하고 실권주가 발생하면 이사회의 결의에 따라 그 처리방식을 결정한다. 주주우선공모증자방식은 주주배정 방식과 동일하나 실권주 발생 시 불특정다수인을 대상으로 청약을 받고, 그래도 청약이 미달되면 이사회의 결의에 따라 처리방식을 결정한다. 제3자배정증자방식은 주주가 아닌 관계회사나 채권은행 등 제3자에 신주를 인수토록 하는 방식이고 일반공모증자방식은 주주에게 신주를 인수할 권리를

　　국제주식의 발행방식은 주식 매입자를 선정하는 방법에 따라 공모발행과 사모발행, 주식발행에 따른 위험부담이나 사무절차를 담당하는 방식에 따라 직접발행과 간접발행으로 분류된다. 대부분의 국제주식 발행은 공모발행과 간접발행 방식으로 이루어진다. 공모발행(public offering)은 발행기업이 통상 50인 이상의 불특정다수의 투자자를 대상으로, 사모발행(private placement)은 특정한 개인 및 법인을 대상으로 주식을 발행하는 방식을 말한다. 직접발행은 발행기업이 인수위험 부담을 자기명의로 하고 발행사무도 직접 담당하는 방식으로 직접모집 또는 자기모집이라고도 한다. 직접발행방식은 주식청약이 목표한 물량에 미달할 경우 발행규모를 축소하거나 재모집을 해야 하므로 발행규모가 작고 소화에 무리가 없는 경우에 활용된다. 간접발행[13]은 발행기업이 주식발행과 관련된 전문적인 지식이나 조직, 경험을 가진 증권회사 등 주간사를 통해 주식을 발행하는 방식이다. 발행기업은 주식발행과 관련된 위험을 주간사에 부담시키고 그 대가로 수수료를 지급한다. 대부분의 국제주식의 발행은 공모발행과 간접발행 방식으로 이루어진다.

　　국제주식을 주식이 발행되는 지역으로 구분하면 크게 유로주식시장을 통한 발행, 특정국의 주식시장을 통한 발행, 그리고 주식예탁증권을 통한 발행 등 세 가지로 나눌 수 있다. 유로주식시장은 주식 발행국의 역외에서 주식이 매매되는 시장으로 유로화를 도입한 유로지역의 주식시장이 대표적이다. 특정국의 주식시장을 통한 발행은 국내시장보다 외국시장에서 주식을 발행할 때 상장조건이 유리하거나 사무처리 과정이 더 편하며 주식가치가 제대로 평가받는다고 판단될 때 이용된다. 예를 들어, 국내 주식시장이 침체에 빠져 있을 때 국내에서 주식을 발행하게 되면 주가가 제대로 형성되지 않을 수 있다. 이때 외국 주식시장에서 먼저 주식을 발행하면 보다 유리한 조건으로 발행할 수

　　주지 않고 불특정다수를 대상으로 신주에 대한 청약을 받는 방식이다 (한국은행 한국의 금융시장, 2016, pp261 ~ 264).

13　간접발행은 다시 증권회사 등의 주식발행위험의 부담 정도에 따라 모집주선, 잔액인수 및 총액인수로 구분된다. 모집주선(best-effort basis)은 발행기업이 발행위험을 부담하고 발행사무만 증권회사에 위탁하는 방식이다. 잔액인수(stand-by agreement)는 응모총액이 당초 목표한 수준(모집총액)에 미달할 경우 증권회사가 미소화분을 인수하는 방식이며, 총액인수(firm-commitment)는 발행금액 전액을 증권회사가 인수(매입)하는 방식으로 인수에 따른 자금소요 및 위험부담을 분산하기 위해 여러 증권사들이 공동으로 참여한다.

있으며 대내외적으로 기업을 홍보하고 대외신인도를 높일 수 있다. 우리나라의 게임업체인 넥슨이 일본 자스닥 시장에서 주식을 발행한 사례가 대표적이다. 주식예탁증권은 국내투자자에게는 외국기업이 발행할 주식을, 외국투자자에게는 국내기업이 발행할 주식을 교환할 수 있는 권리를 부여한 증서로 1927년 미국 Morgan Guaranty Trust Co.가 주식예탁증서를 최초로 발행하였으며 그 이후 유럽에서도 많이 발행하였다.

주식의 해외상장을 통한 국제주식의 발행은 기업의 명성 제고, 자본조달 비용의 절감 및 다변화 등의 장점에도 불구하고 국내 규제환경과의 차이에 따른 위험이 있다. 우선 국내주식시장과 다른 규제환경 파악을 위해 필요한 전문가 집단에 대한 자문료나 최초 상장 등록비 등 추가적인 초기비용이 발생한다. 아울러 매년 상장유지를 위해 연회비를 납부해야 한다.

1.2 국제주식의 발행형태

국제주식의 발행형태는 크게 해외주식시장에서의 직접발행과 DR을 통한 간접발행, 그리고 주식 형태에 따라 보통주와 우선주 발행으로 구분한다. 이 밖에 전환채권(CB : convertible bond), 주식매입권부채권(BW : bond with warrant)과 같은 주식관련 파생금융상품이 있다.

참고 10-2   주식예탁증서를 통한 발행

주식예탁증서(DR : depository receipt)는 국내의 발행기업(issuer)이 외국의 예탁기관(depository)과 예탁계약을 체결하고 원 주식을 국내의 보관기관(custodian)에게 보관한 다음, 예탁기관이 이 원주를 근거로 외국의 주식시장에서 해당 주식을 발행하고 유통시키는 주식대체증서를 말한다. 주식예탁증서는 국내 주식을 외국에서 거래할 경우 주식의 수송, 제도, 법률, 거래관행, 언어, 통화 등의 차이로 원활한 유통이 어려울 때 주로 이용되며 발행기업의 원주와 동일한 권리를 가지지만 법률적으로는 외국 주식시장에서 발행되고 거래되는 증권이므로 해당국의 자본시장 관련 법규와 관행을 따른다. 투자자의 입장에서 해외주식에 직접 투자할 때는 국내시장과 다른 거래 제도나 관습의 차이로 어려움을 겪을 수 있는데 주식예탁증권에 대한 투자를 통해 이를 극복할 수 있다. 발행기업의 입장에서는 주식예탁증권 발행을 통해서 국내시장보다 좋은 조건으로 주식을 발행하여 자금조달 비용을 줄일 수 있고 해외투자자를 확보함으로써 기업의 지명도를 높일 수 있다.

주식예탁증서는 미국시장에서 발행되는 ADR(American depository receipt)과 미국과 유럽시장에서 동시에 발행되는

GDR(global depository receipt), 런던, 암스테르담, 룩셈부르크 등 유럽 각지의 주식시장에서 발행되는 EDR (European depository receipt), 런던주식시장에서 발행되는 LDR(London depository receipt) 등이 있다. 우리나라에서는 1985년 삼성전자가 처음으로 GDR을 발행한 바 있으며 국내기업 중 SK텔레콤, 포스코, 한국전력 등이 ADR을, 삼성전자, 현대차, 하이닉스 등이 GDR을 발행하였다.

ADR의 경우 DR발행 시 발행기업의 관여 유무, DR의 상장 및 자금조달 유무 등에 따라 DR을 구분하고 있다. 먼저 DR발행 시 발행기업이 전혀 관여하지 않고 예탁기관이 단독으로 발행하는 형태를 비후원형 DR(unsponsored DR), 예탁은행이 발행하되 발행기업이 비용을 부담하는 형태를 후원형 DR(sponsored DR)이라고 한다. 상장여부에 따라 이미 발행된 구주를 기초로 한 DR을 뉴욕증권거래소나 나스닥과 같은 정규 증권시장에 상장하지 않고 장외에서만 거래하게 하는 제1수준 DR(level 1 DR), 이미 발행된 구주를 기초로 한 DR을 정규시장에 상장하여 거래시키는 제2수준 DR(level 2 DR), 증자를 위해 신주를 발행하고 이를 기초로 한 DR을 정규시장에 상장하여 거래시키는 제3수준 DR(level 3 DR)로 구분된다. 수준이 높아질수록 발행회사가 공시하거나 보고하여야 할 의무가 많아진다. 그리고 미국 증권거래위원회 규정(Rule 144(A))에 의해 사모로 발행되는 DR이 있으며 장외시장에서만 거래된다. 우리나라에서는 발행기업이 유상증자를 통해 발행하는 신주 DR과 구주를 발행기업의 동의를 받아 외국예탁기관이 발행하는 유통DR로만 구분하고 있다.

가. 보통주와 우선주

보통주(common stock)는 주식회사에 출자한 주주의 권리를 표시한 증권으로서 기업이익에 의한 배당과 회사가 청산될 때 채권자에게 채무를 변제하고 남은 잔여재산에 대한 분배를 받을 권리를 가진다. 보통주는 우선주와 같이 특별한 권리가 부여되지 않은 보통의 주식을 말하며 보통주를 가진 주주들은 회사 장부를 열람하고 주주총회에서 의결권을 행사하여 이사들을 선출할 수 있는 권리를 가진다.

우선주(preferred stock)는 배당금 지급이나 회사 청산 시 잔여재산에 대한 분배에 있어 보통주보다 우선적인 권리를 가지는 주식을 말한다. 발행 시 배당률이 확정되어 있는 우선주는 확정된 이자를 지급하는 회사채와 보통주의 중간적인 특징을 가진다. 우선주는 우선권의 내용에 따라 다양한 형태로 발행되는데 일반적으로 우선적인 배당을 받는 대신 의결권이나 신주인수권은 주어지지 않는다.[14]

---

14 일정기한 후 보통주로 전환될 권리가 있는지 여부에 따라 전환우선주(convertible preferred stock)와 비전환우선주 (non-convertible preferred stock), 우선적 배당을 지급받은 후 남은 이익에 대해 보통주와 함께 배당에 참가할 수 있는지 여부에 따라 참가적 우선주(participating preferred stock)와 비참가적 우선주(non-participating preferred stock), 우선적 배당이 실시되지 않았을 때 미지급 배당이 다음번으로 이월되는지 여부에 따라 누적적 우선주 (cumulative preferred stock)와 비누적적 우선주(non-cumulative preferred stock)로 구분된다.

나. 전환채권과 주식매입권부채권

전환채권은 고정금리채와 마찬가지로 확정이자를 지급하지만 일정조건 아래 발행기업의 보통주로 전환할 수 있는 선택권이 부여된 채권으로 액면이자율이 일반적인 회사채(straight bond)보다는 낮으나 발행기업의 주식가격이 상승하면 자본이득(capital gain)을 얻을 수 있다. 따라서 전환채권은 채권이 갖는 이자소득의 확실성과 주식 전환에 따른 자본이득의 실현 가능성이 결합된 금융상품이라고 할 수 있다. 전환사채 발행 자체는 기업의 주식수에 영향을 주지 않는다. 기존 주주의 입장에서 전환권이 발행되면 유상증자와 비슷한 효과가 발생된다. 전환권이 행사되면 채권 자체가 주식으로 전환되어 상장되기 때문에 주식전환자금을 추가로 납입하지 않는다. 우리나라의 경우 1967년 호남정유가 미국의 Caltex Oil을 인수회사로 하여 470만 달러의 전환채권을 발행한 것이 시초다.

주식매입권부채권은 채권 소지자가 발행기업의 주식을 일정기간 내에 일정가격으로 매입할 수 있는 권리를 부여한 채권으로 일반적인 회사채에 주식매입권(warrant)을 추가한 형태의 채권이다. 투자자는 주가상승 시 주식매입권 행사를 통해 주식을 매입하고 추후 매도함으로써 추가적인 자본이득을 기대할 수 있다. 한편 발행자는 채권자에 주식매입권을 부여하는 대가로 채권의 표면이자율을 낮출 수 있는 이점이 있다. 즉 주식매입권부채권은 만기까지 이자수입의 수취가 가능하고 옵션으로 주식을 매입할 권리를 별도로 행사하므로 표면이자율이 전환사채보다 낮게 행사되는 경우가 대부분이다. 주식매입권부채권이 전환채권과 다른 점은 주식매입권은 분리되어 유통될 수 있으며 주식매입권 행사 시 주식매입자금은 추가로 납부해야 한다는 점이다.

1.3 국제주식의 발행절차[15]

국제주식의 발행절차를 해외시장에서의 직상장을 중심으로 간략히 살펴보면 발행가격 결정일이나 상장일 등의 주요한 기준일을 전후하여 준비작업, 투자설명서 작성 및 기업

---

15 이 부분은 삼일회계법인 '2015년 해외 IPO 안내'를 참조하였다.

실사, 로드쇼, 상장 및 거래 등의 단계로 이루어진다.

해외상장을 위한 준비작업은 해당기업이 기업공개 절차를 총괄하는 주간사 증권회사를 선정함으로써 시작된다. 이와 함께 회계법인 및 법률전문가 등 관련기관을 선정하고 국제회계기준(IFRS : international financial reporting standards)이나 해당거래소가 요구하는 회계기준에 부합되는 재무제표나 공시요구자료 등을 준비한다.

두 번째는 투자설명서를 작성하여 상장을 원하는 해외거래소에 제출하는 단계이다. 이 단계에서 회사 측 변호사는 투자설명서 초안을 작성하여 해외상장을 위해 구성된 작업반(working group)에 배포하고 주간사 증권사는 기업실사(due diligence)를 실시한다. 주간사는 투자설명서 초안에 포함된 정보의 정확성을 조사하여 투자자와 관련된 중요정보가 포함되어 있는지 여부를 검토할 의무가 있다. 기업실사에서 문제가 발견되지 않았으면 해외상장을 위한 이사회의 승인절차를 거친 후 관련 증권거래소나 감독당국에 투자설명서 및 상장관련 서류를 제출한다. 증권거래소나 감독당국이 투자설명서를 검토하여 질의를 한 경우에는 이를 반영하여 투자설명서를 수정한다.

세 번째는 red herring이라고 불리는 예비투자설명서(preliminary offering circular)를 인수단, 주요 예비투자자, 증권분석가들에게 배포하면서 기업을 소개하는 로드쇼를 진행하는 단계로 1주에서 3주가량 지속된다. 로드쇼를 진행할 때는 독립적인 회계법인이 재무제표의 정보에 오류가 없음을 표명하는 일종의 보증서인 comfort letter의 초안을 작성해 주간증권사와 해당기업 등에 배포해야 한다. comfort letter는 주간증권사의 기업실사 업무를 지원하는 문서로서 투자설명서 내 재무정보가 재무제표에서 정확하게 추출되었는지 여부와 재무제표 작성 이후 상장 전까지의 재무상태와 거래실적 변동여부를 포함한다. 통상 회계법인은 발행가격결정일과 상장일에 두 번 comfort letter를 해당기업과 주간증권사에 전달한다.

마지막으로 로드쇼 이후 주식의 발행가격이 확정되면 발행금액 입금이 이루어지고 주식은 거래소에 상장되어 거래된다. 이 과정에서 인수조건(underwriting agreement)의 확정과 서명, 최종투자설명서(final offering circular)의 발행, 증권거래소에의 상장(registration) 절차에 대한 승인 등이 이루어진다.

한편 미국을 제외한 영국, 일본, 홍콩 등 대부분의 선진국 주식거래소는 기업공개시 스폰서를 담당하는 주간사 증권회사 선정을 요구한다. 국제주식을 발행할 때 주간사 증권회사는 국제채권 발행 시와 마찬가지로 미국의 투자은행, 유럽계 은행 및 일본 증권 사들에 의해 주도되고 있다.

〈표 10-3〉 국제채 및 국제주식 발행 주간사 순위

국제채 발행 (2011년)

순위	은행	국적
1	Barclays	영국
2	Deutsche Bank	독일
3	JP Morgan	미국
4	HSBC	영국
5	BNP Paribas	프랑스
6	Citigroup	미국
7	UBS	스위스
8	Goldman Sachs	미국
9	Bank of America	미국
10	Royal Bank of Scotland	영국

자료 : Bloomberg

국제주식 발행 (2011년)

순위	은행	국적
1	Goldman Sachs	미국
2	Morgan Stanley	미국
3	Bank of America	미국
4	JP Morgan	미국
5	Credit Suisse	스위스
6	Citigroup	미국
7	Deutsche Bank	독일
8	UBS	스위스
9	Barclays	영국
10	Nomura	일본

자료 : Bloomberg

2. 국제주식 유통시장

2.1 유통시장의 기능

유통시장의 중요한 기능은 주식 매도자와 매수자의 주문을 효율적으로 체결시키는 것이다. 각국의 금융환경이나 제도의 차이로 인해 유통시장은 서로 다른 모습을 보인다. 유통시장은 자기고유의 계정이나 명의로 주식을 매매하는 딜러시장(dealer market)과 매수자와 매도자의 주문을 단순히 연결시켜 주는 대리인시장(agency market)으로 구성되어 있다. 또한 주식의 매매가 거래소와 같은 물리적 공간 내에서 이루어지는 장내시장, 거래소 밖에서 전자거래시스템 등을 통해 매매가 이루어지는 장외(OTC :

over-the-counter)시장, 주식의 상장이나 등록과 같은 발행시장 기능이 없이 전자거래시스템에 의해 주식유통만 이루어지는 대체거래시장(ATS : alternative trading system)으로 구분된다. 아울러 주가 형성이나 주문 체결이 연속적으로 이루어지는 연속형 시장(continuous market)과 매매주문을 일정기간 모아서 처리함에 따라 가격형성이 드문드문 이루어지는 비연속형 시장이 있다.

가. 딜러시장과 대리인시장

딜러시장은 주식거래가 딜러를 중심으로 이루어지는 시장이다. 딜러는 주식시장에서 브로커의 거래를 연결시켜 줄 뿐 아니라 때로는 자기계정으로 주식을 매매함으로써 시장에 유동성을 제공한다. 대리인시장에서는 대리인이 일반고객이나 브로커의 매도(매수)주문을 받아 또 다른 일반고객이나 브로커의 매수(매도)주문과 연결시켜 준다. 대리인은 브로커의 브로커이기 때문에 일반적으로 중앙브로커(central broker) 또는 브로커 중에서 거래소 내에서 거래할 수 있는 자격을 충족시켰다는 의미에서 공식브로커(official broker)라고 불린다. 대리인은 자기계정으로는 주식매매를 하지 않기 때문에 딜러와 같이 시장에 유동성을 공급하거나 가격형성에 주도적인 역할을 하지 않는다. 미국을 비롯한 대부분의 시장에서는 딜러시장과 대리인시장이 동시에 존재한다.

나. 장내시장, 장외시장 및 대체거래시장

장내시장인 각국의 주식거래소는 과거 회원제로 운영되었으나 2000년대 들어 많은 거래소들이 대규모 IT투자와 다른 거래소와의 합병에 소요되는 비용을 마련하기 위해 대부분 주식회사로 전환(demutualization)하였다. 주식회사로 전환한 거래소들은 해당 주식을 자기 거래소에 상장함으로써 투자 소요재원을 마련한다. 미국이나 유럽 등 선진국의 대형거래소들은 2000년대 이후 인수합병을 활용한 대형화를 통해 비용을 절감하는 한편 다국적기업들의 국경을 초월한 상장이나 주식투자에 대응하고 있다. 주요 거래소들은 IT투자를 통해 개발한 상품을 복수의 거래소에 활용함으로써 발생하는 규모의 경제 효과를 중요시하고 있다.

뉴욕증권거래소(NYSE: New York Stock Exchange)나 미국주식거래소(AMEX: American Stock Exchange)와 같은 미국의 장내시장은 기본적으로 대리인시장이며 경매방식을 통해 주가가 형성된다.[16] 장내시장에서 주식의 거래는 스페셜리스트(specialist)와 객장거래인(floor trader)에 의해 이루어진다. 스페셜리스트는 거래소 객장에 지정석을 가지고 있으며 객장거래인들의 매입과 매도주문을 받아 체결시켜 주는 대리인의 역할을 한다. 그러나 스페셜리스트는 그 자신이 주식 재고를 보유하면서 자기 명의로 매입가와 매도가를 제시함으로써 시장조성 역할을 하는 딜러이기도 하다.

대표적인 장외시장은 미국 전국증권딜러협회의 자동호가시스템(NASDAQ : National Association of Securities Dealers Automated Quotations)을 통해 거래가 이루어지는 나스닥 시장이다. 나스닥 시장은 1971년 2월 5일 뉴욕증권거래소 등 정규거래소 밖(over-the-counter)에서 거래되던 2,500여 개의 주식을 자동가격형성시스템으로 거래하면서 출범하였다. 나스닥 시장의 자동호가시스템에는 등록된 모든 주식에 대한 모든 딜러들의 매입가와 매도가가 나타난다. 거래가 활발하게 이루어지는 주식의 경우 복수의 시장조성자가 존재하는 시장(multiple market maker system)이다. 또한 주식 매매는 스페셜리스트라는 중심적인 매개자가 없이 딜러 간의 협상방식(negotiation system)으로 이루어진다. 이는 NYSE 등 거래소 시장이 회원인 객장거래인의 주식매매 주문을 스페셜리스트가 모아 중앙경매방식(cental auction specialist system)으로 처리하는 점과 차별화된다.

대체거래시장(ATS)은 상장 기능 없이 매매체결 기능만 제공하는 정규거래소 이외의 다양한 형태의 증권거래시장을 통칭한다. 소수의 표준화된 주문호가만 제출할 수 있는 전통적인 거래소와 달리 자체적으로 호가 및 수량 공개기준, 매매체결 방법 등을 설정한다. 거래정보의 공개여부에 따라 공개매매체결시스템의 공개주문시장(lit pool)과 익명매매체결시스템의 비공개주문시장(dark pool)으로 구분된다.

---

16 뉴욕증권거래소와 미국주식거래소는 전자가 미국에서 가장 큰 거래소, 후자가 그 뒤를 잇는 거래소라는 의미에서 각각 Big Board와 Curb로 불린다.

〈표 10-4〉 미국과 유럽의 주식유통시장 구조

	공개주문시장(Lit pool)		비공개주문시장(Dark pool)	
	정규거래소	ATS(정보공개)	ATS(정보비공개) 등	
미국	Registered Exchange	ATS(ECN)	ATS(Dark pool)	Internalization, OTC
유럽	Regulated Exchange	MTF(Lit MTF)	MTF(Dark MTF)	Broker Crossing System, OTC
		SI(Systematic Internalizer)		

주 : MTF (multiple trading flatform)는 전통적인 증권거래소의 기능 중 매매체결 기능만 수행하는 장외의 대체거래소로 ATS와 혼용되기도 함.

미국에서는 1990년대에 전자증권네트워크(ECN : electronic communications networks)가 도입되어 저렴한 거래비용 등을 무기로 빠른 속도로 기존의 거래소 시장을 잠식하였다. 이에 위기감을 느낀 뉴욕증권거래소가 전자증권네트워크 업계 2위 업체인 아키펠라고(Archipelago)를 2006년 3월 합병한 바 있으며 나스닥도 전자증권네트워크 업체인 인스티넷(Instinet)을 인수한 바 있다. 2006년 7월 12일 미쯔비시-UFG 파이낸셜 그룹의 인터넷 증권거래 회사인 카부닷컴(Kabu.com)은 경매방식의 사설 증권거래소를 개설[17]하였다. 캐나다와 일본에 진출해 있는 차이-X글로벌(Chi-X Global)도 대표적인 대체거래시스템이다.

다. 연속형 시장과 비연속형 시장[18]

주요국의 장내 및 장외시장은 대부분 주식매매 주문이 언제든 실행되어 주가가 실 시각으로 끊임없이 형성되는 연속형 시장의 특징을 가진다. 그러나 파리거래소 등 일부 시장에서는 거래소 대리인들이 매매주문을 일정기간 동안 모아 거래일 내내 단일가격에 주기적으로 체결시키는 콜시장(call market) 방식을 채택하고 있다. 또한 마드리드거래소와 같이 거래소 대리인이 주기적으로 특정주식에 대한 거래를 선언하면 객장 거래인들

---

17 카부닷컴은 일본 주식시장에 상장된 주식 중 유동성이 높은 약 300종목을 대상으로 오후 7:30부터 오후 11:00까지 동경증권거래소와 동일한 방식인 경쟁입찰방식으로 매매를 체결하고 있다. 카부닷컴의 거래시스템을 이용하기 위해서는 동사의 계좌를 보유하고 있어야 하며, 가격을 지정하지 않는 '성립가 주문'도 가능하다.

18 이에 대한 자세한 내용은 Eun et al., 2012 pp262 ~ 263 참조.

이 각자의 매입가와 매도가를 발표하고 상호 협상을 해 거래를 체결시키는 군집거래 (crowd trading) 방식도 활용된다. 콜시장 방식에서는 특정주식의 거래에 있어 공통의 가격이 있지만 군집거래 방식에서는 특정주식 거래에 있어 각기 다른 가격이 존재할 수 있다. 연속형 시장은 거래가 활발히 이루어지는 주식의 거래에, 비연속형 시장은 단기간에 주문이 거의 없는 주식의 거래에 적합한 시장이다.

2.2 유통시장 참여자

국제주식유통시장의 주요 참여자는 채권시장과 마찬가지로 기관투자가(institutional investor)인 각국의 정부, 중앙은행, 국부펀드, 투자은행, 상업은행, 각종 연금기금운용 기관, 투자전문회사, 증권회사, 보험회사, 일반회사 및 개인투자자(individual investors)로 크게 구분할 수 있다. 국제주식 거래가 이루어지기 위해서는 일반적으로 시장조성자(market maker), 트레이더(trader), 판매인(salesman), 중개인(broker) 등 의 역할이 필요하다.

시장조성자는 주식공모발행 후 유통시장에서 해당 주식의 거래를 활발하게 하기 위해 매수와 매도 가격을 동시에 제공하는 역할을 하는 금융기관으로서 주로 주간사 대형증권사들이 담당한다. 또한 증권거래소가 시장조성자를 지정한 후 기발행된 주식 중 거래량이 적어 매매체결이 이루어지지 않는 저유동성 주식을 대상으로 매수와 매도 호가를 인위적으로 제공하게끔 하고 그 대가로 해당 금융기관에 그에 따른 리베이트를 제공해 주는 경우도 있다. 예를 들면 시장조성 역할을 부여받은 증권사가 거래소가 지정한 저유동성 주식종목(시장조성 대상종목)의 거래 성사에 적극적인 역할을 했다고 판단되면 거래소가 거래수수료의 30 ~ 50% 정도를 리베이트 형식으로 제공한다.

트레이더는 주식을 자기계정이나 다른 금융기관의 위탁을 받아 매매하는 딜러를 의미한다. 국제주식거래에서 트레이더는 대부분 대형증권사이다. 트레이더는 애널리스트나 이코노미스트가 분석한 주요국의 경제동향과 전망, 금리나 유가와 같은 거시경제 데이터와 특정기업의 영업활동과 이익전망 등 미시 기업관련 자료를 바탕으로 주가를 모니터링하여 주식종목을 선택하여 매매한다. 최근에는 IT기술이 금융에 접목되어 컴퓨터 자동거래 소프트웨어가 증가하면서 트레이더의 수는 줄어드는 추세다. 특히 과거의 주가에서 특정패턴을 찾아 매매시점과 종목을 결정하는 기술적 분석가(technical analyst)나 트레이더들은 인공지능(AI)에 의해 점점 대체되는 추세다.

　　판매인(salesman)은 주식발행 시 해당주식을 매입할 의사가 있는 투자대상자에게 주식의 매입을 권유하는 역할을 한다. 중개인(broker)은 딜러와 달리 자기계정으로 주식을 매매하지 않고 매도자와 매수자 간의 거래를 연결시켜 줌으로써 그에 따른 수수료를 주요 수입원으로 하는 자를 의미한다. 일반적으로 대형증권사는 시장조성자, 트레이더, 딜러, 중개인, 판매인의 역할을 동시에 담당한다.

제3절　국제주식 투자

1.　국제주식 거래구조

국제주식은 뉴욕증권거래소나 런던증권거래소와 같은 거래소(장내)시장이나 나스닥과 같은 장외시장에서 거래된다. 각국의 주식거래와 관련된 제도나 전통이 다르기 때문에 국제주식은 각 시장에서 다소 다른 방식으로 거래된다. 예를 들면 대표적인 장내(거래소)시장인 뉴욕증권거래소와 장외시장인 나스닥시장에서 이루어지는 주식거래는 뚜렷한 차이를 보인다.

　　뉴욕증권거래소에서 주식거래는 스페셜리스트(specialist)라는 거래의 핵심적인 역할을 담당하는 자에 의해 연속적인 경매방식으로 이루어진다. 스페셜리스트는 회원 증권사에 소속된 객장거래인(floor trader)이 수기로 작성한 매수가와 매도가를 접수해 최저 매도가와 최고 매수가를 우선 연결해 주는 경매방식으로 매매를 성사시킨다. 주식 매도량과 매수량이 큰 차이를 보여 주식시장에 유동성이 부족할 때는 시장조성자로서 자기명의로 매매함으로써 매도와 매수 간 유동성 차이를 보완해 주기도 한다.[19] 따라서

스페셜리스트는 경매 중개인이면서 딜러의 역할을 수행한다. 통상 1명의 스페셜리스트가 100여 개 기업의 주식거래를 담당한다. 뉴욕증권거래소는 주식매매의 핵심적 역할을 스페셜리스트가 담당하고 있기 때문에 완전한 전자증권거래소(fully electronic stock exchange)보다 주식매매 체결시간이 많이 소요된다. 이에 따라 일중매매(day trading)와 같이 매매시점을 빈번히 바꾸어야 하는 초단기매매는 전자증권거래소에 비해 상대적으로 어렵다. 뉴욕증권거래소는 증권사가 객장거래인을 거치지 않고 Super Dot이라는 전자주문전달시스템(electronic order routing system)을 통해 스페셜리스트에 직접 주문을 가능케 하였다. 스페셜리스트가 주도하는 이러한 매매방식은 뉴욕증권거래소의 경쟁력 저하요인으로 지적되고 있으며 전자거래시스템을 도입해야 한다는 주장이 지속적으로 제기되고 있다.

[그림 10-1] 뉴욕증권거래소에서의 주문체결과정

뉴욕증권거래소는 전자시스템으로 주식거래가 체결되는 나스닥시장보다 거래체결 속도는 느리지만 상장된 기업의 규모가 크며 주식의 유동성이 높은 장점이 있다. 이에 따라 나스닥에 우선 상장된 기업들도 뉴욕증권거래소에 동시상장을 하기도 한다. 마이크로소프트, 인텔, 휴렛팩커드 등은 양 시장에 동시 상장되어 거래되는 기업들이다.

나스닥시장은 뉴욕증권거래소와 같은 물리적 거래장소(trading post)가 없이 매매자(trader)들이 시장조성자(market maker)에게 Nasdaq Workstation, SOES, SelectNet

floor)에는 거래될 주식들의 목록을 보여 주는 특정한 장소가 있다. 이 장소에서 특정주식을 매매하려는 참가자들, 즉 거래소 회원증권사에 고용된 객장거래인들이 특정기둥(post)에 모여 거래를 하는데, 녹색 옷을 입은 스페셜리스트가 객장거래인들이 종이에 쓴 매매주문서들을 받아 구두경매(outcry auction) 방식으로 매매를 체결해 준다. 스페셜리스트는 뉴욕증권거래소의 직원은 아니고 거래소의 회원으로 등록된 주식중개전문회사에 고용된 자이다. 2016년 말 현재 뉴욕증권거래소에서는 Bear Wagner, Fleet, LaBranche & Co., Performance Specialist Group, Spear Leeds & Kellogg, SIG, Van der Moolen USA 등 7개의 스페셜리스트 회사가 거래를 중개하고 있다.

등과 같은 다양한 전자거래시스템을 이용하여 주문을 한다. 시장조성자는 나스닥에 회원으로 등록된 증권사로서 딜러이다. 이들에게는 매수가와 매도가 간의 차이인 스프레드가 이익의 주요 원천이다. 시장조성자는 자기계좌를 통한 거래를 통해서도 수익을 얻는다. 한편 나스닥에서 일부 주식은 일종의 사이버거래소 또는 전자거래공동망이라고 할 수 있는 ECN을 통해서 매매가 이루어진다. 매매자는 시장조성자를 거치지 않고 ECN을 통해 매수가와 매도가를 제시할 수 있다. 이 경우 시장조성자를 통하는 경우보다 수수료가 저렴하고 매매호가도 다양하기 때문에 나스닥시장의 경쟁력을 높이는 요인으로 작용하고 있다. 나스닥에서는 애플, 마이크로소프트, 인텔과 같은 IT기업과 신흥 벤처기업의 주식들이 주로 거래된다. 뉴욕증권거래소보다 매매주문이 신속하게 체결되므로 뉴욕증권거래소에 상장된 대기업의 일부는 나스닥에도 상장을 한다. 상대적으로 일중매매와 같은 투기거래가 용이하며 주가 변동폭은 뉴욕증권거래소보다 큰 편이다.

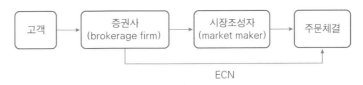

[그림 10-2] 나스닥에서의 주문체결과정

2. 국제주식 투자 시 고려사항

2.1 내국인의 외국주식투자

국내투자자가 투자포트폴리오에 외국주식을 포함시키면 국제분산투자에 의한 위험감소의 효과를 얻을 수 있다. 하지만 외국 주식거래소와의 시차, 주식거래와 관련된 법규와 결제관행의 차이, 해외투자에 따른 환율변동의 위험 등을 고려하여야 한다. 국제주식투자의 장점으로는 첫째, 국내경기가 국내 고유요인으로 인해 침체에 빠져 있을 때 경기가 활황인 외국기업에 투자함으로써 상대적인 고수익을 추구할 수 있다. 둘째, 국내 주식거래소에서 유통되는 주식의 종목이 많지 않을 때 투자자들은 원하는 시점에 주식을 매매하기 어렵다. 이 경우 경기상황 변화에 따라 투자포트폴리오 내 종목을 변경하는 것이 어렵게 된다. 이때 미국이나 유럽 증시와 같이 유동성이 풍부한 시장에 투자함으로써 투자포트폴리오를 다양하게 구성할 수 있다. 셋째, 국내증시에 상장된 기업의 수익이 불안정하거나 배당성향이 낮을 경우 투자수익의 불확실성이 크게 되는데 이 경우 장기적으로 안정적인 수익구조를 가진 글로벌기업이 상장된 외국증시에 투자함으로써 불확실성을 줄일 수 있다. 넷째, 선진국시장은 신흥국시장과 달리 가격제한폭이 거의 없고 지수도 다양하며 주식관련 파생상품이 발달되어 있어 투자레버리지를 확대하거나 주가변동을 헤지하는 등 다양한 투자전략을 구사할 수 있다. DR이 상장되어 있는 경우 원주와 DR의 가격차이를 활용한 차익거래도 가능하다.

한편 국제주식투자는 해외통화로 결제되므로 환위험이 추가적으로 발생하고 실시각 거래가 어려울 경우가 많으며 국내주식과 달리 해외주식의 양도차익에 대해서는 양도소득세(capital gain)가 부과된다. 또한 [그림 10-3]과 같이 국내증권사, 한국예탁결제원, Euroclear나 JP Morgan과 같은 국제보관기관 및 결제기관, 외국증권사, 외국의 예탁결제원 등 매매과정에서 다수의 기관이 참가하기 때문에 거래비용이 상대적으로 높다.

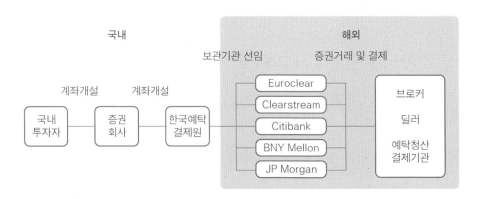

자료 : 장영수(2015)

[그림 10-3] 국제주식의 거래·결제·보관구조

2.2 외국인의 국내주식투자

외국인의 국내증시 상장종목에 대한 투자는 1992년 1월 국내주식시장이 개방되면서 시작되었다. 1999년 이후 유무선 전신, 전화 및 기타 통신업 등에도 외국인 투자가 가능하게 되었고 2007년 12월에는 비거주자의 증권투자계정이 통합됨에 따라 외국인의 국내증권투자 절차가 간소화되었다. 외국인투자자가 코스피나 코스닥에 상장된 국내주식에 투자하기 위해서는 우선 외국환은행에 본인 명의 투자전용대외계정 및 투자전용비거주자원화계정을 개설하여 투자자금을 예치하여야 한다.[20] 또한 금융감독원에 투자자로 등록하여 투자자등록번호(ID)를 부여받아야 한다.

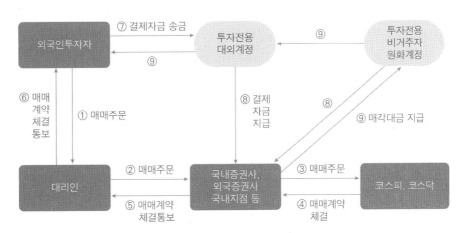

자료 : 한국은행, 한국의 외환제도와 외환시장 (2016)

[그림 10-4] 외국인의 국내주식투자 절차

20　투자전용대외계정, 투자전용비거주자원화계정은 외국인투자자가 국내증권투자 자금을 예치하고 처분하기 위한 계정으로서 예치 및 처분에 있어 사유가 특정되어 있다. 즉 투자전용대외계정에는 외국인투자자가 외국으로부터 반입한 자금이나 본인 명의의 다른 대외계정으로부터 이체된 자금을 예치할 수 있으며 해당 자금을 해외로 송금할 수도 있다. 투자전용비거주자원화계정은 투자전용대외계정에 예치된 외화자금을 원화로 환전한 자금을 예치할 수 있으며 본인 명의의 투자전용대외계정으로의 이체가 가능하다. 자세한 내용은 '한국의 외환제도와 외환시장 (2016)' pp58 ~ 60을 참조.

이와 같이 외국인 본인 명의의 투자전용대외계정을 이용하는 경우와 '외국인투자촉진법'에서 정한 예외적인 경우를 제외하고는 외국인은 코스피나 코스닥에 상장 또는 등록되지 않은 주식을 매입하는 경우 외국환은행이나 한국은행에 신고하여야 한다. 한편 외국환은행은 투자전용대외계정 현황을, 증권회사 등은 주식투자현황, 매매실적 등을 매월 한국은행에 제출하는데 이 정보는 금융감독원이나 기획재정부 등과 공유된다.[21]

3. 국제 분산투자 효과

개별기업이 발행한 주식에 투자할 때 발생하는 위험은 크게 비체계적 위험과 체계적 위험 두 종류로 대별된다. 비체계적 위험(nonsystematic risk)은 해당 투자기업의 파업, 해당 투자기업이 속한 산업상황 등 주식발행 기업을 둘러싼 특유의 상황과 관련된 기업 고유의 위험을 말한다. 이러한 위험은 해당기업과 다른 상황에 있는 기업의 주식에 분산투자 함으로써 줄어들 수 있다. 예를 들면, 투자액 전부를 IT기업의 주식에 투자할 경우 투자주식의 가치가 국제 반도체 경기에 따라 민감하게 변동할 위험이 있다. 이 경우 반도체 경기에 민감하지 않은 식음료기업의 주식에 투자함으로써 전체 포트폴리오의 위험을 감소시킬 수 있다. 즉 투자포트폴리오를 구성하는 개별주식의 가격이 같은 방향으로 동일하게 변동하지 않을 때, 다시 말해 포트폴리오를 구성하는 주식들의 가격변동 간 상관계수가 음일 때 이러한 비체계적 위험을 제거할 수 있다. 포트폴리오 위험 중 비체계적 위험은 분산투자를 통해 제거할 수 있어 분산가능 위험이라고도 한다.

언급한 IT기업과 식음료기업이 모두 국내기업이라면 이들 주식으로 구성된 포트폴리오에 투자하게 되면 국내 물가나 금리 변화에 따른 위험으로부터 벗어날 수 없다. 이렇게 시장의 전반적인 상황과 관계있는 위험을 체계적 위험(systematic risk)이라고 하는데 분산투자를 해도 위험을 제거할 수 없어 분산불가능 위험이라고 한다. 이렇게

---

21 이러한 절차는 외국인의 국내 채권이나 기업어음 등 다른 유가증권의 매매에도 동일하게 적용된다. 외국인등록제 및 투자현황보고서는 급격한 자본유출입에 따른 부작용을 완화하기 위한 불가피한 수단이지만 일부에서는 자유로운 자본이동을 제약하고 외국인 투자를 불편하게 하는 요소로 지적한다. 우리나라 증시가 MSCI 선진국 지수로 편입되지 못하는 이유 중 하나로 외국인등록제가 언급된다.

포트폴리오 구성자원을 다양화할 경우 체계적 위험 이외의 비체계적 위험이 줄어드는 현상을 분산투자효과(diversification effect) 또는 포트폴리오효과라고 한다. 이러한 분산투자를 국제주식투자에 적용하게 되면 국내주식투자 시와 마찬가지로 비체계적 위험을 감소시키는 것이 가능한데 이를 국제분산투자효과 또는 국제포트폴리오효과라고 한다. 예를 들어, 전 세계 주요국에서 주식투자를 하는 글로벌 투자자의 경우 투자포트폴리오가 특정국가의 주식에 집중되면 해당국가의 정치적 불안이나 경제상황에 따라 위험이 변동하고 위험조정 수익률이 변하게 된다. 따라서 그 국가와 산업구조가 다르고 경기변동의 동조성이 낮은 국가를 포트폴리오에 포함시키면 해당국가로부터 초래되는 특유의 위험, 즉 비체계적 위험을 줄일 수 있다. 이때 투자포트폴리오에 포함될 주요국 주식의 비중은 보통 MSCI나 FTSE와 같은 국제적인 투자지수 제공기관의 벤치마크 지수를 이용한다.

4. 주가지수 및 주요국 주식시장

4.1 주가지수 산정방식 및 종류

주가지수는 특정 주식시장에 상장된 모든 주식 또는 일부 주식군의 가격을 기준시점과 대비하여 나타내는 가격지표다. 주가지수는 주식시장에서 거래되는 개별종목들의 가격변동을 종합하여 보여 줌으로써 해당 주식시장의 상황을 나타내 주는 가장 기본적인 지표이다. 주가지수의 산정방법은 크게 두 가지로 대별된다.

우선 주가평균방식(price-weighted index) 또는 가격가중방식은 비교연도와 기준연도의 주가를 단순평균하여 비교하는 방식이다. 즉 대상종목의 주가를 단순합산하여 종목수로 나눈 주가를 비교하는 방식으로 미국의 다우존스 산업평균(Dow Jones industrial average)과 일본의 닛케이 평균주가(Nikkei average)가 대표적이다. 주가평균방식은 주식시장 전체 시가총액에서 차지하는 비중이 큰 기업의 주가의 영향력이 과소평가되는 문제점이 있다. 이에 따라 현재 대부분의 주가지수는 개별주식이 주식시장에서 차지하는 비중으로 가중평균하는 시가총액가중방식(value-weighted index)이 이용되고 있다.

시가총액방식은 기준연도의 개별주식 주가에 상장주식수를 곱해 구해진 시가총액을 현재시점의 시가총액과 비교하여 현재의 주가수준을 평가하는 방식이다. 미국의 S&P500지수, 홍콩의 항생(Hang Seng)지수, 우리나라의 KOSPI, KOSDAQ, KRX 지수 등 대부분의 주가지수는 시가총액가중방식을 채택하고 있다. 시가총액가중방식의 단점을 보완하기 위하여 특정종목의 과도한 영향을 배제하기 위하여 시가총액비중 상한을 설정(cap limit)하거나 발행주식수가 아닌 유동주식수로 가중하는 방식(free float weighted)이 보완 이용되기도 한다.

국제투자자들이 주식운용 등에 벤치마크로 활용하고 있는 주가지수로는 MSCI지수와 FTSE지수가 있다. MSCI지수는 Morgan Stanley Capital International이 유동주식 방식으로 작성하는 지수로서 미국의 뮤추얼펀드나 헤지펀드들이 자산운용의 기준으로 가장 많이 사용하는 지수다. MSCI지수는 세계지수(MSCI World Index), 북미제외지수(MSCI Europe, Australia, Far East), 선진시장(MSCI Developed Market), 신흥시장지수(MSCI Emerging Market Free) 등으로 세분되며, 특정국가에 대한 지수편입조정은 1년에 4회(2, 5, 8, 11월) 정도 이루어진다. FTSE지수는 Financial Times와 런던증권거래소(LSE)가 공동 설립한 FTSE그룹이 발표하는 지수로 주로 영국 및 유럽계 펀드들이 활용하는 글로벌 벤치마크 지수이다. 동 지수는 시장규모 및 수준에 따라 각 국가를 선진시장(developed market), 선진신흥시장(advanced emerging market), 신흥시장(secondary emerging market) 및 프론티어시장(frontier market)으로 구분한다. 2017년 말 현재 한국주식시장은 MSCI에서는 신흥시장, FTSE에서는 선진시장으로 분류되고 있다.

참고 10-3 한국증시의 MSCI 선진시장지수로의 편입 문제

국내 주식시장 참여자들이 KOSPI를 통해 우리나라 주식시장의 가격 움직임을 종합적으로 파악할 수 있는 것처럼 MSCI Barra사는 글로벌 주식시장의 움직임을 한눈에 파악할 수 있는 세계 주가지수(이하 MSCI지수)를 산출하여 발표하고 있다. MSCI지수는 기본적으로 선진시장(developed market), 신흥시장(emerging market), 프론티어시장(frontier market)으로 구분되어 있으며, 우리나라 주식시장은 2017년 10월말 현재 MSCI 신흥시장지수에 편입되어 있다. 선진시장지수에는 북미와 유럽을 중심으로 23개국이, 신흥시장지수에는 중국(A주) 등 24개국이, 프론티어시장에는 서아프리카 경제통화연합(WAEMU) 회원 3개국 등 36개국이 포함되어 있다.

인덱스펀드(index fund) 등 특정 주가지수의 수익률을 목표로 하는 투자자금은 기준지수를 구성하는 각 종목의 비중대로 자금을 배분하여 해당종목에 투자를 한다. MSCI 신흥시장지수에서 한국 주식시장이 차지하는 비중이 약 16%이므로 동 지수를 추종하는 국제투자자금의 16% 정도는 한국 주식시장에 투자되는 것으로 추정된다. 중국의 경우 과거 홍콩증시나 해외증시에 상장된 기업 주식만 MSCI 신흥시장지수에 포함되었으나 2017년 6월 21일 중국 A주(상하이, 선전 증시에 상장된 중국 본토 기업 주식)가 MSCI 신흥시장지수에 편입되었다. 이에 따라 2017년 6월말 약 28%인 MSCI 신흥시장지수 내 중국의 비중은 크게 높아질 전망이다.

우리나라는 2008년부터 MSCI 선진시장지수로의 편입을 위해 노력하였으나 아직까지는 신흥시장지수에 머물러 있다. 이는 FTSE의 경우 2009년부터 우리나라를 선진시장지수에 편입시킨 것과 대조적이다. MSCI는 우리나라가 2017년부터 시행한 규제완화(투자등록제도, 외국인통합계좌)에 대해서는 긍정적으로 평가하고 있으나 원화의 태환성 부족 및 금융상품 의 거래소 데이터 이용 제한 등을 이유로 선진시장지수 편입을 허용하지 않고 있다.

한국증시가 MSCI 신흥시장지수에서 선진시장지수로 변경되면 신흥시장지수를 추종하던 외국인 투자자금은 유출되고 대신 선진시장지수를 추종하는 자금은 유입될 것으로 기대된다. 시장에서는 한국증시가 MSCI 선진시장지수에 편입될 경우 지수 내 비중은 약 2%로 신흥시장지수 내 비중보다 하락할 것이지만 선진시장지수를 추종하는 투자자금이 신흥시장지수 투자자금에 비해 훨씬 커서 종합적으로 외국인 투자자금이 순유입될 것으로 예상하고 있다. 중국 본토 주식인 A증시가 MSCI 신흥시장지수에 편입됨에 따라 한국증시의 비중이 더욱 하락할 것으로 예상되기 때문에 우리 증시가 선진시장지수에 편입될 필요성이 더 커졌다고 볼 수 있다.

한국증시가 MSCI 선진시장지수에 편입될 경우 국내증시와 국가 신인도 제고, 국내기업의 대외 인지도 개선, Korea Discount 해소의 계기, 장기투자 성향의 안정적인 글로벌 주식자금 유입 등의 긍정적인 효과가 기대된다. 그러나 신흥시장 증시 투자자금의 유출, 선진시장 내 우선투자 대상에서 멀어질 가능성, 소수 대형주를 중심으로 한 외국인의 투자 쏠림현상 심화 및 외국인의 국내증시 및 기업에 대한 지배력 확대에 따른 문제점 발생 등의 부정적인 영향도 예상된다. 아울러 MSCI 선진시장지수에 편입되는 시기 전후에 신흥시장 자금유출과 선진시장 투자자금 유입시점 간의 비대칭으로 인해 단기적으로 시장 혼란이 올 수 있다는 점에 유념할 필요가 있다.

〈표 10-5〉세계의 주요 주가지수

	지수명	포괄종목 및 산정방식	기준일	주요 특징
한국	KOSPI	한국 유가증권시장 상장 전 종목	1980.1.14=100p	
	KOSDAQ	한국 코스닥시장 상장 전 종목	1996.7.1=100p	
	KRX100	한국 유가증권 및 코스닥 시장 대표 100종목(유동주식가중방식, 시가총액비중상한 15% 제한)	2001.1.2=1,000p	연1회 종목 변경
미국	DJIA30	NYSE 및 나스닥 상장 30개 대표 우량종목 (주가평균방식)	1896.5.26=40.96달러	미국 주식시장 시가총액의 약 20%
	S&P500	NYSE 및 나스닥 상장 500개 우량종목	1941~43년 평균주가=10	미국 주식시장 시가총액의 약 75%
	나스닥	나스닥 상장 전 종목	1971.2.5=100	세계 최대의 장외 주식거래시장
일본	닛케이225	동경거래소 1부 상장 225개 우량종목 (주가평균방식)	1949.5.16=176.21엔	
	TOPIX	동경거래소 1부 상장 전 종목	1968.1.4=100	
	JASDAQ	JASDAQ시장 상장 전 종목	1991.10.28=100	
영국	FTSE100	런던거래소 상장 100개 시가총액 상위 종목	1983.12.31=1,000	
홍콩	항셍	홍콩거래소 상장 42개 시가총액 상위 종목	1964.7.31=100	
	H지수 (HSCEI)	홍콩거래소 상장 중국기업 중 43개 우량종목	2000.1.3=2,000	
중국	상해 B지수	상해 B주 시장 상장 전 종목	1992.2.21=10	
독일	DAX30	프랑크푸르트 거래소 상장 30개 시가총액 상위 종목	1987.12.31=1,000	
프랑스	CAC40	Euronext 파리 상장 40개 시가총액 상위 종목	1987.12.31=1,000	
대만	가권지수	대만 거래소 상장 전 종목(은행 및 보험 제외)	1966.12.31=100	
싱가포르	STI	싱가포르 거래소 상장 30개 시가총액 상위 종목	1966.12.31=100	

주 : HSCEI (Hang Seng China Enterprise Index)

4.2 주요국 주식시장

가. 주요 주식거래소 간 통합 현황

세계의 주요 거래소들은 경쟁력 강화를 위해 전통적인 상호회사에서 주식회사로 전환하면서 주식을 상장하고 다른 거래소와의 인수합병을 추진하고 있다. 1990년대에는 주로 개별국가 또는 역내 거래소들의 통합화가 이루어지다가 유로화 출범 이후 2000년대 들어서는 역내국 거래소 간 또는 역외국 거래소 간 통합이 확대되고 있다. 이러한 인수합병은 기능별로 수평적 결합과 수직적 결합으로 나눌 수 있다. 수평적 결합은 주식거래소 간, 파생·채권·상품거래소 간, 청산·예탁·결제기관 간, 수직적 결합은 주식거래소와 정보시스템업체 간, 주식거래소와 청산·예탁·결제기관 간, 파생·채권·상품거래소와 정보시스템업체 간 결합으로 다시 구분할 수 있다.[22]

2000년부터 본격화된 지역 간 거래소들의 합병 결과 유럽 및 미국의 주요 거래소는 〈표 10-6〉과 같이 시카고상업거래소(CME : Chicago Mercantile Exchange) 그룹, 대륙간거래소(ICE : Intercontinental Exchange)[23], 런던증권거래소(LSE : London Stock Exchange)와 독일증권거래소(DB : Deutsch Börse)의 합병법인 등 3개 대형 거래소와 NASDAQ과 시카고옵션거래소(CBOE : Chicago Board of Option Exchange) 지주회사로 재편되었었다. 먼저 2000년 9월 22일 파리거래소(PB : Paris Bourse SA), 암스테르담거래소(AEX : Amsterdam Exchange), 브뤼셀거래소(BXS : Brussels Exchange)가 Euronext라는 지주회사의 자회사들로 통합되었다. Euronext는 2001년에는 리스본증권거래소와 런던국제금융선물옵션거래소(LIFFE)를 인수합병하였다. Euronext는 2009년 말에 뉴욕증권거래소에 100억 달러에 합병되어 NYSE Euronext가 출범하였으며, NYSE Euronext는 2013년에 ICE에 합병되었다. 다만 LSE는 2016년 3월 16일 독일의 도이체뵈르세(독일증권거래소)와 각각 45.6%, 54.4%의 지분 비율로 신규법인을 설립하는 합병안을 발표하였으나 2017년 3월 EU의 불승인으로 무산되었다.[24]

아시아지역에서는 2012년 홍콩증권거래소가 세계 최대의 금속거래소인 런던금속거래소(LME)를 인수한 것을 제외하고는 상대적으로 통합논의가 뒤처져 있다. 거래소 간 통합과 제휴는 국제자본시장이 거래소로 하여금 통합을 통한 효율화와 대형화를 요구하는 방향으로 변화하고 있기 때문에 앞으로도 지속될 가능성이 높은 것으로 관측된

---

22 김준석·장욱·장병훈·한지연(2010)

23 British Petroleum, 쉘 등 에너지기업과 골드만삭스 등 투자은행들이 천연가스 거래를 위해 2010년 설립한 파생상품전문거래소이다.

24 EU는 양 거래소의 합병이 유럽 내 채권거래에서 독점을 가져올 수 있다며 런던증권거래소에 합병조건으로 채권거래 플랫폼인 MTS지분 매각을 요구하였으나 런던증권거래소가 이를 거부하였다. EU는 2012년에도 독일증권거래소와 NYSE Euronext 간의 합병을 독점을 이유로 불허한 바 있다.

다. 즉 금융·정보기술의 발달로 대량주문을 일시에 처리하기 위한 시스템을 구축할 필요성이 점점 커지고 있는데 이러한 인프라 구축에는 막대한 자금이 필요하다. 이러한 자금소요를 충족시키기 위해서는 거래소 간 통합을 통해 전산부문과 백오피스기능을 공유하여 비용을 절감하고 상장을 통해 자금을 조달하는 것이 필요하다. 또한 그간 규제완화에 따른 장외시장의 비약적인 발전과 IT기술 발전에 따른 거래수수료 인하 등의 환경변화에도 대응할 필요성도 커졌다. 중국이나 인도 등 신흥시장국 기업의 신규상장을 둘러싼 거래소 간 경쟁도 격화되고 있기 때문이다.

〈표 10-6〉 주요 거래소들의 통합 현황   (2016년 6월말 현재, 단위 : 억 달러)

지주사	시가총액	계열 거래소	통합형태
CME그룹	309.5	시카고상품거래소(CME) 시카고선물거래소(CBOT) 뉴욕상업거래소(NYMEX)	파생상품거래소 간
ICE	283.2	뉴욕증권거래소(NYSE) Euronext(파리, 브뤼셀, 암스테르담, 리스본) 런던국제금융선물옵션거래소(LIFFE) 미국증권거래소(AMEX) 아키펠라고지주(Achipelago Holdings)	주식+파생상품거래소
LSE-DB	289.7	런던증권거래소(LSE)[1] 독일증권거래소(DB)[1] 이탈리아증권거래소(Borsa Italiana) 유럽파생상품거래소(Eurex)	주식+파생상품거래소
나스닥	103.7	필라델피아증권거래소(PSE) 보스톤증권거래소(BSE) 아이넷(INET)전자거래소 브루트(Brut)전자거래소 스톡홀름·헬싱키증권거래소(OMX) 터키증권거래소(Borsa Istanbul)	주식+전자거래소
홍콩증권거래소		홍콩증권거래소(HKEx) 런던금속거래소(LME)	주식+상품거래소

주 : 1) 2016년 3월 합병을 발표하였으나 2017년 3월 EU의 합병 불허로 무산

주요국 주식시장 중 2014년 말 현재 시가총액과 거래량이 가장 많은 증시는 뉴욕증시다. 시가총액 기준으로 나스닥, 런던, 동경, 상해증시가 뉴욕증시의 뒤를 잇고 있으며

거래량 기준으로는 2015년 중국증시 불안 등을 반영해 상해 및 선전증시의 거래량이 크게 증가하였다.

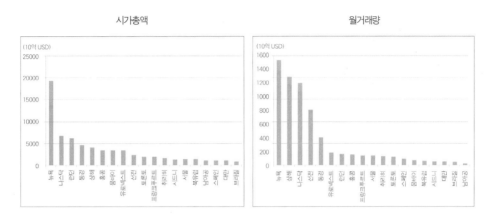

시가총액 월거래량

자료 : WEF (2015년 1월말 기준)

[그림 10-5] 주식시장별 시가총액 및 월거래량

한편 외국기업의 상장비중 기준으로 가장 국제화된 시장은 런던증시와 싱가포르 증시다. 특히 런던증시는 주요국 증시 중 가장 많은 해외기업이 상장된 거래소다. 중국 본토시장의 경우 후강통과 선강통 등으로 일정한도 내 외국인 직접투자가 가능하나 2015년 말 현재 아직 외국기업이 직접 기업공개를 한 사례는 없다.

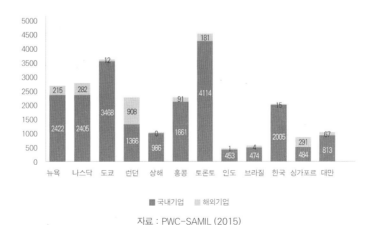

자료 : PWC-SAMIL (2015)

[그림 10-6] 주요 거래소에 상장된 외국 및 국내기업의 수

국내기업은 1990년 삼성물산이 최초로 4000만 달러 규모의 DR을 발행하고 1994년 한국전력이 뉴욕증권거래소에 직접 상장한 후 외국거래소에서의 직·간접상장이 증가하다가 2008년 금융위기 이후 줄어드는 추세다. 1997년 외환위기 발생 이전에는 전기통신, 전자, 자동차 등 제조업을 중심으로 해외상장이 늘어났으며 외환위기를 극복하고 내수가 호조를 보이던 2000년대 초반에는 국내 금융지주회사의 해외상장이 많았다. 두 곳 이상의 증시에 상장된 국내기업은 포스코, SK텔레콤 및 KT 등 3개 기업이다.[25] 삼성전자와 현대자동차는 모두 1995년에 런던1부시장에 상장되었다.

〈표 10-7〉 한국기업의 외국증시 직상장 사례

	1994	1995	1996	1999	2001	2002	2003	2004	2005	2006	2007	2011	2014	누계
뉴욕	2		1	1		1	2	1				1		9
나스닥									1					1
런던1부		5		1	1	1			1	3				12
런던2부										1	1			2
싱가포르1부									1					1
싱가포르2부													1	1
동경									1					1
토론토-벤처												1		1
합계	2	5	1	2	1	2	2	1	4	4	1	2	1	28

---

25 포스코는 뉴욕(1994년), 런던1부(1995년) 및 동경(2005) 세 곳에, SK텔레콤은 런던1부(1995년)와 뉴욕(1996) 두 곳, KT는 런던1부(1999)와 뉴욕증시(1999)에 상장되었다.

〈표 10-8〉 세계 주요 주식거래소 시가총액 순위

순위	거래소명	국가	본사	시가총액 (10억 USD)	월거래량 (10억 USD)	시차	개장	폐장	휴장
1	New York Stock Exchange	미국	뉴욕	19,223	1,520	-5	09:30	16:00	없음
2	NASDAQ	미국	뉴욕	6,831	1,183	-5	09:30	16:00	없음
3	London Stock Exchange Group	영국, 이태리	런던	6,187	165	+0	08:00	16:30	없음
4	Japan Exchange Group – Tokyo	일본	동경	4,485	402	+9	09:00	15:00	11:30 ~12:30
5	Shanghai Stock Exchange	중국	상하이	3,986	1,278	+8	09:30	15:00	11:30 ~13:00
6	Hong Kong Stock Exchange	홍콩	홍콩	3,325	155	+8	09:15	16:00	12:00 ~13:00
7	Euronext	EU	암스테르담, 브뤼셀, 리스본, 런던, 파리	3,321	184	+1	09:00	17:30	없음
8	Shenzhen Stock Exchange	중국	선전	2,285	800	+8	09:30	15:00	11:30 ~13:00
9	TMX Group	캐나다	토론토	1,939	120	-5	09:30	16:00	없음
10	Deutsche Börse	독일	프랑크푸르트	1,762	142	+1	08:00 (Eurex) 08:00 (floor) 09:00 (Xetra)	22:00 (Eurex) 20:00 (floor) 17:30 (Xetra)	없음
11	Bombay Stock Exchange	인도	뭄바이	1,682	11.8	+5.5	09:15	15:30	없음
12	National Stock Exchange of India	인도	뭄바이	1,642	62.2	+5.5	09:15	15:30	없음
13	SIX Swiss xchange	스위스	취리히	1,516	126	+1	09:00	17:30	없음
14	Australian Securities Exchange	호주	시드니	1,272	55.8	+10	09:50	16:12	없음
15	Korea Exchange	한국	서울	1,251	136	+9	09:00	15:00	없음
16	OMX Nordic Exchange	북유럽, 아르메니아	스톡홀름	1,212	63.2	다양	09:00[1]	17:30[1]	없음
17	JSE Limited	남아공	요하네스버그	951	27.6	+2	09:00	17:00	없음
18	BME Spanish Exchanges	스페인	마드리드	942	94.0	+1	09:00	17:30	없음
19	Taiwan Stock Exchange	대만	타이베이	861	54.3	+8	09:00	13:30	없음
20	BM&F Bovespa	브라질	상파울루	824	51.1	-3	10:00	17:30	없음

주 : 1) 스톡홀름 기준(코펜하겐 09:00~17:00 헬싱키 10:00~18:30)
자료 : World Federation of Exchanges (2015년 1월말 현재)

나. 주요국 주식시장

(1) 미국 주식시장

미국에서의 주식거래는 10여 개가 넘는 복수의 시장에서 이루어지지만 크게 장내시장인 뉴욕증권거래소(NYSE)와 장외시장인 나스닥(NASDAQ)으로 대별된다. 이 두 시장은 많은 차이점이 있으며 미국에서 장내(거래소)시장과 장외시장의 특징을 대변한다고 볼 수 있다.

1817년 설립된 뉴욕증권거래소는 시가총액 규모로 세계 최대의 거래소시장이다. 뉴욕증권거래소는 미국시장을 위한 NYSE 그룹과 유럽시장을 위한 NYSE Euronext 그룹으로 구성되어 있다. NYSE 그룹은 다시 상장요건이 가장 엄격한 대기업 중심의 NYSE, NYSE보다 상장요건이 완화된 중소·벤처기업 중심의 NYSE MKT, 전자거래소로서 ETF 종목을 주로 거래하는 NYSE Arca로 세분된다. 한편 NYSE Euronext는 과거 파리, 암스테르담, 브뤼셀 및 리스본 증권거래소 등을 운영하던 Euronext가 2007년 4월에 NYSE와 합병하면서 발족하였다. NYSE Euronext는 우량 대기업 중심의 Euronext와 상대적으로 규모가 작은 기업을 대상으로 하는 Alternext로 나뉜다.

[그림 10-7] 뉴욕증권거래소 구조

한편 NYSE와 함께 ICE 산하 거래소인 미국증권거래소(AMEX)는 뉴욕증권거래소에 이어 미국에서 두 번째로 설립된 거래소이다. 미국 내 전체 주식을 거래대상으로 하고 있으나 뉴욕증권거래소에 등록된 주식은 미국증권거래소에 동시에 등록될 수 없다. 미국증권거래소는 1,000개가 넘는 기업의 개별주식 옵션이 활발히 거래되는 세계 2대 옵션거래소 중 하나이다. 또한 ETF와 인덱스펀드의 거래비중이 가장 큰 거래소이기도 하다.

나스닥은 미국에서 두 번째로 큰 거래소로 뉴욕증권거래소와 달리 장외시장이라는 점에서 차이가 있으며 전 세계 거래소 중 시간당 거래량이 가장 많은 거래소이다. 나스닥은 1971년 2월 5일 장외에서 거래되던 2,500개 이상의 주식종목을 자동가격형성시스템으로 거래하면서 탄생하였다. 나스닥은 시가총액이나 세전이익 등 상장요건과 규제 수준에 따라 Global Select Market, Global Market, Capital Market으로 세분된다. 또한 나스닥시장은 기업의 자본규모 및 주식거래 비중에 따라 Nasdaq National Market (NNM)과 Nasdaq Small Cap Market (SCM)으로 세분된다. 2014년 12월말 현재 NNM에는 3,827개의 비교적 규모가 크고 거래가 활발한 기업들이 등록되어 있으며, SCM에는 907개의 소규모 기업들이 등록되어 있다. NNM에 포함된 기업들의 시장규모나 시가총액은 나스닥시장 전체의 95% 이상을 차지하고 있다. 나스닥시장의 주식거래량은 2000년대 초반 4,500억 주를 넘어 3,000억 주 정도가 거래되는 뉴욕증권거래소를 크게 앞지르고 있다. 또한 나스닥 등록기업은 5,000개 이상으로 세계에서 가장 상장종목수가 많은 시장이다.

(2) 중국 주식시장

중국기업의 주식은 상해, 선전 및 홍콩 등 3개 거래소에서 거래된다. 중국 주식시장은 1984년 주식발행이 시작된 후 1990년 상해거래소, 1991년 선전거래소가 개설되면서 본격적으로 발전하기 시작하였다. 상해거래소에는 국유 대형기업 위주로 상장된 반면 선전거래소에는 중소형 민간기업 위주로 상장되어 있다. 상해거래소는 금융, 에너지, 유틸리티 등의 비중이 큰 반면 선전거래소는 IT, 소비재, 헬스케어 등 신경제 관련 종목의 비중이 높다. 2016년 7월말 현재 시가총액은 상해가 25.69조 위안, 선전이 20.95조 위안이다.

상해와 선전 거래소는 각각 A주와 B주 시장으로 분리된다. A주는 중국 국내회사가 발행하여 국내기관 및 개인(홍콩, 대만 제외)을 대상으로 위안화로 거래가 되는 보통주를 의미하여 중국당국으로부터 승인된 적격외국인기관투자자나 위안화 적격외국인투자자[26] 이외의 외국인 개인은 매매할 수 없다. B주는 액면가는 위안화로 표시되지만 외화(상해는 미 달러, 선전은 홍콩 달러)로 거래하는 외국인을 대상으로 하는 주식이다.

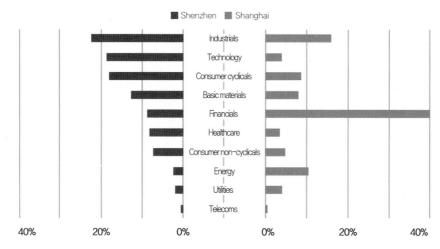

자료 : Thomson Reuters, WSJ.com

[그림 10-8] 선전 및 상해 주식시장 부문 비교

B주는 1992년 자본 및 외환 자유화가 되지 않았던 시기에 외국인 투자목적으로 발행되었으나 2001년 2월부터 내국인의 거래도 가능해졌다.

상해거래소는 중대형, 우량기업 중 순이익이나 재무요건을 충족한 기업 위주의 1부(main board)시장으로만 구성된다. 반면 선전거래소는 1부시장 외에 나스닥과 유사한 중소형 기술기업 중심의 차스닥(Chasdaq)이 개설되어 있다.

한편 홍콩거래소는 1부시장외 1부시장 상장을 준비하는 기업을 대상으로 하는 성장기업시장(GEM : growth enterprise market)으로 구성된다. 홍콩의 H주는 등록지가 중국대륙이지만 홍콩에 상장하여 홍콩달러표시로 된 주로 중국 국영기업의 주식을 지칭한다. H주시장에서는 외국인이 자유롭게 거래할 수 있다. 레드칩(red chip)은 중국자본 소유이지만 회사의 등록지와 상장지가 모두 홍콩인 국영기업(전자, 통신, 금융, 부동

---

26 2003년과 2011년에 각각 도입된 적격외국인기관투자자(QFII : qualified foreign institutional investor)와 위안화 적격외국인투자자(RQFII : RMB qualified foreign institutional investor)를 말한다. QFII는 중국 역외의 외국인 투자자가 외화를 통해 중국 본토의 금융시장에 투자할 수 있게 한 제도인 반면 RQFII는 위안화로 투자할 수 있도록 허용한 제도다. 외화를 중국 외환시장에서 위안화로 환전해 투자해야 하는 QFII와 달리 RQFII는 환전절차 없이 위안화로 직접 투자할 수 있다. 또 50% 이상을 주식에 투자해야 하는 등 투자대상에 제한이 있는 QFII와 달리 RQFII는 투자자산 배분에 아무런 제한이 없다. 중국 증권감독관리위원회가 QFII 자격을 부여하고, 외환관리국은 개별 기관별로 투자한도를 승인하고 있다. RQFII도 중국 당국이 국가별, 기관별 한도를 설정해 허용하고 있다.

산 기업이 대부분)의 주식으로서 외국인의 거래가 가능하다.

〈표 10-9〉 중국주식의 분류

종류	개념	거래소	거래통화
A주	회사가 중국 본토에 설립되어 있고, 중국 본토 거래소에 상장되어 위안화로 거래되는 중국 증권	상해 선전	위안화
B주	회사가 중국 본토에 설립되어 있고, 중국 본토 거래소에 상장되어 있으나 위안화가 아닌 통화로 거래되는 중국 증권	상해 선전	미달러 홍콩달러
H주	회사가 중국 본토가 아닌 지역에 설립되어 있고, 홍콩거래소에 상장되어 있는 국영기업의 중국 증권	홍콩	홍콩달러
Red Chip	회사가 중국 본토가 아닌 지역에 설립되어 있고, 홍콩거래소에 상장되어 있는 국영기업의 중국 증권	홍콩	홍콩달러
P Chip	회사가 중국 본토가 아닌 지역에 설립되어 있고, 홍콩거래소에 상장되어 있는 민영기업의 중국 증권	홍콩	홍콩달러
해외상장주	회사가 중화권이 아닌 지역에 설립되어 있고, 미국, 영국, 싱가포르 등에 상장되어 있는 중국 증권	뉴욕 런던 싱가포르	미달러 영국파운드 싱가포르달러

중국 본토와 홍콩거래소 사이에는 내외국인 투자자들의 투자편의를 제고하기 위하여 거래 및 결제시스템을 연결하여 상호투자를 하게끔 하고 있다. 즉 상해와 홍콩 주식시장 간, 선전과 홍콩 주식시장 간 상호투자제도는 각각 후강퉁(沪港通)과 선강퉁(深港通)으로 불린다.[27] 후강퉁은 2014년 11월, 선강퉁은 2016년 12월부터 시행되었다. 외국인 투자자들은 QFII(적격해외기관투자자, 2003. 7월)와 RQFII(위안화 적격해외기관투자자, 2011.7월)에 이어 후강퉁과 선강퉁의 시행으로 별도의 인가를 받지 않은 기관과 개인 모두 상해와 선전 거래소의 상장종목에 대한 투자가 가능해졌다.

---

27 홍콩 및 해외 투자자들이 홍콩을 통해 상해거래소 상장주식을 매매하는 것은 후구퉁(沪股通, Northbound), 홍콩 및 해외 투자자들이 홍콩을 통해 선전거래소 상장주식을 매매하는 것은 선구퉁(深股通), 중국 본토 투자자들이 홍콩거래소 상장주식을 매매하는 것은 강구퉁(港股通, Southbound)이라고 한다.

〈표 10-10〉 중국 주식거래소 현황 (2015년 말 기준)

구분	상해		심천		홍콩	
	A주	B주	A주	B주	1부시장	GEM
상장기업수	1,067	52	1,717	50	1,521	200
시가총액	25.25조 위안		16.36조 위안		24.25조 홍콩달러	1800억 홍콩달러
평균PER(배)	14.81		42.37		10.69	11.52
가격지한폭	일반종목: ±10%, 특별관리종목: ±5%				없음	
거래시간(한국시간)	오전: 10:30~12:30, 오후: 14:00~16:00				오전: 10:30~13:00 오후: 14:00~17:00	

(3) 영국 주식시장

영국의 주식거래는 1801년 런던 소재 몇 개의 커피하우스를 중심으로 비공식적으로 주식거래를 하던 주식 중개인들이 런던증권거래소(LSE : London Stock Exchange)를 설립하면서 본격화되었다. 1973년 3월 전국 각 도시에 소재한 증권거래소들이 합병되어 단일증권거래소가 출범하였으며 현재는 런던, 버밍햄, 글래스고, 리버풀, 맨체스터 등 9개 주요 도시에 입회장을 두고 있는데 런던증권거래소가 대표적이다.

런던증권거래소는 크게 3개의 시장으로 구성되어 있다. 1부시장(main market)은 중대형, 우량종목이 상장된 시장이다. 대체투자시장(alternative investment market)은 중소형 벤처 및 성장형 종목 중심의 시장이다. 전문증권시장(professional securities market)은 전문 기관투자자에 한정하여 자금을 조성하고자 하는 기업이 상장된 시장이다. 런던증권거래소의 1부시장과 대체투자시장은 NYSE 등 다른 증권거래소에 비해 상장 시 비용이 적게 들어 외국기업에게 매우 인기 있는 시장이다.

〈표 10-11〉 런던증권거래소의 상장요건 비교

	1부시장	대체투자시장
주식분산	총발행주식의 25%이상 주식분산	없음
거래실적	3년간 거래실적	없음
상장서류에 대한 사전검토 여부	UKLA의 사업설명서 검토 필요	없음
최소시가총액	공개주식의 최소시가총액 70만 파운드 이상	없음
자문인	Sponsor 선임	지정자문인(nominated advisor)

참고 10-4 증권거래소의 모태 커피하우스

세계에서 가장 먼저 설립된 런던증권거래소는 커피를 팔던 카페(cafe)인 커피하우스(coffee house)에서 유래되었다. 커피는 17세기 후반 유럽에 전파되어 큰 인기를 끌면서 1700년대 초 런던에는 이미 8,000여 개의 커피하우스가 성행하였다. 커피하우스에서는 제각기 비슷한 관심을 가진 사람들이 모여 보통 1페니짜리 커피를 마시면서 정보를 교환하였다. 이에 따라 사람들은 1페니의 비용으로 많은 것을 배울 수 있는 곳이라 하여 커피하우스를 1페니대학(Penny University)이라고도 불렀다. 런던에서 가장 유명했던 두 커피하우스 중 로이드 커피하우스는 로이드 보험으로, 조나단 커피하우스는 런던증권거래소가 되었다.

특히 1571년에 국가 지정 공식거래소로 출범한 왕립증권거래소(The Royal Exchange)는 출입에 신분적 제약이 있어 그 주변의 커피하우스에서 주식과 관련된 많은 정보교환이 이루어졌다. 주식거래 규모가 점점 커지면서 왕립증권거래소에서 모든 거래를 처리하기에는 공간적인 제약이 있었다. 이에 따라 왕립거래소는 1697년에 조나단 커피하우스와 협약을 맺어 공간부족 문제를 해결하였다. 이와 함께 커피하우스에서 이루어지던 증권전문가의 고객에 대한 상담과 조언과 같은 서비스를 제공해 주면서 런던증권거래소로 발전하게 된다. 커피하우스는 당시 영국의 식민지였던 미국에서도 유행하였다. 보스턴의 머천트 커피하우스에서 주식경매가 최초로 이루어졌으며 뉴욕 월가의 톤틴 커피하우스는 뉴욕증권거래소로 발전하게 된다.

(4) 일본 주식시장

일본에서는 2013년에 동경증권거래소와 오사카증권거래소가 통합되어 지주회사인 일본거래소(JPX : Japan Exchange)가 발족되었다. 일본거래소는 현물주식 거래를 중심으로 한 동경증권거래소와 파생상품 거래를 주로 하는 오사카증권거래소를 자회사로 두고 있다.[28] 동경증권거래소에는 대기업 중심의 1부, 중견기업 중심의 2부, IT 및 바이오업체

---

28 일본거래소 발족 전 동경증권거래소는 5개 거래소(동경, 오사카, 나고야, 삿포로, 후쿠오카)의 현물주식 거래의 90% 이상을, 오사카증권거래소는 파생상품 거래의 50% 이상을 취급하였다.

등 고성장 신흥기업을 위한 MOTHERS(market of the high-growth and emerging stocks)가 있다. 또한 과거 오사카증권거래소 내에 있던 중소·벤처기업 업종을 주로 거래하는 JASDAQ시장을 별도로 가지고 있다. 일본거래소의 주식은 2013년 1월 4일 동경증권거래소 1부와 JASDAQ에 각각 상장되었다. 일본거래소는 자율규제법인인 동경증권거래소자주규제법인과 청산기구인 일본증권 클리어링 기구를 보유하고 있다. 한편 동경과 오사카 이외에 나고야, 삿포로, 후쿠오카 지역에 소규모 거래소가 있다.[29]

주식거래는 오전 9시부터 오후 3시까지 점심시간(11:30 ~ 12:30)을 제외한 시간에 이루어진다. 주식매매 후 결제는 일반적으로 매매계약 체결일 다음 3영업일(T+3)에 이루어진다. 개별종목 주가에 대한 일중 가격변동폭 제한은 우리나라와 같이 주가수준에 관계없이 모든 개별종목에 대하여 동일한 율로 변동폭을 제한하는 정률제가 아닌 주가수준별로 달리 설정하는 정액제를 적용하고 있다. 일본 주식시장에서 가장 보편적으로 사용되는 주가지수는 동경증권거래소 1부에 상장된 225종목을 대상으로 일본경제신문이 산출하는 주가평균방식의 NIKKEI225지수다. 그 외에 시가평균가중방식지수로서 동경증권거래소 1부시장에 상장된 국내주식을 대상으로 산출한 TOPIX지수와 JASDAQ시장에 상장된 전 종목을 대상으로 산출한 JASDAQ지수가 있다.

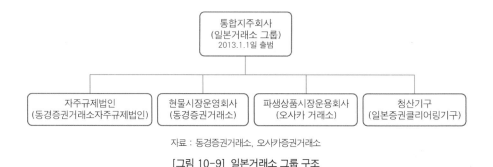

자료 : 동경증권거래소, 오사카증권거래소

[그림 10-9] 일본거래소 그룹 구조

---

29 나고야는 기존 기업을 위한 1, 2부 시장과 신흥·성장기업을 위한 Centrex가 있는 반면, 삿포로와 후쿠오카 거래소는 일반시장과 신흥·성장기업을 위한 Ambitious와 Q-board로 나누어져 있다.

> **참고 10-5**　**일본거래소 그룹 발족 배경**
>
> 일본증시의 장기침체로 상장기업수가 감소함에 따라 거래소의 시스템 유지비용이 크게 증가하게 되었다. 도쿄증권거래소의 경우 2008년 이후 상장폐지회사수가 신규상장기업수를 계속 상회하였는데, 기업조직개편(자회사화 및 합병, MBO 등)에 따른 자발적 상장폐지 이외에 경기부진에 따른 도산 등이 상장폐지의 주요 원인으로 작용하였다. 신규상장도 부진하였는데 이는 저금리기조가 장기간 지속되면서 차입 및 사채발행을 통한 자금조달비용이 낮아지면서 주식시장에서 자금조달 메리트가 크게 저하된 데 주로 기인하였다. 이에 따라 거래소들은 시스템 유지비용 절감을 통한 추가 투자로 거래시스템을 효율화하고 국내외 기업의 일본 내 상장을 촉진하는 한편 원자재 관련 새로운 시장 개척을 위해 통합을 추진하게 되었다.

(5) 독일 주식시장

독일에서 주식은 프랑크푸르트와 다른 7개의 지역거래소에서 거래되었다. 1585년 설립된 대표 거래소였던 프랑크푸르트거래소를 중심으로 8개 현물거래소가 공동출자하여 1992년 거래소 운영회사인 독일거래소(DB : Deutsche Börse)를 설립하였다. DB는 1994년에 독일선물거래소(DTB : Deutsche Terminbörse), 1996년에 독일결제기관(DKV : Deutscher Kassenverein)을 흡수통합함으로써 현선물 및 결제를 통합한 종합거래소로 발전하였다. DB는 1998년 DTB와 스위스의 선물·옵션거래소를 통합하여 파생상품거래소인 Eurex를 출범시켰다. DB는 국제증권예탁결제기관(ICSD)인 Clearstream을 소유하고 있으며 DAX지수를 산출하고 있다.

DB는 외국 증권거래소와의 합병을 지속적으로 추진해 왔다. 2012년에 이루어진 DB의 NYSE-Euronext와의 합병결의는 EU집행위원회가 합병법인이 유럽내 파생상품 거래에서 독점 가능성이 있다는 이유로 반대하면서 무산되었다. 2016년의 LSE그룹과의 합병결의는 영국이 EU에서 탈퇴하기로 결정한 가운데 ICE 등 미국계 거래소들의 유럽내 탄소배출권 등 신상품 관련 파생상품 거래를 적극 확장하고 있는 데 대한 유럽금융계의 우려를 감안해 이루어졌다.[30] 그러나 이번에도 EU집행위원회가 DB와 LSE의 합병법인이 유럽내 채권거래를 독점할 가능성이 크다는 이유를 들어 승인하지 않아 결국 무산되었다.

30　세계 최대 시장인 미국과 유럽 시장에서 현물은 ICE 산하의 NYSE와 LSE, 파생상품에서는 DB 산하의 Eurex와 ICE 산하의 LIFFE가 경쟁하고 있는데, LSE와 DB의 합병은 각각 파생상품과 현물 거래에서의 서로의 약점을 보완할 수 있을 것으로 평가되었다. 영국이 주도했던 탄소배출권 거래소인 Climate Exchange 등은 ICE그룹이 소유하고 있다.

(6) 프랑스 증권시장

프랑스는 1991년 파리증권거래소와 7개 지역거래소가 통합되어 단일 현물거래소가 출범하였다. 1998년에는 현물시장, 옵션시장, 신규시장과 3개 결제기관이 지주회사(SBF-Paris Bourse Group)의 자회사로 통합되었다. 1999년 5월에는 4개의 현물과 파생상품 시장을 통합하여 직접 운영하는 파리거래소(PB : Paris Bourse SA)가 출범하였다. 이로써 파리거래소는 현물시장, 선물시장, 옵션시장 및 신규시장을 직접 운영하고 결제기관, 정보제공회사, 전산설비회사를 자회사로 둔 종합거래소가 되었다.

2002년 파리, 브뤼셀, 암스테르담 거래소가 합병하여 Euronext로 출범함에 따라 파리거래소는 Euronext파리로 개편되었다. 이러한 통합은 유럽의 중심 주식시장이 되기 위하여 런던과 프랑크푸르트 거래소와의 경쟁에 대비하기 위한 것이었다. 우량주식들은 파리, 중소기업주식은 브뤼셀, 파생상품은 암스테르담 거래소에서 거래가 집중되었다.

Euronext는 산하에 3개의 거래소(Euronext파리, Euronext암스테르담, Euronext 브뤼셀)와 청산회사(Clearnet N.V.) 및 결제회사(Euroclear)를 자회사로 두고 있으며, 통일된 현선물 매매시스템, 단일주문장부, 단일회원제도 등을 통해 공동플랫폼를 구성하고 중앙화된 예탁 및 청산 서비스를 제공함으로써 고객의 편의를 제고하고 있다.

(7) 기타 주식시장

■ 싱가포르

싱가포르는 1999년 12월 싱가포르증권거래소(SSG : Singapore Stock Exchange)와 싱가포르국제금융선물거래소(SIMEX : Singapore International Monetary Exchange)를 통합하여 지주회사인 싱가포르거래소(SGX : Singapore Exchange)를 설립하였다. 지주회사의 설립으로 증권, 선물 및 결제관련 기관이 하나의 조직으로 통합되었다. 싱가포르거래소는 우량기업 위주의 1부시장(main board)과 중소 및 벤처기업 위주의 2부시장(catalist)으로 구분된다. 1부시장은 상장요건이 시가총액이 최소 3억 싱가포르달러 이상의 중대형기업으로 주주수가 최소 500명, 일반주주지분율이 12% 이상인 기업의 주식으로 구성된다. 2부시장에는 최소 시가총액 기준은 없으며 일반주주지분율이 최소 15%에 주주수가 200명 이상인 기업이 상장할 수 있다.

싱가포르거래소는 높은 국가신용등급(AAA) 및 국제적 지명도에도 불구하고 주식 거래량이 적고 주요 상장상품이 외국 주가지수나 외국통화에 편중된 문제점을 가지고 있었다. 이에 따라 싱가포르거래소는 2010년 11월 호주증권거래소(ASX)를 84억 달러에 인수하기로 합의하였다. 이는 주요 선진국 거래소 간 합병이 가속화됨에 따라 아태지역 증권거래소도 합병을 통해 비용 절감, 신상품 개발 및 거래규모 확대 등을 통해 국제경쟁력을 제고하는 것이 시급하였기 때문이다. 아울러 dark pool과 같은 대체거래시장(ATS)의 확산으로 이들 거래소 수익원이 점차 위축되는 상황을 합병을 통해 타개하려는 동기도 작용했다. SGX와 ASX의 합병 결정은 아태지역 최초의 증권거래소 간 통합이며 역내 최초의 범지역적(pan-regional) 증권거래소의 탄생이라는 점에 의의가 있었다. 그러나 호주정부가 SGX가 ASX를 인수합병하는 방식이 호주 금융산업이나 국익에 저해된다는 사유로 합병을 불허함에 따라 무산되었다.

■ 호주

호주의 주식거래는 1861년 멜버른에서 개장한 호주증권거래소(ASX)를 중심으로 몇 개의 소규모 거래소에서 이루어졌다. ASX는 1987년 6개의 소규모 주식거래소를 합병하고 합병법인의 주식을 1998년 10월에 상장하였다. ASX는 2006년 7월 시드니 선물거래소(Sydney Future Exchange)를 합병함으로써 상장된 거래소 중에서는 세계에서 9번째로 큰 거래소가 되었다. ASX에 상장을 원하는 기업은 다음 세 가지 카테고리에 속해야 한다. 첫째, 호주에 등록된 국내법인을 대상으로 한 일반적인 상장요건(general admission)이 있다. 최근 3개년 세전 연결이익 합계가 100만 호주달러 이상이고 순유형자산(net tangible assets)이 300만 호주달러 이상이 될 것 등의 자산이익 요건(asset/profit test)을 충족해야 한다. 그 외 2,000호주달러 이상의 주식을 가진 주주가 300명 이상이고 50% 이상을 일반대중이 보유해야 하는 주주분산 요건도 충족해야 한다. 둘째, 외국기업을 대상으로 한 요건(foreign exempt entity)으로 국제거래소연맹(International Federation of Stock Exchange)의 회원인 외국증권소에 상장된 기업으로서 순유형자산이 20억 호주달러 이상이거나 최근 3년간 영업이익이 2억 호주달러 이상이어야 한다.

한편 글로벌 대체 증권거래소인 차이-X오스트레일리아가 2011년 11월부터 호주에서 영업을 시작하면서 주식거래소는 복수 경쟁체제에 돌입했다. 차이-X오스트레일리아는 호주 최초의 외국계 증권거래 운영업체로 일본 증권사 노무라홀딩스 소유로 뉴욕에 본사를 두고 캐나다와 일본에 진출한 차이-X글로벌의 자회사이다.[31] 차이-X글로벌과 같은 대체 증권거래소는 ASX와 같은 전통적인 장내거래소가 전산시스템의 오류 등으로 거래가 중단될 때 대체적인 주식중개수단을 제공할 수 있으므로 주요국에서 점차 확산되는 추세다.

■ 대만

주식거래는 1962년 2월 대만증권거래소(TSE : Taiwan Stock Exchange)가 설립되면서 본격화되었다. TSE는 1971년부터 가중평균주가지수인 가권지수(Taiwan Capitalization Weighted Stock Index)를 공표하기 시작하였으며 1988년 전산화된 거래체결시스템을 채택하였다. TSE는 1990년부터 대만증권예탁원(Taiwan Securities Central Depository Company)을 통해 증권의 예탁과 결제를 처리하고 있다. 한편 고성장하는 중소기업의 자금조달을 지원하고 자본시장을 발전시키기 위해서 1994년 7월에 GTSM(GreTai Securities Market)이 발족되었다. GTSM은 대만증권협회, TSE, 대만증권예탁원의 출연자금으로 운영되는 비영리기관으로, 이전에 존재했던 장외거래서비스센터(OTC Trading Service Center)를 발전시킨 조직이다. 1995년 12월부터는 GTSM Weighted Index를 발표하고 있다. GTSM은 2002년부터 신흥주식(emerging stock)이라 불리는 비상장주식을 위한 새로운 시장을 개설하였다. TSE는 우량기업 위주의 1부시장으로만 구성되어 있으나 상장요건을 일반기업과 기술기업으로 구분하여 차별화하고 있다. 기술기업으로 분류되는 경우 기업규모, 순익, 거래, 주식분산 등의 요건에서 완화된 기준이 적용된다. 2014년 말 현재 상장종목의 70% 이상이 설비, 자본재, 소재, 반도체 업종으로 구성되어 있으며 일본기업들이 중국 및 기타 아시아 시장에 진출하기 위하여 대만증권거래소에 상장을 많이 한다.

---

31 차이-X오스트레일리아는 씨티그룹, 크레디스위스, 모건스탠리, UBS, 메릴린치 등 22개 금융기관의 거래를 대행하고 있다. 거래대상 종목은 주요 지수인 S&P/ASX지수 편입종목 가운데 글로벌 광산업체인 BHP빌리턴과 호주 최대 건설회사인 라이튼홀딩스, 호주 최대 에너지 도매업체인 오리진에너지, 호주 최대 소매유통업체인 울워스 등 대기업 주식들이다. 차이-X오스트레일리아는 주식중개수수료로 ASX의 0.0015%보다 저렴한 0.0012%를 부과하고 있다.

■ 캐나다

캐나다의 주식거래는 1852년 설립된 토론토증권거래소(TSX : Toronto Stock Exchange)에서 대부분 이루어지고 있다. TSX는 토론토에 본사를 둔 TMX그룹에 의해 운영되고 있으며 2014년 말 현재 약 1,400여 개의 상장종목이 거래되고 있다. 상장종목의 60% 이상이 에너지 및 소재 업종으로 세계 어느 증권거래소보다 많은 광업·석유산업 기업의 주식이 거래되고 있다. 주식거래 전 과정을 자동화된 IT시스템으로 처리하는 최초의 증권거래소다. TSX는 대기업 및 우량기업 위주의 1부시장 외에 2001년 7월부터 NASDAQ과 유사한 2부시장인 벤처거래소(TSXV : TSX Venture Exchange)를 운영하고 있다. TSX 벤처거래소는 알버타와 밴쿠버에 있던 두 개의 벤처기업 전문거래소가 통합된 CDNX (The Canadian Venture Exchange)를 합병한 후에 설립되었다. TSX의 주요 주가지수는 S&P/TSX Composite Index이다. TSX보다 TSXV가 보다 완화된 상장기준을 적용받는다. 한편 몬트리올에는 별도의 파생상품 거래소가 운영되고 있다.

2011년 2월 LSE그룹은 TMX그룹과 포괄적인 주식교환 형태의 합병을 추진하기로 결정하였다. 당시 TMX의 주식가치는 29억 9천만 달러, LSE는 32억 5천만 달러였으며 LSE그룹과 TMX그룹이 합병법인(자본금 69억 달러)의 지분을 각각 55%, 45%를 보유하고 CEO는 LSE그룹의 최고경영자가 맡는 것으로 하였다. 이는 전 세계 주식거래소 중 광산·에너지 업종 비중이 가장 높은 두 거래소가 합병을 통해 원자재 및 자원 관련 시너지 효과를 도모하기 위한 것이었다. 그러나 캐나다 주요 은행들과 정책당국자들이 합병조건에 반대하여 무산되었다.

〈표 10-12〉 주요 거래소 상장종목의 상위 10대 업종 비중(%)

(선진국)

순위	NYSE		나스닥		동경		런던		토론토	
1	에너지	20	은행	20	자본재	27	소재	17	소재	40
2	부동산	15	바이오	19	소재	13	금융	15	에너지	20
3	자본재	13	S/W	14	S/W	10	에너지	13	금융	9
4	소재	11	설비	10	설비	10	S/W	11	부동산	8
5	S/W	9	헬스케어	9	소매	9	자본재	11	자본재	6
6	금융	8	자본재	8	소비재/의류	7	전문서비스	6	유틸리티	4
7	헬스케어	6	반도체	6	소비자서비스	7	부동산	8	바이오	4
8	소매	6	소매	5	전문	6	미디어	6	S/W	3
9	유틸리티	6	에너지	5	자동차	6	소비자서비스	5	설비	3
10	바이오	6	소비자서비스	4	식품/담배	5	설비	5	미디어	3

(신흥시장국)

순위	상해		홍콩A		싱가포르		대만	
1	자본재	23	부동산	15	자본재	28	설비	29
2	소재	22	소비재/의류	15	부동산	14	자본재	14
3	부동산	10	자본재	13	설비	11	소비재/의류	13
4	식품/담배	7	소재	13	소재	10	소재	13
5	소비재/의류	7	설비	10	에너지	9	반도체	13
6	바이오	7	금융	8	소비자서비스	7	부동산	6
7	소매	6	소비자서비스	8	식품/담배	6	자동차	3
8	운송	6	소매	7	전문서비스	5	식품/담배	3
9	유틸리티	6	S/W	6	소비재	6	은행	3
10	자동차	6	미디어	5	운송	5	운송	3

주 : 바이오-제약/바이오/생명과학
자료 : PWC-SAMIL (2015)

요약

1. 국제주식시장은 주식이 국경을 넘어 발행되고 거래되는 시장으로 좁은 의미로는 다국적기업 등이 본점 소재지가 아닌 외국에서 발행한 주식이 거래되는 외국의 주식시장이다. 넓은 의미로는 외국인이 투자하는 국내주식이나 내국인이 투자하는 해외주식에 대한 거래가 이루어지는 모든 시장을 지칭한다. 국제주식 발행시장은 국내기업이 해외에서 기업공개를 통해 주식을 발행·상장하는 시장과 외국기업이 국내에서 기업공개 등을 통해 주식을 발행·상장하는 시장을 모두 포함하며 유·무상증자를 통한 주식의 발행도 포함한다. 국제주식의 발행자는 국제채권과는 달리 글로벌 기업들이 대부분을 차지하고 있다. 국제주식 유통시장은 외국인이 국내주식을 매매하는 시장과 내국인이 외국주식을 매매하는 시장을 모두 포괄한다.

2. 주요 선진국의 주식시장은 1980년대 중반 이후 영국의 빅뱅과 같은 금융규제 완화 및 자본시장 개방 조치로 국경 간 주식투자가 늘어나면서 본격적인 국제화가 이루어지기 시작했다. 1990년대 말 아시아 금융위기 이후 2000년대 초반까지 신흥시장국의 금융시장 개방 및 규제 완화가 진전되고 미국의 '그램-리치-블라일리법' 제정으로 은행, 증권, 보험 등 금융산업 간 겸업이 대폭 허용되고, 닷컴 기업들의 상장 증가로 주요 주식시장의 국제화가 가속화되었다. 아울러 주요 증권거래소들 간 합병이 확대되면서 주식시장의 통합 속도는 더욱 빨라졌다.

3. 주식시장의 국제화는 발행기업에게는 자본조달 경로를 해외로 다변화하고 기업의 국제적 명성을 높일 수 있는 기회를 제공한다. 또한 투자자에게는 투자포트폴리오 다양화를 통해 국제투자에 따른 위험분산을 가능케 해 준다. 국민경제 측면에서도 외국인의 국내기업 투자 확대에 따른 기업 지배구조의 선진화, 선진 경영·금융기법의 도입, 시장 효율성 제고 등 긍정적인 효과를 기대할 수 있다. 반면 주식시장의 국제화로 인해 단기적인 이익 추구를 위한 외국인 투자자금의 유출입이 빈번해지면서 주식시장의 변동성이 커지고 외국인 투자자의 적대적 인수합병 시도로 국내기업

의 경영권이 위협받는 등의 부정적인 영향도 초래될 수 있다. 국제주식 투자방법은 홈트레이딩을 통한 해외주식 직접투자, 해외주식투자펀드 가입을 통한 간접투자, 발행기업의 본국 주식 대신 거래되는 주식예탁증서를 통한 투자 등이 있다.

4. 국제주식은 일반적인 주식과 마찬가지로 기업공개, 유상증자, 무상증자 및 주식배당 등의 형식으로 발행될 수 있는데 대부분 기업공개와 유상증자 형식으로 발행된다. 국제주식의 발행형태는 크게 해외주식시장에서의 직접발행과 주식예탁증권을 통한 간접발행이 있다. 주식예탁증권은 국내의 발행기업이 외국의 예탁기관과 예탁계약을 체결하고 원 주식을 국내의 보관기관에게 보관한 다음, 예탁기관이 이 원주를 근거로 외국의 주식시장에서 해당 주식을 발행하고 유통시키는 주식대체증서를 말한다.

5. 유통시장은 자기고유의 계정이나 명의로 주식을 매매하는 딜러시장과 매수자와 매도자의 주문을 단순히 연결시켜 주는 대리인시장으로 구성되어 있다. 또한 주식의 매매가 거래소와 같은 물리적 공간 내에서 이루어지는 장내시장, 거래소 밖에서 전자거래시스템 등을 통해 매매가 이루어지는 장외시장, 주식의 상장이나 등록과 같은 발행시장 기능이 없이 전자거래시스템에 의해 주식유통만 이루어지는 대체거래시장으로 구분된다. 국제주식의 거래에서는 시장조성자, 트레이더, 판매인, 중개인 등의 역할이 필요하다. 시장조성자는 주식공모발행 후 유통시장에서 해당 주식의 거래를 원활히 하기 위해 매수와 매도가격을 동시에 제공하는네 주로 주간사 내형 증권사들이 담당한다. 뉴욕증권거래소에서 주식거래는 스페셜리스트라는 거래의 핵심적인 역할을 담당하는 자에 의해 연속적인 경매방식으로 이루어진다. 나스닥시장은 물리적 거래장소 없이 매매자들이 시장조성자에게 Nasdaq Workstation, SOES, SelectNet 등과 같은 다양한 전자거래시스템을 이용하여 주문을 한다.

6. 국제주식투자는 해외통화로 결제됨에 따라 환위험이 추가로 발생하고 실 시각 거래가 어려운 경우가 많으며 국내주식과 달리 해외주식을 거래할 때 거래비용이 상대적으로 높고 차익이 발생하면 양도소득세가 부과된다는 점에 유의해야 한다. 반면 국제주식투자로 인해 국내주식투자 시 부담해야 하는 체계적 위험을 제거할 수 있

는 위험감소(국제분산투자효과)와 투자대상의 다양화 등의 긍정적 효과를 기대할 수 있다.

7. 주가지수 산정에 있어 주가평균방식 또는 가격가중방식은 비교연도와 기준연도의 주가를 단순평균하여 비교하는 방식이다. 즉 대상종목의 주가를 단순합산하여 종목수로 나눈 주가를 비교하는 방식으로 미국의 다우존스 산업평균과 일본의 닛케이 평균주가가 대표적이다. 반면 시가총액방식은 기준연도의 개별주식 주가에 상장주식수를 곱해 구해진 시가총액을 현재시점의 시가총액과 비교하여 현재의 주가수준을 평가하는 방식이다. 미국의 S&P500지수, 홍콩의 항셍지수, 우리나라의 KOSPI, KOSDAQ, KRX 지수 등 대부분의 주가지수는 시가총액가중방식을 채택하고 있다. 국제투자자들이 주식투자를 할 때 국별·종목별 투자자금 배분 시 벤치마크로 활용하는 주가지수로는 MSCI지수와 FTSE지수가 있다.

8. 세계의 주요 거래소들은 경쟁력 강화를 위해 전통적인 상호회사에서 주식회사로 전환하면서 주식을 상장하고 다른 거래소와의 인수합병을 통한 결합을 추진하고 있다. 수평적 결합은 주식거래소 간, 파생·채권·상품거래소 간, 청산·예탁·결제기관 간, 수직적 결합은 주식거래소와 정보시스템업체 간, 주식거래소와 청산·예탁·결제기관 간, 파생·채권·상품거래소와 정보시스템업체 간 결합으로 구분된다. 중국의 상해와 선전 주식거래소에서 A주는 중국 국내회사가 발행하여 국내기관 및 개인(홍콩, 대만 제외)을 대상으로 위안화로 거래되는 보통주를 의미하여 중국당국으로부터 승인된 적격외국인기관투자자나 위안화 적격외국인투자자 이외의 외국인 개인은 매매할 수 없다. B주는 액면가는 위안화로 표시되지만 외화(상해는 미달러, 선전은 홍콩 달러)로 거래하는 외국인을 대상으로 하는 주식이지만 2001년 2월부터 내국인의 거래도 가능해졌다.

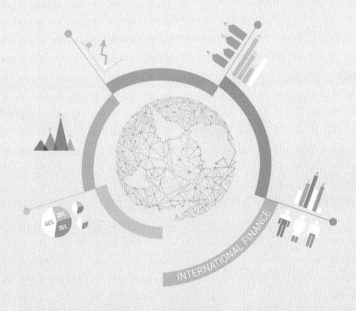

CHAPTER

11

국제금융위험 및 환위험 관리

제1절 국제금융거래의 위험

국제금융은 거래가 거주자와 비거주자 간 또는 비거주자 상호 간에 이종통화로 이루어짐에 따라 거래가 자국통화(domestic currency)로 국내에서 이루어지는 국내금융거래에 비해 여러 가지 위험이 수반된다. 일반적으로 국제금융거래에 수반되는 위험은 예상하지 못한 환율·금리 변동이나 거래상대방의 계약불이행 등으로 인하여 자금결제나 보유외화자산의 가치보전 면에서 손실이 발생하거나 실제 실현된 이익이 기대에 미치지 못하게 되는 위험을 말한다.

국제금융거래에 수반될 수 있는 다양한 위험을 일반적인 체계로 분류하는 것은 쉽지 않은데 이는 위험을 보는 관점과 위험을 관리하는 목적에 따라 그 유형이 다르게 분류될 수 있기 때문이다. 여기에서는 금융기관, 특히 은행의 관점에서 금융기관이 국제금융거래 시 직면하게 되는 다양한 위험을 유형별로 간략히 살펴보기로 한다. 금융기관이 직면하는 국제금융위험은 통상 미래의 불확실성으로 인해 초래될 수 있는 부정적인 영향으로 이해된다. 이를 크게 환율·금리위험(exchange and interest rate risk), 신용위험(credit risk), 유동성위험(liquidity risk), 운영위험(operational risk), 그리고 국가위험(country risk) 등으로 분류할 수 있다.

환율 및 금리 위험은 예상치 못한 환율 및 금리 변동으로 자금조달비용 상승과 운용수익의 감소가 초래되거나 외환포지션의 감가나 환차손 등이 초래될 가능성을 말한다. 외환시장에서의 환위험은 환거래자가 매도초과포지션(short position) 또는 매입초과포지션(long position)을 보유한 경우에 예상치 못한 환율변동으로 인하여 환차손이 발생하거나 환차익이 예상보다 감소할 수 있는 위험[1]을 말하며 금융시장에서의 금리위험은 일반적으로 조달한 자금(부채)과 대출 등으로 운용하는 자금(자산)의 만기불일치 상태에서 발생하는 금리변동위험을 의미한다.

신용위험은 결제의무자의 지급불능 또는 지급거부로 인해 초래되는 위험으로 계

---

1   예를 들어 미 달러화의 매입초과포지션을 보유하고 있는 경우에 미 달러화가 예상외로 절하됨으로써 보유포지션의 감가 또는 환차손이 발생할 수 있는 위험을 말한다.

약상의 지급의무자가 지급의무를 이행하지 못할 경우 발생하게 된다. 신용위험은 금융기관, 특히 은행이 금융 중개업무를 하면서 직면하게 되는 가장 큰 리스크 중 하나이며 보다 광의의 개념으로 거래상대방의 신용등급 하락 등으로 인한 손실 가능성도 포함한다. 신용위험도 금융시장에서의 신용위험과 외환시장에서의 신용위험으로 구분할 수 있다.[2]

유동성위험은 특정자산을 현물화 또는 가용자금화 하는 데 따르는 불확실성, 즉 필요한 자금을 적정한 가격으로 시장에서 즉시 조달할 수 없는 경우에 발생하는 위험을 말한다. 유동성위험은 자금조달원의 예상하지 못한 변화로 발생하는 자금조달위험(funding liquidity risk)[3]과 시장에서의 거래량이 부족하여 정상적인 가격으로 거래할 수 없는 시장유동성위험(market liquidity risk)[4]으로 구분할 수 있다.

운영위험은 담당직원의 전문성 결여, 부적절하고 비효율적인 내부절차 및 시스템 등 내부요인, 또는 다양한 외부요인에 의해 손실이 발생하는 경우의 위험을 말한다. 최근 국제금융환경이 급변하는 가운데 금융 규제완화(deregulation) 및 세계화(globalization), 금융관련 정보기술의 복잡성 증대 등으로 금융기관 업무와 금융상품이 더욱 복잡·다양해지면서 이와 관련된 운영위험이 증가하고 있다.[5]

한편, 기본적으로 국제금융거래에서 국가위험은 투자대상국에서 예상치 못한 제도변경이나 규제조치 등이 실시됨에 따라 투자자에게 투자손실 또는 불이익이 발생하

---

2 금융시장에서의 신용위험은 채무자가 채무만기일에 약정원리금을 상환할 수 없는 경우, 즉 은행이나 자금대여자의 입장에서 대출 원리금이 만기에 회수될 수 없는 위험을 말한다. 외환시장에서의 신용위험은 거래당사자의 파산이나 상이한 영업시간대의 결제시차 등으로 인하여 해당 거래통화의 인도·인수가 시행되지 못할 경우 발생하는 위험을 말한다. 외환시장의 신용위험에는 시장위험(market risk)과 인도위험(delivery risk)인 결제위험(settlement risk)이 있다.

3 금융기관의 자산과 부채의 만기 불일치 정도가 크거나 예상치 못했던 대규모 자금유출로 인해 금융기관이 지급불능 상황에 빠지거나 초래된 부족자금을 매우 높은 금리로 조달하게 되는 위험을 말한다. 자금조달위험은 특정기간 중 현금의 유입과 유출을 예측하고 이를 비교·분석함으로써 관리될 수 있다.

4 예를 들어 보유하고 있는 자산을 긴급하게 처분하려 할 때 거래가 이루어지지 않거나 싼 가격에 매도하여 상당한 매매손실을 감수하여야 하는 위험이다. 이는 발행규모가 적거나 유통시장이 제대로 발달되어 있지 않은 경우에 많이 나타난다.

5 대규모의 금융기관 손실을 초래했던 최근의 금융·외환위기 및 은행위기는 표면적으로는 위에 언급한 다른 유형의 위험에 따른 것으로 보이지만 상당부분은 운영위험과 관련이 있는 것으로 이해되고 있다.

게 될 가능성을 의미한다.[6]

제2절 국제금융의 환위험

국제금융의 환위험(foreign exchange risk)은 미래의 예상하지 못한 환율변동으로 인하여 기업이 보유하고 있는 외화표시 순자산(자산 - 부채)의 가치 또는 외환포지션의 순가치가 감소될 수 있는 위험을 의미하며, 국제금융거래에 수반되어 발생할 수 있는 위험 중 가장 큰 위험이라고 할 수 있다. 환위험의 크기는 환노출(foreign exchange exposure)의 크기와 형태, 환율의 변동성, 환노출의 기간 등에 따라 결정된다. 여기서 환노출은 환율변동에 따른 환차손(exchange loss)과 동시에 환차익(exchange gain) 발생 가능성까지를 포함하는 중립적인 개념이며 환리스크는 일반적으로 환율변동에 따른 환차손의 발생가능성을 지칭한다.

이와 같은 국제금융의 환위험은 환노출 발생원인에 따라 경제적 환노출(economic exposure), 거래적 환노출(transaction exposure), 그리고 환산 환노출(translation exposure)로 구분할 수 있다. 경제적 환노출은 기업이 미래에 벌어들일 수 있는 수익능력이 환율변동에 따라 영향을 받는 정도를 의미하며, 거래적 환노출은 개별 거래의 수익이 계약시점과 결제시점 사이의 환율변동에 따라 영향을 받는 정도를 의미한다. 환산 환노출은 기업 재무제표상에서 표시되는 통화의 환율이 변화하여 초래된 영향을 의미하며 과거 사건에 대한 현재의 측정과 관련된다. 여기에서는 이러한 세 가지 환노출에 대해 간략히 살펴보기로 한다.

---

6   예를 들어 투자대상국에서 정책당국의 원리금 상환 및 예치금의 동결, 외환시장의 일시적 폐쇄, 조세제도의 전면적 개편, 그리고 과실송금의 규제 등으로 인하여 투자가에게 재산손실이나 자산운용상에 불이익이 초래되는 위험을 말한다. 이 밖에 드문 경우로 투자대상국 정부가 자산의 강제몰수(confiscation) 또는 징발수용(expropriation) 조치를 취하거나 전쟁 · 혁명의 발발로 인한 자산가치의 손실 · 파괴 등도 이에 포함된다.

1. 경제적 환노출

예상하지 못한 환율의 변동에 의하여 기업의 가치가 영향을 받는 정도로 정의되는 경제적 환노출은 미래가격, 판매, 비용과 관련된 환율의 장기적인 영향과 관련된다. 환율의 변동은 장래 기업의 매출량, 제품가격 및 원가 등 실질적인 영업성과에 영향을 미치게 되고 이는 장래 현금흐름의 변동을 통하여 결국 기업의 장래 수익에 영향을 미침으로써 경제적 노출로 나타나게 되는 것이다.

경제적 환노출은 몇 주 혹은 몇 달 안에 이루어지는 단기적인 환율변동이라고 할 수 있는 거래적 환노출과는 구분되며, 기업의 장기적인 경영관점에서 볼 때 거래적 환노출이나 환산 환노출보다 훨씬 중요한 의미를 가지고 있다. 이는 자국통화 가치가 급속하게 대폭 변동할 경우 이는 해당국 기업의 국제경쟁력에 큰 영향을 미치기 때문이다. 예를 들어 1990년대에 미 달러화 가치가 급속히 상승하여 미국 제조업체들의 가격경쟁력이 급속히 하락하였다. 이에 따라 해외수출을 많이 하는 미국의 제조업자들은 수출량이 감소하고 시장점유율이 하락하는 결과가 나타났다. 그러나 2000년부터 2007년 사이에는 그 반대의 현상이 발생하였다. 미 달러화 가치가 하락하면서 미국 제조업자들은 세계 시장에서의 가격경쟁력을 높일 수 있었다. 이와 같이 환율의 변동은 세계 시장에서 기업의 경쟁 포지션과 현금흐름 및 시장가치에도 매우 큰 영향을 미칠 수 있다.

이와 같은 경제적 환노출은 일반적으로 무작위적 환율변동에 따른 기업의 자산과 부채의 자국 통화표시 가치, 그리고 기업의 영업현금흐름 민감도 등에 의해서 적절히 측정될 수 있다. 환율변동에 따른 경제적 환노출은 자산 환노출(asset exposure)과 운영 환노출(operating exposure)로 구분할 수 있다. 일반적으로 운영 환노출은 환율의 무작위적 변화에 의해 영향을 받는 기업 영업현금흐름의 규모로 정의될 수 있다. 여기서 한 가지 주목할 점은 경제적 환노출의 측정이 임의의 시간대에 걸쳐 미래 현금흐름의 측정에 초점을 맞추고 있어 상대적으로 주관적인 성격, 즉, 주관적인 경제분석의 성격을 지닌다는 점이다.

2. 거래적 환노출

거래적 환노출은 상품이나 용역의 수출입, 외화표시 자본거래, 기타 외화표시 현금흐름이 수반되는 거래에 따른 노출을 말하며, 환율변동에 의하여 외국통화로 표시된 채권이나 채무가 거래시점의 환율과 다른 환율에 의해서 결제될 때 발생한다. 즉 거래발생시점과 결제시점 간에 발생하는 환율변동에 의해 환차손 또는 환차익이 초래되는 것이다. 국가 간 거래는 일반적으로 계약에서 대금의 결제까지 상당한 기간이 소요되는데, 계약시점에서 지급 또는 수취하기로 한 외화금액의 자국통화 환산액은 계약시점과 결제시점 간의 환율차이에 의해 커지거나 작아진다. 또한 외화로 자금을 차입하여 이를 국내통화로 바꾸어 사용한 기업은 원리금 상환 시점에서 차입시점과 상환시점 간의 환율차이에 의해 환차손 또는 환차익이 발생하게 된다.

예를 들어, 어느 한국기업이 3개월 신용조건으로 미국의 고객에게 제품을 판매했고 10만 달러의 송장을 가지고 있다고 가정하자. 해당 한국기업이 3개월 후에 10만 달러를 수취할 때 (헤지를 하지 않으면) 사전에는 알 수 없는 만기일의 현물환율로 달러화를 한국 원화로 바꾸어야 할 것이다. 결과적으로 해외(미국) 판매로 수취하게 되는 원화 규모는 불확실하게 된다. 즉, 달러화가 원화에 대해 가치가 하락(상승)하게 되면 수취하는 원화는 감소(증가)할 것이다. 이와 같은 상황은 해당 기업이 거래적 환노출에 대해 아무런 조치를 취하지 않으면 미래의 환율에 대해 투기를 하는 것과 같다는 사실을 보여 준다.

거래적 환노출은 노출의 규모를 정확히 측정할 수 있다는 점에서 경제적 환노출에 비해 명확하게 정의된다. 거래적 환노출을 인식하는 데 가장 중요한 것은 인식의 시점으로, 경제적 관점에서 정확한 환노출의 인식시점은 거래주체가 거래상대방과 내부적으로 거래에 적용되는 환율을 확정한 시점이라고 할 수 있다.[7]

---

7   예를 들어, 수출업자는 서류상의 계약체결과 물품의 선적 시점에서, 또는 해외영업 담당자가 외국의 바이어와 상담을 완료한 시점에서 실질적으로 거래적 환노출이 발생한다. 또한 이와는 대조적으로, 이미 수출계약이 이루어졌으나 수출대금을 결제시점에서 동일한 국내통화금액으로 수취할 수 있도록 되어 있다면 거래적 환노출은 발생하지 않는다.

3. 환산 환노출

환산 환노출은 외화로 표시된 자산·부채와 수익·비용 등의 재무제표를 자국통화 또는 특정 기준통화로 환산할 때에 발생하는 가치변동을 말한다. 일반적으로 해외자회사의 재무제표를 자국통화로 평가하기 위해서는 회계원칙에 따라 재무제표 각 항목에 대하여 일정한 환산환율을 적용한다. 이때 결산일 현재 환율 또는 역사적 환율 등 적용하는 환율에 따라 자국통화로 표시된 자회사의 자산가치가 달라지게 된다. 환산 환노출은 '서류상' 이득이나 손실로서 실현되지 않은 것으로 여겨지지만 중요한 의미를 지닌다.

예를 들어, 중국에 지사가 있는 한국 기업을 생각해 보자. 만일 중국 위안화의 가치가 원화에 비해 현저하게 하락했다면 이것은 중국 지사 자산을 실질적으로 감소시키고 나아가 기업의 연결 대차대조표에 보고된 자산의 총원화가치를 하락시킬 것이다. 이로 인해 기업의 부채비율이 늘어나 대출비용이 증가하고 자본시장에의 접근도 제한될 것이다. 이와 같은 논리로 한국 기업이 유럽연합(EU)에 자회사를 보유하고 있다고 가정해 보자. 만약 원화에 대한 유로화의 가치가 해당기간 중 급속하게 하락했다면, 이 자회사가 유로로 벌어들인 수익의 원화가치가 감소할 것이고 이로 인해 부정적인 환산 환노출이 초래될 것이다.[8]

제3절 국제금융의 환위험 관리

국제금융의 환위험 관리는 예상하지 못한 환율변동에서 초래되는 환위험을 최소화하거나 환차익을 극대화하기 위한 대내외적인 관리전략 및 관리기법을 말한다. 환노출 관리는 거래적 환노출이나 환산 환노출에 역점을 둔 단기적 성격의 환노출 관리와, 경제적 환노출에 초점을 두고 기업의 장래 현금흐름의 순가치를 극대화하기 위한 장기적인 환

---

8   실제 예로 미국 기업들이 2000년 유로화의 가치가 미 달러화에 비해 급속하게 하락함에 따라 유럽에서 환산 환노출로 고통을 겪은 사례를 들 수 있다.

노출 관리로 크게 구분할 수 있다.[9] 여기에서는 단기적 관점에서의 거래적 환노출 및 환산 환노출 위험관리에 초점을 두고 간략히 살펴보기로 한다.[10]

1. 대외적 환위험 관리기법으로서의 파생금융상품거래

파생금융상품은 기초자산과 계약형태, 그리고 거래방법에 따라 다양한 형태로 구분되는데, 국제금융의 환위험을 관리하기 위한 주요 기법으로 활용되고 있다. 파생상품을 이용한 환위험 관리는 외환(통화)이나 환율을 기초자산으로 하는 파생상품거래를 통해 환위험을 헤지하는 것이다. 즉, 환노출과는 반대방향의 위험을 가지는 파생금융상품을 통해 위험을 상쇄시키는 것이다. 환위험 관리를 위해 주로 사용하는 파생금융상품거래는 선물환, 외환스왑, 통화스왑, 통화선물 그리고 통화옵션 등으로 구분할 수 있다. 이하에서는 언급한 파생금융상품거래의 개념에 대해 간략히 살펴본다.[11]

1.1 선물환거래

선물환거래는 외환을 거래하는 쌍방이 미래 일정시점에서 수도할 특정외환의 가격을 현재시점에서 미리 약정하는 거래를 말한다. 선물환거래는 거래시점과 결제시점 간에 발생하는 환율변동으로 초래될 수 있는 환위험을 헤지하는 방법으로 널리 이용되고 있

---

9   장기적인 환노출 관리는 재무관리를 포함하여 생산관리, 마케팅관리 등으로 구성된다. 경제적 환노출을 줄이기 위해서는 재무관리의 영역을 넘어서는 전략이 필요하다. 즉, 경제적 환노출을 최소화하기 위해서는 기업의 생산기지를 다양한 장소로 분산해 기업의 장기적인 재무 안정성이 환율변동에 심각한 영향을 받지 않도록 해야 한다. 이것은 규모가 큰 기업이나 작은 기업 모두 일반적으로 추구하는 전략이다.

10 환위험을 관리하기 위해서는 환위험의 측정이 우선되어야 한다. 일반적으로 거래적 환노출은 수출-수입거래의 환노출, 자금거래의 환노출로 구분하여 측정하고, 환산 환노출은 외화환산방법에 따라 유동성-비유동성 방법(current-noncurrent method)과 화폐성-비화폐성 방법(monetary-nonmonetary method), 그리고 결산일 환산법(current rate method)으로 구분하여 측정한다. 환율변동이 기업의 상품판매량, 판매가격, 제조비용 등에 영향을 미쳐 기업의 장래 현금흐름의 순가치 변동을 초래하는 장기적인 경제적 환노출은 해당 변수에 대한 여러 가지 가정을 기초로 측정한다. 이와 같은 다양한 환위험의 구체적인 측정 사례는 다른 서적들이 자세히 다루고 있으므로 본 책자에서는 생략하기로 한다.

11 이에 대한 자세한 내용은 국제금융 위험관리에 대한 다른 서적들에서 자세히 다루고 있으며 제5장 제1절 '우리나라의 외환시장'에서 비교적 자세히 다루었으므로 중복을 피하기 위해 개념적인 수준에서 간략하게 논의하기로 한다.

다. 환노출의 크기나 발생시점에 따라 헤지금액이나 만기를 계약당사자 간에 임의로 정할 수 있는 편리한 수단으로, 환위험 관리를 위한 파생금융상품거래 중 제일 많이 이용하는 방법이다. 즉, 선물환 헤지는 상품의 수출·수입 거래에 수반되는 환위험뿐만 아니라 자본거래, 특히 해외 포트폴리오 투자에서 발생하는 환위험을 효율적으로 방어하는 수단으로도 광범위하게 활용되고 있다.

선물환거래를 통한 환위험 헤지의 간단한 예를 들어 보기로 하자. 예를 들어, 수출업체가 3개월 후에 수출대금(미 달러화)을 수취하기로 계약하는 경우 현재 계약시점의 선물환율인 1,100원에 선물환 매도계약을 체결하면 3개월 후에 현물환율이 어떻게 변하더라도 계약환율인 1,100원에 미 달러화를 매도할 수 있다. 반면에 선물환 매도거래를 하지 않으면 3개월 후에 현물환율이 1,100원보다 높을 경우 환차익을 얻을 수 있지만, 3개월 후 현물환율이 1,100원 이하로 내려가면 환차손을 입게 된다. 이와 같이 환위험 관리를 위한 선물환거래는 미래 결제일에 적용할 환율을 거래시점에서 확정시킴으로써 유리한 환율변동에 따르는 기회이익을 포기하는 대신 불리한 환율변동으로부터 초래되는 환위험을 피할 수 있게 한다.

한편, 선물환거래를 통하여 환위험을 헤지하는 데에는 비용이 드는데 이 비용은 통상 현물환율과 선물환율의 격차인 스왑레이트(swap rate)로 계산한다. 일반적으로 선물환을 활용한 헤지 여부는 자금관리자의 환율전망이나 위험에 대한 태도, 그리고 여타 헤지방법에 대한 우위성 등을 종합적으로 검토하여 결정된다.

1.2 외환스왑거래

외환스왑거래는 거래 양 당사자가 현재의 계약환율에 따라 서로 다른 통화를 교환하고 일정기간 후 최초 계약시점에 정한 선물환율에 따라 원금을 재교환하는 거래를 말한다. 즉 외환스왑거래는 동일한 거래상대방과 현물환과 선물환(spot-forward swap) 또는 만기가 다른 선물환과 선물환(forward-forward swap), 현물환과 현물환(spot-spot swap; backward swap)을 서로 반대방향으로 동시에 매매하는 거래이다.

이와 같은 외환스왑거래는 일반적으로 외화자금의 흐름을 일치시키거나 외환거래

결제일을 연장 또는 단축함으로써 환위험을 관리하기 위해 이용된다.[12] 예를 들어, 어떤 투자자가 일본 엔화를 미 달러화로 전환하여 이를 3개월간 정기예치금으로 운용하고자 한다고 가정하자. 먼저 일본 엔화를 현물환시장에 매각하여 미 달러화를 매입하고, 매입한 미 달러화를 3개월 정기예금으로 예치하고, 이와 동시에 3개월 후 수령하게 될 미 달러화의 원리금과 같은 금액의 미 달러화 선물환을 일본 엔화를 대가로 매각함으로써 환위험을 회피하는 것이다.

또 다른 예로 수출자금 유입과 수입대금 유출이 빈번하게 발생하는 기업의 경우 각 거래에 대해 개별적으로 환위험을 관리하는 것보다 자금의 공급시점 및 수요시점을 예상하여 결제시점의 차이 기간 동안 외환스왑거래를 하면 보다 용이하게 환위험을 헤지할 수 있다. 마찬가지로, 당초 결제일보다 자금이 조기 또는 지연 회수될 경우 외환스왑거래를 통해 결제를 연장 또는 단축함으로써 결제일과 현금흐름의 시차문제를 해소할 수 있다.

참고 11-1 외환스왑거래의 사례

사례 1 수출입거래가 빈번한 기업은 외환스왑거래를 통해 수출 네고자금과 수입 결제자금의 흐름을 일치시킴으로써 환리스크를 헤지한다.

- 2010년 5월 31일 현재 A기업은 1개월 후 수출 네고자금으로 1억 달러가 유입되고 2개월 후 수입대금 1억 달러를 결제해야 한다. 이 경우 sell & buy(선물환(1개월) 매도/선물환(2개월) 매입) 스왑거래를 이용하여 자금흐름 시기를 일치시킨다.

5월 31일	sell & buy(1개월×2개월)스왑 1억 달러 계약 • 현물환율: 1,200원 • 1개월 선물환율: 1,203원 • 2개월 선물환율: 1,206원
6월 30일	수출 네고자금 1억 달러를 계약시점에서 정한 1,203원에 매도
7월 30일	수입 결제자금 1억 달러를 계약시점에서 정한 1,206원에 매입

---

12 외환스왑거래는 환위험을 회피하기 위한 수단 이외에도 특정 통화를 환위험 부담 없이 타국 통화로 전환하여 운용할 수 있게 함으로써 일정기간 동안 필요한 외화자금의 조달수단으로 이용된다.

| 사례 2 | 자금이 조기 또는 지연 회수될 경우 외환스왑거래를 통해 결제를 연장 또는 단축함으로써 결제일과 자금흐름의 시차문제를 해소하여 환리스크를 헤지한다. |

- B기업은 2010년 5월 1일 수출대금 1억 달러를 2010년 5월 31일에 매도하는 선물환거래를 체결하였는데 자금조달 일정의 차질로 인해 수출대금 유입시점이 6월 1일로 변경되었다. 이 경우 5월 31일 buy & sell(1일물)거래를 이용하여 자금결제일의 조정이 가능하다.

5월 1일	1억 달러를 1개월 후(만기 5월 31일)에 매도하는 선물환 매도계약 체결 • 현물환율: 1,200원 • 1개월 선물환율: 1,203원
5월 31일	buy & sell 스왑거래(1일물)를 통해 외화자금 1억 달러를 조달하여 선물환계약 환율인 1,203원에 매도
6월 1일	수출대금 1억 달러로 당일 만기 도래하는 buy & sell 스왑거래 결제자금을 상환

자료 : 한국은행, 우리나라의 외환제도와 외환시장 (2016. 1)

1.3 통화스왑거래

통화스왑거래는 외환스왑거래와 마찬가지로 두 거래당사자가 서로 다른 통화를 교환하고 일정기간 후 원금을 재교환하기로 약정하는 거래로, 단기적인 환위험 헤지수단이라기보다는 주로 1년 이상의 중장기적인 환위험 헤지방법으로 이용되고 있다.[13] 통화스왑은 당초 통화담보부대출(currency collateralized loans), 상호대출(back-to-back loan) 형태로 출발하여 장기선물환계약(long-term forward contracts), 직접통화스왑 그리고 채무스왑 형태로 발전하였다. 특히, 채무간 스왑은 이종통화표시 고정금리채무간 스왑(cross currency fixed to fixed debt swaps), 이종통화표시 변동금리채무간 스왑(cross currency floating to floating debt swaps) 등 거래목적에 따라 다양한 방법이 개발·이용되고 있다.

　　이와 같은 통화스왑거래는 기본적으로 특정 통화표시 자산이나 부채를 다른 통화표시 자산이나 부채로 전환함으로써 환위험을 회피한다. 예를 들어 미 달러화를 차입하는 경우 스왑당사자는 차입통화(미 달러화)를 현물환시장에서 매각하여 운용하고자 하는 통화(원화)로 전환하고 만기상환 시에는 스왑거래 상대방으로부터 당초 차입통화인

13 　통화스왑은 중장기적인 환위험의 헤지기능을 수행할 뿐만 아니라 차입비용의 절감과 자금관리의 효율성을 높여주고 새로운 시장에의 접근수단으로 이용되는 등 다양한 기능을 제공하고 있다.

미 달러화를 수취하는 대신 스왑계약 체결 당시 약정한 환율로 계산된 원화를 지급함으로써 환위험을 헤지하는 것이다. 또 다른 예로, 해외에서 채권을 발행하여 외화자금을 조달한 국내기업의 경우 외화자금을 통화스왑거래를 통해 원화자금으로 교환하여 사용한 후 외화채권 만기 시 통화스왑거래에서 상환 받은 외화로 외화채무를 상환함으로써 환위험을 헤지할 수 있다.

참고 11-2 통화스왑거래의 사례

고객과의 장기보험계약을 많이 보유하고 있는 생명보험회사는 운영자산과 부채의 만기 일치를 위해 장기자산에 대한 투자수요가 크지만 국내에서는 투자대상을 충분히 확보하기가 어려워 해외 장기채권 시장에 투자하고 있다. 이 경우 생명보험사는 아래와 같은 거래를 통해 해외 장기채권 투자로 보유하게 된 외화자산을 원화자산으로 전환하는 효과를 거둘 수 있다.

① 생명보험회사는 해외채권에 투자하기 위해 아래와 같이 스왑은행과 원화 원금을 지급하고 미 달러와 원금을 수취하는 통화스왑거래를 실시한다.
  • 명목원금 : 1억 달러(계약환율은 1,100원/달러)
  • 계약기간 : 10년(2010년 9월 30일 ~ 2020년 9월 30일)
  • 이자교환 : 통화스왑원리(원화고정금리) 3.00% 수취, 외화고정금리 1.50% 지급

② 생명보험회사는 통화스왑으로 조달한 외화자금을 만기가 동일한 해외 장기채권에 투자한다. 이 경우 생명보험회사의 계약기간 중 이자교환 흐름은 다음과 같다.
  • 생명보험회사의 수취이자 : 통화스왑금리 3.00%, 해외 장기채권 투자수익률 1.50%
  • 생명보험회사의 지급이자 : 외화고정금리 1.50%

③ 만기일(2020년 9월 30일)에 해외채권 투자자금을 회수하여 외국환은행에 미 달러화 1억 달러를 지급하고 이에 상응하는 원화(1,100억 원)를 상환 받음으로써 통화스왑거래는 종료된다. 이 사례에서 생명보험회사는 총 3.00%의 수익을 얻게 된다. 다만 동 수익률이 국내채권(국고채 등) 투자수익률보다 낮은 경우 이와 같은 거래에 대한 수요는 줄어들게 된다.

주 : 실선은 원금흐름, 점선은 이자흐름
자료 : 한국은행, 우리나라의 외환제도와 외환시장 (2016.1)

1.4 통화선물거래

통화선물거래는 선물환거래와 같이 특정통화를 일정기간 후 미래시점에서 약정가격으로 매입·매도하기로 한 금융선물거래의 일종이다. 그러나 통화선물거래는 거래 형태나 방법에 있어 선물환거래와는 전혀 다른 성격을 갖고 있을 뿐만 아니라 특히 거래동기에 있어서 통화선물거래는 특정통화를 장래에 실제로 인수·인도하기 위한 것이라기보다는 통상 현물환포지션과 대칭되는 통화선물포지션을 보유함으로써 환위험을 헤지하는 수단으로 널리 활용되고 있다. 즉, 통화선물을 이용한 환위험 헤지는 통화선물 매입 또는 매도 포지션을 보유함으로써 환리스크에 노출된 자산과 부채의 가치를 보전하는 방법이다.[14]

예를 들어 현재 한국의 A기업이 일본 엔화표시 미수금을 보유하고 있는 상황에서 향후 미 달러화에 대한 일본 엔화의 약세가 예상되는 경우 일본 엔화의 통화선물매도포지션을 보유함으로써 일본 엔화의 약세 실현에 따른 미수금의 감가를 통화선물포지션에서의 이익(현금수지 잉여)으로 상쇄할 수 있다. 미 달러화에 대한 일본 엔화의 약세가 일본 엔화의 선물매도포지션에서 이익을 실현함으로써 미수금에서의 감가를 상쇄할 수 있는 것이다. 한편, 이와 같은 통화선물계약을 이용한 헤지는 환차손을 회피할 수 있는 이점이 있으나 사후적으로 보면 유리한 환율변동에 따라 환차익을 실현할 수 있는 기회를 포기한 결과가 된다.

참고 11-3 CME의 주요 통화선물 투기적 순매수 포지션

시카고상업거래소(CME : Chicago Mercantile Exchange)의 주요 통화선물거래에서 투기적 순매수 포지션(speculative net long position)은 해당 통화에 대한 수요가 얼마나 투기적인 요인에 의해 형성되었는지를 보여 주는 지표다. 미국에서는 선물과 옵션거래 시 투자자들이 거래목적을 미국 상품선물거래위원회(CFTC : Commodity Future Trading Commission)에 신고하는데 상업용(commercial)과 비상업용(non-commercial)으로 구분된다. 상업용은 기업 등이

---

14 통화선물계약을 이용하여 일정통화의 포지션을 완전헤지 하기 위해서는 선물계약포지션의 가치와 헤지 대상이 되는 외화포지션의 가치가 환율변동에 대해서 동일폭만큼, 그러나 서로 반대방향으로 변동하여야 한다.

상품수출 후 헤지 목적으로 선물거래를 할 때의 포지션을 말하며, 비상업용은 상업용 이외의 목적으로 매매한 포지션을 뜻한다. 투기적 순매수 규모로 비상업용 롱포지션(매수)에서 비상업용 숏포지션(매도)을 뺀 순매수 포지션으로서 해당 통화에 대한 실수요 이외에 금융적, 투기적 수요의 방향과 크기를 판단할 수 있다. 순매수 포지션의 추이를 통해 해당상품의 가격변동에 대한 시장 컨센서스를 유추해 볼 수 있는데, 과거 추이를 보면 대체로 상품의 선물가격과 투기적 포지션이 유사하게 움직인다. 예를 들이 엔화 통화선물기레에시 투기적 순매수 포지션이 증가(감소)하면 향후 엔화가치가 상승(하락)할 것으로 판단하는 투자자가 많다는 의미로 해석될 수 있다.

1.5 통화옵션거래

통화옵선거래는 옵선매입자에게 계약 시 정한 금액의 특정외국통화(기초자산)를 미래의 약정시점(만기일 또는 만기 이전)에 특정가격(환율)으로 매입(call option)하거나 매도(put option)할 수 있는 권리를 매매하는 거래다. 통화옵션은 환율보험 또는 외국통화보험의 성격을 갖는 금융자산으로서 옵선매입자는 보험료의 성격을 갖는 옵선가격(프리미엄)을 지급하고 이후 환율변동에 따라 자유롭게 옵션을 행사하거나 행사하지 않음으로써 권리를 포기할 수 있다. 반면 옵선매도자는 옵선매입자가 권리를 행사할 경우 반드시 계약을 이행해야 하는 의무를 부담한다.

통화옵션은 선물환시장이나 통화선물시장이 제공하지 못하는 권리에 대한 선택권을 부여함으로써 보다 안정적이고 다양한 헤지기회를 제공하는 환위험 관리기법이다. 즉 통화옵선거래는 선물환거래와 달리 시장환율이 옵선매입지에게 유리한 경우에만 옵션을 선택적으로 행사할 수 있기 때문에 옵선매입자의 손실은 프리미엄에 국한되는 반면 이익은 환율변동에 따라 무제한적이라는 비대칭적인 손익구조를 가지고 있다. 아울러 선물환이나 통화선물에 비해 거래비용이 적게 들고(레버리지효과), 여러 가지 옵선상품 등을 합성하여 고객의 헤지수요에 맞는 다양한 형태의 상품개발이 가능하다는 장점이 있다.

이와 같은 통화옵션은 장내시장에서도 거래되고 장외 형태로도 거래되며 현물통화를 거래대상으로 하는 현물환옵션(options on spot exchange)과 통화선물계약을 거래대상으로 하는 통화선물옵션(options on foreign currency futures)으로 구분할 수 있다.

2. 내부적 환위험 관리기법

국제금융에 따르는 환위험을 회피하기 위해서는 파생금융상품거래를 이용한 헤지는 물론 내부적인 관리기법도 필요하다. 내부적 관리기법이란 기업이 외환·금융시장을 이용하지 않고 기업 내부적으로 활용할 수 있는 환위험 관리기법을 의미한다. 내부적 관리기법은 크게 네팅(netting), 매칭(matching), 리딩과 래깅(leading and lagging), 가격정책(pricing policy), 그리고 자산·부채관리(ALM : asset liability management) 등으로 구분할 수 있다. 이하에서는 동 관리기법에 대해 간략히 논의하기로 한다.

2.1 네팅

네팅은 일정기간 동안 발생한 외화표시 채권·채무를 상쇄하고 그 차액만을 지급·수취하는 방법을 말한다. 예를 들면, 다국적기업의 본·지점 간 또는 지사 상호 간에 발생하는 채권·채무관계를 개별적으로 결제하지 아니하고 일정기간 경과 후에 이들 채권·채무를 상계한 후 그 차액만을 정기적으로 결제하는 것이다. 이와 같은 방법을 통해 네팅 당사자들은 상계된 외화금액만큼 환노출을 줄이고 외환거래에 수반되는 제반비용을 절약할 수 있다.

　　두 회사 간에 이루어지는 양자간 네팅(bilateral netting)이 가장 단순한 형태의 네팅이며, 동일그룹 내 3개 이상의 자회사 간에 이루어지는 다자간 네팅(multilateral netting)도 있다. 다자간 네팅의 경우 그룹 내에 중앙집중적인 자금관리기구인 네팅센터(netting center)를 설치하여 해당회사 간 자금포지션 및 채권·채무의 상계금액을 총괄 관리하는 것이 일반적이다. 이러한 방법을 이용하여 해당회사들의 지급 및 결제규모를 감축시킴으로써 유휴자금(idle fund) 최소화, 유동성 관리의 효율화, 그리고 거래비용 절감을 도모하는 것이다.

2.2 매칭

매칭은 외화자금의 유입과 지급을 통화별·만기별로 일치(matching)시킴으로써 외화자금흐름의 불일치(mismatch)로 발생할 수 있는 환차손 위험을 제거하는 환위험 관리기법이다. 즉, 네팅이 기본적으로 동일한 기업 내 사업부서 간 채권·채무를 상계하여 환위험에 실질적으로 노출된 현금흐름을 줄이는 것이라면, 매칭은 상대방과 관계없이 동일한 채권 및 채무를 구성함으로써 환율변동에 따르는 위험을 상쇄하는 것이다.

　　매칭은 다국적기업, 무역회사의 본·지사 간, 제3자와의 환거래 시 주로 이용되는 환위험 관리기법이다. 동 기법은 거래 쌍방 간에 이종통화거래가 지속적으로 이루어지고 특히 환노출 관리체계가 중앙집중관리 형식을 취하고 있는 경우에 보다 용이하게 활용될 수 있다. 매칭방법에는 통화별로 자금의 수입과 지출을 일치시키는 자연매칭(natural matching) 방법과, 동일 통화 대신에 환율변동 추세가 유사한 여타 통화의 현금수지와 일치시키는 평행적 매칭(parallel matching)의 두 가지 방법이 있다.[15]

2.3 리딩과 래깅

리딩과 래깅은 기업이 환율변동에 대비, 외화자금의 흐름을 고려하여 결제시기를 의도적으로 앞당기거나(leading) 지연(lagging)시킴으로써 환율변동에 따른 환차손을 극소화하거나 환차익을 극대화하기 위한 환노출 관리기법이다.[16] 리딩과 래깅 기법은 본·지사 간이나 그룹 내 기업들 간 거래에서는 물론 수출업자 또는 외화자금관리자들의 환위험 헤지수단으로 널리 이용되고 있다. 특히 그룹 내 기업 간에 리딩과 래깅이 용이하게 일어나는데, 이는 동 방법을 통하여 그룹 전체의 이익을 추구할 수 있기 때문이다.

　　리딩과 래깅의 간단한 예를 들면, 자국 통화가 교역상대국 통화에 대해 약세(자국 통화가치 하락)가 될 것으로 예상되는 경우, 수출업자는 수출상품의 선적이나 수출환어

15　자연매칭은 가장 이상적인 방법으로 환위험 헤지가 거의 완전하게 이루어질 수 있으나, 평행적 매칭은 두 통화의 환율변동이 상이할 경우 완전한 헤지는 어렵다.
16　리딩과 래깅은 환위험 관리뿐만 아니라 다국적기업에서 자회사들 간 효율적 자금관리기법으로도 이용된다.

음의 매도시기를 가급적 지연시켜 결제시점에서 자국통화표시 수출대전 수입을 증대시키려 할 것이다. 반면에 수입업자는 수입대전의 결제를 가급적 앞당겨 결제시점에서 자국통화표시 수입대전 지급을 줄이려 할 것이다. 한편, 리딩과 래깅에 의한 환위험 관리 시 리딩과 래깅에 따르는 금리비용을 고려하여야 한다.

2.4 가격정책

가격정책은 일반적으로 기업의 판매수익 극대화 또는 구매비용의 극소화를 위한 가격 결정 및 가격선택 정책을 말한다. 환위험 관리를 위한 가격정책은 수출입상품 가격표시 및 거래통화의 선택, 수출입상품 가격의 조정 시점과 폭을 결정하는 가격조정(price variation) 기법이라고 할 수 있다.

가격정책을 통한 환위험 관리의 예를 들면, 먼저 거래통화의 선택은 거래상품가격의 표시통화를 신축적으로 선택함으로써 환위험을 회피하는 방법인데, 환위험을 적극적으로 관리하고자 하는 기업은 수출의 경우 거래표시통화를 강세가 예상되는 통화로, 수입의 경우에는 약세가 예상되는 통화로 계약을 체결하고자 할 것이다. 또한 가격조정의 경우 자국통화의 절상 시에는 자국통화표시 수출대금이 줄어들게 됨에 따라 수출업자는 수출에 의한 현금수입액이 환율변동 전과 같은 수준을 유지하도록 하기 위해 수출상품가격을 자국통화의 절상폭만큼 인상하여야 할 것이다. 그러나 현실적으로 이러한 수출가격 조정은 통상 해당상품의 수출시장에서의 가격경쟁력, 소비자의 기호 및 수요의 가격탄력성, 그리고 수입국의 대응 등을 고려하여 적정수준에서 이루어지게 된다.

또 다른 예로, 해외로부터 원자재나 완제품을 수입하는 기업의 경우, 환율상승에 따른 원가상승분을 국내 판매가격에 반영하여 소비자에게 전가함으로써 환위험을 축소하려 하는데 이 경우 역시 다른 기업과의 가격경쟁 및 가격탄력성 등을 고려하여야 한다.

2.5 자산·부채관리

자산·부채관리는 환율전망에 근거해 기업이 보유하고 있는 자산·부채의 포지션을 조정함으로써 환리스크를 효율적으로 관리할 수 있는 방법이다. 자산·부채관리는 주로 외화자산·부채를 자국통화나 특정통화로 환산할 때 발생하는 환산위험이나 거래위험을 관리하는 데 주목적이 있다.

자산·부채관리기법에는 환차익의 극대화를 도모하기 위한 적극적인 자산·부채관리기법과 환차손의 극소화를 위한 소극적인 자산·부채관리기법이 있다. 적극적인 자산·부채관리기법은 특정통화가 장차 강세로 전망될 경우에 강세예상 통화의 자산이나 현금포지션을 증대시키는 반면, 강세예상 통화표시의 채무는 조기결제 또는 조기상환을 통하여 가급적 축소시키게 된다. 소극적인 자산·부채관리전략은 약세통화와 강세통화의 구분 없이 만기별, 통화별 자산·부채나 현금수입·지급 규모를 일치시킴으로써, 즉 스퀘어 포지션을 유지함으로써 환위험을 극소화할 수 있게 된다. 즉, 노출된 자산과 부채 금액을 일치시켜 순환산노출이 영(0)이 되도록 하는 방법이다.

참고 11-4   **KIKO사태**

2006년 이후부터 2008년 초까지 국내 중소 수출기업들은 환위험을 헤지하기 위하여 KIKO (knock-in knock-out)라고 불리는 외환파생상품거래를 적극 활용하였다. KIKO는 옵션만기 이전이라도 시장환율이 일정수준에 도달하면 콜옵션이나 풋옵션이 발효(knock-in)되거나 권리가 소멸(knock-out)되는 구조로 이루어져 환율변동에 따라 손익의 폭이 달라지는 파생상품이었다.

구체적으로 국내 중소기업들은 2006년 이후 원/달러 환율이 크게 상승하지 않을 것으로 예상하여 매입 풋옵션에 대하여는 knock-out 조건을, 매도 콜옵션에 대하여는 knock-in 조건을 부가한 KIKO Target Forward 등의 상품을 대규모로 매입하였다. 이 경우 시장환율이 행사환율 이상으로 상승하더라도 콜옵션의 knock-in 수준에 도달하지 않는 한 행사환율보다 높은 시장환율로 수출대금을 매도할 수 있고, 시장환율이 하락하여 knock-out 수준에 도달하지 않는 한 행사환율로 수출대금 매도가 가능하였다. 따라서 원/달러 시장환율이 약정한 knock-out과 knock-in 구간 내에서 머물러 있으면 환차손을 헤지하면서도 환차익을 얻을 수 있는 구조였다.

그러나 시장환율이 상한선인 knock-in 수준 위로 상승하면 매도한 콜옵션이 발효되면서 계약금액의 2배에 해당되는 달러를 시장환율보다 낮은 행사환율로 매도(또는 그 차액만큼 원화금액을 지급)해야 하므로 환율상승이 클 경우 손실위험이 있었다.[17] 즉 원/달러 환율이 급등하면 매도해야 하는 달러가 수출대금으로 수취할 예정인 달러금액의 2배가 되면서 큰 손실이 발생하는 구조였다. 아울러 옵션만기 이전에도 환율상승에 따른 옵션가격이 하락하여 평가손실이 발생하는 구조였다. 한편 시장환율이 knock-out 수준 아래로 하락하게 되면 매입한 풋옵션 계약이 소멸되기 때문에 환율하락에 따른 환차손 부담을 그대로 지게 되는 구조였다.

이러한 KIKO계약이 크게 성행하게 된 배경은 다음과 같다. 첫째, 2006년 이후 2007년 말까지 원/달러 환율이 장기 하락세를 지속하면서 기업을 중심으로 원/달러 환율이 일정수준 이상으로 상승하지 않을 것이라는 기대가 팽배하였다. 2006 ~ 2007년 중 원/달러 환율은 1,000원대 아래로 하락하여 920 ~ 950원대에서 하향안정 되었으며 변동폭도 크지 않았다. 둘째, 2006년 이후 국내 선물환시장에서 조선·중공업체와 자산운용사 등의 대규모 선물환 매도로 공급우위 구조가 고착화 되면서 선물환율이 현물환율을 크게 하회하는 선물환 디스카운트가 만성화되어 있었다. 이에 따라 중소기업들에게는 시장환율보다 유리한 가격으로 달러를 매도할 수 있고 거래비용을 절감할 수 있는 KIKO 통화옵션을 주요 환헤지 수단으로 활용하였다. 셋째, 은행들은 영업을 확대하고 거래수수료 수익을 획득할 목적으로 KIKO 등 통화옵션상품을 적극 판매하였다. 은행은 수출기업과의 KIKO거래 시 헤지를 통해 큰 위험부담 없이 옵션행사환율, 매매차익 및 판매마진 등을 반영하여 거래수수료를 획득할 수 있었다.[18] 넷째, 대기업에 비해 신용도가 낮은 중소 수출기업의 경우 수출대금의 환헤지를 위해 높은 신용이 필요한 선물환거래보다는 통화옵션거래를 선호하였다.

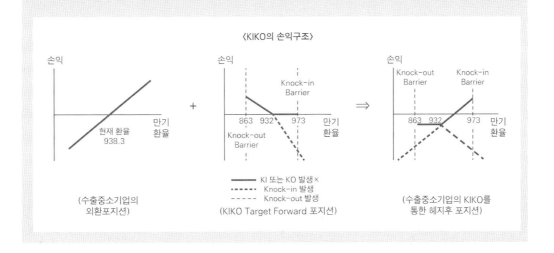

〈KIKO의 손익구조〉

17 국내에서 문제가 된 KIKO는 대부분이 knock-in 콜옵션 2계약 매도에 knock-out 풋옵션 1계약 매입으로 구성되었다.

18 은행은 KIKO 판매에 따른 옵션포지션 노출에 대하여 델타헤징(dynamic hedging)을 실시함으로써 옵션포지션 관련 손익을 헤지포지션 손익으로 상쇄시켰다. 따라서 KIKO판매로 인해 은행이 부담하는 환위험은 기업들과 달리 큰 비대칭성이 없었고 일정한 수준으로 제한되었다.

2006년 이후 이와 같은 상황이 지속되다가 2008년 초부터 원/달러 환율이 시장의 예상과 달리 knock-in 수준을 넘어 크게 상승하면서 KIKO거래 기업들은 환차손 위험에 노출되었다. 특히 수출액을 초과하여 과도하게 KIKO 등을 거래한 기업의 경우 환손실액이 자기자본을 초과하는 경우가 많았다. 2008년 중 원/달러 환율은 3월 1일 939원에서 3월 17일 1,029.2원까지 상승한 후 9월에는 1,500원대를 돌파함에 따라 KIKO상품을 매입한 기업들의 피해액이 약 2.5조 원에 육박한 것으로 알려졌다. 특히 많은 중소기업이 KIKO매입으로 자본잠식에 따른 파산선고를 받는 등 총피해액은 약 4조 원 내외 수준인 것으로 알려졌다.

KIKO매입으로 손해를 본 기업들은 은행이 불완전판매를 하였다고 소송을 제기하였으나 대법원은 2013년 9월 26일 KIKO가 불공정계약이 아니라는 최종판결을 내렸다. 그러나 이러한 법적판단과는 별개로 KIKO사태는 환율이 일정구간 내에서 변동할 것이라는 예상에 따라 안정적인 수익을 얻으려한(특히 환율변동성을 간과하고 투기수준의 과다헤지를 한) 중소기업들과 비대칭적 손익구조를 지닌 KIKO의 위험성을 제대로 고지하지 않은 은행에 공동책임이 있다고 보는 것이 대체적인 평가다.

요약

1. 국제금융거래는 거주자와 비거주자 간 또는 비거주자 상호 간에 이종통화를 매개로 이루어짐에 따라 국내금융에 비해 추가적인 위험이 발생한다. 국제금융거래에 있어 위험은 환율·금리위험, 신용위험, 유동성위험, 운영위험 및 국가위험 등으로 분류할 수 있다.

2. 환위험은 미래의 예상하지 못한 환율변동으로 인하여 기업이 보유하고 있는 외화표시 순자산의 가치 또는 외환포지션의 순가치가 감소될 수 있는 위험이다. 환위험은 환노출 발생원인에 따라 경제적 환노출, 거래적 환노출 및 환산 환노출로 구분된다. 경제적 환노출은 예상치 못한 환율변동에 따라 기업의 가치가 영향을 받는 정도를 의미하며 환율이 판매가격이나 비용에 미치는 장기적인 영향과 관련된다. 경제적 환노출은 자산 환노출과 운영 환노출로 구분되며 환노출의 측정이 임의의 시간대에 발생하는 미래 현금흐름을 측정하는 것이므로 주관적인 경제분석의 성격을 지닌다. 거래적 환노출은 거래발생시점과 결제시점 간에 발생하는 환율변동에 의해 초래되는 환차손 또는 환차익을 의미한다. 거래적 환노출은 노출의 규모를 비교적 정확히 측정할 수 있다는 점에서 경제적 환노출에 비해 명확하게 정의될 수 있다. 환산 환노출은 외화로 표시된 자산·부채나 수익·비용 등을 자국통화 또는 특정 기준통화로 환산할 때에 발생하는 가치변동을 의미한다. 파생상품을 이용한 환위험 관리는 환노출과는 반대방향의 위험을 가지는 외환이나 환율을 기초자산으로 하는 파생상품거래를 통해 위험을 상쇄시키는 방법이다. 환위험 관리에 자주 활용되는 파생금융상품거래는 선물환, 외환스왑, 통화스왑, 통화선물 및 통화옵션 등이 있다.

3. 기업은 외환·금융시장을 이용하지 않고 환위험을 내부적 환위험 관리기법을 통해 헤지할 수 있다. 내부적 관리깅법은 크게 네팅(netting), 매칭(matching), 리딩과 래깅(leading and lagging), 가격정책(pricing policy), 그리고 자산·부채관리 (ALM : asset liability management) 등으로 구분할 수 있다. 네팅은 일정기간 동안

발생한 외화표시 채권·채무를 상쇄하고 그 차액만을 지급·수취하는 방법을 말한다. 매칭은 외화자금의 수취와 지급 시기를 통화별·만기별로 일치시킴으로써 외화자금흐름의 불일치로 발생할 수 있는 환차손 위험을 제거하는 기법이다. 네팅이 기본적으로 동일한 기업 내 사업부서 간 채권·채무를 상계하여 환위험에 실질적으로 노출된 현금흐름을 줄이는 데 반해 매칭은 상대방과 관계없이 동일한 채권 및 채무를 구성함으로써 환율변동에 따르는 위험을 상쇄하는 것이다. 리딩과 래깅은 기업이 환율변동에 대비하여 외화자금의 흐름을 고려하여 결제시기를 의도적으로 앞당기거나(leading) 지연(lagging)시킴으로써 환율변동에 따른 환차손을 극소화하거나 환차익을 극대화하기 위한 기법이다. 환위험 관리를 위한 가격정책은 수출입상품 가격표시 및 거래통화의 선택, 수출입상품 가격의 조정 시점과 폭을 결정하는 가격조정 기법이라고 할 수 있다. 거래상품가격의 표시통화를 신축적으로 선택함으로써 환위험을 회피할 수 있는데 예를 들면 수출의 경우 거래표시통화는 강세가 예상되는 통화로, 수입의 경우에는 약세가 예상되는 통화로 계약하는 것이 바람직하다. 자산·부채관리는 환율전망에 근거해 기업이 보유하고 있는 자산·부채의 포지션을 조정함으로써 환위험을 관리하는 방법이다. 자산·부채관리는 주로 외화자산·부채를 자국통화나 특정통화로 환산할 때 발생하는 환산위험이나 거래위험을 관리하는 데 주목적이 있다.

CHAPTER

12

국제통화제도

제1절 국제통화제도의 유형

국제통화제도(international monetary system)는 상품과 자본의 이동에 따르는 국가 간 결제(international payments)를 원활하게 하기 위한 국제협약 등의 제도를 말하며, 그 목적은 국제교역과 자본이동을 촉진하여 국가 간 상호이익을 도모하려는 데 있다. 이를 위하여 국제통화제도는 ① 국제결제수단인 국제유동성의 적정공급, ② 국제수지 불균형 조정, ③ 환율의 안정화 기능을 수행하여야 한다. 환율의 결정방법에 따라 환율의 신축성 여부나 환율의 안정화 기능 수행 여부가 달라지며, 이에 따라 국제수지 불균형 조정 메커니즘도 달라진다. 또한 대외준비자산의 형태는 국제유동성의 공급능력을 결정한다. 따라서 환율의 결정방법과 대외준비자산의 형태가 국제통화제도의 유형을 결정하는 기준이라고 볼 수 있다.

먼저, 환율의 결정방법을 기준으로 분류하면 국제통화제도는 고정환율제도(fixed exchange rate system)와 변동환율제도(floating exchange rate system)로 나누어진다. 고정환율제도는 통화당국이 외환시장에 개입하여 환율을 일정수준으로 유지하는 제도이다. 고정환율제도의 가장 순수한 형태인 금본위제도하에서는 통화 1단위와 금의 일정중량을 등가로 한 법정가격이 정해져 있으므로 환율은 금에 고정되어 결정된다. 반면에 순수한 변동환율제도하에서는 환율이 외환시장에서 외환의 수요와 공급에 의하여 자유롭게 결정된다.

이 두 가지 순수한 형태 이외에 절충형 환율제도도 있다. 고정환율을 유지하되 경제에 구조적인 불균형이 발생하면 환율의 변동을 인정하는 조정가능 고정환율제도(adjustable pegged exchange rate system)가 그 예이다. 이는 브레튼우즈체제의 기본 환율제도였으며, 원칙적으로 환율은 외환시장에서 외환의 수요와 공급에 의하여 결정되도록 하되 필요시 통화당국이 개입하여 환율에 영향을 주는 관리변동환율제도(managed floating exchange rate system)도 있다. 이는 브레튼우즈체제가 붕괴된 이후 선진국들이 채택한 대표적 환율제도이다.

다음으로 대외준비자산 형태를 기준으로 국제통화제도를 분류하면 크게 물품본위(commodity standard)제도와 자유본위(fiduciary standard)제도, 그리고 이 두 제도를 절충한 형태가 있다. 물품본위제도는 물품화폐만이 준비자산의 역할을 하는 제도이다. 대표적인 예로는 금이 본위통화 역할을 했던 금본위제도(gold standard system)가 있다. 이와는 달리 자유본위제도는 특정물품과 관계없이 관계법령과 통화당국의 신용에 의하여 창출된 통화가 준비자산으로 사용되는 관리통화제도하의 제도이다. 절충형으로는 금과 함께 기축통화였던 미국 달러화나 영국 파운드화도 대외준비자산으로 인정되었던 금환본위제도(gold exchange standard system)가 대표적이다. 본위제도와 환율제도는 다양하게 결합할 수 있다. 자유본위제도하의 고정환율제, 금본위제도하의 고정환율제 또는 금환본위제하의 조정가능 고정환율제 등이 좋은 예이다.

제2절 국제통화제도의 변천

각국 통화 간의 관계를 설정하는 국제통화제도를 어떻게 설정하는가에 따라 각국 경제 간의 상호관계가 영향을 받게 되므로 환율의 형태나 경제정책의 효과 등은 국제통화제도의 성격에 따라 달라진다. 19세기 후반 국제적으로 금본위제도가 채택된 이후 국제통화제도는 시대적으로 다양하게 변모되는 변천과정을 거쳐 왔다. 국제통화제도의 변천은 어떤 특정한 외부적 요인 때문에 이루어졌다기보다는 상황이 변함에 따라 기존제도가 경제 및 기타 여건에 부합되지 않았기 때문에 새로운 제도를 모색하는 과정에서 이루어졌다고 볼 수 있다.

국제통화제도의 변천과정은 제1차 세계대전 전의 금본위제도, 1, 2차 대전 사이 급격한 환율의 변동, 제2차 대전 후 미국과 IMF를 중심으로 하는 브레튼우즈체제하의 금환본위제도, 그리고 1970년대 후반 이후의 변동환율제도를 중심으로 한 국제통화제도로 요약할 수 있다. 이하에서 국제통화제도의 변천과정을 구체적으로 살펴보기로 한다.

1. 국제금본위제도와 고정환율제도 (1870년 ~ 1944년 7월)

금본위제도(gold standard system)란 통화단위를 순금의 일정한 중량으로 정해 놓고, 금화의 자유주조를 허용하며, 지폐나 예금통화 등은 항상 아무런 제한 없이 금화와 교환할 수 있게 하는 제도를 말한다. 최초의 금본위제도는 영국에서 1816년의 주조법 (Coinage Act of 1816)에 따라 1821년 영란은행이 지폐를 금으로 교환해 주는 정화지불 (specie payment)을 실시함으로써 성립되었다. 영국의 뒤를 이어 독일(1871), 미국 (1873), 프랑스(1878), 러시아(1896), 그리고 일본(1897)이 금본위제도로 이행함에 따라 국제금본위제도가 완성되었다.

금본위제도에서는 국제유동성 공급 및 국제수지 조정이라는 국제통화제도의 두 가지 기능이 금 생산과 국가 간 금의 자유로운 유출입에 의해 유지되었다. 즉 금본위제도 하에서 국제유동성의 공급역할을 금이 담당함에 따라 금본위제도의 본질적인 안정성이 금 생산에 좌우되고 국제수지는 가격 · 정화 조정 메커니즘(price-specie flow mechanism)[1] 에 의해 자동 조정되는 모습을 나타내었다.

금본위제도하에서의 환율제도는 자국환율을 금 평가(gold parity) 또는 영국 파운드화 등 금 평가에 고정된 다른 통화에 고정시키므로 기본적으로 고정환율제도라고 할 수 있다. 이에 따라 환율은 금 평가를 중심으로 한 금수출 · 수입점의 좁은 범위 내에 머무르게 되었다. 이러한 국제금본위제도는 제1차 세계대전 직전까지 영국을 중심으로 하는 국제협력에 힘입어 성공적으로 운영되었으나, 1914년 제1차 세계대전의 발발과 더불어 금의 자유로운 유출입과 금태환이 사실상 불가능해지면서 전면적으로 붕괴되었다.

제1차 세계대전 이후 미국(1919), 영국(1925), 프랑스(1928), 일본(1930) 등이 금 본위제도로 복귀하였으나, 이때의 금본위제도는 대부분의 국가가 금 및 금태환이 보장된 교환성 통화를 화폐발행 준비로 하는 국제금환본위제도(gold exchange standard system)였다. 이러한 국제금환본위제도 역시 1929년 세계 대공황을 계기로 영국(1931) 등 각국이 자국통화의 금태환을 정지함에 따라 붕괴되었다. 1930년대 제2차 세계대전

시까지 통일된 국제통화제도가 존재하지 않았으며, 각국이 경쟁적인 평가절하와 수입 제한조치 등을 실시함에 따라 국가 간의 경쟁적 대립이 격화되었다.

2. 브레튼우즈체제와 조정가능 고정환율제도 (1944년 7월 ～ 1973년 3월)

제2차 세계대전 이후 새로운 국제통화질서를 회복하기 위한 연합국 44개국 대표회의가 1944년 7월 미국 뉴햄프셔 주의 브레튼우즈(Bretton Woods)에서 개최되어 국제통화 기금(International Monetary Fund)과 국제부흥개발은행(International Bank for Reconstruction and Development)의 설립안을 확정[2]하였는데, 이와 함께 새로운 국제통화제도인 브레튼우즈체제가 출범하였다.[3]

　　브레튼우즈체제에서는 미 달러화가 기축통화로서 국제유동성의 공급역할을 담당하고 국제수지의 일시적 불균형은 IMF의 신용공여에 의하여, 그리고 기초적인 불균형은 평가조정에 의하여 해결하도록 하였다. 기축통화국인 미국은 금 준비법(Gold Reserve Act, 1934)에 의해 민간의 금 보유를 금지시키는 한편, 외국 통화당국이 요청할 경우에는 금 1온스당 U$35로 무제한 매각을 보장하였다. 이에 따라 각국은 통화준비자산으로 금뿐만 아니라 미 달러화도 보유하게 됨으로써 국제금환본위제도가 성립하였다.

　　브레튼우즈체제하에서의 환율제도는 환율이 단기적으로 IMF 가맹국의 평가유지 의무를 통해 고정환율이 유지되는 고정환율제도이지만, 장기적으로는 평가조정이 가능한 조정가능 고정환율제도라고 할 수 있다. IMF는 각 가맹국에 대하여 환 평가를 설정케 하고, 각국 정부로 하여금 동 평가의 상하를 1% 범위 안에서 환율의 안정을 유지하도록 의무화하였다. 그러나 각 가맹국은 자국의 국제수지가 기초적 불균형 상태에 놓일 경우 IMF와 협의하여 평가조정이 가능토록 하였다.

2　제2차 세계대전이 끝나갈 무렵 국제통화제도 개편 논의가 활발히 전개되어 케인즈안(1943. 4)과 화이트안(1943. 7)이 대두되었는데, 미국의 막강한 경제력을 배경으로 한 화이트안이 1944년 4월 뉴욕에서 개최된 30개국 전문가회의에서 채택되었다. 두 가지 안의 차이점은 케인즈안은 국제청산기구, 변동환율제도 등을 통하여 세계경제의 완전고용과 성장을 도모한 반면, 화이트안은 환안정기금, 고정환율제도 등을 통하여 성장보다는 세계경제의 안정에 주안점을 두었다는 것이다.

3　1947년 3월 1일 IMF가 정식으로 발족함으로써 브레튼우즈체제가 성립되었다.

　　이러한 브레튼우즈체제는 그 체제가 전개되는 과정에서 금환본위제도와 조정가능 고정환율제도라는 본질적인 한계점을 안고 있어 국제유동성의 부족, 기축통화의 신인도 저하, 그리고 국제수지조정의 제약성 등의 문제점을 노출함으로써 서서히 붕괴되기 시작하였다.

　　브레튼우즈체제가 안고 있는 근본적 문제로 먼저 대두된 것은 국제유동성의 부족 현상이었다. 국제유동성이란 국제적으로 보편적인 통용력을 가지는 지불수단을 말하는데, 초기의 브레튼우즈체제하에서는 금이나 미국 달러화가 국제유동성의 역할을 수행하였다. 국제유동성은 국제무역의 증대에 따라 적정하게 공급되어야 하는데, 브레튼우즈체제하에서 이러한 국제유동성 공급은 기본적으로 금의 생산증대나 미국의 국제수지 적자폭에 의해서 결정되었다. 그러나 미국은 전쟁피해가 거의 없었고, 제2차 세계대전 이후 건실한 경제성장을 지속한 데 힘입어 무역수지가 큰 폭의 흑자를 기록함에 따라 심각한 국제유동성 부족현상이 초래되었다.

　　두 번째로 기축통화인 미국 달러화의 신인도 저하문제를 들 수 있다. 1950년대 후반 들어 미국의 국제수지 적자 확대로 미국 달러화가 과잉상태로 반전되었다. 이에 따라 미국 달러화에 대한 국제적 신인도가 떨어지면서 미 달러화의 금태환에 대한 불안이 야기되어 국제 금 가격의 동요가 초래되었다. 이러한 미국 달러화의 신인도 저하문제는 첫 번째의 국제유동성 부족문제와 상호 모순되는 관계를 가지고 있었다. 즉, 미국의 국제수지가 흑자일 경우에는 국제유동성 부족문제가 대두되는 한편, 미국의 국제수지 적자에 의하여 국제유동성이 과잉공급되는 경우에는 기축통화인 미 달러화의 신인도가 저하되는, 소위 유동성 딜레마(liquidity dilemma)가 발생하였다.

　　세 번째로 국제수지조정의 제약에 따라 국제금융위기가 초래된 점을 들 수 있다. 브레튼우즈체제하에서는 국제수지가 기초적으로 불균형을 나타내는 경우에만 극히 제한적으로 환 평가를 조정할 수 있었다. 이와 같이 환율조정을 통한 국제수지조정에 제약을 받으므로 각국은 환율조정을 통하기보다는 대외거래에 대한 규제조치나 자국의 총수요관리정책으로 국제수지조정을 도모하였다. 그런데 대외거래에 대한 규제조치 등은 외환자유화를 지향하는 브레튼우즈체제의 기본목표에 배치되었다. 그뿐만 아니라 환율의 경직성으로 인해 평가조정을 할 경우에는 대폭 조정이 불가피하며, 평가절하에 따른 정치적 부담을 고려하여 대부분의 국가가 이를 기피함에 따라 환율조정을 통한 국제수지조정이 더욱 어려워졌다.

이와 같은 본질적인 문제점을 안고 출범한 브레튼우즈체제는 미국의 국제수지 적자가 누증되면서 더 이상의 금태환이 어렵게 된 미국이 1971년 8월 15일 닉슨의 신경제정책으로 미 달러화의 금태환을 공식적으로 정지하게 된다. 이에 따라 금 및 달러화를 본위로 했던 브레튼우즈체제는 사실상 붕괴되었다.

한편 브레튼우즈체제의 붕괴 조짐으로 위기에 처한 국제통화체제의 수습을 위해 선진 10개국 재무장관과 중앙은행 총재가 1971년 12월 워싱턴의 스미소니언(Smithsonian) 박물관에서 스미소니언 협정에 합의하였다. 스미소니언 협정의 주요내용은 다음과 같다. 첫째, 각국으로 하여금 종래의 금 또는 미 달러화 평가(par value) 대신 신축성 있는 기준율(central rate) 채택을 허용하는 한편, 기준율은 금, SDR 또는 타가맹국 통화로 표시 가능하도록 한다. 둘째, 미 달러화의 평가를 7.89% 절하(금 1온스당 U$35 → U$38)하고 이에 따라 다국 간 평가를 재조정한다. 셋째, 환율변동폭은 미 달러화 평가의 상하 1%에서 기준율의 상하 2.25%로 확대한다는 것 등이다.

그러나 스미소니언체제도 브레튼우즈체제의 본질적인 문제점을 제거한 것이 아니라 통화불안을 진정시키기 위한 일시적인 미봉책이었던 관계로 오래 지속될 수 없었다.

1972년 중반 영국은 경상수지가 악화되면서 파운드화의 평가절하 압력에 직면하게 되자 동년 6월 23일 변동환율제도로 이행하였는데, 이를 계기로 주요 선진국들이 잇따라 고정환율제도를 이탈하였다. 또한 투기자본이 마르크화와 엔화에 집중되어 달러화에 대한 평가절하 압력이 재연되어 1973년 7월 미국은 10%의 달러화 평가절하(금 1온스당 U$38 → U$42.22)를 단행하였다. 이러한 과정을 거치면서 스미소니언체제로 변형된 브레튼우즈체제는 EC의 공동변동환율제도(European System of Narrower Exchange Rate Margins; Snake System)로의 이행을 끝으로 1973년 3월 완전히 붕괴되었다.

3. 킹스턴체제와 변동환율제도 (1973년 3월 ~)

1973년 3월 브레튼우즈체제가 와해된 이후 각국이 자국의 경제여건과 필요성에 따라 다양한 환율제도를 유지하는 가운데 IMF는 국제통화질서를 회복하기 위한 계획을 마련하였다. IMF는 1974년 6월 변동환율운용지침(Guidelines for the Management of Floating Rate)을 설정, 운영토록 하였다. 또한 IMF에 자문역할을 할 잠정위원회(Interim Committee of the Board of Governors on the International Monetary System)가 1974년 10월 3일 설립되어 국제통화제도 개혁작업을 추진해 오던 중 1976년 1월 자메이카의 킹스턴(Kingston)에서 국제통화제도 개혁을 위한 IMF 협정 개혁안을 마련하였다.

1976년 4월 30일 IMF 총회에서 이 개정안이 채택되고 1978년 4월 1일 정식 발효됨에 따라 킹스턴체제(Kingston System)가 구축되었다. 킹스턴체제의 출범은 사실상 1973년을 전후하여 세계 각국이 실시해 온 변동환율제도로의 이행을 추인하는 선언적 의미에 불과한 것이라고 할 수 있다.

킹스턴체제의 주요내용은 변동환율제도의 인정, 금의 폐화, 그리고 SDR의 기능과 이용도를 제고하는 것이다. 또한 모든 IMF 회원국에 대해 자국의 환율제도를 자유로이 선택할 수 있는 재량권을 부여하였다. 이에 따라 다양한 환율제도가 실시되고 있지만, 세계무역의 대부분이 변동환율제도의 적용을 받고 있으므로 킹스턴체제하의 중심환율제도는 변동환율제도이다. 한편 금의 폐화와 주요통화의 변동환율제도로의 이행으로 금 및 미 달러화가 가치기준으로서의 기능을 상실함에 따라 SDR을 IMF의 모든 권리와 의무의 가치단위로 사용토록 하고, IMF와의 거래 시 각 통화 간의 교환비율을 SDR을 기준으로 산정하도록 하였다.

변동환율제도 도입 초기인 1970년대에는 두 차례의 석유파동 등 불안정한 세계경제환경 하에서도 각국의 환율이 자유로이 변동되도록 함으로써 환율의 조정기능이 어느 정도 발휘되어 국제무역 및 통화질서 안정에 기여하였다. 그러나 1970년대 후반 이후 세계적인 금융 자유화 및 국제화 진전으로 국제자본 이동이 활발해지는 가운데 각국의 경제정책이 조화를 이루지 못하고 경제성장도 격차를 나타내면서 주요 통화 간의 환율이 불안한 움직임을 보이고 문제점이 나타났다. 즉, 주요국 통화 간의 상대적 가치를 나타내는 환율이 각국 경제의 기초적 여건(economic fundamentals)을 반영한 적정환율 수준에서 이탈하는 등 극히 불안정한 움직임을 나타냄으로써 국제수지 불균형과 국제 유동성의 편재현상이 심화되었다.

주요 선진국들은 이와 같은 환율의 불안정과 그에 따른 부작용을 완화하기 위해 무엇보다 국가 간의 정책협조(policy coordination)가 필요하다는 데 인식을 같이하게 되었으며, 1980년대에 들어서면서 이에 대한 필요성이 강하게 대두되었다. 즉, 과거 브레튼우즈체제하의 환율제도에 비하여 대내 경제정책의 자율성이 대폭 확대된 현행 변동환율제도의 효율성을 최대한 발휘할 수 있도록 하기 위해서는 각국이 절도와 협조(discipline and coordination)라는 관점에서 거시경제정책을 운용할 필요성을 절감하게 된 것이다.

이와 같이 주요 선진국의 정책협조 필요성에 대한 인식이 확산되는 가운데 1980년대 전반 미국의 금융긴축과 재정적자 확대의 영향으로 미 달러화의 이상 강세 현상이 지속되자 1985년 9월 선진 5개국(미국, 영국, 일본, 서독, 프랑스)은 미국 뉴욕에서 플라자합의(Plaza Accord)를 도출하였다. 플라자합의의 주요내용은 주요 선진국 간 국제수지 불균형의 시정을 위해서는 환율조정이 필요하며, 이를 촉진하기 위해 국내 거시경제정책의 운용 및 외환시장 개입 시 공조체제를 갖추기로 한 것이다. 플라자 합의 이후 미 달러화는 급속히 하락[4]하였다.

그러나 선진국 간 국제수지 불균형은 당초 기대와 달리 더욱 확대되는 조짐을 나타내었다. 이와 더불어 독일, 일본 등 미국의 주요 교역상대국들은 플라자합의 이후 자국화폐가 미 달러화에 대해 과도하게 절상됨으로써 국제경쟁력이 약화되었다고 주장하면서 더 이상 미 달러화의 하락을 용납하지 않았다. 이에 따라 환율조정문제를 다시 협의하게 되었고, 선진 5개국과 캐나다는 1987년 2월 파리 루브르에 모여 각국의 경제성장률, 실업률 등 기본적인 거시경제변수들과 부합하는 수준에서 환율을 안정시키기 위해 상

4　1970년대 말 스태그플레이션 탈출을 위해 미 연준이 금리인상을 단행하면서 미 달러화 가치는 일본 엔화나 독일 마르크화 등 주요 교역대상국 통화에 비해 크게 고평가되었다. 그 결과, 미국의 무역수지적자는 더욱 심화되었다. 플라자합의는 미 달러화 가치를 엔화와 마르크화 대비 절하시키는 방향으로 정책을 공조하기로 결정한 것이다. 이에 따라 합의 당시 U$1 = ¥241 수준이던 것이 1987년 초에는 U$1 = ¥150 수준으로 급락하였다.

호 긴밀히 협조하기로 하는 루브르합의(Louvre Accord)[5]를 도출하였다. 루브르합의는 통화가치의 과대평가나 과소평가를 시정하기 위해 G-7 국가들이 연합하여 외환시장에 개입하는 관리변동환율체제(managed floating system)를 시행한 효시였다.

　루브르합의 이후에도 주요 선진국들은 1995년 달러화 가치가 사상최저치를 기록 하자 워싱턴합의를 통하여 달러화 약세를 시정하고자 하였으며, 1997년 이후 엔화 약세 가 심화되자 선진국 공동의 시장개입을 합의하는 등 환율의 불안정을 해소하기 위하여 상호 협조 · 감시 하에 지속적으로 다각적인 노력을 기울였다.[6] 특히 2007년 하반기 미 국에서 비롯된 글로벌 금융위기 이후 G-20을 중심으로 세계경제의 균형성장을 위한 국 제적 정책 공조체제를 도입, 추진하고 있으며, 보다 장기적인 관점에서 현행 기축통화의 지위, 그리고 이와 관련하여 국제통화제도에 대한 개선 논의가 대두되기 시작하였다.

참고 12-1 **글로벌 금융위기 이후 달러화의 기축통화 지위**

미국 발 글로벌 금융위기 이후 미국의 경제적 영향력 약화를 계기로 다수의 전문가들이 향후 유로화, SDR, 위안화 등을 미 달러화를 대체할 준비통화(reserve currency)로 거론하면서 미 달러화의 기축통화 지위와 달러화 중심의 국제통화·금 융체제가 약화될 것이고 이에 따라 국제통화질서 개편이 필요하다고 주장하고 있다. 즉 글로벌 금융위기를 계기로 미국의 영향력이 퇴조하고 중국 등 주요 신흥시장국의 중요성이 부상하는 등 다극화(multipolar world) 현상이 겹쳐지면서 미 달러화의 위상에 의문이 제기되고 있다. 또한 신흥시장국의 입장에서도 자기보험의 수단으로 준비자산을 보유해야 하는데 일국 화폐를 준비통화로 사용하는 것에 대해 문제를 제기하고 있다. 또한 정치적 측면에서 미국의 동맹국들이 미국의 안보보 장에 대한 대가로 달러화 중심의 국제통화체제를 지지했던 냉전시대의 국제관계가 소멸되었다는 점도 기축통화로서의 미 달러화의 지위를 약하게 만드는 요인으로 지적되고 있다.

그러나 이와 같은 논거에도 불구하고 글로벌 금융위기 이후 미 달러화가 세계경제에서 차지하는 중요성은 별로 줄어들지 않았다. 특히 위기 이후 투자자들은 가장 유동성이 높은 미 국공채시장으로 이동하는 등 미 달러화에 대한 선호는 큰 변화가 없으며, 향후 여타 통화가 방대한 금융시장을 보유한 미 달러화를 조기에 대체할 가능성은 매우 낮다는 견해가 지배적이다. 일반적으로 특정 통화의 국제적 지위에 영향을 미치는 요인은 경제적 요인과 정치적 요인으로 구분할 수 있다. 경제적 요인은 통화가치에 대한 신뢰(confidence), 통화의 유동성(liquidity), 통화와 연계된 네트워크(transactional networks) 등

5　이때 이루어진 중요한 합의 중의 하나가 기준환율을 중심으로 ±5%의 목표환율대를 정하고 환율이 목표환율대를 벗어나는 경우 외환시장개입을 통해 안정시키기로 한 것이다. 또한 기준환율은 기초경제변수들이 기준환율 수준과 근본적으로 부합하지 않는 경우에만 조정하기로 하였다.

6　1990년대 이후에는 1980년대에 비해 외환시장개입이 많지 않았는데 이는 국제자본 이동규모가 확대됨에 따라 환율안 정을 위한 중앙은행의 외환시장개입이 어려워지고 있음을 반영하는 것이다.

을 포함한다. 정치적 요인은 경제적 요인에 영향을 미침으로써 간접적으로 영향을 미치거나 타국이 특정 통화의 국제적 사용을 정치적 이유로 지지하거나 반대하여 해당 통화의 국제적 지위에 직접적으로 영향을 미치는 요인 등을 의미한다. 이러한 경제적 요인과 정치적 요인의 상호작용으로 기축통화체제가 결정된다.

이와 관련하여 Barry Eichengreen(2009)은 준비통화로서 달러화의 위상은 예전과 큰 차이가 없는데 이는 각국이 미 달러화를 준비통화로 보유해야 할 경제적 유인이 여전히 크기 때문이라고 보았다. 즉 유로화는 달러화에 필적하는 경제규모 및 금융시장을 보유하고 있으나 유로화 국채시장의 발행국가별 이질성, 영국의 유로화 불참, 동유럽의 유로권 조기편입에 대한 EU 회원국의 반대, 유럽경제의 노령화 등으로 유럽지역의 핵심통화는 될 수 있으나 달러화에 필적하기 어렵다는 것이다. 또한 SDR은 저비용으로 자금조달이 가능한 민간 SDR 채권시장이 없고, SDR 활성화를 위해 IMF에 사실상 세계중앙은행 및 최종대부자 기능이 부여되어야 하지만 가까운 장래에 이에 대한 합의를 기대하기 곤란하다고 주장하고 있다. 이러한 관점에서 Eichengreen은 향후 미 달러화의 위상이 과거보다는 약화되겠지만 세계의 준비통화로서 중심적 지위를 유지할 것으로 보이며, 유로화는 유럽을, 위안화는 아시아를 중심으로 그 역할이 커질 것으로 전망하고 있다.

제3절　유럽통화제도와 유로화

1. 유럽경제통화동맹의 출범[7]

1.1 마스트리히트조약 이전의 경제 · 통화 통합노력

제2차 세계대전 후 유럽국가들은 유럽통합이라는 궁극적인 목표를 세우고 1952년 유럽 석탄 · 철강공동체(ECSC) 결성을 시작으로 1957년에 역내 무역장벽 제거, 공동통상정책 실시 및 관세동맹 등을 주요내용으로 하는 로마조약을 체결하였다. 그리고 이를 바탕으로 1958년에는 유럽경제공동체(EEC : European Economic Community)를 결성하였다. EEC는 유럽석탄 · 철강공동체와 1958년에 결성된 유럽원자력공동체(EURA-TOM)를 통합하여 1967년에 유럽공동체(EC : European Community)로 확대, 발전함으로써 1993년 11월 유럽연합(EU : European Union) 출범 이전까지 유럽의 경제통합

---

[7]　본 절의 내용은 한국은행 자료 '유럽통화동맹(EMU) 출범과 유럽중앙은행의 통화정책'(1998. 11), '유럽통합과 유로화 출범'(1993. 3), 'ECB의 통화정책'(2009. 11)을 주로 참고 인용하였음.

을 추진하는 데 중심적인 역할을 수행하였다.

한편 유럽의 통화통합 노력은 유럽 최초의 통화통합 구상을 담은 베르너보고서가 1970년 10월 EC 각료이사회에 제출됨으로써 시작되었다. 이후 EC는 베르너보고서를 바탕으로 1972년 바젤협정을 체결하고, 유럽공동변동환율제도(일명 스네이크체제) 등으로 독자적인 지역경제체제를 시도하였다. 하지만 1973년 스미소니언체제의 붕괴, 석유파동 등으로 별다른 성과를 거두지 못하였다.

스네이크체제가 좌절된 후 1977년부터 경제·통화 통합의 분위기가 다시 고조되어 1979년 환율변동을 일정범위 내로 제한하는 것을 주요내용으로 하는 유럽통화제도(EMS : European Monetary System)[8]가 창설되었다. EMS는 발족 직후 발발한 제2차 석유파동과 각국 간 경제력 격차 등의 영향으로 유럽환율조정메커니즘(ERM : European Exchange Rate Mechanism)의 환율변동폭을 수시로 조정하는 등 불안정한 모습을 보이기도 하였으나 경제통화동맹(EMU : European Economic and Monetary Union) 출범 직전까지 비교적 성공적으로 운영되어 오면서 환율안정에 기여하였다.[9] EMS는 국제통화제도로서의 기능을 확립하고 궁극적으로 단일통화권 형성이라는 이상을 실현하기 위하여 출범 이후 EC 집행위원회를 중심으로 EC 통합방안을 논의하여 왔다. 특히 1987년 7월에는 단일유럽의정서(Single European Act)를 채택하고, EC 통합의 개념을 이제까지의 공동시장에서 역내시장으로 확대하고 유럽연합(EU)과 EMU의 실현을 명시하였다.

이와 같은 EC의 경제·통화 통합이 본격화되면서 역내국 통화 간 환율변동 가능성

---

8   유럽통화제도(EMS)는 미 달러화 등 역외통화의 가치변동으로부터 역내참가국의 통화를 보호하고 가맹국 간 환율의 경쟁적 평가절하를 지양함으로써 환율안정과 가맹국 간의 균형적 성장을 도모하는 한편 EC 역내 통화단일화를 통하여 궁극적으로 경제적 통합을 실현하고자 하는 것이 목적이었다. 이러한 목적을 달성하기 위하여 EC 가맹국 통화를 바스켓방식으로 조합한 통화단위(ECU : European Currency Unit)를 기준으로 환율변동폭을 ±2.25%로 하고, 변동폭의 상하한에 달한 경우 중앙은행에 무제한 개입의무를 부여하였다(1987년부터는 변동폭의 상하한에 달하기 전에 자발적으로 개입가능토록 하였음).

9   EEC가 성립된 이래 통화통합은 진전이 별로 없었으나 EMS가 결성되고 나서부터는 국제금융정세가 비교적 안정을 되찾아 1980년대부터는 순조롭게 발전되었는데, 이는 설정된 환율변동폭(±2.25%) 내에서 외환시장이 움직이도록 정책당국이 개입해 왔고 독일연방은행의 신중한 금융정책으로 독일 마르크화가 기축통화로서의 역할을 하였기 때문이다.

이 상존하고 있는 EMS체제로는 시장통합에 따른 경제적 이익을 극대화하기 어렵다는 인식이 확산되었다. 이에 따라 1988년 6월에는 단일유럽의정서에 의한 역내시장통합을 차질 없이 추진하고 시장통합 효과를 극대화하는 데 필요한 통화통합 방안을 검토하기 위한 경제통화동맹위원회(일명 들로르위원회)가 구성되었다. 그리고 1989년 4월에는 3단계에 걸친 EMU의 기본 추진계획을 담은 동 위원회의 들로르보고서(Delors report)[10]가 채택되었다.

1986년 6월 개최된 마드리드 EC 정상회담에서는 1990년 7월 1일부터 들로르보고서를 토대로 EMU를 추진하기로 합의하였으며, 영국도 1990년 10월 EMS에 가입하였다. 이어서 1991년 12월 네덜란드의 마스트리히트에서 개최된 EC 12개국 정상회담에서 12개국 정상들은 들로르보고서의 기본 추진계획을 바탕으로 실행계획을 법제화한 유럽연합조약(마스트리히트조약)에 합의하였다.

1.2 유럽연합조약 체결과 유럽경제통화동맹의 출범

1991년 12월 EC 정상회담에서 체결된 마스트리히트조약[11]은 각국의 비준절차를 거쳐 1993년 11월 정식 발효되었으며, 이와 동시에 유럽연합(EU)이 발족됨으로써 이후 유럽경제통화통합이 본격적으로 추진되었다. 추진과정은 마스트리히트조약에 따라 3단계로 나누어 진행되었다. 제1단계에서는 1990년 7월부터 1993년 말까지 역내시장통합을 촉진하고, 회원국 간 경제 및 통화정책 협조체제를 강화하며, 환율조정메커니즘(ERM)의 효율적 운용을 위해 역내통화 간 환율안정을 도모하는 등 EMU의 추진을 위한 기본준비작업에 역점을 두었다.

---

10 동 보고서는 EC 통화통합을 위한 제1단계로서 EMS 미참가국을 모두 가입시키고, 제2단계로서 미국의 연방준비제도를 모델로 유럽 각국의 중앙은행들을 단일 중앙은행기구(EC중앙은행)로 통합하여 고정환율제도로 이행한 후, 제3단계로서 단일통화로 통합하자는 EMU 3단계 추진방안을 제시하였다.

11 마스트리히트조약은 들로르보고서의 실행계획을 법제화한 것으로, 유럽연합(EU)의 창설과 EMU의 본격적 추진을 주요내용으로 하고 있으며, 향후 유럽의 정치 및 경제통화통합의 헌법역할을 하고 있다고 볼 수 있다. 마스트리히트조약이 갖는 의미는 단일중앙은행과 단일통화의 도입에 대한 유럽 각국의 의견대립에도 불구하고 이를 법제화하였다는 점과, 유럽연합의 최종목표인 정치통합을 국가연합주의적 이념으로 정립하였다는 점이다.

1994년부터 1998년까지 추진된 제2단계에서는 회원국 간 기초경제여건의 동질화, 유럽중앙은행(ECB : European Central Bank)의 모태가 될 유럽통화기구(EMI : European Monetary Institute)의 설립, 각국 중앙은행법 개정 등을 통해 제3단계로의 순조로운 이행을 위한 경제적·제도적 여건을 갖추는 데 주력하였다.

제2단계 추진과정을 좀 더 구체적으로 살펴보면, 먼저 EU는 1994년 1월 유럽통화기구(EMI)를 설립하고 동 기구로 하여금 유럽중앙은행제도(ECBS : European System of Central Banks)의 설립과 단일통화 창출을 목적으로 하고 있는 EMU 제3단계로의 이행을 위한 준비작업을 담당하도록 하였다. EMI 설립 이후 각국의 중앙은행법 개정을 통하여 중앙은행의 독립성을 크게 제고하였다. 또한 1995년 12월 마드리드 EU 정상회담에서 경제통화통합을 가속화하기 위한 세부일정이 확정됨에 따라 단일통화의 명칭이 유로(Euro)로 결정[12]되고 각국은 물가, 장기금리, 재정적자 및 환율 등 거시경제변수를 일정 경제수렴기준(economic convergence criteria)[13] 이내로 유지하도록 노력하게 되었다.

1996년 12월 더블린 정상회담에서는 통화통합 이후 유로화와 비참가국 통화 간의 환율안정을 위하여 새로운 환율조정메커니즘(ERMII)[14]을 도입하고 유로화 사용에 관한 법률을 제정하는 한편 각국이 건전재정을 유지할 수 있도록 '안정 및 성장 협정(Stability and Growth Pact)'을 채택하여 각국의 연간 재정적자 규모를 명목 GDP의 3% 이내로 제한하는 등 통화통합의 세부방안에 대한 최종합의를 도출하였다. 이어서 1998

---

12 원래 EU 회원국들은 마스트리히트조약 체결 시 유럽 단일통화를 에쿠(ECU : European Currency Unit)라 명명하기로 결정했다. 그러나 독일은 EMS가 출범한 이후 사용되어 온 에쿠(ECU)가 독일 마르크화에 비하여 너무나 큰 폭으로 평가절하되어 약한 통화의 이미지를 지니고 있다는 이유로 이 안에 반대의사를 표명하였다. 이러한 점 등을 반영하여 EU 회원국들은 단일통화의 명칭을 유로(Euro)로 결정하였다.

13 경제수렴기준은 EMU 출범 후 단일통화정책이 효율적으로 운용될 수 있도록 각 회원국의 경제운용환경을 동질화하려는 것으로, 네 가지 거시경제변수들에 대해 다음과 같이 설정하였다.
  • 물가 : 최근 1년간 CPI상승률이 가장 낮은 3개 회원국의 평균물가상승률 +1.5%포인트 이내
  • 재정 : 재정적자가 경상 GDP의 3% 이내, 정부부채가 경상 GDP의 60% 이내
  • 금리 : 최근 1년간 CPI상승률이 가장 낮은 3개 회원국의 평균명목장기금리 +1.5%포인트 이내
  • 환율 : 자국통화와 다른 회원국 통화 간의 환율을 ERM의 환율변동 허용폭(독일 마르크화와 네덜란드 길더화는 ±2.25%, 기타 통화는 ±15.0%) 이내로 유지하되 최근 2년간 각 회원국 통화 간에 설정된 중심환율을 고수

14 유로화와 비참가국 통화 간 기준환율과 변동허용폭을 설치하고 실제환율이 변동허용 상하한에 접근할 경우 유럽중앙은행(ECB)과 비참가국 중앙은행이 시장에 공동개입하여 유로화를 사용하는 통합참가국(Ins)과 자국통화를 사용하는 비참가국(Outs) 간의 환율이 안정을 유지하도록 하는 환율조정메커니즘.

년 5월 2 ~ 3일에 브뤼셀에서 개최된 EU 정상회담에서는 EMU 최초 참가국을 경제수렴 조건 등 제3단계 이행조건을 충족한 11개국[15]으로 확정하고, 유럽중앙은행(ECB)의 임원진을 선임하는 등 EMU 출범을 위한 핵심사항을 결정하였다.

　　한편 1998년 6월 1일에 당초 예정보다 한 달 앞서 유럽통화기구의 인력과 시설을 그대로 인수하여 유럽중앙은행이 창설되었다. 이후 유럽중앙은행은 단일통화정책의 운용방식 등 세부사항들을 결정해 가며 EMU의 출범을 위한 최종적인 준비과정을 거쳐 1999년 1월 1일 EMU가 정식 출범하게 되었다.

2. 유럽중앙은행과 유로화

1999년 1월 1일부터 EMU가 정식 출범하게 됨에 따라 유럽중앙은행(ECB)은 유럽통화기구(EMI)의 업무와 참가국의 통화주권을 인수하여 단일통화정책을 수립 집행하고, 단일통화로서 유로화를 최초로 도입하게 되었다. 이와 더불어 유럽중앙은행, 참가국 중앙은행, 그리고 가맹은행으로 구성된 범유럽통합결제(TARGET ： Trans-European Automated Real-Time Gross Settlement Express Transfer) 시스템[16]을 가동하게 되었다. 이제 EMU의 핵심을 이루고 있는 유럽중앙은행제도와 유로화에 대해서 구체적으로 살펴보기로 한다.

2.1 유럽중앙은행제도

가. 조직과 기능

유럽중앙은행제도(ESCB)는 정책수립을 담당하는 유럽중앙은행(ECB)과 유럽중앙은

15　15개 EU 회원국 중 독일, 프랑스, 벨기에, 네덜란드, 룩셈부르크, 오스트리아, 핀란드, 아일랜드, 스페인, 포르투갈, 이탈리아가 참가하기로 확정되었다. 미참가국 4개 국가 가운데 그리스는 모든 경제수렴기준에 미달하였으며 영국, 덴마크 및 스웨덴은 경제수렴기준을 대부분 충족하였으나, 자국의 경제 또는 정치상황을 들어 일단 불참하기로 결정하였다.

16　범유럽통합결제시스템에 대해서는 제1장의 국제금융 결제제도를 참조하기 바람.

행의 결정과 지시를 집행하는 EMU 참가국 중앙은행으로 구성된다. ECB 내에는 정책이사회(governing council), 집행위원회(executive board) 및 일반이사회(general council)의 3개 의결기구가 있으며, 유럽중앙은행 총재가 이들 기구의 의장직을 수행하고 있다.

　유럽중앙은행제도의 주된 목적은 물가안정을 유지하는 것이며, 물가안정을 저해하지 않는 범위 내에서 회원국들의 일반 경제정책을 지원하는 것이다. 유럽중앙은행제도는 기본적으로 단일통화정책의 수립 및 집행, 외환시장 개입, 회원국 대외지급준비자산의 보유 관리, 그리고 지급결제제도를 원활하게 운용하는 업무를 수행하고 있다. 또한 유럽중앙은행제도는 금융기관의 건전성 감독 및 금융제도의 안정성에 관한 자문, 단일통화인 유로화 발행업무를 수행하고 있다.

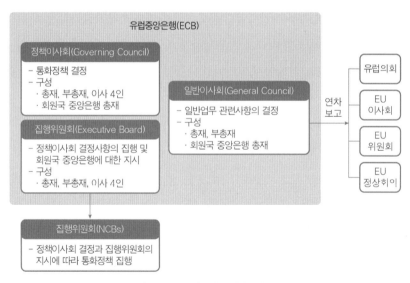

[그림 12-1] 유럽중앙은행제도의 조직

나. 통화정책

유럽중앙은행제도는 마스트리히트조약과 ESCB정관에 의거 물가안정을 최우선 목표로 하여 단일통화정책을 수행하며 물가안정을 저해하지 않는 범위 내에서 회원국들의 일반경제정책을 지원하고 있다.

통화정책 운용방식은 물가안정 목표를 달성하기 위하여 통화목표증가율을 설정, 운용함과 아울러 각종 경제·금융지표들을 종합적으로 활용하여 미래의 물가전망에 대해 평가한다는 점에서 통화량 목표관리방식(monetary targeting)과 인플레이션 목표관리방식(inflation targeting)을 혼용한 것으로 볼 수 있다. 유럽중앙은행은 통화정책의 신뢰성과 투명성을 높이기 위하여 경제상황에 대한 평가와 정책결정의 배경을 일반에게 알리려는 노력을 지속하고 있다. 또한 통화정책의 집행에 있어서는 일정한 범위 내에서 회원국 중앙은행에 재량권을 부여함으로써 각국 중앙은행이 축적한 경험과 정보를 살리고, 금융시장구조나 법률 등에 따라 나라마다 다르게 발전되어 온 거래관행을 인정하고 있다.

통화정책 운용수단 및 절차를 살펴보면 유럽중앙은행은 통화정책 운용수단으로 공개시장조작(open market operations), 초단기 여수신제도(standing facilities) 및 지급준비금제도(minimum reserves)를 도입 운용하고 있다. 공개시장조작은 금융시장에 통화정책방향을 알리는 가장 중요한 수단으로서 그 목적과 거래빈도 등에 따라 단기자금공급조작(main refinancing operations), 장기자금공급조작(long-term refinancing operations), 미조정조작(fine tuning operations) 및 구조적 조작(structural operations)의 네 가지로 분류되며, 주로 경쟁입찰을 통한 RP거래방식을 활용하고 있다. 초단기 여수신제도는 금융기관의 예상치 못한 유동성 과부족을 익일만기(overnight)자금으로 조정해 주는 수단으로 정상적인 경우에 담보요건(collateral value)만 갖추면 금융기관은 해당국 중앙은행으로부터 무제한으로 차입 또는 예치가 가능하다. 한편 지급준비금은 유로지역의 모든 신용기관(credit institution)에 부과된다.

ESCB의 통화정책대상 금융기관(eligible counterparties)이 되기 위해서는 일정한 자격요건을 갖추어야 하는데, 지준예치대상 금융기관으로서 유럽연합 및 유럽경제지역 감독기준(EU / EEA harmonized supervision)하에 각국의 감독당국에 의하여 감독을 받고 있으며, 각 참가국 중앙은행과의 계약 또는 규정에 의한 거래절차를 준수할 수 있어야 한다는 것이 그 요건이다.

외환정책에 관해서는 EU 재무장관이사회가 최종책임을 지게 되나, 환율조정 등을 위한 실질적인 외환정책은 이사회의 일반지침에 의해 ECB가 수행한다. ECB는 EU 재무장관이사회가 마련하는 외환정책의 일반지침에 따라 외환시장개입 여부 등을 결정하며, 외환정책과 통화정책 간의 조화적 운용을 위해 EU 재무장관이사회는 역외국과의 환율관련 협정체결과 환율정책의 기본방향 설정 시 ECB의 자문을 받도록 의무화되어 있다.

한편 각 참가국은 통화통합과 더불어 통화주권이 상실되지만, 독자적인 재정정책을 수행할 수 있다. 따라서 총수요 조절, 고용 증대 등을 위해 재정정책을 적극적으로 활용할 수 있다.[17] 하지만 각 회원국의 무절제한 재정운용으로 유로지역경제의 안정성이 저하되는 것을 방지하기 위해 재정운용이 제한되어 있다. 이 밖에 ECB의 은행감독권을 살펴보면 ECB는 금융기관 감독권을 가지지 않으며, 금융기관의 건전경영 및 금융제도의 안정성과 관련된 조언 및 협의기능만을 보유하고 있다.

2.2 유로화

가. 유로화의 도입

1999년 1월 1일 유럽경제통화동맹(EMU)의 출범과 더불어 유럽 단일통화인 유로화가 창출되었다. 그러나 단일통화 도입에 따른 금융·경제적 혼란을 방지하기 위하여 3단계로 나누어 도입하기로 하였다. 먼저 제1단계로 1999년 1월부터 2001년 말까지는 유로화 실물은 도입하지 않고 회원국 통화 실물을 대체 사용키로 하였다. 또한 국공채 발행 등 공공 거래, 은행 간 거래, 증권거래소 거래 등은 표시통화를 유로화로 단일화하였다. 두 번째 단계로 2002년 1월부터 유로화 지폐 및 주화 실물을 발행 유통키로 하였다.[18]

---

17 마스트리히트조약에 의거 i) 과도한 재정적자 금지, ii) 특정 참가국의 재정적자를 보전하기 위한 여타 참가국 또는 EMU 차원의 지원금지(no bail-out), iii) 참가국 정부의 재정적자 보전을 위한 ECB 및 참가국 중앙은행의 신용공여 금지, iv) 각국 재정상황에 대한 감독기능 강화, v) 재정적자 과다 보유국에 대한 규제제도 도입 등이 규정되어 있다. 그뿐만 아니라 1996년 12월 더블린 EU 정상회담에서 체결된 '안정 및 성장 협정'에 따라 EMU 출범 이후 재정적자 과다국에 대한 구체적인 제재기준이 마련되었다.

18 지폐는 7종(5, 10, 20, 50, 100, 200, 500 Euro), 주화는 8종(1, 2, 5, 10, 20, 50 Cent 및 1, 2 Euro) 발행.

한편 기타 민간거래의 경우는 1999년 1월 ~ 2002년 6월 중에는 유로화표시와 EMU 참가국 통화표시를 자유롭게 선택할 수 있도록 하였다. 그리고 마지막 단계로 2002년 7월 이후에는 회원국 통화의 법적 효력이 정지되도록 함으로써 회원국 통화가 완전 폐지되고 유로화가 명실 공히 유럽의 단일통화 역할을 하도록 하였다.

〈표 12-1〉에서 보는 바와 같이 2018년 5월 현재 총 28개 EU 회원국 중 19개국이 유로화를 도입 사용하고 있다. 28개 회원국 중 10개국은 자국의 의사, 경제 수렴조건 (convergence criteria) 미충족 등에 따라 아직 유로화를 사용하지 않고 있다. 한편 영국은 유로화를 사용하지 않고 있으나 2016년 6월 국민투표를 통하여 EU에서 탈퇴하기로 결정하고 EU 탈퇴절차를 진행하고 있는데, 모든 절차가 완료되고 완전 탈퇴하기까지는 상당한 시간이 소요될 것으로 예상된다.

〈표 12-1〉 유로화 도입국 현황

시기	EU 회원국 수	유로화 도입국 수	유로화 도입국가
1999.1	15	11	프랑스, 독일, 이탈리아, 스페인, 포르투갈, 벨기에, 네덜란드, 룩셈부르크, 오스트리아, 핀란드, 아일랜드
2000.1	15	12	그리스
2007.1	25	13	슬로베니아
2008.1	27	15	몰타, 사이프러스
2009.1	27	16	슬로바키아
2011.1	27	17	에스토니아
2014.1	28	18	라트비아
2015.1	28	19	리투아니아

나. 유로화의 미래

1999년 1월 EMU의 출범으로 EMU 참가국들이 단일통화인 유로화를 도입 사용하게 되고 유럽중앙은행(ECB)이 유로지역에서 단일통화정책을 실시하게 됨에 따라 역내 주민 복지 향상에 기여할 수 있는 재화, 서비스, 인력 및 자본시장의 단일화가 완결되었다. 아울러 유로화의 사용이 확대되면서 국제경제 및 국제통화질서에 일부 변화가 초래되

고 있다.[19]

EMU 출범 이후 유로화는 3.3억 명의 유럽인이 사용하는 단일통화로서 비교적 순조롭게 정착된 것으로 평가된다. 환율도 2000 ~ 2002년을 제외하고는 '1달러 = 1유로'의 등가(parity)를 상회하면서 최고 1유로당 1.6달러까지 상승하였다. EMU 출범 10주년을 맞이하여 EU 집행위원회는 그동안 EMU체제가 유럽경제에 기여한 것으로 자평[20]하였으며, 2009년 12월 유럽의 '미니헌법'인 리스본조약의 발효를 계기로 미국에 필적하는 '유럽합중국(United States of Europe)'으로 부상할 것으로 기대하였다.

그러나 2009년 10월 그리스 사회당의 집권을 계기로 그리스의 재정적자문제와 그에 대한 국가부도 가능성 대두, 이어서 포르투갈, 스페인 등 다른 남부유럽 국가들의 재정위기가 발발하면서 유로화 가치가 큰 폭으로 하락하는 등 EMU체제가 어려움에 봉착하였다. 이후 유로지역과 IMF의 그리스에 대한 사상최대의 지원안이 확정되고 그리스의 재정 긴축안이 입법화되면서 남부유럽의 재정위기는 완화되었으나 EMU체제가 안고 있는 근본적 문제점에 대한 우려가 지속되고 있다. 즉 EMU는 재정통합과 정치통합이 미미한 상태에서 이루어진 통화동맹으로서 근본적인 한계를 가지고 있어 그만큼 외부충격에 취약하다고 할 수 있는 것이다. 이와 같이 유로화의 미래는 EMU체제와 회원국들의 경제·정치상황과 매우 밀접한 관계가 있다. 이에 따라 유로화의 미래는 EMU체제의 존속 및 발전, 그리고 미 달러화를 대체할 수 있는 기축통화로서의 유로화 가능성이라는 관점에서 살펴볼 수 있다.

먼저, EMU체제의 존속여부와 향후 발전측면에서 살펴보면, EMU는 체제 출범 이

---

19 유로화 출범 당시 예상하였던 변화를 다양한 측면에서 살펴볼 수 있지만 기존질서의 구조적 변화라는 측면에서 몇 가지 정리해 보면 다음과 같다. 우선 역내 단일통화 도입·사용으로 유럽지역 금융시장이 크게 활성화될 것으로 예상하였다. 즉 역내시장의 가격투명성 제고, 환위험 및 거래비용 감소 등으로 주식시장이 활성화되고 채권시장도 단일통화표시 시장으로의 통합에 따른 조달·투자운용비용 절감 등으로 크게 성장할 것으로 예상하였다. 두 번째로 유로화는 향후 미 달러화와 더불어 새로운 기축통화 역할을 할 것으로 예상하였다. 즉 유로화는 도입 시부터 유로지역 주요국의 영향력 있는 통화와 유로지역의 경제 및 금융시장의 규모를 배경으로 국제통화로서의 기본적인 자격을 보유하였을 뿐 아니라 유럽중앙은행이 물가안정을 확보하기 위해 최선의 노력을 기울일 것이기 때문에 미 달러화에 대하여 도전자가 될 것으로 예상하였다. 세 번째로 단일통화인 유로화의 도입으로 이종통화 간 거래라는 장벽이 제거되고 이에 따라 기업 간 제휴 및 인수·합병(M&A)이 가속화되고 기업경영전략 변화 및 거점조정 등이 보다 원활히 이루어짐으로써 산업이 광범위하게 재편되는 과정을 거치게 될 것으로 예상하였다.

20 European Commission(2008), "Successes and Challenges after ten years of Economic and Monetary Union".

전부터 동 체제의 지속성(sustainability)에 대해 미국을 중심으로 회의적 견해가 표출되었다. Martin Feldstein(1997)은 통화통합으로 인해 실업과 인플레이션이 더욱 악화되면서 EMU체제 및 유로화의 불안정성도 확대될 것으로 예상하였다. 이러한 주장은 대체로 EMU체제가 가지고 있는 근본적 결함 — 단일환율, 재정동맹(fiscal union)의 부재, 회원국에 대한 관용적 태도(forbearance), EMU체제의 동요 시에 대비한 비상대책(contingency plan) 부재, 지나친 역내 의존성으로 인한 전염효과(contagion effect)에 취약 — 에 근거를 두고 있다. 일부에서는 이와 같은 근본적 문제점이 개선되지 않는다면 그리스 재정위기와 같은 사례가 반복될 것이고, 결국 과거 ERM체제와 같은 경로를 따라 EMU체제도 붕괴할 가능성을 배제할 수 없다는 견해를 제시하고 있다. 특히 2016년 6월 영국의 EU 탈퇴 결정으로 이와 같은 우려는 커지고 있으며, 이는 유로화의 가치에도 영향을 미치고 있다. 그러나 EU체제의 핵심인 EMU가 붕괴될 경우 독일, 프랑스 주도의 'One Europe'이 무산될 수 있어 회원국들이 EMU 제도를 보완 · 개선[21]하고 회원국 간 심화되고 있는 불균형을 줄이기 위한 정책적 노력을 지속해 나간다면, 유로화가 그 가치를 유지하면서 사용이 확대될 것으로 예상된다.

두 번째로 유로화의 기축통화로의 부상 가능성을 살펴보면, 유로화는 출범 이후 10여 년 간은 미 달러화를 대체할 1순위 기축통화 후보로 부상해 왔으나 남유럽 재정위기를 계기로 기축통화가 되기 위한 중요한 조건들[22]이 훼손되고 국제통화로서의 위상도 낮아졌다. 이에 따라 유로화가 미 달러화를 대신하여 기축통화로 부상할 가능성은 유로화 출범 초기의 기대보다 크게 낮아졌으며 이를 계기로 중국이 위안화의 국제화를 적극적으로 추진하고 있다.

---

21 EMU의 제도를 보완하기 위해 유럽통화기금(EMF) 설립, 유럽투자은행(EIB)의 기능 확대, 공동유로채권(common eurobond) 발행 등 위기관리체계의 마련, 재정규율의 엄격한 시행 및 재정통합(fiscal union) 추진, 회원국의 재무 재조정 제도 도입, 그리고 통합감독기구의 설립 등을 논의하고 있다.

22 일반적으로 기축통화가 되기 위한 조건으로는 충분히 큰 실물경제(GDP 및 교역) 규모, 발달된 금융시장, 국제금융시장에서의 높은 거래 비중(네트워크의 외부성), 통화가치 및 금융시스템의 안정 등이 거론된다.

참고 12-2   최적통화지역이론

최적통화지역이란 단일통화가 사용되기에 가장 알맞은 크기의 지역, 즉 고정환율제도를 유지하기에 가장 적합한 지역을 의미한다. 유로지역과 같이 단일통화지역을 형성할 경우에는 이득과 손실이 동시에 발생한다. 환율을 고정하여 단일통화지역이될 경우 거래비용 감소나 국가 간 교역에 불확실성과 위험이 줄어들면서 얻게 되는 화폐적 효율성 이득(monetary efficiency gain)이 발생한다. 이러한 화폐적 효율성 이득은 당해국과 역내교역국의 교역량이 크거나 생산요소의 이동성이 높을수록즉 경제통합의 정도가 클수록 커지게 된다. 반면 단일통화지역에 편입하여 고정환율제도를 택하면 국민소득과 실업률에 대한안정화를 목적으로 각국이 자율적인 거시정책을 쓸 수 없게 되어 경제 안정화 손실(economic stability loss)이 발생한다.경제 안정화 손실은 당해국과 역내교역국의 교역량이 크거나 생산요소의 이동성이 높을수록 작아지게 된다.

따라서 각국은 자국의 경제통합의 정도에 따른 이득과 손실을 따져 단일통화지역에의 편입 여부를 결정하게 되는데 이를그림을 통해 설명하면 다음과 같다. 경제통합 정도가 클수록 화폐적 효율성 이득은 커지므로 그림의 GG선과 같이 우상향하고, 경제 안정화 손실은 작아지므로 LL선과 같이 우하향하는 모습을 보인다. 단일통화지역에 편입하는 국가는 초과이득과초과손실이 없는 θ_1의 경제통합 정도가 요구된다.

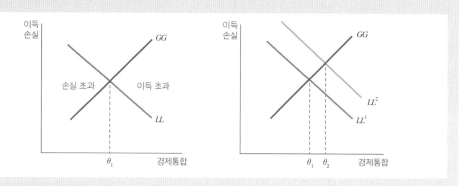

만약 특정국가의 생산물시장에 외부충격이 발생할 경우 경제 안정화 손실이 커져 LL곡선이 우측으로 이동하면 단일통화지역에 가입하기 위해서는 θ_1보다 더 높은 θ_2만큼의 경제통합도가 요구된다.

대표적인 단일통화지역인 유로존을 포함한 EU가 최적통화지역인가 여부에 대해서는 다양한 평가가 있다. 최적통화지역을판단하는 지표로는 생산물시장의 통합정도, 역내교역 규모, 생산요소시장의 통합정도, 역내물가의 수렴도 등을 들 수 있다.역내국가 간 수출입이 클수록 역내 동일제품의 물가 간 차이가 없고 수렴도가 클수록 단일통합조건에 부합하게 된다. 또한역내 노동이동의 자유가 클수록 최적통화지역 요건에 부합하게 된다. 최근 EU 탈퇴를 선언한 영국의 경우 문화나 언어 장벽이외에도 탈퇴 전에 자동차가격이 유럽대륙과 상당한 차이를 보이고 상대적으로 강한 국경 통제(border control)를 통해노동이동을 제약하였다. 또한 같은 유로존 내에서도 정부의 규제 차이가 노동의 이동을 막는 제약요인이 된다. 예를 들면유로존도 재정당국이 통일되어 있지 않아 일부 국가에서는 실업수당 혜택을 받기 위해서는 거주지를 반드시 갖고 있어야되는 등의 차별적인 규제가 존재한다. 이에 따라 유로존의 지속 가능성은 이러한 경제통합 제약요인들이 얼마나 잘 해소되는가에 달려 있다고 볼 수 있다. 한편 유로존의 등장은 역내교역을 증대시키는 데 기여하였다고 평가된다. Rose(2000)의실증분석 결과 유로지역에서 단일통화를 공유하는 국가 간의 경우가 통화를 공유하지 않는 국가 간의 경우보다 3배 정도

교역량이 많은 것으로 분석되었다.

그러나 단일통화 체제하에서 기대되는 fiscal federalism, 즉 부유한 국가가 가난한 국가에 원조를 해 주는 메커니즘은 EU지역 국가들의 제한된 조세권(taxation power)으로 인해 큰 효과를 거두지 못하고 있다고 분석된다. 아울러 역내 노동시장의 이동성이 크게 확립되어 있지 못하므로 유로지역의 경제 안정화 손실도는 아직 높은 것으로 평가된다. 11개국으로 시작한 유로존이 향후 EMU 가입국 전체로 확대되고 궁극적으로 유럽의 통화통합이 성공하기 위해서는 몇 가지 과제가 있다고 지적된다. 우선 국별로 상이한 경제상황은 ECB를 통한 일원화된 통화정책을 수행함에 있어 각국의 정치적 압력을 야기할 소지를 내포하고 있다. 따라서 ECB가 이러한 정치적 압력에서 독립적인 의사결정을 할 수 있어야 한다. 둘째, 유럽 재정위기에서 나타났듯이 현재 각국에 분산된 재정정책을 전담하거나 조율할 수 있는 단일 재정기구가 필요하다. 이를 위해서는 유럽의 정치적 통합이 이루어져야 한다. 이러한 정치적 통합 없이는 완전한 경제통합을 달성하기 어렵다. 아직까지 유럽의 높은 실업률과 국가 간 노동이동성의 제약으로 터키 등 EU 가입후보국을 포함하는 유로존의 확대는 당분간은 요원할 것이다. 또한 EMU 가입조건으로 부과되고 있는 안정 및 성장 협정(SGP)은 fiscal federalism이 잘 작동되지 않는 상황에서 각국에 큰 부담이 될 것이다. 이에 따라 통합재정당국의 필요성이 제기되고 있다. 그리고 향후 문화와 종교의 차이가 큰 동구권 및 지중해 연안국이 가입할 경우 정책 결정 시 회원국 합의의 도출이 더욱 어려워질 수 있다.

제4절 환율제도의 선택

1. 환율제도의 분류 및 선택기준

환율제도는 국제통화제도를 환율의 변동 측면에서 파악한 것으로, 국제통화제도의 기능 중에서 국제수지 조정기능과 밀접한 관련이 있다. 환율제도는 환율이 어떠한 메커니즘에 의해서 결정되느냐에 따라 전통적으로 고정환율제도(fixed exchange rate system)와 변동환율제도(floating exchange rate system)로 구분된다. 일반적으로 고정환율제도는 통화당국이 외환시장에 개입하여 자국통화와 교역상대국 통화 간의 교환비율을 일정수준으로 유지시키는 제도를 말하며, 변동환율제도란 외환의 수요와 공급에 의하여 균형 환율수준이 자유로이 결정되도록 하는 제도를 말한다. 환율제도는 이와 같은 순수한 의미의 고정환율제도와 변동환율제도를 양극단으로 하여 실제 이 두 가지가 절충되어 다양한 형태로 운용되고 있다.

한 나라가 환율제도를 선택하는 데 있어 자율적인 거시정책 운용, 자본이동 촉진을 통한 국제유동성 확보, 환율안정을 통한 통화가치의 신뢰성 확보 등 세 가지 정책목표의 달성이 중요하다. 그러나 이 세 가지 목표를 동시에 만족시킬 수 있는 환율제도는 없어 이 중 한 가지 목표를 포기해야 되므로, 세 가지 목표들 사이에 상충관계(trade-off)에 직면하게 된다.[23] 오늘날 자유로운 자본이동을 허용하는 미국, 일본, 한국 등 주요국은 대부분 변동환율제도를 채택하고 있다. 즉 환율의 안정성을 일정부분 포기하는 대신 거시경제정책의 자율성과 자본이동을 통한 국제유동성을 확보하고 있는 것으로 볼 수 있다. 반면 중국의 경우 자본이동을 통제하면서 환율의 안정성과 거시경제정책의 자율성 확보에 더 중점을 두고 있다고 볼 수 있다.

최근에는 이러한 정책목표 간의 상충관계를 토대로 환율제도를 크게 고정환율제도, 변동환율제도 및 고정환율제도의 특수한 형태인 통화위원회제도(currency board system) 등으로 구분하는 것이 일반적이다. 각 제도의 특징을 간략히 살펴보면 다음과 같다.

고정환율제도는 일정수준의 환율을 유지함으로써 환율변동에 따른 경제에의 충격을 완화하고 동시에 거시경제정책의 자율성을 어느 정도 확보할 수 있는 장점을 지니고 있다. 그러나 이를 위해서는 자본이동상의 제약이 불가피하므로 국제유동성의 안정적인 공급이 제한적일 수밖에 없으며, 자본이동의 제약이 없는 상황 하에서 대외불균형이 지속되고 기초경제여건이 악화될 경우에는 환투기 공격에 노출되는 단점이 있다. 따라서 고정환율제도는 일반적으로 한 나라의 대외 의존도나 특정국에 대한 수출비중이 높고 정책당국의 인플레이션에 대한 정책 신뢰도가 낮은 경우에 적합한 것으로 받아들여지고 있다.

변동환율제도는 자본의 자유로운 이동을 전제로 하므로 국제유동성 확보 면에서 유리하고 외부충격을 환율변동에 의해 흡수할 수 있으므로 독자적인 거시경제정책 수행이 용이하다는 장점이 있다. 그러나 외환시장규모가 작고 외부충격 흡수능력이 취약한 개도국의 경우 환율변동성 증대가 경제의 교란요인으로 작용할 가능성이 큰 것이 단점이다. 이와 같은 특징을 지니고 있는 변동환율제도는 경제규모가 크고 금융산업이 고

---

[23] 어떤 환율제도의 경우에도 통화정책의 자율성(monetary autonomy), 자본자유화(financial integration), 그리고 환율안정(exchange rate stability) 등 세 가지 정책목표를 동시에 만족시키기는 현실적으로 어려우며 이를 삼불원칙(impossible trinity 또는 trilemma)이라고 한다.

도로 발달되어 있는 경우 또는 해외실물충격에의 노출 정도나 자본이동성이 큰 나라의 경우에 더 바람직하다는 견해가 지배적이다.

통화위원회제도는 자국통화 환율을 미 달러화 등 기축통화에 고정시키는 한편, 기축통화표시 외화준비자산 범위 내에서 자국통화와 기축통화와의 자유로운 교환을 허용하는 제도이다. 국내통화를 미 달러화 등 외환의 공급에 비례하여 자동적으로 공급하고 환율은 일정 교환비율로 고정시킴으로써 유동성 확보와 환위험을 방지할 수 있으나 통화정책의 자율성을 포기해야 하는 단점이 있다. 한편 통화위원회제도에서 진일보한 달러통용제도(dollarization)가 있는데, 이 제도는 국내에서 자국통화 대신 기축통화를 전면 사용하는 것이다.

2. IMF 환율제도 유형

앞에서 논의한 바와 같이 최근 환율제도는 크게 고정환율제도, 변동환율제도 및 통화위원회제도 등으로 구분할 수 있다. IMF는 환율의 신축성 정도와 회원국의 환율변동에 대한 대응형태에 따라 10가지 유형으로 세분(2013년 10월 현재)하고 있다(〈표 12-2〉 참조).

2.1 국가 고유의 법정통화가 없는 환율제도 (no separate legal tender)

미 달러화 등 타국의 통화를 자국통화로 사용하는 제도로서 국내 통화정책에 대한 통화당국의 통제가 불가능하다. 2013년 10월 현재 에콰도르, 팔라우, 파나마, 짐바브웨 등 13개국이 이 제도를 채택하고 있다.

2.2 통화위원회제도 (currency board)

자국의 화폐발행액을 외화준비자산에 연계하여 화폐 소지자가 요구 시 고정된 환율로 외화준비자산과 교환할 수 있도록 하는 제도로서 2013년 10월 현재 도미니카, 불가리아, 브루나이다루살람, 리투아니아 등 12개국에서 이 제도를 채택하고 있다.

2.3 전통적 페그제도 (conventional peg)

자국통화의 환율을 주요국 통화 또는 복수통화바스켓에 대해 고정시키되 기준환율 중심으로 좁은 범위(±1% 이내 또는 최소 6개월간 최대-최소 환율 간 차이가 2% 이내)에서 변동할 수 있도록 허용하는 제도로서 2013년 10월 현재 사우디아라비아, 덴마크, 베네수엘라, 쿠웨이트 등 45개국에서 이 제도를 채택하고 있다.

2.4 안정적 환율제도 (stabilized arrangement)

자국통화의 환율변동을 중심환율의 상하 일정범위 내에서 제한하되 변동 허용폭이 전통적 페그제도보다 넓은(6개월 이상 상하 2% 이내에서 변동) 제도로서 2013년 10월 현재 캄보디아, 이라크, 베트남, 앙골라 등 19개국에서 채택하고 있다.

2.5 크롤링 페그제도 (crawling peg)

자국통화의 환율을 일정한 수준에서 유지하지만 경제상황에 따라 고정환율을 미세하게 조정하는 제도로서 2013년 10월 현재 니카라과, 보츠와나 2개국에서 채택하고 있다.

2.6 유사 크롤링제도 (crawl-like arrangement)

6개월 이상 기간 중 환율의 통계적인 추세가 상하 2% 이내에서 변동하며 최소 변동범위가 안정적 환율제도보다 큰 제도로서 2013년 10월 현재 에티오피아, 싱가포르, 중국, 인도네시아 등 15개국에서 채택하고 있다.

2.7 수평밴드 페그제도 (pegged exchange rate within horizontal band)

시장환율이 기준환율로부터 최소 ±1% 이내 또는 최대-최소 환율 간 차이가 2%를 초과하는 범위에서 변동하도록 하는 제도로서 2013년 10월 현재 통가가 이 제도를 채택하고 있다.

2.8 기타 관리환율제도 (other managed arrangement)

변동환율제도로 이행하기 이전의 환율제도로서 환율의 불안정한 변동을 막기 위해 기준환율을 중심으로 일정범위 내에서 변동을 허용하는 제도이다. 2013년 10월 현재 이란, 말레이시아, 러시아, 스위스 등 19개국이 이 제도를 채택하고 있다.

2.9 변동환율제도 (floating)

원칙적으로 환율의 신축적인 변동을 허용하되 정책당국이 외환시장에 직간접적으로 개입(intervention)하여 과도한 환율 변동성을 완화하는 제도로서 2013년 10월 현재 케냐, 브라질, 한국, 필리핀, 인도 등 35개국이 이 제도를 채택하고 있다.

2.10 자유변동환율제도 (free floating)

변동환율제도 국가 중 외환당국의 시장개입이 시장 교란요인 제거 등 예외적인 상황에서 제한적으로 이루어지고 개입관련 정보가 제공되는 제도로서 2013년 10월 현재 호주, 캐나다, 일본, 미국, EMU 등 30개국이 이 제도를 채택하고 있다.

〈표 12-2〉 각국의 환율제도 채택현황

(De Facto Classification of Exchange Rate Regimes and Monetary Policy Frameworks—as of October, 2013)

Exchange Rate Arrangement (Number of Countries)	Monetary Policy Framework						
	Exchange Rate Anchor				Monetary Aggregate Target (26)	Inflation Targeting Framework (34)	Other[1] (39)
	U.S. Dollar (44)	Euro (27)	Composite (13)	Other (8)			
No Separate Legal Tender (13)	Ecuador, El Salvador, Marshall Islands, Micronesia, Palau, Panama, Timor-Leste, Zimbabwe	Kosovo, Montenegro, San Marino		Kiribati, Tuvalu			
Currency Board (12)	ECCU, Antigua and Barbuda, Dominica, Grenada, St. Kitts and Nevis, St. Lucia, St. Vincent and the Grenadines, Djibouti, Hong Kong SAR	Bosnia and Herzegovina, Bulgaria, Lithuania[2]		Brunei Darussalam			
Conventional Peg (45)	Aruba, The Bahamas, Bahrain, Belize, Curaçao and Sint Maarten, Eritrea, Jordan, Oman, Qatar, Saudi Arabia, South Sudan[3], Turkmenistan, United Arab Emirates, Venezuela	Cape Verde, Comoros, Denmark[2], Latvia[2], São Tomé and Príncipe, WAEMU, Benin, Burkina Faso, Côte d'Ivoire, Guinea-Bissau, Mali, Niger, Senegal, Togo, CAEMC, Cameroon, Central African Rep., Chad, Congo, Rep. of Equatorial Guinea, Gabon	Fiji, Kuwait, Libya, Morocco[4], Samoa	Bhutan, Lesotho, Namibia, Nepal, Swaziland			Solomon Islands[5,6] (01/12)
Stabilized Arrangement (19)	Cambodia, Guyana, Honduras, Iraq, Lebanon, Maldives, Suriname, Trinidad and Tobago	Macedonia	Vietnam[7]	Congo, Dem. Rep. of the[5,7] (01/12), Tajikistan[7], Ukraine[7], Yemen[7] (06/12)		Georgia[7] (06/11)	Angola[7], Azerbaijan[7], Costa Rica[5,7] (04/12), Lao P.D.R.[7], Bolivia[5,7] (11/11)
Crawling Peg (2)	Nicaragua		Botswana				
Crawl-like Arrangement (15)	Ethiopia, Honduras, Jamaica, Kazakhstan	Croatia	Singapore[5] (11/11)		Argentina[7], China[7], Rwanda[7], Uzbekistan[7]	Dominican Rep.[7], Indonesia[7] (06/12)	Egypt[5,7] (11/11), Haiti[7], Tunisia[6,8]

Exchange Rate Arrangement (Number of Countries)	Monetary Policy Framework						
	Exchange Rate Anchor				Monetary Aggregate Target (26)	Inflation Targeting Framework (34)	Other[1] (39)
	U.S. Dollar (44)	Euro (27)	Composite (13)	Other (8)			
Pegged Exchange Rate within Horizontal Bands(1)			Tonga				
Other Managed Arrangement (19)			Algeria Iran Syria Vanuatu		Bangladesh Burundi Guinea Kyrgyz Rep. Malawi Nigeria	Paraguay	Belarus Malaysia Mauritania Myanmar Russia[8] Sudan Switzerland[9] (01/13)
Floating(35)					Afghanistan The Gambia Kenya Madagascar Mozambique Papua New Guinea[9] (01/13) Seychelles Sierra Leone Sri Lanka (02/12) Tanzania Uganda[8] Zambia	Albania Armenia Brazil Colombia Ghana Guatemala[5] (03/12) Hungary Iceland Korea Moldova New Zealand (11/12) Peru Philippines Romania Serbia South Africa Thailand Turkey Uruguay	India Mauritius Mongolia Pakistan

Exchange Rate Arrangement (Number of Countries)	Monetary Policy Framework						
	Exchange Rate Anchor				Monetary Aggregate Target (26)	Inflation Targeting Framework (34)	Other[1] (39)
	U.S. Dollar (44)	Euro (27)	Composite (13)	Other (8)			
Free Floating(30)						Australia Canada Chile Czech Rep. Israel Japan Mexico Norway Poland Sweden United Kingdom	Somalia United Staes EMU Austria Belgium Cyprus Estonia Finland France Germany Greece Ireland Italy Luxembourg Malta Netherlands Portugal Slovak Rep. Slovenia Spain

Source : IMF staff.

Note : If the member country's de facto exchange rate arrangement has been reclassified during the reporting period, the date of change is indicated in parentheses.

[1] Includes countries that have no explicitly stated nominal anchor but rather monitor various indicators in conducting monetary policy.

[2] The member participates in the European Exchange Rate Mechanism(ERM II)

[3] South Sudan became a member of the IMF on April 18, 2012. The de facto exchange rate arrangement classification was under review at the time the AREAER was finalized. Therefore, this table reflects the de jure exchange rate regime, which is a conventional peg cis-á-cis the U.S. dollar.

[4] Within the framework of an exchange rate fixed to a currency composite, the Bank Al-Maghrib adopted a monetary policy framework in 2006 based on carious inflation indicators with the overnight interest rate as its operational target to pursue its main objective of price stability.

[5] The exchange rate arrangement was reclassified retroactively, overriding a previously published classification.

[6] The country maintains a de facto exchange rate anchor to a composite.

[7] The country maintains a de facto exchange rate anchor to the U.S. dollar.

[8] The central bank has taken preliminary steps toward inflation targeting.

[9] The exchange rate arrangement was reclassified twice during this reporting period, reverting to the classification in previous year's report.

요약

1. 국제통화제도는 상품과 자본의 이동에 따르는 국가 간 결제를 원활하게 하기 위한 국제협약 등의 제도를 말하며, 국제유동성 적정공급, 국제수지 불균형 조정 및 환율 안정화를 주요 기능으로 한다. 국제통화제도는 환율의 결정방법에 따라 고정환율제도와 변동환율제도로, 대외준비자산 형태에 따라 물품본위제도와 자유본위제도로 구분된다. 국제통화제도는 제1차 세계대전 이전의 금본위제도, 1차 및 2차 세계대전 사이 급격한 환율 변동, 제2차 세계대전 이후 미국과 IMF를 중심으로 하는 브레튼우즈체제하의 금환본위제도, 그리고 1970년대 후반 이후의 변동환율제도로 변천해 왔다.

2. 금본위제도란 통화단위를 순금의 일정 중량으로 정해 놓고, 금화의 자유주조를 허용하며, 지폐나 예금통화 등은 아무런 제한 없이 항상 금화와 교환할 수 있게 하는 제도이다. 금본위제도의 안정성은 금 생산에 좌우되고 국제수지는 가격 · 정화 조정 메커니즘에 의해 자동 조정된다. 동 제도는 1816년 영국에서 시작되었으나 1914년 제1차 세계대전 발발과 더불어 금의 자유로운 유출입과 금태환이 불가능해지면서 전면적으로 붕괴되었다. 그 후 금태환이 보장된 교환성 통화를 화폐발행 준비로 하는 국제금환본위제도가 성립되었으나 1929년 세계 대공황을 계기로 영국 등 여러 나라가 자국통화의 금태환을 정지시키면서 붕괴되었다.

3. 국제통화기금(IMF)과 국제부흥개발은행(IBRD) 설립으로 성립된 브레튼우즈체제는 금환본위제도 및 조정가능 고정환율제도를 핵심으로 한다. 미 달러화가 기축통화로서 국제유동성 공급역할을 담당하고 국제수지의 일시적인 불균형은 IMF 신용공여에 의하여, 기초적인 불균형은 평가조정에 의하여 해결하도록 하였다. 기축통화국인 미국은 민간의 금 보유를 금지시키는 한편 외국 통화당국이 요청할 때에는 금 1온스당 U$35로 무제한 매각을 보장하였다. 브레튼우즈체제는 국제수지 적자 누증으로 금태환이 어렵게 된 미국정부가 1971년 8월 15일 미 달러화의 금태환을

공식적으로 정지하면서 붕괴되었다.

4. 스미소니언체제는 브레튼우즈체제가 붕괴된 1971년 12월 주요 10개국이 모여 합의한 국제통화제도로서 미 달러화의 평가절하(금 1온스당 U$35 → U$38) 및 가맹국 통화 간 평가 재조정, 미 달러화 대비 환율변동폭 확대를 주요내용으로 하고 있다. 동 체제는 1972년 영국의 변동환율제도로의 전환, 1973년 미국의 달러화 평가절하(금 1온스당 U$38 → U$42.22), E.C.의 공동변동환율제도로의 이행 등으로 1973년 3월에 붕괴되었다. 1978년 발효된 IMF개혁으로 출범된 킹스턴체제는 변동환율제도의 인정, 금의 폐화, SDR의 기능과 이용도 제고를 주요내용으로 하였다. 이때부터 모든 IMF 회원국에게 자국의 경제상황을 감안하여 환율제도를 자유로이 선택할 수 있는 재량권이 부여되었다.

5. 1985년 9월 선진 5개국(미국, 영국, 일본, 서독, 프랑스)은 1980년대 들어 지속된 미 달러화 강세 현상과 주요 선진국 간 국제수지 불균형 시정을 위한 환율조정의 필요성, 이를 위한 거시경제정책의 운용, 외환시장 개입 시 공조체제 구축을 주요내용으로 하는 플라자합의를 도출하였다. 플라자합의 이후 미 달러화 가치가 급락(엔화와 마르크화의 과도한 절상)하자 선진 5개국과 캐나다는 1987년 2월 각국의 경제성장률 등 기초경제여건에 부합하는 수준에서 환율을 안정시키기 위한 국가 간 공조를 주요내용으로 하는 루브르합의를 도출하였다. 루브르합의는 통화가치의 과대 또는 과소평가를 시정하기 위해 G-7 국가들이 연합하여 외환시장에 개입하는 관리변동환율체제를 시행한 효시가 되었다. 2008년 글로벌 금융위기 이후 20개 주요 선진국과 신흥국으로 구성된 G-20을 중심으로 세계경제의 균형성장과 금융위기의 예방을 위한 국제적 정책 공조체제를 도입, 추진하고 있으며, 보다 장기적인 관점에서 국제통화제도에 대한 개선 논의가 대두되기 시작하였다.

6. 유럽의 통합노력은 1952년 유럽석탄 · 철강공동체(ECSC) 결성을 시작으로 1958년 유럽경제공동체(EEC), 1967년 유럽공동체(EC), 1993년 유럽연합(EU) 결성으로 이어졌으며, 통화통합은 1979년 환율변동을 일정범위 내로 제한하는 유럽통화제도(EMS)가 창설되면서 본격화되었다. 1989년 경제통화동맹(EMU) 기본 추진계

획을 담은 들로르보고서 발표, 1991년 EC 12개국 정상의 EMU 실행 3단계 계획을 법제화한 마스트리히트조약 추인 과정을 거치며 통화통합이 가속화되었다. 1999년 1월 1일 경제수렴조건 등 일정조건을 충족한 11개국을 참가국으로 하여 유로화를 공통화폐로 하고 통화주권은 유럽중앙은행(ECB)에 이행되면서 EMU가 공식출범하였다. 2018년 5월 현재 총 28개 EU 회원국 중 19개국이 유로화를 사용하고 있으며 나머지 회원국들은 자국의 의사나 경제 수렴조건 미충족 등을 이유로 사용하지 않고 있다. 유로지역의 재정위기를 계기로 EMU체제의 지속성과 기축통화로서 유로화의 위상에 대한 우려가 제기되었는데, 이는 EMU체제가 가진 근본적 한계인 단일환율, 재정동맹 부재, 경제수렴조건을 위반한 회원국에 대한 관용적 태도, EMU체제 동요 시의 비상대책 부재, 과도한 역내 의존성에 따른 전염효과에 대한 취약 등에 기인한다.

7. 환율제도를 선택하는 데 있어 자율적인 거시정책 운용, 자본이동 촉진을 통한 국제유동성 확보, 환율안정을 통한 통화가치의 신뢰성 확보 등의 바람직한 세 가지 정책목표를 동시에 만족시킬 수는 없다. 고정환율제도는 환율변동에 따른 불확실성을 완화하는 동시에 거시경제정책의 자율성을 어느 정도 확보할 수 있는 장점이 있으나, 자본이동의 제약이 불가피하므로 국제유동성의 안정적인 공급이 제한적일 수밖에 없다. 또한 자본이동의 제약이 없는 상황에서 대외 불균형이 지속되고 기초경제여건이 악화될 때는 환투기 공격에 노출되는 단점이 있다. 변동환율제도는 자본의 자유로운 이동을 전제로 하므로 국제유동성 확보 면에서 유리하고 외부충격을 환율변동에 의해 흡수할 수 있으므로 독자적인 거시경제정책 운용이 용이하다는 장점이 있다. 그러나 외환시장규모가 작고 외부충격 흡수능력이 취약한 개도국의 경우 환율변동성 증대가 경제의 큰 교란요인으로 작용할 가능성이 크다. 통화위원회제도는 자국통화 환율을 미 달러화 등 기축통화에 고정시키고 기축통화표시 외화준비자산 범위 내에서 자국통화와 기축통화와의 자유로운 교환을 허용하는 제도로 동 제도 아래서는 국내통화를 미 달러화 등 외환의 공급에 비례하여 자동적으로 공급하고 환율을 고정시킴으로써 유동성 확보와 환위험을 방지할 수 있으나 통화정책의

자율성을 포기해야 한다.

8. IMF는 환율의 신축성 정도와 회원국의 환율변동에 대한 대응형태에 따라 환율제도를 국가 고유의 법정통화가 없는 환율제도, 통화위원회제도, 전통적 페그제도, 안정적 환율제도, 크롤링 페그제도, 유사 크롤링제도, 수평밴드 페그제도, 기타 관리환율제도, 변동환율제도, 자유변동환율제도 등 10가지 유형으로 세분하고 있다. 우리나라는 원칙적으로 환율의 신축적 변동을 허용하되 외환시장 개입을 통해 과도한 환율변동을 완화하는 변동환율제도 채택국가로 분류되고 있다.

13 CHAPTER

금융위기의 원인과 대응

제1절 금융위기의 정의와 발생원인

1. 외환위기와 은행위기

금융위기(financial crisis)는 금융시장의 효율적 기능이 손상되어 실물경제에 심각하게 부정적인 영향을 미치는 경우, 즉 금융에서 비롯된 경제위기를 말한다. 금융위기는 외환위기(currency crisis)와 은행위기(bank crisis)로 구분할 수 있다. 외환위기는 일반적으로 기초경제여건이 악화되거나 신뢰성이 상실되는 등 여러 가지 대내외 여건 변화로 짧은 시간에 자국통화환율이 급속하게 상승(자국통화의 대외가치가 크게 하락)하고 이 과정에서 자국 통화가치를 방어하기 위해 사용된 중앙은행의 외환보유액이 줄어들어 더 이상 환율상승을 억제하지 못하게 되는 현상으로 이해되고 있다.[1] 따라서 외환위기는 환율, 외환보유액, 국내 및 외국 금리 등 여러 변수의 변화를 동시에 고려하여 그 발생 여부를 인식하는 것이 일반적이다.[2] 외환위기는 한 나라의 통화가치가 크게 하락한다는 의미에서 통화위기라고도 한다.

은행위기는 예금인출사태(bank run)가 발생하여 은행이 실제적으로 예금·채권 등의 부채를 상환하기 어려워지거나 예금인출사태의 잠재적 가능성이 증가함에 따라 정부가 이를 저지하기 위해서 적극적으로 개입하는 경우를 말한다. 최근 대부분의 학자와 정책담당자들은 은행위기가 예금인출 등 부채 측면보다는 금융기관의 대출 부실화 등 자산의 불건전성에서 비롯된다는 점에 주목하고 있다. 은행의 자산 부실화 정도에 따라 은행위기의 발생 가능성 여부를 판단하는 것이 합리적이라고 할 수 있다. Goldstein, Kaminsky and Reinhart(2000)는 은행위기를 금융기관 폐쇄, 합병, 인수 등을 초래하는 대규모 예금인출사태가 발생하는 경우, 그리고 대규모 예금인출사태가 발생하지 않더라도 금융기관 폐쇄, 합병, 인수, 주요 금융기관에 대한 대규모 정부지원 등

---

1   외환시장에서 자국 통화가치의 하락압력이 크게 증가하였지만 금리인상이나 중앙은행의 외환보유액 매도를 통해 통화가치 하락압력을 억제한 결과 실제로는 외형적으로 자국 통화가치의 하락이 나타나지 않는 경우도 외환위기에 포함된다.

2   언급한 변수들의 변동 정도로 외환위기의 정도를 지수화하는 방법이 널리 이용되고 있다.

이 이루어지는 경우 두 가지로 정의하고 있다. 은행위기는 거시경제 전반의 불안으로 이어지고 금융제도에 대한 일반 대중의 신뢰도 저하를 초래하여 금융중개기능 비효율화라는 경제적 손실을 발생시키게 된다.

1980년대 이후 금융자유화가 전 세계적으로 추진되면서 금융기관 부실화 사례가 늘고 많은 나라가 은행위기를 경험하였는데 이러한 은행위기는 외환위기와 매우 밀접한 인과관계를 가지고 있다. 각국의 사례를 살펴보면 외환위기를 겪은 국가 중 다수의 국가가 대내적으로 심각한 은행위기도 경험하였다. 일반적으로 외환위기와 은행위기의 관계를 다음과 같이 설명할 수 있다.[3]

〈표 13-1〉 외환 및 금융위기 발생추이   (단위 : 건)

	1975~97	1975~79	1980~84	1985~89	1990~94	1995~97
외환위기	202	39	45	50	48	20
금융위기	90	6	16	21	30	17
외환·금융위기 (twin crisis)	37	3	5	8	11	10

자료 : Glick and Hutchison, "Banking and Currency Crises: How Common Are The Twins?", March 2000

먼저 은행위기가 외환위기로 발전하는 경우다. 즉 은행위기에 따른 금융기관의 파산을 막기 위해 인플레이션을 수용하는 확장적인 통화정책을 실시하거나 대규모 예금인출사태 발생에 따른 공적자금 투입 등으로 유동성이 초과공급될 경우 외환시장에서의 투기적 공격에 의해 외환위기로 발전하게 된다는 것이다. 또한 금융시스템이 취약한 국가에서 은행위기가 발생할 경우, 국내자산을 해외자산으로 대체하려는 유인이 커지면서 외환위기가 초래된다고 보는 것이다.

두 번째로 외환위기와 은행위기가 동시에 발생하는 경우인데 금융자유화 등으로 은행이 과도한 단기해외차입에 의존할 경우 신인도 하락에 따른 만기연장 거부 등으로 국제유동성이 부족하게 되어 외환 및 은행위기가 동시에 발생하게 된다는 것이다. 또한

3 Velasco(1987), Obstfeld(1994), Kaminsky and Reinhart(1999)

그들은 환율조정을 통한 물가안정정책(exchange rate-based inflation stabilization plan)을 실시하는 국가에서 은행신용 및 해외차입 증가로 초과수요가 발생하여 국내물가가 상승할 경우 환율의 고평가가 초래되고 투기적 공격에 의해 외환 및 은행위기가 동시에 발생하게 된다는 것이다.

세 번째는 외환위기가 은행위기를 초래하는 경우인데 외환시장에서의 투기적 공격에 예금통화가 이용될 경우 예금인출에 따른 유동성 부족 등으로 은행위기가 초래된다는 것이다. 또한 외환포지션, 자산·부채 듀레이션 면에서 환위험 및 금리변동위험에 노출된 상황에서 외환위기로 환율 및 금리가 급등할 경우 은행부문에 대규모 손실이 발생하게 된다는 것이다.

〈표 13-2〉 외환 및 금융위기에 따른 경제적 손실*

	위기발생 횟수	평균회복기간[1] (년)	위기별 누적생산손실[2] (%p)	생산손실 발생 위기 비율[3] (%)	손실발생 위기별 누적생산손실[4] (%p)
외환위기	158	1.6	4.3	61	7.1
선진국	42	1.9	3.1	55	5.6
신흥국	116	1.5	4.8	64	7.6
금융위기	54	3.1	11.6	82	14.2
선진국	12	4.1	10.2	67	15.0
신흥국	42	2.8	12.1	86	14.0
외환·금융위기[5]	32	3.2	14.4	78	18.5
선진국	6	5.8	17.6	100	17.6
신흥국	26	2.6	13.6	73	18.8

* 1975~1997년 추세치(잠재 GDP)에 대한 상대적 손실
주 : 1) GDP 성장이 추세치로 복귀하는 데 소요된 기간
　　2) 모든 위기를 대상으로 위기발생 이후 GDP가 추세치로 복귀할 때까지 실제 GDP와 추세치 간 괴리의 누적합계를 평균
　　3) 위기발생 이후 GDP가 추세치를 하회하였던 위기의 비율
　　4) GDP 손실이 발생한 위기만을 대상으로 위기발생 이후 GDP가 추세치로 복귀할 때까지 실제 GDP와 추세치 간 괴리의 누적합계를 평균
　　5) 금융위기와 외환위기가 동일한 연도에 발생한 경우
자료 : IMF, World Economic Outlook, 1998.5

2. 금융위기 발생원인 (금융위기모형)

2.1 투기적 공격론 (제1세대 위기모형)

투기적 공격론은 외환위기가 발생하는 원인을 주로 기초경제여건의 악화에서 찾으려는 이론을 말한다. 즉 고정환율제도를 채택하거나 환율을 통제하고 있는 나라의 경상수지, 재정수지, 경제성장, 물가 등 기초경제여건이 나빠졌음에도 불구하고 환율이 고정되어 있거나 환율을 일정수준으로 무리하게 유지하면 투자자들은 조만간 평가절하가 이루어질 것으로 예상하여 그 나라 통화를 집중적으로 매각하는 투기적 공격을 감행함으로써 외환위기가 촉발된다고 보는 것이 투기적 공격론이다. 고정환율 또는 통제된 환율에 대한 투기적 공격론은 Krugman(1979)이 최초로 이론화한 후 여러 학자[4]에 의해 발전되었다. 이 이론은 외환위기 이론 중 가장 오래된 전통적 이론이라는 의미에서 제1세대이론 (first generation theory)이라고 불리고 있다.

투기적 공격론은 대체로 통화론적 모형에 입각하여 환율결정을 설명하며 남미의 경제위기를 잘 설명하고 있다. 외환위기가 통화팽창에 의한 재정적자 유지 및 고정환율제도 유지와 같은 국내경제정책의 일관성 결여에 따라 발생된다는 것이다. 환율이 기존 수준에서 유지될 수 없다고 생각되면 외환에 투기적 공격이 일어나며, 특히 중앙은행의 공식적 외환보유고가 환투기를 막기에 부족하다고 생각되면 환투기가 더욱 가속화된다고 본다.

투기적 공격으로 인하여 외환보유액이 위험수준까지 고갈되면 환율을 평가절하하든지 고정환율제도를 외환시장의 수요·공급에 따라 환율이 결정되는 자유변동환율제도로 이행할 수밖에 없게 된다. 이러한 경우 결국 거시경제정책에 일관성이 결여되어 거시경제목표 중 하나 또는 그 이상을 희생해야 하는 결과를 초래하게 된다. 예를 들어 국내경기침체와 실업문제를 해결하기 위해서 재정지출을 확대하거나 통화공급을 확대하는 경우 환율의 대폭적인 상승이 수반되는 것이다.

---

4 Flood and Garber(1984), Agenor and Flood(1992) 등

2.2 자기실현적 공격론 (제2세대 위기모형)

자기실현적 공격론(self-fulfilling attack)은 거시적인 경제변수들로 판단되는 기초경제여건이 양호함에도 불구하고 외환시장 참가자들이 외환위기를 예상하게 되면 갑자기 외환위기가 발생할 수 있다고 보는 이론이다. 즉 시장참가자들은 한 나라에 대한 새로운 뉴스나 정부의 정책대응 등에 매우 민감하게 반응하는데 투자자들의 신뢰가 급격히 상실되어 환율이 상승할 것으로 예상되는 경우 약세통화를 집중적으로 매각하는 panic현상이 나타나 외환위기가 발생한다는 것이다.[5] 이와 같이 자기실현적 공격론은 시장참가자들의 향후 예상에 따라 외환위기의 발생 여부가 결정된다고 보는 것으로 앞에서 설명한 전통적인 투기적 공격론에 대비하여 제2세대 투기적 공격론이라고 불리기도 한다. 기초경제여건과 무관하게 급작스러운 panic이 발생하는 현상에 대해서는 자기실현적 예상에 근거해 논의를 전개한다.

투기적 공격론은 1980년대까지는 남미의 사례 등 비교적 광범위하게 지지를 받았으나 1992 ~ 93년 중 발생한 유럽의 외환위기(EMS currency crisis)를 설명하기에는 미흡하였다. 즉 EMS (European Monetary System) 가입국가들의 경우 위기 직전에 적정 외환보유액을 유지하고 있었을 뿐만 아니라 재정적자, 통화량, 물가 등 기초경제여건이 매우 건실했는데도 당시 영국과 이탈리아가 EMS에서 탈퇴하고 잔류국가들도 당시 상하한 허용폭을 ±2.25%에서 ±15%로 대폭 확대하였다. 이러한 현상은 예상되는 정부정책의 변화가 환투기를 가져오는 과정을 통해서 설명할 수 있다.

유럽 외환위기를 계기로 많은 학자가 자기실현적 예상의 관점에서 외환위기를 설명하고 있는데 자기실현적 공격론은 기본적으로 환율의 평가절하를 정부가 고용과 물가안정이라는 상충관계(trade-off)하에서 경제비용을 최소화하기 위해 선택한 것이라고 본다. 자기실현적 예상은 크게 두 가지 유형으로 구분할 수 있는데, 하나는 기초경제여건과 무관하게 평가절하가 유발되는 행위 자체에 대한 것이고, 다른 하나는 그러한

---

5 급격한 환율상승을 예상하는 세력이 우세하면 외환위기가 초래되고 이와 반대로 환율이 안정될 것이라고 예상하는 세력이 우세하면 외환위기는 발생하지 않게 된다. 즉 외환위기가 자기실현적 투기공격의 양상을 띠게 되며 복수균형(multiple equilibria)이 가능해진다.

행위가 외부충격에 아주 민감한 집단행위로 나타나는 현상에 대한 것이다.

자기실현적 예상에 근거해 외환위기를 설명한 연구들의 내용은 다음과 같이 요약할 수 있다. 첫째, 한 국가가 지나친 외채부담 등 외부충격에 취약한 구조를 지니고 있고 동시에 불리한 외부 충격이 발생하면 외환위기가 발생할 수 있다. 그러나 한 국가가 외부충격에 견딜 만한 경제구조를 갖추고 있거나 또는 취약한 구조라 할지라도 부정적인 외부충격이 발생하지 않으면 외환위기는 발생하지 않는다고 볼 수 있다. 둘째, 비록 취약한 구조를 가지고 있고 불리한 외부충격이 발생했을지라도 초기단계에서 적절한 대응정책을 마련하고 대처하면 외부충격이 위기로 발전되지 않고 일시적인 충격으로 소멸될 수 있다. 셋째, 또 하나 주목할 것은 어떠한 외부충격이 언제 발생할지 알 수 없다는 점이다. 즉 외환위기는 예측이 불가능하고 갑작스럽게 나타난다.

2.3 과열-냉각 순환모형 (boom-bust cycle)

과열-냉각 순환모형은 과열되었던 경제의 거품이 붕괴되는 과정에서 자금차입이 한계에 도달함으로써 외환위기가 초래될 수 있다는 이론이다. 이와 관련하여 Sachs(1998)는 일반적으로 정부, 중앙은행 또는 상업은행 등 시장에서 차입하는 모든 차입주체는 시차적인 지급능력(intertemporal solvency)과 차입자와 채권자를 규제하는 건전성 차원의 차입한도(prudential limits) 등 제도적인 제약에 의해서 결정되는 차입한도를 가지고 있는데 이와 같은 차입한도가 boom-bust cycle을 가져오는 요인이 될 수 있다고 주장한다. 즉 차입자는 차입한도까지 일시에 대규모로 자금을 차입함으로써 갑자기 그 이상은 차입이 불가능한 상태에 도달하는 경우가 있는데 이 경우 곧 차입한도에 도달한다는 것을 적절하게 예측하지 못하였다면 차입자 자신이 위기에 빠질 수 있다는 것이다. 또는 갑작스럽게 자금조달이 어려워져 시장상황이 급격히 변하게 될 경우에도 경제 내의 다른 차입자들이 위기에 빠질 수 있다고 본다. 예를 들어 자본규제가 철폐된 직후 일국의 상업은행들은 자신들의 차입한도에 도달할 때까지 국제자본시장에서 과도하게 차입을 하게 된다. 해외로부터 차입금이 크게 늘어나면 처음에는 국내지출이 증가하면서 경기가 빠르게 활성화된다. 이와 같은 초기의 벼락경기는 실질환율의 하락(appreciation) 또는 절상(revaluation) 압력으로 작용하게 된다. 한편 은행들의 차입이 한계에 도달하면 자금 유입이 중지되고 국내신용시장이 경색되면서 국내수요가 감소하게 된다. 그리고 시장참 가자들은 벼락경기로 일시적으로 하락(또는 절상)된 환율이 조만간 상승(depreciation) 또는 절하(devaluation)될 것으로 기대하게 되는데 이 과정에서 금융위기가 초래된다. 즉 해외자본 유입에 따라 수반되는 boom-bust cycle을 금융위기의 근본요인으로 파악 하고 있다.[6]

　　자본유입에 있어서 boom-bust cycle의 특징을 정확하게 규정하기는 어렵지만 주 기(cycle)의 기본적인 흐름은 비교적 명확하다. 자본규제가 철폐되면 국내은행과 여타 금융중개기관들은 국내자본시장에 접근할 수 있게 됨으로써 외채가 빠르게 누적되고 결국 은행과 여타 금융중개기관들의 해외차입 규모는 그들의 기초자본과 제도상의 규 칙(institutional rules)에 의해서 결정되는 차입한도에 다다르게 된다. 외채규모가 차입 한도에 도달하면 해외자본 유입규모는 급격하게 줄어드는데 이 과정에서 국내수요와 기대환율이 변동하게 된다. 이 모형은 스페인 질병(Spanish panic)이라 불리는 자본시 장 개방의 후유증을 설명하는 데 매우 유용한 것으로 평가되고 있다. 즉 개발도상국은 1970년대 이후 급격한 외자유입을 통해 경기호황을 이루었지만 그 후 거품형성 및 붕괴, 무역적자 누적 등으로 금융위기와 경기침체를 경험하였다.

2.4 금융공황모형

금융공황(financial panic)모형은 금융위기의 원인을 기초적 경제여건보다는 외부 금융 환경의 변화에서 찾으려는 이론이다. 일반적으로 금융공황은 단기부채가 단기자산을 초 과하는 경우, 기존의 단기부채를 상환하는 데 필요한 신용을 충분히 공급할 수 있는 대규 모 민간시장 채권자가 존재하지 않는 경우, 그리고 최종대부자(lender of last resort)가 존재하지 않는 경우 발생하게 된다. 금융시장이 이와 같은 여건에 해당될 때 개별 채권자

6　실제로 1980년대 이후 상당수의 은행 및 외환위기는 금융·자본시장의 국제화, 특히 국제자본의 이동에 대한 규제철 폐와 직접적인 관계가 있는 것으로 분석된다. 금융시장 국제화와 관련이 있는 금융위기는 각각 나름대로 특징을 나타내고 있지만, 모두 국제화과정에서 boom-bust cycle을 나타냈다는 공통점을 지니고 있다.

들은 다른 채권자들이 채무자로부터 자금을 회수할 경우 그들과 같이 자금을 회수하는 것은 합리적이라고 볼 수 있다. 채권자들의 갑작스러운 채권회수로 발생되는 금융공황은 투자계획의 중지, 차입자의 파산 등 여러 가지 경제손실을 초래하게 된다.

Sachs(1998)는 이와 같은 금융공황이론을 현대적인 관점에서 적용함으로써 아시아 금융(외환)위기를 설명하였다. 그는 단기 차입자금을 장기대출로 운용하는 금융중개기관의 행태가 금융공황의 가능성을 내포하고 있다고 지적하였다. 즉 금융중개기관들은 대부분의 단기자금을 유동성이 낮은 장기투자로 운용하고 일부만을 일상적인 인출수요에 대비한 유동자산으로 보유하고 있는데 이러한 부분지급준비제도는 자기실현적 금융공황에 따른 예금인출쇄도 위험에 항상 노출되어 있다는 것이다. 그는 이러한 논리를 개방경제에 적용하여 최근의 아시아 금융위기를 분석하였다. 아시아지역의 높은 경제성장과 금융·자본시장의 개방을 배경으로 이 지역에 과도하게 투자하였던 해외 투자가들이 일시적인 외부충격으로 기존 투자자금에 대한 차환(roll over)을 중지하고 자금을 일시에 회수해 나가는 과정에서 금융위기가 심화되었다고 주장한다. 즉 국제투자가들의 갑작스러운 대규모 자금회수가 금융위기를 가져오는 직접적인 원인이 되었다는 것이다. 또한 그는 아시아 금융위기의 원인으로 대내적인 요인보다는 대외적인 요인을 강조하고 해외투자가들도 금융위기에 대한 책임이 있음을 지적하였다.

또한 다른 학자들[7]은 대규모의 외국자본이 직접투자가 아닌 간접투자 형태로 유입되는 경우 그 자본이 갑자기 유출되면서 자기실현적인 은행위기와 외환위기가 함께 초래되는 과정을 설명하고 있다. 이들이 주장하는 외환위기 전개과정은 다음과 같이 요약할 수 있다. 먼저 금융기관은 기업에 비해 대외신인도가 높기 때문에 국제상업은행들과 이미 개설되어 있는 신용공여한도 등을 이용하여 기업보다 대규모의 자본을 유입할 수 있다. 금융기관들은 외자조달 면에서는 단기자금의 비중이 크고 운용 면에서는 주 고객인 국내기업을 대상으로 한 장기대출 비중이 커 자금조달·운용에 있어 통화 및 만기불일치(currency and maturity mismatch) 문제를 내재하고 있는 경우가 대부분이다.

이와 같이 단기로 자금을 조달하여 장기로 운용하는 금융기관의 특성상 기초경제

여건의 악화 없이도 자기실현적인 위기가 발생할 수 있다. 즉 외국인 투자자들이 어떤 이유에서 자금을 빌려준 해당은행이 부도위험에 직면하거나 해당 금융기관의 대출이 부실화될 우려가 있다고 판단하여 갑자기 자금을 회수하게 되면 자금조달·운용기간 불일치 때문에 해당은행은 유동성부족에 빠질 수 있으며 그 결과 은행위기와 외환위기가 동시에 발생하게 된다.

제2절 주요 금융위기 사례

앞에서 언급한 바와 같이 1980년대 이후 금융규제의 완화 및 철폐가 지속적으로 추진되는 가운데 금융의 범세계화(globalization)가 빠른 속도로 진행되면서 금융위기가 빈번히 발생하였다. 여기에서는 1990년대 이후 중남미, 유럽, 동아시아, 러시아, 터키 등 신흥시장국의 금융위기, 최근의 글로벌 금융위기, 그리고 글로벌 금융위기의 여파로 발생한 유로존 재정위기 사례에 대해 간략히 살펴보기로 한다.

1. 중남미

1.1 멕시코 금융위기(1994년)

멕시코는 외자유입으로 인한 멕시코 페소화의 고평가 및 경상수지 적자 누적 등 기초경제여건이 악화되는 가운데 정치적 불확실성 고조로 외국자본 유입이 중단되고 외환보유고가 급격히 감소함에 따라 1994년 금융(외환)위기가 발생하였다. 멕시코 경제는 1990년대 초반 Brady Plan[8]에 따른 초긴축적 통화정책과 임금상승 억제, 환율안정책을 실시하며 경기 회복세를 보였다. 그러나 외국자본 유입이 급승하면서 페소화의 실질적

---

8 1989년 니콜라스 브래디(Nicholas Brady) 미국 재무장관이 발표한 남미국가들의 채무 구제방안을 말한다. 남미국가들의 채무를 일부 탕감해 주면서 남미국가가 자금조달을 위해 발행하는 채권(Brady Bond)에 미국정부가 지급보증을 해 주었다. 브래디 플랜은 개도국의 외채문제를 완화하는 데 도움이 되었다는 평가를 받고 있다.

인 절상에 따른 대외경쟁력 저하로 멕시코 경제는 1993년 이후 마이너스성장으로 돌아섰다. 또한 1994년 대선 및 정권교체를 전후하여 정치불안이 심화되는 가운데 미국이 금리를 인상시키면서 외국인 투자자금 유입이 급감하면서 페소화 가치도 하락 압력에 직면하였다. 그러나 멕시코 정부는 외환보유액 부족으로 페소화 가치 하락을 막는 데 한계에 직면하게 된다.

1994년 12월 출범한 세디요(E. Zedillo) 정부는 금융위기 해결책으로 동년 12월 20일 14%에 달하는 페소화의 평가절하를 단행하였고, 이어 12월 22일에는 완전 자유변동 환율제도를 도입하였다. 그러나 예상과 달리 외국인 투자자금 이탈이 지속되면서 페소화의 투매사태가 이어져 멕시코정부도 페소화 방어를 포기하였으며, 이후 약 열흘간 페소화 가치는 40% 가까이 절하되었다. 또한 외국인들이 주식과 채권을 투매함에 따라 주가가 폭락하고 금리가 폭등하였다.

페소화 가치 급락이 물가 급등으로 이어지자 멕시코정부는 금리를 연 80% 이상으로 인상하는 등 초고금리 정책을 시행하였으며 IMF의 정책 권고를 전폭 수용하여 부실 금융기관을 신속히 처리하는 등 개혁정책을 적극 추진하였다. NAFTA 발족 차질을 우려한 미국의 적극적인 개입, 그리고 캐나다, IMF, 유럽중앙은행 등으로부터의 대규모 자금지원(총 500억 달러 규모) 결정이 시장에 확신을 주면서 자본유출이 멈추고 외국인 자본유입이 재개되는 등 외환시장이 빠르게 안정세로 돌아섰다.

1.2 아르헨티나 금융위기

아르헨티나는 1990년대 이후 크게 두 차례(1995년, 2001년)의 금융위기를 경험하였다.

가. 1995년 금융위기

아르헨티나는 1970년대 중반 이후 1980년대 초반까지 외환위기[9]를 겪었는데 1990년대 초반 메넴(Carlos Saúl Menem) 대통령의 강력한 경제개혁으로 초인플레이션이 진정되고 해외자본이 유입되는 등 경제가 안정세를 회복하였다. 그러나 달러화 태환제도 유지에 따른 외화유출, 대외채무 증가세 지속, 멕시코에서 발생한 금융위기 등으로 대내외 경제여건이 악화되면서 금융위기를 다시 맞게 되었다. 메넴정권은 노동법을 개정하고 재정적자를 감축하기 위해 사회보장제도를 대폭 축소하는 한편 공기업을 민영화하거나 외국에 매각하였다. 이와 같은 노력으로 1990년대 초반까지 경제성장이 지속되었지만 대외채무 증가, 페소화 고평가로 인한 경상수지 악화, 실업증가 등 경제환경이 서서히 악화되었다. 이 가운데 1994년 멕시코 금융위기가 남미국가들로 확산되면서 비슷한 경제구조를 가진 아르헨티나도 자본이 유출되는 등 위기가 재발하였다. 1995년 초 외국투자자본의 유출과 금융기관의 유동성 부족이 발생하였다. 이에 따라 예금인출사태(bank run)로 금융기관이 도산하고 외환보유액은 급속히 감소하였다.

이에 아르헨티나정부는 금융위기의 재발을 방지하기 위해 금융시스템에 대한 개혁정책을 실시하는 한편 IMF 등으로부터 긴급자금을 차입하였다. 이와 함께 아르헨티나정부는 강력한 구조조정을 추진하고 경제 안정화 정책을 추진하였다. 이와 같은 노력으로 아르헨티나 경제는 1996년부터 안정세를 회복하였다.

---

9   아르헨티나는 1970년대 중반부터 1980년대 초반까지 오일쇼크와 물가급등에 따른 전 세계적인 경기침체와 고금리 지속, 페론정권하의 포퓰리즘정책에 따른 막대한 재정적자 누적, 대외차입 급증에 따른 외채상환 부담 증가 등으로 대내외 경제여건이 악화되면서 외환위기를 경험하였다. 막대한 외채와 고금리로 이자부담이 증가하고 외환보유액이 급감하면서 국가부도 위기에 빠졌으며 페소화와 주가가 급락하면서 금융시장도 큰 혼란에 빠졌다. 아르헨티나 경제는 1983년 12월 알폰신(Raul Alfonsin) 대통령 당선을 계기로 정치 및 노동 개혁, 경제 안정화정책 추진(임금 및 공공요금 동결, 공공부문 인력 감축, 통화량 축소, 화폐개혁 단행 등), 채권단 및 IMF 등과의 외채 재조정 및 구제금융 협상 등을 통해 1985년부터 안정세를 회복하였다.

나. 2001년 금융위기

아르헨티나는 1970년대 이후 여러 차례에 걸친 금융위기에도 불구하고 외채부담 지속, 재정 및 경상수지 적자 지속 등 기본적으로 경제구조가 취약하여 2001년 다시 금융위기가 발생하였다. 아르헨티나 경제는 정부 주도하의 공업정책 및 방만한 재정운영 등으로 재정적자가 확대되고 취약한 교역구조가 개선되지 않음에 따라 경상수지 적자도 심화되었다. 또한 1995년 금융위기 처방으로 IMF가 요구한 지나친 긴축정책이 결과적으로 경기침체 및 사회불안을 초래하였고, 이에 따라 대외 상환능력이 저하되었다. 이에 더해 환율안정을 위해 실시해 온 고정환율제도로 페소화가 장기간 고평가됨에 따라 수출경쟁력이 악화되고 통화가치 안정성이 저하되었다. 이러한 대내적 취약성에 더하여 1998년 러시아의 모라토리엄 선언과 국제곡물가격의 하락, 1999년 브라질 외환위기 발생 등 대외여건이 급격히 악화되어 금융위기가 초래되었다. 2001년 3월 경제 및 정치 불안이 가중되어 무디스와 S & P 등 국제신용평가사들은 아르헨티나 국가신용등급을 한 단계씩 하향 조정하였다. 2001년 4월에는 지나치게 높은 금리로 인해 국채발행이 일시 중단되어 외채상환에 필요한 자금이 부족하게 되었다.

이에 대응하여 아르헨티나 정부가 재정적자 개선 및 세제 개편 등 위기 타개를 위한 경제정책을 발표하고 IMF가 400억 달러 규모의 자금지원을 재확인해 주면서 금융시장은 일시적으로 안정세를 회복하였다. 그러나 같은 해 11월부터 예금인출사태가 재연되어 금융시장이 다시 혼란국면에 빠지게 되었으며 12월 23일 로드리게스 사아(Adolfo Rodríguez Saá) 임시 대통령은 1,320억 달러에 이르는 대외채무상환 중단(moratorium)을 선언하였다. 이에 따라 아르헨티나 경제는 2002년 중 큰 폭의 마이너스성장을 기록하였다. 이후 IMF 및 세계은행의 차관 제공 및 국제 원자재가격 상승에 따른 수출호조 등으로 2003년부터 8% 이상의 높은 성장률을 기록하는 등 회복국면에 진입하였다.

1.3 브라질 금융위기 (1999년)

브라질은 1999년 1월 지불능력을 상회하는 대규모 외채와 GDP의 7%가 넘는 재정적자 등 구조적인 문제점들이 경제정책에 대한 국민들의 반발과 정치적 갈등에 의해 증폭되면서 금융(외환)위기가 발생하였다. 브라질 경제의 가장 큰 문제는 과도한 외채규모와 재정적자로, 1998년 8월 러시아의 모라토리엄 선언 이후 주식 및 외환시장이 급격히 동요되었다. 1980년대 중남미 외채위기 당시 Brady Plan에 의해 일부 외채 탕감과 만기연장 조치가 취해졌으나 여전히 2천억 달러가 넘는 외채가 누적된 상황이었다. 주가가 폭락하고 헤알화(Real)에 대한 평가절하 압력 상승, 그리고 외환보유고가 급속히 감소하는 가운데 높은 수준의 사회보장예산으로 재정적자가 GDP의 7.8%에 달하는 등 불안요인이 증폭하였다. 또한 아시아 금융위기 이후 강력한 긴축정책에 따른 경기위축과 실업률 상승으로 사회불안이 증가한 가운데 사회보장법 개혁 등이 국민들과 야당의 거센 저항에 부딪혀 지체되는 등 위기에 직면하게 되었다.

　　1997 ~ 98년 아시아와 러시아 금융(외환)위기 여파로 브라질의 외환보유액이 큰 폭으로 줄어들자 브라질정부는 1998년 11월 IMF와 접촉하여 415억 달러 규모의 긴급금융지원 협상을 타결하였다. IMF 지원 이후 일시적으로 진정국면을 보였으나 재정개혁의 지연과 연방-지방 정부 간 갈등 등으로 급격한 외자유출이 발생하였다. 브라질정부는 고정환율제 하에서 헤알화 가치를 방어하는 데 한계를 느끼고 1999년 1월 전격적인 헤알화 평가절하를 강행하였으나, 외자유출과 외환시장의 불안은 지속되었다. 또한 헤알화 가치가 폭락한 가운데 국제신용평가기관들의 국가신용등급 하향조정으로 사태는 더욱 악화되었다.

　　1999년 2월 들어 미국을 비롯한 G-7 국가들과 IMF, IDB 등 국제금융기관들이 브라질에서 발생한 금융위기가 중남미 여타국에 미치는 파급효과를 우려하여 긴급 유동성을 공급하면서 헤알화 가치가 안정되고 외자유출규모도 감소하였다. 이후 브라질 경제는 빠른 속도로 안정을 되찾고 1999년 하반기부터는 회복속도가 더욱 빨라져 1999년 전체적으로 0.8%의 플러스성장을 기록하였다.

참고 13-1 **중남미 금융위기로부터의 교훈**

1970년대 중반부터 2000년대 초까지 아르헨티나에서 반복적으로 발생한 금융위기는 투기적 공격론(제1세대 위기모형)으로 설명이 가능하다. 제1세대 위기모형이 시사하는 바는 금융(외환)위기가 해당국의 기초경제여건(fundamentals) 악화, 즉 저성장과 재정적자의 확대, 과도한 통화팽창 및 경상수지 적자 누적, 외환보유액 부족 등 기본적인 경제여건 및 고정환율제도 유지 등 경제정책의 문제가 금융위기를 초래할 수 있다는 것이다. 이러한 점에서 기초경제여건을 튼튼히 하고 위기방지를 위한 정부의 시의적절한 대응이 필요하다는 점이 교훈이라 할 수 있다. 즉 적정수준의 대외채무를 유지하기 위해 상시관리체제를 강화하고 특히 단기유동성 관리에 집중할 필요가 있다. 또한 경제체질 개선을 위한 정책적 노력을 지속하는 한편 건실한 금융시스템을 확립하여 위기대응능력을 강화할 필요가 있다.

1994년 발생한 멕시코 금융(외환)위기는 외자유입에 의한 boom-bust cycle 모형의 전형적인 형태로 자국통화의 고평가가 장기화될 경우 해외투자의 확대 등 적절한 조치를 통해 자본수지의 균형을 유지할 필요가 있음을 시사한다. 또한 멕시코정부가 위기대응 과정에서 부적절한 정책을 실시하여 오히려 위기를 악화시켰는데, 이는 정부의 금융위기 대응방식이 위기의 전개나 결과에 큰 영향을 미치게 된다는 점을 보여준다.

브라질 금융(외환)위기는 금융부실이나 실물부문에 의한 것이라기보다는 이전부터 누적되어 온 재정수지 적자 등 기초여건 악화에 의한 전형적인 1세대 모형으로 설명된다. 모든 금융(외환)위기에는 기초경제여건 악화라는 문제점이 존재한다는 점에서 금융위기 예방을 위해서는 건실한 기초경제여건을 유지하여야 한다는 점을 시사한다. 즉 기초경제여건이 취약할 경우 대외충격에 민감하게 반응하게 되며 인위적 환율조작 등을 통한 단기적 해결책은 한계가 있다는 것이다. 또한 재정불균형은 기초경제여건을 악화시켜 경제성장에 악영향을 미치며 균형으로의 회복이 쉽지 않다는 점에서 재정부문 건전성 유지를 통한 정부의 정책대응 능력 제고가 경제안정을 유지하는 데 매우 중요하다는 점을 시사한다.

2. 유럽의 금융위기 (1992 ~ 93년 EMS 위기)

1992 ~ 93년 발생한 유럽의 금융위기는 유럽연합(EU)의 통화통합 추진을 위한 마스트리히트조약 비준과정에서의 반대 분위기 확산, 독일과 여타 EU 회원국 간의 경제정책 충돌로 비교적 엄격한 고정환율제도인 유럽통화시스템(EMS : European Monetary System)의 안정적 유지가 어려웠던 배경에서 발생하였다. 1991년에 유럽경제통화동맹(EMU : European Economic and Monetary Union)[10] 추진일정과 세부내용을 담고 있는 마스트리히트조약이 체결되었다. EU국가가 EMU에 가입하기 위해서는 물가, 재정,

---

10 1989년 들로르보고서(Delors report)에는 유럽단일통화체제를 의미하는 EMU 형성을 위한 순차적인 실행계획으로 마스트리히트조약의 체결, 유럽중앙은행의 설립, 유로화의 도입이 제시되었다.

환율, 금리 등 마스트리히트 경제수렴조건(convergence criteria)을 충족해야 했는데, 이는 단일통화정책이 효율적으로 운용될 수 있도록 회원국의 경제구조를 유사하게 만들기 위한 것이었다. EU는 EMU 가입국과 비가입국 간 환율을 일정범위에서 변동되도록 조정하는 환율조정메커니즘(ERM : European Exchange Rate Mechanism)과 회원국들이 재정 안정성을 유지할 수 있도록 하는 안정 및 성장 협정(Stability and Growth Pact)을 운용하였다.

EU 회원국들은 경제수렴요건 중 특히 물가와 장기금리 요건의 달성이 쉽지 않았다. 이러한 상황에서 유럽 최대 경제국인 독일이 1990년 통일 이후 동독에 대한 재정지출을 확대하면서 나타난 인플레이션 압력을 완화하기 위해 금리인상 등 강력한 긴축정책을 시행하면서 독일 마르크화가 강세를 나타내었다. 마르크화의 강세로 마르크화에 고정되어 있던 여타 유럽통화들도 동반 강세를 나타내었고, 이에 따라 유럽 각국은 경제 상황이 좋지 않음에도 불구하고 EMU 5개 수렴조건을 충족하기 위해 긴축정책을 시행하게 되었다. 긴축정책 실시로 경기가 후퇴하면서 마스트리히트조약 비준과 관련된 각국의 반대 분위기가 점차 고조되었으며, 이와 같은 상황에서 투기세력들은 고평가된 유럽 각국 통화의 평가절하를 예상하고 투기적 공격에 나서게 되었다.

1992년 9월 EMS 회원국은 아니지만 회원국이 되기를 희망했던 핀란드와 스웨덴 등 북유럽 통화에 대한 투기적인 공격이 발생하면서 유럽의 금융(외환)위기가 시작되었다. 핀란드 및 스웨덴 등 북유럽 국가들은 1980년대 후반 국제자본 유입으로 부동산 및 주가가 급등하고 경기가 호황을 나타냈으나 자산가격 거품이 발생하였다. 1990년대 들어 유럽의 긴축정책으로 거품이 붕괴되면서 북유럽 국가들의 상당수 은행이 파산상태에 빠졌고, EMU에 참여하기 위한 적극적 환율방어가 오히려 투기세력들에게 공격의 빌미를 제공하여 외환보유액만 소진한 채 큰 폭의 평가절하를 단행하게 되는 결과를 초래하였다.

북유럽의 외환위기에 이어 1992년 말부터 영국 파운드화와 이탈리아 리라화에 대한 투기적 공격이 시작되었다. 영국은 헤지펀드들의 파운드화에 대한 대규모 투기적 공격을 견디지 못하고 1993년 ERM 탈퇴를 선언함으로써 고정환율제도를 포기하였으며, 이탈리아도 리라화의 평가절하(7%)와 ERM 탈퇴를 선언하였다. 1993년 초에는 덴마크 크로네화, 벨기에 프랑화, 스페인 페세타화, 포르투갈 에스쿠도화, 그리고 아일랜드 펀트화에 대한 투기적 공격이 이어졌다. 또한 1993년 7월에는 프랑스 프랑화에 대한 투기적 공격이 재개되어 프랑스 중앙은행과 독일 분데스방크가 방어에 나섰지만 실패하였고, 결국 프랑화가 큰 폭으로 절하되었다. 유럽 주요 통화들이 큰 폭으로 절하됨에 따라 EU는 1993년 8월 EMS의 환율변동 허용폭을 종래의 기준환율 중심 상하 2.25%에서 상하 15%로 대폭 확대하는 등 유럽의 고정환율제도를 완화하였다.

참고 13-2   유럽 금융위기로부터의 교훈

1992 ~ 93년 유럽 외환위기는 제1세대 모형으로는 설명하기 어려운 특징을 지니고 있다. 즉 투기적 공격을 받은 국가들은 대부분 유럽 선진국들로 이들은 국제자본시장에서 자금조달이 가능했기 때문에 중남미 국가들과는 달리 재정적자를 화폐발행으로 보전할 필요가 없었다. 또한 이들 국가는 통화량의 급격한 증가도 겪지 않았으며 인플레이션도 안정적 수준에서 유지되었다. 유럽의 외환위기는 예상되는 정부의 경제정책 변화가 시장에 특정방향으로의 신호를 제공함으로써 자기실현적(self-fulfilling)으로 환투기가 발생하고 결국 외환위기가 초래될 수 있다는 점에서 제2세대 위기모형으로 설명할 수 있다.

또한 선진국의 경우 경제기초여건보다는 정부의 정책시그널 또는 정책의지가 시장상황을 안정시키는 데 훨씬 중요한 역할을 할 수 있다는 교훈을 얻을 수 있다. 아울러 위기의 징후가 나타날 경우 이를 국지적 문제가 아닌 지역 전체의 문제로 인식해 국가 간 정책협조 및 공동대응 등 통화협력을 전개하면 위기를 사전에 예방할 수 있다는 교훈을 얻을 수 있다.

참고 13-3   헤지펀드들의 주요 외환거래전략

헤지펀드의 외환거래전략은 크게 세 가지로 구분된다. 첫째, 거시경제지표 분석에 의한 거래(discretionary global macro trade)이다. 동아시아 금융위기 당시 Quantum, Tiger fund 등이 취한 전략으로, 투자대상국의 거시경제지표를 분석하여 중장기적인 포지션을 설정함으로써 경제구조의 변화에 따른 차익을 추구한다. 그러나 이벤트성 뉴스로 인해 분석 투자대상국의 경제지표가 중장기적인 포지션에 비해 과잉반응을 할 경우 이를 활용한 단기차익거래를 하기도 한다. 또한 시장의 전반적인 예상을 거스르는 투자전략(contrarian approach)을 취하기도 한다. 둘째, 계량모형 분석에 의한 거래(systematic macro trade)로서, 단기적인 뉴스에 즉각적으로 대응하지 않고 각 국가별 거시경제지표를 토대로 중장기적인 포지션을 설정하거나 단기적으로 통화간, 상품간 재정거래 기회를 포착하는 투자전략이다. 가치평가분석(valuation)을 바탕으로 각국 통화의 공정가격과 시장가격을 비교하여 시장심리 또는 모멘텀 분석에 의하여 투자하는 방식이다. 저금리 통화를 이용한 carry trade도 동 전략의 일종이다. 또한 모델펀드(또는 시스템펀드)라 불리는 펀드의 운용행태가 이에 해당하며 내부모형(또는 블랙박스)에 의해 산출된 매매시점에 따라 거래를 한다. 셋째, 추세를 중시하는 거래(trend following trade)로서, 시계열상 추세에 기초하여 투자함으로써 시장변동성을 높이는 역할을 하며 가장 많은 수의 펀드들이 이에 속한다.

3. 동아시아 금융위기 (1997 ~ 98년)

1997 ~ 98년 동아시아 금융(외환)위기는 1980년대 후반부터 투자붐과 자산가격 급등이 지속되는 가운데 기업과 금융기관의 무분별한 외자도입, 이에 따른 비효율적 투자확대 및 중복 과잉투자 등으로 해외투자자들이 투자를 축소하고 급격한 자금회수에 돌입하면서 위기가 발생하였다. 아울러 대규모 경상수지 적자에도 불구하고 고평가되어 있던 동아시아 국가들의 환율도 투기적 공격의 빌미를 제공해 금융(외환)위기 촉발의 원인이 되었다.

태국, 말레이시아 등 동남아 국가들은 1980년대 후반 들어 외국인 직접투자 급증과 이를 바탕으로 한 높은 수출증가세로 비약적인 경제성장을 이루었다. 그러나 1990년대 들어 중국이 외국인 직접투자의 주요대상으로 급격히 부상했고 중국산 저가제품들이 세계시장에서 동남아산 저가제품들을 밀어내는 등 동남아 국가들의 경쟁력이 약화되었다. 한편, 동남아 국가 통화는 1980년대 이후 외자유입으로 1990년대 중반 들어 상당히 고평가되어 있었고, 이에 따라 이들 국가의 경상수지 적자가 GDP의 6 ~ 8%에 달하는 매우 취약한 상황이었다.

1996년 가을 태국 금융기관들이 대규모 대손에 직면하는 사태가 연쇄적으로 발생하였으며 이를 계기로 해외투자자들이 태국에 대한 대출축소 및 대규모 자금회수에 나서면서 바트화에 대한 평가절하 압력이 심화되었다. 결국 태국정부가 사실상의 고정환율제도인 복수통화바스켓제도를 포기하고 자유변동환율제도로 이행하면서 바트화가 폭락함으로써 동아시아 금융(외화)위기가 촉발되었다. 태국의 외환위기는 그동안 경제상황의 악화에도 불구하고 통화가치를 유지해 오던 인도네시아, 필리핀, 말레이시아 등 동남아 각국 통화의 절하 압력으로 작용하면서 위기가 광범위하게 확산되었다.

외환위기에 직면한 동남아 국가들은 1997년 여름 대부분 IMF에 구제금융을 요청하였다.[11] 1998년 들어 IMF의 차입금 등을 비롯하여 공공부문으로의 자본유입이 늘어

---

11 외환위기 발생 이후 대부분의 동아시아 국가들은 IMF 프로그램에 의한 개방과 자유화, 선구조조정/후경기부양 방식으로 대응하였는데 말레이시아는 자본통제 및 고정환율제, 선경기부양/후구조조정 방식으로 대응하였다.

난 가운데 민간부문에서의 급격한 자본유출도 진정되었다. 1998년 들어 인도네시아를 제외한 아시아 국가들의 금융시장 혼란은 다소 진정되었지만 초긴축정책으로 실물경제는 급격히 위축되었다.

　한편, 동아시아 외환위기는 동아시아 지역은 물론 세계 여타지역으로 그 여파가 확산되었다. 동아시아 경제가 급격히 침체되면서 국제원자재가격이 폭락하고 이로 인해 원자재수출에 의존해 오던 러시아와 중남미 경제가 악화되었다. 특히 러시아는 금융시장이 극도로 혼란해진 가운데 대외 지급불능상태에 직면했고 결국 1998년 모라토리엄을 선언하였다. 러시아의 모라토리엄은 헤지펀드인 LTCM[12]을 파산상태에 이르게 하는 등 일본, 미국, 유럽 등 선진국 금융시장도 불안하게 하였다. 이러한 가운데 금융위기로 세계경제가 공황에 빠질지도 모른다는 위기감이 고조되어 1998년 10월 개최된 IMF 및 IBRD 연차총회를 전후해 선진국들 간에 정책공조 분위기가 조성되었다.

참고 13-4 동아시아 금융위기로부터의 교훈

동아시아 외환위기는 그 이전의 위기에 비하여 지역적으로 훨씬 광범위한 영향을 미쳤으며, 위기의 배경에 있어서도 매우 복합적인 특성을 지니고 있다. 무엇보다 글로벌 금융자유화 및 자본자유화로 해외자본의 이동성이 크게 확대되고 있던 상황에서 동아시아로의 과도한 자본유입은 경직적인 환율제도와 맞물려 경상수지 악화, 버블 형성 및 붕괴를 초래한 것으로 평가된다. 통화 고평가와 자본유입에 따른 경기호황도 동아시아 기업들의 과다차입 및 부실화의 배경이 된 것으로 평가된다. 이 밖에 동아시아 금융기관에 대한 유동성이 갑자기 회수되면서 위기가 심화된 측면도 주목하여야 한다.

또한 동아시아 외환위기는 위기에 대한 사후대응보다는 사전예방이 중요하며 조기경보체제의 효율적 구축 및 운용, 글로벌 경제환경 변화를 감안한 종합적 대응, 그리고 국제기구 및 주요국과의 협력체제 강화 필요성을 시사한다. 한편, 외국 금융기관의 '도덕적 해이'가 동아시아 외환위기를 확산시킨 부분적인 요인의 하나로 지적되고 있다.

12　LTCM(Long Term Capital Management)은 1994년 설립된 미국의 헤지펀드로 자산 12.5억 달러로 시작해 1997년까지 28~59%의 고수익을 달성하고 특히 1997년 동아시아 외환위기 때 고수익을 실현하여 자산이 짧은 기간에 단일펀드로는 유례없는 25억 달러까지 증가하게 된다. 그러나 1998년 러시아가 모라토리엄을 선언하면서 러시아 국채를 대량 보유하고 있던 LTCM펀드는 파산위기에 봉착하게 된다. 1998년 9월 막대한 규모의 파생상품거래를 하고 있다고 추정되던 LTCM이 파산할 경우 전 세계적인 금융위기가 올 수 있다는 판단 아래 미 연준의 주도하에 투자은행들로부터 구제금융을 받게 되었다.

4. 러시아 및 신흥시장국 금융위기

4.1 러시아 금융위기 (1998)

러시아 금융위기는 조세체계 미비로 인한 재정적자 누적과 단기부채 급증 등 경제 펀더멘털이 악화된 상황에서 1997년 동아시아 금융위기가 도화선이 되어 발생하였다. 기초경제여건의 악화와 더불어 경제개혁의 부진과 정치경제적 불안도 러시아 금융위기의 주요원인 중 하나로 지적된다. 대외적 요인으로는 동아시아 금융위기 여파로 신흥시장에 대한 신뢰도가 저하됨에 따라 국채시장으로부터의 대규모 외자유출이 이어지고 국제원유가격의 하락에 따른 경상수지 적자 확대, 외환보유액 감소 등으로 기초경제여건이 악화되는 상황에서 금융위기가 발생하였다.

러시아 금융위기의 전개과정은 3개 국면으로 구분할 수 있다. 먼저 1차 위기(1997년 10월 ~ 1998년 2월)는 동아시아 금융위기 여파로 러시아 금융시장이 불안한 양상을 보이며 국채시장에서의 대규모 외자유출과 주식시장에서의 투자불안심리 확대로 촉발되었다. 2차 위기(1998년 3월 ~ 7월 중순)는 국제원자재가격 하락에 따른 교역조건 악화와 재정적자 등 구조적 요인이 악화되는 되는 가운데 루블화 평가절하설이 확산되고 주식・채권・통화가치가 폭락하면서 전개되었다. 이어 3차 위기(1998년 7월말 ~ 8월)는 러시아의회의 위기극복 프로그램에 대한 승인이 거부되고 정치적 불안이 확대되자 정부의 정책집행에 대한 의구심이 증폭되어 1998년 7월말부터 단기국채에 대한 수익률이 상승하고 주가가 다시 폭락함으로써 확산되었다.

한편, 러시아 금융(외환)위기는 주변국에도 부정적인 영향을 미쳤다. 우크라이나는 외환보유액이 급격히 감소하여 외채 지불유예 가능성이 고조되었으며 헝가리, 체코 등 동구권 국가들의 주가가 큰 폭으로 하락하고 금융시장 불안이 증폭되었다. 또한 러시아에 대규모 대출을 제공한 유럽 금융기관들도 막대한 손실을 입었다.

러시아 경제는 모라토리엄 선언 이후 변동환율제 도입, 긴축재정정책 등 경제안정화 대책과 세제개혁, 투자환경 개선 등 경제개혁 추진에 힘입어 경기가 서서히 회복국면에 진입하였다.

참고 13-5   **러시아 금융위기로부터의 교훈**

러시아 금융위기는 체제전환 과정에서의 경제주체들의 경쟁력 상실, 일관된 경제개혁의 부재, 경제정책의 실패 등 내부 요인과 동아시아 금융위기로 인한 신흥시장에 대한 신뢰도 저하, 국제 원자재가격 하락 등 외부 요인이 복합적으로 작용하면서 발생했다. 이러한 상황에서 러시아 정부가 루블화 가치 안정 위주의 정책을 경직적으로 운용함으로써 위기를 더 심화시킨 측면이 있었다. 또한 러시아 금융위기는 동아시아 지역에 국한되었던 금융위기가 중남미 등 여타 지역으로 확산되어 국제금융불안을 증폭시키는 매개체로 작용하였다. 결과적으로 러시아 금융위기로 인해 금융불안의 전염을 차단하기 위한 주요국 간의 정책공조, IMF 등 국제금융기구의 충분한 구제자금 확보 등의 필요성이 크게 인식되었다.

4.2 유럽 신흥시장국 금융위기

신흥시장국에 투자된 대규모 엔화 및 유로화 캐리트레이드 자금이 주요 선진국들의 금리인상으로 급격히 이탈하면서 아이슬란드, 터키, 헝가리 등 유럽 신흥시장국들의 통화가치가 급격히 하락하고 주가가 폭락하는 등 금융위기가 발생하였다.

2001년 이후 미국, 유럽 등 주요 선진국들의 금리인하로 세계경제가 회복세를 보이고 신흥시장국 경제가 호황국면에 진입하면서 일본과 유럽 등 선진국의 저리 자금이 신흥시장국 증권 등에 투자되는 이른바 캐리트레이드(carry trade)가 급증하였다. 그러나 경기호황으로 인플레이션 우려가 높아지면서 2006년 전후 주요 선진국들이 금리인상에 나서면서 상황은 반전되었다. 즉, 선진국들의 금리인상으로 글로벌 유동성 축소에 대한 우려가 제기되었고 엔화 및 유로화 캐리트레이드 자금의 이탈이 이어졌다. 이 가운데 아이슬란드, 터키, 헝가리 등 일부 유럽 신흥시장국들은 경제 펀더멘탈 및 대응체계에 문제점이 노출되면서 금융위기를 겪게 되었다.

아이슬란드, 터키, 헝가리 등 유럽 신흥시장국들은 그간 금융시장을 떠받치던 대규모 캐리트레이드 자금이 2006년 중반 전후 빠른 속도로 시장에서 빠져나가면서 투자심리가 급속도로 악화되고 주가와 통화가치(아이슬란드 크로나화, 터키 리라화, 헝가리 포린트화)가 급락하였다. 이에 해당국 정부들은 대폭적인 금리인상과 외환시장 개입 등을 통해 대응하였으며, 글로벌 금리인상 기조가 마무리되면서 2006년 하반기 이후 금융시장이 점차 안정세를 되찾기 시작하고 2007년 초에는 시장불안이 상당부분 해소되었다.

참고 13-6 유럽 신흥시장국 금융위기로부터의 교훈

아이슬란드 금융위기는 위기발생 당시 경상수지 등 일부 경제 펀더멘털에 문제가 있기는 했지만 전반적으로 양호한 경제상태를 유지했기 때문에 1992년 유럽 외환위기와 같은 2세대 모형으로 설명될 수 있다.[13] 터키와 헝가리의 금융위기는 아이슬란드 금융위기로 인해 국제적인 위험회피 성향이 높아지면서 위기가 전염된 측면이 있었다는 점에서 위기전염 가능성에 대한 주의가 필요함을 시사한다. 또한 글로벌 자본이동이 활발해지면서 캐리트레이드를 비롯한 대규모 자금흐름이 주요국의 금리변동 등 경제정책의 변화에 영향을 받고 시장에 큰 충격을 줄 수 있는 만큼 국제 자본이동에 대한 모니터링을 강화할 필요가 있음을 시사한다.

참고 13-7 엔캐리거래의 개념 및 특징

엔캐리거래는 저금리로 조달한 엔화로 엔화 이외의 통화를 매수하거나 엔화 이외 통화로 표시된 해외자산(유가증권 및 상품)에 투자하는 거래를 의미한다. 캐리거래 시 조달 통화는 저금리가 대부분이나 반드시 저금리를 전제로 하지는 않는데 이는 캐리거래 시 수익이 금리차 외에도 환차익 및 투자자산 수익(주식 및 채권 평가이익)에 따라 달라지기 때문이다. 일본 엔화의 경우 장기불황에 따라 주요국 중에서 저금리가 가장 먼저 그리고 길게 유지되었기 때문에 캐리거래에서 가장 많이 활용되는 통화 중 하나로 알려져 있다. 예를 들어 엔화를 차입한 후 한국 주식이나 채권에 투자한 경우 엔캐리거래의 수익률은 다음과 같이 계산된다.

> 엔캐리거래 수익률 = 보유수익률 − 조달비용률 + 자산수익률
> - 보유수익률: 배당률(주식), 쿠폰(채권), 임대수익률(부동산)
> - 조달비용률: 엔화차입금리
> - 자산수익률: KOSPI 200 상승률, 채권매매평가이익률

자산수익률을 제외하고 보유수익률과 조달비용률의 차이를 좁은 의미에서 캐리수익률이라고도 한다. 엔캐리거래는 아래 경로가 보여 주는 바와 같이 엔화가 약세를 보이거나 또는 투자자의 위험선호가 강화될 때 증가하는 반면, 엔화가 강세를 보이거나 국제금융 불안 등으로 투자자의 위험선호도가 약해져 위험회피성향이 커질 때 기존의 엔캐리거래가 청산되거나 신규 엔캐리거래 증가가 축소되는 경향이 있다.

---

13 아이슬란드는 2008년 글로벌 금리위기가 확산되면서 또 다시 국가부도 위기를 맞게 된다. 아이슬란드는 은행산업을 국가 경제발전의 동력으로 삼아 은행의 외자도입과 금리 등 금융규제 완화정책을 펼쳤다. 또한 정치권으로부터 독립적이지 못한 중앙은행의 고금리정책도 무분별한 해외차입을 촉진하였다. 이에 따라 글로벌 금융위기가 본격화된 2008년 상반기에는 은행권의 해외차입이 GDP의 10배 수준까지 상승하였다. 글로벌 금융위기로 본격화되면서 은행 주가 폭락하고 예금인출이 쇄도하면서 3대은행(카우프싱, 란즈방키, 글리트니르 은행)이 국유화되었다. 아이슬란드는 IMF의 구제금융, 크로나화 평가절하 및 엄격한 자본통제정책을 통해 위기를 진정시킬 수 있었다.

(엔캐리거래 형성 시)

엔화 차입(또는 엔화 매각)/달러화 매입(달러화 대비 엔화 약세) → 달러화 매도/신흥국 통화 매입(달러화 대비 신흥국 통화 강세) → 신흥국 자산 매입 → 신흥국 자산가격 상승(금리하락, 주가상승)

(엔캐리거래 청산 시)

금융불안 → 일본투자자의 신흥국 투자자산 매각 → 신흥국 자산가격 하락(금리상승, 주가하락) → 투자자산 매각대금(신흥국 통화)의 엔화 환전 수요 증가 → 신흥국 통화 매각/달러화 매입[1](달러화 대비 신흥국 통화 약세) → 달러화 매각/엔화 매입(엔화 강세)

주 : 1) 대부분의 신흥국은 현지통화와 달러화 간의 직거래만 가능하고 엔화와 현지통화 간 직거래시장이 없음.

5. 글로벌 금융위기

2007년 중반 미국에서 시작되어 2008년 전 세계로 확산된 글로벌 금융위기는 미국 담보부 대출시장에서의 서브프라임 모기지(sub-prime mortgage) 부실화가 직접적인 원인으로 작용하였다. 그 배경을 간략히 살펴보면 다음과 같다. 2000년대 초반 세계적으로 저금리기조가 형성되었다. 미 연준의 경우 IT버블 붕괴 이후의 주가하락과 경기침체에 대응하여 2000년부터 2003년까지 연방기금금리를 6.5%에서 대공황 이후 최저수준인 1%까지 인하하였다. 이후 세계경제는 2000년대 중반까지 인플레이션 변동 없이 높은 성장세를 나타내는 대안정기(great moderation)를 경험하였다. 그러나 저금리기조가 장기화되어 유동성이 풍부해짐에 따라 리스크프리미엄이 낮아지면서 부채조달과 과도한 금융리스크 선호현상이 나타나게 되었다. 이에 따라 모기지대출 수요가 급증하고 부동산가격이 급등하게 되었다. 미국에서는 2001년부터 2006년까지 부동산가격이 급등하면서 금융기관들이 신용도가 낮은 차주를 대상으로 한 서브프라임 모기지대출을 크게 확대하였다.[14] 특히 시장금리가 지속적으로 하락하는 가운데 1997년 부동산 양도차익에 대한 과세율 인하조치는 서브프라임 모기지대출을 급증시키는 촉매제로 작용하였

---

14 미국에서 차입자의 신용은 prime(우량), alt-a(준우량), sub-prime(저신용)의 세 유형으로 구분되는데 주거용 모기지는 2000년 이전까지는 대부분 신용도가 높은 프라임 차입계층을 대상으로 제공되었다.

다. 이에 따라 모기지대출을 기초자산으로 한 주택저당증권(MBS : mortgage-backed securities)이나 부채담보부증권(CDO : collateralized debt obligation)과 같이 복잡한 구조의 파생금융상품 발행이 크게 늘어나 그림자금융(shadow banking)[15]이 급성장하였다. 모기지 대출기관은 MBS 발행기관에 모기지를 매도하거나 직접 MBS를 발행해 투자자에게 매도하면 차입자의 상환능력은 문제가 되지 않았다. MBS나 CDO를 매입한 금융기관도 신용부도스왑(CDS : credit default swap)[16]을 통해 위험을 헤지하면 해당 채권이 부실화되어도 손실보장이 가능하였다. 이렇게 모기지대출 수요증가로 MBS와 CDO 등 구조화된 파생증권 발행이 증가하고 이것은 다시 금융기관의 대출재원 확보를 쉽게 해 주어 저신용평가 차입자에 대한 대출을 확대하도록 해서 신용이 급팽창하게 되었다. 이러한 신용팽창의 금융환경 속에서 금융기관들은 주택시장을 낙관적으로 보았고 이들 채권의 위험을 평가해야 하는 신용평가회사들의 조기경보 능력도 크게 약화되면서 잠재적인 금융위기의 요인이 서서히 증가하고 있었다.[17]

이러한 상황에서 미 연준이 인플레이션 압력 우려 등으로 2004년 6월말부터 기준금리를 인상하기 시작하였는데 연방기금금리는 2006년 6월말 5.25%까지 올라갔다.[18]

---

15 그림자금융은 은행에 비해 규제가 약한 비은행금융기관 또는 이런 비은행금융기관에서 취급하는 금융상품을 총칭한다. 대표적인 그림자금융상품으로는 환매조건부채권(RP), 머니마켓펀드(MMF), 자산유동화증권(ABS), 신용파생상품, 자산유동화기업어음(ABCP), 헤지펀드 등이 있다. 그림자금융상품은 은행상품보다 위험이 크고 자금중개경로가 복잡한 특성을 가지고 있다. 또한 거래내역은 부외항목으로 재무제표에 잘 나타나지 않아 투명성이 낮아 손실파악이 어렵고 대부분 차입비율이 높아 위험이 크다는 특징이 있다.

16 CDS는 기업이나 국가의 채무불이행이 발생할 경우 동 상품을 매입한 금융기관에 보상을 해 주는 대신 일정한 프리미엄(수수료)을 지급받는 일종의 보험상품이다. 예를 들어 MBS를 매입한 금융기관은 CDS 발행자에게 일정한 수수료를 지급하고 그 대가로 기초자산인 MBS가 채무불이행 상태가 될 때 발생한 손실을 보상받게 된다. 글로벌 금융위기 시 파산위기에 처했던 AIG는 서브프라임 모기지시장의 급성장과 이에 따른 MBS와 CDO 거래의 활성화 시기에 이러한 CDS 발행을 통한 수수료로 막대한 수익을 올렸다. 그러나 서브프라임 위기로 MBS시장이 붕괴하기 시작하자 대신 지급해야 할 손실보상액이 커짐에 따라 큰 손실을 입게 되고 이것이 글로벌 금융위기를 심화시키는 매개체로 작용하였다.

17 MBS는 자산유동화증권(ABS)의 한 종류로 특수목적회사(SPC)가 은행으로부터 장기분할상환 주택담보부(모기지)대출 자산을 매입하여 풀(pool)을 만든 후 이를 담보로 하여 다시 발행하여 투자자들에 파는 채권을 의미한다. 은행 입장에서는 모기지를 매각함으로써 대출자들이 장기에 원리금을 상환함에 따른 유동성 부족을 완화할 수 있으며 투자자들은 모기지 풀에서 발생하는 원리금에서 수익을 얻을 수 있다. CDO는 다시 이 MBS와 잡다한 다른 채권들을 모은 후 이를 담보로 해 채무변제 시 우선순위가 다른 여러 트란셰(tranche)로 나누어 발행하는 채권들을 말한다. 이러한 파생채권들은 그 복잡한 구조로 인해 위험도를 평가하기 어렵기 때문에 투자자들은 일반적으로 신용평가회사들의 채권신용등급에 크게 의존하게 된다.

18 그러나 연준이 금리인상을 시작하면서 2006년 상반기까지 단기금리는 상승하였으나 장기금리는 크게 상승하지

기준금리 인상에 따른 모기지금리 상승으로 2006년 하반기 이후 미국의 주택경기는 둔화되고 상당부분이 변동금리 대출이었던 서브프라임 모기지대출의 연체율과 주택압류율이 점차 높아지기 시작하였다. 모기지대출 수요 감소로 모기지대출회사들의 수익은 악화되고 채권시장에서 모기지를 기반으로 한 MBS채권 가격이 하락하면서 이러한 채권을 보유한 금융기관들은 대규모 평가손실을 입게 되었다. 2007년 2월 미국 최대의 모기지전문 대출회사인 뉴컨트리파이낸셜이 전년도 이익이 잘못되었음을 공시하면서 모기지시장에 대한 투자자들의 의구심을 증폭시켰다. 국제금융시장에서는 S & P, 무디스, 피치 등 주요 신용평가사들의 서브프라임 모기지 관련 투자상품에 대한 등급 하향조정이 지속되고 골드만삭스, 씨티그룹 등 주요 투자은행 소속 헤지펀드들의 대규모 손실 발표가 잇따랐다. 2007년 6월 CDO에 대규모 투자를 했던 베어스턴스 소속 두 개의 헤지펀드의 위기설이 연일 언론에 보도되다가 결국 파산하였다.

미국의 서브프라임 시장의 위기는 곧 유럽에도 번져 2007년 8월에는 프랑스 비엔피파리바은행이 자사 펀드에 대한 환매를 중단하였다. 모기지 채권의 거래가 사실상 중지되면서 펀드의 순자산가치를 계산할 수 없는 상황이 되었기 때문이었다. 이에 따라 미국과 유럽의 금융시장에서는 거래 상대 금융기관이 서브프라임 모기지에 얼마나 노출되었는지를 몰라서 서로 자금의 대부를 꺼리는 극심한 신용경색이 발생하였으며 은행채에 대한 투자수요도 급감하였다. 이에 따라 자금이 부족한 은행들은 1일만기대출(overnight loan)에 의존하게 되고 예금자들은 그러한 은행의 지불능력에 의구심을 품게 되었다. 이에 따라 은행 간 시장에서 익일물 등 단기금리가 급증하고 영국 노던록은행은 2007년 9월 대규모 예금인출사태를 맞이하게 된다.

2008년 들어서도 금융불안이 계속되어 1월에는 MBS 및 CDO 발행 보증기관인 모노라인[19]의 신용등급이 큰 폭으로 하향 조정되었다. 3월에는 미국 투자은행 베어스턴스

않는 conundrum 현상이 나타나 모기지는 계속 증가하였다. 미 연준 의장인 버냉키(Ben S. Bernanke)는 그린스펀(Alan Greenspan)이 명명한 conundrum은 전 세계적인 과잉저축(global savings glut)으로 인해 장기실질금리가 하락하기 때문이라고 주장하였다. 특히 신흥시장국들이 과잉저축으로 국제금융시장에서 미국에 자금을 공급하기 때문에 미국의 장기금리가 기준금리 인상에도 상승하지 않았다는 것이다. 그에 따르면 글로벌 금융위기의 원인으로 지목된 2000년 중반까지의 미국금융시장에서의 풍부한 유동성은 연준의 저금리정책보다는 미국 외부의 신흥시장국 등의 과잉저축에 기인했다고도 볼 수 있다.

가 MBS 등 모기지 관련 채권투자로 인해 부도위기에 몰리자 미 정부가 290억 달러의 구제금융을 제공하면서 주당 2달러에 제이피모건체이스에 매각되도록 조치하면서 글로벌 금융시장이 크게 동요하였다.[20]

부실 금융기관의 국유화 및 대규모 유동성 지원 등 미국정부의 노력에도 불구하고 금융기관의 연쇄도산이 이어지면서 금융시장의 불안정성이 크게 확대되었다. 결국 미국 4대 투자은행 중의 하나인 리먼브라더스가 2008년 9월 14일 파산보호를 신청하고 메릴린치가 BOA로 매각되고 9월 16일에는 미 연준이 MBS와 CDO에 대한 지급보증에 따른 손실로 유동성 위기에 빠진 AIG에 850억 달러의 긴급구제금융[21]을 제공하면서 미국에서 촉발된 금융위기는 유럽 선진국과 신흥국시장을 비롯한 전 세계로 확산되었다. 리먼브라더스의 파산보호 신청 이후 국제금융시장에서는 안전자산 선호 및 유동성 확보 경향이 강화되면서 신용경색이 심화되었다. 그 결과 선진국 회사채 스프레드가 급등하고 주가가 폭락하였다. 또한 선진국 금융기관들이 신흥시장국으로부터 투자자금을 급격히 회수함에 따라 신흥시장국의 주가와 통화가치도 큰 폭 하락하였다. 이어서 글로벌 금융위기는 실물경제로 빠르게 파급되면서 선진국 경제의 동반 침체와 신흥시장국의 성장세 둔화를 초래하였다. 금융위기의 진원지인 미국은 2008년 3/4분기 성장률이 전기 대비 -0.5%를 기록한 데 이어 4/4분기 -5.4%, 2009년 1/4분기 -6.4%로 경기하락이 가속화되었다. 일본과 유로지역 경제도 마이너스성장세가 4분기 연속 이어졌다. 신

---

19 미국에서 모기지 관련 채권보증기관에는 미 정부가 정책적으로 지원하는 모기지대출을 기반으로 하는 MBS 등 채권을 보증하는 국영기업인 Ginnie Mae와 그렇지 않은 모기지 관련 채권을 보증하는 민간채권보증회사인 Monoline이 있다.

20 미 정부는 베어스턴스와 AIG에 대해서는 구제금융을 지원했으나 리먼브라더스는 파산처리하였다. 이러한 차별적인 구제금융은 나중에 금융위기 관련 미 의회 청문회에서 구제금융의 공정성 문제와 규모가 큰 금융기관은 정부가 구제해 줄 것이라는 대마불사(too-big-to-fail)의 믿음에 대한 격론을 야기하였다. 일부에서는 베어스턴스를 파산처리했었다면 다른 금융기관들로 하여금 자구책을 강구토록 해서 9월 리먼 파산 이후의 큰 금융혼란을 예방할 수도 있었다고 지적하였다.

21 FRB이사회는 재무부의 동의를 얻어 연방준비법의 비은행금융기관에 대한 긴급여신 조항에 의거 AIG와 그 자회사의 모든 자산과 주식을 담보로 하여 최대 850억 달러의 대출을 승인하였다. 이는 베어스턴스를 인수한 JP모건에 대해 베어스턴스의 자산을 담보로 300억 달러를 대출해 준 것과 달리 비은행금융기관인 AIG의 자산을 담보로 대출을 실시하였다. 아울러 AIG 전체주식의 79.9%에 해당하는 주식에 대한 인수권과 AIG 보통주주 및 우선주주에 대한 배당지급 거부권 등을 추가로 요구하였다.

흥시장국도 선진국 신용경색에 따른 외국인자금 이탈, 수출 부진 등으로 성장률이 크게 하락하였다.

글로벌 금융위기의 직접적인 단초를 제공한 미국은 위기가 시작되자 연준, 재무부, 의회, 그리고 대통령이 강력하게 대응하였다. 연준은 2007년 9월 18일부터 상업은행 간 단기금리인 연방기금금리를 공격적으로 인하하기 시작하여 2008년 12월에는 연방기금금리가 역사상 가장 낮은 수준인 0%에 가까울 정도로 하락하였다. 연방정부는 2008년 9월 모기지대출을 전문으로 하는 국책금융기관인 Fannie Mae와 Freddie Mac을 국유화하였다. 재무부는 두 기관의 지분 80%를 가지는 대신 각 기관에 1,000억 달러까지 지원하고 경영권을 연방주택금융공사에 넘겼다. 또한 MMF 인출사태를 진정시키기 위해 500억 달러를 지원하기도 했다. 2008년 10월에 연준은 대공황 이후 처음으로 비금융기업이 발행한 3개월 만기 기업어음(CP)을 매입하기 시작하였다. 즉, 기업어음 매입기금을 통해 기업에게 직접 단기자금을 대출해 주기로 한 것이다. 2008년 9월에 연준과 재무부는 금융기관이 보유한 MBS와 CDO 등을 매입하는 데 7,000억 달러를 투입하는 계획을 발표하였으며 의회는 동년 10월 초에 이 '부실자산구제프로그램'(TARP : troubled asset relief program)을 통과시켰다. 이 프로그램의 목적은 당시 금융기관이 보유한 부실자산을 매입해 줌으로써 MBS시장을 회복시키기 위한 것이었다.

이러한 정책들은 미국 역사상 정부가 금융시스템에 가장 광범위하게 개입한 사례 중 하나로 지적되고 있다. 이러한 정책의 장기적인 효과에 대해서는 아직 평가가 이루어지지 않고 있으나 대부분의 학자와 전문가들은 이러한 일련의 정책들이 2008년 가을에서 2009년 봄 사이 금융시스템을 안정시키는 데 기여하였다고 평가하고 있다.[22] 미 의회는 2009년 2월에 금융위기로 인한 경기침체에 대응하여 7,870억 달러 규모의 재정지출 확대를 핵심으로 하는 미국 경제회복 및 재투자법(American Recovery & Reinvestment Act)을 통과시켰다. 아울러 미 의회는 금융규제를 재정비하는 작업에 착수하였고 2010년 7월에는 흔히 도드-프랭크법이라고 불리는 월스트리트 개혁과 소비자보호에 관한

---

[22] 그러나 이 프로그램은 납세자의 비용으로 금융기관과 투자자에게 보조금을 지급하는 효과가 있으므로 공정성에 문제가 있으며 단기 시장 안정에만 집착한 결과 금융시장의 자정기능이나 역동성을 제한함으로써 장기적인 금융산업 발전을 저해한 측면이 있다는 비판도 있다.

법(Wall Street Reform and Consumer Protection Act)을 통과시켰다. 한편, 우리나라도 통화·재정 면에서 적극적으로 대응함으로써 2009년 들어 금융시장 경색 및 실물경기 위축의 글로벌 금융위기 영향을 비교적 빠르게 벗어나게 되었다.

참고 13-8   글로벌 금융위기로부터의 교훈

글로벌 금융위기를 과거의 금융위기 사례와 비교해 보면 유사점과 차이점을 동시에 찾을 수 있다. 글로벌 금융위기는 신용증가와 이로 인한 자산가격 급등으로 불균형이 급격히 조정되는 과정에서 발생했다는 점에서 과거의 금융위기와 유사하지만, 선진국에서 위험이 과소평가되고 신용능력이 없는 가계부문(서브프라임 모기지 차입자)에 대한 대출이 증가한 데서 비롯되었다는 점은 과거와 차이가 있다. 미국 서브프라임 대출 부실화로 촉발된 금융위기가 국내외 금융시스템을 통해 빠르게 확산된 이유를 정보의 비대칭과 같은 전통적인 요인들로 설명할 수 있지만, 모기지상품의 복잡성, 모기지상품을 판매하는 은행들의 위험관리 부실, 신용평가회사의 부실한 조기경보체제 등 여러 당사자들의 도덕적 해이도 금융위기의 한 요인으로 지적되었다. 또한 세계화 진전에 따른 금융시장의 개방과 파생상품거래에 대한 관리 부족 등 금융규제의 완화도 위기의 전염을 가속화한 요인으로 작용하였다.

금융위기 대응과정에서 실시된 대규모 자금지원을 중심으로 하는 일련의 구제조치들은 구조조정 등을 통해 투자가 보다 생산적인 부문으로 유입되도록 하는 데 초점을 두고 있지만 대규모 금융지원에 따른 납세자와 투자자 간의 공정한 대우 문제 및 금융기관의 대마불사에 대한 믿음 등의 장기적인 비용도 고려하여야 한다는 점을 시사한다.[23] 또한 위기대응 조치로 재정과 통화정책의 단기·장기 조치가 모두 필요하지만 정책의 구체적인 내용은 해당국 정부의 자금조달 능력, 경제구조 등에 따라 달라져야 한다는 점도 염두에 두어야 한다. 소규모 신흥시장국들의 경우 국가부도 위험이 높은 만큼 긴급조치가 필요한 경우 국제사회는 신속하게 대응해야 한다. 이와 같은 정책의 경기대응 강화는 물론 제도적 실패의 반복을 방지하기 위해서는 금융개혁과 함께 파생상품에 대한 적절한 규제가 이루어져야 할 것이다. 한편, 금융위기가 어느 특정국가가 아닌 전 세계에 파급되고 이에 따라 세계경제가 위축된 상황에서는 위기극복과 경기진작을 위한 국가 간, 그리고 국제기구와의 긴밀한 정책공조의 필요성이 더욱 크게 인식되었다.[24]

---

[23] 글로벌 금융위기로 도산위기에 처한 월가의 수많은 금융기관들을 구하기 위해서 미 정부는 세금을 재원으로 과감한 재정확대 및 구제금융을 제공하였다. 금융위기로 실물경제는 침체를 지속하고 실업률은 높아졌는데 위기의 원인이 되었던 월가의 금융기관들이 구제금융과 정부지원을 바탕으로 안정을 되찾고 회사 경영진은 보너스잔치를 하는 등의 부도덕한 모습을 보였다. 이에 따라 대중들의 누적된 불만은 2011년부터 미국과 세계 금융계의 중심인 월가를 점령하자는 시위(Occupy Wall Street)로 이어지게 된다.

[24] 아시아 금융위기 이후 국제적 금융위기에 대응하기 위해 1999년 9월 IMF 연차총회에서 창설된 G-20회의는 매년 회원국 재무장관 및 중앙은행 총재들이 회의를 해오다가 글로벌 금융위기 극복을 위한 선진국과 신흥국 간의 공조 필요성이 대두되면서 2008년 11월부터 회원국 정상이 참석하는 회의로 격상되었다. G-20은 G-7국가와 각 대륙의 신흥국 및 주요국 12개국, EU 의장국 등 총 20개국으로 구성되며 2016년 말 현재 세계 인구의 2/3, 세계 GDP의 85%를 차지한다.

6. 유로존 재정위기

유로존의 재정위기는 근본적으로 유로화의 도입 이후 누적된 유로체제의 구조적 문제가 글로벌 금융위기를 계기로 표출되면서 발생하였다. 즉 유로존은 통화통합에도 불구하고 재정적자가 과다한 회원국을 시정시킬 수 있는 통합재정기구가 없다는 문제점을 가지고 있었다. 또한 유로화 도입 이후 경상수지 흑자가 확대된 독일 등 흑자 회원국과 만성적으로 적자를 보이는 회원국 간의 수지 불균형을 조정할 수 있는 메커니즘이 부재하였다. 아울러 유로화라는 단일통화의 사용으로 금융시장의 통합이 가속화되면서 유로회원국 간 대출 등 금융거래가 급증한 점도 역내 금융위기의 전염가능성을 높이는 요인으로 작용하였다.

유로존의 재정위기는 구체적으로 2008년 리먼 파산 이후 글로벌 금융위기의 여파로 역내 경기와 자산가격이 급락하면서 정부부채가 급증한 국가들을 중심으로 발생하였다. 글로벌 금융위기로 유로존 회원국 내 자산시장의 거품이 꺼지면서 가계부채 누적, 파산 증가, 금융기관 부실채권 급증 등으로 이어졌다. 또한 부실은행에 대한 지원, 경기침체로 인한 세입 급감, 경기활성화를 위한 재정지출 확대로 유로존 주요국의 정부부채가 급증하였다. 이에 따라 국제금융시장에서 위험회피성향이 커지고 재정건전성이 취약해 부채상환능력이 떨어진다고 평가되는 국가들에 대한 자금회수가 늘어나면서 일부 유로 회원국이 국가부도 위기에 처하게 되었다. 2010년부터 재정건전성이 취약한 그리스, 아일랜드, 포르투갈이 연이어 구제금융을 신청하고 그 여파가 스페인과 이탈리아까지 확산되면서 유로존은 재정위기에 봉착하게 되었다.

유로존의 재정위기는 2009년 10월 집권한 그리스의 사회당 정부가 재정적자 규모를 수정 발표하면서 촉발되었다. 그리스정부는 2001년 유로존 가입 이후 GDP 대비 재정적자 규모를 유로 가입 기준인 3%에 근접한 것으로 발표해 왔다.[25] 그러나 그리스정부가 GDP 대비 재정적자 규모를 3.7%에서 12.7%로 수정 발표[26]하면서 그리스의 CDS

---

[25] EU는 안정성장협약(Stability and Growth Pact)은 회원국의 재정적자와 정부부채를 각각 GDP 대비 3%와 60%를 넘지 않도록 권고하고 있다.

[26] 그리스는 일종의 회계조작을 통해 재정적자 규모를 EU 등에 축소 보고해 왔다. 신정부가 이러한 조작을 시인하고

프리미엄과 국채금리가 급등하였다. 이에 따라 12월 S & P사가 그리스의 국가신용등급을 하향 조정하기 시작하였고 2011년에는 최하위등급인 'CCC'로 강등하였다. 그 당시 국제금융시장은 2008년 9월 리먼브라더스 사태로 야기된 금융위기를 가까스로 수습해 나가는 중이었는데 그리스의 디폴트 우려로 다시 금융불안이 확산되게 되었다. 그리스는 2010년 5월 재정긴축프로그램[27]을 수용하는 조건으로 EU와 IMF로부터 1,100억 유로의 구제금융을 지원받았다. 그러나 급격한 긴축정책으로 국민의 저항이 커지면서 그리스에 대한 국제금융계의 불신이 더욱 커지게 되었다. 이에 따라 위기가 지속되면서 2011년 7월에 다시 1,300억 유로 규모의 2차 지원을 받게 되었다.[28] 그러나 두 차례의 구제금융에도 불구하고 그리스는 구제금융의 조건이었던 재정긴축 등 구조개혁이 공공부문의 반발 등으로 지연되면서 금융시장의 신뢰를 회복하지 못하였다. 이에 따라 그리스는 2015년 7월 EU와 IMF로부터 3차 구제금융을 받게 되었다. 또한 그리스는 유로존의 상설 구제금융기구인 유럽안정화기구(ESM : European Stability Mechanism)로부터 총 860억 유로 규모의 자금을 2018년까지 3년간 지원받고 IMF로부터도 160억 유로를 추가 지원받게 되었다.

2010년 그리스의 구제금융 신청으로 인해 시장에 확산된 불안감은 곧이어 아일랜드와 포르투갈 등 재정이 취약한 유로존 국가들로 확산되었다. 아일랜드는 1990년대 규제완화에 따른 외자유입으로 고성장을 지속해 왔다. 그러나 그 과정에서 독일 수준의 저금리가 지속되어 부동산가격이 급등하였는데 그 거품이 꺼지면서 주요 은행들이 부실해지게 되었다. 2010년 말 아일랜드 상업은행들의 부실채권 비율은 10%에 육박하였는데 이는 그리스(7.9%)보다 훨씬 높은 수준이었다. 아울러 그간 아일랜드의 수출을 이끌었던 외국인 기업의 직접투자가 감소하면서 신용평가기관들은 국가신용등급을 연쇄

적자규모를 수정한 것은 2008년 글로벌 금융위기로 재정상태 악화가 가속화되면서 그리스 자체의 힘으로 이를 감당할 수 없다고 판단한 데 기인한 것으로 보인다.

27 GDP 대비 재정적자 비율을 2010년 8.7%, 2011년 5.6%, 2012년 2.8%로 낮추기 위해 공무원 감축 및 임금·복지 축소, 60세 이전 조기연금수령 금지 등의 지출감축방안과 부가가치세·유류세·주류세·담배세 인상, 국유재산 매각, 연금납부액 증액 등 세수확충방안을 실시하였다.

28 15개 유로존 국가가 800억 유로를 5%의 금리로 차관형식으로 지원하고, 추가로 IMF가 300억 유로의 대기성 차관을 제공하였다. 유로존이 지원한 800억 유로 중 독일(223억 유로)과 프랑스(168억 유로)가 절반 가까이 부담하였다.

적으로 하향조정하였다. 아일랜드는 결국 2010년 11월에 그리스에 이어 두 번째로 EU 와 IMF에 850억 유로의 구제금융을 신청하는 유로회원국이 되었다.

그리스와 아일랜드에 이어 포르투갈은 취약한 기초경제에다 극심한 정치불안으로 2011년 5월에 EU와 IMF로부터 780억 유로의 구제금융을 지원받게 되었다. 포르투갈 경제는 재정적자 지속에 따른 국가채무 증가, 무역수지 적자 지속, 장기간의 저성장 지속 등 복합적인 취약성에 노출되어 있었다. 이러한 가운데 재정적자 축소를 위한 정부의 예산감축안이 의회에서 부결되고 이에 반발한 소크라테스(Jose Socrates) 총리가 사임 의사를 표명하면서 정치불안이 확대되었다. 이에 따라 S & P가 신용등급을 강등하고 국채수익률이 8%까지 급등하면서 국채발행이 불가능해져 구제금융에 의존할 수밖에 없는 상황에 처하게 되었다.

이렇게 세 나라가 연이어 구제금융을 신청하면서 유로존 내 재정취약국에 대한 금융시장의 의구심이 더욱 커져 경제규모가 큰 스페인, 이탈리아에도 위기가 전이되었다. 스페인의 재정위기는 만성적인 경상수지 적자와 높은 실업률, 지방정부의 방만한 지출 등 경제 취약성에 글로벌 금융위기로 부동산가격이 급락하면서 저축은행들의 부실문제 가 부각되면서 표면화되었다. 스페인은 2012년 7월 유럽안정화기구(ESM)로부터 금융 권 부실화 정리를 위해 410억 유로의 구제금융을 지원받게 되었다.

이탈리아는 EMU 가입 당시부터 국가부채가 높았는데 글로벌 금융위기 이후 경기 부양을 위한 재정지출 확대로 인해 2009년에는 GDP 대비 국가부채가 120%까지 상승 해 그리스 다음으로 높아지게 되었다. 아울러 만성적인 정치불안과 경기침체가 지속되 면서 2011년 하반기부터 금융시장에서는 이탈리아의 재정위기 가능성이 지속적으로 제기되어 국가신용등급이 연속적으로 하향조정 되고 국채금리와 CDS프리미엄이 급등 하였다. 몬티(Mario Monti) 총리의 재정건전화 및 연금과 노동시장 구조개혁 정책 추진 등으로 금융불안이 다소 진정되다가 스페인이 은행부실 해결을 위한 구제금융을 신청 하면서 다시 부각되었다.[29]

EU는 그리스 재정위기를 계기로 EFSM(European Financial Stabilization Me-

---

29 이러한 유로지역의 재정취약국들은 PIGS (Portugal, Italy, Greece, Spain)라고 명명되기도 하였다.

chanism), EFSF(European Financial Stability Facility), ESM(European Stability Mechanism)[30] 등을 중심으로 하는 위기관리체제를 만들어 구제금융을 지원하였다. ECB는 국채매입프로그램(securities market program)을 통해 위기당사국의 국채를 매입하여 유동성을 공급하였다. 또한 LTRO (long term refinancing operation)을 통해 회원국 금융기관에 유동성을 공급하였다. 아울러 EU 차원에서 위기당사국에게 재정적자를 감축하기 위한 세제 개편, 사회보장체계 개선, 공공부문 개혁을 권고하였다. 이러한 노력의 결과 유로존은 2017년 현재 구제금융을 지원받고 있는 그리스를 제외하고 2013년에 스페인과 아일랜드, 2014년에 포르투갈이 구제금융에서 졸업하는 등 안정을 찾게 되었다.

참고 13-9   유럽 재정위기로부터의 교훈

유로존 재정위기의 당사국인 그리스, 이탈리아, 포르투갈 등은 경제구조의 취약성에 더해 과도한 복지지출을 위한 재정지출로 공공부문의 부채가 글로벌 금융위기 이전부터 높았던 국가들이다. 또한 이들 국가들은 정부지출 중 의무적으로 지출되는 공적연금의 비중이 높아 재정지출을 탄력적으로 축소하기가 힘들었다. 이들 국가들은 부채수준이 감당할 만한 임계수준(threshold)[31]을 넘었다고 평가되면서 부도위기에 직면하게 되었다. 유로존의 재정위기는 기본적으로 글로벌 금융위기 이후 민간부문의 과도한 차입으로 발생한 문제점을 해결하는 과정에서 정부부채가 급속히 증가한 데 기인한 것이다. 이러한 점에서 가계나 기업의 과도한 부채는 결국 정부부채 증가로 이어지므로 국가부채나 민간부채를 적정수준에서 관리하는 것이 금융위기 예방에 필수적임을 시사한다.

유로존 재정위기 확산은 재정통합(fiscal union) 없는 통화통합(currency union)이라는 본질적 한계에 기인하는 측면이 있다. 유로권은 통화정책은 ECB에서 통일적으로 수행하고 있으나 재정정책은 안정성장협약의 준수를 강제할 만한 강력한 중앙집권적 재정기구가 없이 각국이 독자적으로 수행하고 있다. 이에 따라 개별국가에 적합한 재정정책이 EU 전체로 봐서는 적합하지 않다는 딜레마가 항상 내재되어 있다. 특히 그리스, 포르투갈 등과 같이 과도한 복지지출과 방만한 공공부문에 의해 재정건전성이 악화된 국가들의 경우 이를 통제할 수 있는 정책수단이 부족해 재정위기가 주변국으로 확산되는 결과를 초래하였다. 또한 통합재정기구의 부재로 인해 그리스 위기 초기단계에서 회원국 간 구제금융 분담에 관한 갈등으로 국제금융계의 의구심을 증폭시킨 측면이 있다. 조속한 금융위기 수습을 위해서는 통화정책과 재정정책이 조화롭고 신속하게 집행될 필요가 있는데, 이러한 점에서 유로존 재정위기는 유로존의 통합재정기구 설립 필요성을 더욱 부각시켰다고 볼 수 있다.

---

30 EFSF는 구제금융을 위한 자금조달을 위해 국제채권 발행을 위해 설립한 특수목적회사(special purpose vehicle)로 2013년 6월까지 한시적으로 운영되었으며 후에 상설기구인 ESM으로 대체되었다. EFSM은 유동성부족 문제에 직면한 비유로존 회원국을 대상으로 한 기금이었는데 유로존 재정위기 후 증액하여 유로존 회원국까지 그 지원대상을 확대하였다.

참고 13-10   **대공황 이전 3대 금융거품 사건과 최근의 가상통화 열풍**

찰스 킨들버거(Charles P. Kindleberger)의 금융위기에 대한 고전인 '광기, 패닉, 붕괴 : 금융위기의 역사(Manias, Panics, and Crashes : a History of Financial Crisis)'에서는 인류역사상 가장 심각했던 10대 금융거품이 언급된다. 킨들버거는 이 중 1930년대 대공황 이전에 발생한 금융거품으로 네덜란드의 '튤립거품(Tulipomania)', 영국의 '남해거품(South Sea bubble)' 및 프랑스의 '미시시피거품(Mississippi bubble)' 세 가지를 자본주의 초기 3대 금융거품으로 들고 있다. 이들 3대 금융거품과 최근 주요이슈가 되고 있는 가상통화(virtual currency, cryptocurrency) 열풍이 흔히 비교되고 있는데 이에 대해 간략히 소개하기로 한다.

네덜란드의 튤립거품

17세기에 네덜란드에서는 튤립에 대한 투기가 광풍처럼 몰아쳤다. 특이한 돌연변이 튤립 한 송이 가격이 순식간에 몇백 배 상승하여 집 한 채 가격 수준에 육박했다가 순식간에 폭락하였다. 이 사건은 자본주의가 성립한 이후 최초의 버블사건이라고 일컬어진다. 17세기 많은 나라들 중 특히 네덜란드에서 튤립거품이 발생한 배경은 당시 네덜란드가 해상무역의 최강국이었고 수도 암스테르담이 유럽 최대 항구라는 점이 작용했다. 암스테르담은 1609년에 세계 최초의 증권거래소가 설립된 세계 금융의 중심지이기도 했다.

17세기 네덜란드는 이러한 경제적 번영으로 돈이 넘쳐나면서 새로운 투자대상을 찾는 수요가 급증하였다. 새로운 투자대상으로 부각된 상품 중 하나가 16세기에 오스만투르크에서 독일로 전파되어 온 튤립이었다. 튤립은 공산품과 달리 수확시기가 가을로 정해져 있어 항상 거래할 수 없었다. 그런데 현물(spot)이 아닌 선물(forward) 방식의 거래가 활성화되면서 연중 거래가 가능하게 되었다. 예를 들어 금년 12월에 내년 9월에 수확할 튤립 구근(tulip bulb)을 매매하기로 하고 약속어음을 주고받는 방식이었다. 이러한 거래방식은 소규모 자금으로 튤립 투자를 가능토록 해 튤립에 대한 수요를 폭발적으로 증가시켰다. 이에 따라 튤립 가격은 급등하였고 튤립 거래소나 튤립을 경작하는 농장, 튤립 투자를 위한 사교모임(club)이 우후죽순으로 생겨났다.

1634년에 이르러 튤립 구근 한 개의 가격은 당시 양 300마리 가격과 맞먹었다. 특히 흰색 줄무늬 꽃을 가진 '영원한 황제'라는 의미를 지닌 희귀종 셈페르 아우구스투스(Semper Augustus) 구근 가격은 5,500플로린으로 당시 목수 연봉(150~300플로린)의 20배에 달하였다. 1637년 1월에 튤립 구근 가격이 고점에 이르기까지 하루 상승폭은 전일의 몇 배, 월 상승폭은 전월의 몇십 배에 이르기도 하였다. 그런데 생필품이 아닌 튤립 가격이 아무나 살 수 없는 수준까지 상승하자 튤립을 매도하려는 사람만 남게 되면서 거래 자체가 형성되지 않는 상황이 발생하였다. 1637년 2월 들어 시장에서 튤립 가격의 상승세가 끝났다는 기대가 확산되고 언론에서 거품에 대한 경고가 늘어나면서 경쟁적으로 튤립을 매도하려는 공황(panic)이 발생하면서 시장이 붕괴되었다. 1637년 6월에 튤립 가격은 1637년 1월 고점 대비 99퍼센트 정도 하락하였다. 이러한 과정에서 튤립 판매 상인들이 매출감소에 따른 유동성 부족으로 파산하고, 튤립 생산 농부, 수입업자는 물론 튤립 투자자, 그리고 이들에 자금을 지원한 은행들도 파산하게 되었다. 튤립거품의 붕괴는 네덜란드로 하여금 긴 경기침체와 함께 해상 주도권을 영국에 완전히 내 주는 한 요인으로 작용하였다.

---

31 가계, 정부, 기업의 부채에는 사전에 특정하기는 힘들지만 일종의 임계수준이 존재한다. Cecchetti et al. (2011)은 실증분석을 통해 경제주체별로 경제성장에 영향을 미치는 부채의 임계수준(GDP 대비, %)을 가계 85%, 기업 90%, 정부 80~100%라는 결과를 제시하였다.

프랑스의 미시시피거품

프랑스 정부는 루이 14세 재위기간 동안 스페인 전쟁 등에 따른 방만한 재정지출로 루이 15세가 왕위에 오른 18세기 초에 파산위기에 봉착하였다. 막대한 재정적자와 국가채무 문제와 함께 귀금속이 부족해 통화량도 급감한 상황이었다. 이러한 상황에서 프랑스 정부는 스코틀랜드 출신 경제학자 존 로(John Law)의 제안으로 1716년 일반은행(Banque General)을 설립하여 금과 은이나 프랑스 국채를 가져오면 지폐(보관증)로 교환해 줌으로써 파산위기를 극복하였다. 일반은행은 민간 은행(private bank)으로 사실상 중앙은행 역할[32]을 하였으며 1718년에는 왕립은행(Banque Royale)으로 승인받았다.

일반은행의 성공으로 프랑스 정부의 신뢰를 얻은 존 로는 1717년 미대륙 식민지 개발을 담당했던 '미시시피 회사'의 경영권을 획득한 후 북미 및 서인도제도와의 무역 독점권을 확보하여 서방회사(Compagnie d'Occident)로 확대 개편하였다. 서방회사는 1719년에 동인도회사와 중국회사 등을 합병해 인도회사(Compagnie des Indes)로 발전하여 유럽을 제외한 전 세계와의 무역 독점권을 가지면서 민간투자자금이 급증하였다. 프랑스 정부의 지원과 식민지 무역 독점권을 인도 회사가 적극 홍보하면서 주식에 대한 매입수요가 늘고, 회사는 다시 담배판매와 조세징수권을 독점하면서 더 많은 주식을 발행하고 이에 대한 매입수요는 왕립은행이 더 많은 지폐를 발행하게 되는 결과를 가져왔다. 이에 따라 인도회사의 주가는 1718년 액면가 300리브르(livre tournois)에서 1719년에는 20,000리브르까지 70배 가까이 폭등하였다.

그러나 왕립은행이 지폐발행을 확대하면서 물가가 급등하는 가운데 인도회사의 수익이 당초 기대했던 수준에 크게 미치지 못한다는 사실이 알려지면서 투자자들은 회사 주식이나 지폐를 금이나 은화로 교환하기 시작했다. 금과 은의 교환수요 폭증으로 물가 폭등, 화폐가치 급락의 악순환이 반복되면서 인도회사의 주가도 1720년 6월에 500리브르까지 급락하였다. 프랑스 정부는 지폐발행을 통해 막대한 규모의 채무를 감축했지만 많은 투자자들이 주가하락과 물가상승으로 파산을 맞게 되었다.

미시시피 버블은 과도한 통화 공급에 따른 인플레이션, 민간투자자들의 맹목적인 투자 및 투기에 따른 자산가격 버블 형성과 붕괴의 전형적인 과정을 보여 주었다. 이 사건은 후에 영국의 남해 버블과 프랑스혁명의 원인을 제공하였다.

영국의 남해거품

영국은 스페인 왕위계승전쟁(1701년 ~ 1714년)에서 승리한 대가로 남미지역의 스페인 일부 식민지를 할양받았으나 막대한 진비지출로 국가부채가 크게 증가하였다. 영국 정부는 당면과제로 부상한 950만 파운드 규모의 단기국채 원리금 상환 문제를 해결하기 위하여 남해회사(South Sea[33] Company)를 설립하였다. 남해회사가 주식발행을 통해 950만 파운드의 단기국채를 인수하는 대신 연리 6%의 영구연금증서를 보유한 것과 같이 이자를 받는 국채–주식 전환 프로그램을 실행하였다. 이와 함께 남해회사에 스페인 식민지였던 남미와 서인도제도와의 독점 교역권을 부여하였다. 이러한 국채–주식 전환 프로그램으로 단기국채 보유자의 97%가 남해회사 주식으로 전환하였고 남해회사는 이자수입으로 안정적 현금흐름을 확보하게 되었다.

---

32 일반은행이 발행한 지폐는 언제나 금이나 은으로의 교환을 보증해 주었으나 실제 발행량은 금이나 은의 보유량을 초과했다. 이에 따라 일반은행은 주식발행과 국고관리에 따른 수익을 통해 준비금을 마련해 교환 요구에 대비하였다. 또한 이 지폐로 세금을 납부할 수 있게 해 주었기 때문에 사실상의 법화(legal tender)의 지위를 가졌다.

33 남해(South Sea)는 당시 남미지역을 지칭하였으며 남해회사는 Robert Harley 재무상(Treasurer)과 Sword Blade Company 이사였던 John Blunt에 의해 1711년 설립되었다.

그러나 1713년 위트레흐트 평화조약에 의해 구체화된 이 회사의 독점 교역권은 노예 공급권과 연1회 무역선을 보낼 수 있는 권리 정도로 당초 기대치에 크게 미치지 못했다. 더구나 영국과 스페인 간의 적대관계는 평화조약 이후에도 지속되어 무역 독점권에 따른 수익은 매우 미미하였다. 이에 따라 남해회사는 1720년 주식발행을 통하여 개인이 보유한 국채 중 수익성은 높지만 유동성이 낮아 거래가 불가능한 연금증서 형태의 국채 등을 인수하는 프로그램을 추진함으로써 경영위기를 돌파하려고 하였다. 정부 입장에서도 남해회사가 인수한 국채에 대해서 1727년까지 연리 5%(그 이후 4%) 정도의 더 낮은 이자를 지불하면 되므로 반대할 이유가 없었다. 남해회사는 3,100만 파운드 규모의 국채를 주식으로 전환하는 권한을 가지는 대가로 정부에 750만 파운드를 지불하고 100만 파운드가 넘는 뇌물을 주식옵션 형태로 왕실귀족이나 각료들에게 제공하였다.

남해회사의 주가는 국채-주식 전환 프로젝트의 진행과정에 따라 급등락하였다. 1720년 초 128파운드(액면가 100파운드)였던 주가는 프로젝트 계획안이 의회에 제출된 1720년 1월 21일 이후 본격 상승하기 시작하여 2월 중순에는 187파운드, 의회를 통과[34]한 3월 21일에는 300파운드를 넘어섰다. 4월 7일 국왕의 재가를 얻은 후 4월말부터 8월까지 네 차례에 걸쳐 국채-주식 전환신청을 받았는데 남해회사가 제시한 전환가격을 국채 보유자 대부분이 수락하면서 성공적인 국채매입이 확실시되자 6월초에는 700파운드대로 폭등하였다. 1720년 6월 거품규제법[35] 발효에도 불구하고 최초 주식전환 시 현금청약을 통해 낮은 가격으로 주식을 받은 귀족, 의원, 고위관료들이 주가상승으로 큰 수익을 거두자 주식청약 열기는 점점 더 고조되고 회사 경영진도 장밋빛 수익전망을 제시하면서 투자를 더욱 부추겼다. 이익배당 준비를 위해 6월 24일부터 8월 22일 동안은 주주명의개서가 중단되어 주식현물거래가 없었는데도 주가는 8월말 775파운드까지 상승하였다.

그러나 9월 들어 4월 공모주 청약에서 할부로 주식을 매입했던 투자자들이 할부금 납입일 도래로 주식을 매도하기 시작하였다. 또한 남해회사의 주가상승을 이끌었던 남미지역 전 항구 통행권 확보나 금광 발견 등의 호재가 사실이 아닌 것으로 밝혀지고 거품규제법의 표적이 된 몇몇 회사에 영장이 발부되면서 시장이 극도로 불안해졌다. 이후 외국자본의 유출이 발생하면서 남해회사 주가는 폭락하여 10월 1일에는 290파운드로 하락하였다. 시장불안이 지속되어 연말에는 연초 주가와 비슷한 150파운드대까지 폭락했다. 이에 따라 최초 청약 이후 남해회사 주가상승을 기대하고 추가적으로 주식을 매입한 투자자들은 큰 손실을 입었다. 또한 남해회사에 투자하거나 투자자금을 빌려주었던 많은 은행들이 파산하게 되었다.

---

34 의회에서의 쟁점은 국채와 국채를 인수하기 위하여 남해회사가 신규 발행하는 주식 간의 전환비율 결정방식이었는데 일부 의원들이 남해회사 주가의 거품형성을 우려하여 전환비율을 법으로 정할 것을 주장하였으나 정부의 반대로 남해회사가 재량적으로 정할 수 있도록 하였다.

35 거품규제법은 의회의 입법이나 국왕의 허가 없는 주식회사의 설립을 금지하고 기존의 주식회사도 허가받지 않은 영업행위나 신규주식 발행을 금지하는 법으로, 1720년 6월 11일 발효되었다가 1825년 6월에 철회되었다. 이 법의 입법 취지는 투기억제보다는 남해회사 주가상승을 뒷받침하는 현금청약 자금이 다른 곳으로 유출되는 것을 막기 위해 취해진 조치라는 해석이 유력하다. (김우택, 2010)

남해회사거품은 국채 이자부담을 경감하려는 정부, 주가상승을 위해 과장된 정보를 흘리고 부양조치를 실시한 남해회사 경영진 및 기존 주주, 보유 국채를 주식으로 전환한 채권자, 불법적인 방법으로 남해회사 주식을 받은 관료와 귀족 등 당시 영국의 주류사회의 많은 구성원들이 일방적인 주가상승을 기대함에 따라 형성되었다고 평가된다. 남해회사거품이 꺼지면서 만유인력의 법칙을 발견한 뉴턴을 비롯한 수많은 사람들이 피해를 입어 민심이 동요되는 등 심각한 사회문제로 발전하였다. 남해회사 설립부터 거품의 생성과 붕괴 과정에서 책임을 피할 수 없는 의회는 성난 민심을 달래기 위해 남해회사 경영진과 일부 고위관리들의 재산을 몰수하고 주식 청약자들의 부담을 줄여주는 등의 조치를 실시하였다. 또한 주식회사의 영업활동에 대한 회계감사 필요성이 깊게 인식되어 근대적 회계감사제도가 등장하는 계기가 되었다. 일부에서는 의회와 정부가 거품 붕괴의 책임을 남해회사 경영진의 사기행위와 그에 동조한 비이성적 시장에 전가하였고 결국 영국 국민들의 돈으로 정부부채를 해소하였다고 비판하였다.

비트코인

최근 비트코인(bitcoin)으로 대표되는 가상통화의 가격상승도 과거 튤립거품 때와 유사하다는 지적이 많다. 2009년 나카모토 사토시가 비트코인을 처음 만든 후 2010년 소규모 거래가 시작되었을 때는 1달러 미만에서 거래되었다. 그런데 2011년 30달러, 2013년 1,200달러를 넘더니 2017년 12월 17일에는 사상최고치인 19,800달러까지 상승하였다. 비트코인 외에도 이더리움(ethereum) 등 수천 종의 다른 가상통화가 생겨났으며 수백 종이 가상통화거래소에서 거래되고 있다. 2017년 12월 18일에는 미국 시카고상품거래소(CME)가 비트코인 선물을 상장하였다. 그러나 2018년 들어서 비트코인 가격은 급락하여 3월말 7,000달러 초반까지 하락하는 등 높은 변동성을 보이고 있다. 이러한 가격 급등락은 대체로 내재가치가 거의 없었던 튤립거품이나 기업의 보유자산이나 기대수익이 과장되어 일방적인 주가상승의 기대가 형성되었던 남해회사나 미시시피 거품과 유사한 것으로 평가된다. 폴 크루그먼, 조셉 스티글리츠, 장 티롤 등과 같은 저명 학자들은 비트코인의 현재가격은 거품이며, 내재가치가 없기 때문에 결국은 0에 가깝게 폭락할 가능성이 크다고 경고했다. 국내외적으로 아직 규제체계가 미비하기 때문에 가상통화거래소에 대한 해킹이나 가상통화공개(ICO : initial coin offering)[36] 기업의 사기행위로 많은 투자자들이 피해를 보는 사례가 늘고 있다. 이에 따라 최근의 가상통화 열풍이 향후 금융시스템의 안정성을 위협할 수 있다는 우려도 제기되고 있다.

---

[36] IPO(initial public offering)는 기업이 주식을 증권거래소에 상장시키기 위해 불특정 다수의 투자자들에게 주식을 매각하고 재무내용을 공시하는 것을 말한다. ICO는 IPO에서 공개하는 대상이 가상통화라고 보면 되는데 가상통화를 판매해 투자자금을 모집하는 것을 의미한다. ICO는 IPO와 달리 대부분의 국가에서 규제가 거의 없어 벤처기업이 투자자금을 조달하는 방식으로 많이 활용하고 있다. 통상 벤처기업들이 만든 가상통화를 투자자들에게 주는 대가로 비트코인 등 일반적으로 통용되는 가상통화를 수취하는 방식으로 이루어진다. 벤처기업이 발행한 가상화폐는 해당 기업의 상품이나 서비스를 구매할 때 지불수단으로 이용할 수 있다. 그러나 ICO 기업들의 수익성 여부가 불투명한 경우가 많고 일부 기업은 ICO로 조달한 투자자금만을 수취하는 사기행위를 벌이는 사례가 발견되고 있다.

가상통화는 일종의 거래장부인 블록(block)과 이를 연결한 체인(chain)을 기반으로 하는 블록체인(blockchain)이라는 분산원장 기술이 최초로 현실화된 것이다. 블록체인은 분산결제방식으로 모든 거래내역을 거래참가자가 공유하기 때문에 기존의 중앙집중식 결제방식에 비해 해킹이 훨씬 어렵거나 불가능하다고 알려져 있다. 그러나 가상통화는 가격이 안정적이지 못해 계산단위로 기능하기 힘들고 지급결제수단으로서의 기능도 현재는 기술상의 한계로 결제시간이나 비용 측면에서 기존의 신용카드 등 여타 전자지급수단보다도 열등한 것으로 평가된다. 앞으로도 기술적인 그리고 법적인 장벽 때문에 법정통화(legal tender)를 대체하기는 힘들다는 평가도 많다. 또한 가상통화 거래를 방치할 경우 자금세탁(money laundering)의 주요수단이나 테러자금으로 이용될 수 있다는 우려도 있다. 그러나 일각에서는 향후 기술진보에 따라 가상통화를 활용한 분산결제시스템이 확산되면서 국내적으로는 법정통화나 신용카드를 통한 지급결제를 대체하고, 미 달러화를 기축통화로 하는 국제통화제도를 근본적으로 변화시킬 수도 있다는 전망이 제기되고 있다.

2018년 현재 각국은 가상통화의 정의나 포괄범위에 대한 사회적 합의가 이루어지지 않았기 때문에 발전전략이나 규제방향에 있어 차이를 보이고 있다. 가상통화를 주식과 같은 금융상품으로 볼 것인지 아니면 지적재산권이나 지급결제수단으로 볼 것인지 여부에 따라 규제방식이 달라진다. 아직까지 대부분의 나라에서는 향후 기술발전으로 포괄범위가 더 확대될 수 있는 가상통화에 대한 정의조차 명확하지 않다. 따라서 가상통화 규제를 위한 새롭고 포괄적인 법이나 규정을 만들기보다는 투자자 보호를 위해 기존의 금융거래 관련 법률에 가상통화거래를 포함하여 규제하는 수준에 머물고 있다. 스위스나 싱가포르와 같이 ICO를 허용하는 국가가 있는가 하면, 우리나라와 같이 ICO를 유사수신행위로 간주해 금지하는 국가도 있고, 중국과 같이 ICO 금지뿐 아니라 가상통화거래소를 폐쇄하는 등 규제를 강화하는 국가들이 있다. G-20 등 국제기구들은 가상통화에 대한 규제가 각국의 국내규제만으로는 실효성이 없다는 인식하에 가상통화 투자자를 보호하고 미래기술로서의 블록체인 기술의 잠재력을 활용하기 위한 국제적인 규제전략을 논의하고 있다.

과거 네덜란드의 튤립광풍 등 금융거품과 최근의 가상통화에 대한 투기 사이에는 유사한 점이 많아 가상통화로 인한 거품의 형성과 붕괴로 향후 금융불안이 초래될 가능성을 우려하는 목소리도 존재한다. 이들 사이의 유사점은 우선 가상통화나 튤립 모두 교환의 매개나 통화로서의 기능이 매우 제약되거나 없는 가운데 일부 이러한 기대에 바탕을 둔 과도한 매입수요가 존재하였다는 점이다. 튤립이 400여 품종별로 각기 다른 가격이 존재하였듯이 가상통화도 비트코인이나 이더리움 등 수많은 가상통화별로 다른 가격들이 존재하고 있다. 또한 튤립이 수확기 전에는 공급량이 제한되었듯이 대부분의 가상화폐도 공급량이 한정되어 있어 가격 급등락의 가능성이 매우 높다. 이에 따라 튤립이나 가상통화는 교환의 매개수단이나 지급결제, 가치척도로서의 비효율성이 문제가 될 수 있다. 또한 블록체인 기술과 관련하여 가상통화의 미래에 대한 장밋빛 전망도 과거 남해회사가 가졌던 남미 무역 독점권과 같이 실체가 없을 수 있다는 점에서 유사하다.

한편 비트코인으로 대표되는 블록체인 기술에 대한 열풍과 과거의 금융거품과는 근본적인 차이점이 있어 서로 다른 길을 걷게 될 것이라는 시각도 존재한다. 우선 튤립은 보존기간의 한계 등으로 통화로서의 기능을 할 가능성이 거의 없었으나 가상통화는 미래에 기술적인 문제가 해결되면 통화로서나 지급결제수단으로서 매우 큰 잠재력이 있을 수 있다. 또한 비트코인 등 가상통화의 탄생배경에는 양적완화로 인해 가치가 하락한 법정통화와 중앙집권적 지급결제 및 신용창출 시스템에 대한 반발 심리가 일부 있었다. 이에 따라 중앙은행이 향후 가상통화(CBDC : Central Bank Digital Currency)를 발행하여 신용을 제공해 줄 가능성도 있다.

튤립거품은 당시 계속되던 네덜란드의 번영으로 인해 신규 투자대상으로서의 상품에 대한 수요가 폭발하면서 형성되었다. 남해나 미시시피 거품의 경우 정부부채 부담을 줄이려는 정부와 정부의 지원을 받은 기업이 거품 형성에 동조한 측면이 컸다. 그런데 가상화폐의 경우에는 현재 각국 정부들이 규제 필요성을 인식하고 있는데다 미래 핵심 기술인 블록체인이 집대성되어 있고 향후 응용가능성도 커 과거 거품 사례들과 같은 급격한 붕괴의 과정을 거치지 않을 것이라는 주장도 있다.

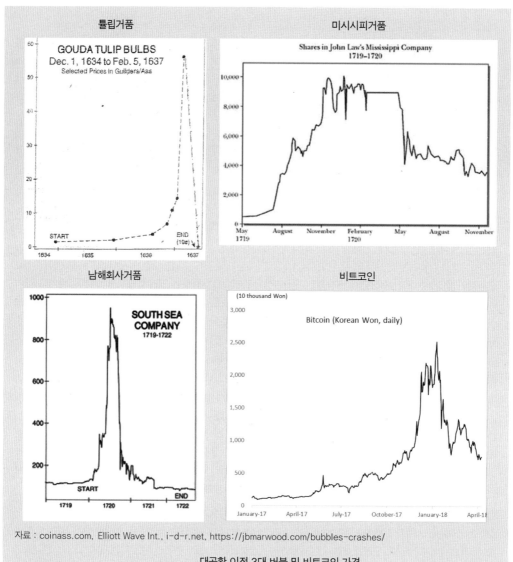

툴립거품

GOUDA TULIP BULBS
Dec. 1, 1634 to Feb. 5, 1637
Selected Prices in Guilders/Aas

미시시피거품

Shares in John Law's Mississippi Company
1719–1720

남해회사거품

SOUTH SEA COMPANY
1719-1722

비트코인

(10 thousand Won)

Bitcoin (Korean Won, daily)

자료 : coinass.com, Elliott Wave Int., i-d-r.net, https://jbmarwood.com/bubbles-crashes/

대공황 이전 3대 버블 및 비트코인 가격

요약

1. 금융위기는 크게 외환위기와 은행위기로 구분된다. 외환위기는 기초경제여건 악화, 국가신인도 하락 등 대내외 기초여건 변화로 단기간에 자국 통화가치가 급락하고 외환보유액이 급감하여 통화가치 하락을 방어하지 못하게 된 상황을 말한다. 외환위기는 한 나라의 통화가치가 크게 하락한다는 의미에서 통화위기라고도 한다. 은행위기는 금융기관의 대출 부실화나 예금인출로 은행이 예금·채권 등의 부채를 상환하기 어려워지거나 예금인출 가능성이 현실화됨에 따라 정부가 이를 저지하기 위해서 적극적으로 시장에 개입하는 상황을 말한다.

2. 각국의 금융위기 사례를 보면 은행위기와 외환위기는 매우 밀접한 관계를 가지고 있다. 은행위기로 인한 금융기관의 파산을 막기 위하여 공적자금이 투입되는 등 확장적 통화정책으로 유동성이 초과공급되면 외환시장에서 투기적 공격이 발생해 외환위기로 발전하게 된다. 또한 금융자유화 등으로 은행이 과도하게 단기해외차입에 의존하게 되면 신인도 하락으로 국제투자자들이 만기연장이나 신규대출을 거부하게 되고, 그 결과 국제유동성 부족이 초래되면 외환위기와 은행위기가 동시에 발생하게 된다. 외환시장에서의 투기적 공격에 예금통화가 이용되어 금융기관이 예금인출에 따른 유동성 부족상황에 처하거나 환위험 및 금리변동위험에 노출된 상황에서 외환위기로 환율과 금리가 급등할 경우 은행위기가 초래된다.

3. 금융위기 발생원인을 설명하는 금융위기모형으로는 제1세대모형인 투기적 공격론, 제2세대모형인 자기실현적 공격론, 과열-냉각 순환모형 및 금융공황모형 등이 있다. 투기적 공격론은 외환위기가 발생하는 원인을 주로 기초경제여건의 악화에서 찾는다. 자기실현적 공격론은 기초경제여건이 양호함에도 불구하고 외환시장 내 외환위기를 예상하는 투자자들이 늘어나게 되면 자기실현적 기대에 의해 갑자기 외환위기가 발생할 수 있다고 본다. 과열-냉각 순환모형은 경기과열로 인해 경제의 거품이 형성되면서 외국으로부터의 과도한 차입이 이루어지고, 이러한 거품이 붕

괴되는 과정에서 자금차입이 한계에 도달하면서 국내 통화가치 하락에 대한 기대가 커져 외환위기가 초래될 수 있다고 본다. 금융공황모형은 금융위기의 원인을 기초경제여건보다는 외부 금융환경의 변화에서 찾는다. 금융공황은 단기부채가 단기자산을 초과하는 경우, 기존의 단기부채 상환에 필요한 신용을 충분히 공급할 수 있는 대규모 민간 채권자가 존재하지 않는 경우, 그리고 최종대부자가 존재하지 않는 경우 발생한다.

4. 1990년대 이후 2000년 초까지 멕시코, 아르헨티나, 브라질 등 중남미 국가들은 반복적으로 금융위기를 경험하였다. 1992~93년에 발생한 유럽의 금융위기는 EU의 통화통합 추진을 위한 마스트리히트조약 비준과정에서의 반대 분위기 확산, 독일과 여타 EU 회원국 간의 경제정책 충돌로 인해 고정환율제도인 유럽통화시스템(EMS)이 안정적으로 유지되기 어려웠던 배경에서 발생하였다.

5. 1997~98년 동아시아 금융위기는 1980년대 후반부터 투자붐과 자산가격 급등이 지속되는 가운데 기업과 금융기관의 무분별한 외자도입과 비효율적 중복 과잉투자 등으로 해외투자자들이 투자를 축소하고 자금회수에 돌입하면서 위기가 발생하였다. 또한 대규모 경상수지 적자에도 불구하고 고평가되어 있던 동아시아 국가들의 환율도 투기적 공격의 빌미를 제공해 금융위기의 원인으로 작용하였다. 러시아는 재정적자 누적과 단기부채 급증, 국제원유가격 하락 등 기초경제여건이 악화되는데다 경제개혁의 부진과 성치경제적 불안이 지속되는 상황에서 동아시아 금융 위기의 여파로 대규모 외자유출이 발생하면서 1998~99년에 금융위기를 경험하였다. 아이슬란드, 터키, 헝가리 등 유럽의 신흥시장국들은 2001년 이후 주요 선진국의 금리인하로 엔화 및 유로화 캐리트레이드 자금이 신흥시장국에 대거 유입되면서 경기호황을 누렸다. 그러나 2006년 들어서 주요 선진국들이 금리인상 기조로 정책을 전환하면서 국제투자자금이 급격히 유출되고 통화가치와 주가 폭락 등 금융위기를 경험하였다.

6. 2007년 중반 미국에서 시작되어 2008년 전 세계로 확산된 글로벌 금융위기는 미국에서의 서브프라임모기지 대출 부실화가 직접적인 원인으로 작용하였다. 2000년

IT버블 붕괴 이후 2003년까지 연준의 공격적 금리인하(6.5% → 1.0%)로 모기지대출 수요가 급증하고 부동산가격이 급등하면서 신용도가 낮은 차주를 대상으로 한 서브프라임 모기지대출이 급증하였다. 이에 따라 모기지대출을 기초자산으로 한 주택저당증권(MBS)이나 부채담보부증권(CDO) 등 파생금융상품 발행이 크게 늘어나 그림자금융(shadow banking)이 급증하였다. 그러나 2004년 이후 연준이 기준금리를 인상하면서 모기지금리 상승, 부동산경기 둔화로 모기지대출 연체율과 주택압류율이 급등함에 따라 MBS 채권가격이 급락하고 모기지대출회사의 수익이 악화되었다. 그 결과 MBS에 투자한 금융기관의 평가손실이 크게 확대되어 자금시장에서 극심한 신용경색이 발생하였으며 리먼브라더스 등 일부 금융사들이 파산하는 상황이 초래되었다. 이러한 금융불안이 유럽으로 확산되고 선진국들이 신흥시장국 투자자금을 급격히 회수함에 따라 신흥시장국들도 주가 급락, 환율 평가절하 등의 위기를 경험하였다. 이러한 금융불안은 실물부문에 전이되어 미국 등 주요국은 1998 ~ 99년 중 극심한 경기침체를 경험하였다.

7. 유로존 재정위기는 유로화의 도입 후 누적된 유로체제의 구조적 문제점이 글로벌 금융위기를 계기로 표출되면서 발생하였다. 유로체제는 통합재정기구의 부재, 독일 등 경상수지 흑자국과 만성적인 적자국 간 국제수지 불균형 조정 메커니즘의 부재, 단일통화 사용에 따른 역내 금융위기의 전염경로 확대 등의 문제점을 가지고 있었다. 이런 가운데 2008년 글로벌 금융위기의 여파로 역내 경기침체와 자산가격 급락으로 세수가 감소하고 부실은행을 지원하기 위한 재정지출이 확대되었는데 위기는 정부부채가 급증한 국가들을 중심으로 발생하였다. 2010년 들어 국제금융시장에서 위험회피성향이 커지면서 재정건전성이 취약한 그리스, 아일랜드, 포르투갈 등에 대하여 국제투자자들이 자금회수에 나서고 이들 국가들이 EU나 IMF 등에 구제금융을 신청하게 되었다. 이들 국가에서의 금융위기는 유로존 내에서 부채상환 능력이 떨어진다고 판단되는 스페인이나 이탈리아까지 확산되었다.

8. 글로벌 금융위기 등 최근 발생한 일련의 금융위기를 계기로 국제사회에서는 G-20을 중심으로 금융위기의 파급경로와 위험성에 대한 인식과 정책공조의 필요성이 높

아졌다. 오늘날 국가 간 금융연계성이 크게 높아져 금융위기가 어느 특정국가에만 국한되는 경우는 드물다는 점이 국제금융계에 광범위하게 인식되었다. 또한 세계 경제가 위축된 상황에서 금융위기 극복과 글로벌 경기 진작을 위해서는 주요국 간에 긴밀한 정책공조와 금융기관의 투자행태나 파생상품시장에 대한 규제 강화가 필요하다는 인식도 확산되었다.

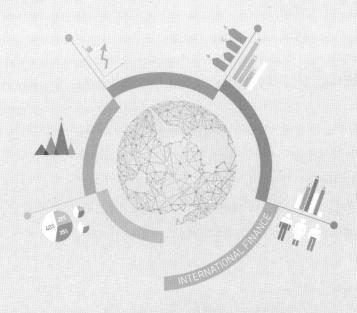

INTERNATIONAL FINANCE

CHAPTER

14

국제금융기구

제1절   국제금융기구의 의의

국제금융기구는 각국 정부 또는 중앙은행을 구성기관으로 하여 국가 간의 금융경제협력을 도모하는 기구이다. 국제금융기구의 효시는 1930년 제1차 세계대전 후 독일의 전쟁배상금 처리를 위해 설립된 국제결제은행(BIS)이라 할 수 있으나, 그 기능과 구성 면에서 국지적인 성격을 벗어나지 못하였으며 세계적인 규모의 국제금융기구는 제2차 세계대전 이후 출범한 국제통화기금(IMF)과 국제부흥개발은행(IBRD)이라 할 수 있다. 이후 국가 간 경제협력의 필요성이 증대됨에 따라 수개의 IBRD 산하기구와 지역개발금융기구 등이 설립되어 오늘에 이르고 있다.

이와 같은 국제금융기구는 그 성격상 국제통화제도의 안정유지를 주목적으로 하는 통화기구와 국제개발자금지원을 주목적으로 하는 개발금융기구로 크게 분류할 수 있다. 통화기구에는 국제통화기금(IMF)과 국제결제은행(BIS)이 있으며, 개발금융기구에는 범세계 국제금융기구로서 국제부흥개발은행(IBRD)과 그 산하의 국제개발협회(IDA), 국제금융공사(IFC), 국제투자보증기구(MIGA), 그리고 국제투자분쟁해결본부(ICSID) 등과 지역개발금융기구로서 미주개발은행(IDB), 아프리카개발은행(AfDB) 및 아프리카개발기금(AfDF), 아시아개발은행(ADB), 아시아인프라투자은행(AIIB), 그리고 유럽부흥개발은행(EBRD) 등이 있다.

이들 국제금융기구는 각기 상이한 목적을 달성하기 위해 설립되었으며, 그 동안의 세계경제 또는 지역경제의 변천과 더불어 그 기능과 업무내용이 변화하여 왔다. 우리나라가 국제금융기구와 관련을 맺기 시작한 것은 6·25동란의 전쟁복구와 경제부흥을 위해 외자조달을 촉진하고 국제사회에서의 지위를 향상할 목적으로 1955년 IMF와 IBRD에 동시 가입하면서부터이다.

〈표 14-1〉에서 보는 바와 같이 우리나라는 IMF, BIS 등 국제통화협력기구, 세계은행그룹 및 여러 지역개발금융기구, 중앙은행간 협력기구, 그리고 G-20, FSB 등 국제금융회의체의 회원국으로 적극 활동하고 있다. 이제 개별 국제금융기구에 대한 내용을 간략히 살펴보기로 한다.

〈표 14-1〉 주요 국제금융기구 개요　(2016년 10월 현재)

구분	국제통화협력기구			세계은행그룹			
	IMF (International Monetary Fund, 국제통화기금)	BIS (Bank for International Settlements, 국제결제은행)	BCBS (Basel Committee on Banking Supervision, 바젤은행감독위원회)	IBRD (International Bank For Reconstruction & Development, 국제부흥개발은행)	IDA (International Development Association, 국제개발협회)	IFC (International Finance Corporation, 국제금융공사)	MIGA (Multilateral Investment Guarantee Agency, 국제투자보증기구)
1. 설립시기	1945. 12	1930. 2	1974. 12	1945. 12	1960. 9	1956. 7	1988. 4
2. 설립목적	국제환거래 안정 및 국제수지 조정 지원	중앙은행 간 협력증진 및 국제금융거래 원활화를 위한 편의 제공	은행감독에 관한 국제협력 증진 및 정보교환 촉진	개도국 경제개발 지원	저소득 개도국 경제개발 지원	민간기업 육성을 위한 자금 지원	대(對)개도국 민간투자에 대한 보증
3. 본부소재지	워싱턴	바젤	바젤(BIS본부)	워싱턴	워싱턴	워싱턴	워싱턴
4. 가맹국수	186개국	55개 중앙은행	20개국 중앙은행 및 금융감독당국	186개국	169개국	182개국	174개국
5. 납입자본금	2,173.7억SDR[1]	683.9백만SDR	-	114.9억U$	1,684.4억U$	23.7억U$	3.6억U$
우리나라와의 관계 1. 가입시기	1955. 8. 26	1997. 1. 14	2009. 3. 13	1955. 8. 26	1961. 5. 18	1964. 3. 17	1988. 4. 12
2. 출자액[2](실제)	3,728.3백만U$ (2,927.3백만SDR[3])	41.0백만U$	-	86.4백만U$	555.5백만U$	15.9백만U$	1.6백만U$
3. 투표권 비중	1.33%	0.59%	-	0.99%	0.60%	0.67%	0.48%
4. 우리나라 그룹 소속국가	호주, 키리바시, 한국, 마샬군도, 마이크로네시아, 몽골, 뉴질랜드, 파푸아뉴기니, 세이셸, 솔로몬군도, 바누아투, 팔라우, 서사모아 (13개국)		〈회원국〉 미국, 일본, 독일, 영국, 프랑스, 이탈리아, 네덜란드, 벨기에, 캐나다, 스웨덴, 스위스, 스페인, 룩셈부르크, 한국, 호주, 브라질, 중국, 인도, 멕시코, 러시아	호주, 한국, 캄보디아, 키리바시, 마샬군도, 마이크로네시아, 몽골, 뉴질랜드, 파푸아뉴기니, 솔로몬군도, 바누아투, 사모아, 팔라우 (13개국)	(좌동)	(좌동)	한국, 호주, 캄보디아, 몽골, 마이크로네시아, 파푸아뉴기니, 바누아투, 사모아, 팔라우, 솔로몬군도 (10개국)

1) 2009.4.15 현재 1SDR = U$1.4955
2) 2009.4.15일 현재 환율기준
3) 납입 당시 환율기준

구분	지역개발금융기구						
	ADB (Asian Development Bank, 아시아 개발은행)	ADF[1] (Asian Development Fund, 아시아 개발기금)	AIIB (Asian Infrastructure Investment Bank, 아시아인프라 투자은행)	AfDB (African Development Bank, 아프리카 개발은행)	AfDF (African Development Fund, 아프리카 개발기금)	EBRD (European Bank for Reconstruction & Development, 유럽부흥 개발은행)	IDB (Inter-American Development Bank, 미주개발은행)
1. 설립시기 2. 설립목적 3. 본부소재지 4. 가맹국수 5. 자본금(출연금)	1966. 8 아·태지역 개도국의 경제개발 마닐라 67개국 39.4억U$	1974. 6 아·태지역 저소득 개도국의 경제개발 294.6억U$	2015. 12 아시아 지역의 인프라 투자를 통한 경제성장 북경 77개국 1,000억U$	1964. 11 아프리카지역 개도국의 경제개발 아비장[2] 77개국 23.4억UA[3]	1973. 3 아프리카지역 저소득 개도국의 경세개발 아비장[2] 26개국, AfDB 152.8억UA	1991. 3 중동부 유럽의 시장 경제 전환 런던 62개국, EC, EIB 52.0억Euro	1959. 12 미주지역 개도국의 경제개발 위싱턴 47개국 43.4억U$
우리나라와의관계	1. 가입시기 1966. 8. 22 2. 출자액 99.9백만U$ 3. 투표권 비중 4.32% 4. 우리나라 그룹 소속국가 한국, 파푸아 뉴기니, 스리랑카, 대만, 바누아투, 베트남, 우즈벡 (7개국)	1983년 최초출연 – –	2015. 12 37.4억U$ 3.70%	1982. 12. 30 6.7백만U$ 0.47% 캐나다, 중국, 한국, 쿠웨이트, 스페인 (5개국)	1980. 2. 27 142.4백만U$ 0.41% (좌동)	1991. 3. 28 65.1백만U$ 1.02% 호주, 이집트, 한국, 뉴질랜드 (4개국)	2005. 3. 16 0.1백만U$ 0.004% 한국, 일본, 크로아티아, 포르투갈, 슬로베니아, 영국 (6개국)

1) ADB가 관리하고 있는 특별기금으로 독립법인이 아님
2) 튀니스에 임시본부
3) 1UA(Unit of Account) = 1SDR

구분	CFC (Common Fund for Commodities, 상품공동 기금)	중앙은행간 협력기구		
		SEACEN (South East Asian Central Banks, 동남아 중앙 은행 기구)	SEANZA (South East Asia, New Zealand, Australia, 동남아·뉴질랜드·호주 중앙은행기구)	EMEAP (Executives' Meeting of East Asia and Pacific Central Banks, 동아대양주 중앙은행 임원회의)[1]
1. 설립시기 2. 설립목적 3. 본부소재지 4. 가맹국수 5. 자본금	1989. 6 개도국 1차산품의 수급안정 암스테르담 106개국 1.9억U$	1966. 2 동남아시아 지역 중앙은행간 협력 증진, 공동조사연구 및 직원연수 쿠알라룸푸르 16개국 –	1957. 2 아시아·태평양지역 중앙은행 간 협력증진 및 직원연수 – 20개국 –	1991. 2 동아시아·대양주지역 중앙은행 간 협력증진 및 정보교환 – 11개국 –
우리나라와의관계	1. 가입시기 1989. 6. 19 2. 출자액 1.3백만U$ 3. 투표권 비중 0.75% 4. 우리나라 그룹 소속국가 부탄, 한국, 몰디브, 필리핀, 태국 (5개국)	1990. 1. 25 – – (회원국) 인도네시아, 한국, 말레이시아, 필리핀, 싱가포르, 태국, 네팔, 스리랑카, 대만, 미얀마, 몽골, 피지, 파푸아뉴기니, 브루나이, 캄보디아, 베트남 (16개국)	1966. 12. 5 – – (회원국) 호주, 중국, 홍콩, 인도네시아, 일본, 한국, 말레이시아, 뉴질랜드, 필리핀, 싱가포르, 태국, 방글라데시, 인도, 이란, 네팔, 파키스탄, 파푸아뉴기니, 스리랑카, 몽골, 마카오 (20개국)	1991. 2. 22 – – (회원국) 호주, 중국, 홍콩, 인도네시아, 일본, 한국, 말레이시아, 뉴질랜드, 필리핀, 싱가포르, 태국 (11개국)

1) 1996년부터 EMEAP 총재회의 연1회 개최(1996년 7월 제1차 EMEAP 총재회의 개최)

구분	국제금융회의체		
	G-20 (Group of 20)	FSB (Financial Stability Board, 금융안정위원회)	ASEAN + 3
1. 설립시기	1999. 9	2009. 4	1999. 4
2. 설립목적	국가간 경제금융정책 현안에 관한 대화 확대 및 세계성장을 위한 경제협력증대	금융시스템의 취약성 평가 및 대응방안의 강구·감시, 금융안정당국 간 조정 및 정보교환 촉진, 금융시장 동향 및 규제정책에 대한 모니터링·권고 등	1997년 외환위기 이후 역내위기 재발방지 노력 강화
3. 회원국수	19개국 + EU	G-20 회원국, 스페인, 유럽중앙은행 및 EU 집행위원회, 표준제정기관, 중앙은행전문가위원회, IMF, 세계은행, BIS 및 OECD	13개국
4. 회원국	(회원국) G-7 (미국, 캐나다, 독일, 프랑스, 영국, 이탈리아, 일본), 한국, 중국, 인도네시아, 아르헨티나, 인도, 브라질, 멕시코, 터키, 러시아, 호주, 사우디아라비아, 남아공, EU 의장국	G-20 회원국, 스페인, 유럽중앙은행 및 EU 집행위원회, 바젤은행감독위원회(BCBS), 국제회계기준위원회(IASB), 국제보험감독자연합회(IAIS), 국제증권감독기구(IOSCO), 지급결제제도위원회(CPSS), 세계금융제도위원회(CGFS), IMF, 세계은행, BIS, OECD	ASEAN(말레이시아, 인도네시아, 태국, 필리핀, 싱가포르, 브루나이, 베트남, 라오스, 미얀마, 캄보디아), 한국, 중국, 일본
우리나라와의 관계	1. 가입시기 2. 기타 1999. 9 우리나라는 2010년 G-20 의장국으로 활동하며 2009 ~ 2011년 3년 동안 G-20 의장국단(Troika)으로 활동	2009. 4 총 의석수는 69개	1999. 4 재무장관회의, 재무차관/중앙은행 부총재 회의와 치앙마이 이니셔티브(CMI), 아시아채권시장 육성(ABMI), 리서치그룹(Research Group)의 실무회의로 구성

제2절　국제통화협력기구

1. 국제통화기금 (IMF)

국제통화기금(IMF : International Monetary Fund)은 제1차 세계대전, 대공황 및 제2차 세계대전을 거치면서 극도로 불안정해진 국제통화질서를 회복하기 위해 미 달러화를 기축통화로 한 금환본위제도(gold exchange standard system)와 고정환율제도를 근간으로 하는 브레튼우즈체제의 중추적인 통화협력기구로 1945년 12월 설립되었다. 구체적으로 환율의 안정과 국제수지 조정에 필요한 단기자금의 지원 및 국제유동성의 수급조절을 통해 세계무역의 확대와 세계경제의 균형성장 촉진을 뒷받침하는 것을 목적으로 출범하였다.

현재 IMF가 수행하는 업무는 다음과 같이 요약할 수 있다. 첫째, IMF는 국제통화질서의 안정유지를 위해 회원국들에 건전한 환율정책과 대외지급제도를 유지하기 위한 의무사항을 부여하고, 그 이행 여부를 감독하고 있다. 즉, IMF는 1978년 제2차 협정문 개정을 통해 각 가맹국에게 자국 여건에 맞춰 환율제도를 자유로이 선택할 수 있는 재량권을 부여하는 대신 국제적인 환질서의 안정유지를 위해 가맹국이 지켜야 할 일반적 의무를 부과하고, 이의 준수 여부를 감독하고 있다. 또한 IMF는 각국의 대외지급제한 철폐를 통하여 세계무역의 균형적 확대를 촉진하고자 각국의 대외지급제한에 대하여도 세부적인 의무사항을 부여하고 동 의무사항의 준수 여부를 감독하고 있다. 둘째, 가맹국의 일시적인 국제수지 불균형 발생 시에는 출자금(쿼터) 등으로 구성된 자금을 해당국가에 지원하고 있다. 셋째, 적정수준의 국제유동성을 유지하기 위해 SDR의 창출·배분 및 그 운영관리업무를 수행하고 있다. 이 밖에 IMF는 조사연구 활동을 수행하며 가맹국의 정책자문 등 각종 요청에도 응하고 있다.

1945년 12월 IMF 출범 이후 최근까지의 IMF 역할을 개괄해 보면 아래와 같다. 먼저 1950년대 말까지는 미 달러화의 상대적 안정에 힘입어 IMF는 본래의 기능을 비교적 원활히 수행할 수 있었다. 그러나 1960년대 들어 미국의 국제수지 적자가 확대됨에 따라 기축통화인 달러화의 신인도가 하락하여 달러화에 대한 평가절하 압력이 가중되자 달러가치의 안정을 위해 선진국과 일반차입협정(GAB)을 체결하여 주요국의 외환시장 개입자금을 적극 지원하는 한편 국제유동성 부족을 보충하기 위해 특별인출권(SDR) 제도를 도입하였다.

1970년대에 들어서도 미국의 국제수지 적자 누증으로 달러화의 신인도가 계속 떨어지자 미국이 1971년 달러화에 대한 금태환 정지를 선언한 데 이어 각국은 고정환율제도로부터 이탈하여 변동환율제도로 이행하게 되었다. 이에 IMF는 협정문 개정을 통하여 변동환율제도를 공인하는 한편 금을 폐화시키고 SDR의 준비자산으로서의 기능을 제고하는 등 국제통화제도의 개혁을 단행하였으며, 변동환율제도로의 이행과 관련하여 가맹국의 환율정책에 대한 감독기능을 대폭 강화하였다.

또한 1970년대에 두 차례의 석유파동과 고금리 지속으로 개도국의 국제수지 불균형이 단기적인 금융지원만으로는 해결이 곤란한 구조적인 양상을 보이자 IMF는 중기신용제도를 도입하였으며, 1980년대 중반에는 개도국의 외채 해결과 구조조정 지원을 위해 구조조정금융제도를 신설하는 등 대(對)개도국 지원에 노력함으로써 IBRD와 가능이 일부 중첩되는 현상이 나타나기도 하였다. 더욱이 1990년대 들어서는 본연의 임무인 환율안정과는 거리가 먼 구사회주의 제국의 시장경제체제 이행을 지원하는 신용공여에 치중하는 경향을 나타내고 1992년 9월 유럽 외환위기, 1994년 말 멕시코 통화위기, 1997년 아시아 통화위기, 2008년 글로벌 금융위기 등 국제금융시장이 크게 동요될 때마다 그 기능을 조정해야 한다는 개편론이 대두되었다 (제15장 제1절 '국제금융환경 변화와 국제통화제도 개편 논의' 참조).

2008년 글로벌 금융위기 발생 이후 IMF는 쿼터 증액, 신(新)차입협정(NAB) 확대 개편 등을 통해 대출재원을 늘리고 탄력적 크레딧 라인(FCL), 예방적 크레딧 라인(PCL) 등 위기 예방적 융자제도를 도입하는 등 융자제도의 가용성을 제고하였다. 또한 기존의 양허성 융자제도를 정비하여 글로벌 금융위기로 인해 어려움을 겪는 저소득국가에 대한 자금지원을 확대하였다. 이와 함께 세계경제 전반에 영향을 미칠 수 있는 광범위한 금융위기 재발을 방지하기 위해 주요국가에 대한 금융부문 평가 프로그램(FSAP)의 안전성 평가를 의무화하는 등 감시활동을 강화하였다.

2017년 4월말 현재 쿼터 총액은 4,754억 SDR에 달하고 있는데 이 중 G-7(미국, 일본, 독일, 프랑스, 영국, 이탈리아, 캐나다)과 중국이 쿼터 총액의 거의 절반을 차지하고 있다. 회원국별 투표권 비중은 쿼터 비중과 거의 같은 수준을 나타내는데 2017년 7월말 현재 우리나라의 쿼터는 85억 8,270만 SDR로 투표권 비중은 1.73%를 차지하고 있다.

1.1 특별인출권(SDR)

특별인출권(SDR : special drawing right)은 브레튼우즈체제하에서 국제유동성의 부족과 기축통화의 신인도 저하에 따른 국제통화제도의 모순을 해소하기 위해 IMF에 의하여 인위적으로 창출된 국제준비자산이다. IMF에 의해 창출된 SDR은 각국의 공적 보유금, 보유외환, IMF 리저브포지션과 함께 대외준비자산을 구성하는 요소가 된다. SDR의 기본성격은 국제적인 합의에 따라 창출된 최초의 부리준비자산으로 IMF 신용제도에 의한 일반인출권(general drawing right)과는 별도로 설정되어 1970년 1월부터 창출되기 시작하였다. 창출된 SDR은 그만큼의 국제유동성 증가를 가져오므로 SDR 창출 시에는 국제유동성의 부족 여부에 대한 판단이 선행되어야 한다.

SDR의 가치(환율)는 1970년 창출 당시 금의 일정량과 동일한 가치를 갖도록 하여 1SDR = 1U\$ = 순금 0.888671g(1/35온스)으로 되어 있었으며, 그 후 두 차례에 걸친 미 달러화의 평가절하로 1973년 2월 1SDR = 1.20635달러로 조정되기도 하였다. 그러나 주요선진국들이 변동환율제도로 이행한 후인 1974년 7월부터는 표준바스켓(standard basket) 방식에 의하여 결정되도록 하였다. 표준바스켓은 당초 16개국 통화로 구성되었으나, 1981년 1월에 미 달러, 독일 마르크, 일본 엔, 프랑스 프랑, 영국 파운드 등 주요 5개국 통화로 구성되도록 하였다. 5개국 통화바스켓은 그 후 20여 년 간 적용되었으며 2001년 1월부터 2016년 9월까지 독일 마르크화 및 프랑스 프랑화를 유로화로 대체하여 4개 통화(미 달러화, 유로화, 일본 엔화, 영국 파운드화)가 SDR 가치를 평가하는 바스켓을 구성하였다. 2016년 10월부터는 중국 위안화가 SDR 통화바스켓에 편입됨으로써 5개 통화(미 달러화, 유로화, 중국 위안화, 일본 엔화, 영국 파운드화)로 구성되는 바스켓을 이용하여 SDR 가치를 산정하고 있다. SDR 가치는 IMF 웹사이트에 매일 게시되고 있다. 2016년 10월 1일부터 적용되는 바스켓 구성통화 단위수(currency amounts)와 각 통화의 SDR 가중치는 다음 식과 같다.

$$1SDR = 0.58252U\$ + 0.38671Euro + 1.0174Yuan + 11.90Yen + 0.085946£$$
$$(41.73)\qquad (30.93)\qquad (10.92)\qquad (8.33)\qquad (8.09)$$

( ) 내 수치는 통화별 가중치(%)

한편 SDR 이자율은 제도 도입 이후 비교적 저리의 고정률로 책정되어 왔으나 1976년 7월부터 준비자산으로서의 적정 수익률을 보장함으로써 보유 선호도를 높이기 위하여 바스켓 구성통화 해당국들의 가중평균 시장금리의 일정수준을 적용하여 왔다.

1.2 우리나라와의 관계

우리나라는 1955년 8월에 58번째 가맹국으로 IMF에 가입하였는데, 이것이 우리나라 최초의 국제금융기구 가입이다. 가입 당시 우리나라의 쿼터는 총쿼터의 0.14%에 불과하였으나, 그 후 여러 차례의 증액을 거쳐 2011년 11월말 현재 쿼터 비중은 1.41%이다.

우리나라는 여타 가맹국과 마찬가지로 국제통화질서의 안정 등을 위한 가맹국으로서의 의무를 지고 있으며, 가입 당시부터 대외지급 제한조치를 잠정적으로 취할 수 있는 제14조국에 속하였으나, 1988년 11월 1일 IMF 제8조국이 되었다. 이에 따라 우리나라는 IMF가 매년 실시하는 협정문 제4조에 의한 정례협의와 제8조국으로서의 협의를 동시에 받고 있다.

우리나라는 1980년대 전반기 이전까지 국제수지 곤란을 극복하기 위하여 IMF로부터 상당한 신용공여를 받아 왔는데, 1980년대 후반에는 국제수지 흑자를 배경으로 저소득 개발도상국에 대한 재원공여국의 역할을 하였다. 그러나 1990년대 들어 국제수지가 적자로 돌아서고 그 규모가 누적되는 가운데 1997년에는 태국, 인도네시아 등 동남아 국가들의 외환위기가 우리나라에 파급됨으로써 외환시장이 급격하게 악화되고 국가부도의 위기에까지 도달하게 되었다. 이에 따라 우리나라는 IMF와 스탠바이협약을 체결(1997.12.4 ~ 2000.12.3)하여 총 155억 SDR(약 210억 달러)에 해당하는 신용을 수혜하였으며 외환보유액 증가 등 경제여건의 호전으로 당초 일정보다 빠르게 2001년 8월에 상환을 완료하였다.

한편 IMF는 우리나라가 외환위기를 극복함에 따라 2002년 6월 우리나라를 자금거래계획 대상국으로 다시 지정하였으며 이에 따라 리저브트란셰 포지션(RTP : reserve tranche position)도 지속적으로 증가하고 있다. 또한 우리나라는 협정문 제4조에 의한 정례협의를 비롯하여 금융부문 평가 프로그램(FSAP) 등 IMF의 감시활동에 적극 참여하고 있다.

2. 국제결제은행 (BIS)

국제결제은행(BIS : Bank for International Settlement)은 제1차 세계대전 이후 독일로부터 전쟁배상금을 수령하고 이를 관계 각국에 배분하기 위하여 설립된 국제금융기구로, 구체적으로 중앙은행 간의 협력을 증진하고 국제금융거래의 원활화를 위한 편의를 제공하며, 국제결제업무와 관련하여 수탁자(trustee) 및 대리인(agent)으로서의 역할 수행 등을 설립목적으로 한다. 그러나 국제결제은행은 설립 이후 국제여건의 변화에 따라 그 업무내용이 많이 달라져 왔다. 오늘날 국제결제은행이 담당하고 있는 주요업무는 크게 결제기관으로서의 업무, 금융기관으로서의 업무, 그리고 국제통화협력센터로서의 업무 등으로 구분할 수 있다. 이를 구체적으로 살펴보면 다음과 같다.

먼저 국제결제은행은 독일의 전쟁배상금 처리문제가 계기가 되어 설립되었기 때문에 1969년 정관개정 이전까지는 주로 전쟁배상과 관련된 결제기관으로서의 업무를 담당하였다. 그러나 이후에도 국제금융협정의 대리인 또는 수탁자로서의 역할을 수행하고 있다.

둘째, 국제결제은행은 이사회가 적절하다고 인정하는 통화로 각국 중앙은행, 국제상업은행 및 국제기구 등과 여수신업무를 수행하고 있다. 또한 당해국 중앙은행이 반대하지 않는 한 당해 국가의 은행, 법인 및 개인과도 여수신업무를 취급할 수 있는데, 이 경우에는 국제결제은행이 당해국 중앙은행의 통화정책을 저해하지 않도록 운용하여야 할 책임이 따른다.

셋째, 국제결제은행은 국제간 통화협력을 증진시키기 위한 제반업무를 수행하고 있다. 즉 은행감독업무의 국제적인 표준화와 각국 금융당국 간 협력증진 및 정보교환 촉진을 위해 노력하고 각종 중앙은행 회의 등을 지원하는 한편 국제경제 및 통화금융 전반에 관한 각종 통계를 작성 · 발표하고 연구 · 분석하는 활동을 수행하고 있다. 특히 국제결제은행은 1974년 12월 은행감독에 관한 각국 간의 협력증대를 위해 산하에 은행감독위원회(바젤위원회)[1]를 설립하고, 감독에 관한 일반원칙(Basel Concordat; 바젤협약)을

---

1 바젤위원회(Basel Committee on Banking Supervision)는 1974년 9월 독일의 Bankhaus Herstatt 파산 직후 국제금융

제정하는 한편 자기자본측정과 적정자기자본수준에 관한 국제적 합의(International Convergence of Capital Measurement and Capital Standards)²를 마련하고 1995년 5월에는 '시장위험을 반영한 바젤협정의 개정(Amendment to the Capital Accord to Incorporate Market Risk)'을 발표함으로써 1997년 말부터 회원국을 대상으로 새로운 자기자본비율규제(신 BIS자기자본비율규제)를 시행하고 있다. 또한 BIS는 1997년 외환위기와 1998년 LTCM사태 등을 계기로 금융안정의 중요성이 크게 부각됨에 따라 다양한 금융안정 관련 회의를 개최하고 각 회원국들의 최근 연구 및 정책운용 사례 등을 폭넓고 심도 있게 논의·반영하고 있다.

이와 같이 국제결제은행은 결제 및 금융기관 그리고 국제통화협력기관으로서의 역할을 수행해 왔는데, 현재는 금융기관으로서의 기능보다는 국제금융협력센터로서의 역할이 강한 편이다. 한편 국제결제은행은 스위스 국내법 절차에 의해 설립된 동시에 정부 간 협정인 헤이그협정에 의해 설립된 국제은행이다. 비록 설립 의결은 각국 정부에 의해 이루어졌으나 중앙은행이 출자, 운영하고 있는 기구로서 정부의 참여는 정관에 의해 금지되어 있다.

BIS는 가입자격을 원칙적으로 국제통화협력 및 BIS활동에 상당히 공헌하고 있다고 판단되는 국가의 중앙은행으로 한정하는 다소 폐쇄적인 성격이 강한 기구이다. 2017년 11월말 현재 BIS 가맹국수는 60개국으로, 이 중 유럽지역 국가가 35개를 차지하고 있다.

시장의 불안정성을 해소하기 위해 BIS의 G10 중앙은행 총재들이 발표한 성명을 계기로 설립되었다. 동 위원회는 각국 은행감독당국의 국제적 협력 강화를 목적으로 하고 있으며, 감독정책이나 관행에 관한 정보교환, 새로운 감독기법의 개발, 국제적 차원의 은행감독을 위한 각국 감독당국 간의 협력지침 및 통일기준 작성 등의 기능을 수행한다. 회원국은 미국, 일본, 독일, 프랑스, 영국, 이탈리아, 캐나다, 네덜란드, 벨기에, 스웨덴 등 G10(스위스 포함 11개국) 및 룩셈부르크 등 12개국이다.

2 국제결제은행은 1988년 7월 상업은행의 신용위험(credit risk) 등의 관리를 통하여 국제적인 은행시스템의 건전성과 안정성을 강화하고 국제업무를 영위하는 상업은행들의 경쟁상의 불평등을 완화하기 위해 은행자산에 위험가중치를 부여하여 산출한 가중위험자산(risk weighted assets)에 대해 최소한 8%의 자기자본을 보유할 것을 의무화하는 BIS 자기자본비율규제를 제정하였다. 그러나 동 기준은 은행의 다양한 경영위험 중 대출거래처의 도산, 보유 유가증권 발행자의 채무불이행 등 신용위험만을 고려하고 금리, 주가, 환율의 변동 등에 따른 시장위험은 반영하지 못하는 등 여러 가지 문제점을 내포하고 있어 1995년 5월 국제결제은행은 은행 보유자산을 신용위험자산과 시장위험자산으로 구분하고 전자에 대해서는 8% 이상의 자기자본을 유지하도록 하고, 후자에 대해서는 일정방식에 의해 산출된 위험상당액만큼의 자기자본을 별도로 보유하도록 하는 새로운 자기자본비율규제를 마련하고 회원국을 대상으로 1997년 말부터 시행하고 있다.

우리나라는 1975년 제45차 BIS 연차총회 이후 옵서버의 자격으로 거의 매년 연차총회에 참석해 오면서 BIS가입 노력을 지속적으로 추진한 결과 1996년 9월 이사회에서 우리나라의 BIS가입이 공식 결정된 후 1997년 1월 BIS 주식 3,000주(전체의 0.58%)를 인수하면서 정식회원국으로 가입하게 되었다. 그러나 세계경제에서 차지하는 개발도상국의 비중이 높아지고 세계화가 진전됨에 따라 1996년부터 우리나라를 비롯하여 일부 신흥국 중앙은행을 회원국으로 받아들이고 있다. 이후 우리나라의 중앙은행인 한국은행은 BIS와의 채권거래를 통해 보유자산을 보다 효율적으로 관리하는 한편 BIS가 주최하는 제반 회의에 참석하여 통화, 외환 및 은행감독 등 중앙은행의 주요 관심사항에 대하여 논의하고 정보를 교환하는 등 상호협력을 도모하고 있다. 2017년 3월말 현재 우리나라의 투표권 비중은 0.58%를 차지하고 있다.

제3절   세계은행그룹

세계은행그룹은 국제부흥개발은행(IBRD)과 그 자매기구인 국제개발협회(IDA), 국제금융공사(IFC), 국제투자분쟁해결본부(ICSID) 및 국제투자보증기구(MIGA)를 총칭하는 것이며, IBRD그룹이라고도 한다. 이 중 국제부흥개발은행과 국제개발협회를 특히 세계은행(World Bank)이라 한다.

1. 국제부흥개발은행 (IBRD)

국제부흥개발은행(IBRD : International Bank for Reconstruction and Development)은 제2차 세계대전 후 전재국에 대한 전재복구자금과 개발도상국에 대한 경제개발자금 지원을 목적으로 1945년 12월 27일 IMF와 함께 설립된 개발금융기구로, IMF와 함께 국제금융기구의 양대 지주를 형성하고 있다.

IBRD는 설립 후 70여 년이 지나는 동안 정책면에서 많은 변화를 보였다. 설립 초기에는 주로 전재복구를 위한 자금지원에 주력하였는데, 미국이 유럽 재건을 위한 마샬플

랜을 독자적으로 실시하면서부터 사업의 중점이 저소득 개발도상국의 경제·사회 개발을 위한 장기자금 지원으로 옮겨지게 되었다. 특히 1960년대 들어서는 경제개발을 위한 사회적·인적 투자에 초점을 두고 교육, 인구사업, 도시개발 등 사회개발 프로젝트에 대한 지원을 크게 확대하였다. 1980년대에는 채무국의 경제 자생력 회복을 목표로 '사하라 이남 아프리카 특별 지원계획(SPA : special program of assistance) 등을 통해 아프리카 국가들의 채무 조기상환을 지원한 데 이어 1990년대 중반부터는 IMF와 함께 HIPC 외채경감정책을 실시하고 있다. 1990년대부터는 환경을 훼손하지 않는 범위 내에서의 지속가능한 경제개발(environmentally sustainable development) 및 빈곤 없는 세상(a world free of poverty)의 구현을 위한 '새천년 개발목표(MDGs : millenium development goals)' 및 '지속가능한 개발목표(SDGs : sustainable development goals)' 등 새로운 목표를 달성하기 위한 노력을 기울이고 있다.

우리나라는 1955년 8월 IBRD에 58번째 가맹국으로 IMF와 동시에 가입하였으나 1950년대에는 전혀 융자혜택을 받지 못하였다. 이는 IBRD 융자조건이 상업베이스로서 국제금융시장 금리 수준이고, 당시 우리나라는 미국 등으로부터 무상 및 유상 원조를 받고 있었기 때문이다. 또한 우리나라가 미국 등으로부터 무상 및 유상 원조를 받고 있었으므로 IBRD로부터의 융자 필요성도 그리 크지 않았다. 1960년대 들어 경제개발계획이 본격적으로 추진되면서 대규모 개발자금이 필요하게 되자 IDA 등 세계은행그룹 자금을 이용하기 시작하였으며, 1968년부터는 개발자금의 상당부분을 상업베이스인 IBRD차관에 의존하기 시작하였다. 1980년대 중반 이후 우리나라의 대외 신인도가 높아져 국제금융시장으로부터의 자금조달이 가능해지고 경제력이 크게 신장되면서 세계은행으로부터의 수혜국에서 점차 벗어나 대(對)개도국 경제개발사업에 참여하게 됨에 따라 1995 회계연도 말에 IBRD 융자대상국에서 졸업하였다. 한편 우리나라는 1997년 말 외환위기를 맞아 IMF 자금지원 프로그램의 일환으로 IBRD로부터 다시 차관을 지원받기도 하였다. 2017년 6월말 현재 우리나라의 투표권 비중은 1.62%로 189개 가맹국 중 22위를 차지하고 있다.

2. 국제개발협회 (IDA)

국제개발협회(IDA : International Development Association)는 최빈개도국에 대한 장기 저리의 양허적 조건의 개발자금 지원을 목적으로 1960년 11월 8일 설립된 IBRD 및 IFC의 자매기구이다. IDA가 설립되기 이전에도 IBRD 및 IFC의 융자제도가 있었으나, 이는 엄격한 상업주의에 입각하여 이루어짐으로써 대외 신인도가 낮은 최빈개도국은 개발소요자금의 조달에 큰 어려움이 있었다. IDA는 이러한 문제점을 해결하고 최빈개도국의 경제개발을 촉진하기 위하여 설립되었다.[3]

IDA가 수행하는 주요업무는 먼저 가맹국의 출자금, 출연금 및 IBRD로부터의 이전수입 등을 통해 조달한 자금을 장기ㆍ무이자 융자 및 무상공여 등 IBRD나 여타 금융기관에 비하여 매우 양허적 조건으로 최빈개도국에 제공하는 것이다. 또한 IDA는 IMF, IBRD와 공동으로 1996년부터 외채과다빈곤국에 대한 외채경감전략(HIPCs Initiative : heavily indebted poor countries initiative)에, 2006년부터는 다자간 외채경감전략(MDRI : multilateral debt relief initiative)에 참여하고 있다. IDA는 융자 재원을 회원국의 출자금ㆍ출연금 및 IBRD, IFC로부터의 이전수입 등을 통해 조달하여 융자ㆍ외채경감ㆍ무상공여 등을 위해 제공하고 있다.

IDA 가입자격은 IBRD 가맹국에 한하여 부여되고 있는데, 우리나라는 1961년 5월 18일 IDA에 가입하였다. 우리나라는 1960년대 경제개발계획을 수립, 집행하기 시작하면서 상업베이스인 IBRD차관을 이용하기보다는 저소득국가에 공여하는 IDA자금에 의존하였는데, 제1, 2차 경제개발계획의 성공적인 추진과 이에 따른 경제력의 신장으로 1974년에 IDA 수혜대상국에서 벗어났다. 2017년 6월말 현재 우리나라의 출자 및 출연액은 19.3억 달러에 달하고 있으며 투표권 비중은 1.07%를 차지하고 있다.

---

3 이러한 점에서 IDA융자를 soft loan이라 하며, IDA를 soft window라 일컫기도 한다. IDA융자와 비교하여 IBRD융자를 hard loan이라고 한다.

3. 국제금융공사 (IFC)

국제금융공사(IFC : International Finance Corporation)는 가맹국 특히 개발도상국의 민간부문 투자활성화를 통하여 경제개발을 촉진시키기 위하여 1956년 7월 24일 설립된 세계은행의 자매기구이다. IFC의 설립목적은 개발도상 가맹국의 민간기업 및 자본시장을 육성하고 국가 간 민간자본의 이전을 촉진함으로써 IBRD의 활동을 보완하는 한편 민간부문 활성화를 통한 개발도상국의 경제개발을 촉진하는 것이며, IFC는 이를 달성하기 위해 민간투자가와 공동으로 가맹국 정부의 보증 없이 민간기업에 투자 및 융자를 제공하는 것을 주요기능으로 하고 있다. IFC는 투자 및 융자 조건을 획일적으로 정하지 않고 당해 기업의 재무상태 및 수익전망 등을 감안하여 매 건별로 정하고 있다. IBRD 융자대상국에서 졸업한 우리나라 입장에서는 IFC의 지원자금만을 이용할 수 있으므로 IFC 지원취지에 부합하는 업종을 영위하는 국내 유수의 중소기업들은 동 기구를 통한 외화자금 조달이 가능하다.

IFC는 설립 당시 업무를 민간기업에 대한 융자로 국한하였으나, 이후 주식투자도 가능하도록 하였으며, 나아가 개도국의 민간자본시장 육성을 위해 리스산업, 증권업 등의 금융기관 설립 및 운영 지원과 신디케이트론 제공 등으로 그 업무를 확장하였다. IFC 가입자격은 IBRD 가맹국으로 제한하고 있으며, 우리나라는 1964년 3월 17일 IFC에 가입하였다. 가입 당시 우리나라는 0.14백만 달러를 출자하였으나 여러 차례에 걸친 일반증자 등으로 2017년 6월말 현재 우리나라의 출자금은 28.1백만 달러이고 투표권 비중은 1.07%를 차지하고 있다.

4. 국제투자보증기구 (MIGA)

국제투자보증기구(MIGA : Multilateral Investment Guarantee Agency)는 대(對)개도국 외국인 직접투자와 관련한 투자자의 비상업적 위험에 대한 손실보상을 보증함으로써 가맹국 간, 특히 개도가맹국에 대한 투자를 촉진하고 이를 통해 IBRD, IFC와 기타 지역개발금융기구의 활동을 보완하는 것을 주요목적으로 1988년 4월 12일 설립된

IBRD 및 IFC의 자매기구이다. 이러한 설립목적에 따라 MIGA는 현재 주기능인 대개도 국 외국인 투자에 대한 투자보증(guarantee)과 재보험(reinsurance) 인수업무를 수행 하고 있다. 또한 MIGA는 개도국에 외국인 직접투자를 촉진하기 위하여 세계은행 및 IFC와 더불어 정책자문과 기술지원 업무를 수행할 뿐만 아니라 세미나 개최 등을 통하 여 투자정보를 제공하고 있다.

MIGA 가입자격은 여타 세계은행그룹 자매기구와 마찬가지로 IBRD 가맹국으로 제한하고 있는데 우리나라는 1998년 4월 12일 MIGA 설립 당시 원가맹국으로 참가하였 다. 가입 당시 4.5백만 SDR을 출자하고 이후 증자를 실시하여 2017년 6월말 현재 우리 나라의 출자금은 8.6억 달러로 투표권 비중은 0.47%를 차지하고 있다.

제4절   지역개발금융기구

지역개발금융기구는 지역내 국가 간의 경제협력을 통하여 개도국들의 경제·사회 개발 을 지원할 목적으로 설립된 지역단위 개발 전담기구로서 주요 지역개발금융기구에는 미주 국가를 중심으로 한 미주개발은행(IDB), 아프리카 국가를 중심으로 한 아프리카 개발은행(AfDB) 및 아프리카개발기금(AfDF), 아시아태평양권 국가를 중심으로 한 아 시아개발은행(ADB) 및 아시아개발기금(ADF), 아시아인프라투자은행(AIIB), 그리고 중동부 유럽 국가를 중심으로 한 유럽부흥개발은행(EBRD) 등이 있다.

이들 각 기구는 상이한 시기에 설립되었으나 설립목적이나 조직, 운용방식 등은 많 은 공통점을 가지고 있다. ADB와 EBRD는 각각 1966년과 1991년 역내국과 역외국을 공동 원가맹국으로 하여 설립되었으며, IDB와 AfDB는 1960년과 1964년 역내국만을 원가맹국으로 각각 설립된 후 개발 재원의 확충을 위해 1976년과 1982년 역외국에 대해 서도 각각 문호를 개방하였다. 그러나 IDB, AfDB 및 ADB는 역내권의 권익옹호를 위해 역외국의 출자 및 투표권 비중에 제한을 두고 있다. 이제 주요 지역개발금융기구에 대해 서 구체적으로 살펴보기로 한다.

1. 아시아개발은행 (ADB)

아시아개발은행(ADB : Asian Development Bank)은 아시아·태평양지역의 경제성장과 경제협력을 촉진하고 역내 개발도상국의 경제발전에 기여하고자 1966년 8월 22일 설립된 지역개발금융기구이다. 이와 같은 설립목적을 달성하기 위하여 ADB는 ① 개발목적을 위한 공공 및 민간 자본의 역내투자 촉진, ② 역내국가의 균형적인 경제개발을 위한 개발사업자금의 지원, ③ 융자 재원의 효율적 이용과 세계무역 특히 역내교역의 확대를 위한 역내 회원국의 개발정책 및 계획 지원, ④ 개발사업 계획 작성 및 집행을 위한 기술지원 제공, ⑤ UN과 그 산하기관, 역내 개발투자에 관심을 갖고 있는 기타 국제기구, 회원국 및 민간기구와의 협력 등의 기능을 수행하고 있다.

이와 관련하여 현재 ADB가 수행하고 있는 주요업무는 ① 회원국의 출자금과 차입금 등으로 조달된 일반재원(OCR : ordinary capital reserves)의 투자 및 융자, ② 아시아개발기금(ADF : Asian Development Fund)의 융자, ③ 기술지원(technical assistance), ④ 협조융자(cofinancing) 등으로 대별할 수 있다. 한편 ADB는 1974년 6월 아시아·태평양지역 저소득 개발도상국의 경제개발을 위해 설립된 특별기금인 아시아개발기금(ADF)을 관리하고 있다. ADF는 회원국 정부의 출연금 및 일반재원 계정의 납입자본금 일부 이전 등으로 조달된다.

우리나라는 1966년 8월 22일 ADB 창설 당시 원가맹국으로 참가한 이후 ADB와 긴밀한 관계를 유지해 오고 있다. 우리나라는 ADB 가입 초기 주요 융자 수혜국 중 하나였는데, 지속적인 경제발전에 힘입어 1988년 12월 ADB 융자 수혜 대상국에서 졸업하였다. 1997년 하반기 중 우리나라가 금융위기에 직면함에 따라 1997년 12월에 부득이 ADB 차관도입을 재개하게 되었으나 이를 조기에 대부분 상환하였다. 2016년 말 현재 우리나라의 투표권 비중은 4.329%로 67개 가맹국 중 8위를 차지하고 있다.

2. 아시아인프라투자은행 (AIIB)

아시아인프라투자은행(AIIB : Asian Infrastructure Investment Bank)은 아시아지역의 인프라부문 지원을 통해 경제 및 사회 발전 촉진과 부의 창출을 목적으로 2015년 12월 25일 설립된 다자개발은행이다. 세계은행(WB), 아시아개발은행(ADB) 등 기존 다자개발은행들이 세계의 빈곤퇴치를 최우선 목표로 하는 데 비해 아시아인프라투자은행(AIIB)은 인프라 투자를 통한 경제성장을 주요목표로 한다. 아울러 아시아인프라투자은행은 인프라 및 여타 생산부문에 대한 투자를 통한 아시아 역내 인프라 연계성 향상과 지역 간 협력 및 동반자 관계 증진을 도모한다.[4]

설립 당시 55개 창립회원국으로 출범한 AIIB는 출범 이후 다수의 국가들이 추가 가입하여 2017년 5월말 현재 회원국이 77개국에 달한다. AIIB 회원국은 IBRD 또는 ADB 회원국에만 가입자격을 부여하는데, 77개 회원국은 아시아 역내국가 45개국, 역외국가 32개국으로 구성되어 있다.

AIIB의 자본금(청약자본금)은 1,000억 달러로 중국이 압도적으로 높은 1위의 지분율(32.06%)과 투표권(27.55%)을 차지하고 있다.[5] 우리나라는 창립단계에서 청약자본금 중 37.4억 달러를 배분받았으며, 2017년 6월 7일 현재 우리나라의 지분율은 4.02%, 투표권은 3.70%로 역내국가 중 4위를 차지하고 있다.[6]

3. 아프리카개발은행 (AfDB)

아프리카개발은행(AfDB : African Development Bank)은 아프리카 역내국가의 경제개발 및 사회발전을 촉진하기 위하여 1964년 9월 10일 설립된 지역개발금융기구이다.

---

4 2014년 10월 체결된 양해각서(MOU)상에는 '에너지, 전력, 교통, 통신, 농업개발, 수자원개발, 위생, 환경보호, 도시개발, 기타 생산적 분야'라고 규정되어 있다.

5 중국에 이어 인도가 2위(지분율 9.01%, 투표권 7.94%), 러시아가 3위(지분율 7.04%, 투표권 6.26%)를 차지하고 있다.

6 역외국가 중에서는 독일이 1위(지분율 4.83%, 투표권 4.38%)를 차지하고 있어 역내와 역외 국가를 모두 고려할 경우 우리나라는 전체 5위의 지분율과 투표권을 가지고 있다.

이러한 설립목적을 달성하기 위하여 AfDB는 ① 아프리카 역내국 경제 및 사회개발사업 지원 ② 개발재원의 조달과 공공 및 민간투자의 촉진 ③ 개발프로젝트와 참가기업 선정 및 관련 조사연구 ④ 개발사업계획의 작성, 연구, 자금조달 및 집행에 필요한 기술지원 등의 기능을 수행하고 있다. AfDB는 융자, 투자, 그리고 지급보증 등의 업무를 취급할 수 있으나 대부분의 자금을 융자로 운용하고 있다.

AfDB는 과거 식민지 통치를 경험한 데서 오는 배타성 때문에 당초 가맹국 자격을 역내국에만 한정하였으나, 역내에는 대규모 출자국이 없었기 때문에 만성적인 재원부족을 경험하였다. 이러한 문제를 해결하기 위하여 1973년 역외국을 참여시켜 양허적 조건의 재원을 공급하는 아프리카개발기금(AfDF)을 자매기구로 별도 설립하였으며, 이에 1982년 5월에는 AfDF에 가입한 역외국에 대해 AfDB 가입을 허용함으로써 상업베이스의 융자재원 확대조달에도 노력하고 있다.

우리나라는 1980년 2월 27일 먼저 AfDB 자매기구인 AfDF에 가입한 후 1982년 12월 30일 AfDB에 정식 가입하였다. 2016년 말 현재 우리나라의 투표권 비중은 0.488%이다.

4. 아프리카개발기금 (AfDF)

아프리카개발기금(AfDF : African Development Fund)은 아프리카개발은행(AfDB) 이 역내 가맹국의 경제 및 사회 개발, 상호협력 증진, 그리고 무역 촉진 등에 효율적으로 기여할 수 있도록 지원하고, 이를 위하여 양허적 조건의 융자를 공여하도록 1973년 7월 설립한 지역개발금융기구이다. AfDF는 저소득 아프리카지역의 빈곤을 감축하고 경제·사회 개발을 촉진하기 위해 수익성이 부족한 개발프로젝트에 대하여 양허성 자금을 융자하거나 무상공여를 실시함으로써 AfDB를 보완하고 있다.

우리나라는 아프리카 국가들과의 경제협력을 추진하기로 방침을 세우고 아프리카 지역에 관심을 가지고 있던 중 1978년 5월 AfDB/F 합동 연차총회에서 역외국의 AfDB가입 허용원칙이 가결됨을 계기로 활발한 교섭을 추진하여 1980년 2월 27일 AfDF에 가입하였다. 2016년 말 현재 AfDF에 대한 우리나라의 투표권 비중은 0.518%를 차지하고 있다.

5. 유럽부흥개발은행 (EBRD)

유럽부흥개발은행(EBRD : European Bank for Reconstruction and Development)은 복수정당제적 민주주의(multiparty democracy), 다원주의(pluralism), 시장경제 (market economy)의 제 원리를 채택·적용하는 중동부 유럽 국가의 개방적 시장경제 체제로의 전환을 촉진하고 민간 및 기업가의 창의성을 증진함으로써 이들 국가의 경제발전과 부흥에 기여하는 것을 목적으로 1991년 3월 28일 설립된 지역개발금융기구이다. EBRD의 설립목적은 역내 가맹국의 경제발전을 지원하기 위해 설립된 점에서는 여타 지역개발금융기구와 동일하나 이들 기구와는 달리 다소 정치적인 목적을 내포하고 있다. 즉 EBRD는 계획경제체제에서 완전히 벗어나지 못하고 있는 중동부 유럽 국가의 정치개혁과 자유시장경제체제로의 전환을 촉진하기 위하여 이들 국가가 민주주의 및 시장경제원리를 채택할 경우에만 EBRD로부터 지원을 받도록 함으로써 경제 외적인 요소를 금융지원의 전제조건으로 하고 있다.

　　EBRD는 이와 같은 설립목적을 달성하기 위하여 국제금융기구, 경제협력기구, UN 등 각종 유관기구와의 긴밀한 협력 하에 생산적이며 경쟁적인 민간부문의 활동 지원, 국내외 자본 및 기술 동원, 경제 각 부문에서 경쟁적 여건 조성과 생산성 향상을 위한 투자 촉진, 개발사업계획의 작성과 자금조달 및 집행에 필요한 기술 지원, 그리고 자본시장 개발 촉진 등 여러 가지 기능을 수행하고 있다. EBRD는 주로 융자, 지분투자, 지급보증, 설비임대 및 무역금융 등의 업무를 통해 중동부 유럽 국가의 개방적 시장경제체제 전환을 추진하는 데 기여하고 있다.

　　EBRD는 설립 이후 구소연방 및 동구권 국가의 민영화 추진 등 이들 국가의 시장경제체제로의 전환을 지원해 왔으며, 특히 기술지원활동에 중점을 두어 일반재원과는 별도계정으로 기술지원협력기금(TACF)을 설치·운용해 오고 있다. 우리나라는 1991년 3월 28일 EBRD의 창립가맹국으로 참가하였으며, 2016년 말 현재 우리나라의 투표권 비중은 1.01%이다.

6. 미주개발은행 (IDB)

미주개발은행(IDB : Inter-American Development Bank)은 미주지역 내 개발도상 가맹국의 경제발전과 사회개발을 촉진하고 나아가 미주지역의 통합을 궁극적인 목표로 1959년 12월 설립된 지역개발금융기구이다. 이와 같은 목적을 달성하기 위해서 IDB는 ① 개발목적을 위한 공공 및 민간 자본의 투자 촉진 ② 융자 및 지급보증을 통한 가용재원의 운용 ③ 재원조달이 어려운 민간부문의 투자활동 보완 ④ 가맹국 간의 무역확대와 개발정책 조화를 위한 협력 강화 ⑤ 개발계획과 사업계획의 수립 · 집행을 위한 기술지원 등의 기능을 수행하고 있다.

IDB는 설립 당시 남북미대륙의 역내국만을 가맹국으로 하였으나, 개발자금 수요 증대에 따른 추가재원의 조달을 위해 1976년 극히 제한된 투표권 비중 범위 내에서 IMF 가맹국인 역외국에도 가입을 허용하였다. 융자활동은 상업베이스의 일반융자 외에 IDB 내의 별도계정으로 특별기금 등을 설치하여 양허적 조건의 자금을 지원하고 있으며, 1986년 미주투자공사(IIC : Inter-American Investment Corporation)를 자매기구로 설립하여 역내 민간투자의 촉진에도 힘쓰고 있다. 우리나라는 1980년부터 매년 IDB 연차총회에 옵서버 자격으로 참석하여 오다가 2005년 3월 정식으로 가입하였다. 2017년 7월 말 현재 우리나라의 투표권 비중은 0.004%이다.

제5절 상품공동기금 (CFC)

상품공동기금(CFC : Common Fund for Commodities)은 1차산품의 수출가격 안정과 안정적인 공급 보장을 위한 국제협력을 증진하고, 개발도상국과 특별한 이해관계가 있는 1차산품에 대한 국제상품협정의 체결을 촉진하며 그 기능을 활성화하기 위하여 1989년 7월 설립된 UN 산하의 국제금융기구이다.

이러한 설립목적을 달성하기 위하여 CFC는 국제상품협정상의 완충재고 유지를 위한 자금, 그리고 1차산품의 개발촉진 및 교역조건 개선을 위한 연구개발자금을 지원하고 1차산품 분야에 관한 가맹국 간 정보교환 및 정책협의를 촉진하는 기능을 수행하고 있다.

CFC에의 가입자격은 유엔 및 산하전문기구, 국제원자력기구(IAEA)에 가입한 국가는 물론 CFC의 활동분야와 관련된 기능을 수행하는 지역경제통합체인 정부간 기구에까지도 개방되어 있다. 다만 정부간 기구가 참가하는 경우에는 투표권이 없으며, CFC의 손해발생 시에도 아무런 재정적 책무를 부담하지 않는다.

우리나라는 원자재의 안정적 확보와 개발도상국과의 유대강화라는 측면에서 1989년 6월 19일 CFC에 가입하였다. 2016년 말 현재 우리나라의 투표권 비중은 0.85%를 차지하고 있다.

제6절 중앙은행 간 협력기구

우리나라와 관련 있는 중안은행 간 협력기구로는 동남아 중앙은행기구(SEACEN : South East Asian Central Banks), 동남아 · 뉴질랜드 · 호주 중앙은행기구(SEANZA : South East Asia, New Zealand and Australia), 그리고 동아대양주 중앙은행 임원회의 (EMEAP : Executives' Meeting of East Asia & Pacific Central Banks)를 들 수 있다.

SEACEN은 회원은행 간 정보 및 의견 교환과 회원은행 공동 관심분야에 대한 조사연구, 연수활동을 통한 전문가양성을 목적으로 1966년 2월 설립된 동남아시아 중앙은행 간 협력체이다. SEACEN은 초기에는 IMF, IBRD, ADB 등 국제기구에서 회원국의 이익을 대변할 수 있는 투표권그룹으로서의 활동에 역점을 두었으나, 1982년 SEACEN Research and Training Centre 협정문 채택 이후 회원국 간 상호 교류 · 협력 증진과 조사연구 및 연수활동에 치중하고 있다. SEACEN Centre는 통화금융 및 경제개발문제에 대한 상호이해를 증진하고 조사연구 및 연수분야에서의 협력을 강화하는 데 설립목적을 두고 이와 관련된 조사연구, 연수, 학술회의 개최, 타 국제기구와의 협력 등 다양한 기능을 수행해 오고 있다. 우리나라는 중앙은행인 한국은행이 동남아 국가, 특히 ASEAN 국가 중앙은행과 유대를 강화하고 공동 조사연구 및 회의 · 세미나 참가 등을 통해 국제금융환경 변화에 대한 역내 공조체제 기반을 마련하기 위해 1990년 SEACEN 에 가입한 후 동 기구 활동에 적극 참여하고 있다.

SEANZA는 제2차 세계대전 이후 아시아태평양지역의 경제개발 추진과 더불어 중앙은행의 역할이 현저히 증가되었음에도 불구하고 이를 수행할 전문인력이 부족한 상황에서 동 지역 중앙은행 업무를 수행할 전문인력 양성을 목적으로 1957년 9월 출범한 중앙은행 협의체이다. SEANZA는 역내 중앙은행 협력체 중 최초로 설립되고 가장 많은 국가들이 참여하고 있으나 설립·운영에 관한 구체적인 규약이나 행정사무 등을 처리하는 별도의 상설사무국은 없다. SEANZA는 SEACEN, EMEAP의 설립 이후 유일한 중앙은행 협력기구라는 우월성이 약해졌지만 다른 협의체에 미참가한 국가들까지 포괄하여 중앙은행 간 교류·협력활동을 전개하고 있다. 우리나라는 한국은행이 1966년 12월 가입한 이후 동 기구 활동에 적극적으로 참여하고 있다.

EMEAP는 동아시아·대양주 지역의 회원국 중앙은행 간 협력을 증진하고 각 회원국의 금융·경제에 관한 정보교환 촉진을 목적으로 1991년 2월 설립된 중앙은행 회의체이다. EMEAP는 설립 이래 역내 중앙은행 간에 정책 및 금융경제 상황과 제도에 대해 서로 의견과 정보를 교환하는 역할을 해 오고 있다. EMEAP의 활동은 아시아 금융위기를 전후하여 크게 변화되었는데, 금융위기 전까지는 금융경제동향 관련 현안 논의 및 정보교환에 집중하였으나 금융위기 이후에는 정보공유에 더하여 경제동향 감시(economic surveillance) 및 역내 금융시스템의 안정을 촉진하기 위한 실질적인 협력방안 개발에 주력해 오고 있다. 특히 최근에는 ABF (Asian Bond Fund) 설립 운영을 통해 역내 채권시장 육성을 도모하는 등 유럽, 미주 등에 비해 취약한 동아시아·대양주 지역에서의 중앙은행 간 협력을 강화하고 지역 이익을 보호하는 실질적인 정책협력기구로 발전해 나가고 있다. 우리나라는 한국은행이 EMEAP 창설멤버로서 1991년 창설 이후 동 기구 활동에 적극 참여하고 있다.

제7절 국제금융회의체

앞에서 설명한 국제금융기구 이외에 우리나라가 참여하고 있는 국제금융 관련 회의체로 G-20(Group of 20), 금융안정위원회(FSB : Financial Stability Board), 그리고 ASEAN+3가 있다.

G-20은 1999년 9월 '국제금융체제 강화'에 관한 G-7 재무장관 보고서에 기초하여 창설된 선진국과 주요 신흥시장국 간의 대표적인 회의체로서 G-7국가, 12개 주요 신흥시장국과 유럽연합(EU), 그리고 IMF, 세계은행 등 국제기구로 구성되어 있다. G-20은 국가 간 경제·금융정책 현안에 관한 대화 확대 및 세계경제 성장을 위한 경제협력 증진을 목적으로 설립되었다. 특히 글로벌 금융위기 이후 G-20은 금융위기 예방 및 해결 과정에서 채무 재조정 시 민간채권자들을 참여시키는 방안, 세계화의 부작용을 최소화하고 그 혜택을 선·후진국 간 그리고 소득계층 간 고루 향유하는 방안, 국제적으로 통일된 기준 아래 각국의 정책과 통계의 투명성을 개선하는 방안 등을 주로 논의해 왔으며 글로벌 금융경제위기를 극복하는 데 주도적인 역할을 하였다. 지금까지 국제경제질서를 유지해 온 브레튼우즈체제의 일각인 IMF의 역할에 대한 심도 있는 논의도 G-20을 중심으로 이루어지고 있다. 우리나라는 1999년 9월 G-20 출범 시 가입하여 2010년 G-20의 의장국으로, 2009~2011년 3년 동안 G-20 의장국단(Troika)으로 활동하였다.

금융안정위원회(FSB)는 국제금융시장 안정 및 금융위기의 전이 방지를 목적으로 1999년 2월 G-7 재무장관 및 중앙은행 총재회의의 결의에 의해 설립된 금융안정포럼(FSF : Financial Stability Forum)이 글로벌 금융위기를 계기로 2009년 4월 확대 개편된 국제금융회의체이다. 금융안정위원회는 금융시스템의 취약성 평가 및 대응방안의 강구·감시, 금융안정당국 간 조정 및 정보교환 촉진, 금융시장 동향 및 규제정책에 대한 모니터링 권고 등을 목적으로 하며 G-20 회원국, 스페인, 유럽중앙은행 및 EU 집행위원회, 표준제정기관, 중앙은행전문가위원회, IMF, 세계은행, BIS 및 OECD가 참여하고 있다. 우리나라는 2009년 4월 동 위원회 설립 시 가입하여 주요멤버로 활동하고 있다.

ASEAN+3는 동아시아 외환위기 이후 아시아 역내 금융협력 강화 및 위기대응능력 제고를 목적으로 1999년 4월 설립된 국제회의체로 ASEAN 10개국과 한국, 중국, 일본이 회원국으로 참가하고 있다. ASEAN+3 회원국들은 2000년 5월 외환위기 재발방지를 위해 역내국 간 통화스왑계약 체결을 주요내용으로 하는 치앙마이 이니셔티브(Chiang Mai Initiative)를 채택한 바 있으며, 2003년부터는 아시아 국가들의 막대한 외환보유고를 역내로 합류시키기 위해서는 역내국의 채권시장 육성이 긴요하다는 인식하에 아시아 채권시장 육성방안(ABMI : Asian Bond Market Initiative)을 집중적으로 연구, 논의하고 있다. 또한 ASEAN+3는 중장기적인 관점에서 아시아 역내 경제를 감시 · 분석하는 상설기구로 AMRO (ASEAN+3 Macroeconomic Research Office)를 설립, 운영하고 있다. 우리나라는 1999년 4월 가입하여 ASEAN+3 활동을 주도하고 있다.

요약

1. 국제금융기구는 각국 정부 또는 중앙은행을 구성원으로 하여 국가 간 금융경제협력을 도모하는 기구이다. 그 효시는 1930년 제1차 세계대전 후 독일의 전쟁배상금 처리를 위해 설립된 국제결제은행(BIS)이지만 오늘날 조직이나 기능 면에서 대표적인 기구는 국제통화기금(IMF)과 국제부흥개발은행(IBRD)이라고 할 수 있다. 국제통화기금(IMF)은 1, 2차 세계대전을 거치면서 불안정해진 국제통화질서를 회복하기 위해 미 달러화를 기축통화로 하는 금환본위제도와 고정환율제도를 근간으로 하는 브레튼우즈체제의 중추적인 통화협력기구로 1945년 12월 설립되었다. IMF는 회원국들의 건전한 환율정책과 대외지급제도 유지를 위한 의무사항 이행 여부 감독, 회원국의 일시적인 국제수지 불균형의 조정을 위한 자금지원, 적정수준의 국제유동성 유지를 위한 SDR의 창출·배분과 운영관리업무, 회원국에 대한 정책자문 및 조사연구 기능을 수행한다.

2. 국제결제은행(BIS)은 중앙은행 간 협력을 증진하고 국제금융거래의 원활화를 위한 편의를 제공하며 국제결제업무와 관련하여 수탁자 및 대리인으로서의 역할수행 등을 목적으로 설립되었다. 오늘날 국제결제은행은 국제금융협정의 대리인 또는 수탁자 등 결제기관으로서의 업무, 각국 중앙은행, 상업은행 및 국제기구 등과의 여수신 등 금융기관으로서의 업무, 그리고 은행감독업무의 국제표준 수립이나 각국 감독당국 간 협력증진 등 국제통화협력센터로서의 업무를 수행하고 있다.

3. 국제부흥개발은행(IBRD)과 그 자매기구인 국제개발협회(IDA), 국제금융공사(IFC), 국제투자분쟁해결본부(ICSID) 및 국제투자보증기구(MIGA)를 총칭하여 세계은행(World Bank)그룹 또는 IBRD그룹이라고도 한다. 이 중 국제부흥개발은행과 국제개발협회를 특히 세계은행(World Bank)이라 한다. 국제부흥개발은행(IBRD)은 제2차 세계대전 전재복구자금과 개발도상국 경제개발자금 지원을 목적으로 1945년 IMF와 함께 설립된 개발금융기구이다. 1990년 이후부터는 환경을 훼

손하지 않는 범위 내에서의 지속가능한 경제개발 및 빈곤 없는 세상 구현을 위한 '새 천년 개발목표(MDGs)', '지속가능한 개발목표(SDGs)' 등 새로운 목표 달성을 위한 노력을 기울이고 있다.

4. 지역개발금융기구는 지역내 국가 간의 경제협력을 통하여 개도국들의 경제·사회 개발을 지원할 목적으로 설립된 지역단위 개발 전담기구이다. 주요 지역개발금융 기구에는 미주 국가를 중심으로 한 미주개발은행(IDB), 아프리카 국가를 중심으로 한 아프리카개발은행(AfDB) 및 아프리카개발기금(AfDF), 아시아태평양권 국가 를 중심으로 한 아시아개발은행(ADB) 및 아시아개발기금(ADF), 아시아인프라투 자은행(AIIB), 그리고 중동부 유럽 국가를 중심으로 한 유럽부흥개발은행(EBRD) 등이 있다.

5. 상품공동기금(CFC)은 1차산품의 수출가격 안정과 안정적인 공급 보장을 위한 국제 협력을 증진하고, 개발도상국과 특별한 이해관계가 있는 1차산품에 대한 국제상품 협정의 체결을 촉진하며 그 기능을 활성화하기 위하여 1989년 7월 설립된 UN 산하 의 국제금융기구이다. 우리나라와 관련 있는 중앙은행 간 협력기구로는 동남아 중 앙은행기구(SEACEN), 동남아·뉴질랜드·호주 중앙은행기구(SEANZA), 그리고 동아대양주 중앙은행 임원회의(EMEAP)가 있다.

6. 국제금융기구와 같이 상설사무국과 전담직원은 거의 없지만 국제금융기구 이외에 우리나라가 참여하고 있는 국제금융관련 회의체로는 G-20 (Group of 20), 금융안 정위원회(FSB), ASEAN+3가 있다. G-20은 1999년 9월 '국제금융체제 강화'에 관한 G-7 재무장관 보고서에 기초하여 창설된 선진국과 주요 신흥시장국 간의 대표적인 회의체로서 G-7국가, 12개 주요 신흥시장국과 유럽연합(EU), 그리고 IMF, 세계은 행 등 국제기구로 구성되어 있다. G-20은 국가 간 경제·금융정책 현안에 관한 대화 확대와 세계경제 성장을 위한 경제협력 증진을 목적으로 설립되었다. 특히 글로벌 금융위기 이후 금융위기 예방 및 해결 과정에서 채무 재조정 시 민간채권자의 참여 확대 방안, 세계화의 혜택을 선·후진국 간 또는 소득계층 간 고루 향유하는 방안, 통 일된 국제기준에 의해 각국의 정책과 통계의 투명성을 개선하는 방안 등을 주로 논

의해 왔으며 글로벌 금융경제위기를 극복하는데 주도적인 역할을 하였다.

7. 금융안정위원회(FSB)는 국제금융시장 안정 및 금융위기의 전이 방지를 목적으로 1999년 2월 G-7 재무장관 및 중앙은행 총재회의의 결의로 설립된 금융안정포럼 (Financial Stability Forum)이 글로벌 금융위기를 계기로 2009년 4월 확대 개편된 회의체이다. 금융시스템의 취약성 평가 및 대응방안의 강구·감시, 금융안정당국 간 조정 및 정보교환 촉진, 금융시장 동향 및 규제정책에 대한 모니터링 권고 등을 목적으로 설립되었다. G-20 회원국, 스페인, 유럽중앙은행, EU 집행위원회, 표준제정기관, 중앙은행전문가위원회, IMF, 세계은행, BIS 및 OECD가 참여하고 있다.

8. ASEAN+3는 아시아 외환위기 이후 아시아 역내 금융협력 강화 및 위기대응능력 제고를 목적으로 1999년 4월 설립된 국제회의체로서 ASEAN 10개국과 한국, 중국, 일본이 회원국으로 참가하고 있다. ASEAN+3 회원국들은 2000년 5월 외환위기 재발방지를 위해 역내국 간 통화스왑계약 체결을 주요내용으로 하는 치앙마이 이니셔티브를 채택하였다. 2003년 이후 아시아 국가들의 역내투자 활성화와 채권시장 발전을 위한 아시아 채권시장 육성방안(ABMI)을 집중적으로 연구, 논의하고 있다. 또한 ASEAN+3는 아시아 역내 경제를 감시·분석하는 상설기구로 AMRO를 설립 운영하고 있다.

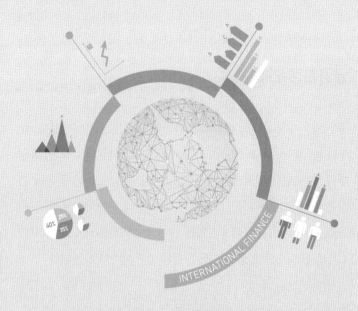

INTERNATIONAL FINANCE

CHAPTER

15

글로벌
국제금융환경 변화

—

제1절 최근의 글로벌 국제금융환경 변화 개요

1970년대 이후 국제금융환경은 몇 가지 중대한 변화를 겪었는데 최근에는 어느 때보다 국제금융의 큰 변혁기를 맞고 있다. 1970년대 초 닉슨(Richard Nixon) 대통령의 금태환 정지에 따른 브레튼우즈체제 붕괴, 1980년대 영국의 빅뱅 등 선진국을 중심으로 한 금융규제 완화, 1990년대 신흥국의 자본자유화 및 동아시아 금융위기, 2000년대 후반의 글로벌 금융위기를 들 수 있다. 특히 2008년 발생한 글로벌 금융위기는 선진국에서 비롯되어 그 여파가 신흥국으로 전이하였다는 점에서 1990년대 후반의 동아시아 금융위기와 차별된다.

2008년 리먼브라더스사 파산으로 촉발된 글로벌 금융위기는 2010년 이후 그리스 등 유로존의 재정위기 등으로 이어지면서 글로벌 금융시장은 1930년대 대공황 이후 가장 큰 위기를 맞았다. 금융위기와 이에 따른 경기침체에 대응하여 주요 선진국들은 양적완화나 마이너스금리 도입 등의 비전통적 통화정책을 시행하였다. 겸업화와 대형화로 규모가 커진 은행들이 고위험 증권 업무를 확대하면서 축적된 금융시스템 리스크가 금융위기를 계기로 현재화되었다. 즉 글로벌 금융위기는 금융 대형화와 겸업화가 초래할 수 있는 위험과 납세자의 부담에 의한 구제금융의 문제점이 드러나는 계기가 되었다. 이에 따라 미국과 유럽의 선진국을 중심으로 은행과 증권 산업의 분리, 은행의 과도한 자기자본에 의한 투자 제한, 파생금융상품거래에 대한 규제 강화를 주요내용으로 하는 도드-프랭크법(Dodd-Frank Wall Street Reform and Consumer Protection Act)의 시행과 같은 금융규제 강화가 이루어지고 있다.

글로벌 금융위기가 어느 정도 수습되면서 국제금융환경은 다음과 같은 특징을 보이고 있다. 첫째, 미 연준이 금리인상을 시작하였고 양적완화정책 실행으로 보유하게 된 막대한 규모의 국채와 MBS를 매각하는 등 주요국의 통화정책이 정상화될 전망이다. 2008년 글로벌 금융위기 이후 미국, 일본, 유로존 등 주요 선진국 중앙은행은 제로금리와 양적완화로 대표되는 비전통적 통화정책을 실시했다. 그러나 미 연준이 2015년 12월에 기준금리를 0 ~ 0.25%에서 0.25 ~ 0.50%로 0.25%p 인상하기 시작한 후 8차례 (2016.12월, 2017.3월, 6월, 12월, 2018. 3월, 6월, 9월, 12월)에 걸쳐 각 0.25%P씩 인상하여 2018년 말 현재 2.25 ~ 2.50% 수준까지 높여 놓았다. 그간 미 연준이 금리 변경

시 연속적인 조치를 취해 왔고 미국경제의 회복세를 감안하면 2019년 이후에도 추가적인 금리인상이 예상된다. ECB와 일본은행은 아직 양적완화정책을 유지하고 있으나 경기회복세 진전에 따라 조만간 종료할 것으로 예상된다. 이렇게 주요 선진국 중앙은행들이 양적완화를 종료하는 등 통화정책을 정상화하는 과정에서 그 속도나 내용이 국별로 차별화되면서 국제금융시장의 변동성이 확대될 여지가 크다. 특히 미 연준의 금리인상 등에 따라 그동안 신흥시장국에 투자된 국제투자자본이 선진국 시장으로 환류되는 과정에서 신흥시장국의 금융불안에 대한 우려가 제기되고 있다.

둘째, 2016년 4월 영국의 EU탈퇴 결정(Brexit, 브렉시트)으로 2019년 3월 29일 영국의 EU탈퇴가 예정되어 있다. 이를 위한 영국과 EU 간 협상이 진행 중인데, 그 결과에 따라 런던 및 유럽대륙의 금융시장과 무역구조에 큰 변화가 있을 것으로 예상된다. 장기적으로 브렉시트 이후 또 다른 EU회원국이 EU를 탈퇴할 가능성도 제기되는데 이는 EU 단일 경제권의 향방이 브렉시트 결과에 따라 매우 불확실해질 수도 있음을 의미한다.

셋째, 미국우선주의를 내세운 트럼프(Donald Trump) 행정부의 출범으로 보호무역주의가 강화될 가능성이 높아지고 있다. 트럼프 대통령은 2016년 대선에서 전임 오바마 정부의 자유무역 확대로 러스트벨트(rust belt) 지역을 중심으로 한 철강, 자동차 등의 제조업이 몰락했다는 점을 쟁점화해 이들 지역의 지지를 바탕으로 승리하였다. 이에 따라 트럼프 대통령은 2017년 1월 21일 취임 직후 TPP 탈퇴를 지시했으며 NAFTA나 한미 FTA 등 양자 또는 다자간 자유무역협상의 폐기나 재협상을 추진하고 있다. 한국, 중국 등 주요 교역국에 대해 철강이나 자동차 등의 수입품에 대한 반덤핑 관세와 비관세 장벽을 통해 자국산업의 보호를 최우선으로 하고자 하는 것이다. 또한 자국기업이 생산시설을 해외에서 미국으로 되돌려 고용을 확대하는 리쇼어링(reshoring)에 대한 세제혜택 확대정책[1]을 강력하게 추진하고 있다. 이러한 트럼프 행정부의 보호무역주의 강화 및 자국내 기업 우선정책 추진으로 국제무역이 위축될 가능성이 높아지고 있다.

넷째, 1990년 초 거품경제가 붕괴한 후 20년 이상 장기침체에 빠져 있는 일본은 아베

---

1 미국은 2012년 오바마 정권 시기에 '미국 제조업 르네상스'라는 기치 아래 제조업 법인세율 인하(38% → 25%), 국내 복귀 기업의 공장 이전 비용 20% 보조, 설비투자 조세감면 연장(1년 → 2년) 등의 적극적인 리쇼어링 정책을 펼쳤다. 트럼프 정부는 이에 더해 법인세를 15%까지 추가 인하하는 등의 보다 적극적인 리쇼어링 정책을 추진하고 있다.

총리가 집권한 2012년 12월 이후 엔화 약세 유도를 위한 과감한 금융완화, 적극적 재정정책 및 성장전략을 기본내용으로 하는 아베노믹스 정책을 추진하였다. 그 결과 엔화는 대체로 약세를 유지하였고 기업이익 증가나 성장세 회복 등의 측면에서 성과도 나타났으며 일본정부는 이를 바탕으로 2016년 하반기부터 구조개혁 중심의 2단계 정책을 추진 중이다. 향후 아베노믹스 정책의 성패는 일본의 디플레이션 탈출여부뿐 아니라 엔화가치와 관련된 주변국들의 환율정책과 관련하여 국제금융계의 주요이슈가 될 것으로 보인다.

제2절　글로벌 금융위기 이후 국제금융환경 주요 변화 내용

1. 선진국의 비전통적 통화정책 추진

글로벌 금융위기 이후 주요국 중앙은행들은 신용경색 및 경기침체에 대응하여 정책금리를 제로금리 수준까지 낮추고 국채매입 등을 통해 통화공급을 확대하거나 특정부문에 신용공급을 확대하는 양적완화와 같은 비전통적(unconventional)[2] 통화정책을 도입하였다. 주요국의 양적완화정책의 구체적인 형태는 각국의 정치·경제 상황에 따라 다른데 미 연준, 영란은행 및 일본은행은 국채매입을 통해 유동성을 공급함으로써 명목금리와 실질금리를 하락시키는 데 목적을 두었다. 반면 다수의 국가로 구성된 ECB는 특정국가가 발행한 채권을 매입할 경우 발생하는 재정의 금융화(debt monetization)[3]에 대

2 　중앙은행은 전통적으로 정책금리나 통화량을 특정수준으로 조절하는 방식으로 통화정책을 운용한다. 이를 위한 공개시장조작 시에도 일반적으로 국채와 같은 우량채권을 금융기관과 매매한다. 정책금리나 통화량 변경은 민간의 대출금리나 장기금리에 영향을 미치고, 이를 통해 궁극적으로 경기, 물가 및 금융 안정을 도모한다. 그런데 정책금리가 제로수준이나 인하 시 효과를 기대할 수 있는 최저수준, 즉 실효하한(effective lower bound)에 도달하였을 경우 통화정책의 파급경로가 훼손되어 그 효과를 기대하기 힘들게 된다. 이 경우 중앙은행이 단기시장금리를 실효하한 수준으로 유지하는데 필요한 규모 이상으로 시중에 통화량을 공급하거나 평상시에는 매매하지 않는 위험도가 큰 MBS나 회사채를 매매하는 조치 등을 취하는데 이를 비전통적 통화정책이라고 한다.

3 　정부가 발행한 국채를 중앙은행이 인수함으로써 정부의 지출재원을 마련하는 것을 의미한다. 일반적으로 정부의 재정여력이 소진되고 세입이 부족한 상황에서 추가적인 재정지출이 필요할 때 정부가 중앙은행의 발권력에 의존하는 상황을 말한다. 재정의 금융화가 과도하게 되면 본원통화 증가에 따른 물가상승과 정부의 과다한 국채발행에 따른 미래세대의 부담 증가 등의 문제점이 발생한다. 이에 따라 많은 나라에서는 정부가 발행한 국채를 중앙은행이 발행시

한 비판을 고려하여 금융기관에 대한 장기재대출(LTRO : long-term refinancing operations)을 통한 유동성 공급을 병행하였다.

그 결과 주요국 중앙은행은 양적완화를 통해 막대한 규모의 국채나 정부기관채 등의 자산을 보유하게 되었다. IMF는 미국, 유로존, 일본, 영국, 스위스, 스웨덴 등 6개국 중앙은행이 양적완화를 통해 보유하게 된 자산을 총 15조 달러 정도로 추산하고 있다. 이 중 국채가 총 9조 달러 정도인데 이는 이들 국가에서 발행된 국채(총 46조 달러)의 20%에 가까운 규모이다. 국별로 보면 2017년 상반기에 ECB와 일본은행의 자산규모는 4조 9,000억 달러, 4조 5,300억 달러로 연준의 자산규모(약 4조 4,700억 달러)를 상회하고 있다. ECB 보유자산의 40% 정도가 유로존 국채였으며 일본은행 보유자산의 85%는 일본 국채였다. 연준의 경우 보유자산의 약 50%가 미국 국채였으며 40%는 국영 모기지 기업인 패니매(Fannie Mae)와 프레디맥(Freddie Mac)이 발행한 MBS였다.[4]

양적완화는 글로벌 금융위기에 따른 신용경색, 경기침체 등 부정적 영향을 수습하는 데 어느 정도 긍정적으로 작용했던 것으로 평가된다. 그러나 양적완화를 통해 금융시장에 공급된 유동성 규모가 막대해 이를 축소하는 과정에서 금융시장 불안이 초래될 가능성도 배제할 수 없다. 주요 선진국이 금융위기 이후 경기진작 등을 위해 공급한 막대한 유동성은 주택가격을 위기 이전 수준까지 회복시키고 주가를 급등시키는 동인으로 작용하였다. 또한 선진국시장에서 넘치는 자금은 신흥국시장으로 유입되어 이들 시장의 자산가격을 상승시켰다. 그러나 부동산 등 일부 자산가격의 거품 형성과 주요 선진국 통화정책 정상화 시 신흥국으로부터의 자본유출 우려가 제기되고 있다.

2015년 이후 세계경제가 미국을 중심으로 회복세를 보이면서 주요국 중앙은행의 통화정책 정상화가 금융시장의 중심이슈로 부상하였다. 주요국의 경기회복이 뚜렷해지면서 미국 등 일부 중앙은행이 글로벌 금융위기 이후 지속해 온 양적완화 등 비전통적 통화정책으로부터 출구전략을 진행 중이거나 모색하고 있다. 미국의 경우 완연한 경기

장에서 인수하는 것을 엄격하게 금지하고 있다. 일반적으로 정부가 국채를 발행할 때 민간 금융기관이 인수한 후 중앙은행은 유통시장에서 금융기관으로부터 국채를 매입하는 방식을 택하고 있다.

회복으로 2014년에는 양적완화 종료, 2015년에는 기준금리 인상 시작 등 통화정책 정상
화를 시작하였으나 상대적으로 경기회복이 더뎠던 유로지역이나 일본은 양적완화 기조
를 지속하고 있다. 이러한 주요 선진국 중앙은행의 통화정책 차별화나 정상화는 향후
금융시장의 변동성을 확대시키는 주요 요인이 될 것으로 예상된다. 특히 2013년 버냉키
(Ben Bernanke) 미 연준 의장이 양적완화 규모 축소(tapering)를 시사한 것만으로 국제
금융시장에서 큰 발작(tantrum)이 일어났던 경험은 향후 주요국의 통화정책 정상화 과
정에서 금리 급등, 환율 및 주가 급등락, 신흥시장에서의 자본유출 등의 변동성 확대 위
험이 금융시장에 잠재되어 있음을 의미한다.

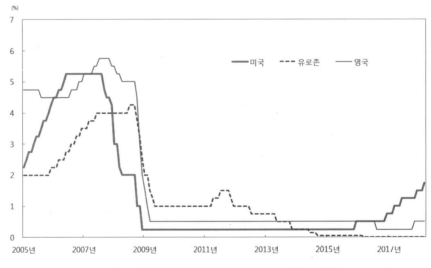

[그림 15-1] 글로벌 금융위기 전후 주요국의 정책금리 변동

1.1 미국

미 연준은 2008년 9월 리먼브라더스의 파산으로 글로벌 금융위기가 최고조에 다다르자
12월에 기준금리를 사실상 제로수준인 0 ~ 0.25%로 낮추었다. 이와 동시에 2008년 11월
국채, 정부기관채, MBS 등 총 1.75조 달러의 채권매입을 통해 시중에 자금을 공급함으로
써 금리인하와 경기회복을 목적으로 하는 1차 양적완화를 시작하였다. 2010년 11월부터
2011년 6월까지는 국채 6,000억 달러를 매입하는 2차 양적완화를 실시한 후 2011년 9월

부터 2012년까지는 연준이 보유하던 단기채권을 매각한 재원으로 장기채권을 매입하는 국채만기조정(operation twist)을 실시하였다. 구체적으로 매월 4,000억 달러 규모의 3년 미만 만기의 단기국채를 매각한 자금으로 만기 6~30년물의 장기국채를 매입하였다.[5] 이러한 연준의 보유채권 만기조정의 목적은 단기금리를 상승시키지만 장기금리를 하락시킴으로써 모기지대출 및 기업의 자금수요를 확대하여 주택시장과 경기를 회복시키는 것이었다. 그러나 동 조치를 실시할 당시 만기조정이 장기금리는 하락시킬 수 있겠지만 미국경제의 높은 불확실성으로 인해 장기금리 하락이 대출수요나 투자를 증가시키는 데 제한이 있어 경기회복에는 큰 도움이 되지 않을 것이라는 비판도 있었다.

1차와 2차 양적완화에도 경기부진이 지속되자 연준은 2012년 9월 이후 매월 400억 달러의 MBS와 450억 달러의 국채를 매입하는 3차 양적완화를 단행하였다. 3차 완화조치부터는 만기가 4~6년인 국채를 매입대상에 포함시켰다. 또한 통화정책 방향을 결정할 때 포워드 가이던스(forward guidance)를 활용하기 시작하였다. 포워드 가이던스는 향후 통화정책 기조 변화가 가능한 경제상황을 나타내는 임계치(threshold)를 미리 공표하는 새로운 통화정책 수단이었다. FOMC는 실업률이 6.5% 이하이고 물가상승률 2.5% 이상일 때까지 자산매입 프로그램을 통한 양적완화를 유지할 것이라고 밝혔다.[6] 양적완화 과정에서 연준이 매입한 자산은 약 4조 5,000억 달러에 달하여 글로벌 금융위기 이전 2007년의 8,000억 달러의 5배 수준으로 급증하였다. 2008년 10%에 달했던 미국의 실업률은 양적완화 시행 후 점차 떨어져 2014년 9월에는 5.9%까지 떨어졌다. 2008년 0%대였던 성장률은 2014년 이후 2~3%의 잠재성장률에 근접한 수준까지 상승했다.

연준의 양적완화 등 비전통적 통화정책은 2013년 12월 FOMC회의에서 월 850억 달러였던 3차 양적완화 규모를 100억 달러 줄이는 자산매입축소(tapering)를 시작한 후 정상화 경로를 걷기 시작했다. 2014년 들어 회의시마다 채권 매입액을 100억 달러씩

5　연준의 보유국채 만기조정 조치 당시 연준이 보유하고 있는 국채 총 1조 5,600억 달러 가운데 19%는 만기 2년 미만의 채권, 35%는 2~5년, 36%는 5~10년, 10%는 10~30년이었다.

6　이를 개방형 양적완화(open-ended QE)라고 한다. 개방형 양적완화는 FOMC가 경제상황이나 시장상황에 따라 유연하게 정책을 조율할 수 있는 장점이 있다. 반면 폐쇄형 양적완화(close-ended QE)와 같이 엄격한 기준에 따르지 않기 때문에 시장의 신뢰를 잃을 위험도 있다.

줄였고 2014년 10월 FOMC회의에서는 2008년부터 시작한 1, 2, 3차 양적완화 프로그램으로 고용시장이 개선되었기 때문에 자산매입을 종료한다고 선언하였다.

연준은 자산매입을 종료한 후 2015년 12월에 9년 만에 기준금리를 0 ~ 0.25%에서 0.25 ~ 0.50%으로 인상함으로써 제로금리 정책과 완화적 통화정책 기조를 바꾸기 시작했다. 연준은 1년 만인 2016년 12월에 기준금리를 재차 인상(0.25 ~ 0.50% → 0.50 ~ 0.75%)한 후 2017년 3월(0.50 ~ 0.75% → 0.75 ~ 1.00%), 6월(0.75 ~ 1.00% → 1.00 ~ 1.25%), 12월(1.00 ~ 1.25% → 1.25 ~ 1.50%)에 연속적으로 인상하였다. 특히 2017년 6월 FOMC회의에서는 그동안 양적완화정책을 위해 연준이 보유하게 된 채권 등 4.5조 달러 규모의 자산을 축소할 계획임을 밝혔다. 초기에는 자산매각보다는 이전에 매입한 국채 등의 만기가 도래하면 재투자를 하지 않는 방식으로 보유자산을 축소하고 있다. 그리고 2018년 3월, 6월, 9월과 12월에 기준금리를 다시 각각 25bp씩 인상(1.25 ~ 1.50% → 1.50 ~ 1.75% → 1.75 ~ 2.00% → 2.00 ~ 2.25% → 2.25 ~ 2.50%)하였다.

장기간 지속된 양적완화로 미국이 글로벌 금융위기 극복과 경기를 되살리는 데 기여했으나 그 정책에 따른 부작용 또한 잠재해 있다고 평가된다. 부동산, 주식, 채권 등 자산가격은 그동안 풀린 유동성으로 글로벌 금융위기 직전의 수준을 넘어서까지 상승하였다. 또한 연준이 그동안 양적완화 과정에서 매입한 4.5조 달러의 채권 등 자산 매각 시 금융시장에 나타날 위험도 있다. 즉 연준이 보유채권 만기도래 시 재투자하지 않거나 보유채권을 매각할 경우 금리가 급등하여 경기회복을 저해할 우려가 있다. 또한 글로벌 금융위기 이후 지속돼 온 주요국 간의 통화정책 공조가 약화되고 있다. 아직 미국을 제외한 유럽과 일본, 중국 등은 오히려 양적완화를 지속하여 저금리와 유동성 공급이라는 경기부양 기조를 지속하고 있기 때문이다. 주요국의 통화정책 방향이 다르기 때문에 당분간 금융시장 전체의 변동성은 커질 수밖에 없을 것으로 예측된다.

1.2 유로존

ECB는 글로벌 금융위기와 연이은 유로존 재정위기에 대응하여 커버드본드매입(CBPP: covered bond purchase programme), 증권시장매입(SMP: securities market programme), 국채직매입(OMT: outright monetary transactions) 등과 같은 유통시장에서의

채권매입프로그램을 시행하였다. 아울러 장기대출프로그램(LTRO: long-term refinancing operations)과 같이 금융기관에 대한 직접대출을 통한 유동성 공급을 병행하였다. ECB의 채권매입프로그램은 미 연준이나 영란은행과 달리 채권매입을 통해 시중에 풀려나간 초과유동성을 불태화(sterilization)정책을 통해 흡수한다는 점에서 차이가 있다. ECB는 2009년 6월에 커버드본드[7] 매입을, 2010년 5월에 증권시장매입을 도입하였다. 또한 2012년 9월에는 일정조건이 충족되면 특정국가의 1 ~ 3년 만기의 국채를 무제한 매입하는 무제한 국채 직매입 제도를 도입하여 기존의 증권시장매입제도를 대체하였다. 한편 LTRO를 통한 유동성 공급은 2008년 이후 만기를 6개월, 1년, 3년으로 순차적으로 확대하고 총규모도 확대하였다. 특히 2011년 12월과 2012년 2월 두 차례에 걸쳐 5,000억 유로 규모의 3년 만기 LTRO를 실시함으로써 유로존 내 초과유동성이 큰 폭으로 증가하였다.

〈표 15-1〉 증권시장 매입과 무제한 국채 직매입 제도 비교

	증권시장 매입(SMP)	국채 직매입(OMT)
전제조건	없음	있음 (EFSF / ESM의 구제금융 프로그램 이행)
매입대상 채권범위	없음	만기 1 ~ 3년
매입규모 한도	없음	없음
상환우선권	있음 (단, 명문규정은 없음)	없음 (ECB 총재의 구두선언)
불태화	실행	실행
정보공개	매주 총매입규모만 공개	매주 총매입규모, 매월 평균듀레이션 및 국가별 내역 공개
기타	OMT 시행과 함께 종료	SMP 유동성에 대한 불태화 지속

ECB는 채권매입에도 저물가와 경기부진이 지속됨에 따라 2014년 6월에는 은행 등이 ECB에 예치한 초과지준에 대하여 마이너스 예금금리를 부과하기 시작하였다. 아

---

[7]   자산유동화증권(ABS)은 부동산, 매출채권, 유가증권 및 기타자산을 기초로 하여 발행된 증권을 의미한다. 유동성이 없던 기초자산을 묶어 새로운 증권을 발행함으로써 시장에서 매매가 가능한 유동성을 확보할 목적으로 발행된다. 주택저당증권(MBS)은 은행이 주택담보대출 시 주택에 설정하는 근저당권(은행이 해당 주택을 담보로 대출금을 회수할 수 있는 권리)인 주택저당채권을 기초자산으로 하여 발행되는 채권을 의미한다. MBS는 ABS의 한 형태라 볼 수 있다. 이러한 ABS나 MBS는 통상 담보가치 하락 시 손실을 입을 위험을 가지는데 이러한 손실 위험을 담보 제공이나 은행의 상환의무 추가 등 이중상환청구권을 부여함으로써 안전성을 보장(cover)해 주는 특성을 부여한 채권을 커버드본드라고 한다. 투자자 입장에서 담보 및 상환의무 등 채권에 대한 이중 보호장치로 위험을 최소화할 수 있으므로 저금리를 감수하며 발행기관 입장에서는 낮은 금리로 자금조달을 하는 이점이 있다.

울러 4년 만기의 장기대출프로그램(TLTRO : Term LTRO)을 도입하고 ABS 및 커버드본드 매입을 통해 ECB의 자산규모를 더욱 확대하였다. 4년 만기 장기대출프로그램은 기업과 가계에 대한 대출을 조건으로 ECB가 시중은행에 4년 만기로 자금을 빌려주는 제도로서 2014년 9월부터 2016년 6월까지 운용될 예정이었으나 다시 연장되었다.

ECB는 2014년 9월 기준금리를 0.15%에서 0.05%로 인하한 후, 2016년 3월에는 0.05%에서 0.00%로 재차 인하해 제로기준금리를 채택했다. 또한 시중은행이 중앙은행에 초과지준을 예치할 때 적용하는 예금금리와 대출금리도 각각 -0.30%에서 -0.40%, 0.30%에서 0.25%로 조정하였다.

ECB는 유럽 재정위기 이후 지속되는 낮은 성장과 마이너스 물가에 대응하기 위해 2015년 3월부터 2016년 9월까지 유로존 국채, 정부기관 및 국제기구 발행 채권을 매월 600억 유로씩 매입하는 총 1.14조 유로 규모의 양적완화를 단행하였다. 매입대상 증권은 기존의 SMP나 OMT와 같은 자산매입프로그램에서 매입대상이던 민간발행 자산담보부 채권과 커버드본드에 회원국 정부, 정부기관 및 유로존 내 국제기구가 발행한 유로화표시 채권까지 확대되었다. 회사채는 매입대상 채권에서 제외했으며 유통시장을 통해 매입되는 채권의 신용등급은 원칙적으로 투자등급 이상으로 제한되었다. 또한 이들 채권매입 시 발행국별 비중은 ECB 납입 자본금 비율을 따르게 하였다.[8]

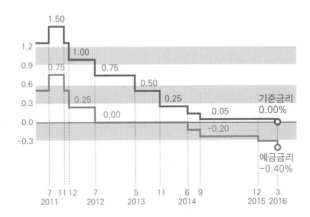

[그림 15-2] ECB의 기준금리와 예금금리 추이

---

8   유로존 회원국의 국별 ECB 납입 자본금 비율은 독일 25.8%, 프랑스 20.3%, 이탈리아 17.7%, 스페인 12.7%, 그리스 2.9%, 포르투갈 2.5% 등이다 (김위대, 국제금융센터 2015.1.23).

동 양적완화는 물가상승률이 ECB의 중기 목표치인 2%를 하회하는 한 2016년 9월 까지 시행될 예정이었으나 2016년 4월 투자등급의 비(非)금융회사채도 매입대상에 포함시키고 그 규모도 월 800억 유로로 확대되어 2017년 3월까지로 연장되었다. 2016년 12월에는 2017년 4월부터 월 채권매입규모를 600억 유로로 축소하는 대신 양적완화는 2017년 9월까지 연장하기로 결정하였다. ECB는 2017년 10월 통화정책회의에서 제로 기준금리를 유지하고 예금금리와 한계대출금리도 각각 현행 −0.40%와 0.25%로 동결하였다. 그러나 양적완화는 월 채권매입 규모를 2018년 9월까지 300억 유로로 축소하고 10 ~ 12월에는 다시 150억 유로로 축소한 후 2018년 말 이후 종료하였다.

1.3 영국

영란은행은 글로벌 금융위기 직후인 2009년 3월에 기준금리를 사상 최저인 0.5%로 인하하면서 1,500억 파운드 규모의 국채(Gilt) 매입한도를 설정함으로써 양적완화를 시작하였다. 영란은행은 매입할 국채의 만기 구간을 단기(3 ~ 7년), 중기(7 ~ 15년), 장기(15년 이상) 등 3개로 분할하고 각 구간별로 동일한 금액의 채권을 매입하였다. 2012년 7월까지 국채매입한도를 3,750억 파운드까지 순차적으로 확대한 후 2016년 상반기까지 지속하였다. 그러나 2016년 6월 브렉시트 국민투표가 예상과 달리 가결됨에 따라 경기침체와 금융불안에 대비한 선제조치로 영란은행은 8월 기준금리를 0.25%p 인하(0.5 → 0.25%)하였다. 또한 국채매입한도를 600파운드 늘려 4,350억 파운드로 확대하는 한편 100억 파운드 규모의 회사채 매입도 새롭게 도입하였다. 영란은행의 회사채 매입은 유로존 기업 발행 회사채로 제한한 ECB와 달리 해외기업의 회사채도 포함시켰다는 점에서 차이가 있다.

영란은행은 2017년 하반기 들어 소비자 물가가 브렉시트 결정에 따른 파운드화 가치 하락, 국제유가 상승 등으로 물가안정목표(2%)를 넘어 3%대까지 상승하자 2017년 11월에 기준금리를 0.25%에서 0.50%로 25bp 인상한 후 2018년 8월 또 다시 0.75%로 인상하였다.

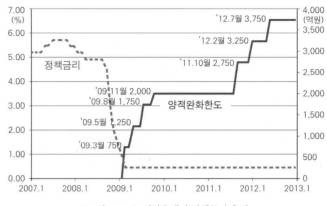

[그림 15-3] 영란은행의 정책금리 추이

〈표 15-2〉 영란은행의 양적완화한도 추이   (단위 : %, 억 파운드)

	2009						2011	2012		2016	2017		2018
	1월	2	3	5	8	11	10	2	7	8	8	11	8
정책금리	1.50	1.00	0.50	0.50	0.50	0.50	0.50	0.50	0.50	0.25	0.25	0.50	0.75
양적완화	–	–	750	1,250	1,750	2,000	2,750	3,250	3,750	4,350	4,450	4,450	4,450

한편 영란은행은 국채매입을 통한 양적완화의 유효성 저하 논란에 대응하여 은행대출자금지원제도(FLS : funding for lending scheme)를 2012년 8월 이후 시행하고 있다. 이는 은행들의 대출확대를 유도하기 위해 민간대출 순증분에 대해 영란은행이 자산스왑방식으로 장기저리자금을 지원하는 제도이다. 즉 금융기관이 개인이나 기업에 대출을 해 주고 적격담보를 영란은행에 제공하면 영란은행은 국채를 주고 금융기관은 이 국채를 이용한 환매조건부 채권거래를 통해 자금을 금융시장에서 조달하는 방식이다. 동 제도는 은행의 자금조달금리를 하락시키고 민간의 대출수요를 견인하기 위한 목적으로 시행되었다.

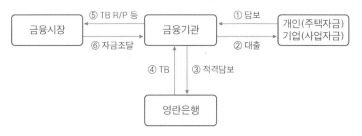

[그림 15-4] 영란은행의 은행대출자금지원제도(FLS)

1.4 일본

일본은행은 2008년 12월 이후 정책금리를 0.0 ~ 0.1%로 유지하면서, 2001년 도입[9]했었던 자산매입프로그램(APP : asset purchase program) 규모를 2010년 10월에 35조 엔으로 확대함으로써 본격적인 양적완화를 추진하였다. 그 후 APP 규모는 2012년 65조 엔에서 2013년 101조 엔까지 증액하였다. 일본은행의 자산매입은 회사채와 ETF를 포함하고 있으나 국채와 재정증권이 90% 이상이며, 자산매입 외에 고정금리방식의 공통담보 자금공급을 활용하고 있다.

　　일본은행은 아베 내각 출범 직후인 2013년 1월에 인플레이션목표를 2%로 결정하고 물가목표를 달성하기 위해 제로금리정책과 자산매입정책 등 양적질적완화정책을 사용할 것이라고 발표하였다. 즉 이전에 결정된 2013년까지의 101조 엔 규모의 APP 증액계획은 유지하고 2014년 1월부터 무기한으로 매월 13조 엔의 자산(JGB 약 2조 엔, T-bill 약 10조 엔)을 매입하기로 결정하였다. 일본은행의 양적완화정책은 엔화 절하에 따른 수출증가 및 기업이익 제고 등에는 긍정적으로 작용하였으나 기업투자 부진과 저물가는 지속되었다.

9　일본은행은 90년대 초 버블붕괴 후 지속되던 디플레이션 위험을 방지하고 심각한 금융불안을 해소하기 위하여 2001년 3월부터 2006년 3월 기간 중에 30 ~ 35조 엔 규모의 양적완화 통화정책을 시행한 바 있었다.

〈표 15-3〉 자산매입프로그램(APP) 규모 (잔액)   (단위 : 조 엔)

		12.12월말	기금목표규모		
			12.12월말	13.6월말	13.12월말
1.	자산매입	40.2	40.0	60.5	76.0
	JGBs	24.1	24.0	34.0	44.0
	T-Bills	9.6	9.5	19.5	24.5
	CP	2.1	2.1	2.1	2.2
	Corporate bonds	2.9	2.9	2.9	3.2
	Exchange-traded funds(ETFs)	1.5	1.6	1.6	2.1
	J-REITs	0.11	0.12	0.12	0.13
2. 공통담보자금공급(고정금리방식)		26.9	25.0	25.0	25.0
합계		67.1	65.0	85.5	101.0

이에 일본은행은 2016년 1월 기준금리를 -0.1%로 인하하여 마이너스기준금리를 도입하였다. 그러나 양적완화 과정에서 매입대상채권의 부족 등의 문제를 감안하여 일본은행은 2016년 9월에 매월 일정규모의 채권을 매입하던 양적완화 방식을 지속하면서 10년 만기 국채 금리를 0%로 유지하는 방식을 도입하였다. 즉 연간 80조 엔 규모의 본원통화 증가량을 목표로 한 양적완화정책을 지속하면서 통화정책의 축을 장·단기금리로 변경한 것이다. 일본은행은 2018년 말 현재 인플레이션이 목표치인 2%에 미치지 못함에 따라 10년 만기 국채금리의 목표치는 계속 0%를 유지하는 등의 양적완화정책을 지속하고 있다.

〈표 15-4〉 주요국 중앙은행 양적완화정책 현황

	주요내용
미 Fed	• 1차 양적완화(2008.11월~2010.3월): 총 1.75조달러(국채 0.3조달러+MBS 1.25조달러+정부기관 0.2조달러) • 2차 양적완화(2010.11월~2011.6월): 국채 6,000억달러 • Operation Twist(2011.9월~2012.12월): 6,700억달러(3년미만 국채 매도, 6년이상 국채 매입) • 3차 양적완화(2012.9월~2014.10월): 매월 400억달러 규모 MBS, 450억달러 국채 매입: 실업률 6.5% 물가상승률 2.5% 목표제시 • 양적 완화 종료(2014. 10월 말)
ECB	• 2009.6월: Covered Bond 매입 프로그램 도입 • 2010.5월: SMP 프로그램 도입 • LTRO 공급: 1년이하(3,6개월: 2008.3월, 1년: 2009.6월), 3년만기(1차: 4,890억유로(2011.12월), 2차: 5,290억유로(2012.2월)) • 2012.9월: OMT(outright monetary transactions) 실행 발표: 일정조건을 충족한 유로존 국가의 3년 미만 국채 무제한 매입 가능 • 2014.6월: 4년만기 Term-LTRO 공급, 마이너스금리 도입 • 2015.3월: 유로존 국채, 정부기관 및 국제기구 발행 채권을 매월 600억유로씩 매입하는 양적완화 실시(총 1.14조유로, 물가상승률이 ECB의 중기 목표치인 2%를 하회하는 한 2016.9월까지 지속) • 2016.4월: 월 채권매입규모 월 800억유로로 확대, 매입대상 채권에 투자등급의 비(非)금융 회사채 포함(2017.3월까지) • 2017.4월: 월 채권매입규모를 600억유로로 축소(2017.9월까지) • 2017.10월: 월 채권매입규모를 2018.1월부터 300억 유로로 축소(2018.9월까지) • 2018. 9월: 월 채권매입 규모를 2018년 말까지 100억 유로로 축소 → 2018년 말 양적 완화 종료
영란은행	• 2009.3월: 영 재무부, 1,500억파운드 채권매입권한 부여 • 2009.8월: 500억파운드 증액 → 총 1750억파운드 • 2009.11월: 250억파운드 증액 → 총 2000억파운드 • 2011.10월: 750억파운드 증액 → 총 2750억파운드 • 2012.2월: 500억파운드 증액 → 총 3250억파운드 • 2012.7월: 500억파운드 증액 → 총 3750억파운드, FLS(funding for lending scheme) 도입 • 2016.8월: 국채 600억파운드 증액 → 총 4350억파운드, 회사채 100억파운드 추가
일본은행	• 2010.10월: 35조엔 규모의 자산매입프로그램(APP: asset purchase program) 도입 • 2012.12월: 자산매입규모 101조엔으로 확대(10조엔 증액, 신용대출규모 25조엔 포함) • 2013.1월: 14년부터 매월 13조엔 규모의 자산을 무기한 매입 • 2016.9월: 10년 만기 국채 금리를 0%로 유지

자료 : 한국은행, 각국 중앙은행

1.5 주요국의 마이너스금리정책 현황

2017년 6월말 현재 ECB를 비롯하여 덴마크(DNB), 스위스(SNB), 스웨덴(Riksbank), 헝가리(MNB), 일본(BOJ) 등에서는 중앙은행이 마이너스금리정책(negative interest rate policy)을 시행 중에 있다. 마이너스금리정책은 금융기관들이 중앙은행에 맡기는 예치금 중 일부에 대해 마이너스금리를 적용하는 것이다. 이는 금융기관이 필요지급준비금을 초과하여 중앙은행에 예치하는 자금(초과지급준비금) 등에 대해서 이자를 지급받는 대신 일종의 보관료를 내는 것을 의미한다.

글로벌 금융위기 이후 주요국 중앙은행은 제로수준까지 금리를 인하하고 국채매입을 통한 양적완화를 시행하여 민간에 대한 대출 확대, 소비와 투자 증가를 통한 경기회복을 도모하였다. 그러나 외국자금의 유입 등으로 풍부한 유동성을 가진 금융기관은 투자처의 부족으로 보유자금을 민간대출보다는 제로 또는 낮은 수준의 플러스금리를 제공하는 안전한 중앙은행에 예치하는 현상이 확산되었다. 이러한 금융기관의 중앙은행에의 자금예치는 완화적 통화정책의 효과를 약화시키는 원인으로 작용하였다. 이에 주요국 중앙은행은 금융기관이 민간대출에 사용하지 않고 중앙은행에 예치되는 자금에 대하여 벌금(penalty)을 부과함으로써 이를 억제하고자 하였다.

ECB, BOJ, Riksbank의 마이너스금리정책은 대체로 저성장과 저물가가 지속하는 데 대응하여 성장을 지원하는 한편 안정적인 기대인플레이션 수준을 유지하기 위하여 종전보다 더 완화적인 통화정책을 운영하고자 하는 목적에서 시행되었다. 반면 SNB와 DNB 같은 ECB의 주변 중앙은행은 ECB의 마이너스금리정책에 따라 자본유입이 급증하고 통화가치가 상승함에 따른 경상수지 악화 등의 부정적 파급효과에 대처하기 위해 시행하였다.

마이너스금리정책이 효과를 발휘하기 위해서는 몇 가지 전제조건이 있다.[10] 첫째, 통화정책 파급경로 중 특히 금리경로가 원활히 작동해야 한다. 마이너스 정책금리가 시행되면 예금 및 대출금리, 채권금리 등 시장금리가 연쇄적으로 하락해야 한다. 대출금리가 하락하게 되면 가계와 기업의 대출수요가 증가하는 가운데 기존 대출로 인한 이자부담이 줄어든다. 이에 따라 기업은 매출과 이익이 늘어나면서 투자를 확대하고 가계는 대출부담이 감소하는 가운데 예금금리 하락으로 저축 대신 소비를 확대할 유인이 커진다. 마이너스 정책금리로 금융기관은 필요 이상 초과자금을 보유하게 되어 국내금리는 하락하게 된다. 국내금리 하락으로 인한 통화가치 하락은 수출 경쟁력을 개선시키는 데

---

10 조영무 (2016), '한계 드러낸 마이너스 금리 정책 통화 완화 경쟁 격화시킨다', LGERI 리포트, 2016.8.24를 요약·정리한 것임.

도움이 된다. 또한 저물가로 디플레이션 위협에 처한 나라들이 마이너스 정책금리를 도입하게 되면 국내통화가치가 하락함에 따라 수입물가가 상승하게 되어 디플레 압력을 완화하는 데 도움이 된다.

둘째, 금융기관의 건전성 정도가 높아야 마이너스금리정책의 실행에 있어 부작용을 줄일 수 있다. 금융기관 입장에서 과거에 이자를 받던 중앙은행 예치금에 대하여 이자를 지급하게 되면 그만큼 수익성 악화 요인이 된다. 특히, 시장금리가 하락하거나 마이너스금리 채권이 늘어나게 되면 채권 등을 만기보유 하여 이자를 수취하는 보험사, 연기금 등의 금융기관은 수익성이 크게 악화된다. 이러한 금융기관들이 수익성 악화로 인해 대출금리 인하를 꺼리거나 연기금 지급액을 축소하게 되면 소비확대 같은 마이너스금리정책의 긍정적 효과는 그만큼 약화되게 된다. 따라서 마이너스금리정책의 지속 여부나 금융기관들이 추가 금리인하나 대출확대 여지를 결정하는 주된 변수는 금융기관의 건전성이다. 마이너스금리정책으로 금융기관들의 수익이나 재무상황이 악화되면 대출여력 약화, 기존대출 회수, 자산매각 등으로 금융시장이 경색될 가능성이 커지기 때문이다.

셋째, 민간 경제주체가 마이너스금리정책을 정책당국의 강력한 경기부양 의지로 해석하고 긍정적인 효과를 기대하여야 한다. 경기상황이 악화되어 정책당국이 이례적인 조치를 취할 수밖에 없다는 식으로 해석하게 될 경우 대출 기피 등 부정적인 영향이 커지게 된다.

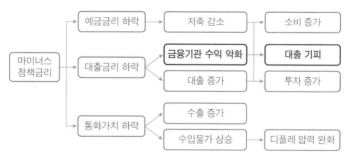

[그림 15-5] 마이너스금리정책 작동경로

2. 미국 트럼프 행정부의 경제정책

2017년 1월 20일 출범한 미국의 트럼프 행정부는 경제정책 방향에 있어 전임 오바마 행정부 등 기존정책과는 상당한 차이를 보이고 있다. 트럼프 행정부의 경제정책은 미국우선주의(American First)를 기조로 하여 전통제조업을 중심으로 일자리 창출에 최우선 목표를 두고 있다. 통상부문에서는 기존 무역협정을 재검토하고 공정무역을 위한 관세, 비관세장벽 부과를 통해 무역적자를 축소하고, 재정부문에서는 대규모 인프라 투자와 감세 등 확장적 재정정책을 추진하고 있다. 이러한 트럼프 행정부의 새로운 정책기조는 향후 미국의 실물경제뿐 아니라 연준의 통화정책과 관련 금리 정상화 속도 등에도 영향을 미칠 전망이다. 트럼프 행정부의 정책수행 여건은 경기가 회복 중이고 실업률이 낮은 등 2009년 초 오바마 행정부 출범시기와 비교할 때 대체로 양호한 모습이다.

트럼프 행정부의 경제정책을 선거공약과 취임 후 1년간의 정책을 통해 정리하면 아래와 같은 특징을 보이고 있다. 첫째, 미국 일자리 우선(US Job Priority) 정책으로서 이를 위해 적극적인 재정확대를 통한 경기부양, 제조시설의 해외이전 방지 및 불법이민자 퇴출 등이 추진되고 있다. 법인세 인하와 상속·증여세 감면 등 중·상층 감세를 주요내용으로 하는 세제개편을 추진하는 한편 에너지, 금융산업 등에 대한 규제완화 등 기업활동 촉진(Business-Friendly) 정책을 강조하고 있다. 미국 노동자의 일자리를 위협하는 멕시코로부터의 불법이민자를 막기 위하여 멕시코와의 국경에 장벽을 설치하고 있다.

둘째, 미국에 불리하다고 판단되는 양자 또는 다자간 무역협정을 개정하고 불공정 무역국가에 대한 제재를 강화함으로써 무역적자를 축소하여 미국의 이익을 최우선으로 한다는 것이다. 트럼프 대통령은 취임 직후인 2017년 1월 환태평양경제동반자협정(TPP : Trans-Pacific Strategic Economic Partnership)[11] 탈퇴를 공식화했다. 아울러

---

11 TPP는 아시아·태평양 지역 경제 통합을 위하여 모든 품목에 대한 관세 및 비관세 장벽 철폐를 통한 무역 자유화를 목표로 2005년 6월에 뉴질랜드, 싱가포르, 칠레, 브루나이 4개국 체제로 출범하였다. 그 후 미국, 오스트레일리아, 페루, 베트남, 말레이시아, 멕시코, 캐나다, 일본 등이 참가하여 2016년 2월에 총 12개국이 TPP 협정을 체결하였다. TPP는 특히 미국이 참여하면서 중국을 견제하려는 목적의 다자간 자유무역 협정으로서 주목을 받았다. 그러나 미국이 트럼프 행정부 출범 직후 2017년 1월에 양자협상을 우선시하면서 TPP를 탈퇴하였다. 이에 2018년 12월말 미국을 제외한 11개국이 CPTPP(Comphrehensive and Progressive Agreement for TPP)를 출범시켰다. 2018년 들어 미국과

2018년에는 미국 자동차산업 보호 등을 목적으로 북미자유무역협정(NAFTA)을 대체한 미국·멕시코·캐나다협정(USMCA : The United State-Mexico-Canada Agreement)을 체결하였으며, 한국과의 FTA 재협상도 완료하였다. 또한 외국에서 미국기업의 지적재산권 보호에 역점을 두는 한편 중국이나 멕시코 등 주요 교역국의 제품에 대한 관세 및 비관세 장벽을 강화할 것으로 보인다. 현재 미 재무부는 연2회 중국이나 한국 등 주요 교역대상국의 경상수지나 환율제도 등을 분석하여 환율조작 여부를 평가하는 보고서를 발표하는데 트럼프 정부 하에서는 동 보고서에 대한 각국 정부 및 시장의 관심이 커질 것으로 보인다.

셋째, 트럼프 행정부는 파리기후변화협약 파기, 화석에너지 개발과 석탄 화력발전 억제 규제 철폐 등을 통해 화석연료 생산을 확대하고 이를 통해 중동산 원유가격 등락에 휘둘리지 않는 에너지독립을 추구하고 있다.

넷째, 트럼프 행정부는 2010년 도드-프랭크 금융개혁법안이 담고 있는 금융규제를 폐기하거나 완화하려는 움직임을 보이고 있다. 미국은 글로벌 금융위기 이후 볼커룰(Volcker rule)을 포함한 금융개혁법을 통해 규제강화를 추진해 왔다.[12] 은행자본규제를 강화했을 뿐 아니라 금융위기의 원인이 되었던 파생상품거래에 대한 금융당국에의 보고를 강화하고 장외거래를 장내거래로 전환시켰다. 특히 상업은행의 자기자본투자를 원칙적으로 금지한 볼커룰은 대형은행의 반발에도 불구하고 2015년 7월부터 시행되고 있다. 트럼프 행정부는 지나친 금융규제로 인한 미국 금융산업의 경쟁력 약화와 이에 따른 고용 악화를 우려해 이 법의 효력을 상당 부분 완화시키는 조치를 취했다(참고 15-1 참조).

트럼프 행정부가 출범한 2017년 중 실제로 오바마케어 폐지, 멕시코 국경 장벽 설치, TPP 탈퇴, 파리기후협약 탈퇴 등이 선언되었다. 이 중 오바마케어 폐지와 같이 사실

중국의 무역갈등이 심화되면서 미국이 재가입을 고려하고 있다는 보도가 나오고 있다.

12 글로벌 금융위기 이후 미국에서는 과거 대공황 직후인 1933년 제정되었던 글래스-스티걸법(Glass-Steagall Act)이 부활되어야 한다는 주장이 강하게 제기되었다. 글래스-스티걸법은 1929년 주가 대폭락과 그에 따른 대공황의 원인의 하나로 상업은행의 위험도가 높은 증권거래가 지적되자 상업은행이 주식투자와 같은 투자은행업무를 금지한 법이다. 그러나 이 법은 1999년 금융규제 완화 분위기 속에서 상업은행, 투자은행, 보험사의 경쟁을 위해 상호간의 업무 장벽을 허무는 그램-리치-블라일리법(Gramm-Leach-Bliley Act)이 제정되면서 폐지되었다. 그램-리치-블라일리법 시행에 따른 규제완화가 2008년 글로벌 금융위기의 근본원인이라는 주장도 제기되었다.

상 실패한 정책도 있으나 대체로 트럼프 대통령 공약사항 내용이 추진되고 있으며 중국 등 주요 교역국에 대한 통상압력도 강화되고 있다. 이러한 정책들로 인해 2018년부터 중국산 철강제품에 대한 미국의 관세 인상과 그에 대한 중국의 보복관세 부과 등으로 미·중 무역갈등이 심화되고 있어 글로벌 금융·경제 불안이 확대될 가능성이 잠재되어 있다. 또한 중국, 일본, 러시아, 영국에 이어 미국도 자국 이익을 추구하는 강한 리더십의 시회분위기가 강조되면서 자국 우선주의가 전 세계로 확산되어 국제금융 불확실성이 확대될 가능성이 커지고 있다.

〈표 15-5〉 트럼프 행정부의 경제정책 방향

주요정책	(예상) 정책개편 주요내용		세부논의 (안)
재정정책	① 법인세개편(안)	㉠ 국경조정세 도입	• Border-adjusted corporate tax
		㉡ 최고세율 인하	• 35% → 20% 또는 15%
		㉢ 투자일시공제제도 도입	
		㉣ 이자비용 손비불인정	
		㉤ 해외이익환수세 감면 (일회성)	• 3.5%~10% 논의
	② 소득세개편(안)	㉠ 과표구간 단순화	• 0~39.6%(총 8개 과표구간)를 0, 12, 25, 33%로 축소
		㉡ 인적공제 등 개편	• 기본공제 확대 검토
		㉢ 상속·증여세 감면	
	③ 인프라투자 확대	민간자본(GDP 대비 0.5%)	• 민간자본(세금면제) 활용
무역정책	TPP 탈퇴, 한미FTA, NAFTA 등 협상 재조정, 중국 등 주요 교역대상국 환율문제 시정		• 취임 후 100대 과제에 포함
의료정책	오바마케어 폐지 또는 대체		• 예산 재조정 법안 심사 시 폐지 또는 대체
금융규제	도드-프랭크법(Dodd-Frank Act) 폐지 또는 개정		
이민정책	불법이민자 추방, 멕시코 국경에 장벽 설치		
에너지	셰일가스 생산 확대, 전통 에너지산업 재건, 파리기후협약 탈퇴		

자료 : 주요 IB, 트럼프 대선공약, 공화당 정책집 (Blue Print)

참고 15-1   **글로벌 금융위기 이후 미국의 금융규제 강화조치 경과 및 영향**

미국에서는 글로벌 금융위기 이후 대형은행 및 금융시장 전반의 건전성 제고 및 소비자 보호를 목적으로 금융감독 및 시장규제 강화를 주요내용으로 하는 도드-프랭크법(Dodd-Frank Wall Street Reform and Consumer Protection Act)이 2010년 7월 발효되었다. 이 법은 bail-in방식의 구제금융 우선 원칙, 볼커룰(Volcker rule)의 제정, 상업은행과 투자은행 업무의 분리, 대형은행의 자본 확충, 장외파생상품거래 투명성 제고를 위한 규제 강화, 금융 지주사에 대한 규제 강화 및 스트레스결과를 토대로 한 대형금융기관의 영업활동 제약 등을 주요내용으로 하고 있다. 첫째, 금융기관의 도덕적 해이 방지 및 납세자 보호를 위해 부실금융기관 정상화를 위한 구제금융방식을 기존의 공적자금 지원 중심의 bail-out에서 주주와 채권자의 손실분담을 중심으로 한 bail-in방식으로 전환하였다. 둘째, 볼커룰을 제정하여 대형은행들의 고유계정거래(proprietary trading) 규모를 tier-1자본의 3% 이내로 제한하였고 헤지펀드 소유를 제한함으로써 은행의 위험투자 규모를 축소하였다. 이는 실제로 상업은행과 투자은행의 업무를 분리한 글래스-스티걸법의 부활이라는 평가를 받았다. 셋째, 미국계 금융기관이 미국 국내와 해외에서, 외국 금융기관이 미국 내에서 또는 외국에서 미국계 금융기관과 장외파생상품을 거래할 경우, 특정 거래플랫폼이나 중앙청산소(CCP : central counterparty)에서 거래·청산하도록 하고 거래정보를 거래자료저장소(trade repository)에 보고하도록 하여 장외파생상품거래에 대한 규제와 모니터링을 강화하였다. 넷째, 대형은행들에게 매년 스트레스 테스트를 의무화하여 부적격 판정을 받을 경우 배당금 지급이나 자사주 매입 등을 제한하였다. 다섯째, 금융감독체계 개편을 위해 재무부, 연방준비제도위원회, 금융감독기구 등 14개 금융감독기관이 참여하는 금융안정감시위원회(FSOC : Financial Stability Oversight Council)를 설립하였다. 미국경제의 안정을 위협하는 금융시스템 리스크를 통합하여 관리하고 이에 필요한 제재 및 대응방안 수립을 주요목적으로 하고 있다. 마지막으로 연준의 예산지원을 받는 독립기구인 연방소비자금융보호국(CFPB : Consumer Financial Protection Bureau)을 신설하여 금융소비자보호 관련 규제 및 금융민원처리 관련 권한을 부여하였다.

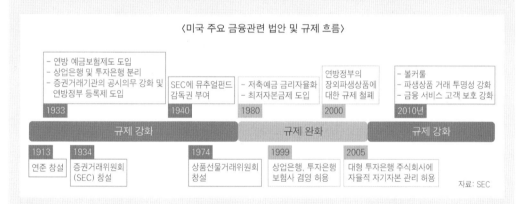

〈미국 주요 금융관련 법안 및 규제 흐름〉

자료: SEC

그러나 트럼프 행정부는 출범 이후 도드-프랭크법에 의한 과도한 금융규제가 미국 금융 및 경제발전을 저해할 가능성이 크다는 인식하에 금융규제 완화를 꾸준히 추진하였다. 그에 따라 2018년 5월 도드-프랭크법의 일부 규제를 중소은행을 중심으로 완화한 개정안(Economic Growth, Regulation Relief and Consumer Protection Act)이 미국 의회에서 최종 통과되었다. 개정안은 우선 금융위기 발생 시 시스템 리스크를 초래할 가능성이 커 엄격한 규제를 받는 은행의 자산기준을 500억 달러에서 2500억 달러로 상향조정하였다. 동 자산 기준에 미달되는 중소은행들은 미연준의 스트레스 테스트를 받지 않고 파산에 대비한 정리의향서(living wills)를 제출하지 않아도 된다. 또한 자산 규모 100억 달러 미만 은행에 대해서는 고유계정거래를 은행자본의 일정 범위로 제한한 볼커룰의 적용을 배제하는 한편 대출 및 자본금 요건 규제도 완화하였다.

도드-프랭크법 개정안은 볼커룰의 근간을 유지하고 연방소비자금융정보국(CFPB)을 존치시키는 등 당초 도드-프랭크를 대체하기 위해 공화당 의원들이 발의하여 2017년 6월 미 하원에서 통과된 금융선택법(Financial Choice Act)[13]에 비해서는 규제완화의 정도가 약하다. 그러나 개정안 통과에도 불구하고 트럼프 행정부나 공화당은 금융선택법과 같은 금융규제 완화 정책을 지속적으로 추진할 것으로 보인다. 앞으로 트럼프 행정부의 금융규제 완화조치가 더욱 확대될 경우 미국 금융기관을 중심으로 주식 등 위험자산 투자가 증가할 가능성이 크다. 여타 선진국들이 미국과 같이 금융규제 완화 대열에 동참하면 글로벌 금융위기 이후 금융규제의 중심축이었던 G-20을 중심으로 하는 국제공조체제는 다소 느슨해질 가능성이 크다.

〈도드–프랭크법과 금융선택법의 주요 쟁점〉

주요 쟁점	도드–프랭크법	금융선택법
금융기관 규제 (볼커룰)	• 상업은행과 계열사의 고유계정거래를 tier-1자본의 3% 이내로 축소하고 헤지펀드와 사모펀드의 소유권을 제한	• 자기자본비율이 10% 이상인 재무구조가 건전한 상업은행 등은 볼커룰 규제 적용을 완화
금융감독	• 금융안정감시위원회(「SOC)를 신설해 시스템 리스크 감시, 시스템적으로 중요한 금융회사(SIFI) 지정을 통한 추가적인 자본건전성 규제, 정기 스트레스 테스트 실시 및 결과 점검, 볼커룰 적용 준수 여부 점검 등	• 금융안정감시위원회의 역할을 축소하기 위하여 위원회가 은행 외 보험사 등 비은행 금융기관에 대한 SIFI 지정 권한을 대폭 제한
금융시장 감시	• 모든 금융기관의 경영진 보상체계를 공시 • 신용평가사의 관대한 신용등급 부여를 막기 위해 채권발행 시 증권거래위원회에 담당 신용평가사를 무작위로 지정할 권한을 부여	• 경영 공시의무 완화 및 증권거래위원회 권한 축소
소비자 보호	• 연방소비자금융보호국(CFPB)을 신설하여 금융소비자 보호 관련 법률의 시행령 제정, 금융기관에 대한 감독 및 검사, 금융교육을 담당. 법률 위반 금융회사에 대한 조치/고소/수사의뢰 등의 권한을 부여	• CFPB의 예산을 연준에서 지원받지 않고 의회가 승인하도록 하고, 금융기관에 대한 감독 및 검사 권한을 박탈하는 등 독립적 기구로서의 CFPB 위상을 약화

참고 15-2 **미국 재무부의 환율조작국 지정**

미국 재무부는 교역촉진법(Trade Facilitation and Trade Enforcement of 2015)에 근거하여 주요 교역 대상국의 경상수지나 환율제도 등을 분석한 환율보고서를 1년 2회 발표한다. 이 보고시이시 교역 대상국을 관찰 대상국(monitoring list)이나 심층분석 대상국(enhanced analysis list)으로 지정하고 있다. 2016년 2월 발효된 교역촉진법에 의하면 환율조작 혐의가 커 미국과 양자협의를 해야 하는 심층분석 대상국은 다음 세 가지 요건에 모두 해당하는 국가들이다. 첫째, 연간 대미 무역흑자가 200억 달러 이상, 둘째, 연간 경상수지가 GDP의 3% 이상, 셋째, 연간 외환시장 개입규모(순매입)가 GDP의 2% 이상이면서 12개월 중 8개월 이상 국내통화 절하를 위한 외환 순매입을 했을 경우이다. 아직까지 심층분석 대상국으로 지정된 국가는 없으나 심층분석 대상국으로 지정될 경우 미국정부와 1년 이내에 양자협의를 해야 하고 시정이

---

13 금융선택법은 자기자본비율 10% 이상의 자본적정성을 충족한 은행들에 대한 규제(볼커룰 등)를 대폭 완화하고 은행위기 시 주주와 채권자가 손실을 우선 부담하고 공적지원은 제한하는 bail-in제도를 폐지하는 것을 주요 내용으로 하고 있다. 금융선택법은 미 하원에서는 통과되었으나 상원을 통과해 실제 입법화될 가능성은 낮은 것으로 평가된다. 이는 상원 전체 100석 중 60석의 찬성이 필요하나 금융선택법을 지지하는 공화당 의석이 2018년 말 현재 53석에 불과하기 때문이다.

안 될 경우 미국정부의 조달계약 입찰 시 제한을 받는 등의 제재를 받게 된다. 미 재무부는 2016년 10월 환율보고서에서 한국, 독일, 일본, 중국, 대만, 스위스 등 6개국을 관찰 대상국으로 분류하였다.[14]

한편 종합무역법(Omnibus Trade and Competition Act of 1988)을 근거로도 환율조작국으로 지정이 가능하다. 교역촉진법이 심층분석 대상국 지정요건에 대한 세부기준을 구체화하고, 실질적 제재조치도 규정하고 있는 데 반해 종합무역법은 환율조작국 지정요건에 대한 세부기준이 없으며, IMF·양자 협의 외에는 제재조치가 없다.

미국은 1985년 9월 플라자합의 이후 달러화 약세에도 불구하고 무역수지 적자가 확대되자 대미 무역 흑자국에 대한 보호무역주의 정책을 강화하였다. 무역수지 적자의 절반 이상이 한중일 및 대만에서 발생하면서 미 제조업체들과 의회를 중심으로 아시아 신흥국의 환율 저평가를 이용한 불공정무역에 대한 시정조치를 요구하는 압력이 강해졌다. 이에 따라 '종합무역법(1988)'을 제정하고 1988년 이후 한국을 3회[15], 대만을 4회[16], 1992년 이후 중국을 5회[17] '환율조작국'으로 지정하였다.

	교역촉진법(2015)상 심층분석 대상국	종합무역법(1988)상 환율조작국
지정요건 (법)	① 현저한 대미 무역흑자 ② 상당한 경상흑자 ③ 지속적 일방향 시장개입	① 현저한 대미 무역흑자 ② 상당한 경상흑자
세부기준 (환율보고서)	① 대미 무역흑자 200억 달러 초과 ② GDP 대비 경상흑자 3% 초과 ③ 연간 GDP 대비 2% 초과 순매입 및 12개월 중 8개월 이상 순매입	요건 규정 없음
제재조치 (법)	1년 이내 양자협의를 한 후 시정이 안 될 경우 제재 ① 대외원조 자금지원 금지 ② 미 정부의 조달계약 체결 제한 ③ IMF 협의 시 추가적인 감시 요청 ④ 무역협정 개시여부 평가 시 고려	환율조작 시정을 위한 IMF·양자 협의 실시

---

14 2016년 중 한국(277억 달러, 7.3%), 일본(689억 달러, 3.8%), 독일(649억 달러, 8.6%)의 경우 대미 무역흑자, GDP 대비 경상흑자 기준 2개에, 중국(3,470억 달러, 1.9%)은 대미 무역흑자 기준 1개만 해당될 것으로 추정.

15 미 재무부는 우리나라의 경상수지 흑자가 확대된 1987년 이후 양자 협의 등을 통해 원화절상을 지속적으로 요구하였다. 원화가치 상승에도 불구하고 미국은 원화의 인위적 절하조치와 수출위주 정책에 따른 경상수지 흑자 확대 등을 이유로 1988년 10월 우리나라를 환율조작국으로 지정하였다. 환율조작국 지정 이후 미국은 양자 협의를 통해 원화가치 절상, 외환제도 개선, 불공정 무역관행 시정 등을 요구하였다. 우리나라는 원화 강세 압력 반영, IMF 제14조국에서 제8조국으로의 이행(1988년 11월), 한미 통상협상 체결(1989년 5월), 시장평균환율제도 시행(1990년 3월)을 하였다. 1990년 4월에 환율조작국에서 해제될 때까지 1989년 4월, 1989년 10월 모두 세 차례 환율조작국으로 지정되었다.

16 미국은 대만 달러화의 큰 폭 절상에도 불구하고 대만의 대미 무역흑자, 대규모 시장개입 등을 이유로 1988년 10월과 1989년 4월 두 차례 환율조작국으로 지정하였다. 이후 변동환율제도로의 변경(1989년 4월) 및 자본통제 일부완화 등을 반영하여 1989년 10월 환율조작국 지정에서 해제되었다. 1992년 5월 및 12월에는 시장개입 등을 이유로 다시 두 차례 환율조작국으로 지정되었다가 경상흑자 축소 등에 따라 1993년 5월 해제되었다.

17 미국은 중국의 대미 무역흑자 확대, 위안화 약세 및 기업 간 외환거래에 적용되는 '조절환율'과 인민은행이 결정하는

3. 일본의 아베노믹스 정책

일본은 1990년대 초 거품 붕괴 이후 장기간의 경기침체를 경험하였다. 1980년대 연평균 4.7%였던 경제성장률은 1990년대 1.4%, 2000년대 0.7%, 2011년 ~ 2016년 중 1%로 급락하였다. 소비자 물가 상승률도 1980년대 2%에서 90년대 0.9%, 2000년대 −0.3%, 2011년 ~ 2016년 중 0.5%로 하락했다. 일본정부는 지난 30여 년 가까이 지속된 저성장 · 저물가로 특징지어지는 장기 디플레이션 탈출을 위해 노력해 왔으나 그 성과가 미미하였다. 예를 들면 고이즈미 내각은 2006년부터 규제개혁과 민간부문 확대를 통해 2% 초반대 성장목표를 주요내용으로 하는 신경제성장전략을 추진하였으나 임기 내 실제성과는 평균 1% 미만에 그쳤다.

2012년 12월 집권한 아베 수상은 일본경제의 근본문제인 장기 디플레이션의 원인이 상당부분 엔화의 고평가에 기인한다고 보았다. 아베는 2012년 취임회견 및 2013년 신년회견에서 엔고로 인해 일본 내 수출기업이 공동화되고 디플레이션이 지속되고 있는데 이를 해결하는 것이 가장 중요한 정책과제라고 밝혔다.

아베 정권은 2012년 12월 ~ 2016년 5월 동안 엔화약세 등을 위해 과감한 금융완화, 적극적 재정정책 및 성장전략의 3개 축을 기본내용으로 하는 1단계 아베노믹스 정책을 추진하였다. 또한 2016년 하반기부터는 1단계 아베노믹스 정책으로 디플레이션 탈출이 임박했다고 평가하면서 향후 인구구조 변화 대응을 핵심과제로 제시하면서 구조개혁 중심의 2단계 정책을 추진 중에 있다.

3.1 1단계 아베노믹스 정책의 주요내용

1단계 아베노믹스 정책은 일본은행의 양적완화 등을 통한 과감한 금융완화정책, 공공사업을 주요대상으로 한 적극적인 재정확대, 신성장동력 발굴 및 경제구조개혁을 통한 장

'공정환율'로 이원화된 환율제도를 통한 수출기업 편법지원 등을 이유로 1992년 5월, 12월, 1993년 5월, 11월, 1994년 7월 다섯 차례 중국을 환율조작국으로 지정하였다. 이에 따라 중국은 미국과 시장접근 양해각서를 체결(1992년 10월)하는 한편 이중환율제도를 관리변동환율제도로 변경하였다(1994년 1월). 미국은 환율 단일화 조치를 환영하며 1994년 12월 중국에 대한 환율조작국 지정을 해제하였다.

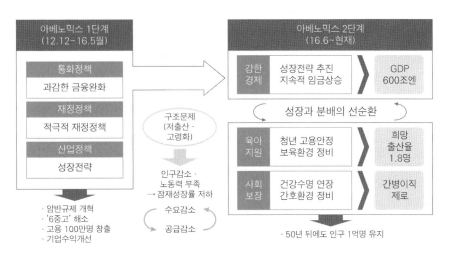

자료 : 한국은행 국제경제리뷰 제2017-12호

[그림 15-6] 아베노믹스의 구조

기성장전략의 추진 등 세 가지로 구성되어 있다. 첫째, 일본은행은 2013년 1월 소비자물가 상승률을 2%로 하는 물가안정목표를 도입한 후 4월에는 양적·질적 금융완화정책(quantitative qualitative easing)을 도입하였다. 즉 통화정책의 운용목표를 은행 간 초단기금리인 콜금리에서 본원통화로 변경하고 일본은행이 금융기관으로 매입하는 장기국채의 규모와 범위를 확대(양적완화)하는 동시에 잔존만기도 연장(질적완화)하였다. 이 조치의 목적은 국내금융시장에 풍부한 유동성을 장기에 걸쳐 안정적으로 공급함으로써 물가상승률을 올리고 투자확대와 엔화약세 유도를 통해 디플레이션을 탈피하는 것이었다. 일본은행은 2016년 1월에는 민간은행들이 일본은행에 예치한 예금에 대해 -0.1%의 금리를 주는 마이너스금리정책을 도입하였다. 이는 민간은행이 여유자금을 중앙은행에 예치할 때 수수료를 부과함으로써 금융시장에 풍부한 유동성을 공급하고 기업에 대한 대출을 독려하기 위한 것이었다. 둘째, 일본정부는 민간의 수요창출을 통한 지속가능한 경제성장을 목적으로 지역사업 활성화, 취약계층 지원 등을 위한 공공부문 재정지출을 확대하였다. 셋째, 아베 정권은 신성장동력 발굴과 경제구조 개혁 등을 주요내용으로 하는 장기 성장전략을 추진하였다. 통화 및 재정 확대가 경제전반의 수요촉진을 목표로 하는 반면 이와 병행할 성장전략은 생산성 향상 등 공급측면의 강화를 목표로 하고 있다. 성장전략은 크게 산업부흥, 전략시장 창출, 국제화 등을 핵심내용으로 하고 있다.[18]

3.2 1단계 아베노믹스 정책에 대한 평가

2013년부터 5년여 동안 추진된 아베노믹스는 20년 넘게 디플레이션으로 침체되어 있던 일본경제를 잠재성장률 수준의 성장세로 회복시키는 데 기여하였다고 평가된다. 아베노믹스가 일관되게 추진되면서 고용 확대 및 기업 수익 증가 등 경제적 성과는 물론 아베 내각의 높은 지지로 정치가 안정되고 사회 분위기를 새롭게 하는 효과도 거두었다. 창업, M & A, 출산율 등 경제활력을 보여 주는 사회지표들은 아베노믹스 정책 실시 이후 뚜렷하게 개선되었다. 예를 들어 2011년과 2015년 동안 창업은 9.1만 개에서 10.9만 개, 출산율은 1.39명에서 1.45명, M & A는 1,687건에서 2,427건, 일본방문 관광객수는 620만 명에서 1,970만 명으로 증가하였다. 1단계 아베노믹스 시행 이후 2013년 ~ 2016 년 동안 평균 GDP 성장률은 1.3%로 이전 경기회복기인 2002년 ~ 2007년의 1.6%보다는 다소 저조하나 글로벌 경기회복의 여파와 잠재성장률(2015년 기준 0.8%)을 상회한 점을 감안하면 매우 양호하다고 평가된다. 엔화약세 등으로 기업수익이 증가하면서 닛케이 주가도 약 2배 상승하였다. 엔화는 2012년 중 달러당 80엔대의 강세를 보이다가 아베노믹스 직후인 2013년 5월 100엔을 초과하고 2015년 중순에는 125엔까지 상승하였다. 2016년 이후에 안전자산 선호 및 트럼프 정부 출범 후 강달러 기대로 100엔에서 110엔대에서 등락하고 있다. 10,000엔대를 하회하던 닛케이 주가도 2015년 중반 20,000엔대를 상회하였다. 실업률은 아베 내각이 출범한 2012년 말 4.3%에서 2018년 2월에는 23년 만의 최서수준인 2.5%까지 떨어졌으며 구직자수 대비 구인자수도 25년 만의 최고수준까지 상승하였다. 저출산 초고령화 사회인 일본에서 특히 여성이나 고령자의 취업률이 크게 상승하였다. 아베노믹스 시행 이후 엔화약세 등에 힘입어 일본기업의 영업이익은 글로벌 금융위기 이전 수준 이상으로 커졌다.

---

18 산업부흥은 구체적으로 산업구조와 고용제도를 개편하여 기업의 경쟁력을 제고하고 기업 친화적인 환경을 조성하는 것을 주목적으로 한다. 기업 지배구조 규약 도입, 법인 실효세율 인하 등 기업경영환경 개선, 고소득 전문직을 노동시간 규제에서 제외하는 고도(高度) 프로페셔널 제도 등 근무방식 개혁방안을 제시하였다. 전략시장 창출은 유망 산업기술과 인프라 육성정책을 시행하는 것으로 의료 · 간호사업 육성, 에너지 수급여건 개선, 로봇 개발 및 IoT 투자 등 차세대 인프라 구축을 포함한다. 국제화는 글로벌 경쟁 강화에 대응하여 자유무역협정 체결, 무역규제 완화, 해외자금의 투자환경 정비대책 등을 추진하는 것으로 FTA, TPP 등 양자 · 다자간 무역협정을 비롯하여 경제동반자협정 (economic partnership agreement) 체결을 확대하는 것을 주요내용으로 하고 있다.

그러나 1단계 아베노믹스 추진에도 불구하고 기업수익 증가가 설비투자나 민간소비 증가로 이어지는 선순환구조까지 확산되지 못하는 가운데 구조개혁도 더디게 진행되었다고 평가된다. 또한 2015년까지 달성할 물가상승률도 아직 목표치인 2%에 미치지 못하고 있으며 가계의 소득수준 개선이 미흡한 가운데 경기부양을 위한 지출확대로 재정건전성이 계속 악화되고 있다. 아베 내각이 소비진작 등을 위해 기업의 임금인상을 적극 독려하면서 임금과 최저임금 인상률이 확대되었으나 과거 2000년대 초반 임금수준에는 미달하고 있으며 2015년 노동소득 분배율은 글로벌 금융위기 전 72%보다 훨씬 낮은 68% 수준에 머물고 있다. 디플레 탈출을 위한 적극적인 재정정책 수행으로 정부부채가 계속 증가하는 등 재정건전성이 악화되었다. 아베 정부는 재정건전성 개선을 위해 2014년 4월 소비세율을 인상(5% → 8%)한 이후 2015년 10월 2차로 인상(8% → 10%)할 예정이었으나 경기부진을 우려하여 2019년 10월까지로 연기하였다. 일본의 국가채무(GDP 대비)는 2002년 154%에서 2016년에는 233%로 크게 늘어 주요 선진국 중 최고 수준을 기록하였다.

3.3 2단계 아베노믹스의 주요내용

1단계 아베노믹스의 성과를 바탕으로 2016년 하반기 이후 아베 내각은 구조개혁을 중심으로 하는 2단계를 추진하고 있다. 1단계 아베노믹스로 인해 성장률 제고, 주가 및 기업이익 상승 등 실물 및 금융시장이 활기를 되찾고 있으나 여전히 설비투자와 민간소비가 부진하고 구조개혁도 미진한 상태에 머물고 있다. 이에 아베 내각은 50년 후에도 인구 1억 명이 활발하게 활동하는 2050년 '일억총활약사회' 실현을 목표로 해서 강한 경제, 육아 지원, 사회보장 강화 등의 세 가지 정책으로 구성된 2단계 아베노믹스를 수립하여 발표하였는데 구체적인 내용은 다음과 같다.

첫째, 기존의 과감한 금융완화 및 적극적 재정확대를 포함한 경제정책을 통해 수요와 공급의 선순환을 통해 2022년에는 GDP 600조 엔을 달성함으로써 강한 일본경제를 달성한다는 것이다. 산업정책과 구조개혁 등 공급측면 강화방안을 일본경제의 부흥전략으로, 노동개혁 및 생산성 향상을 수요 강화로 선순환시키는 방안을 일본의 일억총활약 플랜으로 제시하고 있다. 또한 근로방식 개혁 및 생산성 제고를 통한 임금·소득 및 소비 증가, 나아가 경제성장률과 기업 수익성을 개선하여 고용증가와 임금상승을 도모하는 성장과 분배의 선순환 메커니즘을 구축하고자 하는 계획이다.

둘째, 일본경제의 구조적 문제인 저출산을 해소하기 위해 출산 및 육아 여건 개선, 청년고용 안정, 일과 가정의 양립 등 육아 여건을 개선하여 2026년 출산율 1.8명 달성을 목표로 한다. 그동안 추진해 오던 저출산대책들을 포함하여 청년과 여성의 경제활동을 높이고 비정규직 처우를 개선하는 등 다양한 구조개혁을 인구정책으로 통합하였다.

셋째, 고령자에 대한 간병환경을 개선하고 노인취업 확대 등을 통해 사회보장을 확충하여 고령 친화적인 사회를 건설함으로써 2026년 간병이직 제로 달성을 목표로 하고 있다. 결국 2단계 아베노믹스는 1단계와 경제활력 제고라는 큰 틀에서 일관성을 유지하면서 구조개혁과 저출산·고령화 극복을 강조한 것이라고 볼 수 있다. 즉 1단계에서는 저성장·저물가의 디플레이션 탈출을 직접적인 목표로 삼았으나 2단계에서는 강한 경제 지속을 위한 적정 인구수 유지라는 구조적 문제 해결에 중심을 두고 있다. 향후 2단계 아베노믹스의 성패는 규제개혁이나 노동개혁, 산업경쟁력 강화 및 4차 산업혁명 등 성장동력 확충을 위해 사업재편 및 기업 지배구조 개선 등의 구조개혁이 성공할 수 있으냐에 달려 있다. 또한 1단계 아베노믹스에도 여전히 부진한 민간소비를 진작시키면서 아

〈표 15-6〉 아베노믹스 1·2단계 비교

	1단계	2단계
시기	• 2012.12 아베 내각 발족	• 2016.6 일억총활약 플랜 발표
추진배경	• 디플레이션 지속	• 저출산·고령화 등 구조적 문제 • 낮은 잠재성장률
목표	• 디플레이션 및 엔고 탈피	• 일억총활약사회
핵심전략 (세 가지 화살)	• 과감한 금융완화 • 적극적 재정확대 • 성장전략	• 강한 경제(아베노믹스 1단계 지속) • 육아 지원 • 사회보장 강화
주요내용	• 양적·질적 금융완화(QQE) : 국채매입, 마이너스금리 도입 • 재정지출 확대 • 2013년 이후 일본부흥전략 개선 지속	• 10년 만기 국채금리 목표 등 수익률 곡선 관리 • 육아, 사회보장 확대 등 일억총활약 플랜 • 2016년 일본부흥전략 : 민관전략프로젝트 10

자료 : 한국은행 국제경제리뷰 제2017-12호 pp1의 내용을 재정리

베노믹스 추진에 따라 악화되고 있는 재정건전성을 어떻게 제고하는지 여부가 중요한 과제로 남아 있다.

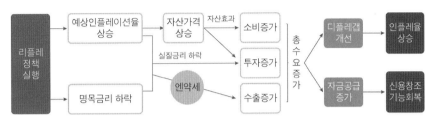

자료 : 한국은행 국제경제리뷰 제2017-12호

[그림 15-7] 일본의 질적·양적완화(QQE)정책의 기대효과

참고 15-3   양적완화의 배경

2008년 9월 리먼브라더스 파산신청 후 미국, 일본, 유로존 등 주요국 중앙은행은 경기급랭과 신용경색을 막기 위해 정책금리를 0% 수준까지 인하하였다. 정책금리가 제로수준까지 하락하였을 경우 추가적인 인하를 통해 물가상승이나 경기진작 효과를 기대하기 어렵다. 이에 주요국 중앙은행은 정책금리 이외의 다른 정책수단이 필요하게 되면서 국공채 매입을 통해 시중에 통화량을 확대하는 양적완화정책을 실시하게 되었다.

양적완화는 1990년대 초반 버블 붕괴로 디플레이션 상태가 2000년대 초까지 지속된 일본에서 처음으로 시도되었다. 버블 붕괴 후 지속적인 정책금리 인하로 콜금리가 0% 수준까지 하락하였으나 물가하락세가 지속되고 부실채권 문제가 누적되면서 일본은행은 2001년 3월 양적완화조치를 처음 단행하였다. 더 이상 금리정책에 의존하지 않고 일본은행에 예치하는 시중은행 당좌예금 수준의 목표를 정해 직접 시중은행에 자금을 공급하는 정책을 실시한 것이다. 일본은행의 양적완화는 2006년 3월 종료시점까지 5년 간 지속되었으나 동 기간 동안 소비자물가가 하락하는 등 그 효과는 기대에 미치지 못했다. 2012년 말 아베노믹스의 일환으로 실시된 일본은행의 양적완화정책은 2000년대 초반의 실패를 거울로 삼아 훨씬 공격적으로 추진되었다.

미 연준 의장이었던 버냉키는 제로금리의 제약 아래 타당한 정책수단 세 가지를 제시하였다(2004). 첫째, 장래 정책금리에 대한 기대를 형성시키는 정책이다. 이는 중앙은행이 앞으로 제로금리를 유지한다는 신뢰를 시장에 줄 경우 초단기금리뿐만 아니라 중장기금리도 낮게 형성되어 완화적 금융환경 조성이 가능하다는 것이다. 포워드 가이던스(forward guidance)의 일종이라고 할 수 있다. 둘째, 중앙은행의 대차대조표를 확대시키는 정책이다. 대표적인 방식이 중앙은행이 시중은행으로부터 국채 등을 매입하는 것이다. 국채매입을 하게 되면 중앙은행 대차대조표의 자산계정이 매입한 국채로 인해 확대된다. 동시에 국채매입을 하게 되면 시중은행에 매입대금을 지불하게 되는데 이는 화폐발행 확대를 가져와 중앙은행의 부채가 증가해 완화적 금융환경이 조성된다. 셋째, 중앙은행 대차대조표의 구성항목을 변경시키는 정책이다. 이는 시장에서 특정자산을 매입함으로써 자산가격에 영향을 미치고 이를 통해 경기 활성화에 기여하게 된다. 주택시장 부진을 완화시키기 위해 국채보다 MBS 매입을 늘리거나, 단기국채를 매도하고 장기국채를 매입하는 국채만기조정(operation twist) 등이 대표적이다. 양적완화는 일반적으로 해당국의 통화가치를 절하시키므로 환율경로를 통해서 수출과 경기에 영향을 줄 수 있다.

4. 영국의 EU 탈퇴 결정 (Brexit)

4.1 영국의 EU 탈퇴 국민투표 실시 경과

2013년 1월 영국의 집권 보수당 카메론(David Cameron) 총리는 2015년 5월 예정된 총선에서 보수당이 재집권할 경우 EU 내 영국의 회원국 지위 조정을 위한 협상을 추진하고 영국의 EU 탈퇴 여부를 묻는 국민투표를 실시하겠다는 공약을 발표하였다.[19] 보수당은 총선에서 단독 과반의석을 획득했고 EU의 회원국 지위 조정을 위한 조약 개정 및 일부 EU권한 환수 등의 개혁을 EU에 요청하였다. 이후 영국과 EU는 영국이 요구한 회원국 지위 조정안을 토대로 협상을 진행하여 2016년 2월 EU 정상회의에서 영국 내 이민자들에 대한 복지혜택 축소, 영국의 자주권 등에 관한 합의안을 도출하였다.

카메론 총리는 동 합의안을 토대로 정치적 승리를 확신하며 2016년 6월 23일 브렉시트에 대한 국민투표를 실시하였다. 국민투표 직전 여론조사 등에서는 EU 잔류 쪽이 우세하였으나 실제 투표결과는 EU 탈퇴 1,741만 표(51.9%), 잔류 1,614만 표(48.1%)를 기록함으로써 탈퇴가 결정되었다.

탈퇴 의견은 영국으로 유입되는 이민자 문제와 과도한 분담금에 비해 EU 내에서 약한 영국의 위상 등 주로 정치적인 이유에서 제기되었다. 지역별로는 북아일랜드와 스코틀랜드가 EU 잔류비율이 높았으나 잉글랜드와 웨일스에서 EU 탈퇴비율이 우세를 보였다. 또한 EU 탈퇴에 대해서는 EU에서 직업활동 비율이 높은 청년층에 비해 이민자에 대한 거부감이 높은 노년층의 찬성비율이 압도적으로 높은 세대대결 양상을 보였다.

---

19 카메론 총리는 브렉시트를 반대하였으나 보수당 내 브렉시트 찬성 세력과 영국독립당(UKIP)을 견제하기 위해 브렉시트 이슈를 정치적으로 이용한 것으로 평가된다.

지역	EU잔류	EU탈퇴	투표율
잉글랜드	46.6%	53.4%	73.0%
북아일랜드	55.8%	44.2%	62.9%
스코틀랜드	62.0%	38.0%	67.2%
웨일스	47.5%	52.5%	71.7%

〈표 15-7〉 EU 탈퇴 국민투표 결과

잔류	1,614만 명(48.1%)
탈퇴	1,741만 명(51.9%)
기권 및 무효	0.3만 명(-)
총투표율	72.2%

〈표 15-8〉 영국 내 지역별 개표결과

카메론 총리는 브렉시트가 결정된 것에 책임을 지고 사임하였으며 새로 총리로 선출된 테레사 메이(Theresa May)가 브렉시트 협상을 이끌게 되었다. 메이 총리는 2017년 3월 29일 EU에 서한으로 탈퇴의사를 공식 통보함으로써 리스본조약 50조를 발동시켰다. 이에 따라 탈퇴를 공식 통보한 2017년 3월 29일을 기점으로 2년 내인 2019년 3월 29일 이전까지 양자 협상에서 합의가 이루어지지 않으면 영국은 EU를 자동탈퇴하게 된다.

4.2 영국과 EU 간 브렉시트 협상 경과 및 합의안의 주요 내용

영국은 당초 탈퇴 이후 EU 단일시장의 이점을 누리기 위해 탈퇴협상과 EU와의 미래관계 협상을 동시에 추진하기를 희망하였다. 그러나 EU 27개국은 2017년 4월 29일 EU 특별 정상회의를 통해 영국과의 협상 시 준수할 가이드라인을 승인하였는데, 영국의 탈퇴협상과 미래관계 협상의 동시 추진을 배제하고 단계적 접근(phased approach)을 천명하였다. 즉 EU 시민과 기업, 회원국들의 불확실성을 최소화하기 위해 탈퇴협상을 우선 추진하되 충분한 진전이 있을 경우 영국과의 새로운 무역협정 체결 등 미래관계 협상을 개시한다는 내용이었다. 또한 EU는 영국이 이민자 관련 EU정책을 따르지 않으면 단일시장 접근을 허용하지 않겠다는 점을 분명히 하였다.

결국 영국은 브렉시트의 주요 원인의 하나인 이민자 통제를 위해 하드 브렉시트를 선택할 수밖에 없었으며, EU보다 취약한 협상력[20]을 감안하여 탈퇴협상을 우선적으로 추진하면서 진전이 있을 때 미래관계 협상을 개시하는 EU의 가이드라인을 수용하게 되었다. 이에 따라 영국과 EU는 2017년 6월 29일부터 브렉시트 관련 공식협상을 시작하였다.

---

20 영국의 불안한 정치상황 및 리더십 약화, EU에 대한 높은 교역 의존도, 27개 회원국으로 구성된 EU와의 협상 부담 등에 기인한다.

영국과 EU 양측은 2018년 11월 14일 1년 7개월의 협상 끝에 EU탈퇴 협정과 미래관계에 관한 정치선언으로 구성된 합의안을 발표하였다.21 합의안은 영국의 EU탈퇴에 따르는 재정분담금 정산, 브렉시트 이후 EU거주 영국국민과 영국거주 EU국민의 법적 지위, 영국(북아일랜드)-아일랜드 간 국경통행, 21개월(2019년 4월 ~ 2020년 12월말)의 과도기간(transition period) 설정 등을 주된 내용으로 하고 있다. 또한 미래관계에 대한 정치선언에서는 브렉시트 이후 상품 및 서비스 교역 방식 등 향후 통산관계 협상 방향에 대한 청사진을 제시하였다. 합의안은 영국정부가 초기에 추진했던 하드 브렉시트보다는 완화된 것으로서 구체적인 내용은 다음과 같다.

첫째, EU탈퇴에 따른 분담금 정산과 관련하여 구체적인 규모는 제시되지 않았으나, 영국은 2020년까지의 EU재정 분담금 등 관련 부채를 수년에 걸쳐 분할하여 EU측에 납부하기로 하였다. 영국이 분납할 부채는 EU 농업보조금 및 투자 프로젝트를 포함한 영국의 사전 약정금액, EU직원들의 연금을 포함한 장기부채액, 우발채무액 등을 포함하고 있다. 영국 정부가 정부 예산안에 브렉시트 관련 정산금 항목으로 390억 파운드(57조원)를 계상한 바 있어 이와 비슷한 수준에서 정산될 것으로 추정된다.

둘째, 브렉시트 이후에도 양국에 거주하고 있는 상대방 국민(영국내 EU국민 약 300만명, EU내 영국국민 약 100만명)들은 현재와 유사한 법적 지위를 가지도록 하였다. 영국내 EU국민들에 대해서는 유럽사법재판소(ECJ: European Court of Justice)의 재판 관할을 상당부분 인정하였다. 구체적으로 과도기간 중에는 현재와 동일하게 ECJ가 영국내 EU국민들에 대한 사법 관할을 가지며, 과도기간 이후에는 영국 법원이 ECJ 판례에 기속되도록 법제화하였다.

셋째, 브렉시트 이후 영국-아일랜드 국경에서의 자유로운 통행을 보장하되, 구체적인 방법은 향후 통상관계 협상에서 논의하기로 하였다. 통상관계 협상에서 영국-아일랜드간 자유로운 국경통행을 위한 구체적인 해법이 도출될 때까지, 북아일랜드를 포함한 영국 전체가 한시적으로 EU 관세동맹에 잔류(Backstop)하기로 하였다. 관세동맹 잔류에 있어 명시적인 기한은 없으며, 향후 일방이 관세동맹 탈퇴를 요구할 경우 양측이 동수로 참여한 독립위원회에서 자유통행 해법에 대한 심사를 한 후 허용여부를 결정하기로 하였다. 북아일랜드에 대해서는 영국의 관세동맹 탈퇴 이후에도 농산물 및 공산품

품질 기준 등에서 EU의 규제를 적용하기로 하였다.

넷째, 영국의 EU탈퇴 이후 양측은 제도 변화에 대한 준비 및 미래관계 협상 진행 등을 위해 2019년 3월말부터 2020년 12월말까지 21개월간의 과도기간을 갖기로 하였다. 영국이 EU회원국 자격을 상실하는 것 외에 과도기간 중 영국-EU간 통상관계는 영국에서 인허가된 금융회사들이 영국에서 EU시장의 고객에게 금융서비스를 판매하도록 허용하는 금융패스포트를 포함하여 현재 상태를 유지하기로 했다. 과도기간 종료(2020년 12월) 전까지 EU국민(영국국민)들은 자유롭게 영국(EU지역)으로 이주할 수 있으며, 과도기간 종료 전에 이주한 EU국민(영국국민)들의 법적 지위는 향후에도 동일하게 유지되도록 하였다. 과도기간 중 영국은 EU 관세 동맹에 잔류하면서 EU 단일시장에 대한 접근권한을 유지하는 한편 제3국과 별도의 FTA등 통상협정을 체결할 수는 있지만 그 효력은 과도기간 종료 후에 발효되도록 하였다. 아울러 과도기간은 양측이 합의할 경우 연장될 수 있도록 하였다.

다섯째, 영국과 EU간 미래 통상관계는 양측간 자유무역지역(FTA : free trade area)을 체결하는 방향으로 추진하기로 합의하였다. 자유무역지역을 위해 양측은 규제 및 세관절차에 대해 긴밀히 협력하고 개방적이고 공정한 경쟁을 뒷받침하는 동등한 법령 체계를 갖추기로 하였다. 금융서비스 부문은 동등성 조항(equivalence regime)에 근거하여 상호간 금융시장 접근을 허용하고, 이를 위해 규제 및 감독문제에 관한 체계적이고 긴밀한 협력을 지속하기로 하였다. 이를 위해 양측은 영국이 EU탈퇴 이후 2020년 6월말 이전까지 상호 금융규제에 대한 동등성 평가(equivalence assessment)를 실시하기로 하였다.

4.3 향후 브렉시트 협상의 주요쟁점 및 전망

브렉시트 관련 양측의 합의에도 불구하고 아직 구체적인 내용이 확정되지 않은 사항이 몇 가지 있다. 이와 관련하여 남아있는 주요쟁점은 영국-아일랜드 국경통행과 관련된 세부사항, 영국-EU 통상관계 형태, 금융서비스 부문의 EU 단일시장 접근 등이다. 현재로서는 협상력 우위에 있는 EU 측 제안대로 타결될 가능성이 높다

가. 영국(북아일랜드)-아일랜드 국경통행[21]

영국과 EU는 영국(북아일랜드)-아일랜드 국경통행 문제에 있어 브렉시트 이후에도 자유로운 국경통행을 보장한다는 원칙에 합의하였으나 구체적인 방법에 대해서는 이견이 있다. EU는 북아일랜드를 통한 우회접근을 차단하기 위해 북아일랜드만이라도 EU 관세동맹에 남아야 한다고 주장하고 있다. 영국이 EU 관세동맹을 탈퇴한 상황에서 영국-아일랜드 간 자유통행을 허용할 경우, 북아일랜드 지역이 영국 및 제3국의 EU 단일시장에 대한 우회접근 경로가 될 수 있다는 것이다. 반면 영국은 EU 관세동맹 잔류는 2016년 브렉시트 국민투표 결과, 즉 통상주권 회복을 원하는 민의에 어긋나며, 북아일랜드만의 잔류도 영국의 헌법적 단일성(constitutional integrity)을 침해하기 때문에 어렵다는 입장이다.[22] 또한 영국과 아일랜드 모두 쉥겐 조약(Schengen treaty)[23] 비가입국이어서 입국심사를 하고 있어 인력의 자유이동을 허용해도 EU지역으로의 우회접근은 차단할 수 있다는 입장이다. 양측은 자유통행을 위한 구체적인 방안에 합의하지 못할 경우 별도의 해법이 도출될 때까지 북아일랜드를 포함한 영국전체를 EU 관세동맹에 잔류시키는 데 합의하였다.

영국-아일랜드 간 자유통행 문제는 통상관계 협상 등과 깊이 연관되어 있는데 EU가 주장을 굽히지 않을 것으로 보여 협상력이 취약한 영국 정부의 대안 제시나 입장 변화가 없는 한 합의가 쉽지 않을 전망이다. 이러한 점을 반영하여 최근 영국 정치권에서는 야당인 노동당을 중심으로 EU 관세동맹 잔류에 대한 지지가 증가하고 있다.[24] 영국이 EU 관세동맹에 산류해도 동상협정 체결 권한만 세약을 받을 뿐 가장 큰 관심사인 이민자

---

21 1998년 북아일랜드 평화협정 체결로 북아일랜드와 아일랜드 사이에는 국경통제소나 세관이 없어 사람과 상품의 이동이 자유롭게 되었다. 브렉시트로 인해 북아일랜드에는 강화된 국경통제 우려가 상존하고 있다.

22 EU 관세동맹에 잔류하게 되면 영국이 제3국과 FTA 등을 체결 시 EU의 일부분으로서만 참여할 뿐 독자적인 통상조약 체결이 불가능하다. 그리고 만약 북아일랜드만 EU 관세동맹에 잔류할 경우 영국은 자국 영토임에도 불구하고 본토와 북아일랜드 간 교역에서 관세와 수입쿼터 등을 적용받고 EU가 정한 통관기준 및 절차를 준수해야 하는 상황에 처한다.

23 조약 가입국 간 자유로운 국경통행을 보장하기 위해 1985년에 체결한 협약으로 현재 26개 유럽국가(22개 EU회원국, 4개 비회원국)가 가입되어 있다. 영국과 아일랜드는 비가입국이어서 이들 국가 국민이 여타 EU 국가로(또는 EU 국민들이 이들 국가로) 입국 시에는 입국심사를 받는다.

24 2018년 2월 제1야당인 노동당 당수 Corbyn은 의회 연설에서 EU 관세동맹 잔류에 대한 지지를 밝혔고, 보수당 내 소프트 브렉시트 찬성 의원들도 관세동맹 잔류 필요성을 공개적으로 표명하였다. 2018년 4월에는 영국 상원에서도 투표를 통해 정부에게 관세동맹에 잔류할 것을 압박한 바 있다.

통제는 가능하므로 협상이 교착에 빠질 경우 막판에 이를 수용할 가능성이 있다.

나. 브렉시트 이후 영국과 EU 간 통상관계 형태

영국-EU 간 통상관계 형태에 있어 영국은 당초 산업별 맞춤형 FTA(bespoke deal)를 희망하였으나 EU는 관세동맹 잔류(터키 모델) 또는 상품교역 위주의 FTA 체결(캐나다 모델)을 제안하였다. 영국은 금융 등 서비스 분야의 EU 단일시장 접근을 포함하는 광범위한 FTA 체결을 희망하였다. 영국-EU 간에는 교역 인프라가 갖춰져 있기 때문에 기존 FTA 모델이 아닌 양국관계에 적합한 산업별 맞춤형 FTA가 필요하다는 입장이었다. 예를 들면 자동차, 항공, 제약 등 일부 산업은 관세동맹에 준하는 교역관계를 체결하고 EU가 제3국과의 FTA 체결 및 해당산업 내 규제 설정 시 영국은 옵저버(observer) 자격으로 참여하는 형식이다. 또한 영국은 EU와의 교역 균형을 위해서는 적자를 보이는 상품 이외에도 흑자를 보이는 금융 등 서비스 부문을 맞춤형 FTA 체결에 반드시 포함시켜야 한다고 주장하였다.[25]

반면 EU는 특정부문에 있어 영국의 체리피킹(cherry-picking)을 허용하지 않을 것이며 관세동맹 잔류 또는 EU-캐나다 간의 FTA와 유사한 상품교역 위주의 FTA 체결을 제안하였다. 즉 4대 부문(상품, 서비스, 자본, 노동) 이동의 자유 없이는 금융 등 특정분야의 단일시장 접근을 허용할 수 없으며 서비스업에 있어서 영국을 여타 EU 비회원국가와 동일하게 대우해야 한다는 입장이다.

합의안은 영국이 이민자통제, EU 재정분담 중단, 관세동맹 잔류 배제, 사법 자율성 등을 포기하지 않아 EU-캐나다 간 FTA 형태로 결정되었다. 영국의 입장에서는 우선 자유로운 인적 이동, EU예산 분담 등을 수용해야 하는 노르웨이 모델(EEA회원국으로서 EU시장에 참여하는 방식)이나 스위스 모델(EFTA회원국으로만 남는 방식)[26]을 수용하

---

25 2016년 중 영국은 EU와의 상품 교역에서 965억 파운드의 적자를, 서비스 교역에서는 143억 파운드의 흑자를 기록하였다.

26 유럽자유무역연합(EFTA : European Free Trade Association)은 유럽경제공동체(EEC, 현재의 EU)에 가입되어 있지 않던 유럽 7개국이 EEC에 대항하기 위해서 영국이 중심이 되어 1960년에 설립한 자유무역연합이다. 현재는 영국 등이 탈퇴하여 노르웨이, 아이슬란드, 스위스, 리히텐슈타인 등 4개국만으로 구성되어 있다. 1994년에는 EU 단일시장을 확대하기 위해 스위스를 제외한 EFTA 가입 3개국과 29개 EU회원국이 유럽경제지역(EEA : European Economic

기 어려웠다. 또한 영국이 터키처럼 EU와 관세동맹을 맺는 방식도 배제함에 따라 양측이 북아일랜드 국경통행 문제를 합의하기 전까지는 한시적으로 영국 전체가 관세동맹에 잔류하기로 하였다. 이에 따라 양측은 영국이 결국은 EU와 EEA를 모두 탈퇴하고 WTO회원국으로서의 지위만을 유지하고 EU와 FTA를 체결하는 캐나다 모델을 따르기로 하였다. EU 측도 회원국들 간 이해상충 등으로 영국에 산업별로 단일시장 접근권한을 부여하기 힘들었다.

그러나 영국-아일랜드 국경 통행문제가 쉽게 합의되기 힘들고 이를 해결하기 위해 영국정부가 기존입장을 바꿔 관세동맹 잔류를 선택할 경우 터키 모델이 될 가능성도 남아 있다.

〈표 15-9〉 브렉시트 이후 영국과 EU 간 통상관계

	필요조건			EU단일시장 접근성				EU 법규정 개정참여	비(非)EU 국가와 독자 통상협정 체결
	자유로운 노동 이동의 수용	EU재정 분담	EU법규정 국내법 반영	상품관세 면제	세관절차 면제	서비스시장 접근	금융 패스포트		
EU 회원국	○	○	○	○	○	○	○	○	×
노르웨이 모델	○	○	○	△	×	○	○	×	△
스위스 모델	○	○	○	△	×	△	×	×	△
터키 모델	×	×	△	△	○	×	×	×	△
캐나다 모델	×	×	×	△	×	△	×	×	○
WTO모델	×	×	×	×	×	×	×	×	○

자료 : 한국은행 런던사무소 (2018)

다. 금융서비스 시장 접근

금융서비스 분야에서 영국은 FTA 항목에 금융서비스 부문을 포함시키고 상호인정 (mutual recognition) 방식을 통한 시장접근을 희망하였다. 상호인정 방식이란 EU법상

Area)을 설립했다(스위스는 1992년 국민투표로 EEA 협정 비준을 부결했다). EEA는 자유무역지역이며 EU의 역내시장과 동일하게 상품·서비스·사람·자본의 자유로운 이동이 보장되고 있으나 EEA는 외국에 대한 EU의 통상정책을 따르지 않으며 관세동맹도 아니다.

상품교역에서 인정되는 원칙으로 규제 차이에도 불구하고 특정 EEA 국가에서 합법적으로 판매되는 상품은 다른 EEA 국가에서도 판매가 허용되어야 한다는 원칙을 말한다.

반면에 EU는 금융안정과 직결된 금융서비스는 FTA와 분리해 협상해야 하며, 브렉시트 후 EU 비회원국인 영국은 여타 제3국들과 마찬가지로 일방향 동등성 원칙(unilateral equivalence regime)[27]에 기초하여 시장접근을 해야 한다는 입장이었다. 일방향 동등성 원칙이란 제3국의 부문별 금융규제 내용이 EU 규정과 동등하다(equivalent)고 판단될 경우, 해당부문 영업과 관련하여 인허가나 보고 절차를 면제해 주는 규정이다.

합의안은 EU 측 제안대로 영국이 EU 탈퇴 후 금융 패스포트(passport)를 상실하고 EU가 제시한 규제 동등성 조항에 따라 EU 단일 금융시장에 접근하는 것으로 결정되었다. 이를 위해서는 2020년 동등성 평가 후에 영국이 금융규제를 EU 금융규제에 일치시켜야 하나 이는 양국 간 금융 여건의 차이 등으로 많은 난관이 예상된다. 또한 동등 규제 설정의 경우, 이를 인정받더라도 모든 금융서비스 부문의 영업이 허용되는 것은 아니며 중도 회수 리스크가 존재한다. 구체적으로 자산운용 및 투자은행 영업의 경우 대부분 허용되나, 은행의 소매 영업은 허용되지 않으며, 보험업의 경우 재보험 영업만 허용된다. 동등 규제 설정은 모든 제3국들에 적용되는 규정이기 때문에 통상관계 협정에 명시적으로 포함될 가능성이 낮으며 향후 양측의 규정 변화 등에 따라 EU 측이 언제든지 회수 가능하다.

〈표 15-10〉 금융 패스포트와 동등성 원칙의 주요 내용 비교

	금융패스포트(Passport)	동등성(Equivalence)
법률적 근거	EU 조약 및 관련 EU 법률	EU 법률
부여되는 권한	자유로운 금융서비스 영업	관련 법에 명시된 제한된 부분에 대해서만 영업 허용
적용 대상	EU·EEA 국가에 설립된 금융기관	비(非) EU·EEA 국가에 설립된 금융기관
부여 기간	영구적	중도 회수 가능(30일 전 통보)

27 상대 국가의 규제가 EU와 동등하다고 판단될 경우 해당부문 영업과 관련하여 인허가나 보고 절차를 면제해 주는 원칙으로 상호인정 방식보다 까다로워 규제 동등성을 인정받기가 어렵기 때문에 금융서비스 부문의 시장접근이 크게 제한될 가능성이 있다.

4.4 브렉시트 협상 관련 향후 일정

영국과 EU양측은 브렉시트 합의안에 대하여 EU탈퇴시점인 2019년 3월 29일 이전까지 EU정상회의 및 EU의회, 각국 의회로부터 비준을 받아야 한다. 2018년 11월에 영국 내각과 EU정상회의의 승인을 완료했으며 영국의회, EU의회 및 EU회원국 의회의 비준이 남아 있었다. 그러나 2019년 1월 15일 영국 의회는 합의안에 대하여 찬성 202 반대 432라는 압도적인 표(230표) 차이로 부결시켰다. 이는 집권보수당내 브렉시트 강경파 의원들이 합의안이 EU측 주장을 대부분 수용한 데다 북아일랜드 국경통행 문제와 관련하여 브렉시트 이후 영국의 관세동맹 잔류 기한이 명시되지 않아 영국의 완전한 EU 탈퇴 및 북아일랜드의 영국 경제권내 안정적 존속이 보장되지 못한다는 점을 들어 반대하였고, 브렉시트 자체를 반대하는 야당 노동당 의원이 브렉시트를 전제로 한 합의안을 반대하였기 때문이었다. 합의안 부결로 영국이 EU와 아무런 합의 없이 EU를 탈퇴하는 노딜 브렉시트(no deal brexit) 가능성이 높아진 가운데 향후 브렉시트 관련 정치적 불확실성이 더욱 높아졌다.[28]

〈표 15-11〉 브렉시트 경과 및 향후 주요 일정

일자	주요일정
2017년 3월 29일	영국의 EU탈퇴 공식통보(리스본조약 50조 발동)
2017년 6월	1단계 탈퇴협상 시작
2017년 12월	1단계 탈퇴협상 관련 주요 쟁점사항 합의 - 영국의 EU분담금 정산, 역내 거주 상대방 국민의 법적 지위 등
2018년 1월	1단계 탈퇴협상의 진전을 감안하여 영국-EU 간 통상관계 등 미래관계 설정 등 2단계 협상도 진행 시작
2018년 3월 19일	1단계 탈퇴협상 관련 브렉시트 관련 주요 쟁점사항 및 21개월(2019년 4월 ~ 2020년 12월말)에 걸친 과도기간 설정 합의 - 영국의 EU 탈퇴시점 이전 통상관계 등 합의가 불가능한 점 등을 감안
2018년 11월 14일	브렉시트 협상 합의안 발표
2018년 11월 15일	영국 내각 브렉시트 합의안 승인

---

28 May총리는 부결 직후 내각이 수정안을 만들어 의회 비준을 다시 추진할 계획을 발표하였으며 노동당은 1920년대 이후 최대 득표차 패배로 의회의 신뢰를 잃은 May 내각에 대한 불신임을 제안할 것이며 의회가 No-Deal Brexit 시나리오를 배제해야 한다고 주장하였다. May 내각에 대한 불신임안은 부결되었으나, 향후 의회주도의 협상안 수정 및 EU와의 재협상 추진, 브렉시트에 대한 2차 국민투표 실시, 의회 해산 후 조기총선 실시 등 다양한 시나리오가 제기되고 있다.

일자	주요일정
2018년 11월 25일	EU 정상회의 브렉시트 합의안 승인
2019년 1월 15일	영국 의회 브렉시트 합의안 비준 부결
2019년 2 ~ 3월	영국의회 합의안 수정 및 EU와의 협상(또는 브렉시트 2차 국민투표) 영국 및 EU 의회, EU 회원국 브렉시트 합의(수정)안 비준
2019년 3월 29일	영국의 EU 탈퇴시점[1]
2019년 4월 ~ 2020년 12월 (과도기간)	EU 정상회의 및 EU 의회, 27개 EU 의회의 비준 – 통상관계 협정의 세부내용 등
2021년 1월 이후	과도기간 종료 및 브렉시트 이후 새로운 통상관계 개시

주 : 1) EU와의 협상을 통해 연기할 가능성도 있음

4.5 브렉시트의 파급효과

가. 영국 및 EU 경제성장에 미치는 영향

브렉시트가 영국 및 EU 경제에 어느 정도 영향을 미칠 것인가는 영국 의회의 수정안 마련 등 향후 협상과정의 전개 양상에 따라 달라질 것으로 보인다. 그 동안의 협상과정에서 브렉시트 관련 불확실성 때문에 국제금융시장에서 파운드 약세, 주가 등 금융시장 불안, 리스크 프리미엄 확대, 경제주체 심리 악화가 나타났는데 단기적으로 이러한 불안정 요인은 협상이 종료되기 전에는 계속 나타날 것으로 보인다. 브렉시트가 결정된 이후 영국 경제의 부진 우려를 선반영하여 파운드화가 큰 폭으로 절하되었으며 실제로 경제 성장세가 약화되는 모습을 보이고 있다.

브렉시트는 향후 영국과 EU 간 협상결과에 따라 다소 차이가 있겠지만 EU 단일시장의 혜택을 줄이고 경제 불확실성을 확대하여 양 지역 경제에 모두 부정적인 영향을 줄 가능성이 크다.[29] 브렉시트는 상품 및 서비스 교역, 금융 및 투자, 경제성장 등 여러 가지 측면에서 영국과 EU 경제에 부정적인 영향을 미칠 것이라는 전망이 우세하다.

---

29 영국 내 브렉시트 찬성파는 브렉시트로 인해 영국이 EU 회원국에 부과된 제약에서 벗어나 경제적 자주권을 회복하여 외국에 대한 맞춤형 투자나 경제활성화 정책을 추진하여 성장이 더 확대될 것으로 주장하고 있다. 국제금융허브로서 런던의 경쟁력 약화도 영국의 인프라 및 인력의 우수성을 감안할 때 크게 우려할 사항은 아니며 EU 예산 분담금을 절약하여 공공투자를 확대할 수 있는 이점이 있다고 한다.

브렉시트 이후 영국과 EU 간 통상관계가 어떠한 방식으로 진전될지에 따라 영국의 수출이나 경제에 미치는 영향은 다를 것이나 현재 EU 단일시장 체제에서 보장된 무관세 및 원산지 충족 등의 혜택이 줄어들 것으로 보여 영국 공산품의 경쟁력 상실로 인한 수출 감소 가능성이 클 것으로 보인다. 또한 브렉시트로 유럽 내 경쟁력이 높은 영국 서비스산업의 EU 진출에 상당한 제약이 따를 것으로 보인다. 영국은 서비스산업이 총부가가치 대비 80% 정도를 차지하고 있고 EU와의 교역에 있어 적자를 보이는 상품수지와 달리 서비스수지는 흑자를 기록하고 있어 브렉시트로 인한 부정적인 영향이 매우 클 것으로 예상된다(〈표 15-12〉참고). 그 외 환율 안정성 약화, 외국인 투자 감소 등으로 인한 성장둔화가 예상된다. 특히 EU와 아무런 합의 없이 EU를 탈퇴하는 No Deal Brexit일 경우 성장에 미치는 부정적인 영향은 더욱 클 것으로 보인다(참고 15-4 참조).

한편 브렉시트로 인해 영국은 통상부문에서는 자국의 특수성을 감안하여 외국과 독자적인 양자협상을 체결할 수 있을 것으로 보인다. 그러나 2015년 말 현재 EU체제하에서 체결한 53개의 무역협정을 다시 체결하는 데 있어 막대한 시간과 비용이 소요될 것으로 보인다.

EU 입장에서도 영국이 2016년 6월말 현재 유로지역 수출의 13%를 차지하는 주요 무역상대국이며 EU와의 금융시장 통합도도 높기 때문에 브렉시트가 무역, 금융, 심리 경로 등을 통해 EU지역 경제에 부정적 영향을 미칠 것으로 평가된다. 브렉시트 협상 종료 전까지는 불확실성이 지속되기 때문에 투자심리를 악화시키고 금융시장의 변동성이 커질 수 있으며, 영국으로부터의 수입수요도 줄어들 것으로 예상된다.

한편 장기적으로 영국과 EU 모두 브렉시트로 인해 영연방이 분열되거나 EU로부터 추가 탈퇴 국가가 나올 수 있는 정치적인 위험이 잠재해 있다. 당초 EU 잔류 비율이 높았던 스코틀랜드의 경우 탈퇴협상 과정에서 EU 단일시장 접근 등이 보장되지 않아 독립 여론이 커질 가능성이 있다. 역사적 · 지리적으로 EU 회원국인 아일랜드와 불가분의 관계에 있는 북아일랜드도 향후 EU 탈퇴 협상 전개 양상에 따라 EU 잔류를 강하게 요구할 수도 있다. 한편 EU의 주축국인 프랑스와 독일에서 탈EU를 주장하는 극우 · 포퓰리즘 세력이 확산되고 있어 영국이 EU 탈퇴 후 장기적으로 건실한 성장을 하게 될 경우 추가적으로 EU탈퇴를 시도하는 회원국이 나올 가능성도 배제할 수 없다.

〈표 15-12〉 주요 기관의 브렉시트 관련 영국의 성장 전망

기관	성장률 변동[1]	기간	세부내용
OECD (2016.4월)	-3.3%	단기 (2020년까지)	• 가구당 소득 2,200파운드 감소
OECD (2016.4월)	낙관: -2.7% 중립: -5.1% 비관: -7.7%	장기 (2030년까지)	• 낙관: EU와의 교역관계 협상이 EU 내 상품과 서비스 이동이 자유로운 노르웨이 방식 • 비관: EU와의 교역관계 협상에서 여타 EU 비회원국과 같이 WTO 회원국 지위에 그칠 경우 • 중립: 터키모델 등
JP Morgan (2016.7월)	-1.0%	브렉시트 이후 1년간	• EU와의 교역관계 재협상 과정에서 불확실성으로 인한 GDP 감소
Societe Generale (2016.5월)	-4.0% ~ -8.0%	브렉시트 이후 5년간	• EU와의 교역관계 재협상에 5년 이상 소요될 것으로 전망
Morgan Stanley (2016.5월)	-1.5% ~ -2.5%	브렉시트 이후 2년간	• 영국 주식시장 시가총액 20% 하락
독일 ifo 연구소 (2016.6월)	-0.6% ~ -3%	2030년까지	• 노르웨이와 같이 EEA에 잔류하는 낙관적 시나리오를 가정
IMF (2016.6월)	낙관: -1.0% ~ -1.4% 비관: -3.7% ~ -5.6%	2017 ~ 2021년	• 낙관: 노르웨이와 같이 EEA 잔류 • 비관: WTO 회원국 지위
영국재무부 (2018.11월)	-0.6% ~ -9.3%	향후 15년 동안	• 브렉시트 시나리오별로 차이〈참고 15-4 참조〉
영란은행 (2018.11월)	-8%(disorderly), -3%(disruptive)	2019. 1분기 이후	• No Deal Brexit 전제로 일부 EU-제3국간 무역협정의 영국 적용 여부로 구분〈참고 15-4 참조〉

주 : 1) 영국의 EU잔류대비 실질 GDP 변동률

나. 영국소재 금융기관의 유럽으로의 이전

브렉시트로 인한 영국소재 금융기관들의 유럽으로의 이전은 금융허브로서 런던의 우수성, 영국 금융당국의 금융회사 잔류 노력 등으로 인해 단기적으로 크지 않을 것이나 중장기적으로 확대될 것으로 전망된다. 당초 런던소재 금융기관 중에서 상당수가 유럽 영업규모 등을 기초로 대규모 인원이 EU탈퇴 이전에 이동할 것으로 예상되었으나 아직 그런 움직임은 나타나지 않고 있다. 이는 런던이 영어 사용, 기업 친화적인 환경, 유연한 노동법규, 선진화된 금융 및 법률 인프라, 풍부한 인적자원 및 우수한 교육여건 등으로 유럽 내 최고의 금융허브로 평가받고 있는 데다 영국정부가 유럽 금융기관의 영국 내 영업편의를 적극 제고하고 있는 데 기인한다.[30] 2017년 12월 영란은행은 금융 패스포트를 통해 영국 내에서 영업하고 있는 EU 및 EEA 국가의 은행 및 보험사들이 브렉시트 이후에도 별도법인을

설립할 필요 없이 지점 인가를 통해 영업할 수 있도록 허용하겠다고 발표하였다.

이에 따라 최근 들어 주요 금융회사들은 EU지역 영업지속을 위한 최소한의 법적요건만 갖추려 하는 등 EU지역으로의 이전전략을 변경하는 움직임[31]을 보이고 있다. 2017년 상반기 Bloomberg가 조사한 금융사들의 인력 재배치 규모는 상위 10개 금융사에서만 15,000명이었으나, 2017년 12월 노무라 등의 조사에서는 대상 금융사를 15곳 내외로 확대했음에도 불구하고 이전규모는 10,000명 수준으로 축소되었다.

〈표 15-13〉 브렉시트에 따른 금융부문 고용이전 예상   (단위 : 천 명)

2016년		2017년 상반기	2017년 하반기		
영국정부(4월)	EY(10월)	Bloomberg(4월)	FT(11월)	Nomura(12월)	EY(9월)
200	65~75	15	15	10	10.5

그러나 중장기적으로는 EU 당국의 규제, EU 내 영업확장 등에 따라 영국 내 사업부문을 점진적으로 축소함으로써 유럽으로의 금융회사 이전규모는 확대될 가능성이 크다. 최근 EU가 제3국의 동등성 조항을 통한 EU 금융시장 접근체계를 정비하면서 시스템적 중요도에 따라 접근을 까다롭게 할 가능성이 큰데 이 경우 대형 금융회사의 비중이 큰 영국에게 불리하다. 현재 유럽 금융기관 중 자산운용사들의 경우, 법인만 룩셈부르크 등 EU국가로 이전하고 실질적인 운용조직은 런던에 남겨두는 방식을 택하는 경우가 많은데 프랑스 등은 일정규모 이상의 운용조직 이전이 없을 경우 제3국으로 간주하는 규제를 주장하고 있다.

한편, EU는 런던에 위치한 EU의 금융 관련 기관들의 EU지역 내 이전을 추진하고 있다. 2017년 11월에는 유럽 은행부문에 대한 건전성 규제 및 감독을 담당하는 유럽은

---

30 브렉시트 결정에도 불구하고 2016년 Global Financial Center 지수에서 런던은 1위를 차지했으며 Ernst Young의 투자자 서베이(2017년 5월)에서도 영국은 유럽에서 독일 다음으로 매력적인 해외직접투자 대상국으로 평가되고 있다.

31 금융회사들은 법적으로 EU지역 내 자회사를 EU지역 본부 법인으로, 영국 내 법인은 지점으로 변경하되 실질적인 기능은 현재와 비슷하게 운영하거나(branch-back approach), 법인 전체를 옮기더라도 트레이딩 부문을 영국 내에 잔류시키는(broker-dealer division approach) 등 이전을 최소화하려고 하고 있다.

행감독청(EBA)이 프랑스 파리로 이전하기로 결정하였다. EU는 시스템리스크를 이유로 주요 유로화 장외파생상품 청산소의 EU지역 내 설치를 의무화하는 방안을 추진하고 있으며, 유로지역 장외파생상품의 대부분을 처리하고 있는 ICE나 LME 등 런던소재 청산소 일부도 EU지역으로 이전할 가능성이 크다.

참고 15-4   영국경제에 대한 브렉시트 영향 평가 보고서

* 2018년 11월 영국 재무부와 영란은행이 각각 발표한 브렉시트가 영국경제에 미치는 장단기 영향에 대한 보고서를 요약

1. 영국 재무부의 장기 경제영향 평가 보고서

▫ (시나리오) ①최초 정부안(일명 Chequers-deal), ②FTA안, ③EEA안, ④no-deal안(WTO안) 등 총 4가지로 구분하여 EU탈퇴 이후 15년 동안 영국 경제에 미치는 영향을 평가

  ○ 산업별 관세율 및 비관세장벽 관련 비용, 인구이동 및 자율규제 여부 등에 따라 시나리오를 구분하였으며, 세부조건이 미정인 현재의 합의안은 비관세장벽 관련 비용에 최초 정부안 및 FTA안의 50%를 적용하여 간접 평가(50% 수정안)

  ○ EU 이민자 유입은 현재와 같은 이민자 정책이 유지되는 경우와 순이민자 유입이 없는 경우로 구분

▫ (분석결과) no-deal안의 경우 최혜국 관세, 원산지 규정 및 WTO규범이 적용되어 EU 잔류시에 비해 향후 15년간 경제성장률을 9.3%p 하락시킬 것으로 전망

시나리오별 주요 가정 및 성장률에 미치는 영향   (단위 : %)

시나리오	주요 가정					성장률[3]	
	관세율	비관세장벽[1]		인구이동	자율규제	이민정책 유지(현재)	순이민자 유입 없는 경우
		재화	서비스				
①최초 정부안	0	0 ~ 1	2 ~ 10	제한	가능	−0.6 (−1.3 ~ −0.1)	−2.5 (−3.1 ~ −1.9)
②FTA안	0	5 ~ 11	3 ~ 14	제한	가능	−4.9 (−6.4 ~ −3.4)	−6.7 (−8.1 ~ −5.1)
③EEA안	0	3 ~ 7	1 ~ 3	자유	불가능	−1.4 (−2.4 ~ −0.9)	n.a
④No-Deal 안	최혜국 관세 (제조품 3% 등)	6 ~ 15	4 ~ 18	제한	가능	−7.7 (−9.0 ~ −6.3)	−9.3 (−10.7 ~ −8.0)
⑤50%수정안[2]	−	−	−	−	−	−2.1	−3.9

주 : 1) 비관세장벽 관련 비용을 관세율에 대응되는 수치로 계량화, 제3국과의 FTA는 모두 가능하다고 전제
　　 2) 최초정부안을 0, FTA안을 100일 때 50정도의 비관세 장벽이 있다는 의미로 양측의 합의안과 유사
　　 3) ( )내는 경제성장률의 예상변동 범위

2. 영란은행의 단기 경제영향평가보고서

▫ **(시나리오)** 영란은행은 브렉시트가 2023년까지 미치는 경제충격을 분석하기 위하여 4가지 기본 시나리오별 경제영향 분석결과를 브렉시트 가결 직전 전망(2016년 5월) 및 최근 전망(2018년 11월)과 비교하여 분석

    ○ 시나리오는 EU와 영국 양측 합의를 전제로 ① 밀접한(close) 경제파트너십(재화 및 일부 사업서비스·금융의 자유무역 이 가능한 현재 양측의 합의안에서 제시한 FTA와 유사한 협력관계), ② 덜 밀접한(less close) 경제파트너십(통관절 차와 교역장벽이 존재하는 일반적인 FTA를 상정한 협력관계), no-deal 브렉시트를 전제로 ③ 브렉시트 후에도 영국 이 EU를 통해 체결된 제3국과의 통상관계가 유지된다고 가정하는 덜 무질서한(disruptive) 탈퇴, ④ 제3국과의 통상 관계가 무효화되어 새로 구축해야 하는 무질서한(disorderly) 탈퇴로 구분

▫ **(분석결과)** 브렉시트로 영국 경제성장률은 2018년 11월 최근 전망에 비해 ① 밀접한 경제파트너십 유지시 +1.75%p 추가 상승하지만, 다른 경우에는 최대 −7.75%p(④ 무질서한 탈퇴의 경우)까지 추가 하락 예상 ② 덜 밀접한 경제파트너 십 −0.75%p, ③ 덜 무질서한 탈퇴 −4.75%p

    ○ 향후 경제성장률을 2016.5월의 브렉시트 가결 직전 전망과 비교할 경우 추가 하락폭은 −1.25%p(①안) ~ −10.5%p(④안)로 확대

시나리오별 주요 가정 및 경제에 미치는 영향

		합의 이후 경제파트너쉽		no-deal 브렉시트	
		① 밀접 (close)	② 덜 밀접 (less close)	③ 덜 무질서 (disruptive)	④ 무질서 (disorderly)
주 요 가 정	관세	없음	없음	EU는 역외공통관세율, 영국은 이에 상응한 관세율 적용	
	통관절차	없음	과도기간 종료 후	EU탈퇴(2019.3월) 즉시 발생	
	재화 교역장벽	없음	일부 규제 신설	영국의 EU 규제의 일방적 수용	
	서비스 교역장벽	• 비금융 : 발생 • 금융은 패스포팅 상실, 동등성 요건으로 손실의 50% 상쇄	• 비금융 : 발생 • 금융은 패스포팅 상실, 동등성 요건으로 손실의 25% 상쇄	WTO 체제 적용	
	제3국 통상관계	• 기존 EU 통한 통상관계 유지, 2023년까지 신규 체결 없음			
	불확실성	2019년까지 지속	2021년까지 지속	Brexit 가결 수준으로 증가	금융위기 수준으로 증가
	新통상관계 준비	과도기간 종료시까지 충분히 대비		다소 지연	상당히 지연
영 향	성장률(%)	+1.75 (−1.25)	−0.75 (−3.75)	−4.75 (−7.75)	−7.75 (−10.50)
	실업률(%)	4.00	4.00	5.75	7.50
	CPI(%)	2.25	2.25	4.25	6.50

주 : 1) 2018.11월 전망 대비, ( )내는 2016.5월 전망 대비

요약

1. 국제금융환경은 1970년대 초 닉슨 대통령의 금태환 정지에 따른 브레튼우즈체제 붕괴, 1980년대 영국의 빅뱅 등 선진국을 중심으로 한 금융규제 완화, 1990년대 신흥국의 자본자유화 및 아시아 금융위기, 2000년대 후반의 글로벌 금융위기 등을 경험하면서 적지 않은 변화를 겪고 있다.

2. 글로벌 금융위기는 금융 대형화와 겸업화가 초래할 수 있는 위험과 납세자의 부담에 의한 구제금융의 문제점이 드러나는 계기가 되었다. 이에 따라 미국과 유럽의 선진국을 중심으로 은행과 증권 산업의 분리, 은행의 과도한 자기자본에 의한 투자제한, 파생금융상품거래에 대한 규제 강화를 주요내용으로 하는 도드-프랭크법 시행과 같은 금융규제 강화가 이루어지고 있다.

3. 글로벌 금융위기가 어느 정도 수습된 2015년 말 이후 미 연준은 금리인상을 시작하였고 그동안 양적완화정책 실행으로 보유하고 있던 막대한 규모의 국채와 MBS를 매각할 계획이다. 또한 현재 일부 선진국이 추진하고 있는 마이너스금리나 양적완화정책도 종료시점이 가까워지고 있으며 일부 신흥국도 금리인상에 동참하고 있다. 이러한 글로벌 통화정책 정상화 과정에서 신흥국으로부터의 자본이탈 등 국제금융시장의 변동성이 확대될 가능성이 있다.

4. 2016년 4월 영국의 EU탈퇴 결정(브렉시트) 이후 지속되어 온 영국과 EU 간 탈퇴협상 결과에 따른 양자 간의 관계 설정 형태가 2019년 3월 29일로 예정된 영국의 EU 탈퇴 후 국제금융이나 무역구조에 적지 않은 변화를 줄 것으로 예상되고 있다. 장기적으로는 EU체제가 통합재정기구의 부재 등 구조적인 취약성에 노출되어 있기 때문에 또 다른 회원국이 탈퇴하는 상황을 완전히 배제할 수 없으며 이는 EU 단일 경제권의 미래에도 여러 불확실성이 존재해 있음을 의미한다.

5. 미국 우선주의를 내세운 트럼프 행정부는 TPP 탈퇴, 한미FTA 재협상, 중국 등 주요 교역국 수입품에 대한 반덤핑 관세 및 비관세 장벽 강화, 리쇼어링 업체에 대한 세제

혜택 등을 추진하면서 보호무역주의를 강화하고 있다. 이러한 미국의 자국산업 보호 최우선정책은 향후 국제무역을 위축시키는 방향으로 작용할 가능성이 크다.

6. 2012년 12월 이후 엔화 약세 유도를 위한 과감한 금융완화, 적극적 재정정책 및 성장전략을 기본내용으로 하는 아베노믹스 정책은 기업이익 증가나 성장세 회복 등의 측면에서 일부 성과가 나타났다. 일본정부는 이를 바탕으로 2016년 하반기부터 구조개혁 중심의 2단계 아베노믹스를 추진 중인데 그 성패는 일본의 디플레이션 탈출 여부뿐 아니라 엔화가치와 관련하여 주변국들이 추진하는 환율정책과 함께 국제금융시장에서 주목을 받고 있다.

CHAPTER

16

국제통화제도 개편
논의와 중국의 위안화
국제화 추진

제1절   국제금융환경 변화와 국제통화제도 개편 논의

미국의 경상수지 적자 누증 등으로 미 달러화 가치가 불안해질 때마다 미 달러화를 기축통화(key currency)[1]로 하는 현재의 국제통화제도(international monetary system)를 개편해야 한다는 주장이 2008년 세계금융·경제위기를 계기로 다시 부상하였다. 2009년 3월 저우샤오찬 중국인민은행 총재가 특정국가의 통화가 아닌 SDR을 초국가적 준비통화(super-sovereign reserve currency)로 채택하자고 제안하였다. 또한 2010년 미국이 약달러정책을 강력하게 추진하면서 전 세계적인 환율분쟁이 발생하자 중국, 브라질 등 신흥시장국을 중심으로 미 달러 중심 국제통화제도를 개편해야 한다는 주장이 확산되었다. 이 밖에 G-20 회의에서도 국제통화제도의 개편 필요성에 관한 다양한 논의가 이루어졌다.

국제통화제도 개편 논의는 '미 달러-자유시장 메커니즘' 중심의 현 국제통화제도가 안고 있는 근본적인 문제점이 기본적인 배경이라 할 수 있다. 현재의 국제통화제도는 브레튼우즈체제 붕괴 이후 시장의 자연스러운 힘에 의해 형성된 것으로서 국가 간 조약이나 협약이 뒷받침되지 않아 '없는 시스템(non-system)'으로 지칭되기도 한다. 현 국제통화제도가 안고 있는 문제점은 '트리핀(Triffin)의 딜레마'[2], 기축통화만이 누릴 수 있는 과도한 특권에 대한 불만, 글로벌 불균형 시정을 위한 조정장치가 없는 점, 그리고 과도한 외환보유액 확충 유인에 따른 부작용 등으로 요약할 수 있다.

먼저, 트리핀의 딜레마를 설명하면, 기축통화국은 경상수지 적자를 통해 기축통화를 전 세계에 공급해야 하나 이런 상황이 계속되면 해당국 경제의 대외부채 확대로 기축통화의 신뢰성이 저하(유동성과 신뢰성 사이의 딜레마)되는 반면, 기축통화국이 대외불균형 해소를 위해 노력하면 통화공급이 줄어들어 교역 위축과 세계경제의 디플레이션 위험이 증대된다. 트리핀의 딜레마는 특정국(예 : 미국)이 기축통화국의 역할을 하는 이상 피할

---

1   기축통화란 글로벌 차원의 통화기능을 수행하는 제1의 국제통화를 의미한다. 국제통화는 국제적으로 거래중개, 계산단위 및 가치저장의 일반적 화폐가 갖는 기능을 가진다.

2   1947년 벨기에 경제학자 트리핀(Robert Triffin)이 처음으로 제기했다.

수 없는 것으로서 현재의 국제통화제도에서 가장 심각하게 나타나고 있는 문제이다.

두 번째로 기축통화국은 시뇨리지, 저금리 차입 등의 '과도한 특권(exorbitant privilege)'[3]을 독점적으로 누리게 된다. 미국과 교역하는 국가들은 미국의 경제 및 교역 규모에 비해 이러한 특권이 너무 크다는 불만[4]을 가지고 있다.

세 번째로 현재의 국제통화제도는 실질적으로 시스템이 아니므로 기축통화의 신뢰성이 크게 저하되더라도 이를 조정할 제도적 장치가 없다는 점이다. 국제통화제도의 개혁에 공감하는 대부분의 학자는 불균형 조정을 강제할 수 있는 '국가 간 조약'이 국제통화제도의 주요 부분이 되어야 한다는 견해를 제시하고 있다.

네 번째로 과도한 외환보유액 확충 유인에 따른 부작용을 들 수 있다. '자유시장 메커니즘 중심'의 현 국제통화제도가 전제로 하고 있는 자본의 자유로운 이동이 신흥시장국 외환위기의 주요원인으로 작용해 온 것이다. 신흥시장국들은 외환위기 발생에 대비하여 외환보유액을 크게 확충하였는데, 과다한 외환보유액은 해당국의 통화관리에 적지 않은 부담을 줄 뿐만 아니라 대부분의 외환보유액이 미 국채에 다시 투자되면서 미국의 장기금리 하락을 유도하고, 자산가격 상승 등 부작용을 초래하게 되는 것이다.

많은 학자와 전문가들은 현행 국제통화제도를 대체할 수 있는 미래의 국제통화제도로서 크게 두 가지를 논의하고 있다. 먼저 실질적 복수통화제도가 자리 잡으려면 유력한 국제통화 후보인 유로화와 중국 위안화가 국제거래, 금융거래에서 상당한 역할을 하게 됨으로써 미 달러화의 비중을 자연스럽게 낮추어야 한다는 것이다. 즉, 유로화와 중국 위안화의 국제화[5]를 통한 미 달러화의 위상 저하를 기대하는 것이다. 이를 위해서는 이들 후보 통화가 기축통화로서의 요건[6]을 갖추어야 하는데 가까운 시일 내에 이를 충족

3　국제통화 발행에 따르는 편익은 주조차익(시뇨리지), 국제수지 적자 보전, 통화불일치 문제 대폭 완화, 금융산업의 비교우위 확보, 구매력 증가 등을 들 수 있다. 한 연구에 따르면 미국은 기축통화국으로서 얻는 글로벌 시뇨리지에 힘입어 민간소비를 연평균 0.6%포인트씩 높일 수 있는 것으로 추정된다.

4　미국이 세계 GDP에서 차지하는 비중은 약 20%이고 교역 비중도 11% 정도인 데 비해 외환거래의 85% 정도가 미 달러화로 이루어지고 있다는 것은 미 달러화의 영향이 과도하다는 사실을 시사한다.

5　통화 국제화(currency internalization)는 일국의 통화가 거주자와 비거주자 간의 거래는 물론 비거주자 간의 거래에서도 자유롭게 사용됨으로써 한 나라 통화의 사용범위가 해외로 확대되는 것을 의미한다.

6　세계경제를 선도할 수 있는 경제력, 환율의 안정성, 교환성, 그리고 금융시장 발전 등을 들 수 있다.

시키기는 어렵다는 것이 일반적인 평가이다. 이는 유로화가 남유럽의 재정위기로 EMU 체제의 내재적 한계와 더불어 신뢰성이 약화되고 있으며, 위안화의 경우 중국의 경제규모는 크게 확대되고 있으나, 금융시장의 미발달로 아시아를 중심으로 하는 위안화 결제권 이외 지역으로 사용범위를 확대하는 데는 한계가 있기 때문이다. 실질적인 복수통화제도가 정착될 경우 이득(시뇨리지 발생)과 비용(대외 불균형 감수)이 어느 한 국가에 집중되지 않고 분산되기 때문에 국제통화제도가 보다 안정적이 될 수는 있으나, 이는 국가 간 협약이 아닌 각국의 금융국제화 추진 의지, 시장의 선택 등에 의존하고 있어 정착이 되더라도 상당한 시간이 소요될 것으로 예상된다.

두 번째로 국제통화제도를 제도화하자는 주장이다. 즉 제2차 세계대전 종전부터 미 달러의 금태환이 정지된 1971년까지 지속된 브레튼우즈체제와 같이 국가 간 협약(multilateral agreement)에 의해 바람직한 국제통화제도를 재창출하자는 방안이다. 이와 같은 맥락에서 논의되는 주요 방안으로는 IMF의 SDR 또는 케인즈가 주장했던 Bancor 등 초국가적 기축통화의 창출, 국제자본 이동과 규제의 표준화, 그리고 대외불균형 조정의 강제성 부여 등을 들 수 있다. 이와 같은 방안이 현실화되면 현 국제통화제도의 문제점은 상당부분 해소될 수 있을 것으로 기대된다.

그러나 초국가적 기축통화 창출을 핵심으로 하는 새로운 국제통화제도가 현실화되기 위해서는 해결하여야 할 과제가 많다는 것이 전문가들의 일반적인 평가이다. 새로운 국제통화제도 확립을 위해서는 초국가적 기축통화표시 금융시장의 육성, 초국가적 기축통화를 공급하는 '세계중앙은행'의 창설, 그리고 국제통화제도를 제도화하기 위한 국제적 합의 등이 선결되어야 하는 것이다.

IMF는 앞에서 논의한 실질적 복수기축통화와 초국가적 기축통화(SDR 및 Bancor)를 핵심으로 하는 국제통화제도의 제도화가 미 달러화 중심의 현 제도보다 공정성 및 안정성 면에서 우월한 것으로 평가[7]하고 있다. 그러나 실용 용이성과 정치적 선택 가능성은 낮게 나타나 다양한 이점에도 불구하고 현실적 대안이 되기는 어려움을 시사하고 있다. 이에 따라 향후 국제통화제도 개편에 관해서 다양한 논의가 이루어지겠으나 상당

---

7   The Debate on the International Monetary System (2009.11)

기간 동안은 현재와 같은 '미 달러-자유시장 메커니즘 중심' 체제가 유지될 것으로 보는 것이 일반적이다. 다만 현 제도가 안고 있는 단점을 보완할 수 있는 현실적 방안들도 지속적인 논의대상이 될 것으로 예상된다.

제2절 중국 위안화 국제화 추진

1. 위안화 국제화 추진 배경

중국이 글로벌 금융·경제위기 이후 위안화의 국제화를 적극 추진하고 있는 것은 글로벌 위기를 계기로 현 국제금융체제의 문제점 노정, 달러화 가치 하락에 따른 외환보유고 손실 가능성, 그리고 높아진 중국경제의 위상과 위안화의 지역 내 역할 증대 등을 반영한 것이다.[8] 현 국제금융체제가 안고 있는 근본적인 문제점이 노정되자 중국은 이를 위안화의 국제화를 추진할 좋은 기회로 적극 활용할 것을 도모하고 있다. 세계 최대 외환보유국인 중국은 외환보유고를 대부분 미 달러자산으로 운용함으로써 미 달러화 가치 하락에 따른 외환보유고의 손실 가능성, 과도한 외환보유액에 따른 관리비용 증가 등에 대처하고 국제금융시장에서의 발언권을 확대할 필요성이 증대된 것이다. 기본적으로 경제적인 측면에서 위안화의 국제화 추진에는 이른바 '원죄(original sin)의 고통'[9]에서 벗어나고자 하는 의도가 깔려 있다고 보는 것이 일반적 견해이다.

---

8 미 달러화를 기축통화로 하는 현 국제금융체제하에서 일부 국가들이 자국통화의 국제화를 추진하는 것은 기본적으로 기축통화가 누리는 특권(혜택), 즉 국제통화 발행의 편익에 초점을 두고 있다.

9 글로벌 금융위기와 같은 경제위기의 발생 시 국제화된 자국통화를 보유한 국가들의 경우 대외채무는 자국통화로 갚을 수 있는 국내채무와 마찬가지이기 때문에 돈을 찍어내거나 채권 발행을 통한 해외로부터의 자국통화의 차입으로 위기상황을 수습할 수 있다. 그러나 자국통화가 국제적으로 통용되지 못하는 국가들의 경우 경제위기 시 대외채무를 갚기 위해서는 해외로부터 외화를 빌려와야 한다. 이때 심각한 외화 공급부족 현상으로 자국통화가치가 급락하면서 자국통화 기준으로는 장부상 별 문제가 없는 개인이나 기업들도 자산과 부채표시 통화가 다른 통화 불일치(currency mismatch)현상 때문에 외화유동성위기에 내몰리는 상황에 직면하게 된다. 1970년대 말의 아시아 외환위기와 2008년 글로벌 금융위기 이후 한국, 중국 등 신흥시장국들이 겪은 경험들은 이러한 고통을 잘 말해 주고 있다. 보다 자세한 내용은 Eichengreen et al. (2003) 참조.

중국은 지난 20여 년 간 지속된 고도성장에 힘입어 경제규모가 2011년 들어 미국에 이어 세계 2위의 자리를 차지하는 등 세계경제에서의 위상이 크게 높아졌으며, 이와 같이 높아진 경제위상을 배경으로 국제사회에서 영향력을 확대[10]하고 있다. 또한 중국은 아시아 역내 국가들의 주요 교역 및 투자대상국으로서 ASEAN, 대만, 홍콩, 그리고 마카오 등 화교권 국가들 간에 위안화를 무역 결제통화로 사용하는 비중이 증가하고 일부 ASEAN 국가들이 외환보유액 일부를 위안화로 보유함에 따라 중국의 역내 경제적 영향력과 위안화의 역내 역할이 증대되고 있다.

2. 위안화 국제화 추진 현황

2.1 기본적인 추진방향

중국은 기본적으로 우선 지역 내 무역결제 확대를 통하여 지역 내 무역결제통화, 나아가 지역통화로서의 지위를 확보하고, 장기적으로 기축통화의 지위를 목표로 위안화의 국제화를 추진하고 있다. 이를 위해 중국정부는 기능적 및 범위적 측면에서 동시다발적으로 위안화 국제화를 위한 여러 조치를 강구하고 있다.

먼저 기능적 측면에서 전반적으로 결제통화, 투자통화, 보유통화의 단계별로 국제화를 추진하는 계획을 세우고 있다. 위안화의 결제통화로서의 기능 강화를 위해 주변국들과 자국통화 결제와 위안화 결제를 병행 추진하고, 위안화의 투자통화로서의 기능 확대를 위해 홍콩[11]을 중심으로 역외 금융시장을 육성하는 한편 역내에 상해 국제금융센터를 설립하여 자본시장 투자기능을 강화하기 위한 노력을 기울이고 있다. 또한 위안화의 준비통화로서의 역내 활성화를 위해 일부 국가와 통화스왑 협정을 체결하고 있다.

또한 위안화의 사용지역 범위 측면에서 지역범위를 3단계 ― ① 홍콩, 마카오, 대만

---

10 IMF 지분을 확대(2010년 11월 IMF 잠정위원회에서 IMF 지분을 세계 3위로 높임)하고, 국제금융기구 고위직 진출 ― ADB 부총재(Xiaoyu ZHAO), World Bank Chief Economist(Justin Yifu LIN), IMF 총재 특별고문(Min ZHU).

11 국제금융 중심지인 홍콩은 1997년 중국으로의 주권 반환 이후 중국과 세계를 연결하는 게이트웨이로서 중국 경제발전에 필요한 막대한 자금을 공급해 주는 역할을 수행하고 있다.

을 포함한 중화권 지역의 위안화 결제통화, ② ASEAN 지역에서의 지역투자통화 기능 강화, 그리고 ③ 전 세계적 범위에서의 위안화 국제화 실현 — 로 구분하여 점진적으로 추진하고 있다.

2.2 구체적 추진 현황

가. 결제통화로서의 위안화 국제화 추진

중국은 위안화 국제화의 첫 번째 단계로 대외무역 결제 시 위안화 사용 확대에 중점을 두고 위안화 유통범위를 국경무역에서 국제무역으로 확대하고 있다. 위안화의 국제통용은 2003년 초부터 인접국가와의 소규모 국경무역에서 시작[12]하였으나 글로벌 금융·경제위기 이후 각종 관련규제를 완화하는 등 다양한 조치를 실시하였다(〈표 16-1〉). 2009년 4월 5개 도시(상해, 동관, 심천, 광주, 주해)와 홍콩-마카오-ASEAN 간 무역결제를 시범적으로 허용한 데 이어 2010년 6월에는 시범지역을 베이징 등 20개 지역으로 확대하고 무역결제 대상지역도 전 세계로 확대하였다. 또한 종전에는 외국기업의 경우 중국에 등록을 해야만 결제계좌를 개설할 수 있었으나 2010년 10월부터는 등록여부와 관계없이 결제계좌를 개설할 수 있도록 허용하였다.[13] 이어 2010년 12월에는 위안화 결제 가능 수출기업을 대폭 확대하고 2011년 8월에는 위안화 무역결제 시범지역을 중국 전역으로 확대하였다. 또한 2013년 8월에는 상하이 자유무역지구(FTZ)를 설립하였다.

12　중국정부는 이미 1993년 11월부터 라오스, 미얀마, 베트남, 태국, 캄보디아 등 여러 국가와의 변경무역에서 위안화 결제를 시작하였다. 2003년 3월에는 베트남, 몽골, 라오스, 네팔, 러시아, 키르기스스탄 등 8개국 중앙은행과의 변경무역 시 위안화를 무역결제통화로 사용할 것에 대해 협정을 체결하였다.

13　다만 위안화 결제계좌에 예치된 위안화를 외국통화로 환전하거나 현금으로 인출할 수 없도록 함으로써 자금의 사용처를 무역결제로 제한하였다.

〈표 16-1〉 위안화 무역결제 확대를 위한 규제완화

연도	정부 추진 현황
2003년 3월	8개 접경국과 상호통화결제협약 체결
2004년 1월	위안화 국경무역 소액결제 면세 시범도입(운남성)
2008년 2월	무역업에 종사하는 북한기업에 대해 중국 내 위안화 결제계좌 개설
2008년 7월	중국인민은행 내에 환율담당부서를 설립하여 위안화의 국제화와 해외 유통시장 추진을 공식적으로 지정
2008년 11월	중국 본토와 대만 간 무역결제통화를 미 달러화 대신 양국 통화로 대체하는 방안 추진
2008년 12월	제3회 중·러 경제고위포럼에서 양국 간 무역거래에서 미 달러화의 비중을 줄이고 위안화와 루블화의 사용을 확대하는 방안 추진
2008년 12월	광둥·장강 삼각주 지역과 홍콩·마카오 지역 간, 광서·운남과 ASEAN 간의 무역거래에서 위안화를 결제통화로 시범운용
2009년 3월	홍콩 내 위안화 국제결제센터 설립을 허가 승인
2009년 4월	상해와 광동성의 광주, 심천, 주해, 동관 등 총 5개 도시를 시범지역으로 선정해 대외무역 거래에서 위안화를 결제통화로 허용
2009년 7월	위안화 무역결제 시범도입 상해, 광동성 4개 도시 ↔ 홍콩, 마카오, ASEAN 10개국
2010년 4월	위안화 국경무역 소액결제 면세 시범지역 확대 운남성, 내몽골, 광서, 신강, 티베트 자치구 및 동북 3성
2010년 6월	위안화 무역결제 해외 대상지역 제한 철폐, 북경 등 20개 지역 ↔ 전 세계
2010년 10월	외국기업 위안화 결제계좌 개설 허용
2010년 12월	위안화 결제가능 수출기업 확대(365개→67,369개)
2010년 12월	중국 외환시장에서 위안화·루블화(러시아통화) 직접거래 개시
2011년 8월	위안화 무역결제 시범지역 중국 전역으로 확대
2013년 8월	상하이 자유무역지구(FTZ) 설립
2014년 6월	개인 위안화 무역결제 전면적 허용

자료 : 중국외환관리국

이러한 조치들에 힘입어, 특히 2010년 6월 이후 무역결제 시범지역 및 대상기업에 대한 제한이 사실상 철폐됨에 따라 위안화의 대외 무역결제 사용실적이 크게 늘어나 중국정부는 위안화 국제화의 초기난세인 무역결제동화 단세에서 기내 이상의 싱과를 거두고 있다. 위안화 무역결제는 2010년 5,100억 위안에서 2013년에는 4조 6,300억 위안으로 4년 만에 9배 수준으로 크게 증가하였다. 이에 따라 전 세계 무역에서의 국가 간 위안화 결제 비중도 늘어나 2014년 4월 기준으로 1.4%로 전체 통화 중 7위를 기록하였는데 이는 아직 미 달러에 비해서는 미미한 수준이라 할 수 있다(〈표 16-2〉).

〈표 16-2〉 위안화 무역결제 규모 추이   (단위 : 억 위안)

	09년	10년	11년	12년	13년	14년	15년	16년
상품거래	19.5	3,034	13,811	26,040	41,368	58,947	63,911	41,209
서비스거래 및 기타거래	6.1	467	2,079	2,758	4,999	6,564	8,432	11,065
합계	25.6	3,501	15,890	28,798	46,367	65,511	72,343	52,274

자료 : 중국인민은행

나. 투자통화로서의 위안화 국제화 추진

중국은 부분적으로 개방하고 있는 자본계정이 위안화 무역결제 활성화를 가로막는 요인으로 작용하고 있어 홍콩을 활용한 역외 위안화시장 육성을 추진하고 있다. 자본유출입을 엄격히 규제하고 있는 중국으로서는 단기적으로 본토에 대한 자본규제를 대폭 완화하기 어려운 실정이므로 경제 및 금융 면에서 독립적인 홍콩을 본토 금융시장에 충격을 주지 않고 금융시장을 개방하는 시험장으로 활용하고 있다.[14] 즉 현재 중국 역외시장에서 위안화 조달 및 운용이 어렵다는 점은 위안화 무역결제 활성화 추진의 가장 큰 문제점으로, 이를 해결하기 위해 중국은 홍콩을 중심으로 역외에서 위안화표시 금융시장을 육성함으로써 무역계정을 통해 공급된 위안화의 활용처를 확대하는 정책을 추진하였다. 2004년 1월 홍콩 은행들이 위안화표시 개인 예금·송금·외화환전·신용/직불카드 발급 등의 업무를 취급할 수 있도록 허용하였으며 2007년부터 중국 금융기관들의 홍콩 내 위안화표시 채권발행을 시범적으로 허용하였다.

또한 중국정부는 투자상품 다양화를 위해 중국 은행들의 홍콩 내 위안화표시 채권·보험·증권발행 등을 허용하였다. 2010년 7월 19일 중국인민은행과 홍콩금융관리국 간 '위안화 청산 협정 개정안'[15]이 체결됨에 따라 외국기업들은 역외에서 자유로운

---

14 국제금융센터로서의 위상을 확보하고 있는 홍콩은 중국의 주권 아래 있으나 경제, 금융 면에서 독립적이며 중국본토와 해외국가 간의 위안화 무역거래의 75% 이상이 홍콩에 소재한 은행들을 통해 진행되고 있다.

위안화의 매입·대출·송금이 가능하게 되었으며, 2010년 8월부터 일부 외국인투자자 (offshore bank)[16]에게 국내은행 간 채권시장 참여를 허용함으로써 저금리 예금에 한정되어 있던 홍콩의 위안화 금융시장에 고수익의 다양한 금융상품을 출시할 수 있는 여건이 마련되었다. 이어 중국은 2011년 12월 홍콩에 '위안화 적격 외국인 기관투자자 (RQFII : RMB qualified foreign institutional investor)'[17] 투자자격을 부여하고 싱가포르(2013.10), 영국(2013.10), 대만(2013.10), 프랑스(2014.3), 그리고 한국(2014.7)에 RQFII 투자자격을 부여하였다. 한편 중국은 상하이증시와 홍콩증시 교차거래를 허용하는 제도인 '후강퉁'을 도입(2014.11)한 데 이어 2016년 12월에 선전거래소와 홍콩거래소 간 교차거래를 허용하는 '선강퉁'을 도입하였다. 또한 2016년 2월에 RQFII의 투자액 상한선을 폐지하고 심사절차를 간소화하였다(〈표 16-3〉).

한편 2003년 홍콩과 2004년 마카오에 처음으로 역외 위안화 청산결제은행을 설립한 이후 일대일 프로젝트의 추진, 무역 및 투자환경 변화에 따른 중국기업의 해외진출 확대 등으로 역외 위안화 청산결제은행의 설립이 증가하고 있다. 2016년 말 현재 전 세계 23개 국가에 역외 위안화 청산결제은행을 설립하였다(〈표 16-4〉).

---

15 주요내용은 i) 기업의 홍콩 내 위안화계좌 개설 제한 해제, ii) 보험·증권 등 위안화표시 금융상품 판매, iii) 기업의 위안화 환전액 상한선 철폐, 그리고 iv) 기업과 개인의 은행계좌 간 위안화 이체 허용(다만 개인의 위안화 환전액 상한선(2만 위안)은 유지) 등이다.

16 대상은 i) 중국인민은행과 통화스왑을 체결한 각국 중앙은행, ii) 홍콩·마카오 소재 위안화 청산은행, 그리고 iii) 위안화 결제 취급은행 등 3개 그룹에 속하는 은행들이다.

17 RQFII는 중국증권감독관리위원회(CSRC)의 허가를 받고 국가외환관리국(SAFE)으로부터 투자한도를 승인받은 후 역외 위안화 자금을 운용하여 역내 증권투자를 하는 해외법인을 말한다. 위안화의 자유태환이 안 되고 자본계정 개방이 이루어지지 않은 조건하에서 제한적으로 역외 위안화 자금을 중국 역내 증권시장에 투자하게 하기 위한 한시적 제도이다.

〈표 16-3〉 해외 위안화표시 금융상품 투자확대 과정

시기	주요내용
2003년	중국과 홍콩 간 '경제 파트너십 강화 협정(CEPA : closer economic partnership arrangement)' 체결
2004년	홍콩 내 은행의 개인 대상 위안화 서비스(예금·환전 등) 개시 허용
2005년	외국인투자자의 위안화 채권 발행 시범도입 (국제금융공사(IFS), 아시아개발은행(ADB) 등)
2007년 6월	중국 금융기관들의 홍콩 내 위안화표시 채권 발행 시범허용 (중국 재정부, 정책성은행, 주요 상업은행 등)
2010년 7월	중국과 홍콩 간 '위안화 청산협정 개정안' 체결 홍콩 내 위안화 펀드·보험 판매 허용 등
2010년 8월	중국 내 은행 간 채권시장 개방
2011년 1월	위안화 대외직접투자 허용
2011년 12월	홍콩에 RQFII 투자자격 부여
2013년 10월	싱가포르, 영국, 대만에 RQFII 투자자격 부여
2014년 3월	프랑스에 RQFII 투자자격 부여
2014년 7월	한국에 RQFII 투자자격 부여
2014년 11월	위안화 적격 국내 기관투자자(RQDII) 제도 도입, 후강퉁 도입
2016년 2월	RQFII의 투자액 상한선 폐지, 심사절차 간소화
2016년 12월	선강퉁 도입

〈표 16-4〉 역외 위안화 청산결제은행 현황

설립순서	국가	설립시기	청산결제은행
1	홍콩	2003.12월	중국은행(홍콩) 유한회사
2	마카오	2004.9월	중국은행 마카오분행
3	대만	2012.12월	중국은행 타이베이분행
4	싱가포르	2013.2월	중국공상은행 싱가포르분행
5	영국	2014.6월	중국건설은행 런던분행
6	독일	2014.6월	중국은행 프랑크푸르트분행
7	한국	2014.7월	교통은행 서울분행
8	프랑스	2014.9월	중국은행 파리분행
9	룩셈부르크	2014.9월	중국공상은행 룩셈부르크분행
10	카타르	2014.11월	중국공상은행 도하분행
11	캐나다	2014.11월	중국공상은행(캐나다) 유한회사

설립순서	국가	설립시기	청산결제은행
12	호주	2014.11월	중국은행 시드니분행
13	말레이시아	2015.1월	중국은행(말레이시아) 유한회사
14	태국	2015.1월	중국공상은행(태국) 유한회사
15	칠레	2015.5월	중국건설은행 칠레분행
16	헝가리	2015.6월	중국은행 헝가리분행
17	남아프리카공화국	2015.7월	중국은행 요하네스버그분행
18	아르헨티나	2015.9월	중국공상은행(아르헨티나) 주식유한회사
19	잠비아	2015.9월	잠비아중국은행
20	스위스	2015.11월	중국건설은행 취리히분행
21	미국	2016.9월	중국은행 뉴욕분행
22	러시아	2016.9월	중국공상은행(모스크바) 주식회사
23	아랍에미리트	2016.12월	중국농업은행 두바이분행

자료 : 중국인민은행

　　이와 같은 다양한 조치와 위안화 무역결제 확대를 반영하여 최근 홍콩의 역외 위안화시장 규모는 급속히 확대되는 추세를 나타내었다. 홍콩 내 위안화 예금금리가 0.8%에 불과한 데 반해, 중국 내 채권시장의 운용수익률은 3%에 달하기 때문에 홍콩 내 위안화 예금이 급증하는 추세를 보였다. [그림 16-1]에서 보는 바와 같이 홍콩 내 위안화 예금은 2010년 이후 전반적으로 증가추세를 지속하였다. 2010 ~ 2011년 중 급속히 증가하고 2012년 중에는 주춤한 모습을 보였으나 2013년 이후 다시 승가하여 2015년 말에는 홍콩 내 위안화 예금 규모가 1조 위안 수준에 달하여 2009년에 비해 13배 이상 증가하였다. 그러나 2015년 이후 위안화 약세에 따른 자본유출 우려로 중국정부가 외환시장 규제를 강화하면서 위안화 예금이 감소추세를 지속하였다.

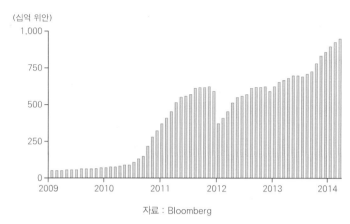

자료 : Bloomberg

[그림 16-1] 홍콩 내 위안화 예금 잔액

다. 준비자산통화로서의 위안화 국제화 추진 및 금융협력 강화

글로벌 금융·경제위기 이후 동아시아 역내 금융협력이 강화되는 과정에서 중국의 위상 및 역할이 증대되고 있다. 중국은 2008년 12월 한국과 1,800억 위안 규모의 스왑 체결을 시작으로 2017년 10월 현재 홍콩, 싱가포르, 말레이시아 등 아시아 10개국과 여타 22개국을 포함해 총 32개 국가와 3조 510억 위안 규모의 통화스왑협정을 체결하였다(〈표 16-5〉). 최근 통화스왑 체결 국가가 증가하는 것은 아시아지역에서의 위안화 영향력을 우선 확보하고 여타 지역으로 확대해 나가는 것이 현실적인 위안화 국제화 전략이라는 중국정부의 판단에 배경을 두고 있다. 한편 2016년 10월 1일부터 중국 위안화가 국제통화기금(IMF)의 특별인출권(SDR : speacial drawing right) 통화바스켓에 정식으로 편입되었다.

〈표 16-5〉 중국과 각국 중앙은행 간 통화스왑 체결 현황   (단위 : 억 위안)

설립순서	국가	체결시기	만기시기	통화스왑 규모
1	홍콩	2014.11.22	2017.11.21	4,000
2	한국	2017.10.11	2020.10.10	3,600
3	영국	2015.10.20	2018.10.19	3,500
4	ECB	2016.9.27	2019.9.26	3,500

설립순서	국가	체결시기	만기시기	통화스왑 규모
5	싱가포르	2016.3.7	2019.3.6	3,000
6	캐나다	2014.11.8	2017.11.7	2,000
7	호주	2015.3.30	2018.3.29	2,000
8	말레이시아	2015.4.17	2018.4.16	1,800
9	러시아	2014.10.13	2017.10.12	1,500
10	스위스	2017.7.21	2020.7.20	1,500
11	태국	2014.12.22	2017.12.21	700
12	아르헨티나	2017.7.18	2020.7.17	700
13	카타르	2014.11.3	2017.11.2	350
14	아랍에미리트	2015.12.14	2018.12.13	350
15	남아프리카공화국	2015.4.10	2018.4.9	300
16	뉴질랜드	2017.5.19	2020.5.18	250
17	칠레	2015.5.25	2018.5.24	220
18	이집트	2016.12.6	2019.12.5	180
19	우크라이나	2015.5.15	2018.5.14	150
20	몽고	2017.7.6	2020.7.5	150
21	터키	2015.9.26	2018.9.25	120
22	스리랑카	2014.9.16	2017.9.15	100
23	파키스탄	2014.12.23	2017.12.22	100
24	헝가리	2016.9.12	2019.9.11	100
25	모로코	2016.5.11	2019.5.10	100
26	카자흐스탄	2014.12.14	2017.12.13	70
27	벨라루스	2015.5.10	2018.5.9	70
28	아이슬란드	2016.12.21	2019.12.20	35
29	타지키스탄	2015.9.3	2018.9.2	30
30	세르비아	2016.6.17	2019.6.16	15
31	수리남	2015.3.18	2018.3.17	10
32	아르메니아	2015.3.25	2018.3.25	10
계	32개국			30,510

주 : 2017년 10월 기준
자료 : 중국인민은행

또한, 중국은 아시아 금융위기 이후 미래의 위기에 대처하기 위해 출범한 대표적인 금융안전망(financial safety net)으로서 역내 유동성 지원 메커니즘(liquidity support mechanism) 기능을 수행하는 치앙마이 이니셔티브(CMI : Chiang Mai initiative)에서 일본, 한국과 더불어 주도적인 위치를 차지하고 있다. 중국은 〈표 16-6〉에서 보는 바와 같이 최근 '다자간 협력체제로 전환된 치앙마이 이니셔티브(CMIM : Chiang Mai initiative multilateralization)'의 재원을 확충하는 데 일본과 함께 높은 분담비율 (32.0%) 및 발언권(28.41%)을 확보하였다(〈표 16-6〉). 한편 2012년 5월 한국·중국·일본 재무장관 및 중앙은행총재 회의에서 3국의 상호 국채투자를 촉진하는 한편 정보공유 등 국제투자협력체제(framework)를 구축하기로 합의하였다. 이에 따라 2012년 6월부터 중국은 일본과 위안화-엔화의 직거래를 시작하였으며 2014년 12월에 원화-위안화 직거래시장을 개설하였다.

〈표 16-6〉 CMI (CMIM) 자금 분담 및 발언권 비중

	Contribution				Purchasing Multiple	Voting Power (%)
	USD (Billion)		Share (%)			
중국	38.4	(Excluding Hong Kong, China) 34.2	32.0	28.5	0.5	25.43
		HK 4.2		3.5	2.5	2.98
일본	38.4		32.0		0.5	28.41
한국	19.2		16.0		1.0	14.77
한·중·일 3국	96.0		80.0		–	71.59
인도네시아	4.77		3.97		2.5	4.52
태국	4.77		3.97		2.5	4.52
말레이시아	4.77		3.97		2.5	4.52
싱가포르	4.77		3.97		2.5	4.52
필리핀	3.68		3.07		2.5	3.75
베트남	1.00		0.83		5.0	1.85
캄보디아	0.12		0.10		5.0	1.22
미얀마	0.06		0.05		5.0	1.18

	Contribution		Purchasing Multiple	Voting Power (%)
	USD (Billion)	Share (%)		
브루나이	0.03	0.02	5.0	1.16
라오스	0.03	0.02	5.0	1.16
ASEAN	24.0	20.0	–	28.41
합계	120.0	100.0	–	100.0

자료 : Ministry of Finance, Japan

라. 관련제도의 개혁 및 향후계획 준비

중국은 위안화 국제화를 위하여 필요한 제도를 개혁하고 향후계획을 발표하는 등 다양한 노력을 경주하고 있다. 중국인민은행에 위안화 국제화를 위해 필요한 외환제도 개혁 및 위안화의 태환성 개선을 위한 정책을 담당하는 외환정책국을 신설(2008.7)하였으며 중국 국무원은 위안화 국제화를 위해 인민은행, 재정부, 상무부, 은행감독위원회, 국세총국, 해외총국 등 6개 경제관련 주요기구의 간부급 관리들이 참석하는 '위안화 국제화 특별팀'을 구성, 운영하고 있다.

또한 중국정부는 톈진 빈하이신구에 위안화 역외거래시장 개설계획을 발표(2008.8)하였다. 이어 2020년까지 상하이를 글로벌 금융허브로 만들 계획이라고 발표(2009.4)하였는데, 2012년 1월 30일에 중국 국가발전개혁위원회(NDRC)와 상하이 시는 동 계획을 2015년까지 앞당겨 추진하기로 하였다[18](〈표 16-7〉).

---

18 국제금융시장의 환경 변화와 국제적인 위안화 중심지의 필요성이 대두되자, 당초 계획을 앞당겨 상하이에 위안화 거래와 관련된 하부구조를 구축해 상하이를 위안화 환율 결정 및 거래의 중심지로 만들겠다는 계획을 발표한 것이다.

〈표 16-7〉 중국의 상하이 국제금융센터 추진 세부계획

	내용	2010년	2015년
금융시장 규모	금융시장거래규모	386.2조 위안	1,000조 위안
	채권수탁 잔액	세계 5위	세계 3위
	금현물 거래량	세계 1위	세계 1위
	파생금융상품 거래량	NA	세계 5위
	보험시장규모(보험료 수입 기준)	695억 위안	1,400억 위안
	은행카드 타행 간 규모	10조 위안	25조 위안
금융국제화	외국인투자자 참여	작음	대폭 제고
	상하이 금융시장의 국제적 영향력	작음	대폭 제고
금융서비스	직접금융 비중	16.7%	22.0%
	자산운용업 규모	15조 위안	30조 위안
금융환경	금융업 종사자수	24.5만 명	32만 명
	금융인프라 경쟁력	NA	대폭 제고

자료 : 한국은행 상하이 주재원

    이와 같은 일련의 계획을 추진하는 가운데 2012년 2월 23일 중국인민은행은 위안화 국제화 추진을 포함하는 자본시장 개방 청사진을 발표하였다(〈표 16-8〉). 동 계획에 따르면 중국의 자본시장 개방 일정은 3단계로 나뉘는데, 1단계(향후 1 ~ 3년 간)는 해외투자 확대, 2단계(향후 3 ~ 5년 간)는 위안화 국제화 추진, 그리고 3단계(향후 5 ~ 10년 간)는 자본시장 완전개방을 추진하기로 하였다. 이번 중국 자본시장 개방 청사진 중 위안화 국제화 추진 계획은 향후 세계 교역에서 위안화 위상이 높아질 것이므로 이와 관련된 대출규제를 완화함으로써 중국 은행들의 국제경쟁력을 높이고 무역결제에서 위안화 비중을 확대하는 동시에 향후 투자통화 및 비축통화로서의 기능을 제고하겠다는 것이다.

〈표 16-8〉 중국의 자본시장 개방 일정

구분	기간	개방내용
1단계	단기(1~3년)	– 저우추취(走出去 : 중국 본토 기업의 해외투자) 확대
2단계	중기(3~5년)	– 위안화 국제화, 위안화 상업대출 확대 – 무역결제와 대출에 위안화 전면개방 – 금융산업 경쟁력 강화
3단계	장기(5~10년)	– 금리 시장화, 선진시스템 구축 후 자본시장 완전개방 – 수량규제에서 가격규제로 전환 – 부동산, 주식, 채권 순서로 개방

자료 : 중국인민은행

3. 주요국의 위안화 허브 구축 경쟁

중국이 위안화 국제화를 강력하게 추진하면서 위안화 무역결제 규모가 급증하고 외환시장에서 위안화 거래규모도 지속적으로 증가하는 등 머지않아 중국 위안화가 국제금융시장에서 큰 영향력을 발휘하게 될 가능성이 점차 높아지게 됨에 따라 주요국들은 자국 내에 위안화 금융허브(hub)를 구축하기 시작하였다. 위안화 금융허브는 중국 본토 이외에서 위안화 및 위안화표시 금융거래가 집중되는 위안화 관련 금융서비스 집적지, 즉 무역결제를 위한 위안화 수요와 더불어 위안화 자금조달, 신용거래, 투자 및 헤지 모두 가능한 지역을 말한다. 여기에서는 홍콩, 싱가포르, 대만, 한국, 그리고 영국 런던의 위안화 허브구축 추진현황에 대해 간략히 살펴보기로 한다.

3.1 홍콩

홍콩이 가장 먼저 위안화 중국 역외 중심지 전략을 시작[19]하였으며 2004년 위안화 관련 업무 개시 이후 지속적으로 관련 인프라를 구축하면서 제1의 위안화 역외 허브로서 입지를 굳히고 있다. 홍콩의 역외 위안화 업무 발전은 위안화 예금 및 대출 업무의 확대, 위안

---

19 홍콩은 2000년대 초반부터 위안화 관련 금융서비스를 발전시켜 오면서 글로벌 금융위기 이후 위안화 역외 금융허브 전략을 본격적으로 추진하여 왔다.

화 무역결제, 위안화 채권시장 및 위안화 금융상품의 확대로 크게 구분할 수 있다. 먼저 위안화 예금은 2014년 말 현재 그 규모가 1조 36억 위안 수준으로 2004년 대비 약 83배나 증가하였다. 위안화 예금뿐만 아니라 위안화 대출업무도 활성화되고 있다. 위안화 대출 잔액은 2015년 6월말 2,363억 위안으로 2010년 말 18억 대비 130배 이상 증가하였다.

　　위안화 무역결제는 2011년 8월 중국정부가 2009년 7월 5개 시범지역(상하이, 광저우, 선전, 동관, 주하이)을 대상으로 처음 실시한 이후 2011년 8월 그 대상범위를 중국 본토 전체로 확대함에 따라 역외 위안화 무역결제 규모가 확대되었다. 이러한 위안화 무역결제는 대부분 홍콩을 통해 이루어지고 있다. 2014년 중국의 역외 위안화 결제규모 는 6조 5,500억 위안에 달하는데 이 중 홍콩의 역외 위안화 무역결제 규모는 6조 2,583억 위안으로 전체 역외 위안화 결제액의 95.5%를 차지하였다.

　　홍콩의 위안화 채권시장은 위안화 비즈니스가 활성화되면서 빠르게 발전하고 있 다.[20] 홍콩의 위안화 채권시장은 2007년 7월 중국개발은행(China Development Bank)이 처음으로 홍콩에서 50억 위안의 위안화 채권을 발행한 이후 규모가 지속적으 로 확대되고 있다. 또한 채권 발행주체도 중국정부 및 본토 은행에서 홍콩기업과 다국적 기업 등으로 확대되고 있다. 2014년 6월말 현재 홍콩에서 발행한 위안화표시 채권 잔액 은 약 7,500억 위안 수준으로 대부분이 딤섬본드이다. 위안화 금융상품거래는 홍콩에서 역외 위안화거래가 허용되기 시작한 이후 예금, 태환, 송금, 신용카드, 대출, 무역금융 등 기본적인 금융거래는 물론 다양한 금융상품의 거래가 활성화되고 있다. 즉 홍콩의 역외 외환시장, 주식시장 및 자산운용시장에서 파생상품, 펀드, 보험 및 홍콩증권거래 소 상장기업의 주식 등 다양한 금융상품의 거래가 확대되고 있다. 아울러 앞에서 살펴본 바와 같이 RQFII제도 시행 등 금융거래 활성화 노력을 적극적으로 추진하고 있다. 2014 년 6월말 현재 홍콩은 2,700억 위안의 RQFII 투자한도를 부여받았으며 중국인민은행과 4,000억 위안의 통화스왑을 체결하고 있다.

　　이러한 위안화 역외 중심지로서 홍콩의 발전은 본토와의 긴밀한 관계에 따른 것이

20　특히 중국정부가 2011년 5월 제12차 5개년(2011~2015년)계획을 통해 홍콩에서의 국내기관 위안화표시 채권발행 촉진계획을 밝히면서 딤섬본드 발행이 급증하기 시작하였다.

다. 체제 면에서 홍콩은 '일국양제(一國兩制)' 원칙에 따라 독립적 관할체제로서 장점을 가지고 있다. 이는 본토와 홍콩 간의 협력체제가 순조롭게 진행될 수 있는 배경으로 작용하고 있으며 위안화 역외이용에 따른 각종 리스크에 대해 관리가 가능하도록 하는 것이다. 또한 홍콩은 역외 위안화 업무를 가장 먼저 시작한 선행자로서 규모의 장점과 수요 면에서의 장점도 보유하고 있다. 홍콩의 위안화 결제는 전체 역외 위안화 결제액의 대부분을 차지하고 있으며 본토의 홍콩을 통한 무역이 비교적 큰 비중(13% 수준)을 차지함에 따라 위안화 거래 수요 면에서 유리[21]하다. 홍콩은 위안화 역외금융허브의 선발자로서의 우위를 지속하기 위해 다양한 노력을 기울이고 있는데 중국의 금융시장이 개방되면 중국 본토 상하이 국제금융센터의 부상 예상과 함께 그 위상의 지속 여부에 대해 관심이 모아지고 있다.

3.2 싱가포르

싱가포르는 홍콩과의 차별화[22]로 위안화 투자 고객 유치에 주력하고 있다. 싱가포르는 2009년부터 위안화 해외무역 결제 업무를 시작하였으며 2011년 이후 위안화 예금 유치 및 자산관리상품 출시 등 위안화 관련 업무를 시작하고 이를 확대해 나가고 있다. 중국-ASEAN, 그리고 싱가포르-ASEAN의 무역은 싱가포르의 위안화 역외금융 중심지로서의 발전가능성을 높이고 있다. 또한 싱가포르가 보유하고 있는 간소화된 금융거래방식과 이슬람, 인도와의 높은 연계성 등 홍콩과 차별성을 갖는 장점도 발전요인으로 작용할 것으로 예상된다. 2013년 2월 중국인민은행이 중국공상은행(ICBC) 싱가포르지점을 위안화 청산결제은행으로 지정함에 따라 싱가포르가 ASEAN 국가들을 배경으로 하는 역외 위안화 중심지로 도약할 수 있는 계기가 마련되었다. 한편 싱가포르는 2014년 2월

---

21 이는 위안화 유동성 공급의 주요원천이 됨에 따라 '위안화표시 무역결제 증가 → 위안화 공급 증가 → 위안화 수요 증가 → 위안화표시 금융자산 거래 증가'의 위안화거래 선순환구조를 형성할 수 있는 여건이 되고 있다.

22 싱가포르는 화교 네트워크를 통해 중국과의 긴밀한 관계를 구축하면서도 사실상 중국에 속해 있는 홍콩과는 달리 중국정부의 정치적인 이해관계에서는 자유로운 역외 위안화 금융허브라는 측면을 부각하여 홍콩과의 차별화를 시도하고 있다.

위안화거래 활성화를 위해 영국과도 협력방안을 모색하였으며 이후 싱가포르-중국본토 지역 간 위안화 자본이동을 활성화하기 위한 노력을 기울이고 있다.[23]

2015년 6월 현재 싱가포르의 위안화 예금은 3,220억 위안으로 2012년 6월 600억 위안 대비 5배 이상 증가하였다. 역외 위안화 결제규모는 싱가포르가 아시아·태평양 지역의 주요 무역금융허브로서 역내 무역시장을 지배하고 있으며 동남아시아 전역에서 이루어지는 위안화거래를 점유하는 점을 반영하여 2014년 4월 기준 홍콩에 이어 두 번째를 기록하였다. 싱가포르는 2014년 5월 현재 500억 위안의 RQFII 투자한도를 부여받았으며 2013년 3월 기준 중국인민은행과 3,000억 위안의 통화스왑을 체결하고 있다.

한편, 싱가포르의 위안화 채권시장은 규모 측면에서 여타 역외 위안화시장에 비해 경쟁력이 그리 높지 않은 것으로 파악된다. 외환거래는 아시아지역에서 싱가포르의 위안화 외환거래 규모가 큰 것으로 파악되어 싱가포르의 역외 위안화시장 발전을 위한 경쟁력으로 작용할 것으로 예상된다.

3.3 대만

대만은 기존의 역외 달러 국제금융센터 금융 인프라를 바탕으로 역외 위안화 허브전략을 추진하고 있는 홍콩, 싱가포르, 런던의 경우와는 달리 중국과의 긴밀한 무역-실물경제 관계를 바탕으로 위안화 유동성을 확보하여 이를 활용하는 역외 위안화 허브전략을 추진하여 왔다.[24]

대만은 2005년 일부 지역금융기관에서 위안화 환전업무의 시범실시를 시작으로 중국 역외 위안화 중심지로 도약하기 위해 노력을 기울이고 있다. 2011년 7월 역외금융

23　2014년 6월 싱가포르 통화청(MAS)과 중국인민은행 남경지점이 협의하여 싱가포르-쑤저우공업단지(SIP : Suzhou industrial park) 간, 2014년 7월에는 싱가포르-톈진 에코시티 간 위안화 자본이동을 활성화하였다.

24　대만 역외 위안화 허브의 목표는 대만 내에서 위안화 금융센터의 기능을 확대하기보다는 대만 내에서 축적된 위안화를 중국 진출 대만 기업을 원활하게 지원하는 데 있다고 할 수 있다. 이러한 점에서 다른 역내 위안화시장과는 일부 차별화되었다고 할 수 있다. 대만은 2000년대 이후 중국과의 경제관계가 급속하게 가까워졌는데 양안관계의 특수성 때문에 금융교류는 비교적 늦게 진전되었다. 2016년 6월 대만과 중국 간에 경제협력기본협정(ECFA : economic cooperation framework agreement) 체결 이후 양국 간 금융협력이 매우 빠르게 진전되고 있다.

은행(OBU : Offshore Banking Units)과 대만은행 해외지점에 대해 위안화 비즈니스를 허용하였다. 2013년 1월 중국은행(Bank of China) 대만지점이 대만 내 위안화 청산은행으로 지정되었으며 RQFII 쿼터 1,000억 위안을 확보하였다. 또한 2013년 2월 6일 대만 내 외환지정은행(DBU : Domestic Banking Units)의 위안화 업무가 본격적으로 개시되었다.

외환지정은행의 위안화 업무 개시 이후 대만의 위안화 예금이 크게 증가하였다. 위안화 예금은 2013년 2월 390억 위안에서 2015년 9월에는 3,212억 위안으로 8배 이상 증가하였다. 대만의 위안화 예금규모가 빠르게 증가한 것은 위안화 역외허브를 지향하는 대만 정책당국의 지원과 은행의 위안화 예금에 대한 유리한 금리, 그리고 위안화 절상 기조 등이 작용한 것으로 분석되고 있다.

위안화 무역결제는 2012년 8월 위안화로 무역결제가 가능해지면서 이후 증가추세를 나타내고 있다. 대만의 무역구조는 대(對)중국 의존도가 높기 때문에 무역결제를 위안화로 할 경우 그만큼 유동성이 풍부해질 수 있는 여건으로 위안화 허브 인프라 구축에도 긍정적인 영향을 미치는 측면이 있다.

또한 대만에서는 정책당국이 포모사본드[25]시장을 육성하기 위해 관련규제를 완화한 데 힘입어 포모사본드 발행이 꾸준한 성장세를 나타내는 등 위안화 채권시장이 점차 활성화되고 있다. 한편 중국과 대만 양안 화폐관리국은 2012년 8월 양해각서를 체결하고 양안통화결제기구도 설립하기로 하였다. 이와 함께 대만은 중국 내 대만 기업을 위한 경제-금융특구를 지정하여 중국과 대만 간의 자유로운 위안화 거래가 가능하도록 노력하고 있다.

3.4 한국 서울

최근 중국 위안화 국제화와 주요 금융 중심지의 위안화 역외 금융허브 구축이 주요이슈로 부상하면서 한국은 금융부문이 과거 부진에서 벗어나 경쟁력을 강화하는 위안화 역

---

25 포모사본드(Formosa bond)는 대만에서 대만달러 이외의 통화로 발행하는 채권을 말한다.

외 금융허브 기반을 조성하기 위해서 적극 노력하고 있다. 2014년 7월 3일 중국 시진핑 주석의 방문을 계기로 2014년 12월 원-위안 직거래시장의 개설, 교통은행(Bank of Communication) 서울지점의 위안화 청산결제은행으로의 지정, 800억 위안 규모의 RQFII 자격 획득 등 위안화 역외 금융허브 기반작업을 진행하였다.

글로벌 금융위기 이후 한국-중국 간 금융협력과 더불어 진행된 위안화 관련 업무를 본격적으로 추진 육성하고 있다. 2009년 4월 한국은행과 중국인민은행은 1,800억 위안 (38조 원) 규모의 원-위안 통화스왑계약을 체결하였으며 통화스왑은 이후 두 차례 만기 가 연장된 가운데 2017년 10월 현재 스왑규모가 3,600억 위안(64조 원, 약 560억 달러)[26] 으로 우리나라 전체 통화스왑계약의 46%를 차지하고 있다.

한국과 중국 양국은 위안화 국제화 및 활용도 제고를 위해 한·중 통화스왑 자금으로 원-위안 무역결제자금을 지원함으로써 한국 내 위안화 금융의 활성화를 도모하였다.[27]

위안화 역외 금융허브 구축에 필요한 전제조건의 하나인 원-위안 직거래시장이 2014년 12월 개설된 이후 원-위안 직거래 규모는 매우 빠르게 증가하였다. 기업 등 실물 위안화 수요에 기초한 거래가 충분하지 못한 점이 있지만 전반적인 위안화 역외 금융허 브 기반조성에 기여한 것으로 평가된다. 또한 한국은 2015년 10월 5일 원-위안 선물거래 제도를 도입하였고, 2015년 12월 15일 한국정부는 중국 현지에서 외국정부로는 처음으 로 위안화표시 외평채를 발행(30억 위안, 3년 만기, 3%)하였다. 이와 더불어 2016년 6월 27일에는 중국 상하이에 원-위안 직거래시장을 개설하였다.

한편 중국인민은행 산하 외환교역센터(CFETS : China Foreign Exchange Trade System)는 2017년부터 위안화 환율지수[28]의 통화바스켓 구성 비중을 변경하고 구성 통

---

26 동 스왑규모는 홍콩(4,000억 위안)에 이어 두 번째로 큰 규모(중국의 전체 통화스왑 33개국 3.3조 위안 중 10.8%)이다.

27 양국 간 자국통화 무역결제 활성화로 기업의 환리스크 축소와 거래비용을 절감하고 교역을 촉진하였다. 다만 대중국 무역결제 시 위안화 비중이 점차 늘어나고 있음에도 불구하고 아직까지 사용 기업 및 금액이 미미한 수준이다(2016년 현재 대중국 위안화 무역결제 : 수출 5.9%, 수입 4.6%).

28 중국외환거래센터는 미달러화, 유로화, 엔화, 홍콩달러화 등 중국과 무역비중이 높은 13개 주요 무역대상국 통화로 구성된 바스켓지수를 2015년 12월 11일 처음 공표하였으며 인민은행은 동 통화바스켓을 참고하여 매일 위안화 기준 환율을 고시한다.

화도 13개에서 24개로 확대[29]하기로 하였는데 원화가 10.8%로 미 달러화(22.4%), 유로화(16.3%), 엔화(11.5%)에 이어 네 번째로 높은 비중을 차지한다. 이와 같이 원화가 높은 비중으로 위안화 환율지수에 들어간 것은 앞으로 원화와 위안화의 연계성이 높아져 한국-중국의 경제 연계 정도가 높아질 것임을 의미하는 것이다. 아울러 최근 일련의 정책 추진 내용을 고려할 때 향후 한국의 역외 위안화 허브는 그 기반을 확립하면서 발전할 것으로 예상된다.

3.5 영국 런던

영국정부는 전통적인 역외 금융 중심지인 런던을 글로벌 위안화 허브로 육성한다는 방침 아래 2012년 4월 위안화 비즈니스 활성화를 위해 런던 위안화 이니셔티브(The City of London Initiative)를 설립[30]하고 일부 은행을 위안화 역외시장 리딩뱅크로 지정하였다. 이후 런던은 역외 위안화시장의 선두자리를 유지하고 있다.

런던은 런던 소재 금융기관과 기업들이 홍콩과 긴밀한 관련을 가지고 있으며 제도, 문화 등 높은 업무 연계성을 보유하고 있어 위안화 역외금융 중심지로서의 장점을 가지고 있다. 런던의 위안화 예금수준은 다른 주요 위안화 허브의 예금수준과 비교하면 규모가 작은데 이는 중국 밖으로 위안화가 유출될 수 있는 경로가 제한되어 있고 주로 무역결제에 국한[31]되어 있기 때문인 것으로 분석된다.

---

29 한국 원화, 남아공 랜드화, 아랍에미리트 디르함화, 덴마크 크로네화, 멕시코 페소화 등 2016년 위안화 직거래시장이 개설된 11개국 통화가 통화바스켓에 추가되었으며 2015년 기준 무역거래 규모를 감안하여 구성 비중을 신규 산출하였다. 즉 미달러화(26.4% → 22.4%), 유로화(21.4% → 16.3%), 엔화(14.7% → 11.5%) 홍콩달러화(6.6% → 4.3%) 등의 비중이 감소하면서 원화(10.8%)의 비중이 전체 4위이다.

30 런던 위안화 이니셔티브는 2012년 4월 설립 당시 런던과 홍콩의 주요은행인 Bank of China, Barclays Bank, Deutsche Bank, HSBC, Standard Chartered Bank가 창립멤버로 참여하였으며 영국의 재무부(HM Treasury), 영란은행(Bank of England), 영국 재정청(Financial Services Authority)은 관찰자의 역할로 참여했다. 2015년 11월 기준 런던 위안화 이니셔티브의 멤버은행은 12개 은행으로 확대되었다. 런던 위안화 이니셔티브는 2012년 1월 홍콩통화당국(HKMA)과 영국 재무부의 협의하에 설립된 홍콩과 런던 민간 금융기관의 합의체인 '홍콩-런던 위안화 포럼'과 함께 영국과 중국의 정책입안자에게 민간의 의견을 제시하는 역할을 한다.

31 영국은 중국에 대하여 만성적으로 무역수지 적자를 기록하고 있어 무역결제를 통해 위안화 유동성을 확보할 수 있는 대중수출 규모가 크지 않다.

런던의 역외 위안화 채권 발행규모는 상대적으로 작고 성장속도도 빠르지 않지만 두 가지 특징을 가지고 있다. 런던에서 발행되는 위안화 채권의 투자자 중 유럽투자자가 적지 않은 부분을 차지하며, 런던에서는 신용도가 높은 국제기구와 정부의 위안화 채권 발행규모가 상대적으로 크다는 점이다.

한편, 런던에서의 위안화 외환거래는 중국과 홍콩에서의 위안화 외환거래에 비해 그 비중이 낮지만 전 세계 위안화 외환거래 중 런던에서 거래되는 비중이 상대적으로 안정된 것으로 나타났다. 이는 가장 빠르게 성장한 홍콩의 부상과는 상관없이 런던의 외환시장이 강점이 있음을 나타내는 것이라 할 수 있다.

2013년 6월 영란은행과 중국인민은행이 2,000억 위안 규모의 통화스왑을 체결하였는데 이는 G-7 국가 중 중국과 처음으로 통화스왑을 체결한 사례이다. 2013년 10월 영국은 비중화권 지역에서는 처음으로 800억 위안 규모의 RQFII 한도를 부여받았다. 또한 2014년 6월 중국건설은행(China Construction Bank)이 위안화 청산은행으로 지정되었다.

런던은 기존 글로벌 금융의 중심지로서의 인프라를 활용한 강력한 금융노하우와 전문인력으로 향후 다양한 위안화 금융투자상품을 개발할 가능성이 높아 기본적으로 성공적인 역외 위안화 허브로 발전할 수 있는 다양한 요건을 갖추고 있다.

4. 향후 위안화 국제화 전망

4.1 위안화 국제화 여건

특정 통화가 국제통화 기능을 수행하기 위해서는 기본적으로 해당국의 큰 경제규모, 통화가치 안정성, 그리고 발달된 금융시장 등이 필요하다는 것이 일반적인 주장이다. 즉, GDP, 무역, 금융규모 등이 세계경제에서 높은 비중을 차지할수록 유리하며 금융시장의 개방도가 높고 심도가 있으며 잘 발달되어 있어야 한다. 또한 중앙은행에 대한 높은 신뢰성, 안정된 환율과 물가, 그리고 국제거래에서의 광범위한 사용으로 통용성이 극대화될 수 있는 해당국의 통화가 국제화될 가능성이 높다.

이러한 관점에서 중국 위안화의 국제화 여건을 전반적으로 살펴보면 대체로 다음과 같이 요약 정리할 수 있다. 먼저 경제규모 면에서 중국은 고도성장을 지속하면서 GDP 기준으로 미국, 유로지역 다음의 세계 경제대국으로 부상하였으며 무역규모는 2012년 미국을 상회하여 유로지역 다음으로 큰 수준을 기록하고 있다. 최근 중국의 경제 및 무역규모는 일본이 엔화 국제화를 추진하던 1980 ~ 1985년에 비해 3배 정도 빠르게 증가하는 추세를 나타내고 있다. 중국의 채권 및 주식시장은 2002년 각각 3조 위안 및 4조 위안 규모에서 2012년 24조 위안 및 23조 위안 규모로 크게 성장하였으나 GDP 대비 채권 및 주식시장 가치는 주요 선진국에 비해 낮은 수준에 머물고 있다. 특히 채권시장은 아직 발전 초기단계로 상대적으로 매우 낮은 수준을 나타내고 있다. 통화가치의 안정성 면을 살펴보면 글로벌 위기 이후 물가와 환율이 대체로 안정세가 지속되고 있으나 물가는 미국, 유럽 및 일본에 비해 표준편차가 상대적으로 높은 변동성을 나타내고 있다. 금융시장 개방 및 제도적인 여건을 살펴보면 중국은 아직 금융시장 개방도가 낮고 금리규제, 관리변동환율제도 유지에 따른 환율 유연성 부족 등으로 금융시장 선진화가 미흡한 실정이다. 중국은 최근 중장기적 관점에서 금리자유화 추진 및 자본시장 개방 등 자본계정 자유화 여건을 조성하고 있지만 자본시장의 미발달로 해외로부터의 자본유입에 상당한 제한이 따를 것으로 평가되고 있다.

한편 중국은 최근 FTA 체결, 통화스왑 체결 확대로 무역결제 통화로서의 위안화 비중이 증가하고 있으며, 위안화 역외거래센터 확대 등으로 위안화의 역외거래 환경이 개선 추세를 지속하고 있다.

4.2 위안화 국제화 전망

중국 위안화는 중국의 경제 및 무역 규모가 이미 미국 및 유로 지역에 근접하거나 상회하고 있어 네트워크 외부경제(network externalities)에서 우월한 요건을 구비하고 있는 데다 금융시장 규모가 크고 주요 국제통화에 비해 통화가치도 안정되어 있어 국제적 사용이 크게 확대될 잠재력을 보유하고 있다. 또한 최근 국제금융시장에서 세계 최대 외환보유국으로서 대규모의 미 국채를 보유하고 있는 중국의 위상이 높아지고 있다.[32] 중국의 경제 및 무역 규모가 지속적으로 빠르게 증가하여 세계 최대 수준으로 확대되고 금융시장 규모도 실물경제 성장과 중국정부의 정책적 육성으로 발전가능성이 높다. OECD, IMF 등 주요 기관들은 중국의 GDP가 구매력평가기준으로는 향후 5년 이내, 명목환율 기준으로는 2030년 이전에 미국을 제치고 세계 1위 경제대국으로 부상할 것으로 전망하고 있다. 그러나 중국의 자본시장 개방도가 매우 낮을 뿐 아니라 금융자유화 등 금융시장의 선진화가 미흡하여 위안화 국제화의 제약요인으로 작용하고 있다. 또한 중국은 주택시장 버블 논란, 지방정부 부채 및 그림자금융(shadow banking)[33] 급증 등 금융시장 불안요인이 잠재해 있어 이러한 리스크가 현실화될 경우 위안화 국제화를 저해하는 요인으로 작용할 우려가 있다.

이처럼 위안화 국제화의 기초여건은 충분하나 중국 금융시장 여건이 아직 준비되어 있지 않은 만큼 중국의 금융개혁·개방 성패가 향후 위안화 국제화의 속도와 확대 정도를 좌우하는 관건이 될 것으로 보인다. 중국정부는 금리·환율 자유화를 안정적으로 추진하고 자본자유화를 점진적으로 실현할 계획이므로 위안화 국제화도 이에 맞추어 점진적으로 진행될 것으로 전망된다. 중국의 경제대국화와 함께 금리·환율 및 자본자유화 정책이 성공적으로 시행될 경우 위안화는 현재의 중화경제권 지역통화에서 미 달러, 유로화와 함께 주요 국제통화로 발전할 것으로 전망된다.

---

32 중국은 약 4조 달러에 달하는 세계 최대의 외환보유국으로서 약 1조 3,000억 달러의 미 국채를 보유하고 있다.

33 그림자금융은 전통적 은행시스템 밖에서 은행과 유사한 신용중개기능을 담당하는 기관 또는 활동을 말하며 비은행부문의 신용공여 또는 신용공여와 유사한 금융상품(대출 유동화 증권, 대출채권을 편입한 신탁, 펀드 등)이 포함된다. 중국의 그림자금융 규모를 정확히 파악하기는 어려운데, 한국은행(2014)의 자료에 따르면 중국 사회과학원은 2013년 9월 14.6 ~ 20.5조 위안 규모로 추산하였다.

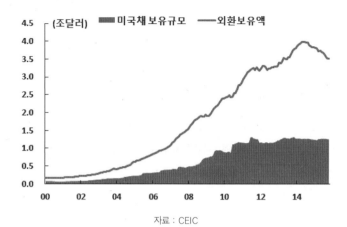

자료 : CEIC

[그림 16-2] 홍콩 내 위안화 예금

〈표 16-9〉 중국의 통화 국제화 여건

	2009년	2016년
세계 GDP 대비 비중(%)	8.5(2위)	14.8(2위)
(PPP 기준, %)	13.3(2위)	17.8(1위)
교역 비중(GDP 대비, %)	44.2	37.1
(세계 교역규모 대비, %)	8.9	10.1
경상수지(GDP 대비, %)	4.8	1.8
위안화 무역결제 비중(%)	0.0	18.1
물가상승률(%)	-0.7	1.4

자료 : IMF, WEO, DOT

요약

1. 미국의 경상수지 적자 누증 등으로 미 달러화 가치가 불안해질 때마다 미 달러화를 기축통화로 하는 현행 국제통화제도를 개편해야 한다는 주장이 2008년 세계금융·경제위기를 계기로 다시 부상하였다. 국제통화제도 개편 논의는 '미 달러-자유시장 메커니즘' 중심의 현 국제통화제도가 안고 있는 근본적인 문제점이 배경이라 할 수 있다. 현 국제통화제도가 안고 있는 문제점은 '트리핀의 딜레마', 기축통화만이 누릴 수 있는 과도한 특권에 대한 불만, 글로벌 불균형 시정을 위한 조정장치가 없는 점, 그리고 과도한 외환보유액 확충 유인에 따른 부작용 등으로 요약된다.

2. 많은 학자와 전문가들은 현행 국제통화제도를 대체할 수 있는 미래의 국제통화제도로서 크게 두 가지를 논의하고 있는데, 유력한 국제통화 후보인 유로화와 중국 위안화의 역할 증대를 기대하면서 미 달러화의 비중을 낮추고 실질적 복수통화제도를 채택하자는 주장과, 국가 간 협약에 의해 바람직한 국제통화제도를 재창출하자는 주장이다. 그러나 이러한 주장들이 현실화되려면 상당한 시간이 소요될 것으로 예상되며 선결되어야 할 과제가 많다는 것이 일반적인 평가이다.

3. 중국은 글로벌 금융·경제위기 이후 위안화의 국제화를 적극 추진하고 있는데, 이는 글로벌 위기를 계기로 현 국제금융체제의 문제점 노정, 미 달러화 가치 하락에 따른 외환보유고 손실 가능성, 그리고 높아진 중국경제의 위상과 위안화의 지역 내 역할 증대 등을 반영한 것이다. 중국의 위안화 국제화 추진은 기본적으로 우선 위안화의 지역 내 무역결제 확대를 통하여 지역 내 무역결제통화, 나아가 지역통화로서의 지위를 확보하고, 장기적으로 기축통화의 지위를 확보하는 것을 목표로 하고 있다. 이를 위해 중국정부는 기능적 및 범위적 측면에서 동시다발적으로 위안화의 국제화를 위한 여러 조치를 강구하고 있다.

4. 결제통화로서의 위안화 국제화 추진은 대외무역 결제 시 위안화 사용 확대에 중점을 두고 위안화 유통범위를 국경무역에서 국제무역으로 확대하고 있다. 이를 위해

중국은 2003년 이후 위안화 무역결제 확대를 위한 규제완화정책을 지속하고 있다. 투자통화로서의 위안화 국제화는, 부분적으로 개방하고 있는 중국의 자본계정이 위안화 무역결제 활성화를 가로막는 요인으로 작용하고 있어 우선 홍콩을 활용한 역외 위안화시장 육성을 추진하고 있다. 이와 관련하여 중국은 2003년 이후 해외 위안화표시 금융상품 투자 확대를 위한 정책을 지속적으로 추진하는 한편 주요 국가에 역외 위안화 청산결제은행을 설립함으로써 위안화표시 거래 확대를 추진하고 있다. 준비자산통화로서의 위안화 국제화는 중국인민은행과 각국 중앙은행 간의 통화스왑 체결, 중국 위안화의 IMF 특별인출권(SDR) 통화바스켓 편입, 동아시아 국가들 간의 금융협력 강화 등을 통하여 추진하고 있다. 이와 함께 중국은 위안화 국제화를 위하여 필요한 제도를 개혁하고 향후 계획을 발표하는 등 다양한 노력을 경주하고 있다.

5. 중국이 위안화 국제화를 강력하게 추진하면서 위안화 무역결제 규모가 급증하고 외환시장에서 위안화 거래규모도 지속적으로 증가하는 등 머지않아 중국 위안화가 국제금융시장에서 큰 영향력을 발휘하게 될 가능성이 점차 높아지게 됨에 따라 주요 국들은 자국 내에 위안화 금융허브를 구축하기 시작하였다. 위안화 금융허브는 중국 본토 이외에서 위안화 및 위안화표시 금융거래가 집중되는 위안화 관련 금융서비스 집적지, 즉 무역결제를 위한 위안화 수요와 더불어 위안화 자금조달, 신용거래, 투자 및 헤지 모두 가능한 지역을 말하며 홍콩, 싱가포르, 대만, 한국, 영국 런던 등이 주요 역외 위안화 허브로서 자리를 잡아가고 있다.

6. 중국 위안화의 국제화 전망에 대해서는 경제 및 무역규모 등 국제화의 기초여건은 충분하지만 자본시장 개방도가 매우 낮고 금융자유화 등 금융시장 선진화가 미흡하여 위안화 국제화의 제약요인으로 작용하고 있다. 이처럼 금융시장 여건이 아직 준비되어 있지 않은 만큼 중국의 금융개혁·개방의 성패가 향후 위안화 국제화의 속도와 확대 정도를 좌우하는 관건이 될 것으로 보인다.

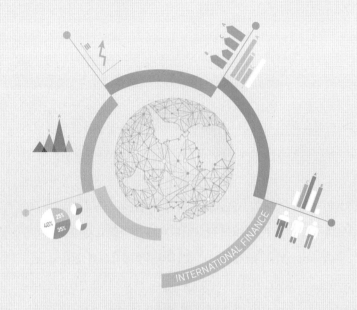

CHAPTER

17

아시아 금융협력과
아시아 채권시장

—

제1절   아시아 금융협력
제2절   아시아 채권시장 발전 추진

제1절 아시아 금융협력

아시아의 금융통합 및 정책협력은 동아시아 금융위기 이후 동 지역의 정부와 중앙은행의 이니셔티브 아래 추진되어 왔다.[1] 이러한 점에서 동아시아의 금융통합 및 정책협력의 진전은 시장주도에 초점을 두고 추진되어 온 무역부문의 통합 및 협력과는 다소 상반된 경로를 밟아 왔다고 할 수 있다. 동아시아에는 ASEAN+3 이니셔티브[2]를 중심으로 다음과 같은 정부와 중앙은행 주도의 금융통합 관련 지역 이니셔티브가 추진되고 있다 : ① 치앙마이 이니셔티브(CMI : Chiang Mai Initiative), ② 지역경제감독체제(Regional Economic Surveillance System), 그리고 ③ 채권시장 발전을 위한 이니셔티브(Initiative for Bond Market Development) - 아시아 채권시장 육성 이니셔티브(ABMI : Asian Bond Markets Initiative)와 아시아 채권펀드(ABFs : Asian Bond Funds). 이하에서는 위에 언급한 주요 이니셔티브의 추진 배경 및 목적, 주요 추진 내용에 대해 살펴보기로 한다.

1. 역내 금융 지원체제 구축 (CMI / CMIM)

1.1 추진 배경

1997 ~ 98년 동아시아 금융위기 시 IMF 등 국제금융기구의 융자제도가 동아시아 역내 위기를 해소하는 데 적절하지 못하였다는 인식이 확산되면서 동아시아(ASEAN+3)의 금융협력이 과제로 떠올랐고 효과적인 금융위기 해결책으로서 역내 금융지원체제 구축

---

1   1997년 아시아 외환위기가 발생하기 이전에는 새로이 지역 금융협력시스템의 창설을 주장하는 사람이 거의 없었다 (Zhao and Kim, 2009).

2   10개 ASEAN 회원국들은 중국, 일본, 그리고 한국과 함께 1997년에 ASEAN+3 절차를 시작하였다. 초기에는 거시경제 및 금융 관련 이슈에 초점을 맞추었는데 후에 외교문제, 경제 및 무역, 환경, 에너지, 건강, 노동, 과학 및 기술, 그리고 사회복지 등 다양한 이슈를 포함하도록 확대되었다. 지역금융협력에 있어서 지역 유동성 지원 메커니즘으로서의 CMI(2000.5), 지역 경제동향 점검 메커니즘으로서의 ERPD(2000.5), 그리고 국내통화표시 채권시장(local-currency bond market) 발전을 위한 ABMI(2003.8)를 출범시키는 등 재무장관들의 역할이 특히 활발하였다 (Kawai, 2009).

이 시급한 과제로 부상하였다. 당시 IMF의 대기성차관협약(SBA) 등은 경상계정 중심의 국제수지 불균형 문제를 해소하기 위한 것으로 재원 자체가 충분하지 않았으며 융자재원 배분액이 각국의 쿼터에 연동되어 있었기 때문에 위기를 해결하기에는 크게 부족하였다. 또한 IMF 융자에 수반된 신용공여조건이 역내 현실에 맞지 않아 각국의 경제·사회 각 분야에 일대 변화를 초래했음에도 불구하고 경제회복에 기대만큼 기여하지 못했다는 비판이 제기되었다.

이에 따라 각국은 동아시아 역내 자체적인 긴급 유동성 지원체제를 마련하여 금융위기의 재발을 방지하고 위기대응능력을 강화할 필요가 있다는 데 의견을 같이하고 금융협력을 추진하게 되었다. 이와 관련하여 일본정부는 1997년 25~27일 홍콩에서 개최된 G7-IMF 회의에서 동아시아지역에서의 금융협력과 정책협조를 추진하기 위한 틀로 아시아통화기금(AMF : Asian Monetary Fund)의 창설을 처음 제안하였다. 그러나 동 지역통화기금 창설 제안은 도덕적 해이(moral hazard) 및 기존 국제기구와의 중복 등을 이유로 든 미국, 유럽연합, 그리고 IMF의 반대로 받아들여지지 않았다. 일본정부의 아시아통화기금 창설 제안에 이어 'Manila Framework'[3](1997.11), 그리고 일시적인 'New Miyazawa Initiative'[4](1998.10) 등이 추진되었다. 지역 감독을 위한 메커니즘인 'Manila Framework'는 실질적인 역할을 수행하지 못하였는데 이와는 대조적으로 단기 금융조달체제인 'New Miyazawa Initiative'는 성공적이었다.

AMF 창설 아이디어는 2000년 5월 치앙마이에서 개최된 ASEAN+3 재무장관 회의에서 다시 논의되었다. 이 회의에서 ASEAN+3 재무장관들은 지역 금융협력, 즉 스왑협정(swap arrangements)시스템을 구축하기로 합의하였는데 이것이 CMI로 발전하였다.

3　1997년 11월 동아시아 국가들은 미국, 캐나다, 호주, 그리고 뉴질랜드와 함께 동아시아의 금융안정 회복을 위한 공동 대처방안으로 Manila Framework Group을 설립하기로 합의하였다. Manila Framework는 IMF에 의한 세계 감독의 보완책으로 지역 감독을 위한 메커니즘을 창설하기 위한 이니셔티브를 실시하였다. Manila Framework는 12회에 걸친 회의 이후에 2004년 11월 그 기능을 종료하였는데, Manila Framework의 실패는 전반적으로 상호 신뢰 부족과 전문적인 사무국(professional secretariat)의 부재에 기인하였다.

4　1998년 10월 일본은 아시아 국가들의 경제난국 극복을 돕고 국제금융시장의 안정에 기여하기 위해 300억 미 달러를 지원할 것을 약속하였다. 300억 달러 중 150억 달러는 아시아 국가들의 경제회복을 위한 중장기 금융수요를 위한 것이었으며, 나머지 150억 달러는 경제개혁 수행과정에서 필요한 그들의 잠재적인 단기자본 수요를 위한 것이었다.

1.2 주요 추진현황

CMI는 아시아 금융위기 이후 조성된 획기적인 금융안전망(landmark safety network)으로 통화투기(currency speculation)를 방지하고 통화위기(currency crisis) 또는 위기의 전염(contagion)을 관리하기 위한 동아시아 유동성 지원제도(liquidity support facility)이다. CMI는 ① 중국, 일본, 한국 3국 간, 그리고 이들 3국 중 한 나라와 최초의 5개 ASEAN 회원국 사이의 양방 스왑협정(BSA : bilateral swap arrangement), 그리고 ② ASEAN 스왑협정(ASA : ASEAN swap arrangement)으로 구성되었다.

2005년 5월 이후 ASEAN+3 재무장관들은 ERPD 및 CMI 기능 개선과 CMI의 다국가화(multi-lateralizing)를 추진해 왔다. 개별계약 합의(single contractual agreement)에 의해 운영되는 'self-managed reserve pooling' 협정이 CMIM (CMI multilateralization)의 형태로 도입되었으며 총규모는 1,200억 달러로 결정되었다. 회원국들의 기여 및 차입한도는 다음과 같다 : 일본과 중국(본토 및 홍콩 포함)은 각자 32%, 한국은 16%, 그리고 ASEAN은 20%. 또한 CMIM 감독의 토대를 구축하기 위해 현행 감독 메커니즘을 강화하고 ADB 및 ASEAN 사무국과 긴밀하게 일하는 '전문가 자문위원회(advisory panel of experts)' 운영과 더불어 지역경제를 감시 분석하고 CMIM의 의사결정을 지원하기 위한 독립적인 감독기구(surveillance unit)를 설립하기로 결정하였다(2009년 5월 ASEAN+3 재무장관회의). CMIM은 감독기구와 전문가 자문위원회의 지도 아래 운영되는 더욱 제도화된 구조로 추진되고 있다.

CMI의 기본구조는 금융위기에 따라 단기 유동성 지원을 요청하는 회원국은 즉시 BSA 총액의 20%의 금융지원을, 나머지 80%는 IMF 신용공여 프로그램과 연계하여 지원받을 수 있도록 되어 있다. 즉 회원국이 CMI를 통한 지원액의 대부분(80%)을 받기 위해서는 IMF 신용공여 프로그램에 의무적으로 참여하고 이에 따르는 정책준수사항(conditionality)을 이행하는 것을 조건으로 한다. 이는 유동성 지원을 요청하는 국가의 유동성 부족은 단순한 투자자들의 일시적 공황(panic) 또는 순수한 외부로부터의 충격보다는 기본적인 정책의 문제에 기인할 수 있다는 우려에서 비롯된 것이다.[5] CMI의 IMF 프로그램 연계, 특히 매우 낮은 IMF와의 비(非)연계자금 비율(de-link portion)은 유동성

위험에 처한 국가들이 금융지원을 요청하기 위해 CMI에 접근하는 것을 가로막는 요인으로 간주되고 있다. 최근의 세계 금융·경제위기 기간 중 CMI는 아시아 국가들에 큰 도움이 되지 못하였다.[6] CMI 확충을 위한 국가별 기여 합의, 특히 +3국 간 합의는 CMIM이 미 달러 유동성 지원으로 설계되고 더욱 포괄적인 협정(inclusive arrangement)으로 발전하였다는 점에서 매우 중요한 성과라 할 수 있다.[7] 2013년 3월 최초로 효력이 발생하게 된 CMIM은 2014년 7월 자금규모를 확대(1,200억 달러 → 2,400억 달러)하고 위기예방 기능을 도입하는 한편 IMF 비(非)연계자금 비율을 확대(20% → 30%)하는 등 역내 위기 발생 시 유동성 공급 메커니즘 강화를 도모하였다(〈참고 17-1〉).

참고 17-1 CMI / CMIM의 주요 진전 내용

- 자본흐름에 대한 일관되고 시의적절한 자료 및 정보 교환을 촉진하기 위해 ASEAN+3체제를 이용하기로 결정, CMI 추진 합의(2000.5)
- CMI의 유효성을 제고하기 위한 추가 검토(제2단계 CMI 검토)를 실시하기로 합의(2004.5)
- IMF와의 비(非)연계자금 비율(de-link portion)을 10%에서 20%로 상향 조정(2005.5)
- CMI 다자화(CMI Multilateralization) 추진 첫 단계로 CMI 스왑 활성화를 위한 집합적 의사결정 과정(collective decision making procedure) 도입(2006.5)
- CMI 다국가화의 적절한 형태로 개개 계약협정에 의해 운영되는 self-managed reserve pooling arrangement 원칙 합의(2007.5)
- CMI 총 자금규모(최소한 800억 미 달러) 및 국가별 기여비율(ASEAN 20%, +3국가 80%) 합의(2008.5)
- CMI 총 자금규모 증액(800억 미 달러→1,200억 미 달러), 독립적인 감독기구(surveillance unit) 설립, 그리고 IMF 와의 비(非)연계자금 비율(20%)의 잠재적인 인상에 합의(2009.2)
- 개별 국가의 기여비율, 차입조건(borrowing accessibility), 그리고 감독 메커니즘 등 CMIM의 주요 구성에 합의 (2009.5)

---

5 CMI 하에서 일본과 중국을 포함하는 잠재적 채권국들은 역내 잠재적 위기 발생가능 국가들이 효과적인 금융위기 극복 프로그램의 입안 및 실행 능력이 없다는 점을 고려하여 CMI가 IMF 신용공여 프로그램과 연계해 실행되는 것이 바람직하다고 생각하는 것으로 보인다.

6 예를 들어 한국은 2008년 9월 리먼브라더스의 몰락 이후 외부충격에 의해 금융시장이 크게 영향을 받았음에도 불구하고 1997~98년 'IMF 위기'와 관련된 낙인(stigma)이 있는 상황에서 CMI 하에서의 유동성 지원을 위한 ASEAN+3 국가를 선택하지 않았다.

7 홍콩은 ASEAN+3 재무장관회의의 공식적인 회원이 되지 않고 CMIM 가입이 허용되었다.

- CMI 다자화(CMIM) (2010.3)

	CMI	CMIM
참가국	ASEAN 5개국 + 한중일	ASEAN 전체 회원국 + 한중일 + 홍콩
계약구조	개별적 양자간 스왑계약체제	단일계약에 의한 다자간 스왑체제
기금마련	없음	다자간 공공기금화(각국 달러 출자)
스왑규모	약 870억 달러(2009년 4월 기준)	1,200억 달러의 단일 기금
의사결정	계약 이후 지원강제 불가	가중다수결로 결정
지원조건	IMF 연계비율 80%	(좌동)
감시기구	ERPD	AMRO 및 ERPD

- CMIM 총 자금규모 증액(1,200억 미 달러→2,400억 미 달러), 위기예방기능 도입, IMF 비(非)연계자금 비율 확대 (20%→30%) (2014.7)

자료 출처 : ASEAN+3 재무장관 및 중앙은행 총재 회의 결과(각 연도)

2. 역내 경제 감시체제 강화 (ERPD / AMRO)

2.1 추진배경

2000년 5월 재무장관회의에서 각국은 CMI 추진과 더불어 역내 감시체제로서 '경제동향 검토 및 정책협의(ERPD : Economic Reviews and Policy Dialogue)'를 설립하는 데 합의하였다. 이에 따라 최초의 ERPD 회의는 2002년 미얀마 양곤에서 ASEAN+3 재무차관 및 중앙은행 부총재가 참석한 가운데 개최되었다. 이후 2005년 5월 재무장관회의에서는 경제의 이상동향을 조기에 감지하고 보다 신속한 정책대응이 이루어질 수 있도록 ERPD를 금융지원체제인 CMI와 연계하기로 하였다.

2.2 주요 추진현황 및 발전

2005년 5월 출범한 ERPD는 기본적으로 ASEAN+3 정책당국들에 경제혼란을 방지하는 한편 유사시 대응정책을 취하고 스왑을 활성화하도록 기회를 제공하도록 설계되었다.

ERPD는 출범 당시 ① 세계, 지역 및 개별 국가의 경제와 금융의 분석을 촉진하고, ② 역내 자본흐름과 금융시장의 발전을 감시하고, ③ 취약성과 리스크를 평가하고 이를 효율적으로 관리하고, ④ 지역경제에 영향을 미치는 이슈들에 대한 공동 대처를 추진하는 것을 목적으로 하였다. 회원국들은 ERPD를 통하여 거시경제 및 금융부문 정책의 보다 효과적인 운영과 제도의 개혁을 기대하였다. 그러나 ERPD 진행과정이 점차 개선되었음에도 불구하고 감독을 지원하기 위한 하부조직이 충분하지 못하여 기대와는 달리 ERPD가 그리 효과적이지 못하였다.[8] 최근의 세계 금융·경제위기는 정책당국들이 새로운 감독기구의 설립을 추진하는 계기가 되었다.

이에 따라 ASEAN+3 정책당국자들은 지역경제를 감시 분석하고 CMIM 메커니즘을 지원하는 새로운 기구인 AMRO (ASEAN+3 Macroeconomic Research Office)를 CMIM 산하에 설치하였다. AMRO는 평상시에는 재무차관 및 중앙은행 부총재급 회의 (ERPD 회의)에 역내 전체 및 회원국의 거시경제 동향 및 전망에 대한 보고서를 제출하고, 위기 시에는 스왑요청국에 대한 거시경제 분석 및 정책 권고안을 도출하여 CMIM 의사결정기구를 지원하고 CMIM 자금 이용의 효과를 분석하며 CMIM 협정상 인출조건 (lending covenants)의 준수 여부를 감시하는 업무를 수행한다.

한편 ASEAN+3 각국은 AMRO의 원활한 감시업무 수행을 위해 AMRO에 정보제공 의무를 가진다. ASEAN+3 각국이 제공하여야 하는 정보에는 'IMF 협정 제8조(가맹국의 일반적 의무)'에 따라 ASEAN+3 각국이 IMF에 제공하는 모든 정보를 포함한다. 위기 시에는 CMIM 스왑요청국이 스왑제공국에 제공한 모든 정보, CMIM 협정에 따른 특별 보고서(extraordinary report), 동 협정에 따라 지원된 자금의 사용 정보 등을 모두 제공하여야 한다. AMRO는 당초 싱가포르 소재 상법상 법인으로 설립되었으나 2016년 2월 국제기구로 전환되었다.

---

8 Kawai(2009)는 ERPD를 책임지는 사무국이 없었던 점, 그리고 논의과정에서 중앙은행 총재들이 배제되었던 점을 주요 인으로 지적한다. Sussangkarn(2010)도 ERPD 메커니즘을 지원하는 유용한 자원이 매우 한정되고 동 과정에 관여하는 직원들이 다른 정규직업에 종사하면서 단시간 근무제(part-time)로 일을 수행하기 때문이라는 점을 지적한다.

제2절 아시아 채권시장 발전 추진

아시아 금융위기 이후 아시아 국가들은 상호 협력하여 채권시장 발전을 활발하게 추진하였다.[9] 역내 국가들의 정부와 중앙은행은 '아시아 채권시장 육성방안(ABMI : Asian Bond Markets Initiative)'과 '아시아 채권펀드(ABFs : Asian Bond Funds)' 같은 다양한 이니셔티브를 추진하고 있다.

1. Asian Bond Markets Initiative (ABMI)

1.1 추진배경

1990년대 높은 성장을 구가하던 ASEAN+3 역내 국가들은 자국의 투자수요를 주로 미 달러화 등 국제통화로 충당하였다. 국제통화로 자금을 조달하던 동아시아 역내 은행들은 신용도가 낮아 자금을 단기로 조달할 수밖에 없었는데 대출은 장기로 취급하였다. 이에 따라 역내 은행들은 자산 및 부채의 만기와 통화가 불일치하는 '이중불일치(double mismatches)' 현상에 노출되었으며 이러한 문제가 역내 신흥국의 은행편중 금융구조로 인해 더욱 심화되면서 동아시아 외환위기를 촉발시킨 원인으로 작용하였다. 이와 함께 풍부한 동아시아의 자금이 역외 지역으로 유출된 후 글로벌 금융회사를 통해 다시 역내로 환류되는 '자금조달의 역외 의존현상'으로 동아시아 역내자금이 역내 성장 및 발전에 제대로 활용되지 못한다는 점이 지적되었다.

　　동아시아 금융위기 이후 이와 같은 점이 부각되면서 ASEAN+3 국가들 사이에 역내 채권시장을 육성하여 역내자금이 역내에 투자되어 수익을 창출하는 구조를 만들어야

---

9 아시아 외환위기 이후 채권시장의 발전이 아시아지역에서 가장 중요한 정책목표의 하나로 대두된 것은 다음과 같은 두 가지 이유 때문이다. 먼저, 아시아 외환위기의 주요 원인은 기업들이 은행 중개 자금조달(bank-intermediated financing)과 외국으로부터의 단기자금 조달에 과도하게 의존하여 통화 및 만기 불일치(currency and maturity mismatch)가 초래되었던 데 있다. 두 번째로, 아시아에서는 역내에 축적된 저축과 외환보유액의 역내유통이 필요하다는 점이다. 역내의 채권시장 발전은 이와 같은 문제를 해결하는 효과적이고 효율적인 수단이다. 즉 아시아지역 채권시장 발전은 동 지역의 자금조달에서 통화 및 만기 불일치를 줄이고 축적된 지역자금의 역내유통을 촉진시키게 된다.

한다는 공감대가 폭넓게 형성되었다. 이에 따라 ASEAN+3는 2003년 8월 마닐라에서 개최된 재무장관회의에서 역내저축이 역내투자로 연계되는 선순환구조를 만들어 이중 불일치 문제를 완화하고 금융위기의 재발을 방지하기 위하여 '아시아 채권시장 육성방안(ABMI : Asian Bond Markets Initiative)'을 추진키로 합의하였다.

1.2 주요 추진현황

ABMI는 2003년 8월 출범 이후 채권시장 발전을 위한 주요이슈를 다루기 위해 설립된 ABMI 실무그룹(Working Group)들이 역내 중장기 금융자원 수요에 대응하고 지역 경제의 지속적인 발전이 가능하도록 ABMI를 활발히 추진하였다.

ABMI는 기본적으로 아시아에 효율적이고 유동성이 풍부한 채권시장을 육성하여 풍부한 역내자금의 역내투자 확대를 도모하기 위한 것으로, ① 다양한 채권 발행자를 위해 채권시장 접근을 촉진하고, ② 역내 채권시장 육성에 필요한 시장 인프라(market infrastructure)를 구축 강화하는 데 초점을 두고 있다.

2007년 5월 일본 교토에서 개최된 제10차 ASEAN+3 재무장관회의에서 재무장관들은 'ABMI Roadmap'을 도입하고 ① infrastructure financing을 위한 새로운 채권상품(debt instruments) 개발, ② 대출금 및 외상매출채권의 증권화 촉진, 그리고 ③ 아시아 역내 중기채권(MTN : medium-term note) 프로그램 개발 등 새로운 분야에 대한 연구를 승인하였다.

2008년 5월에는 ASEAN+3 회원국들은 유동성이 풍부하고 원활하게 작용하는 채권시장을 육성하고 풍부한 역내저축을 역내투자 수요에 효과적으로 연결시키기 위한 'New ABMI Roadmap'을 승인하였다. 동 국가들은 자신들의 국내 통화표시 채권시장(local currency-denominated bond markets) 발전을 위한 자발적인 노력이 무엇보다 중요하다는 데 인식을 같이하였다. 이러한 점에서 회원국들은 자신들의 표준(benchmark)으로 사용하게 될 '자체평가를 위한 참고사항(references for self-assessment)'의 개발을 추진하고 있다.[10]

아시아 채권시장 육성과 관련된 이슈의 복잡성, 채권시장 발전단계가 나라별로 상이하다는 점에서, 특히 'New ABMI Roadmap'을 이행하기 위해 ASEAN+3 국가들은 다음과 같은 실무조직(Working Structure)을 구축하였다[11]: 조종그룹(Steering Group)[12], 4개 태스크포스(TF : Task Force)[13], 기술원조조정팀(TACT : Technical Assistance Coordination Team)[14], 그리고 특별실무팀(*ad hoc* Working Team)[15]. 4개의 Task Force와 Working Team은 Steering Group에 보고하도록 되어 있다. 이와 같은 업무구조를 통하여 ASEAN+3 정책입안자들은 국내통화표기 채권시장(local-currency denominated markets)을 육성하고 있다(〈참고 17-2, 17-3〉).

2009년 5월 ASEAN+3 재무장관회의에서 회사들의 채권시장 접근을 용이하게 개선함으로써 국내 및 지역 채권시장 발전을 추진하기 위해 신용보증투자기구(CGIM : Credit Guarantee and Investment Mechanism)[16]를 설립하기로 합의하였다. 그 이후 국내통화표시 채권의 발행 추진문제를 다루는 ABMI Task Force 1(TF1)이 동 기구의

---

10 회원국들의 자기평가과정(self-assessment process)과 회원국 상호간의 압력 등을 통하여 각국은 자신들의 금융시장과 경제의 발전단계에 기초하여 채권시장 발전을 위한 자발적인 노력을 기울일 것으로 기대된다.

11 초기단계에서는 6개 부문을 다루기 위해 6개 자발적 실무그룹(voluntary working group)이 형성되었다. 2005년 5월부터 6개 실무그룹이 4개 실무그룹과 Focal Group을 위한 임시지원팀(*ad hoc* Support Team), 그리고 기술지원조정팀(Technical Assistance Coordination Team)으로 재편성되었다. 또한 2008년 5월 동 4개 그룹과 2개의 팀이 4개 Task Force와 2개의 팀으로 바뀌었다.

12 Steering Group의 주요 역할은 다음과 같다. i) ABMI Roadmap 준비, 검토 및 수정, ii) Task Force, 기술지원조정팀, 그리고 Working Team의 활동 감독 및 지도, iii) ABMI의 일반 홍보 촉진을 위한 전략 마련, iv) Task Force에 의한 연구 진행 감시, v) 적합한 Task Force에 임무 부여, 또는 필요한 경우 Working Team 창설, 그리고 vi) 국내통화표시 및 지역 채권시장 발전에 관한 회원국들 간 정보교환 추진. Steering Group은 ASEAN+3 재무차관회의(AFDM+3) 보고를 거쳐 ASEAN+3 재무장관회의(AFMM+3)에 보고한다.

13 구체적으로 4개 Task Force는 다음과 같은 4개 핵심부문에 대한 주요이슈를 확인하고 이를 검토하는 임무가 있다 : (TF1) 국내통화표시 채권의 발행 추진(공급부문), (TF2) 국내통화표시 채권의 수요 촉진(수요부문), (TF3) 규제의 틀(regulatory framework) 개선, 그리고 (TF4) 관련 하부조직(infrastructure)의 개선.

14 TACT의 주요 기능은 회원국들 간의 채권시장 발전 차이를 축소하기 위해 기술지원(technical assistance)을 제공하는 것이다.

15 구체적인 Steering Group의 충고를 실행하기 위해 필요한 경우 특별실무팀(*ad hoc* Working Team)을 구성할 수 있다.

16 2009년 11월 개최된 재무차관 및 중앙은행 부총재 회의에서 ASEAN+3 회원국들은 CGIM 기능을 보다 잘 나타낼 수 있도록 CGIM 명칭을 CGIF (Credit Guarantee and Investment Facility)로 변경하기로 합의하였다. CGIF의 역할은 시장의 실패에 대처하고 투자등급 채권발행자(investment grade issuers)의 채권시장(debt markets) 접근을 제고함으로써 공백을 채우는 것인데, 이는 CGIF가 현 시장에서 제공되지 않는 금융서비스를 제공하고 금융기관들이 제공하는 현 금융상품들을 보완하게 됨을 의미하는 것이다 (ADB, 2009).

설립을 지원하였다. CGIM / CGIF의 주요 목표는 그들의 국내통화 자금수요에 맞추어 국내 및 해외 채권발행자에게 신용보증을 제공하는 것이다.

ASEAN+3 국가들은 지역 청산 및 결제(regional clearance and settlement system)에 관한 연구를 실시하고 있다. 또한 ABMI는 2010년 9월, 유동성이 풍부하고 원활하게 기능하는 채권시장을 더욱 발전시키고 풍부한 역내저축을 확대되는 투자수요로 연결시키기 위한 다양한 채권시장 관련 문제를 논의하기 위해 ABMF (Asian Bond Market Forum)[17]을 설립하였다.

2012년 한국은 의장국으로서 기존의 'New ABMI Roadmap'을 보다 성과 중심으로 개편하여 3개 기본방향과 9개 우선순위 과제를 선정하여 추진키로 하는 'New Roadmap+'를 제안하여 채택하였다. 기본방향은 가시적 성과물 도출을 위해 추진할 기존 이슈 선정, ABMI 모멘텀을 살리기 위한 추가과제 선정, 글로벌 금융시장 변화에 대응한 신규과제 선정에 두었으며, 9개 우선순위 과제는 단기 과제와 중장기 과제로 구분하여 추진하고 있다(〈참고 17-4〉).

한편 ASEAN+3 중 대부분의 후발 국가들은 국내 및 지역 채권시장 발전을 추진하면서 개별국가 차원에서 금융시장의 취약성을 개선[18]하고 경제 기초여건 및 성장 전망을 개선하기 위해 전반적인 개혁과 제도개선[19]을 추진하고 있다.

---

17 ABMF는 ASEAN+3 정책담당자들에게 지역 채권시장 전문가의 ABMI의 TF3가 채택하게 될 이슈에 관한 견해와 충고를 제공한다. 즉 ABMF의 역할은 다음과 같다 : i) 역내 채권시장에 대한 심도 있는 분석결과를 제공하는 한편 나라별 차이점을 확인하고 조화(harmonization) 및 표준화(standardization)에 필요한 시장의 특성을 목표로 정하기 위한 역내 채권시장 비교, ii) 국경 간 채권 발행 및 투자를 촉진하기 위한 채권의 표준화(harmonization of bond standards) 추진 이슈 조사, iii) 규제 및 시장 관행(regulations and market practices)의 조화, 그리고 역내 채권시장 통합을 위한 전략 및 계획(roadmap) 준비.

18 동 국가들의 개혁은 i) 부실채권(non-performing loans)을 없애기 위한 금융기관의 대차대조표 구조 조정, ii) 은행의 소유권 overhauling, iii) 국유기관의 민영화, iv) 거시건전성 규제 revamping, v) 금융기관의 리스크관리 강화 및 신규사업 도입 · 개발, vi) 금융기관 및 기업에서의 지배구조 개선, vii) 주식 및 파생금융상품 시장 육성, viii) 펀드 운영 및 보험시장 육성 등을 포함한다.

19 동 국가들이 추진하는 정책은 i) 재정 상태 개선, ii) 물가목표제(inflation targeting) 도입, iii) 경상수지 적자 개선, iv) 환율변동성 확대 허용, v) 자본의 역류 방지를 위한 완충장치로서의 외환보유액 확충 등을 포함한다.

참고 17-2   ABMI 운영체계 (2008 ~ 2016년)

Finance Ministers and Central Bank Governors Meeting (Annual)

Deputy Finance Ministers and Deputy Central Bank Governors Meeting (Semiannual)

Task Force Meetings (Semiannual)

TF1: Supply	TF2: Demand	TF3: Regulations	TF4: Infrastructure	TACT: Technical Assistance and Coordination Team
• Launch CGIF guarantee operations • Develop infrastructure-financing schemes • Develop derivatives and swap markets	• Further develop the government bond markets and repo markets and securities borrowing and lending • Foster and enabling environment for institutional investors and disseminate findings under ABMI to investors • Enhance cross-border transactions	• Enhance ABMF activities (Common Bond Issuance Program) • Harmonization and Standardization of Transaction Flows and messages • Enhance financial access for consumers SMEs • Improve bankruptcy procedures related to bond transactions	• Facilitate the establishment of the RSI • Strengthen the foundation for a regional credit rating system • Raise financial awareness	• TACT continues to assist interested member countries with technical assistance in developing their local currency bond markets

ABMF = Asian Bond Market Forum, ABMI = Asian Bond Markets Initiative, CGIF = Credit Guarantee and Investment Facility, RSI = regional settlement intermediary, SMEs = small and medium-sized enterprises.

참고 17-3 ABMI 운영체계 (2017년 이후)

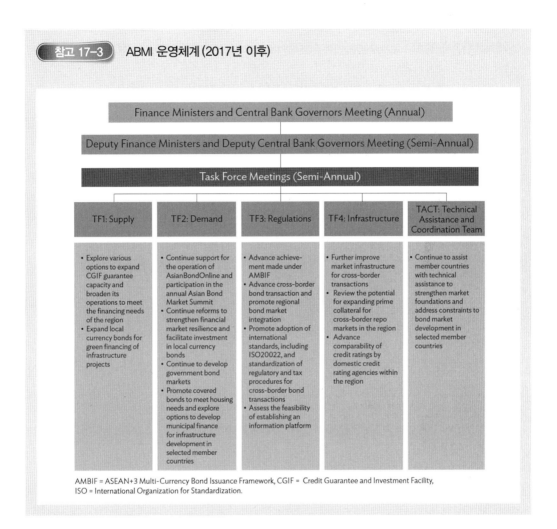

Finance Ministers and Central Bank Governors Meeting (Annual)

Deputy Finance Ministers and Deputy Central Bank Governors Meeting (Semi-Annual)

Task Force Meetings (Semi-Annual)

TF1: Supply	TF2: Demand	TF3: Regulations	TF4: Infrastructure	TACT: Technical Assistance and Coordination Team
• Explore various options to expand CGIF guarantee capacity and broaden its operations to meet the financing needs of the region • Expand local currency bonds for green financing of infrastructure projects	• Continue support for the operation of AsianBondOnline and participation in the annual Asian Bond Market Summit • Continue reforms to strengthen financial market resilience and facilitate investment in local currency bonds • Continue to develop government bond markets • Promote covered bonds to meet housing needs and explore options to develop municipal finance for infrastructure development in selected member countries	• Advance achievement made under AMBIF • Advance cross-border bond transaction and promote regional bond market integration • Promote adoption of international standards, including ISO20022, and standardization of regulatory and tax procedures for cross-border bond transactions • Assess the feasibility of establishing an information platform	• Further improve market infrastructure for cross-border transactions • Review the potential for expanding prime collateral for cross-border repo markets in the region • Advance comparability of credit ratings by domestic credit rating agencies within the region	• Continue to assist member countries with technical assistance to strengthen market foundations and address constraints to bond market development in selected member countries

AMBIF = ASEAN+3 Multi-Currency Bond Issuance Framework, CGIF = Credit Guarantee and Investment Facility, ISO = International Organization for Standardization.

참고 17-4 ABMI 주요 진전 내용

• Asian Bond Markets Initiative(ABMI) 설립 합의(2003.8)

• Asian Bonds Online Website(ABW) 출범(2004.5)

• 태국 소재 Asian multinational company 발행 채권에 대한 일본 국제협력은행(JBIC : Japan Bank for International Cooperation)의 신용보증(2004.6)

• 한국과 일본에 의한 cross-country primary collateralized bond obligations(CBOs) ― 소위 'Pan-Asia Bonds' ― 발행(2004.12)

- 말레이시아에서 ADB와 International Finance Cooperation(IFC)에 의한 ringgit 표시 채권 발행(2004.12)
- (1) ABMI Roadmap 도입(2005.5)
  - 채권시장 발전에 관한 통합된 방식의 정보 수집 및 공유를 위한 새로운 체제
  - 시장참가자들이 지적하는 투자 장애에 관한 회원국들의 정기적 자체 평가
  - 아시아 통화바스켓 채권(Asian currency basket bond)에 관한 연구 착수
  - (2) 아시아에서의 국제채권시장 발전을 위한 '아시아 채권 표준(Asian Bonds Standards)' 연구 시작(2005.5)
  - (3) 채권보유와 관련된 원천과세(withholding tax) 처리를 위한 '자발적인 실용적 대안(voluntary practical alternatives)' 도입(2005.5)
- 국내통화표시 채권발행자, 채권형태 다양화에 대한 합의 및 다음과 같은 세 가지 새로운 분야에 대한 연구 승인(2007.5)
  - infrastructure financing을 위한 새로운 금융상품(debt instruments) 개발
  - 대출금 및 외상매출채권(loan credits and receivables)의 증권화 촉진
  - Asian MTN program 개발
- (1) New ABMI Roadmap 승인(2008.5)
  - 국내통화표시 채권 발행 촉진
  - 국내통화표시 채권 수요 촉진
  - 규제구조(regulatory framework) 개선
  - 채권시장 관련 하부구조 개선
  - (2) 상기 4개 부문을 담당하는 4개 Task Force의 활동을 감시 조정하는 조종그룹(Steering Group) 설치(2008.5)
- 최초 자본금(initial capital) 5억 달러의 신용보증투자기구(CGIM : Credit Guarantee and Investment Mechanism) 설립 합의(2009.5)
- Asian Bond Market Forum(ABMF) 설립(2010.9)
  - 기존 아시아 역내 규제의 틀을 평가하고, 국경 간 채권거래를 활성화하기 위해 규제와 시장관행의 조화 촉진 및 정책 권고
  - 역내 채권시장의 발전, 조화, 표준화, 그리고 통합을 위한 ASEAN+3 민간부문과 정책담당자들 간의 정책대화 제고
- New ABMI Roadmap+ 채택(2012.5)
  - New ABMI Roadmap 중 핵심과제의 심화 : CGIF 성과 도출, 역내 인프라 채권 발행, 기관투자자 육성 및 투자환경 개선, ABMF 활성화, RSI 설립 논의 활성화
  - 추가 보완과제의 선정 : 국채시장발전방안, SME, 소비자금융 발전, 역내 신용평가사 협력 및 역량 제고
  - 자본·채권시장 환경변화 대응을 위한 신규과제 발굴 : 금융시장 이해도 제고
- CGIF 최초 보증, 국경 간 예탁결제인프라(CSI : Cross-border Settlement Infrastructure) 포럼 설립(2013.5)

자료 출처 : ASEAN+3 재무장관 및 중앙은행총재 회의 결과(각 연도)

　이와 같은 ASEAN+3 국가들의 채권시장 발전 노력에 힘입어 ASEAN+3 채권시장은 2003년 8월 ABMI 출범 이후 국별로 차이를 보이며 성장추세를 지속하고 있으며 특히 2008년 이후 괄목할 만한 성장세를 보였다([그림 17-1, 17-2, 17-3]). 그러나 ASEAN+3의 채권시장은 규모 면에서나 내용 면에서나 선진국의 채권시장에 비해 매우 열악한 수준이라 할 수 있다. 또한 국채시장에 비해 회사채시장의 발전이 매우 부진하고, 국내채권시장에 비해 국제채권시장의 발전이 매우 부진한 상황이다.

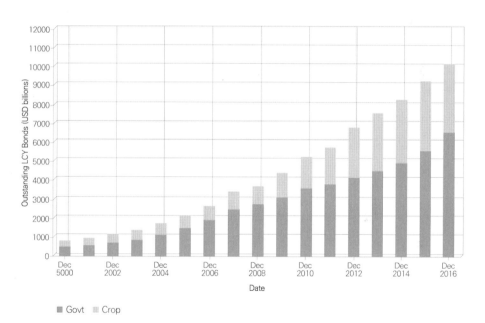

Source: *AsianBondsOnline.*

[그림 17-1] 동아시아 국내채권시장 규모 (일본 제외)

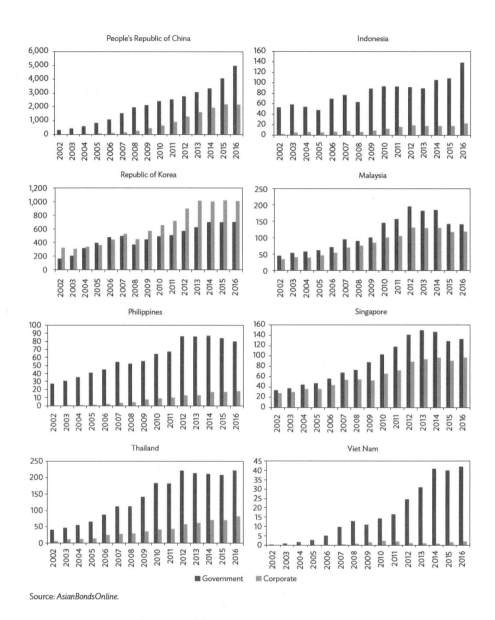

Source: AsianBondsOnline.

[그림 17-2] 동아시아 국별 채권시장 규모 (단위 : 10억 달러)

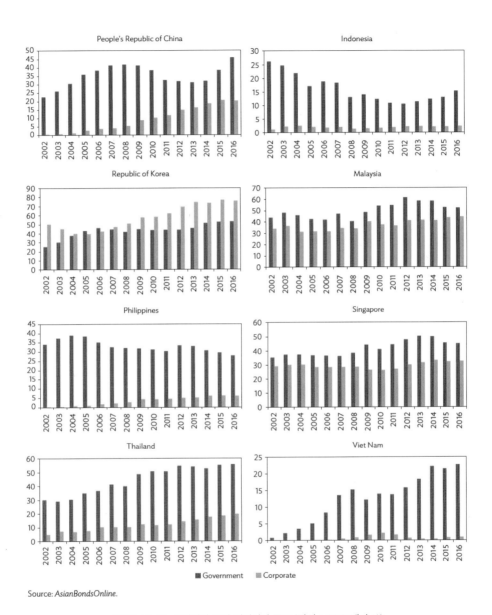

Source: *AsianBondsOnline.*

[그림 17-3] 동아시아 국별 채권시장 규모 (단위 : GDP 대비 %)

1.3 주요 이슈

가. 동아시아 역내 채권시장 표준화 추진 – AMBIF 설립 논의

(1) AMBIF의 설립 필요성

ABMI는 출범 이후 ASEAN+3 역내 통화표시 채권시장 활성화와 역내저축의 역내활용이라는 두 가지 목표를 추구해 왔는데 그간의 노력으로 역내 통화표시 채권시장은 상대적으로 양적·질적 발전을 이루었으나 역내저축의 역내활용은 아직 미흡한 실정이다. 역내저축의 역내활용을 위해서는 ASEAN+3 채권발행자가 다른 역내 국가에서 용이하게 채권을 발행할 수 있는 체계를 갖추어야 할 필요가 있으며, 이를 위해서는 채권발행과 관련된 각국의 표준을 통일할 필요가 있다. 이러한 관점에서 역내저축의 역내활용을 활성화하기 위한 전략으로 AMBIF (ASEAN+3 Multi-currency Bond Issuance Framework)의 설립이 필요하다는 컨센서스가 형성되었다.

채권시장의 표준 통일을 달성하기 위한 방안으로 합의에 의한 표준 통일, 상호 인정에 의한 단일여권(single passport) 방법, 역외시장의 이용 등 세 가지 방법이 제안되고 있다. AMBIF는 최소한의 공통요소만을 중심으로 채권발행을 위한 표준을 통일하고, 이를 토대로 감독당국 간 채권발행에 있어서 상호인정(mutual recognition)을 추구하고 있다.

(2) AMBIF의 내용과 구성요소

■ AMBIF 개요

AMBIF는 기본적으로 ASEAN+3 국가 중 참여국에서 전문투자자만을 대상으로 채권을 발행·유통하는 시장으로 각국 채권시장의 최소한의 공통요소에 대하여 표준을 통일하고 감독당국 간의 상호인증(mutual recognition)을 바탕으로 역내 공통채권시장을 구축하는 체계이다. 발행·유통 단계에서의 문서(증권신고서, 사업보고서)와 공시요건을 최소한으로 완화하고 이를 참여국 간에 통일하는 것이다. 또한 동일한 채권발행 프로그램은 참여국 어디서든 여러 차례 발행 가능하며 이를 위해 규제기관 간 표준화된 문서,

공시, 규제기관의 검토과정 등에 대한 정보교환을 위한 플랫폼 구축이 필요하다. 이러한 과정을 거쳐 궁극적으로 AMBIF 시장구조를 ASEAN+3 국가 전체가 공통적으로 도입·운영함으로써 공통채권시장을 구축하는 것이다.

■ AMBIF 구축전략 및 과정

AMBIF 구축을 위한 기본적 전략 및 과정을 살펴보면, 먼저 AMBIF는 전문투자자 시장에 초점을 맞춘다. 일반투자자를 대상으로 공모발행을 할 경우에는 각국이 자국 투자자를 보호하기 위해 공시, 문서 등 많은 승인조건을 요구하게 되며, 일반투자자를 대상으로 하는 공모발행시장으로 출범할 경우 이들 요소들을 표준화시키기가 매우 어렵다. 이에 따라 AMBIF는 최소한의 승인조건만이 요구되는 전문투자자 시장을 중심으로 하는 것이다. 최소한의 공통 구성요소(AMBIF component)로부터 시작하여 운영을 시작하고 필요시 이를 점차 확대하고 각국의 현행 규제체제를 인정하는 것이다.

두 번째로 AMBIF는 단계적 접근법을 채택한다. 이는 ASEAN+3 회원국들의 채권시장 발달 정도와 외환자유화 정도가 매우 상이한 현실을 반영한 것으로 현실적으로 ASEAN+3 모든 회원국들이 처음부터 AMBIF에 참여하는 것은 불가능하다. 이에 따라 국내 채권시장과 관련 제도가 준비된 일부 회원국들부터 AMBIF를 시작한 후 추후에 다른 회원국들이 참여하는 방식으로 참여국을 점진적으로 확대하는 전략을 채택한다. 추후 참여하는 회원국은 기존의 참여국들과 긴밀하게 소통하여 정보를 공유하면서 지식(know-how)을 지원받게 된다. 이에 더하여 AMBIF의 특정요소들도 개별 경제상황과 준비정도에 따라 점진적으로 추가되도록 하며 이들 요소의 채택여부는 원칙적으로 각 경제의 정책기구와 규제당국의 결정에 따르기로 한다.

세 번째로 AMBIF는 최소한의 원칙에 대한 상호합의과정을 회원국 간 AMBIF 실행에 필요한 최소한의 표준에 대해서만 합의를 도출하는 것을 목표로 하며 다른 요소들은 각 회원국의 현 상태를 유지하도록 허용한다. 즉, 최소 표준 접근법에 따라 AMBIF의 구성요소들이 결정되며 추가적인 요소들에 대한 표준화는 향후 점진적으로 추진된다.

네 번째로 AMBIF는 규제 불변을 원칙으로 한다. 즉, AMBIF 참여에 따라 참여국이 가진 기존의 법령과 규제를 반드시 변화시킬 것을 요구하지 않으며 각 경제의 규제체계와 과정이 존중된다.

다섯 번째로 AMBIF는 기존의 채권발행절차 및 방법을 대체하는 것이 아니라 보완하는 체계이다. 즉, 참여국의 기존 채권발행 방법에 대하여 중립적으로 AMBIF의 공통요소를 고안하여 기존 발행방법과 규제에 새로운 방법을 단순히 추가하는 것이다.

여섯 번째로 AMBIF는 다자간 협약 또는 다수의 양자간 협약이다. 기본적으로 다자간 협약에 의해 AMBIF를 도입하는 것이 바람직하지만 다자간 협약이 어려울 경우 현실적인 중간단계로서 지역통합을 염두에 둔 다수의 양자간 협약 접근법을 인정한다.

일곱 번째로 AMBIF는 비배제성의 원칙을 따른다. AMBIF는 공통 6개 구성요소가 AMBIF의 특징, 기능, 과정에 대한 선호되는 정의를 제시하지만, AMBIF에 도움이 될 것으로 생각되는 다른 가능한 특징이나 과정의 추구를 배제하지는 않는다.

■ 구성요소

AMBIF는 최소한의 공통 구성요소(AMBIF component)에 대한 표준화에서 시작하여 필요시 이를 점차 확대하는 전략을 택하는데 AMBIF 설립 제안(ADB, 2013)에서는 발행자, 투자자, 발행통화, 발행채권의 종류, AMBIF 시장, 공시 및 문서 등 AMBIF 구성요소에 대한 표준화를 제안하였다.

① AMBIF 투자자에 대해 살펴보면 최소한의 문서와 공시만으로 발행채권에 대한 정보분석과 투자판단이 가능한 전문투자자만을 대상으로 채권을 발행하며 전문투자자 이외에는 전매를 금지한다. 전문투자자에는 은행, 브로커-딜러 또는 증권회사, 정부기관(중앙은행, 국부펀드 등), 보험회사, 투자자문회사(자산운용사), 연기금 등이 포함될 수 있다. 이외에 각국의 규제기관이 인정하는 형태의 투자자를 포함시킬 수 있는데 대표적인 예로 고액자산 개인투지지(IINWI)를 들 수 있다. 한편 이외에 외국인 기관투자자도 전문투자자로 인정할 것인지의 여부를 결정해야 한다.[20]

② AMBIF 채권의 표시통화는 발행국 현지통화, 다른 ASEAN+3 국가 통화, 제3국

통화 등이 이용 가능하며 발행통화의 범위는 외환 관련 규제에 따라 발행국이 선택하도록 한다.

③ 발행채권은 일반채권(straight notes and bonds)과 Sukuk 등 이슬람채권으로 하며 파생상품 등이 결합된 구조화 채권이나 주식 관련 채권 등은 포함시키지 않는다.

④ ASEAN+3 국가에 소재한 다국적기업, 은행 등 금융기관, 대기업 및 공기업이 대표적인 발행자 후보가 된다. 최소한의 문서 및 공시만 요구되므로 투자자들에게 잘 알려진 다국적기업이나 대기업이 발행자로서 적절하며 ADB와 같은 국제금융기구, 정부(국채)도 포함된다. 한편 각국의 회사채 발행규정에 맞추어 신용등급 제한이 가능하다.

⑤ AMBIF 시장은 AMBIF 실행을 위해 규제기관에 의해 지정된 전문투자자 중심의 시장 또는 시장의 일부가 된다. 각국의 시장 중 이에 적합한 시장은 ABMF 참여국가 회원에 의해 파악된다.[21] AMBIF 시장으로 기존의 시장을 이용하는 것이 바람직하지만 새로운 시장을 정의하거나 마련하는 것을 배제하지는 않는다. 한편, 법이나 규제에 의해 전혀 인식되지 않는 사모시장은 AMBIF 시장으로 부적합하다.

⑥ AMBIF 공시문서는 AMBIF 하에서 채권을 발행하기 위해 필수적으로 요구되는 실제문서와 이들 문서가 정의, 조직, 통일되기 위해 가능한 방법을 포함한다.

■ 추가적인 구성요소

시행 초기에는 최소한의 표준화를 위해 도입하지 않지만 향후 시장을 활성화시키기 위해서는 투자자와 발행자의 요구사항을 반영하여 구성요소를 추가할 필요가 있다. 특히

---

20 이 경우 외국기관 투자자, 즉 해당국 이외의 국가(ASEAN+3 이외 국가)에서 등록/인가된 투자자를 전문투자자로 인정할 것인지의 여부가 관건이 되며 이들은 모두 소속국의 법과 규제에 대한 정의, 등록 또는 인가된 기관이며 본국에서는 전문투자자로 인정을 받는다. 또한 이에 대해서는 자국이 인정하는 외국인 전문투자자(FII)를 지정할 수 있도록 한다.

21 한국의 경우 QIB 시장이 AMBIF 시장에 가깝지만 이 시장은 중소기업 지원을 위해 도입된 시장으로 주로 다국적기업이나 정부가 채권을 발행할 AMBIF 시장으로 적합할지는 의문시된다.

AMBIF를 적극적으로 비즈니스 모델로 활용하고자 하는 국가는 투자자와 발행자의 요구사항이 충족되도록 제도를 마련하는 것이 바람직하다.

〈표 17-1〉 AMBIF 대상시장 핵심 구성요소

구성요소	주요내용
대상투자자	은행, 증권사, 보험사 등 전문기관 투자자(일반인 제외)
발행통화	ASEAN+3 발행국가 통화 / 주요 국제통화
발행채권	국채, 역내 다국적기업·대기업 등 신용도가 높은 기관이 발행하는 회사채, 이슬람채권(Sukuk)
공시	증권신고서 면제(약식발행신고서)
언어	영어를 기본으로 하고 국가에 따라 자국 언어 사용
대상시장	전문투자자 전용 공시 완화(면제) 시장

자료 : KCMI, ABMF - 회의 자료집 / 자본시장 Weekly (2014) 재인용

(3) AMBIF 정보 플랫폼 구축 논의

AMBIF를 실행하기 위해서는 효율적인 채권 발행과 ASEAN+3 회원국 전체가 접근 가능한 공통의 AMBIF 정보 플랫폼과 같은 시장 인프라가 필요하다는 점을 인식하고 이에 대한 논의가 전개되고 있다. 공통의 AMBIF 정보 플랫폼은 기본적으로 규제감독기관 간의 SCA 실행과 규제기관 간의 의사소통을 효율적으로 지원하기 위한 것으로 AMBIF 시장참여자(발행자, 투자자, 인수기관, 은행 등)의 관리와 AMBIF 발행 규제절차 등을 효율적으로 지원·관리하는 시장 인프라이다. 공통 AMBIF 정보 플랫폼은 일반적으로 규제기관 간의 통지 방식이나 개별 정보 플랫폼에 게재하는 방식보다 정보 관리 및 공유, SCA 실행, 규제기관 간이나 시장참여자 간의 의사소통 촉진 면에서 상대적 우위를 지니고 있는 것으로 평가된다. 이러한 관점에서 ASEAN+3는 특정 국가만이 참여 가능한 전문투자자 시장 간의 연계보다 ASEAN+3 회원국 모두가 향후 형성될 AMBIF 시장에 접근하여 AMBIF 시장 정보를 공유할 수 있는 시장 인프라의 설계·구축을 목표로 이에 대한 논의를 시작하고 있다.

나. 역내 예탁결제기구 설립 및 역내 신용평가역량 제고 논의

(1) 역내 예탁결제기구 설립 논의

2003년 ABMI 출범과 함께 설치된 6개 실무그룹(Working Group) 중 하나(WG3)가 역내 채권 예탁 및 결제에 관한 연구를 담당하기로 하였다. 이어 2008년 3월 WG3가 RSI (Regional Settlement Intermediary)로 명명된 역내 예탁결제기구의 설립에 관한 논의를 위한 기구로 '국가 간 증권 거래 및 결제 전문가 그룹(GoE)'을 구성한 이후 RSI 설립에 대한 논의가 본격적으로 시작되었다. RSI 설립 논의는 기본적으로 역내 국가 간 채권거래 및 결제에 따르는 장애요인을 판별하고 이를 제거하여 거래비용(transaction cost)을 줄이기 위한 것이다.

　2010년 3월 GoE는 역내 국가 간 채권 거래 및 결제의 장애요인 판별과 RSI 설립대안의 타당성 검토결과를 담은 보고서를 ABMI에 제출하였다.[22] 동 보고서는 RSI 설립대안으로 특정 모형을 설정하고 이에 대한 타당성을 분석하였다.[23] 이어 2011년 4월과 2012년 12월에 각각 GoE 보고서의 타당성을 일부 전문가들이 재평가 분석[24]함으로써 효율적인 역내 예탁결제기구의 설립에 관한 논의를 진전시켰다.

　이후 2012년 5월 채택된 'New ABMI Roadmap+'에서 RSI 설립 논의 진전이 ABMI 핵심과제의 하나로 선정됨에 따라 2013년 5월 회원국들은 RSI 설립을 논의할 기구로 CSIF (Cross-border Settlement Infrastructure Forum)를 구성하였으며 2014년 3월에 'RSI 설립 기본원칙 및 향후 추진방향'을 합의하였다. 합의내용은 우선 각국은 여건이 마련되는 대로 자국의 CSD와 RTGS 시스템을 연결하고 단기 및 중기목표(2018년까지)로 개별국 시스템을 양자적으로 연결하는 CSD-RTGS Linkage 실행 Roadmap을 마련

22　2008년 5월 New Roadmap에 따라 RSI를 포함한 채권시장 인프라 개선을 담당하는 역할이 TF4로 이관되어 해당 보고서는 TF4에 제출되었다.

23　동 보고서는 RSI 설립 대안으로 Asian ICSD 모형과 CSD Linkage 모형을 설정하고 두 모형을 대상으로 기능타당성 (operational feasibility), 규제타당성(legal feasibility), 사업타당성(business feasibility) 등 세 가지 측면에서 설립타당성 분석을 실시하였다. 분석 결과, Asian ICSD 모형의 경우 사업타당성 측면에서 다소 우위에 있다는 결론을 제시하였다.

24　외부 전문가들은 역내 채권시장의 성장과 역내 채권에 대한 외국인 투자비중이 증가하여 GoE 보고서에 비하여 두 가지 설립대안모형 모두에서 사업타당성이 개선되었다는 분석결과를 제시하였다.

하고 장기목표(2020년 전후)로 시스템을 조화·조정하는 통합솔루션(integrated solution) 마련을 추진하는 것이다.

(2) 역내 신용평가역량 제고 논의

아시아 국가들은 금융위기를 거치면서 국가신용등급 등 대외신인도를 높이는 것이 얼마나 중요한 것인가를 경험하게 되었다.[25] 이에 따라 ASEAN+3 국가들은 ABMI 출범과 더불어 역내 신용평가역량을 높이기 위한 논의를 추진하게 되었다. 2000년 들어 국제자본이동에 대한 장벽이 많이 사라지면서 국제자본의 이동규모가 급속도로 확대되어 왔는데 이 과정에서 특정 국가에 대한 전반적인 투자 위험도를 확인하는 것은 국제투자자 입장에서 중요한 점검사항이라 할 수 있다. 글로벌 국가신용등급[26] 평가회사들은 세계 각국의 경제상황을 분석하여 국가신용등급을 발표함으로써 해당 국가의 투자 위험도에 대한 정보를 제공하는데, 국제자본시장이 발달하고 복잡해질수록 이러한 국가신용등급 평가기관들이 제공하는 신용등급 정보의 정확성과 신속성은 더욱 중요하게 되었다.

아시아 국가들은 신용등급 평가를 무디스, S&P, 피치 등 3대 글로벌 신용등급 평가회사에 크게 의존하고 있는데, 평가의 신속성과 객관성 면에서 만족하지 못하고 있는 실정이다. 3대 국가신용등급 평가회사들이 미국과 유럽의 회사여서 아시아 국가에 대한 평가가 부정확하고 인색하다는 아시아지역의 인식도 존재한다. 이러한 관점에서 아시아 국가들은 3대 국가신용등급 평가회사들에 대한 의존을 줄이기 위해서 신용등급 평가방법을 표준화하여 RCRA (Regional Credit Rating Agency)를 창출하거나 기존 DCRA (Domestic Credit Rating Agency)의 서비스를 향상시키기 위해 노력해 왔다.

한편 2008년 글로벌 금융위기 당시 미국의 금융시장이 붕괴되면서 미국 내에서도

---

25 1997년 여름 태국에서 시작된 금융위기는 인도네시아, 필리핀을 거쳐 우리나라에도 전염이 되었는데 무디스, S&P, 피치와 같은 3대 국가신용평가기관들은 동아시아 국가들의 국가신용등급을 빠른 속도로 낮추어 혼란을 증폭시켰다. 즉 환율 폭등, 주가 폭락과 더불어 국가신용등급의 하락은 서로 상호작용을 하여 국가경제에 큰 충격을 주었다. 이러한 과정을 거치면서 동아시아 국가들은 국가신용등급의 중요성을 각인하게 되었다.

26 국가신용등급은 해외로부터 자본을 빌리는 국가에 대한 채무불이행 가능성 여부에 따라 부과한다.

국가신용등급 평가에 대한 불만이 고조되어 신용등급시장 개편에 대한 요구가 대두되었고 이를 계기로 2010년 신용등급 평가회사들이 내부 통제, 분석기법 향상, 투명성과 SEC의 감독을 통해 신용등급 결정과정을 개선시키는 것 등을 골자로 하는 도드-프랭크법(Dodd-Frank Act)이 제정되었다. 역내 신용평가역량 제고에 대한 논의는 아시아 연구기관들을 포함하는 Research Group의 2012~2013년 연구결과[27]를 기초로 ABMI TF4에서 향후 추진방향 등을 마련할 계획이다.

2. Asian Bond Funds (ABFs)

ASEAN+3 국가들에 의해 추진되는 ABMI와는 별도로 아시아-태평양 중앙은행 임원회의(EMEAP : Executives' Meeting of East Asia-Pacific Central Banks)[28] 회원국들은 ABFs를 통하여 지역채권시장 육성을 도모하고 있다.[29] EMEAP는 2003년 6월 아시아 국가기관들이 발행하는 채권들에 투자하기 위해 동 회원국들의 중앙은행의 외환보유액 일부분을 이용하여 아시아 채권펀드(ABF : Asian Bond Fund)를 출범시키고 이를 단계적으로 추진하기로 하였다.

---

27 아시아의 연구기관들이 신용등급 평가회사 관련 국제논의 동향 및 역내 신용평가역량 강화에 대해 연구를 수행하였는데 국별로 다른 의견을 제시하고 있다. 우리나라의 경우 역내 신용평가회사 신설을 제안하였으며, 일본의 경우 신용평가방식·관련규제의 조화 및 정보공유를 통한 경쟁력 강화 방안을 제안하고 있다.

28 EMEAP는 11개 회원국 간의 협력을 강화하기 위한 목적으로 설립되었다. 11개 회원국 : the Reserve Bank of Australia, the People's Bank of China, the Hong Kong Monetary Authority, Bank Indonesia, the Bank of Japan, the Bank of Korea, Bank Negara Malaysia, the Reserve Bank of New Zealand, Bangko Sentral ng Pilipinas, the Monetary Authority of Singapore, and the Bank of Thailand.

29 EMEAP의 참가 회원국들은 EMEAP 내에 지급 및 결제제도(payment and settlement system), 금융시장(financial market), 그리고 금융감독(banking supervision) 등 주요이슈를 다루는 3개 실무위원회(working group)를 설치하였다. 금융시장에 관한 실무위원회는 아시아 채권펀드(Asian bond funds)의 설립 가능성에 대한 연구를 실시하였다. 아시아 채권펀드의 목적은 i) 투자자 인도(lead)로 민간투자자 유인 및 아시아 시장에서의 채권발행 증대를 위한 촉매(catalyst)로서의 역할 담당, 그리고 ii) 중앙은행 및 통화당국 보유 외국 통화표시 자산 투자를 미국 및 유럽 증권에서 아시아 채권으로 다양화하는 것이다.

2.1 ABF1

2003년 6월 EMEAP는 우선 10억 달러 규모의 ABF1 출범을 공표하였다. ABF1은 8개 EMEAP 경제[30](중국, 홍콩, 인도네시아, 한국, 필리핀, 말레이시아, 싱가포르, 태국)의 정부 및 준정부 채권 발행자에 의해 발행되는 미 달러화표시 채권 바스켓에 투자한다. ABF1 이니셔티브는 ABF1의 출범이 아시아지역 정책당국이 채권시장을 육성하기 위한 협력 증진에 적극 참여한다는 강한 메시지를 금융시장에 전달했을 뿐 아니라 ABF2 발전의 길을 열었다는 점에서 아시아지역 중앙은행 간 협력의 이정표가 되었다. ABF1에 의한 채권시장 발전 효과는 EMEAP 회원국 중앙은행들의 1차 10억 달러[31] 투자의 일차적 효과(first-round effect) 이상으로 구성된다. ABF1은 8개 EMEAP 회원 중앙은행을 대리하여 국제결제은행(BIS)이 특정 벤치마크(specific benchmark)를 따라 passive style로 운영하였다.

한편, EMEAP는 아시아 역내 통화표시 채권시장의 발전을 강화하기 위해 2016년 7월 미 달러화 표시 채권에 투자하는 ABF1을 종료하고 동 매각대금을 역내 통화표시 채권에 투자하는 ABF2로 이관하기로 결정하였다.

2.2 ABF2

2004년 12월 ABF1이 미 달러화표시 아시아 채권에 투자하기 때문에 미스매치 문제를 해결하지 못한다는 비판이 제기됨에 따라 EMEAP는 ABF1을 확장한 개념의 ABF2[32]를 출범시켰다. 2005년 4월 출범한 ABF2는 8개 EMEAP의 정부 및 준정부에 의해 발행되는 국내통화표시 채권에 투자한다. ABF2의 목표는 ABF1의 효과를 높이고 지역 채권시장

---

30 11개 EMEAP 회원국에서 채권시장이 발달한 3개국(일본, 호주, 뉴질랜드) 제외.

31 당초 시장참가자들은 ABF1 규모가 작아서 동아시아의 달러표시 준국채(sovereign dollar bonds)시장에 영향을 미치지 못할 것으로 예상하였다.

32 ABF2의 창설에 관해서는 많은 논란이 있었는데 이는 양질(high-quality)의 아시아 통화표시 아시아 채권에 대한 수요가 부족하지 않았기 때문이다.

발전에 강하고 지속적인 효과를 도모하기 위한 것이다.

　　ABF2는 두 부분으로 구성되어 있다 : Pan-Asian Index Fund(PAIF)와 Fund of Bond Funds(FoBF). PAIF는 8개 EMEAP 국가 발행 국내통화표시 정부 및 준정부 채권에 투자하는 single-bond index fund이다. FoBF는 두 개의 층으로 구분되는데, 8개 개별시장펀드(eight single-market funds)에 투자하는 parent fund, 그리고 8개 개별시장에서 국별 개별시장펀드의 국내통화표시 정부 및 준정부 채권에 대한 투자로 이루어지는 것이다. PAIF와 FoBF는 민간 펀드 운용자에 의해 8개 EMEAP 국가에서 발행되는 국내통화표시 정부 및 준정부 채권을 포함하는 기준지표(benchmark index)를 따라 수동적으로(passively) 운용된다. 10억 달러 규모의 PAIF는 State Street Global Advisors에 의해 운용된다. 또 다른 10억 달러는 8개 개별시장펀드에 할당되었으며, 동 자금은 개별시장별로 그들의 시장에서 국내통화표시 정부 및 준정부 채권에 투자된다. ABF1 출범 이후 아시아 역내 통화표시 채권시장은 역내 차입자의 현지통화 조달수단과 역내 투자자의 현지통화 저축수단을 제공하면서 꾸준히 발전해 왔다.

요약

1. 동아시아 금융위기 이후 동아시아 국가들은 1997~98년 발생했던 동아시아 금융위기의 원인을 규명하고 위기 재발을 방지하기 위한 차원에서 역내 금융협력을 추진하여 왔다. 동아시아 금융협력은 주로 ASEAN+3의 정부와 중앙은행의 이니셔티브 아래 추진되어 왔는데 ASEAN+3가 추진하고 있는 주요 금융협력은 치앙마이 이니셔티브(CMI : Chiang Mai Initiative)와 동아시아지역의 채권시장 발전을 위한 이니셔티브이다.

2. CMI는 동아시아 역내 자체적인 금융안전망으로, 역내 금융위기 재발을 방지하고 위기발생 시 긴급 유동성을 지원하기 위해 구축된 지원체제이다. CMI는 2000년 동 제도 구축 합의 이후 발전을 거듭하였으며, 특히 2005년 이후에는 CMI의 다국가화(CMIM), 자금규모 확대(현재 2,400억 달러), 차입조건 완화, 위기예방기능 도입 및 감독기구 설립 등 역내 위기발생 시 유동성 공급 메커니즘을 강화하였다.

3. 동아시아지역의 채권시장 발전을 위한 이니셔티브는 동아시아 금융위기의 주요 원인으로 지적되었던 은행의 자산 및 부채의 만기와 통화가 불일치하는 문제를 완화하고 동아시아 역내의 축적된 저축과 외환보유액의 역내 유통 확대를 도모하기 위한 방안으로 추진되었다. 2003년 8월에 출범한 ABMI는 기본적으로 농아시아에 효율적이고 유동성이 풍부한 채권시장을 육성하여 풍부한 역내자금의 역내투자 확대를 도모하기 위한 것이다. ABMI는 출범 이후 단계적으로 제도적 진전을 지속하고 이와 함께 역내 각국의 채권시장이 괄목할 만한 성장을 지속하고 있다. 2008년 글로벌 금융위기 발생 이후 채권시장 발전의 중요성이 더욱 부각되어 ABMI의 역할에 대한 기대도 커지고 있다.

4. 현재 ABMI의 주요 이슈로는 중장기적인 관점에서 동아시아 역내 채권시장 표준화 추진, 역내 예탁기구 설립 및 역내 신용평가 역량 제고 논의 등을 들 수 있다. 먼저 역내 채권시장 표준화 추진은 AMBIF 설립 필요성 및 관련 인프라 구축에 관한 논의

이다. AMBIF는 ASEAN+3 국가 중 일부 참여국의 전문투자자만을 대상으로 채권을 발행·유통하는 시장으로 각국 채권시장의 최소한의 공통요소에 대하여 표준을 통일하고 감독당국 간의 상호인증을 바탕으로 역내 공통채권시장을 구축하는 체계로 이에 대한 논의는 중장기적인 관점에서 지속되고 있다. 역내 예탁결제기구 설립에 관한 논의는 기본적으로 역내 국가 간 채권거래 및 결제에 따르는 장애요인을 판별하고 이를 제거하여 거래비용을 줄이는데 초점이 있다. 역내 신용평가역량 제고 논의는 아시아 국가들이 금융위기를 거치면서 국가신용등급 등 대외신인도 제고의 중요성을 인식하고 무디스, S & P, 피치 등 3대 글로벌 국가신용등급 평가회사들에 대한 의존을 줄이고 아시아 연구기관들을 포함하는 Research Group의 연구결과 등을 기초로 향후 신용평가역량 제고 추진방향 등을 마련하고자 하는 것이다.

5. ASEAN+3 국가들에 의해 추진되는 ABMI와는 별도로 아시아-태평양 중앙은행 임원회의(EMEAP) 회원국들은 지역채권시장 육성을 도모하기 위해 회원국들의 중앙은행의 외환보유액 일부분을 이용하여 출범시킨 아시아 채권펀드(ABFs)를 이용하여 회원국이 발행하는 회원국 국내통화표시 채권에 투자하고 있다.

참고문헌

강재택, 21세기 통화전쟁, 매일경제신문사, 2014.12

국제금융연구회, 국제금융론, 경문사, 1999.6

곽태운, 현대국제금융론, 박영사, 2013.8

금융투자협회, "한미일 투자주체별 주식시장 비중 비교," 금융투자협회 조사연구실, 2015.1.21. 보도자료

김건두·김희진, "브렉시트 투표 이후 영국과 유럽연합의 향방," Wall St. View, 국제금융센터, 2016.9.13

김운섭, 외환딜링 개정판, 한국금융연수원, 2013

김운섭·강철준·노상규, 파생금융의 이해, 한국금융연수원, 2012.2

김운섭·강철준·윤정연, 파생금융상품의 이해, 제3판, 한국금융연수원, 2014

김윤환, 금융위기 본질과 대책, 한국금융연수원, 2013.8

김인준·이영섭, 국제금융론, 제3판, 율곡출판사, 2013.8

김자봉, "영국 금융 빅뱅사례와 국내 자본시장빅뱅의 조건," 주간금융브리프 16권 47호 pp12-13, 금융포커스, 한국금융연구원, 2007

김주환, "글로벌 연기금의 자산배분 전략 변화," KB 지식비타민 15-26호, 2015.4.6., KB 금융지주 경영연구소, 2015

김준석·장욱·장병훈·한지연, "거래소 인수·합병 : 동향과 사례," 자본시장연구원, 2010.12

김태경, "Brexit 이후 EU체제 : 도전과제와 미래," 국제경제리뷰 제2016-25호, 한국은행 국제경제부, 2016.8.25

김태준·송치영·유재원, 국제금융경제, 다산출판사, 2013.8

김형호, 펀드매니저가 쓴 채권투자노트, 개정판, 이패스코리아, 2013

농협경제연구소, "위안화 국제화 진행과 중국의 자본시장 개방 전망," NHERI 주간 브리프스, 2014.10

대외경제정책연구원, "AIIB 추진 현황과 한국의 대응방향," 2015.4

대외경제정책연구원, "위안화 SDR 편입과 위안화 국제화," KIEP 북경사무소 브리핑, 2016.11

대외경제정책연구원, "주요국의 위안화 허브 전략 분석 및 한국의 대응방안," 연구보고서 15-14, 2015.12

대외경제정책연구원, "최근 위안화 국제화 현황," KIEP 북경사무소 브리핑, 2014.10

박대근, "한국의 외환위기와 외채," 경제분석 제5권 제1호, 한국은행 조사부, 한국은행, 1999.1

박대근·박춘원·이향용, "글로벌 금융위기 이후 세계경제의 구조적 변화," 보험연구원, 2015.5

박복영·양다영, "유럽 위기를 계기로 본 재정위기의 원인과 가능성," KIEP 오늘의 세계경제, 2010.6.11

삼일회계법인, 2015년 해외 IPO 안내, 2015

손명해, "미국의 금융규제 완화 가능성과 영향 ― 도드-프랭크법을 중심으로," 산은조사월보 제737호 pp42-60, 2017.4

신보성, "글로벌 금융규제 흐름과 우리나라 금융규제개혁의 바람직한 방향," 연구총서, 자본시장연구원, 2015.5

신상기, 국제금융시장, 무역경영사, 2003.3

신종협·최형선·최원, 과거 금융위기 사례분석을 통한 최근 글로벌 금융위기 전망 조사보고서 2010-1, 보험연구원, 2010.3

양효은, "영국의 브렉시트 협상 추진 전망과 향후 과제," KIEP 오늘의 세계경제 Vol 17 No 7, 대외경제연구원, 2017.3.3

육지영, 외화자금조달실무, 한국금융연수원, 2012.5

은호성·박세령, "주요국의 금융위기 발생원인과 시사점," 한국은행 조사통계월보, 1997.7

이강남, 국제금융론, 법문사, 2001.3, 2006.1

이성한, 당신만 몰랐던 국제금융 이야기, 21세기북스, 2013

이승복 · 한희준, "유럽통화동맹(EMU)의 출범과 유럽중앙은행의 통화정책," 조사통계 월보, 한국은행, 1998.11

이승호, 환율의 이해와 예측, 삶과 지식, 2012.3

이재원, 일본경제(3) : "아베노믹스의 성과와 과제," 국제경제리뷰 제2017-12호, 한국은행 국제경제부, 2017.4.7

이종욱 외, 한국의 금융 · 외환위기와 IMF, 경문사, 1998.7

이환호, 외환의 이론과 실제 : 국제금융입문, 경문사, 2010

이효구, 국제금융시장, 범한서적, 2012.12

임준환 · 박선영, "하드 브렉시트가 금융시장과 해외투자환경에 미치는 영향," KIRI 리포트 포커스 pp9-17, 보험연구원, 2017.3.6

임태훈, "우리나라 증시의 MSCI 선진국 지수 편입에 대한 소고," 자본시장 Weekly, 2016-29호, 2016.07.26~08.01, pp1-5

자본시장연구원, "위안화 금융허브를 구축하기 위한 과제," 자본시장 Weekly 2014-05호, 2014.2

자본시장연구원, "위안화 국제화와 원화 국제화에 대한 소고," 자본시장 Weekly 2014-44호, 2014.11

자본시장연구원, "위안화 국제화 현황 및 주요국의 허브 유치 움직임," 자본시장 Weekly 2014-22호, 2014.6

자본시장연구원, "ABMF와 아시아 채권시장의 표준화 논의," 자본시장 Weekly 2014-11호, 2014.3

장영수, "국제증권시장과 외화증권 투자," 2015.10 강연자료

장홍범, 국제금융기초, 한국금융연수원, 1999.4, 2008.2, 2010.4

장홍범, "동아시아의 금융통합 · 협력 : 평가 및 시사점," 금융경제연구, 한국은행 경제연구원 Working Paper 제468호, 2011.12

장홍범, 국제금융의 이해, 한국금융연수원, 2017.3

장홍범 · 현석, "위안화 국제화의 가능성에 관한 실증분석," 동북아경제연구 제25권 제2호, 2013.6

정희섭·최용훈·최완호·박진형, "Brexit 관련 협상과제 및 영국경제 전망," 한국은행 런던사무소, 2018.4

조선일보, "Economy & Biz 프리미엄, premium report : 도드-프랭크법 트럼프, 금융회사 규제하고 소비자 보호하는 개혁 법률 폐지," 2017.11.2

http://news.chosun.com/site/data/html_dir/2017/10/18/2017101801797.html

조영무, "한계 드러낸 마이너스 금리정책 통화완화 경쟁 격화시킨다," LGERI 리포트, 2016.8.

조철제, 유러-EU단일통화, 한국경제신문사, 1998.7

찰스 P. 킨들버거, 로버트 Z. 알리버, "광기, 패닉, 붕괴 : 금융위기의 역사," 김홍식 옮김, 2006. 굿모닝북스

최영한, 국제금융 리스크 관리, 한국금융연수원, 2012.9

최영한, 스왑, 한국금융연수원, 2004

KB금융지주, "미 금융규제변화 : 도드프랭크법 vs. 금융선택법안," KB지식비타민 17-24호, KB금융지주 경영연구소, 2017.3.27

한국금융연수원, 국제금융시장, 1996.1

한국금융연수원, 국제금융(통신연수), 1998

한국은행, 국제금융기구, 2011.12

한국은행, "국제금융센터로서의 홍콩의 최근 위상," 한국은행 홍콩주재원, 2017.3

한국은행, "국제금융체제 개편 관련 최근 이슈," 한국은행 국제협력실, 2002.9

한국은행, 국제수지 매뉴얼, 한국은행 조사제2부, 1996.2

한국은행, 국제수지 통계의 이해, 2016.10

한국은행, 국제채권시장의 이해, 한국은행 외화자금국, 2008.8

한국은행, 국제채권시장(업무참고자료, 행내 한), 2017

한국은행, "국제통화 시스템 변경논의의 배경과 향후 전망," 해외경제포커스 제2011-7호, 2011.2

한국은행, "싱가포르, 역외 위안화 금융센터 기능 확충," 한국은행 홍콩주재원, 2014.6

한국은행, 알기 쉬운 경제지표 해설, 2010.7, 2014.12

한국은행, "역외 위안화시장 동향 및 전망," 한국은행 홍콩주재원, 2014.7

한국은행, "역외 위안화 금융 관련 주요 진전사항 및 시장 동향," 한국은행 홍콩주재원, 2014.12

한국은행, "원/위안 직거래 개시 후 한 달의 성과 평가," 한국은행 보도자료, 2015.1.7

한국은행, "유럽단일통화 도입 이후의 금융거래방식," 국외사무소 조사자료 98-6, 한국은행 브뤼셀사무소, 1998.6

한국은행, "유럽통화동맹(EMU) 출범과 유럽 중앙은행의 통화정책," 1998.11

한국은행, "유럽통합과 유로화 출범," 한국은행 국제협력실, 1999.3

한국은행, "유럽통화통합의 영향과 대응과제," 조사연구자료 98-9, 한국은행 조사부, 1998.5

한국은행, "유럽통화통합의 전망 및 영향과 대응방향," 해외사무소 조사자료 97-9, 한국은행 브뤼셀사무소, 1997.7

한국은행, "유로지역 금융시장," 한국은행 프랑크푸르트 사무소, 2008.8

한국은행, "유로화의 미래," 해외경제포커스 제2010-19호, 2010.5

한국은행, "유로화 화폐 도입 10주년 현황 및 평가," 프랑크푸르트 사무소, 2011.12

한국은행, "ECB의 통화정책," 한국은행 프랑크푸르트 사무소, 2009.11

한국은행, "Euroland에서의 금융거래," 국외사무소 조사자료 98-10, 한국은행 프랑크푸르트 사무소, 1998.10

한국은행, "EMU 출범 후 유로화 수요 및 환율전망," 조사연구자료 98-15, 한국은행 조사부, 1998.8

한국은행, "외환위기의 구조적 요인분석," 한국은행 국제부, 1997.7

한국은행, "외환위기의 원인과 정책과제," 한국은행 국제협력실, 1998.4

한국은행, "위안화 국제화 현황과 향후 전망," 한국은행 북경사무소, 2013.6

한국은행, "위안화 기준환율 산정방식 변경 논의에 대한 평가," 한국은행 북경사무소, 2017.6

한국은행, "2017년 위안화국제화보고서의 주요 내용," 한국은행 북경사무소, 2017.10

한국은행, "중국 내 원/위안 직거래시장 개설 예정," 한국은행 보도자료, 공보 2016-6-25호

한국은행, "중국 반환 20주년을 맞이한 홍콩의 경제현황과 과제," 한국은행 홍콩주재원, 2017.6

한국은행, "중국외환거래센터(CFETS) 위안화 환율지수 구성 통화에 원화 등 신규 추가," 한국은행 북경사무소, 2016.12

한국은행, 중국의 금융제도, 2012.8

한국은행, "채권통(중국 본토-홍콩 채권시장간 교차거래) 공식 시행에 대한 시장의 평가," 한국은행 북경사무소 · 홍콩주재원, 2017.7

한국은행, "최근 중국인민은행의 통화스왑협정 확대 추진 현황," 현지정보, 상해주재원, 2013.4

한국은행, 한국의 금융시장, 2016.12

한국은행, "한국의 금융자유화와 금융위기," 조사연구자료 99-3, 한국은행 조사부, 1999.3

한국은행, 한국의 외환제도와 외환시장, 2016.1

한국은행, "2013년도 BIS 주관 세계 외환 및 장외파생상품시장 조사 결과," 한국은행 보도자료 2013.9, 2013.11

한국은행, "2016년도 BIS 주관 세계 외환 및 장외파생상품시장 조사 결과," 한국은행 보도자료 2016.9

현대경제연구원, "위안화 국제화 평가와 시사점," Weekly Economic Review 14-27(통권 598호), 2014.7

현대증권, 미국주식 안내가이드, 현대증권 해외상품부 2013.08.23

현석 · 이상헌, "통화 국제화의 결정요인에 관한 연구 : 원화 국제화에 대한 시사점," 한국은행 경제연구원, 경제분석 제19권 제1호, 2013.3

홍대희, 국제채 및 신디케이티드론, 한국금융연수원, 2009.1

Agenor, P. R., and Robert Flood, "Macroeconomic Policy, Speculative Attacks, and Balance of Payments Crises," in van der Ploeg, ed., *The Handbook of International Macroeconomics*, Blackwell, 1994, pp 224-250

Alexander, S., "Effects of a Devaluation on a Trade Balance," *IMF Staff Papers*, 1952, pp 263-78

Almekinders, Greet J., *Foreign Exchange Intervention*, Edward Elgar, 1995

Artus, J. R., and Knight, M. D., "Issues in the Assessment of the Exchange Rates in Industrial Countries, *Occasional Paper* 29, Washington, D. C., International Monetary Fund, July 1984

Asian Development Bank, "ASEAN+3 Regional Guarantee and Investment Mechanism(Phase 3)," *Technical Assistant Report*, 2009

Asian Development Bank, "Implementation of the ASEAN+3 Multi-Currency Bond Issuance Framework, ASEAN+3 Bond Market Forum Sub-Forum 1 Phase 3 Report," August 2015

Asian Development Bank, "The Asian Bond Markets Initiative Policy Maker Achievements and Challenges," 2017

Asian Development Bank, "Good Practices in Developing Bond Market : with a focus on government bond market," March 2017

Asian Development Bank, "Proposal on ASEAN+3 Multi-Currency Bond Issuance Framework," 2014

Baillie, Richard T., and McMahon, Patrick C., *The Foreign Exchange Market*, Cambridge University Press, 1989

Baker, James D., *International Finance*, Prentice Hall, 1998

Bank for International Settlements, *Annual Report* 각호

Bank for International Settlements, *International Banking and Financial Market Developments*, 각호

Bank for International Settlements, "Triennial Central Bank Survey of Foreign

Exchange and Derivatives Market Activity" in September 2013, November 2013, September 2016

Bilson, J. F. O., "Rational Expectations and the Exchange Rate," in J. A. Frenkel and H. G. Johnson, *The Economics of Exchange Rates*(Reading, Mass. : Addison-Wesley), 1978

Branson, W. H., "Asset Markets and Relative Prices in Exchange Rate Determination," Institute for International Economic Studies, Seminar Paper No 66, Stockholm, 1976

Branson, W. H., "A Model of Exchange Rate Determination with Policy Reaction : Evidence from Monthly Data," in P. Malgrange and P. A. Muet, *Contemporary Macroeconomic Modelling*(Oxford : Basil Blackwell), 1984

Branson, W. H., and Masson, P., "Exchange Rates in the Short Run : Some Future Results," *European Economic Review*, vol. 12, pp 395-402, 1977

Buckley, A., *Multinational Finance*, second edition, Prentice Hall, 1992

Calvo, G., and Mendoza, E., "Mexico's Balance of Payment Crisis : A Chronicle of a Death Foretold," *Journal of International Economics*, 41, pp 235-264, 1997

Chang, R., and Velasco, A., "The Asian Crisis," *NBER Working Paper Series*, No. 6796, November 1998

Corsetti, G., Pesenti, P., and Roubini, N., "Paper Tigers? A Model of the Asian Crisis?", *NBER Working Paper Series*, No. 6783, November 1998

Corsetti, G., Pesenti, P., and Roubini, N., "What Caused the Asian Currency and Financial Crisis?", *NBER Working Paper Series*, No. 6833, 6834, December 1998

Diamond, D., and Dybvig, P., "Bank Runs, Liquidity, and Deposit Insurance," *Journal of Political Economy*, Vol. 91, pp 401-419, 1983

Dornbusch, R., "Expectations and Exchange Rate Dynamics," *Journal of Political Economy*, vol. 84, pp 1161-76, 1976

Dornbusch, R., and Frankel, J. A., *The Flexible Exchange Rate System : Experience and*

Alternation in Industrial Trade and Finance in a Polycentric World, ed. Silvio, Borner New York : St. Martin's Press, 1988

ECBC, *European Covered Bond Fact Book*, European Covered Bond Council, 2017

Echols, M. & J. W. Elliot, "A Quantitative Yield Curve Model for Estimating the Term Structure of Interest Rates," *Journal of Financial and Quantitative Analysis*, 11, March 1976

Edwards, S., *Real Exchange Rates, Devaluation, and Adjustment*, The MIT Press, 1991

Edwards, S., The Mexican Peso Crisis : How Much Did We Know?, When Did We Know It?, *NBER Working Paper Series*, No. 6334, December 1997

Eichengreen, B., Hausmann, R., Panizza, U., "The Pain of Original Sin," August 2003

Eichengreen, B., Rose, A. K., and Wyplosz, "Exchange Market Mayhem : The Antecedents and Aftermath of Speculative Attacks," *Economic Policy*, Vol. 21, pp 249-312, October 1995

Eun, C. S., Bruce G. Resnick, and Sanjiv Sabherwal, *International Finance*, Six Edition, McGraw-Hill, 2012

European Commission, "Successes and Challenges after ten years of Economic and Monetary Union," 2008

Fabozz J. Frank, *Bond Markets, Analysis, and Strategies (9e)*, Pearson Higher Ed USA, 2014

Fisher, Stanley, "On the Need for an International Lender of Last Resort," *Journal of Economic Perspectives*, 13(4), pp 85-104, 1999

Flood, R. P., and Garber, P., "Collapsing Exchange Rate Regimes : Some Linear Examples," *Journal of International Economics*, 1984, 17, pp 1-13

Frankel, Jeffrey A., "Monetary and Portfolio Balance Models of Exchange Rate Determination," in J. S. Bhandari and B. H. Putnam, *Economic Interdependence and Flexible Exchange Rates*, MIT Press, 1983

Frankel, Jeffrey A., "No Single Currency Regime is Right for All Countries or at All

Times," *NBER Working Paper Series*, 7338, 1999

Frankel, Jeffrey A., and Froot, K. A., "Chartists, Fundamentalists and the Demand for Dollars," in *Private Behavior and Government Policy in interdependent Economies*, ed. Anthony S. Courakis and Mark, P., Taylor Oxford : Oxford University Press, 1990

Frankel, Jeffrey A., Galli, G., and Giovannini, A., *The Microstructure of Foreign Exchange Markets*, The Unversity of Chicago Press, 1996

Frankel, Jeffrey A., and Rose, A., "Currency Crashes in Emerging Markets : An Empirical Treatment," *Journal of International Economics*, Vol. 41, pp 351-366, November 1996

French, K., and Roll, R. (1986), "Stock Return Variances : The Arrival of Information and the Reaction of Traders," *Journal of Financial Economics* 17, 1986, pp 5-26

Frenkel, J. A., "A Monetary Approach to the Exchange Rate : Doctrinal Aspects and Empirical Evidence," *Scandinavian Journal of Economics*, vol. 78, pp 169-91, 1976

Giannini, Curzio, "Enemy of None but Friend of All? An International Perspective on the Lender of Last Resort Function," *International Monetary Fund Working Paper* Wp/99/10, 1999

Giovannini Group, "Cross-border Clearing and Settlement Arrangements in the European Union," Brussels, November 2001

Glick, R., and Hutchison, M., Banking and Currency Crises : How Common Are The Twins?, March 2000

Goldjajn, I., and Valdes, R. O., "Capital Flows and the Twin Crises : The Role of Liquidity," *IMF Working Paper*, 1997, 87

Goldstein, M., and Reinhart, C. M., *Forecating Financial Crises : Early Warning Signals for Emerging Markets*, Washington, DC : Institute for International Economics

Goldstein, M., Kaminsky, G. L., and Reinhart, C. M., *Assessing Financial Vulnerability : An Early Warning System for Emerging Markets*, Institute for International

Economics, Washington DC, June 2000

Goodhart, Charles, and Figliuoli, L.(1993), Every Minute Counts in Financial Markets, *Journal of International Money and Finance*, 10, 1993, pp 23-52

Hill, Charles W. L., *International Business*, McGraw-Hill, March 2008

Hsieh, David A., and Kleidon, Allan W.(1996), Bid-Ask Spreads in Foreign Exchange Markets : Implications for Models of Asymmetric Information, in *Microstructure of Foreign Exchange Markets*, ed. Frankel, J. A., and Galli, G., and Giovannini, A., The University of Chicago Press, 1996

International Monetary Fund, De Facto Classification of Exchange Rate Regime and Monetary Policy Frameworks, October 2013

International Monetary Fund, *World Economic Outlook*, 1998

Institute for International Economics, *Does Foreign Exchange Intervention Work?*, Washington DC, September 1993

Isard, P., *Exchange Rate Economics*, Cambridge University Press, 1995

Jang, Hong Bum, "Financial Integration and Cooperation in East Asia : Assessment of Recent Developments and their Implications," *IMES Discussion Paper* No. 2011-E-5, Bank of Japan, 2011

Jorion, Philippe, "Risk and Turnover in the Foreign Exchange Market," in *Microstructure of Foreign Exchange Markets*, ed. Frankel, J. A., and Gali, G., and Giovannini, A., The University of Chicago Press, 1996

Kaminsky, G. L., and Reinhart, C. M., "The Twin Crises : The Causes of Banking and Balance of Payments Problems," *American Economic Review*, 89, June 1999

Kaminsky, G. L., and Reinhart, C. M., "The Twin Crises : The Causes of Banking and Balance of Payments Problems," mimeo, Board of Governors of the Federal Reserve System, 1996

Kaufman, George G., "Banking and Currency Crises and Systemic Risk : A Taxonomy and Review," *Financial Markets, Institutions & Instruments*, Vol.9, No.2,

May 2000, pp 69-131

Kawai, Masahiro, Reform of the International Financial Architecture : An Asian Perspective, *ADBI Working Paper* No. 167, Asian Development Bank Institute, 2009

Kouri, P. J. K., "The Exchange Rate and the Balance of Payments in the Short Run and the Long Run : A Monetary Approach," *Scandinavian Journal of Economics*, vol. 78, pp 280-304, 1976

Krugman, P. R., "A Model of Balance of Payment Crises," *Journal of Money, Credit and Banking*, 11, pp 311-325, 1979

Krugman, P. R., *Currencies and Crises*, The MIT Press, 1992

Krugman, P. R., "Currency Crises," mimeo, 1998(a)

Krugman, P. R., "What Happened Asia," mimeo, 1998(b)

Krugman, P. R., "A Model of Balance of Payment Crises," *Journal of Money, Credit, and Banking*, 1979, 11, pp 311-325

Krugman, P. R., and Miller, M., *Exchange Rate Targets and Currency Bands*, Cambridge University Press, 1993

Krugman, P. R., and Obstfeld, M., *International Economics*, Fourth Edition, 1997

Lyons, Richard K., "Foreign Exchange Volume : Sound and Fully Signifying nothing?", in *Microstructure of Foreign Exchange Markets*, ed. Frankel, J. A., and Gali, G., and Giovannini, A., The University of Chicago Press, 1996

Marston, Richard C., "Real and Nominal Exchange Rate Variability," *Empirica* 16, No. 2, pp 147-60, 1989

Meese, R., and K. Rogoff, "Empirical Exchange Rate Models of the Seventies : Do They fit Out of sample," Journal of International Economics, 14 pp 3-24, February 1983

Meltzer, Allen, "Asian Problems and the IMF," Testimony Prepared for the Joint Economic Committee, U.S. Congress, February 1998

Mishkin, Frederic S., Understanding Financial Crises : A Developing Country Perspectives, *NBER Working Paper Series*, No. 5600, May 1996

Mishkin, Frederic S., "Lessons from the Asian Crisis," *Journal of International Money and Finance*, 18, pp 709-723, 1999

Mussa, M., "The Exchange Rate, The Balance of Payments, and Monetary and Fiscal Policy Under a Regime of Controlled Floating," *Scandinavian Journal of Economics*, vol. 78 pp 229-48, 1976

OECD, "Financial Crises : Past Lessons and Policy Implications," *OECD Working Paper*, www.oecd.org/eco/working papers

Obstfeld, Maurice, "The Logic of Currency Crises," *NBER Working Paper Series*, No. 4640, February 1994

Obstfeld, Maurice, "Rational and Self-Fulfilling Balance of Payments Crises," *American Economic Review*, 76, pp 321-350

Organization for Economic Cooperation and Development, *Macroeconomic and Structural Policies for a Successful Monetary Union*, January 1999

Padoa-Schioppa, T., EMU and the Launch of the Euro, Seminar Paper, The Bank of Korea, March 1999

Pilbeam, K., *International Finance*, Macmillan, 1992

PWC-SAMIL, Samil PWC Capital Markets Group, 2015

Radelet, S., and Sachs, J., "The Onset of the East Asian Financial Crisis," *NBER Working Paper Series*, No. 6680, August 1998

Rose, A., "Are Exchange Rates Macroeconomic Phenomenon?", Federal Reserve Bank of San Francisco, *Economic Review*, 94-1, pp 19-30, 1994

Rose, A., "One Money, One Market : The Effect of Common Currencies on Trade," Economic Policy 30 pp 8-45, April 2000

Rugman, A. M., and S. J. Kamath, "International Diversification and Multinational Banking," in Sarkis J. Khoury and Alo Ghosh eds, *Recent Developments in*

International Banking and Finance, Lexington Books, 1987

Sachs, J. D., "Alternative Approaches to Financial Crises in Emerging Markets," FRB Kansas City Symposium, January 1998

Salant, S., and Henderson, D., "Market Anticipation of Government Policy and the Price of Gold," *Journal of Political Economy,* 86, 1978, pp 627-648

Shapiro, Alan C., *Foundations of Multinational Financial Management,* second edition, Allyn and Bacon, 1994

Shapiro, Alan C., *Multinational Financial Management,* fourth edition, Allyn Bacon, 1992

Sussangkarn, Chalongphob, "The Chiang Mai Initiative Multilateralization : Origin, Development and Outlook," *ADBI Working Paper* No. 230, Asian Development Bank Institute, 2010

Tauchen, G., and Pitts, M., "The Price Variability-Volume Relationship in Speculative Markets," *Econometrica* 51, pp 485-505, 1983

The Banker, June 2016

The Economist, August 2008

The Global Financial Centers Index, April 2017

Velasco, A., "Financial Crises and Balance of Payment Crises : A Simple Model of the Southern Cone Experience," *Journal of Development Economics,* Vol. 27, pp 263-283, October 1987

Williamson, John, "Equilibrium Exchange Rates : An Update," Institute of International Economics, October 1990

Willis Towers Watson, 2015

Zhao, Xiaodan, and Yoonbai Kim, Financial Integration in East Asia : Evidence from Stock Prices, Working Paper No. 403, Institute for Monetary and Economic Research, Bank of Korea, 2009

INDEX

A

B

C

D